大学赤本シリーズ

263

国際医療福祉大学

教学社

は　し　が　き

　おかげさまで，大学入試の「赤本」は，今年で創刊 70 周年を迎えました。

　これまで，入試問題や資料をご提供いただいた大学関係者各位，掲載許可をいただいた著作権者の皆様，各科目の解答や対策の執筆にあたられた先生方，そして，赤本を使用してくださったすべての読者の皆様に，厚く御礼を申し上げます。

　以下に，創刊初期の「赤本」のはしがきを引用します。これからも引き続き，受験生の目標の達成や，夢の実現を応援してまいります。

　本書を活用して，入試本番では持てる力を存分に発揮されることを心より願っています。

編者しるす

＊　　　＊　　　＊

　学問の塔にあこがれのまなざしをもって，それぞれの志望する大学の門をたたかんとしている受験生諸君！　人間として生まれてきた私たちは，自己の欲するままに，美しく，強く，そして何よりも人間らしく生きることをねがっている。しかし，一朝一夕にして，この純粋なのぞみが達せられることはない。私たちの行く手には，絶えずさまざまな試練がまちかまえている。この試練を克服していくところに，私たちのねがう真に人間的な世界がはじめて開かれてくるのである。

　人生最初の最大の試練として，諸君の眼前に大学入試がある。この大学入試は，精神的にも身体的にも，大きな苦痛を感ぜしめるであろう。あるスポーツに熟達するには，たゆみなき，はげしい練習を積み重ねることが必要であるように，私たちは，計画的・持続的な努力を払うことによって，この試練を克服し，次の一歩を踏みだすことができる。厳しい試練を経たのちに，はじめて満足すべき成果を獲得できるのである。

　本書は最近の入学試験の問題に，それぞれ解答を付し，さらに問題をふかく分析することによって，その大学独特の傾向や対策をさぐろうとした。本書を一般の参考書とあわせて使用し，まとはずれのない，効果的な受験勉強をされるよう期待したい。

（昭和 35 年版「赤本」はしがきより）

挑む人の、いちばんの味方

赤本創刊70周年

　1954年に大学入試の過去問題集を刊行してから70年。赤本は大学に入りたいと思う受験生を応援しつづけてきました。これからも，苦しいとき落ち込むときにそばで支える存在でいたいと思います。

　そして，勉強をすること，自分で道を決めること，努力が実ること，これらの喜びを読者の皆さんが感じることができるよう，伴走をつづけます。

そもそも赤本とは…

受験生のための大学入試の過去問題集！

70年の歴史を誇る赤本は，500点を超える刊行点数で全都道府県の370大学以上を網羅しており，過去問の代名詞として受験生の必須アイテムとなっています。

············ なぜ受験に過去問が必要なのか？ ············

大学入試は大学によって問題形式や頻出分野が大きく異なるからです。

赤本の掲載内容

傾向と対策

これまでの出題内容から，問題の「**傾向**」を分析し，来年度の入試に向けて具体的な「**対策**」の方法を紹介しています。

問題編・解答編

◎ 年度ごとに問題とその解答を掲載しています。

◎「**問題編**」ではその年度の試験概要を確認したうえで，実際に出題された過去問に取り組むことができます。

◎「**解答編**」には高校・予備校の先生方による解答が載っています。

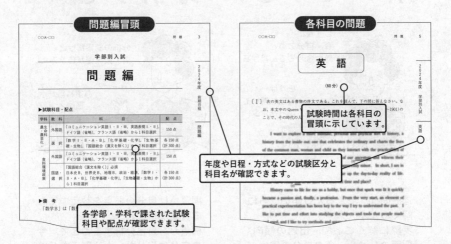

他にも，大学の基本情報や，先輩受験生の合格体験記，在学生からのメッセージなどが載っていることがあります。

2024年度から
見やすい
デザインに！

● 掲載内容について ●

著作権上の理由やその他編集上の都合により問題や解答の一部を割愛している場合があります。なお，指定校推薦入試，社会人入試，編入学試験，帰国生入試などの特別入試，英語以外の外国語科目，商業・工業科目は，原則として掲載しておりません。また試験科目は変更される場合がありますので，あらかじめご了承ください。

受験勉強は

過去問に始まり，

STEP **1** なにはともあれ

まずは
解いてみる

しずかに…
今，自分の心と
向き合ってるんだから

ムーン

それは
問題を解いて
からだホン！

過去問は，**できるだけ早いうちに
解く**のがオススメ！
実際に解くことで，**出題の傾向，
問題のレベル，今の自分の実力**が
つかめます。

STEP **2** じっくり具体的に

弱点を
分析する

分析の結果だけど
英・数・国が苦手みたい

スリー

必須科目だホン
頑張るホン

間違いは自分の弱点を教えてくれ
る貴重な情報源。
弱点から自己分析することで，**今
の自分に足りない力や苦手な分野**
が見えてくるはず！

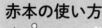

合格者があかす
赤本の使い方

傾向と対策を熟読
（Fさん／国立大合格）

大学の出題傾向を調べる
ために，赤本に載ってい
る「傾向と対策」を熟読
しました。

繰り返し解く
（Tさん／国立大合格）

1周目は問題のレベル確認，2周
目は苦手や頻出分野の確認に，3
周目は合格点を目指して，と過去
問は繰り返し解くことが大切です。

赤本の使い方 解説

過去問に終わる。

STEP 3
志望校に あわせて

苦手分野の 重点対策

明日からはみんなで頑張るよ！
参考書も！問題集も！
よろしくね！

呼んだ？

なにを!?
どこから!?

グッ   グッ

参考書や問題集を活用して，苦手分野の**重点対策**をしていきます。**過去問を指針に**，合格へ向けた具体的な学習計画を立てましょう！

STEP 1 ▶ 2 ▶ 3
サイクルが大事!

実践を 繰り返す

やるのはボクだよ～

STEP 1   解く!!

対策!!   分析!!

STEP 3   STEP 2

STEP 1～3を繰り返し，実力アップにつなげましょう！
出題形式に慣れることや，**時間配分を考える**ことも大切です。

目標点を決める
（Yさん／私立大合格）

赤本によっては合格者最低点が載っているので，それを見て目標点を決めるのもよいです。

時間配分を確認
（Kさん／私立大学合格）

赤本は時間配分や解く順番を決めるために使いました。

添削してもらう
（Sさん／私立大学合格）

記述式の問題は先生に添削してもらうことで自分の弱点に気づけると思います。

新課程入試 Q&A

2022年度から新しい学習指導要領（新課程）での授業が始まり，2025年度の入試は，新課程に基づいて行われる最初の入試となります。ここでは，赤本での新課程入試の対策について，よくある疑問にお答えします。

Q1. 赤本は新課程入試の対策に使えますか？

A. もちろん使えます！

旧課程入試の過去問が新課程入試の対策に役に立つのか疑問に思う人もいるかもしれませんが，心配することはありません。旧課程入試の過去問が役立つのには次のような理由があります。

● 学習する内容はそれほど変わらない

新課程は旧課程と比べて科目名を中心とした変更はありますが，学習する内容そのものはそれほど大きく変わっていません。また，多くの大学で，既卒生が不利にならないよう「経過措置」がとられます（Q3参照）。したがって，出題内容が大きく変更されることは少ないとみられます。

● 大学ごとに出題の特徴がある

これまでに課程が変わったときも，各大学の出題の特徴は大きく変わらないことがほとんどでした。入試問題は各大学のアドミッション・ポリシーに沿って出題されており，過去問にはその特徴がよく表れています。過去問を研究してその大学に特有の傾向をつかめば，最適な対策をとることができます。

出題の特徴の例	・英作文問題の出題の有無
	・論述問題の出題（字数制限の有無や長さ）
	・計算過程の記述の有無

新課程入試の対策も，赤本で過去問に取り組むところから始めましょう。

Q2. 赤本を使う上での注意点はありますか?

A. 志望大学の入試科目を確認しましょう。

過去問を解く前に,過去の出題科目(問題編冒頭の表)と2025年度の募集要項とを比べて,課される内容に変更がないかを確認しましょう。ポイントは以下のとおりです。科目名が変わっていても,実際は旧課程の内容とほとんど同様のものもあります。

英語・国語	科目名は変更されているが,実質的には変更なし。 ▶▶ ただし,リスニングや古文・漢文の有無は要確認。
地歴	科目名が変更され,「歴史総合」「地理総合」が新設。 ▶▶ 新設科目の有無に注意。ただし,「経過措置」(Q3参照)により内容は大きく変わらないことも多い。
公民	「現代社会」が廃止され,「公共」が新設。 ▶▶ 「公共」は実質的には「現代社会」と大きく変わらない。
数学	科目が再編され,「数学C」が新設。 ▶▶ 「数学」全体としての内容は大きく変わらないが,出題科目と単元の変更に注意。
理科	科目名も学習内容も大きな変更なし。

数学については,科目名だけでなく,どの単元が含まれているかも確認が必要です。例えば,出題科目が次のように変わったとします。

旧課程	「数学Ⅰ・数学Ⅱ・数学A・数学B(数列・ベクトル)」
新課程	「数学Ⅰ・数学Ⅱ・数学A・数学B(数列)・数学C(ベクトル)」

この場合,新課程では「数学C」が増えていますが,単元は「ベクトル」のみのため,実質的には旧課程とほぼ同じであり,過去問をそのまま役立てることができます。

Q3. 「経過措置」とは何ですか?

A. 既卒の旧課程履修者への対応です。

　多くの大学では, 既卒の旧課程履修者が不利にならないように, 出題において「経過措置」が実施されます。措置の有無や内容は大学によって異なるので, 募集要項や大学のウェブサイトなどで確認しておきましょう。

○旧課程履修者への経過措置の例

- ●旧課程履修者にも配慮した出題を行う。
- ●新・旧課程の共通の範囲から出題する。
- ●新課程と旧課程の共通の内容を出題し, 共通範囲のみでの出題が困難な場合は, 旧課程の範囲からの問題を用意し, 選択解答とする。

例えば, 地歴の出題科目が次のように変わったとします。

旧課程	「日本史 B」「世界史 B」から 1 科目選択
新課程	「歴史総合, 日本史探究」「歴史総合, 世界史探究」から 1 科目選択※ ※旧課程履修者に不利益が生じることのないように配慮する。

　「歴史総合」は新課程で新設された科目で, 旧課程履修者には見慣れないものですが, 上記のような経過措置がとられた場合, 新課程入試でも旧課程と同様の学習内容で受験することができます。

要チェックだホン

新課程の情報は WEB もチェック!
より詳しい解説が赤本ウェブサイトで見られます。
https://akahon.net/shinkatei/

科目名が変更される教科・科目

	旧 課 程	新 課 程
国語	国語総合 国語表現 現代文A 現代文B 古典A 古典B	現代の国語 言語文化 論理国語 文学国語 国語表現 古典探究
地歴	日本史A 日本史B 世界史A 世界史B 地理A 地理B	歴史総合 日本史探究 世界史探究 地理総合 地理探究
公民	現代社会 倫理 政治・経済	公共 倫理 政治・経済
数学	数学I 数学II 数学III 数学A 数学B 数学活用	数学I 数学II 数学III 数学A 数学B 数学C
外国語	コミュニケーション英語基礎 コミュニケーション英語I コミュニケーション英語II コミュニケーション英語III 英語表現I 英語表現II 英語会話	英語コミュニケーションI 英語コミュニケーションII 英語コミュニケーションIII 論理・表現I 論理・表現II 論理・表現III
情報	社会と情報 情報の科学	情報I 情報II

大学のサイトも見よう

目　次

2023 年度
問題 と 解答

掲載内容についてのお断り

本書では以下のように掲載しています。

2024 年度

- 特待奨学生特別選抜
- 一般選抜前期　日程 A：医学部を除く
- 一般選抜：医学部※

　※　医学部は 2024 年度分のみ掲載

2023 年度

- 特待奨学生特別選抜
- 一般選抜前期　日程 A：医学部を除く

著作権の都合上，下記の内容を省略しています。

- 2024 年度一般選抜前期　日程 A　「英語」第 1 問

基本情報

 学部・学科の構成

> **大　学**

■■**大田原キャンパス**
●**保健医療学部**
　看護学科
　理学療法学科
　作業療法学科
　言語聴覚学科
　視機能療法学科
　放射線・情報科学科
　医学検査学科*

　＊ 2025 年 4 月開設予定（仮称・認可申請中）。

●**医療福祉学部**
　医療福祉・マネジメント学科（社会福祉コース，精神保健福祉コース，
　　介護福祉コース，診療情報管理コース，医療福祉マネジメントコー

ス）

＊2年次進級時に上記コースに分属。ただし，介護福祉コースは入学時に選択。

●薬学部

薬学科［6年制］

■■成田キャンパス

●医学部

医学科［6年制］

●成田看護学部

看護学科

●成田保健医療学部

理学療法学科

作業療法学科

言語聴覚学科

医学検査学科

放射線・情報科学科

●成田薬学部

薬学科［6年制］

●特別専攻科

臨床工学特別専攻科［1年制］

介護福祉特別専攻科［2年制］

■■東京赤坂キャンパス

●赤坂心理・医療福祉マネジメント学部

心理学科

医療マネジメント学科

■■小田原キャンパス

●小田原保健医療学部

看護学科

理学療法学科

作業療法学科

■■大川キャンパス

●福岡保健医療学部

看護学科

理学療法学科
作業療法学科
医学検査学科
●**福岡薬学部**
薬学科 ［ 6 年制］

大学院

医学研究科 / 医療福祉学研究科 / 薬学研究科 / 薬科学研究科

（注）学部・学科ならびに大学院の情報は，2024 年 4 月時点のものです。

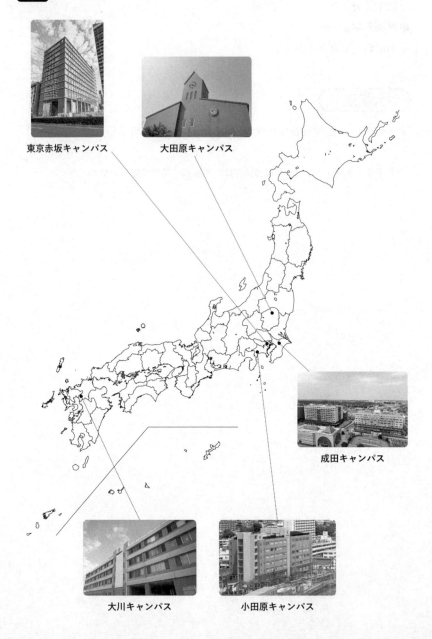

大学所在地

東京赤坂キャンパス

大田原キャンパス

成田キャンパス

大川キャンパス

小田原キャンパス

大田原キャンパス	〒324-8501	栃木県大田原市北金丸 2600-1
成田キャンパス	〒286-8686	千葉県成田市公津の杜 4-3
東京赤坂キャンパス	〒107-8402	東京都港区赤坂 4-1-26
小田原キャンパス	〒250-8588	神奈川県小田原市城山 1-2-25 (本校舎)
大川キャンパス	〒831-8501	福岡県大川市榎津 137-1

２０２４年度入試データ

 入試状況（志願者数・競争率など）

○競争率は受験者数÷合格者数（医学部は受験者数÷正規合格者数）で算出。
○合格者数には，第一志望以外の学科による合格者を含む。

特待奨学生特別選抜

学部・学科		募集人員	志願者数	受験者数	合格者数	競争率
保健医療	看　　　護	10	119	117	76	1.5
	理 学 療 法	10	77	77	29	2.7
	作 業 療 法	10	57	55	36	1.5
	言 語 聴 覚	12	51	50	22	2.3
	視 機 能 療 法	7	25	25	18	1.4
	放射線・情報科	10	143	142	61	2.3
医療福祉	医 療 福 祉・マ ネ ジ メ ン ト	17	51	51	38	1.3
薬	薬	50	272	270	175	1.5
成田看護	看　　　護	10	183	182	67	2.7
成　　田保健医療	理 学 療 法	10	76	76	38	2.0
	作 業 療 法	7	48	47	13	3.6
	言 語 聴 覚	7	39	39	14	2.8
	医 学 検 査	12	81	80	38	2.1
	放射線・情報科	5	98	98	27	3.6
成田薬	薬	35	227	227	150	1.5
赤坂心理・医療福祉マネジメント	心　　　理	8	44	44	27	1.6
	医療マネジメント	8	18	18	16	1.1
小 田 原保健医療	看　　　護	8	129	126	33	3.8
	理 学 療 法	9	59	58	30	1.9
	作 業 療 法	7	32	30	18	1.7

（表つづく）

学部・学科		募集人員	志願者数	受験者数	合格者数	競争率
福　　岡 保健医療	看　　　護	6	47	46	30	1.5
	理 学 療 法	10	44	44	23	1.9
	作 業 療 法	7	21	21	8	2.6
	医 学 検 査	20	56	56	36	1.6
福 岡 薬	薬	35	250	244	170	1.4

一般選抜

●医学部

学部・学科		募集人員	志願者数	受験者数	合格者数	競争率
医	医	105	3,249	3,161	643 324	9.8

(備考)合格者数欄の上段は一次試験合格者数，下段は正規合格者数。

●前期

学部・学科		募集人員	志願者数	受験者数	合格者数	競争率
保健医療	看　　　護	43	156	142	85	1.7
	理 学 療 法	41	99	99	38	2.6
	作 業 療 法	26	38	38	19	2.0
	言 語 聴 覚	25	24	23	21	1.1
	視 機 能 療 法	13	17	17	15	1.1
	放射線・情報科	48	278	274	106	2.6
医療福祉	医 療 福 祉・ マ ネ ジ メ ン ト	25	45	45	42	1.1
薬	薬	55	319	309	181	1.7
成田看護	看　　　護	42	402	390	57	6.8
成　　田 保健医療	理 学 療 法	33	161	159	48	3.3
	作 業 療 法	14	52	52	13	4.0
	言 語 聴 覚	14	40	40	6	6.7
	医 学 検 査	31	167	164	53	3.1
	放射線・情報科	22	268	262	31	8.5
成 田 薬	薬	40	559	539	131	4.1
赤坂心理・ 医療福祉 マネジメント	心　　　理	20	109	104	33	3.2
	医療マネジメント	14	35	31	29	1.1

(表つづく)

学部・学科		募集人員	志願者数	受験者数	合格者数	競争率
小田原 保健医療	看　　　　護	30	265	256	42	6.1
	理　学　療　法	30	74	74	28	2.6
	作　業　療　法	13	17	17	14	1.2
福　岡 保健医療	看　　　　護	33	89	88	50	1.8
	理　学　療　法	20	45	45	29	1.6
	作　業　療　法	10	10	10	9	1.1
	医　学　検　査	30	102	98	74	1.3
福　岡　薬	薬	40	392	387	106	3.7

（備考）一般選抜前期は全日程の合計。

●後期

学部・学科		募集人員	志願者数	受験者数	合格者数	競争率
保健医療	看　　　　護	若干名	3	2	0	―
	理　学　療　法	若干名	6	6	1	6.0
	作　業　療　法	若干名	0	0	0	―
	言　語　聴　覚	若干名	1	1	1	1.0
	視　機　能　療　法	若干名	1	1	1	1.0
	放射線・情報科	若干名	2	2	1	2.0
医療福祉	医　療　福　祉・ マ ネ ジ メ ン ト	若干名	3	3	3	1.0
薬	薬	若干名	9	9	3	3.0
成田看護	看　　　　護	若干名	13	13	8	1.6
成　田 保健医療	理　学　療　法	若干名	14	14	4	3.5
	作　業　療　法	若干名	4	4	0	―
	言　語　聴　覚	若干名	4	4	0	―
	医　学　検　査	若干名	9	9	3	3.0
	放射線・情報科	若干名	22	21	5	4.2
成田薬	薬	若干名	33	32	4	8.0
赤坂心理・ 医療福祉 マネジメント	心　　　　理	若干名	7	6	2	3.0
	医療マネジメント	若干名	0	0	0	―
小田原 保健医療	看　　　　護	若干名	22	15	4	3.8
	理　学　療　法	若干名	0	0	0	―
	作　業　療　法	若干名	0	0	0	―

（表つづく）

学部・学科		募集人員	志願者数	受験者数	合格者数	競争率
福岡保健医療	看　　護	若干名	5	4	3	1.3
	理 学 療 法	若干名	2	2	2	1.0
	作 業 療 法	若干名	0	0	0	—
	医 学 検 査	若干名	0	0	0	—
福岡薬	薬	若干名	17	13	2	6.5

大学入学共通テスト利用選抜

学部・学科		募集人員	志願者数	受験者数	合格者数	競争率
保健医療	看　　護	17	51	51	19	2.7
	理 学 療 法	17	44	44	11	4.0
	作 業 療 法	6	22	22	9	2.4
	言 語 聴 覚	11	14	14	12	1.2
	視 機 能 療 法	3	7	7	5	1.4
	放射線・情報科	22	130	130	28	4.6
医療福祉	医 療 福 祉・マ ネ ジ メ ン ト	16	23	23	22	1.0
薬	薬	30	105	105	52	2.0
医	医	15	918	891	201 44	20.3
成田看護	看　　護	16	127	125	21	6.0
成田保健医療	理 学 療 法	12	55	54	11	4.9
	作 業 療 法	5	19	19	4	4.8
	言 語 聴 覚	5	15	15	2	7.5
	医 学 検 査	12	86	85	12	7.1
	放射線・情報科	8	108	107	8	13.4
成田薬	薬	20	198	196	62	3.2
赤坂心理・医療福祉マネジメント	心　　理	12	54	53	28	1.9
	医療マネジメント	8	13	13	13	1.0
小田原保健医療	看　　護	10	122	122	24	5.1
	理 学 療 法	10	26	26	10	2.6
	作 業 療 法	3	13	13	13	1.0
福岡保健医療	看　　護	4	18	18	15	1.2
	理 学 療 法	4	14	14	6	2.3
	作 業 療 法	3	5	5	3	1.7
	医 学 検 査	8	52	51	36	1.4

（表つづく）

学部・学科	募集人員	志願者数	受験者数	合格者数	競争率
福 岡 薬　　薬	20	92	92	22	4.2

（備考）医学部の合格者数欄の上段は一次試験合格者数，下段は正規合格者数。

特待奨学生対象者合格者数

　下記入試において，成績上位合格者は特待奨学生に選抜される。特待奨学生には4年間（医学部・薬学部・成田薬学部・福岡薬学部は6年間）の学生納付金に対し，決められた額の奨学金が給付される。

区分　　　学部・学科	医学部特待奨学生			
	一般選抜		共通テスト利用	
	特待奨学生S	特待奨学生A	特待奨学生S※	特待奨学生A
医　　　　医	20	22	1	4

（備考）医学部の特待奨学生には，S・Aの2種類があり，給付額が異なる。
※本来の制度としては選抜は行われないが，成績が優秀な合格者がいたため特例として選抜。

区分　　　学部・学科		特待奨学生特別選抜			一般前期			共通テスト利用		
		特待奨学生			特待奨学生			特待奨学生		
		S	A	B	S	A	B	S	A	B
保健医療	看　　　　護	4	6	0	4	1	0	1	2	0
	理 学 療 法	4	4	2	1	3	1	3	0	0
	作 業 療 法	1	1	5	0	4	1	0	2	1
	言 語 聴 覚	1	4	4	1	1	3	0	1	1
	視 機 能 療 法	0	0	4	0	1	1	0	1	1
	放射線・情報科	4	6	0	1	4	0	3	0	0
医療福祉	医 療 福 祉・マネジメント	0	6	5	1	2	4	0	1	5
薬	薬	20	30	0	12	18	0	3	8	9
成田看護	看　　　　護	4	6	0	5	0	0	3	0	0
成　田保健医療	理 学 療 法	2	6	0	3	2	0	1	2	0
	作 業 療 法	3	4	0	0	1	1	0	0	0
	言 語 聴 覚	1	2	2	2	2	0	0	2	0
	医 学 検 査	4	8	0	4	1	0	2	0	0
	放射線・情報科	2	3	0	0	2	0	2	0	0
成 田 薬	薬	15	20	0	17	1	0	4	4	4

（表つづく）

区分	特待奨学生特別選抜			一般前期			共通テスト利用		
学部・学科	特待奨学生			特待奨学生			特待奨学生		
	S	A	B	S	A	B	S	A	B
赤坂心理・医療福祉マネジメント 心 理	2	4	2	3	4	0	1	2	0
医療マネジメント	0	0	3	0	2	2	0	0	2
小田原保健医療 看 護	2	6	0	3	1	0	1	1	0
理 学 療 法	1	3	3	0	3	1	0	1	1
作 業 療 法	2	2	2	0	1	1	0	1	1
福 岡保健医療 看 護	0	4	0	1	1	0	0	0	2
理 学 療 法	3	5	1	1	3	1	1	0	2
作 業 療 法	1	1	2	1	0	0	0	0	2
医 学 検 査	2	7	8	0	5	0	1	2	0
福 岡 薬 薬	15	20	0	13	5	0	4	8	0

(備考)医学部以外の学部の特待奨学生には，S・A・Bの3種類があり，給付額が異なる。

募 集 要 項 の 入 手 方 法

　全学部・全入試区分でインターネット出願を導入しています。2025 年度学生募集要項および出願手続に関する詳細は 7 月上旬，大学ホームページに公表予定となっています。

入試に関する連絡先《入試全般に関する問い合わせはこちら》

◆入試事務統括センター

　TEL：0476-20-7810　FAX：0476-20-7812

　E メール：admission@iuhw.ac.jp

各入試事務室連絡先

◆大田原キャンパス入試事務室〔保健医療学部／医療福祉学部／薬学部〕

　〒324-8501　栃木県大田原市北金丸 2600-1

　TEL：0287-24-3200　FAX：0287-24-3199　E メール：nyushi@iuhw.ac.jp

◆成田キャンパス入試事務室

　　　　　　　　　　〔医学部／成田看護学部／成田保健医療学部／成田薬学部〕

　〒286-8686　千葉県成田市公津の杜 4-3

　TEL：0476-20-7810　FAX：0476-20-7812　E メール：admission@iuhw.ac.jp

◆東京赤坂キャンパス入試事務室〔赤坂心理・医療福祉マネジメント学部〕

　〒107-8402　東京都港区赤坂 4-1-26

　TEL：03-5574-3903　FAX：03-5574-3901　E メール：akasaka-nyushi@iuhw.ac.jp

◆小田原キャンパス入試事務室〔小田原保健医療学部〕

　〒250-8588　神奈川県小田原市城山 1-2-25（本校舎）

　TEL：0465-21-0361　FAX：0465-21-6501　E メール：od-nyushi@iuhw.ac.jp

◆九州地区入試事務室〔福岡保健医療学部／福岡薬学部〕

　〒831-8501　福岡県大川市榎津 137-1

　TEL：0944-89-2100　FAX：0944-89-2001　E メール：kyushu-nyushi@iuhw.ac.jp

国際医療福祉大学ホームページ

URL：https://www.iuhw.ac.jp/

TREND & STEPS

傾向 と 対策

　科目ごとに問題の「傾向」を分析し，具体的にどのような「対策」をすればよいか紹介しています。まずは出題内容をまとめた分析表を見て，試験の概要を把握しましょう。

=== 注　意 ===

　「傾向と対策」で示している，出題科目・出題範囲・試験時間等については，2024 年度までに実施された入試の内容に基づいています。2025 年度入試の選抜方法については，各大学が発表する学生募集要項を必ずご確認ください。

=== 来年度の変更点 ===

　2025 年度は，特待奨学生特別選抜・一般選抜前期ともに以下の変更が予定されている（本書編集時点）。
〈福岡保健医療学部〉
　看護学科および医学検査学科で小論文が課されなくなり，3 科目型から2 科目型の試験となる。

保健医療 医療福祉 薬 成田看護

成田保健医療 成田薬

赤坂心理・医療福祉マネジメント 小田原保健医療

福岡保健医療 福岡薬学部

英　語

年度	区分	番号	項　目	内　容
2024 ●	特待奨学生特別選抜	〔1〕	読　　解	欠文挿入箇所，空所補充，発音・アクセント，内容説明，英文和訳，内容真偽
		〔2〕	文法・語彙	空所補充
		〔3〕	文法・語彙	書き換え
		〔4〕	文法・語彙	語句整序
		〔5〕	会　話　文	空所補充
	一般選抜前期日程A	〔1〕	読　　解	空所補充，発音・アクセント，英文和訳，内容真偽
		〔2〕	文法・語彙	空所補充
		〔3〕	文法・語彙	書き換え
		〔4〕	文法・語彙	語句整序
		〔5〕	会　話　文	空所補充
2023 ●	特待奨学生特別選抜	〔1〕	読　　解	空所補充，発音・アクセント，英文和訳，内容説明，内容真偽
		〔2〕	文法・語彙	空所補充
		〔3〕	文法・語彙	書き換え
		〔4〕	文法・語彙	語句整序
		〔5〕	会　話　文	空所補充
	一般選抜前期日程A	〔1〕	読　　解	内容説明，英文和訳，空所補充，発音・アクセント，内容真偽
		〔2〕	文法・語彙	空所補充
		〔3〕	文法・語彙	書き換え
		〔4〕	文法・語彙	語句整序
		〔5〕	会　話　文	空所補充

（注）●印は全問，◖印は一部マークシート方式採用であることを表す。

内容把握中心の読解総合問題と
標準的な文法問題が出題される

01 出題形式は？

　例年，読解1題，文法・語彙3題，会話文1題という大問構成で，全問マークシート方式による選択式である。試験時間は2科目120分。

02 出題内容はどうか？

　読解問題：文脈の理解を問う空所補充，英文和訳，内容説明，内容真偽など読解力を問うもの，発音・アクセントを問うものなど多彩な設問が出題される総合読解問題となっている。

　文法・語彙問題：空所補充，語句整序，書き換えが出題されており，重要文法事項を含む代表的な構文やイディオムの知識が問われる。

　会話文問題：会話文中の空所に適切なものを選ぶ問題である。空所前後をじっくり検討しつつ，慎重に会話の流れを追いながら解答したい。

03 難易度は？

　読解問題に使われている英文は標準的な英文である。トピックは例年，医学・生物に関するものが多いが，2024年度は情報，社会経済からの話題であった。語彙レベルが高いと感じるかもしれないが，設問は基本的な力を問うものが大半で，難しいものは少ない。読解問題中に組み込まれている発音・アクセント問題は標準的なレベル。文法・語彙問題も標準的なものが中心である。会話文問題の文章自体は教科書と同じくらいのレベルである。

01 読 解

　各段落の内容を把握する読み方を身につけたい。それには，普段から，主題を表す文はどれか，補足説明や具体例を表す文はどれかを意識して読むようにして，その段落全体の内容を把握する力を身につけることである。また，学生向け英字新聞などを読み最新のテーマ，トピックにも関心をもっておこう。他の医療系大学の過去問も解いてみるほか，『やっておきたい英語長文 300』『やっておきたい英語長文 500』（ともに河合出版）などで読解力と速読力を強化するのもよいだろう。

02 文法・語彙

　『Next Stage 英文法・語法問題』（桐原書店）や『スクランブル英文法・語法』（旺文社）など，標準レベルの文法の問題集をしっかりと勉強しておくとよいだろう。また，熟語も文法問題の中では大きな比率を占めているので，基本的な熟語は覚えておきたい。問題の中には，ごく少数，難しいものも混じっているが，それにはあまりこだわらずに，基本をしっかりとおさえて合格点を取ることを目指してほしい。また，日本語訳のついている語句整序問題では，その日本語にこだわりすぎず，同じような意味の英文を作ればよいという姿勢で取り組むとよい。市販の文法・語法・語句整序問題集を 1 冊ずつこなし，最後に『英文法ファイナル問題集 標準編』（桐原書店）など総合問題集で仕上げるのが効果的である。

03 発音・アクセント

　独立した問題での出題ではないが，小問として単語の第 1 アクセントの母音の発音が問われているので，意識して覚えるようにしよう。単語を覚える際に意味より先にまず発音を確認するようにするとよい。発音記号から音がわからない場合には電子辞書や英語読み上げサイトなどで音を確認

し，すべて発音できるようにしよう。アクセントのある母音は大げさに，長く発音すると記憶に残りやすい。

04 会話文

　会話文の問題では，会話の場面設定や流れを的確に把握することがポイント。また，空所を順番通りに解いていくと，手こずるものもあるので，わかりづらいところは後に回して解くのもよい。代名詞や関連する語句を手がかりに解くことも効果的である。

日本史

年度	区分	番号	内　容	形　式
2024 ●	特待奨学生特別選抜	〔1〕	飛鳥〜奈良時代の政治と文化	選　択
		〔2〕	鎌倉時代の政治と対外関係	選　択
		〔3〕	江戸時代の政治・対外関係・文化	選　択
		〔4〕	明治時代の政治・経済・外交・文化	選　択
	一般選抜前期日程A	〔1〕	平安時代初期の政治	選　択
		〔2〕	室町時代の外交と文化	選　択
		〔3〕	徳川綱吉時代の政治と文化	選択・配列
		〔4〕	日清戦争と三国干渉	選　択
2023 ●	特待奨学生特別選抜	〔1〕	律令国家への道と白鳳文化	選　択
		〔2〕	室町時代の社会・経済	選　択
		〔3〕	江戸幕府の文治政治　　　⊘史料	選　択
		〔4〕	第二次護憲運動と憲政の常道	選　択
	一般選抜前期日程A	〔1〕	律令国家の形成と平城京	選択・配列
		〔2〕	北条氏の台頭と鎌倉幕府	選　択
		〔3〕	江戸時代の政治	選択・配列
		〔4〕	明治期の議会	選　択

（注）　●印は全問，◑印は一部マークシート方式採用であることを表す。

傾　向　時代・分野とも幅広く基本事項の学習を
歴史的な背景や関連事項も丁寧に整理しよう

01 出題形式は？

　試験時間はいずれも 2 科目 120 分。大問数は 4 題で，大問ごとの解答個数は 10 個，合計 40 個のマークシート方式による出題である。選択肢の数はおおむね語句を選択する場合は 5 つ，短文を選択する場合は 4 つとなっている。出題形式は，リード文中に引かれた下線部に関する設問や空所補

充など一般的な形式がとられている。2023年度は出来事・人物，2024年度は人物に関する年代順を問う配列法が出題されている。2024年度は史料問題は出題されなかったが，2023年度には出題されているので注意が必要である。

　なお，2025年度は出題科目が「日本史探究」となる予定である（本書編集時点）。

02 出題内容はどうか？

　時代別では，一部に幅広い時代にまたがる通史的な出題が見られるが，おおむね大問ごとに古代，中世，近世，近現代から各1題ずつ出題され，バランスのよい出題となっている。

　分野別では，政治・外交・経済・社会・文化と幅広く出題されている。また，単なる空所補充にとどまらず，ひとつの歴史的な出来事や語句をもとに，それぞれの分野が横断的に出題されるなど，すべての分野を関連づけた出題が目立つ。

　史料問題では，リード文に史料が使用されるほか，小問の選択肢として史料文が用いられることもある。また，過去には史料文の空所補充問題が出題されたこともある。

03 難易度は？

　ほとんどが基本事項からの出題であり，教科書中心の学習で対応可能である。また，設問形式も解答しやすく構成されている。出題の中には，受験生には少し見慣れない内容の問題や，正文・誤文選択問題では細かい知識を要する設問もあるが，用語に難解なものはないので，問題文をよく読んで消去法で選択肢を絞っていけば正答を導くことができるであろう。

　試験時間には余裕があると思われるが，単純な一問一答形式の問題などは比較的少なめで，解答を導くまでに関連事項などを含め，考えさせる問題もある。そのため，2科目120分の試験時間においては，他の選択科目との時間配分を考えながら，丁寧かつ迅速に解答したい。難易度としては標準的なレベルと言える。

01 教科書中心の学習を

　ほとんどが教科書の内容からの出題であり，教科書の反復学習を徹底することが何よりの対策となる。教科書本文の太字で示されている歴史的用語を確実に覚えるのはもちろんのこと，教科書を丁寧に読み，歴史の流れや関連事項をおさえていきたい。学習が不足になりがちな近現代からも必ず出題されているので，早めに対策をしよう。まずは『山川 一問一答日本史』（山川出版社）で基礎を固めるとよい。また，特定の年代に起きた出来事を選択させる問題や西暦を問う問題，年代順に並べる問題も出題されるので，重要事項を年表に整理して時系列を把握しておくとよい。

02 史料問題・文化史の対策を

　過去に大問として史料問題が出題されているので，対策を怠らないようにしておこう。教科書に載っている基本史料から出題されることが多いので，教科書学習の際には，史料にまで目を配ろう。余裕があれば『詳説 日本史史料集』（山川出版社）などを使用するのもよい。その際，時代背景や歴史的事項に対する理解を深めるのに大変役立つので，史料の注や解説も読んでおきたい。また，文化史については，赤本ポケットシリーズ『共通テスト日本史〔文化史〕』（教学社）がコンパクトで使いやすい。

03 問題演習

　出題の大半を占める基本問題の失点をいかに減らすかが重要である。ひととおり教科書学習を終えたら，本書の過去問を全問解いてみよう。出題形式の傾向をつかみ，基本的な問題で誤答した箇所を必ず教科書で再確認し，自分の弱点を減らすことを最優先にしてほしい。また，正文・誤文選択問題対策として，『マーク式基礎問題集 日本史Ｂ〔正誤問題〕』（河合出版）などを用いて，問題に慣れておくとよい。

数　学

年度	区分	番号	項　目	内　容
2024 ●	特待奨学生特別選抜	数学Ⅰ・A 〔1〕	小 問 3 問	(A)式の値，因数分解，1次不等式　(B)集合 (C)図形の性質
		〔2〕	2 次 関 数	放物線の軸，平行移動，x軸から切り取る線分の長さ，2次関数の最大・最小
		〔3〕	図形と計量	三角形の面積，正弦定理・余弦定理
		〔4〕	場 合 の 数	等式を満たす整数の組の個数（重複組合せ）
		数学Ⅱ・B 〔1〕	小 問 3 問	(A)三角関数の合成，三角方程式と三角不等式 (B)解と係数の関係　(C)不等式の表す領域
		〔2〕	微・積分法	導関数，積分法（面積），接線，3次方程式の実数解の個数
		〔3〕	数　　列	階差数列，数列の和
		〔4〕	ベクトル	平面ベクトルの内積，三角形の面積，1次独立なベクトル
	一般選抜前期日程A	数学Ⅰ・A 〔1〕	小 問 3 問	(A)分母の有理化，式の値　(B)集合の要素 (C)球の体積，表面積と円柱の体積
		〔2〕	2 次 関 数	2次関数の決定，最大・最小，平行移動，2次方程式の解
		〔3〕	図形と計量	正弦定理・余弦定理，三角形の面積，内接円の半径，2次関数の最大値
		〔4〕	確　　率	さいころを投げたときの出た目に関する確率，条件付き確率
		数学Ⅱ・B 〔1〕	小 問 3 問	(A)三角関数の合成　(B)対数不等式　(C)解と係数の関係，軌跡の方程式
		〔2〕	微・積分法	接線，極大・極小，積分法（面積）
		〔3〕	数　　列	等差数列，等比数列の初項と公差，公比および和，Σ計算
		〔4〕	ベクトル	平面ベクトルの図形への応用，内積

2023 ●	特待奨学生特別選抜	数学Ⅰ・A	〔1〕	小問3問	(A)絶対値記号を含む1次方程式　(B)データの分析　(C)2つの交わる円の共通接線と面積
			〔2〕	2次関数	放物線の平行移動，対称移動，2次方程式・不等式
			〔3〕	図形と計量	円に内接する四角形，余弦定理，三角形の相似と面積比
			〔4〕	確　率	正八面体のさいころを投げたときの確率，条件付き確率
		数学Ⅱ・B	〔1〕	小問3問	(A)三角関数の合成と対称式を利用した式変形　(B)二項定理と対数計算　(C)2点間の距離と直線の方程式
			〔2〕	微・積分法	3次関数の極値，接線，積分法の応用（面積），3次方程式の実数解
			〔3〕	数　列	$\sqrt{n}$ の整数部分を項とする数列の項数と和
			〔4〕	ベクトル	平面ベクトルの図形への応用，2直線の交点，重心の位置ベクトル
	一般選抜前期日程A	数学Ⅰ・A	〔1〕	小問3問	(A)分母の有理化と対称式を用いた計算　(B)集合の要素　(C)円に内接する三角形についての線分の長さと面積
			〔2〕	2次関数	定義域に文字を含む2次関数の最大値・最小値
			〔3〕	図形と計量	余弦定理，三角形の面積，三角形の内接円の中心，内角・外角の二等分線
			〔4〕	確　率	反復試行の確率，条件付き確率
		数学Ⅱ・B	〔1〕	小問3問	(A)三角関数の合成　(B)対数方程式・不等式　(C)円と接線およびもう1つの円とで囲まれた部分の面積
			〔2〕	微・積分法	3次関数の極値，接線，最大・最小，積分の応用（面積）
			〔3〕	数　列	等差・等比数列の一般項と和，ある数列で整数でない項を並べた数列
			〔4〕	ベクトル	平面ベクトルの図形への応用，ベクトルの大きさ，内積，三角形の面積

（注）　●印は全問，◗印は一部マークシート方式採用であることを表す。

出題範囲の変更

　2025年度入試より，数学は新教育課程での実施となります。詳細については，大学から発表される募集要項等で必ずご確認ください（以下は本書編集時点の情報）。

2024年度（旧教育課程）	2025年度（新教育課程）
数学Ⅰ・A（場合の数と確率，図形の性質）	数学Ⅰ・A（場合の数と確率，図形の性質）
数学Ⅱ・B（数列・ベクトル）	数学Ⅱ・B（数列）・C（ベクトル）

旧教育課程履修者への経過措置

　2025年度においては，旧教育課程履修者に不利とならないよう配慮して出題する。

出題範囲から幅広く出題

01 出題形式は？

いずれも大問4題である。試験時間は2科目120分。例年，〔1〕は3問の小問に分かれており，複数の分野からの出題となっている。

解答形式は全問マークシート方式で，空所に当てはまる数字を選んでマークする形式となっている。桁数や式の形はある程度わかるものの，計算ミスには気をつけなければならない。

02 出題内容はどうか？

出題範囲から幅広く出題されているが，「数学Ⅰ・A」では2次関数，図形と計量，場合の数と確率，「数学Ⅱ・B」では微・積分法，図形と方程式，数列，ベクトルに関する問題がよく出題されている。

03 難易度は？

いわゆる難問や特別な発想を必要とする問題はなく，教科書の内容を理解していれば解ける基本〜標準レベルの問題である。全体的に計算力を要する問題が多い。また，自分で図を描き考えることで，図形の性質を利用した解法が見えてくる問題もある。

対 策

01 基本力の充実を

特別な難問の出題はなく，基本〜標準レベルの内容からの出題となっているので，教科書の例題を確実に理解し，傍用問題集などで繰り返し練習することで，基本事項をマスターすることが大切である。

02 苦手分野をなくそう

　例年，〔1〕が小問集合形式になっているのに加え，融合問題が多く，各分野からまんべんなく出題されているので，苦手分野をなくすようにしよう。

03 正確な計算力を

　かなりの計算力を必要とする問題も出題されており，的確で速い計算が求められる。定理・公式，典型的な解法をしっかりと定着させて，すぐに用いることができるように十分な演習を積んでおきたい。特に微・積分法の計算は面倒なので，ややこしい計算でも普段からしっかり最後まで解くように練習しておくべきである。また，問題集などを解く際，目標時間を設定して時間内に解くという練習をしておくとよい。

04 図を正確に描くこと

　問題文を読み，自分で図を描き，それを用いて考えるということを普段から練習しておきたい。これは数学では重要なことで，図を描いて考えることでその問題の背景が見えてくることがある。そのためにも図を描くときはなるべく正確に描くように心がけたい。

05 標準レベルの受験問題集で演習を

　マークシート方式とはいえ，記述式の問題を解くときと同様に，自分で方針を立てて進めなければいけない。答えの数式や値のみが採点の対象となって部分点のもらえない記述式の問題と考えて対処すべきである。日頃から記述式の問題も載っている標準的な受験問題集に取り組み，融合問題に慣れ，的確な判断ができるようにしておきたい。

物　理

年度	区　分		番号	項　目	内　容
2024 ●	特待奨学生特別選抜	物理・物理基礎	〔1〕	小 問 集 合	(1)運動方程式　(2)凸面鏡のつくる像　(3)気柱の固有振動　(4)熱サイクルの熱効率　(5)抵抗率
			〔2〕	力　　　学	運動量と力積
			〔3〕	熱 力 学	ばねつきのピストンにより閉じ込められた気体
			〔4〕	電 磁 気	コイルを含んだ直流回路
		※物理基礎	〔1〕	力　　　学	熱気球と落体の運動
			〔2〕	熱 力 学	比熱と熱量保存則
	一般選抜前期日程A	物理・物理基礎	〔1〕	小 問 集 合	(1)摩擦角　(2)光ファイバーと屈折の法則　(3)地震波の到達時間　(4)定積モル比熱と定圧モル比熱　(5)点電荷のつくる電位
			〔2〕	力　　　学	ばねつきの台車上の物体の運動
			〔3〕	熱 力 学	単原子分子理想気体の状態変化
			〔4〕	電 磁 気	電位差計による起電力の測定
		※物理基礎	〔1〕	力　　　学	落体の運動
			〔2〕	波　　　動	気柱の固有振動
2023 ●	特待奨学生特別選抜	物理・物理基礎	〔1〕	小 問 集 合	(1)2物体の衝突　(2)縦波の横波表示　(3)凸レンズ　(4)自己誘導起電力　(5)気体の圧力
			〔2〕	力　　　学	浮力，慣性力，見かけの重力
			〔3〕	熱 力 学	気体の状態変化
			〔4〕	電 磁 気	直流回路，キルヒホッフの法則
		※物理基礎	〔1〕	力　　　学	等加速度直線運動，v-t グラフ
			〔2〕	総　　　合	エネルギーの移り変わり
	一般選抜前期日程A	物理・物理基礎	〔1〕	小 問 集 合	(1)力学的エネルギー保存則　(2)ドップラー効果　(3)熱量保存則　(4)熱力学第一法則　(5)交流回路
			〔2〕	力　　　学	壁との非弾性衝突，力積と運動量の関係
			〔3〕	波　　　動	気柱共鳴
			〔4〕	電 磁 気	電流のまわりの磁場，電磁力
		※物理基礎	〔1〕	力　　　学	力のつり合い，運動方程式，摩擦力
			〔2〕	熱 力 学	熱機関の熱効率

（注）　●印は全問，◐印は一部マークシート方式採用であることを表す。
※　化学基礎とあわせて1科目として解答。

各分野から偏りなく出題
現象・原理にも注意

01 出題形式は？

　全間マークシート方式による選択式である。特待奨学生特別選抜，一般選抜前期日程 A ともに大問数は，「物理基礎・物理」は 4 題，「物理基礎」が 2 題である。試験時間は「物理基礎・物理」，「物理基礎（化学基礎とあわせて 1 科目）」ともに 2 科目 120 分となっている。解答は，適切な数値や文字式を選ぶもののほか，グラフなど図を選ぶものもある。過去には，計算結果を一桁ずつマークする形式のものも出題されている。

02 出題内容はどうか？

　出題範囲は，「物理基礎・物理（様々な運動，波，電気と磁気）」または「物理基礎（化学基礎とあわせて 1 科目）」である。

　「物理基礎・物理」では，力学，電磁気，波動，熱力学からまんべんなく出題されている。「物理基礎」では，力学のほかに，2023 年度は，熱力学とエネルギーに関する総合問題が，2024 年度は熱力学と波動が出題された。いずれにせよ，出題範囲全般にわたる丁寧な学習が必要である。現象や原理を問う問題も出題されている。

03 難易度は？

　全体的に基本・標準問題が多いが，年度によっては難易度が高くなることもある。近年は標準問題からの出題が多い。また，計算に少し時間がかかる問題が出題されることもある。しかし，教科書の内容を理解していれば，すべての問題に十分対応でき，時間的にも余裕がもてるだろう。

01 教科書の内容を理解する

　教科書を中心に全分野の基本事項を整理し，現象についてもしっかり把握しておく必要がある。レベルの高い問題も基本事項を組み合わせたものであり，基礎をしっかり理解した上で，それらを組み合わせることができれば十分に解答が可能である。

02 基本問題を徹底的に解こう

　力学の問題は基本事項を組み合わせて作問されることが多いので，基本的な知識はしっかりと身につけておくこと。電磁気の分野は，計算はもちろんのこと，現象・原理の問題が多いので，実験の問題にもふれておくとよいだろう。波動や熱力学の問題では基本問題が多いので，公式などの基本事項はしっかりとおさえておきたい。

03 計算力をつけ近似計算にも慣れておこう

　計算の正確さとスピードを日頃の問題演習で身につけよう。数値計算では単位の取り扱いに注意すること。また，近似計算にも慣れておきたい。微小量を気にしながら日頃から計算に取り組みたい。学校で配布されている問題集を徹底的に解いて基礎を固めた後は，過去問や共通テストの過去問にあたっておくとよいだろう。

04 解ける問題から手をつける

　基礎的な設問が多いが，時間を要する計算が必要な設問もある。試験場では，すべての問題にまず目を通し，大まかに難易を見極めた上で，解きやすい問題から取りかかるのも確実に点をとるひとつの方法である。各問題の前半を確実に解き，後半は解けるところから手をつけるとよいだろう。

　普段は解ける小問も，大問の中の小問になるとミスしやすくなるが，基礎を固めておけば，どのような問題の中でも基礎から標準までの小問は解くことができる。さらに，物理的読解力を身につけると後半の小問にも取り組むことができる。日頃から問題を一読して，意味がつかめなければ，どのように読み解くかを考えよう。

化　学

年度	区 分			番号	項　目	内　容	
2024 ●	特待奨学生特別選抜	薬、成田薬、福岡薬	化学基礎・化学	〔1〕	変　化	化学平衡	⊘計算
				〔2〕	無　機	酸素化合物の性質	⊘計算
				〔3〕	有　機	炭化水素，カルボニル化合物，油脂，芳香族化合物	
		小田原保健医療、赤坂心理・医療福祉マネジメント、福岡保健医療、医療福祉、成田看護、成田保健医療	化学基礎・化学	〔1〕	変　化	鉛蓄電池，溶解度積	⊘計算
				〔2〕	無　機	無機化合物の性質	
				〔3〕	有　機	脂肪族エステルの構造決定	⊘計算
			※化学基礎	〔1〕	構造・変化	炎色反応，物質の沸点，濃度，化学反応式，pH，酸化数	⊘計算
				〔2〕	構　造	原子の性質，化学結合	
	一般選抜前期日程A	薬、成田薬、福岡薬	化学基礎・化学	〔1〕	状態・変化	蒸気圧，金属のイオン化傾向	⊘計算
				〔2〕	無　機	無機化合物の個別各論	⊘計算
				〔3〕	有　機	芳香族カルボン酸の性質	⊘計算
		小田原保健医療、赤坂心理・医療福祉マネジメント、福岡保健医療、医療福祉、成田看護、成田保健医療	化学基礎・化学	〔1〕	状　態	物質の三態，気体の状態方程式	⊘計算
				〔2〕	無　機	ハロゲンの性質	
				〔3〕	有　機	脂肪族炭化水素，芳香族炭化水素，セッケン，構造異性体，構造決定	⊘計算
			※化学基礎	〔1〕	構造・変化	混合物，同位体，極性分子，化学反応式，化学史，酸塩基反応	⊘計算
				〔2〕	変　化	中和滴定	⊘計算

2023 ●	特待奨学生特別選抜	薬、福岡薬	化学基礎・化学	〔1〕	構　造	イオン結晶	☑計算
				〔2〕	構造・無機	窒素化合物の性質	☑計算
				〔3〕	有　機	フェノールの合成	☑計算
		小田原保健医療、福岡保健医療、赤坂心理・医療福祉マネジメント、保健医療、医療福祉、成田看護、成田保健医療	化学基礎・化学	〔1〕	構造・変化	周期律，結晶格子，熱化学，電気分解，原子量，分子形	☑計算
				〔2〕	変化・無機	硫酸の性質	☑計算
				〔3〕	有　機	芳香族化合物の分離	
			※化学基礎	〔1〕	構造・変化	原子，同位体，物質量，化学反応式，化学量論，酸と塩基	☑計算
				〔2〕	変　化	酸化還元滴定	☑計算
	一般選抜前期日程A	薬、福岡薬	化学基礎・化学	〔1〕	構造・状態	蒸気圧，結晶格子	☑計算
				〔2〕	無　機	無機化合物の個別各論	
				〔3〕	有　機	脂肪族化合物の構造決定	☑計算
		小田原保健医療、福岡保健医療、赤坂心理・医療福祉マネジメント、保健医療、医療福祉、成田看護、成田保健医療	化学基礎・化学	〔1〕	状　態	蒸気圧	☑計算
				〔2〕	無　機	無機化合物の個別各論	
				〔3〕	有　機	芳香族化合物の性質	
			※化学基礎	〔1〕	構造・変化	電子配置，元素と単体，化学量論，結晶，酸と塩基，酸化還元	☑計算
				〔2〕	変　化	酸化還元滴定	☑計算

（注）　●印は全問，☑印は一部マークシート方式採用であることを表す。
　　　　成田薬学部は 2024 年度より出題。
※　物理基礎または生物基礎とあわせて 1 科目として解答。

傾　向　　理論は計算問題が頻出なので要注意！

01　出題形式は？

　大問数は，特待奨学生特別選抜，一般選抜前期日程 A ともに「化学基礎・化学」は 3 題，「化学基礎」が 2 題である。試験時間は薬，成田薬，福岡薬学部は「化学基礎・化学」1 科目 60 分，その他の学部は「化学基礎・化学」，「化学基礎（物理基礎または生物基礎とあわせて 1 科目）」ともに 2 科目 120 分となっている。

　解答形式は全問マークシート方式による選択式である。「化学基礎・化学」と「化学基礎」両方で理論分野の中に計算問題が含まれている。計算問題の解答方法は算出した数値を空所に合わせて 10 の位，1 の位，…と

マークしていくものが多い。

02 出題内容はどうか？

　出題範囲は「化学基礎・化学（高分子化合物の性質と利用を除く）」または「化学基礎（物理基礎または生物基礎とあわせて1科目）」である。

　理論分野では，結晶格子，熱化学，中和滴定，酸化還元および電池・電気分解に関する計算問題がよく出題されている。また，化学平衡や反応速度の問題も出題されている。無機分野は，理論と絡めた出題が多い。有機分野では有機化合物の製法や反応などが出題されている。さらに，理論と結びついた計算も出題されている。

03 難易度は？

　基本的な問題が中心である。計算問題が必出であり，一部の問題には煩雑な計算を要するものもあるため，正確かつ迅速な計算力が要求される。有効数字の取り扱いに注意が必要であり，解答形式に慣れておくことも大切である。試験時間に対して問題量は多めなので，知識問題は手際よく処理し，計算問題に十分な時間をとれるようにしよう。

対 策

01 理 論

　正確な知識を身につけ，教科書の基本事項は確実に理解しておくこと。また，実験操作に関することも出題されるので，教科書や高校で配布された副教材等の傍用問題集の実験例題を演習しておくべきである。

　計算はモル計算が基本であるので，いろいろな例題で練習しておこう。平衡定数，中和滴定，酸化還元反応，飽和蒸気圧の計算は，問題集で頻出問題を繰り返し演習しておこう。反応熱とエンタルピーでは新教育課程と旧教育課程で符号が変化するので，過去問演習時には注意すること。

02　無　機

　周期表と元素の性質を教科書でしっかりと理解し，教科書に出てくる化学反応式は自力で書けるようにしておきたい。モルを基本とした量的関係の計算問題に対応できる力も身につけておこう。陽イオンの分離操作も要注意である。オストワルト法，接触法，アンモニアソーダ法，ハーバー・ボッシュ法，溶融塩電解などの工業的製法も含め，教科書の化学反応式は必ず書けるように学習し，計算問題まで含め総合的に学習しよう。また，アルカリ土類金属および遷移元素の取り扱いが新教育課程と旧教育課程で異なるので，過去問演習時には注意すること。

03　有　機

　有機化合物について製法・性質・反応までしっかりと理解し，教科書に出てくる化学反応式は自力で書けるようにしておこう。有機化合物の反応の量的関係の問題にも対応できるよう十分演習を行っておいてほしい。有機化合物の元素分析や構造決定についても近年出題頻度が上がっており，対策が必要である。構造決定方法として，化学反応によるものばかりでなく，機器測定での決定方法も知っておくとよいだろう。炭化水素の異性体，アルコールの反応，芳香族のフェノールの合成法，サリチル酸の反応，カップリング反応，油脂の計算などもおさえておきたい。基本をひととおり身につけた上で，高校で配付された副教材等の傍用問題集や過去問で類題にあたり，演習を積んでおこう。

生　物

年度	区　分		番号	項　目	内　容
2024 ●	特待奨学生特別選抜	生物・生物基礎	〔1〕	動物の反応, 細　胞	ニューロンの構造, 細胞骨格とモータータンパク質
			〔2〕	動物の反応, 植物の反応	動物や植物の環境に対する応答
			〔3〕	総　　合	モデル生物, 代謝・発生・遺伝に関する総合問題 ⊘計算
		※生物基礎	〔1〕	体内環境	ヒトの肝臓とひ臓, ヒトのホルモン
			〔2〕	生　態	植物と環境の関係, 生態系内の物質と生物
	一般選抜前期日程A	生物・生物基礎	〔1〕	代　謝, 植物の反応	タンパク質の構造と働き, 酵素による反応, 植物ホルモン
			〔2〕	生殖・発生	ショウジョウバエの発生, 位置情報と形態形成
			〔3〕	遺伝情報, 動物の反応	遺伝子組換え技術, ホルモンの働き ⊘計算
		※生物基礎	〔1〕	細　胞	植物の細胞分裂の観察 ⊘計算
			〔2〕	体内環境	恒常性に関わるヒトの器官の構造・機能
2023 ●	特待奨学生特別選抜	生物・生物基礎	〔1〕	生殖・発生	カエルの発生における組織の分化
			〔2〕	植物の反応	植物の環境応答
			〔3〕	動物の反応	動物の刺激に対する反応, 筋肉の収縮 ⊘計算
		※生物基礎	〔1〕	代謝, 生態	生物体内および生態系内の物質変化とエネルギーの移動
			〔2〕	体内環境	体液の循環, 体液の調節に関わる器官
	一般選抜前期日程A	生物・生物基礎	〔1〕	代　謝	酵素の性質, タンパク質の構造
			〔2〕	動物の反応, 体内環境	神経系・内分泌系とその働き
			〔3〕	生殖・発生, 細　胞	ウニの受精の過程, 細胞の構造と働き
		※生物基礎	〔1〕	総　合	生物の共通性と多様性
			〔2〕	体内環境	血液の成分, 血液の循環

(注)　●印は全問, ◗印は一部マークシート方式採用であることを表す。
※　化学基礎とあわせて1科目として解答。

正文（誤文）判定問題頻出
幅広い正確な知識が必要

01 出題形式は？

　大問数は，特待奨学生特別選抜，一般選抜前期日程Aともに「生物基礎・生物」が3題，「生物基礎」が2題である。試験時間は「生物基礎・生物」,「生物基礎（化学基礎とあわせて1科目）」ともに2科目120分となっている。

　解答形式は全問マークシート方式による選択式である。問題文の空所に入る用語や数値などを選択するもののほかに，文章の正誤を判定し正文の組み合わせのみを選択するものの出題が目立つ。

02 出題内容はどうか？

　出題範囲は，「生物基礎・生物（生命現象と物質，生殖と発生，生物の環境応答）」または「生物基礎（化学基礎とあわせて1科目）」である。

　「動物の体内環境（恒常性）」「動物の刺激と反応」「代謝」の分野の出題が目立つ。しかし，数年間で見ると広範囲にわたって出題されているので，幅広い学習が必要である。

03 難易度は？

　例えば，2023年度のヒトは必要なアミノ酸を全て合成できるかどうかを問う問題，中脳は左右の半球に分かれているかどうかを問う問題，2024年度のひ臓に関する問題，肝臓の重さを問う問題などのように，教科書であまり詳しく取り扱われないような知識を要する問題もあるが，わずかであり，ほとんどは教科書の知識で対応できる。文章の正誤を正文の個数指定なしで判断する問題がどの分野においても目立つ。このような問題は消去法で対処できないので，幅広い正確な知識の習得が要求される。また，計算問題や実験問題が出題されることもあり，2024年度はダイニンとキネシンの実験について考察力を問う問題があった。問題量は少なめで試験

時間は足りると思われるが，難易度はやや高いと言える。

01 基礎学習の徹底と幅広い学習

　教科書の全分野から幅広く出題され，正文（誤文）判定問題で難しい問題が出題されるので，教科書の内容を徹底理解し正確な知識をもれなく身につける必要がある。そのためには『リード Light ノート　生物／生物基礎』（数研出版）などの教科書に沿った問題集に何度も取り組むとよいだろう。また，教科書のグラフや表もよく見て，数値の出し方や，数値どうしの関連性を確認しておくと，計算問題を解く上で助けになるだろう。また，やや詳細な知識を問う問題が見られるので資料集も活用するとよいだろう。融合問題も多いので，単元どうしの関連も考えながら勉強を進めよう。その上で，『生物〔生物基礎・生物〕標準問題精講』（旺文社）などを用いてやや踏み込んだ内容について見ておくとよいだろう。

02 マークシート方式に慣れる

　紛らわしい文章の中から正しいものを選ぶ文章選択問題や，正誤を判定して正文の組み合わせの選択肢を選ぶ問題など，難易度が高めのマークシート方式特有の思考を要する問題が多いので，実戦的な問題演習が必要になる。本書を利用して過去問にあたり，解答方法に慣れておくことが大切である。

国　語

年度	区分	番号	種　類	類別	内　容	出　典
2024 ●	特待奨学生特別選抜	〔1〕	現代文	評論	内容説明，空所補充，四字熟語	「感染症社会」美馬達哉
		〔2〕	現代文	評論	書き取り，空所補充，慣用表現，内容説明	「感情で釣られる人々」堀内進之介
	一般選抜前期日程A	〔1〕	現代文	評論	書き取り，空所補充，内容説明	「ディズニーと動物」清水知子
		〔2〕	現代文	評論	空所補充，内容説明，慣用表現	「人工環境と切り結ぶ身体」柴田崇
2023 ●	特待奨学生特別選抜	〔1〕	現代文	評論	空所補充，書き取り，内容説明	「AIは人類を駆逐するのか?」太田裕朗
		〔2〕	現代文	評論	内容説明，空所補充，四字熟語，内容真偽	「もののけの日本史」小山聡子
	一般選抜前期日程A	〔1〕	現代文	評論	書き取り，空所補充，内容説明	「遭遇と動揺」濱口竜介
		〔2〕	現代文	評論	内容説明，空所補充	「病原体から見た人間」益田昭吾

(注)　●印は全問，◖印は一部マークシート方式採用であることを表す。

傾　向　現代評論の内容把握を問う出題
漢字の知識も確実にしておこう

01　出題形式は?

　いずれも現代文2題の出題で，解答個数は25個前後。試験時間は2科目120分。解答形式は全問マークシート方式による選択式。

02 出題内容はどうか？

　比較的古いものから新しいものまで，さまざまな現代評論が出題されている。出典は新書や文庫が中心であるが，学術書や雑誌掲載文などからの出題も一部で見られる。医療・生命科学をはじめとした自然科学分野の現代的テーマと，文学・言語論，社会論，哲学などの人文科学分野がそれぞれ１題ずつ出題されている。また，問題文中には，受験生にとってはなじみのない語句も見られる。とはいえ，論理的思考力を鍛えていれば読み取りやすい，論旨明快な文章が選ばれている。

　設問は，内容説明，空所補充，内容真偽など読解に関わるものが主であるが，四字熟語，慣用表現など知識問題が出題されることもある。なお，漢字の書き取りは必出である。

03 難易度は？

　総合的には，やや易〜標準のレベルであるが，内容説明，内容真偽の選択肢は紛らわしいものも含まれているので，初めの通読でいかにポイントを的確に把握するかが勝負となる。文章量や解答個数と試験時間を考えると，迅速な処理が求められる。１問１問に時間をかけすぎないよう注意し，大問１題を25分ぐらいで仕上げる練習をしておくとよい。

対 策

01 現代評論の読解

　ここ数年，出題形式が変わらないので，過去問を制限時間内に解けるかどうか，きちんと演習してほしい。また，早い時期に，岩波新書・中公新書・講談社現代新書・ちくま新書などをできるだけたくさん，内容を頭の中にストックするという意識で読んでおこう。新書は小見出しによって内容のまとまりがつけられており，大体それが入試の出題単位になるので，小見出しごとに要旨を文にまとめる練習をすると力がつく。現代文の読解

にはその文章の内容を理解できる教養が不可欠なので，読書によって知識を豊かにしてほしい。新聞の評論欄，エッセイ欄などもできるだけ読み，さまざまな考えや言葉の使い方に触れるのが有効であろう。キーワードとなる語句を空所補充の形で問う設問は，以上の演習によって，容易に対処できるだろう。直前期には，『現代評論12』（桐原書店）などで評論に特化した演習をしておくとよい。なお，評論読解に不可欠な語彙の知識を総復習するには，『即戦ゼミ　入試頻出　新国語問題総演習』（桐原書店）などが使いやすいであろう。国語便覧も活用するとよい。

02 漢　字

　漢字の書き取りは必出なので，頻出の漢字を集めた問題集の中で使いやすいものを1冊選び，繰り返し演習しよう。四字熟語についても空所補充の形での出題が見られるので，意味とあわせて確認しておきたい。

医学部

英　語

年度	番号	項　目	内　容
2024 ●	〔1〕	文法・語彙	空所補充
	〔2〕	文法・語彙	語句整序
	〔3〕	文法・語彙, 読　　解	誤り指摘
	〔4〕	読　　解	同意表現，空所補充，内容説明，主題
	〔5〕	読　　解	空所補充，内容説明，段落挿入箇所，内容真偽
2023 ●	〔1〕	文法・語彙	空所補充
	〔2〕	文法・語彙	語句整序
	〔3〕	文法・語彙, 読　　解	誤り指摘
	〔4〕	読　　解	同意表現，空所補充，内容説明，主題
	〔5〕	読　　解	空所補充，内容説明，段落挿入箇所，内容真偽

(注)　●印は全問，◑印は一部マークシート方式採用であることを表す。

傾向　読解力重視の問題

01　出題形式は？

　全問マークシート方式による選択式で，大問数は5題，試験時間は80分である。

02　出題内容はどうか？

　文法・語彙問題2題，読解形式の誤り指摘問題が1題，読解問題2題という大問構成である。

　文法・語彙問題：文法，語法，イディオムを問う空所補充問題には若干レベルの高いものもある。語句整序問題は日本語訳のついた英文の並べ替え問題である。

　読解問題：長文問題が複数題出題され，読解力重視の傾向が顕著である。空所補充，同意表現，段落挿入箇所，内容説明，内容真偽，主題など，設問の内容も多様である。誤り指摘問題は文法・語彙に関するものだけでなく，文意を阻害する箇所を見抜かなければならない問題もある。

03 難易度は？

　文法・語彙問題は，文法や文構成上の土台がしっかり築かれているかを問うものが多い。読解問題の出典は，医学の専門的な論文というより，大学の教養課程で使われているテキストレベルであるが，テーマは社会系から科学系まで多岐にわたっており，幅広い知識・関心が求められている。内容説明問題や文の空所補充問題では，文脈を正確にたどることが重要で，難度は高い。語彙の知識を問う問題は，標準的なレベルだけでなく難解な語彙も含まれている。誤り指摘問題は，基本的な知識で対応できるものと文脈から判断することを求められるものとがあり，特に後者は難しい。試験時間に対して問題量が多いので，素早い処理が求められる。過去問を解いて時間配分を考えておく必要がある。全体的にみて難度は高い。

対 策

01 読 解

　難しい単語も混じっているので，文章全体が難しく感じられることだろう。そこで，知らない単語があっても，その単語にこだわりすぎないで，各段落の内容を把握する読み方を身につけたい。それには，普段から，主題を表す文はどれか，補足説明や具体例を表す文はどれかを意識して読むようにして，その段落全体の内容を把握する力を身につけることである。『ディスコースマーカー英文読解』（Ｚ会）は，大意把握から要約に至るま

でディスコースマーカーを利用した英文の読み方について学習できるので有用であろう。ただし，それでも語彙レベルは高ければ高いほど有利であるので，単語が系統別に収録されている『英単語クリティカル＋（プラス）』（Ｚ会）などを用いるとよいだろう。また，英文のテーマは医療系だけでなく社会系も含め多様であるので，『赤本メディカルシリーズ 私立医大の英語〔長文読解編〕』（教学社），『大学入試 英語長文プラス 頻出テーマ10トレーニング問題集』（旺文社）などの問題集をこなしながら，語彙力・イディオム力を強化していくこと。医学部では読解問題の比重が大きく，読解力に加えて高い速読力も求められている。内容真偽問題に対しては，内容不一致の選択肢を素早く消去する練習を積んでおきたい。また，段落挿入箇所を選ぶ問題に対しては，冠詞や指示語，語句の言い換え，時制などに注目し，展開を予測しながら読む練習が効果的である。「満点を目指す必要はない」という心構えが肝要で，自分の得意・不得意を踏まえて試験時間内に最大効率で解き切ることを目指したい。

02 文法・語彙

　標準〜やや難レベルの文法の問題集をしっかりと勉強しておきたい。『大学受験スーパーゼミ 全解説 頻出英文法・語法問題1000』『大学受験スーパーゼミ 全解説 実力判定 英文法ファイナル問題集 難関大学編』（ともに桐原書店）など，さまざまな形式の文法・語彙問題が収録されている問題集を使って学習すると効率よく学習できるだろう。さらに，受験生が間違えやすいポイントを完全網羅した総合英文法書『大学入試 すぐわかる英文法』（教学社）などを手元に置いて，調べながら学習すると効果アップにつながるだろう。また，熟語も文法問題のみならず，読解問題の一部として出題されるので，できるだけ多く覚えておきたい。日本語訳のついている語句整序問題では，その日本語にこだわりすぎず，同じような意味の英文を作ればよいという柔軟な姿勢が必要である。

数　学

年度	番号	項　目	内　容
2024 ●	〔1〕	小 問 4 問	(A)図形と計量　(B)組分けの場合の数　(C)恒等式　(D)数列の和と一般項
	〔2〕	整数の性質	ガウス記号で表された関数の値を満たす n の最大・最小
	〔3〕	ベ ク ト ル	四面体における点 P の位置と存在領域の面積比
	〔4〕	微・積分法	関数の極大値，接線の y 切片の最大値，面積・回転体の体積
2023 ●	〔1〕	小 問 4 問	(A) 2 次関数のグラフの移動　(B) n 進法　(C)三角不等式　(D)空間ベクトル
	〔2〕	確　　　率	球を取り出して条件に応じて移動させる確率
	〔3〕	複素数平面	複素数平面における点の軌跡
	〔4〕	積　分　法	媒介変数表示，部分積分法，面積，回転体の体積

（注）　●印は全問，◖印は一部マークシート方式採用であることを表す。

出題範囲の変更

　2025 年度入試より，数学は新教育課程での実施となります。詳細については，大学から発表される募集要項等で必ずご確認ください（以下は本書編集時点の情報）。

2024 年度（旧教育課程）	2025 年度（新教育課程）
数学 I・II・III・A・B（数列・ベクトル）	数学 I・II・III・A・B（数列）・C（ベクトル，平面上の曲線と複素数平面）

旧教育課程履修者への経過措置

　2025 年度においては，旧教育課程履修者に不利とならないよう配慮して出題する。

 図形問題と微・積分法を中心とした出題

01　出題形式は？

　大問 4 題の出題で，試験時間は 80 分。〔1〕は独立した 4 つの小問に分かれており，複数の分野からの出題となっている。

解答形式は全問マークシート方式で，空所に当てはまる符号または数字をマークする形式である。

02 出題内容はどうか？

図形問題（小問集合で図形と方程式や三角比，ベクトルなど），数列，微・積分法が中心となっている。2024年度は整数の性質，空間ベクトルの問題が大問で出題された。

03 難易度は？

基本〜やや難レベルの出題である。どのように解けばよいかわからない，ということはあまりないであろうが，結果が出るまでにかなりの途中計算を要するものが多いため，限られた試験時間内で素早い処理が求められる。空所の形から桁数や式の形がある程度わかるので手がかりにしたい。また，決して難問ではないが，流れや誘導に乗りにくいものもあるので，臨機応変に対処することも要求される。

対　策

01 基礎力の充実を

まずは，教科書の例題を確実に理解し，傍用問題集などで繰り返し練習することで，基本事項をマスターすることが大切である。その上で，もう少し難度の高い問題にもあたっておきたい。

02 正確な計算力を

かなりの計算力を必要とする問題も出題されており，的確で速い計算が求められる。定理・公式，典型的な解法をしっかりと定着させて，すぐに用いることができるように十分な演習を積んでおきたい。特に微・積分法

の計算は面倒なので，ややこしい計算でも普段からしっかり最後まで解く
ように練習しておくべきである。また，問題集などを解く際，目標時間を
設定して時間内に解くという練習をしておくとよい。

03 図を正確に描くこと

問題文を読み，自分で図を描き，それを用いて考えるということを普段
から練習しておきたい。これは数学では重要なことで，図を描いて考える
ことでその問題の背景が見えてくることがある。そのためにも図を描くと
きはなるべく正確に描くように心がけたい。

04 標準レベルの受験問題集で演習を

マークシート方式とはいえ，記述式の問題を解くときと同様に，自分で
方針を立てて進めなければならない。答えの数式や値のみが採点の対象と
なって部分点のもらえない記述式の問題と考えて対処すべきである。日頃
から記述式の問題も載っている標準的な受験問題集に取り組み，融合問題
に慣れ，的確な判断ができるようにしておきたい。

05 応用問題への対策を

微・積分法については正確な計算力を身につけた上で，応用問題の演習
を積もう。図形を扱う問題として，三角比・図形と方程式・ベクトルから
の出題もみられる。どの分野から出題されても対応できるような準備をし
たい。数列や確率（条件付き確率），整数問題についても対策をしておき
たい。今のところ出題されてはいないが，今後はデータの分析からの出題
にも備えておこう。

物　理

年度	番号	項　目	内　容
2024 ●	〔1〕	小 問 集 合	(1)剛体のつり合い　(2)点電荷による電場と電位　(3)弦の固有振動　(4)金属球の比熱　(5)水素原子の発光スペクトル
	〔2〕	力　　　学	リング状の枠内での繰り返し衝突
	〔3〕	電 磁 気	磁場中を運動する導体棒
	〔4〕	波　　　動	屈折の法則，全反射，逃げ水の原理
	〔5〕	熱 力 学	シリンダー内に封入された理想気体の等温変化と断熱変化
2023 ●	〔1〕	小 問 集 合	(1)力のモーメント　(2)クーロンの法則　(3)気柱の共鳴　(4)熱についての基本知識　(5)原子・電子・放射線についての基本知識
	〔2〕	力　　　学	ばね振り子・単振り子，ばねに連結された2物体の運動
	〔3〕	電 磁 気	帯電した小球の磁場中での運動，電磁誘導，誘導電場
	〔4〕	波　　　動	凸レンズによる像，光波の屈折
	〔5〕	熱 力 学	気体の状態変化，熱力学第一法則

（注）　●印は全問，◐印は一部マークシート方式採用であることを表す。

各分野から偏りなく出題
現象・原理にも注意

01　出題形式は？

　全問マークシート方式による選択式である。大問数は5題，試験時間は2科目120分となっている。解答は，適切な数値や文字式を選ぶもののほか，グラフなど図を選ぶものもある。

02　出題内容はどうか？

　出題範囲は「物理基礎・物理」である。

　〔2〕〜〔5〕で力学・電磁気・波動・熱力学から各1題出題され，2023・2024年度は〔1〕の小問集合の中で原子からの出題もみられた。物理全範囲にわたる基礎から応用までの丁寧な学習が必要である。

03 難易度は？

　各分野で，基礎から応用まで出題されている。近年は易化傾向にあるが，過去の入試では，試験時間に比べ問題数が多く，また難易度も高かったので，油断は禁物である。過去の難易度に関係なく，原理や法則を深く理解するとともに，素早く計算し解答を出す訓練を積んでおく必要がある。また，面倒な数学的処理が要求されることもあるため，そのような問いは後に回すなど試験時間の配分に工夫が必要となる。

対 策

01 教科書の内容を理解する

　教科書を中心に全分野の基本事項を整理し，現象についてもしっかり把握しておく必要がある。レベルの高い問題も基本事項を組み合わせたものであり，基礎をしっかり理解した上で，それらを組み合わせることができれば十分に解答が可能である。

02 基本問題を徹底的に解こう

　力学の問題は基本事項を組み合わせて作問されることが多いので，基本的な知識はしっかりと身につけておくこと。電磁気の分野は，計算はもちろんのこと，現象・原理の問題が多いので，実験の問題にもふれておくとよいだろう。波動や熱力学の問題では基本問題が多いので，公式などの基本事項はしっかりとおさえておきたい。

03 計算力をつけ近似計算にも慣れておこう

　文字式の計算の正確さとスピードを日頃の問題演習で身につけよう。また，2023 年度〔2〕〔4〕のように近似式を使う問題もよく出題されているので，近似計算にも慣れておきたい。日頃から微小量を気にしながら計算に取り組むとよい。

04 解ける問題から手をつける

　問題数が多く，時間を要する計算が必要な設問もある。試験場では，すべての問題にまず目を通し，大まかに難易を見極めた上で，解きやすい問題から取りかかるのも確実に点をとるひとつの方法である。各問題の前半を確実に解き，後半は解けるところから手をつけるとよいだろう。

　普段は解ける小問も，大問の中の小問になるとミスしやすくなるが，基礎を固めておけば，どのような問題の中でも基礎から標準までの小問は解くことができる。さらに，物理的読解力を身につけると後半の小問にも取り組むことができる。日頃から問題を一読して，意味がつかめなければ，どのように読み解くかを考えよう。

化　学

年度	番号	項　目	内　　容
2024 ●	〔1〕	総　　合	(1)同位体　(2)触媒　(3)ケイ素　(4)蒸気圧　(5)逆滴定　(6)コロイド　(7)平衡定数　(8)電離平衡　　　　　☑計算
	〔2〕	構　　造	電気陰性度の定義　　　　　　　　　　　　　　　☑計算
	〔3〕	無　　機	窒素の化合物，硝酸の製法　　　　　　　　　　　☑計算
	〔4〕	有　　機	芳香族化合物の構造決定，芳香族化合物の合成　　☑計算
2023 ●	〔1〕	総　　合	(1)イオンの大きさ　(2)反応熱やエネルギー　(3)塩素の発生装置　(4)実在気体　(5)二段滴定　(6)物質の保存方法　(7)油脂　(8)陽イオン交換樹脂のはたらき　　　☑計算
	〔2〕	変　　化	酢酸エチルの加水分解反応の反応速度，活性化エネルギー，化学平衡　　　　　　　　　　　　　　　☑計算
	〔3〕	無機・変化	鉄の単体と化合物の性質，合金，鉄の防食　　　　☑計算
	〔4〕	有　　機	元素分析，芳香族化合物の分離，芳香族化合物の性質，アゾ化合物の合成　　　　　　　　　　　　　　☑計算

(注)　●印は全問，◗印は一部マークシート方式採用であることを表す。

 計算問題が頻出

01　出題形式は？

　大問数は4題，試験時間は2科目120分となっている。

　解答形式は全問マークシート方式による選択式である。計算問題では算出した数値を空所に合わせて10の位，1の位，…とマークしていくものが多い。

02　出題内容はどうか？

　出題範囲は「化学基礎・化学」である。

　理論・無機・有機すべての分野からまんべんなく出題されている。例年〔1〕は小問集合となっている。また，2023年度は芳香族化合物の構造決定，2024年度は電気陰性度の計算など，文章を読んで考察する問いが出題されている。

03　難易度は？

　やや難度の高い，思考力を必要とする問題が出題されている。教科書の暗記だけでは高得点は望めない。計算は煩雑で時間を要するものもあり，正確かつ迅速な計算力が大切である。さらに2科目120分なので，1科目をおよそ60分で解くと考えると問題の量も多い。高校では習ったことのない内容も出題されているが，問題文をよく読むと解答が出せるようになっている。有効数字の取り扱いには注意が必要であり，解答形式に慣れておくことも必要である。

01　理　論

　正確な知識を身につけ，教科書の基本事項は確実に理解しておくこと。煩雑な計算問題も出題されるため，日頃から速く正確に解く演習をすべきである。平衡定数，pHの計算，溶解度，酸化還元反応，飽和蒸気圧の計算は，問題集で頻出問題を繰り返し演習しておこう。教科書では「発展」にあるようなアレニウスの式や電気陰性度の計算も出題されているので，教科書の「発展」まで学習しておくとともに，『化学〔化学基礎・化学〕標準問題精講』（旺文社）などで対策しておこう。

02　無　機

　周期表と元素の性質を教科書でしっかりと理解し，教科書に出てくる化学反応式は自力で書けるようにしておきたい。沈殿が生じる化学反応や，

錯イオンについては頻出なので，注意が必要である。モルを基本とした量的関係の計算問題に対応できる力も身につけておこう。オストワルト法，接触法，アンモニアソーダ法，ハーバー・ボッシュ法，溶融塩電解などの工業的製法も含め，教科書の化学反応式は必ず書けるように学習し，計算問題まで含め総合的に学習しよう。

03 有　機

　有機化合物について製法・性質・反応までしっかりと理解し，教科書に出てくる化学反応式は自力で書けるようにしておこう。有機化合物の反応の量的関係の問題にも対応できるよう十分演習を行っておいてほしい。有機化合物の元素分析や構造決定についても近年出題頻度が上がっており，対策が必要である。構造決定方法として，化学反応によるものばかりでなく，機器測定での決定方法も知っておくとよいだろう。炭化水素の異性体，有機化合物の反応系統図，油脂の計算，デンプンやセルロースの計算問題，高分子の計算などもおさえておきたい。基本をひととおり身につけた上で，過去問や『化学〔化学基礎・化学〕標準問題精講』（旺文社）などで類題にあたり，演習を積んでおきたい。

生　物

年度	番号	項　目	内　容
2024 ●	〔1〕	細　　胞	膜タンパク質の種類と働き，細胞におけるホルモン受容のしくみ
	〔2〕	生殖・発生	被子植物の配偶子形成，両生類の胚を用いた誘導に関する実験
	〔3〕	植物の反応，動物の反応	オーキシンの性質，聴覚発生のしくみ
	〔4〕	進化・系統，生　　態	原始地球の環境と生物の誕生，個体群の分布と生命表　☑計算
2023 ●	〔1〕	体内環境	ヒトの自然免疫と適応免疫（獲得免疫），免疫寛容に関わるタンパク質　☑計算
	〔2〕	生殖・発生	卵の種類とウニおよびカエルの発生，ショウジョウバエの形態形成　☑計算
	〔3〕	動物の反応	ニューロンにおける興奮の伝導と伝達，昆虫の行動
	〔4〕	進化・系統	霊長類の進化，動物胚の形態形成に関わる *Hox* 遺伝子群

（注）　●印は全問，◖印は一部マークシート方式採用であることを表す。

正文（誤文）選択問題頻出
幅広い正確な知識が必要

01 出題形式は？

　大問数は 4 題，試験時間は 2 科目 120 分となっている。

　解答形式は全問マークシート方式による選択式である。用語や数値などを選択するもののほかに，正文（誤文）選択問題や計算問題の出題が目立つ。

02 出題内容はどうか？

　出題範囲は「生物基礎・生物」である。

　広範囲にわたって深い内容も含めて出題されており，幅広い知識が必要である。また，計算問題や考察問題も出題されている。

03 難易度は？

　標準レベルの問題が多いが，実験の結果予想やグラフの読み取りには，考察力を問う問題が出題され，考察問題には難問も含まれる。正文（誤文）選択問題も多くあり，幅広い正確な知識が要求される。計算問題が出題されることも多いが，例年試験時間内に解き切れる分量に設定されている。

対　策

01 基礎学習の徹底と幅広い学習

　教科書の全分野から幅広く出題されるので，まず教科書を徹底的に理解しよう。太字の生物用語はもちろん，酵素やタンパク質の代表的なものも覚えたい。正誤問題には正確さが必要なので，教科書本文の内容の記述にも注意しよう。教科書のグラフや表もよく見て，数値の出し方や，数値どうしの関連性を確認しておくと，計算問題を解く上で助けになるだろう。また，図やイラストを見て，器官の働きや反応のしくみなども理解しておきたい。融合問題も多いので，単元どうしの関連も考えながら勉強を進めよう。まずは基礎的な知識を正確に身につける必要がある。その上で，参考書や資料集では，やや踏み込んだ内容について見ておくとよいだろう。

02 マークシート方式に慣れる

　正文（誤文）選択問題や，正文の組み合わせで選択肢を選ぶ問題など，難度が高めの，マークシート方式特有の思考を要する問題が多いので，実戦的な問題演習が必要になる。本書を利用して過去問にあたり，解答方法に慣れておくことが大切である。

2024年度

問題と解答

特待奨学生特別選抜

問　題　編

▶試験科目・配点

学　部			科　　　目	配　点
保健医療（放射線・情報科除く）・成田看護 原保健医療・福岡保健医療（看護・医学検査）・小田原保健医療、成田保健医療（放射線・情報科除く）	選　択	必須	コミュニケーション英語Ⅰ・Ⅱ・英語表現Ⅰ	各100点
		選択	日本史B，「数学Ⅰ・A」，「数学Ⅱ・B」，「物理基礎・物理」，「化学基礎・化学」，「生物基礎・生物」，「物理基礎・化学基礎」，「生物基礎・化学基礎」，「国語総合（古文・漢文を除く）」から1科目選択	
	必　須		小論文（600字以内）	段階評価
保健医療（放射線・情報科）、成田保健医療（放射線・情報科）	選　択	必須	コミュニケーション英語Ⅰ・Ⅱ・英語表現Ⅰ	各100点
		選択	「数学Ⅱ・B」，「物理基礎・物理」，「化学基礎・化学」，「生物基礎・生物」，「物理基礎・化学基礎」，「生物基礎・化学基礎」から1科目選択	
	必　須		小論文（600字以内）	段階評価
福岡保健医療（理学療法・作業療法）	選　択	必須	コミュニケーション英語Ⅰ・Ⅱ・英語表現Ⅰ	各100点
		選択	日本史B，「数学Ⅰ・A」，「数学Ⅱ・B」，「物理基礎・物理」，「化学基礎・化学」，「生物基礎・生物」，「物理基礎・化学基礎」，「生物基礎・化学基礎」，「国語総合（古文・漢文を除く）」から1科目選択	
医療福祉・赤坂心理・医療福祉マネジメント	選　択		「コミュニケーション英語Ⅰ・Ⅱ・英語表現Ⅰ」，日本史B，「数学Ⅰ・A」，「数学Ⅱ・B」，「物理基礎・物理」，「化学基礎・化学」，「生物基礎・生物」，「物理基礎・化学基礎」，「生物基礎・化学基礎」，「国語総合（古文・漢文を除く）」から2科目選択 ※「コミュニケーション英語Ⅰ・Ⅱ・英語表現Ⅰ」，「国語総合（古文・漢文を除く）」から最低1科目を選択すること。	各100点

薬、成田薬、福岡薬	選　択	必須	コミュニケーション英語Ⅰ・Ⅱ・英語表現Ⅰ	各100点
		選択	「数学Ⅰ・A」,「数学Ⅱ・B」,「物理基礎・物理」,「生物基礎・生物」から1科目選択	
	必　須		化学基礎・化学	100点

▶備　考

- 数学Aは「場合の数と確率，図形の性質」の範囲から出題する。
- 数学Bは「数列，ベクトル」の範囲から出題する。
- 物理は「様々な運動，波，電気と磁気」の範囲から出題する。
- 化学は「高分子化合物の性質と利用」を除く範囲から出題する。
- 生物は「生命現象と物質，生殖と発生，生物の環境応答」の範囲から出題する。
- 「物理基礎・化学基礎」,「生物基礎・化学基礎」の試験について,「物理基礎」,「化学基礎」,「生物基礎」は，それぞれ50点満点とし，2科目で100点満点とする。また，2科目の合計得点を1科目分として扱う。

英　語

（2科目 120分）

第1問　次の英文を読み，下の設問に答えよ。

For most of us, social networking has become an essential part of our lives. Essentially, we have to admit that our day is pretty incomplete without our social networks. But have you ever really thought about the powerful effects of social networking on your life?

（　a　）Social networking is about（　ア　）out to people. Sites such as Facebook work as great friend-finders, allowing you to connect, or re-connect, with middle school friends, high school friends, college friends, and, perhaps even more importantly, with new friends. And even if you've only "met" your new friends online, they can become almost as close as those you actually know in your real life. In fact, it's possible to have good friends all over the world.

（　b　）Online forums and communities join people together with similar interests such as travel, (1)politics, and music. You can write and read blogs, start conversations, and get up-to-date information. Many people have also found jobs or "met" business partners through social networks. Sites such as LinkedIn, YouTube, and Twitter let you connect with others that you may only have "met" through your own friends, but who become real friends because you share ideas, qualities, and hopes. Without the connections allowed through social networking, we probably would never have realized how many people are "just like me."

（　c　）With information constantly being generated by millions of tweets, blogs, and emails, it is impossible to keep something new from（　イ　）our lives every day. According to a poll, blogs were the most favored source of in-depth information and news, with at least one-third of Internet users reading blogs on a daily basis. Social networking is also a powerful source for quick and real-time news updates and has been credited with saving people's lives in times of disasters. It is also regarded as the "ultimate tool of free-speech," （　ウ　）people the ability to organize events or pass on new information on a mass scale, often within hours.

（　d　）Traditional "word-of-mouth" publicity has been replaced by "word-of-web" as consumers increasingly check online sites before making a purchase. Social media tools have proved to be an ideal place for consumers to share personal experiences and information about the products they use every day—especially when the results have not met their expectations. And businesses that do a good job of（　エ　）their brand image through social networks find they can develop strong relationships with their customers and even build goodwill about their company. For example, (2)the "Drink 1, Give 10" campaign, initiated by the Volvic water company, donated ten liters of clean drinking water to children in Ethiopia for each liter of Volvic water purchased in the U.S. and Canada. This campaign, promoted through social media, has been very important in helping enhance consumers' opinions about the company.

But social networking is not without problems. (3)There are cases where rumors and misinformation have been spread deliberately, impacting people in many ways. And while most users are fans of social networking, some say they feel "too" connected to the cyberworld and not grounded in the real world. According to social media writer Michael Seigler, "The truth is that social networking, while great in many respects, does not fulfill a fundamental human desire: to be in the actual presence of other people." It simply must be remembered that it is the "real-life," interpersonal relationships and communication that make social networking powerful.

Adapted from Brenda Bushell, and Brenda Dyer, "Global Outlook Intro," McGraw-Hill Education (2013), pp.61-64

* credit　の功績を認める

問1　次の一文は空所(a)～(d)のいずれかに入る。最も適切な箇所を，下の選択肢①～④のうちから一つ選べ。　　　　　　　　　　　　　　　　　　　　解答番号 1

Social networking can also greatly influence our buying behavior.

①　(a)　　　　　　②　(b)　　　　　　③　(c)　　　　　　④　(d)

問2　空所(ア)～(エ)に入れるのに最も適切なものを，次の選択肢①～④のうちからそれぞれ一つ選べ。ただし，同じ選択肢を二回以上用いてはならない。

(ア)＝解答番号 2 ，（イ）＝解答番号 3 ，（ウ）＝解答番号 4 ，（エ）＝解答番号 5

①　giving　　　　②　reaching　　　　③　entering　　　　④　managing

問3　下線部(1)の politics について，最も強いアクセントのある母音と同じ発音の母音を含む単語を，次の選択肢①～④のうちから一つ選べ。　　　　　　　　解答番号 6

①　approve　　　　②　dynamic　　　　③　interest　　　　④　bother

問4　下線部(2)について説明したものとして最も適切なものを，次の選択肢①～④のうちから一つ選べ。　　　　　　　　　　　　　　　　　　　　　　　解答番号 7

①　When buying each liter of Volvic water, people in the U.S. and Canada had to pay additional money for children in Ethiopia to drink clean water.

② The campaign was promoted by the U.S. and Canadian governments to demonstrate and spread the power of social media.

③ The more liters of Volvic water were purchased by people in the U.S. and Canada, the more liters of clean drinking water Ethiopian children were supposed to get.

④ The campaign didn't contribute to a good brand image of the Volvic water company due to their failure to catch consumers' opinions correctly.

問5　下線部(3)の日本語訳として最も適切なものを，次の選択肢①～④のうちから一つ選べ。

解答番号 8

① これらは，いくつもの方法で人々に影響を与えながら，うわさや誤った情報が故意に拡散された事例である。

② うわさや誤った情報が故意に拡散された場所で，人々に多くの点で影響を与えた事例がある。

③ うわさや誤った情報が，いくつもの方法で，影響力のある人々によって故意に拡散された事例がある。

④ うわさや誤った情報が故意に拡散され，多くの点で人々に影響を与えた事例がある。

問6　本文の内容に一致するものとして最も適切なものを，次の選択肢①～④のうちから一つ選べ。

解答番号 9

① With the help of social networking, people can make new friends who are almost as close as those in their real life.

② Social networking is a good tool to bring people with similar interests together, but it is not a convenient tool when people want to find business partners.

③ Social networking is full of misinformation, so when in disaster, people should rely on another source of information.

④ According to Michael Seigler, social networking is a perfect way to fulfill a fundamental human desire.

第2問　次の各問の空所(1)〜(5)に入れるのに最も適切なものを，それぞれの選択肢①〜④の
うちから一つ選べ。

問1　Young (　1　) he is, he has a wide range of experience.　　　　解答番号 **1**

 ① however ② as   ③ but   ④ too

問2　I wonder what she is doing now. Have you seen her (　2　)?　　解答番号 **2**

 ① lately ② last   ③ late   ④ later

問3　There are few, (　3　), doctors here.　　　　　　　　　　　　解答番号 **3**

 ① if ever ② not ever ③ if any ④ any more

問4　The ceremony was postponed on the (　4　) that there were not enough participants.

解答番号 **4**

 ① reasons ② ground ③ attitudes ④ horizon

問5　She went over to Italy (　5　) studying opera.　　　　　　　　解答番号 **5**

 ① with a view to ② in a value of ③ to the point for ④ for the purpose to

第3問　次の各問について，ほぼ同じ文意になるように(a)を(b)に書き換えた場合，空所(1)〜
(5)に入れるのに最も適切なものを，それぞれの選択肢①〜④のうちから一つ選べ。

問1　(a) My brother is ten centimeters taller than I am.
 (b) My brother is taller than I am (　1　) ten centimeters.　　解答番号 **1**

 ① short ② by   ③ to   ④ tall

問2　(a) Why aren't you taking any notes?
 (b) (　2　) come you aren't taking any notes?　　　　　　　解答番号 **2**

 ① Do ② How ③ Why ④ Who

問3　(a) If this medicine had not been discovered, those kids would have died.
 (b) (　3　) been for the discovery of this medicine, those kids would have died.

解答番号 **3**

 ① It had not ② Had not it ③ Had it not ④ It not had

問4　(a) Divide this circle into four equal parts.
 (b) (　4　) this circle be divided into four equal parts.　　　解答番号 **4**

 ① Cut ② Set ③ Get ④ Let

問5　(a)　I will get in touch with you soon.
　　　(b)　I will (　5　) you soon.　　　　　　　　　　　　　解答番号 5

① arrive　　　　　② contact　　　　　③ reply　　　　　④ marry

第4問　次の各英文が和文の意味を表すように，各問の選択肢①〜⑤を並べ替えよ（文頭にくるべき語も小文字で示してある）。ただし，解答は解答番号のある場所に該当するもののみをマークせよ。

問1　京都は私が訪れたいと思っていた都市のひとつです。　　　解答番号 1
　　　Kyoto is one (　　　)(　　　)[1](　　　)(　　　) to visit.

① I have　　　　　　　② of　　　　　　　　　③ wanted
④ which　　　　　　　⑤ the cities

問2　適度な運動はいい影響をもたらすでしょう。　　　　　　　解答番号 2
　　　(　　　)(　　　)(　　　)[2](　　　).

① you　　　　　　　　② will　　　　　　　　③ do
④ moderate exercise　　⑤ good

問3　手紙を書くよりメールを送るほうがいい。　　　　　　　　解答番号 3
　　　I prefer (　　　)(　　　)[3](　　　)(　　　).

① an email　　　　　　② sending　　　　　　③ writing
④ to　　　　　　　　　⑤ a letter

問4　彼女が家に着くとすぐ，雪が降り始めた。　　　　　　　　解答番号 4
　　　(　　　)(　　　)[4](　　　)(　　　)(　　　), it began to snow.

① she　　　　　　　　② got　　　　　　　　　③ moment
④ the　　　　　　　　⑤ home

問5　この車は調子がおかしいが，修理する価値があるとは思えない。　解答番号 5
　　　There is something wrong with this car, but (　　　)(　　　)(　　　)[5](　　　).

① it is　　　　　　　　② repairing　　　　　　③ I
④ don't think　　　　　⑤ worth

2024年度 特別選抜 特待奨学生 英語

第5問　次の会話の空所(1)〜(6)に入れるのに最も適切なものを，下の選択肢①〜⑥のうちか
らそれぞれ一つ選べ。ただし，同じ選択肢を二回以上用いてはならない。また，文中に入
るべきものも大文字ではじめている。　　　　　　　　　　解答番号 ☐1 〜 ☐6

A:　Hi. What seems to be the problem?

B:　Well, doctor, I've had nausea for the last two days. I can't keep anything down.

A:　(1) Headache, fever, body aches, anything like that?

B:　Yes, I had a stomachache and body aches yesterday. (2) I feel a little better but I
still can't eat.

A:　Hmm. Have you eaten any bad-tasting food recently—especially chicken, eggs, or
seafood?

B:　(3) I had lunch the other day at a seafood restaurant, but the food tasted fine.

A:　Well, it sounds like food poisoning to me, but (4) You're already getting better, so
my advice is to rest and drink lots of water or juice.

B:　(5)

A:　Sorry, (6) You can buy pills for the nausea at any pharmacy, but it might not help.
If your nausea isn't gone in a few days, then call me again.

① They're gone now.

② You can't give me a prescription?

③ It's hard to know for sure.

④ I don't think so.

⑤ The only cure for food poisoning is time.

⑥ Have you had any other symptoms?

日本史

（2科目 120分）

第1問　次の文章を読み，下の設問に答えよ。

　　　飛鳥時代から奈良時代にかけて，日本は内政的にも対外的にも変革期を迎えた。7世紀に
は A厩戸王の子を排除した蘇我氏もまた倒されるなどの激しい権力闘争が続いた。乙巳の変
の後には孝徳天皇が即位し， B新政権が発足し，従来の大臣や大連は廃止された。

　　　7世紀後半には，朝鮮半島でも大きな動きがみられた。百済が新羅と唐の連合軍に滅ぼさ
れ，日本に滞在中の王子の返還と救援を求めてきた。これに対し日本は天皇自らが軍を率い
て九州に入るが，天皇はここで病死し，天皇は空位のまま皇太子が政治をとる　　C　　が
行われた。日本はこの戦いに敗れ，水城や朝鮮式山城を築くなどして D国防を強化した。天
智天皇の死後，後継者争いに勝利した天武天皇とその皇后であった持統天皇が，律令制に基
づく天皇中心の体制を固めていく。都も中国にならった本格的な都城制が取り入れられ，持
統天皇は　　E　　などの大和三山を含む藤原京を建て，以後平城京に遷都するまでの都
となった。また，この時期の文化は F白鳳文化と呼ばれ，寺院や仏像，壁画などが残されて
いる。

　　　701年には G大宝律令が制定され，政治制度の整備も進んだ。国家の秩序を守るための司
法制度も整備され，刑罰には答などの五刑があり，国家や天皇に対する犯罪は H八虐として
定められた。

　　　このように政治体制は整えられたが，奈良時代に入っても権力争いは続き， I藤原四子に
よる長屋王の排斥，橘諸兄と藤原氏の対立， J道鏡による政治とその排斥などが見られた。

問1　下線部Aに関連して，Ⅰ厩戸王の子である人物，Ⅱ蘇我入鹿が皇位につけようとした人
　　物，Ⅲ蘇我氏打倒の中心となった人物の名として正しい組み合わせを，次の選択肢①〜⑤の
　　うちから一つ選べ。　　　　　　　　　　　　　　　　　　　　　　　　　解答番号 1

　　①　Ⅰ山背大兄王　　Ⅱ古人大兄皇子　　Ⅲ中大兄皇子
　　②　Ⅰ古人大兄皇子　　Ⅱ山背大兄王　　Ⅲ中大兄皇子
　　③　Ⅰ中大兄皇子　　Ⅱ山背大兄王　　Ⅲ古人大兄皇子
　　④　Ⅰ山背大兄王　　Ⅱ中大兄皇子　　Ⅲ古人大兄皇子
　　⑤　Ⅰ中大兄皇子　　Ⅱ古人大兄皇子　　Ⅲ山背大兄王

問2　下線部Bに関連して，この政権についての記述として不適切なものを，次の選択肢①〜

④のうちから一つ選べ。　　　　　　　　　　　　　　　　　　　　　　　　　　解答番号 ②

① 阿倍内麻呂は左大臣となった。

② 蘇我氏出身の蘇我倉山田石川麻呂も右大臣として活躍した。

③ 学僧である旻も政治に参画した。

④ 南淵請安は国博士として中枢を担った。

問3 　　　　C　　　　にあてはまる語句として最も適切なものを，次の選択肢①～⑤のうちから
一つ選べ。　　　　　　　　　　　　　　　　　　　　　　　　　　　　　　　　解答番号 ③

① 親政　　　　　　　　② 王政　　　　　　　　③ 院政

④ 称制　　　　　　　　⑤ 共和制

問4 　下線部Dに関連して，国防強化の一環として九州の守りに派遣された兵士を何というか。
最も適切なものを，次の選択肢①～⑤のうちから一つ選べ。　　　　　　　　　　解答番号 ④

① 軍団　　　　　　　　② 防人　　　　　　　　③ 武士

④ 隼人　　　　　　　　⑤ 検非違使

問5 　　　　E　　　　にあてはまる語句として最も適切なものを，次の選択肢①～⑤のうちから
一つ選べ。　　　　　　　　　　　　　　　　　　　　　　　　　　　　　　　　解答番号 ⑤

① 鞍馬山　　　　　② 香具山(天香久山)　　　③ 高野山

④ 六甲山　　　　　　　⑤ 比叡山

問6 　下線部Fに関連して，当時の文化の作品として明らかに不適切なものを，次の選択肢①
～⑤のうちから一つ選べ。　　　　　　　　　　　　　　　　　　　　　　　　　解答番号 ⑥

① 薬師寺金堂薬師三尊像　　② 高松塚古墳壁画　　　③ 興福寺仏頭

④ 薬師寺吉祥天像　　　　⑤ 薬師寺東院堂聖観音像

問7 　下線部Gに関連して，当時の律令制に関する記述として不適切なものを，次の選択肢①
～④のうちから一つ選べ。　　　　　　　　　　　　　　　　　　　　　　　　　解答番号 ⑦

① 八省のうち，中務省・式部省・治部省・民部省は左弁官に属していた。

② 太政大臣は，適任者がいない場合にはおかれなかった。

③ 弾正台は，風俗や犯罪の取り締まり，官吏の不正の監察などをおこなった。

④ 摂津職は西海道を統括し，「遠の朝廷」と呼ばれた。

問8 　下線部Hに関連して，八虐にあてはまらないものを，次の選択肢①～⑤のうちから一つ
選べ。　　　　　　　　　　　　　　　　　　　　　　　　　　　　　　　　　　解答番号 ⑧

① 謀反　　　　　　　　② 悪逆　　　　　　　　③ 大不敬

④ 不義　　　　　　　　⑤ 革命

問9 　下線部Ｉに関連して，藤原四子の子孫のうち，藤原南家に属する人物として最も適切な
ものを，次の選択肢①～⑤のうちから一つ選べ。　　　　　　　　　　　　　　　解答番号 ⑨

① 藤原冬嗣　　　　　② 藤原広嗣　　　　　③ 藤原仲麻呂

④ 藤原種継　　　　　⑤ 藤原仲成

問10　下線部 J に関連して，道鏡の即位が阻止された宇佐八幡宮神託事件に関連した人物に和
　　気清麻呂が挙げられるが，この事件の時の天皇の崩御後に新しい天皇を擁立するのに活躍し
　　た人物の名前として適切なものを，次の選択肢①〜⑤のうちから一つ選べ。　　**解答番号 10**

① 藤原不比等　　　　② 橘奈良麻呂　　　　③ 藤原仲麻呂

④ 藤原百川　　　　　⑤ 吉備真備

第2問　次の文章を読み，下の設問に答えよ。

　　　鎌倉幕府の成立への道は，決して平坦なものではなかった。石橋山の戦いで敗れた源頼朝
　　は，A源氏を支持する武士たちを味方につけ，本拠地としてB鎌倉を整備し，鎌倉から指令を
　　発した。さらに，朝廷内におかれたC議奏公卿を通し幕府の意向を反映させた。頼朝の没後，
　　有力御家人による合議制へと向かう中で北条氏が力をつけ，D承久の乱で勝利を収めると，
　　六波羅探題を置いて西国にも勢力を伸ばした。さらに，3代執権泰時の時代には執権の補佐
　　役である　　　E　　　を設置し，叔父時房をこの初代とした。
　　　対外的には，鎌倉幕府の下では宋との正式な国交は開かれなかったが，　　　F　　　らが
　　南宋に渡ったり，宋銭が輸入されたりするなど，人やモノの交流は活発であった。日本から
　　も宋には　　　G　　　が輸出された。また，琉球はグスク時代を経てH三山時代へと移行し，
　　蝦夷地ではアイヌが　　　I　　　と呼ばれる共同体を営み，J安藤氏が中心となりアイヌとの
　　交易をおこなっていた。

問1　下線部Aに関連して，石橋山の戦いで源頼朝と敵対して戦った武士として最も適切なも
　　のを，次の選択肢①〜⑤のうちから一つ選べ。　　　　　　　　　　　**解答番号 1**

① 大庭景親　　　　　② 千葉常胤　　　　　③ 源頼政

④ 北条時政　　　　　⑤ 和田義盛

問2　下線部Bに関連して，鎌倉についての記述として不適切なものを，次の選択肢①〜④の
　　うちから一つ選べ。　　　　　　　　　　　　　　　　　　　　　　　**解答番号 2**

① あえて道幅を狭くした切通とよばれる通路を用いた。

② 鎌倉の西北部にある建長寺は，源頼朝が創建した。

③ 遠浅で船が入りづらかった材木座海岸に，和賀江島という人工島が作られた。

④ 中心部の鶴岡八幡宮から由比ガ浜へと通じる道は，若宮大路と名付けられた。

問3　下線部Cに関連して，この役職に就いた代表的人物であり，日記『玉葉』を記した人物
　　として最も適切なものを，次の選択肢①〜⑤のうちから一つ選べ。　　**解答番号 3**

① 大江広元　　　　　② 三善康信　　　　　③ 武田信義

④ 藤原通憲　　　　　⑤ 九条兼実

問4　下線部Dに関連して，承久の乱の結果，佐渡に配流となった人物は誰か。最も適切なものを，次の選択肢①～⑤のうちから一つ選べ。　　　　　　　　　　解答番号 4

① 後鳥羽上皇　　　　② 土御門上皇　　　　③ 仲恭天皇

④ 順徳上皇　　　　　⑤ 後堀河天皇

問5　　　E　　　にあてはまる語句として最も適切なものを，次の選択肢①～⑤のうちから一つ選べ。　　　　　　　　　　　　　　　　　　　　　　　解答番号 5

① 連署　　　　　　　② 評定衆　　　　　　③ 引付

④ 管領　　　　　　　⑤ 問注所

問6　　　F　　　にあてはまる人名として最も適切なものを，次の選択肢①～⑤のうちから一つ選べ。　　　　　　　　　　　　　　　　　　　　　　　解答番号 6

① 法然　　　　　　　② 源実朝　　　　　　③ 栄西

④ 日蓮　　　　　　　⑤ 平賀朝雅

問7　　　G　　　にあてはまる語句として最も適切なものを，次の選択肢①～⑤のうちから一つ選べ。　　　　　　　　　　　　　　　　　　　　　　　解答番号 7

① 硫黄　　　　　　　② 陶磁器　　　　　　③ 薬品

④ 仏典　　　　　　　⑤ 綿織物

問8　下線部Hに関連して，三山の組み合わせとして最も適切なものを，次の選択肢①～⑤のうちから一つ選べ。　　　　　　　　　　　　　　　　　解答番号 8

① 上山・中山・下山　② 北山・中山・南山　③ 東山・中山・西山

④ 前山・中山・後山　⑤ 一山・二山・三山

問9　　　I　　　にあてはまる名称として最も適切なものを，次の選択肢①～⑤のうちから一つ選べ。　　　　　　　　　　　　　　　　　　　　　　　解答番号 9

① カムイ　　　　　　② ユーカラ　　　　　③ キムンカムイ

④ ヒンナ　　　　　　⑤ コタン

問10　下線部Jに関連して，安藤氏が根拠地としていた地名として最も適切なものを，次の選択肢①～⑤のうちから一つ選べ。　　　　　　　　　解答番号 10

① 小浜　　　　　　　② 敦賀　　　　　　　③ 柏崎

④ 十三湊　　　　　　⑤ 八戸

第3問　次の文章を読み，下の設問に答えよ。

　　江戸幕府初期の政治上大きな問題の一つが，豊臣氏の処遇であった。関ヶ原の戦いの後に豊臣氏は　　　A　　　などを領地とする一大名の地位に落とされていたが，徳川氏は大坂の役でこれを滅ぼした。大坂の役の後も，_Bもと豊臣氏恩顧の大名を改易するなど，徳川氏に脅威となりうる大名を排除した。また，朝廷や寺社も統制し貿易も管理したが，江戸時代初期においては日本人は積極的に海外に進出し，各地に_C日本町も建設された。しかし，のちには海外交流は幕府により極端に制限され，医師　　　D　　　が『日本誌』の中で記述したこの状況を，長崎通詞志筑忠雄は「鎖国」と表現した。

　　政治体制とともに文化も新たな動きを見せる。寺社建築では本殿と拝殿を相の間で結ぶ　　　E　　　が流行し，豪華な彫刻が用いられた。絵画でも幕府の御用絵師となった狩野探幽や_F俵屋宗達なども活躍した。また，江戸の社会全体を支える基盤となる_G村に関する制度も整備された。こうした社会の安定はその後も文化の開花につながり，元禄期には_H井原西鶴や近松門左衛門などが文学で活躍した。ただし，江戸時代も18世紀に入るころから政治・経済面での矛盾が目立ち始め，徳川吉宗による_I享保の改革をはじめとして様々な改革がおこなわれていく。_J文化に関しても身近な社会のできごとを題材とするものが増えていく。

問1　　　A　　　にあてはまる地名として最も適切なものを，次の選択肢①〜⑤のうちから一つ選べ。　　　　　　　　　　　　　　　　　　　　　　　　　　解答番号 1

①　豊後　　　　　　　　②　摂津　　　　　　　　③　京都
④　越前　　　　　　　　⑤　美濃

問2　下線部Bに関連して，これらの大名のうち，広島城を無断で修築したとして改易された人物として最も適切なものを，次の選択肢①〜⑤のうちから一つ選べ。　解答番号 2

①　加藤清正　　　　　　②　浅野長政　　　　　　③　石田三成
④　福島正則　　　　　　⑤　大谷吉継

問3　下線部Cに関連して，駿府出身の山田長政が長となった日本町所在地の名称として最も適切なものを，次の選択肢①〜⑤のうちから一つ選べ。　解答番号 3

①　マラッカ　　　　　　②　ルソン　　　　　　　③　アユタヤ
④　アンボイナ　　　　　⑤　マカオ

問4　　　D　　　にあてはまる人名として最も適切なものを，次の選択肢①〜⑤のうちから一つ選べ。　　　　　　　　　　　　　　　　　　　　　　　　　　解答番号 4

①　ケンペル　　　　　　②　シーボルト　　　　　③　ヘボン
④　シドッチ　　　　　　⑤　ゴローウニン

問5　　　E　　　にあてはまる建築様式として最も適切なものを，次の選択肢①〜⑤のうちから一つ選べ。　　　　　　　　　　　　　　　　　　　　　　　解答番号 5

① 書院造　　　　　　② 校倉造　　　　　　③ 武家造
④ 寝殿造　　　　　　⑤ 権現造

問6　下線部Fに関連して，この人物の作品として適切なものを，次の選択肢①〜⑤のうちか
　　ら一つ選べ。　　　　　　　　　　　　　　　　　　　　　　　解答番号 6
　　① 大徳寺方丈襖絵　　　② 雪中梅竹遊禽図襖　　　③ 夕顔棚納涼図屛風
　　④ 風神雷神図屛風　　　⑤ 長崎港之図

問7　下線部Gに関連して，江戸時代の村の記述について最も適切なものを，次の選択肢①〜
　　④のうちから一つ選べ。　　　　　　　　　　　　　　　　　　解答番号 7
　　① 村民には本百姓・水呑百姓といった貧富の差はあったが，村政には全員が参加した。
　　② 村の運営は村掟に基づいておこなわれ，これに背くと村八分などの制裁があった。
　　③ 農業以外の副業などにかかる，国役とよばれる税もあった。
　　④ 田畑は原則として自由に売買できたため，大地主が出現した。

問8　下線部Hに関連して，井原西鶴の作品として不適切なものを，次の選択肢①〜⑤のうち
　　から一つ選べ。　　　　　　　　　　　　　　　　　　　　　　解答番号 8
　　① 『好色一代男』　　　② 『日本永代蔵』　　　③ 『武家義理物語』
　　④ 『世間胸算用』　　　⑤ 『曽根崎心中』

問9　下線部Ⅰに関連して，享保の改革の内容として不適切なものを，次の選択肢①〜⑤のう
　　ちから一つ選べ。　　　　　　　　　　　　　　　　　　　　　解答番号 9
　　① 印旛沼・手賀沼の干拓　　② 目安箱の設置　　　③ 町火消の制
　　④ 上げ米　　　　　　　　　⑤ 相対済し令

問10　下線部Jに関連して，18世紀後半から19世紀前半の文化の記述について不適切なものを，
　　次の選択肢①〜④のうちから一つ選べ。　　　　　　　　　　　解答番号 10
　　① 黄表紙と呼ばれる，社会を風刺した絵入りの本が売り出された。
　　② 俳諧で活躍した与謝蕪村が『十便十宜図』を池大雅と合作した。
　　③ 太田南畝や石川雅望などが，世相を皮肉る狂歌で活躍した。
　　④ 住吉如慶が装飾画で活躍した。

第4問　次の文章を読み，下の設問に答えよ。

　明治時代前半には，日本にとって大きな改革が次々とおこなわれた。A版籍奉還と廃藩置県により新政府は全国の支配権を手にした。軍制面では B徴兵令が出され，国民皆兵が原則とされた。国内の治安は，当初は藩兵，次に兵士が担っていたが，東京警視庁が設置され，邏卒（らそつ）が秩序維持にあたるなど，C警察制度も整えられた。

　教育制度では1872年にはD学制が公布され，新島襄の　　E　　など，私学も設立されている。さらに　　F　　が鉛製活字の技術を導入したことで日刊新聞や雑誌が創刊されたことも，近代思想の広まりに大きな役割を果たした。

　産業面では多くのG官営模範工場や官営事業が払い下げられ，国内産業の発展に寄与した。このような政府・民間の努力もあり，のち1909年には日本は世界最大の　　H　　輸出国となっている。

　また，この時期には領土も確定している。北はI樺太・千島交換条約で北端を確定し，この条約の翌年，南は小笠原諸島の領有を宣言し，南端としている。なお，樺太・千島交換条約の全権使節は　　J　　であった。

問1　下線部Aに関連して，初めに自主的に版籍奉還をおこなった藩として不適切なものを，次の選択肢①～⑤のうちから一つ選べ。　　　　　　　　　　　　　　解答番号 1

①　会津藩　　　　　　　②　長州藩　　　　　　　③　土佐藩
④　薩摩藩　　　　　　　⑤　肥前藩

問2　下線部Bに関連して，徴兵告諭・徴兵令に関する記述として不適切なものを，次の選択肢①～④のうちから一つ選べ。　　　　　　　　　　　　　　　　　解答番号 2

①　ヨーロッパ的徴兵制度の導入を主導したのは，長州出身の大村益次郎であった。
②　徴兵告諭を出して実際に国民皆兵制度を導入したのは，木戸孝允であった。
③　当初は，戸主や嗣子，学生などは兵役を免除された。
④　当初は，代人料を払うことで兵役を逃れることもできた。

問3　下線部Cに関連して，ヨーロッパに留学して近代的な警察制度を構築した人物は誰か。最も適切なものを，次の選択肢①～⑤のうちから一つ選べ。　　　　　解答番号 3

①　川路利良　　　　　　②　江藤新平　　　　　　③　後藤象二郎
④　三条実美　　　　　　⑤　副島種臣

問4　下線部Dに関連して，学制や当時の教育機関に関する記述として不適切なものを，次の選択肢①～④のうちから一つ選べ。　　　　　　　　　　　　　　　解答番号 4

①　フランスの学区制を手本に作られたものであった。

② 義務教育期間の授業料はすべて国から支給されたが，各家庭の負担は大きかった。

③ 男女が等しく学校に通う国民皆学が目指された。

④ 開成所などの学校が統合され，専門教育機関として東京大学が設立された。

問5 　　E　　 にあてはまる語句として最も適切なものを，次の選択肢①～⑤のうちから
一つ選べ。　　　　　　　　　　　　　　　　　　　　　　　　　　　解答番号 5

① 慶応義塾　　　　　　　　② 同志社　　　　　　　　③ 東京専門学校

④ 女子英学塾　　　　　　　⑤ 哲学館

問6 　　F　　 にあてはまる人名として最も適切なものを，次の選択肢①～⑤のうちから
一つ選べ。　　　　　　　　　　　　　　　　　　　　　　　　　　　解答番号 6

① 西周　　　　　　　　　　② 中村正直　　　　　　　③ 豊田佐吉

④ 本木昌造　　　　　　　　⑤ 池貝庄太郎

問7 下線部Gに関連して，富岡製糸場の払い下げ先として最も適切なものを，次の選択肢①
～⑤のうちから一つ選べ。　　　　　　　　　　　　　　　　　　　　解答番号 7

① 三井　　　　　　　　　　② 三菱　　　　　　　　　③ 安田

④ 古河　　　　　　　　　　⑤ 住友

問8 　　H　　 にあてはまる語句として最も適切なものを，次の選択肢①～⑤のうちから
一つ選べ。　　　　　　　　　　　　　　　　　　　　　　　　　　　解答番号 8

① 綿布　　　　　　　　　　② 生糸　　　　　　　　　③ 鉄鋼

④ 綿糸　　　　　　　　　　⑤ 旋盤

問9 下線部 I に関連して，この時に日本の最北端となった島の名として最も適切なものを，
次の選択肢①～⑤のうちから一つ選べ。　　　　　　　　　　　　　　解答番号 9

① 国後島　　　　　　　　　② 択捉島　　　　　　　　③ 占守島

④ 得撫島　　　　　　　　　⑤ 新知島

問10 　　J　　 にあてはまる人名として最も適切なものを，次の選択肢①～⑤のうちから
一つ選べ。　　　　　　　　　　　　　　　　　　　　　　　　　　　解答番号 10

① 伊藤博文　　　　　　　　② 黒田清隆　　　　　　　③ 勝海舟

④ 森有礼　　　　　　　　　⑤ 榎本武揚

数　学

■数学Ⅰ・A■

（2科目　120分）

<答えに関する注意事項>

1. 以下の問題の解答番号 $\boxed{1}$ 以降には，0，1，2，3，······，9の数字のうち，いずれか 1 つが入る（1桁の整数"1"は $\boxed{1}$，2桁の整数"12"は $\boxed{1}\boxed{2}$，3桁の整数"123"は $\boxed{1}\boxed{2}\boxed{3}$ のように並べて表す）。

2. 解答が120，解答欄が $\boxed{1}\boxed{2}\boxed{3}$ の場合，解答は以下のようになる。

   $\boxed{1}=①$，$\boxed{2}=②$，$\boxed{3}=⑩$

3. 分数は既約分数（それ以上約分できない分数）で答えるものとする。

4. 根号を含む形で解答する場合は，根号の中に現れる自然数が最小となる形で答えるものとする（例えば，$4\sqrt{2}$ と答えるところを，$2\sqrt{8}$ のように答えてはいけない）。

第 1 問　次の文章中の $\boxed{1}$ ～ $\boxed{19}$ に適する数字を，下の選択肢①～⑩のうちからそれぞれ一つ選べ。ただし，重複して使用してもよい。

　　　　　　　　　　　　　　　　　　　　　　　　　　　　　　解答番号 $\boxed{1}$ ～ $\boxed{19}$

(A)

　　$f(x) = ax^2 - 8x - 15$ とする。ただし，a は実数の定数である。

　(1)　$a = 1$ のとき，$f(8 + \sqrt{6}) = -\boxed{1} + \boxed{2}\sqrt{\boxed{3}}$ である。

　(2)　$a = 12$ のとき，$f(x) = \left(\boxed{4}x - \boxed{5}\right)\left(\boxed{6}x + \boxed{7}\right)$ である。

　(3)　$a = 0$ のとき，$|f(x)| < 100$ を満たす整数 x は $\boxed{8}\boxed{9}$ 個ある。

(B)

　　実数全体からなる集合の部分集合 $A = \{1,\ x,\ x^2\}$，$B = \{4,\ y\}$ について考える。ただし，$x,\ y$ は実数の定数である。

　(1)　$2024 \in A$ となるような x は $\boxed{10}$ 個ある。

　(2)　$A \cap B = \{1,\ 4\}$ となるような x と y の組 $(x,\ y)$ は $\boxed{11}$ 個ある。

　(3)　$x \in B$ かつ $2y \in A$ となるような x と y の組 $(x,\ y)$ は $\boxed{12}$ 個ある。

(C)

　　$AB = 6$，$BC = 4$，$CA = 7$ である三角形 ABC があり，辺 BC を $5 : 3$ に外分する点を D とする。辺 AC 上に点 F をとり，直線 DF と辺 AB の交点を E とする。

　(1)　$AF = 4$ のとき，$AE = \dfrac{\boxed{13}}{\boxed{14}}$ である。

　(2)　三角形 AEF と三角形 CDF の面積が等しいとき，$AE = \dfrac{\boxed{15}\boxed{16}}{\boxed{17}}$ である。

(3)　4点 E, B, C, F が同一円周上にあるとき，AE : AF = $\boxed{18}$: $\boxed{19}$　である。

〔 $\boxed{1}$ ～ $\boxed{19}$ の選択肢 〕

　　① 1　　　　② 2　　　　③ 3　　　　④ 4　　　　⑤ 5
　　⑥ 6　　　　⑦ 7　　　　⑧ 8　　　　⑨ 9　　　　⑩ 0

第2問　次の文章中の $\boxed{1}$ ～ $\boxed{17}$ に適する数字を，下の選択肢①～⑩のうちからそれぞれ一つ選べ。ただし，重複して使用してもよい。　　　　　解答番号 $\boxed{1}$ ～ $\boxed{17}$

$f(x) = x^2 + 4x + 1$ とし，$y = f(x)$ のグラフを C_1 とする。C_1 を x 軸方向に p，y 軸方向に q だけ平行移動して得られるグラフを C_2 とし，C_2 の方程式を $y = g(x)$ とする。ただし，p, q は実数の定数である。

(1)　C_1 の軸の方程式は，$x = -\boxed{1}$ である。

(2)　C_2 の頂点の座標が $(10, 10)$ であるとき，$p = \boxed{2}\boxed{3}$，$q = \boxed{4}\boxed{5}$ であり，

　　　$g(x) = x^2 - \boxed{6}\boxed{7}x + \boxed{8}\boxed{9}\boxed{10}$ である。

(3)　$p = 5$ とする。

　　　C_2 が x 軸から切り取る線分の長さが 10 であるとき，$q = -\boxed{11}\boxed{12}$ である。

(4)　$p = 2$, $q = 17$ とし，$-1 \leqq x \leqq 4$ とする。

　　　$f(x)$ の最小値は $-\boxed{13}$ であり，$g(x)$ の最小値は $\boxed{14}\boxed{15}$ である。

　　　また，$f(x) + g(x)$ の最小値は $\boxed{16}\boxed{17}$ である。

〔 $\boxed{1}$ ～ $\boxed{17}$ の選択肢 〕

　　① 1　　　　② 2　　　　③ 3　　　　④ 4　　　　⑤ 5

第3問　次の文章中の $\boxed{1}$〜$\boxed{18}$ に適する数字を，下の選択肢①〜⑩のうちからそれぞれ一つ選べ。ただし，重複して使用してもよい。　　　　　　　**解答番号** $\boxed{1}$〜$\boxed{18}$

四角形 ABCD があり，AB = 4，AC = CD = 5，$\cos\angle BAC = \dfrac{1}{8}$ を満たす。

(1)　BC = $\boxed{1}$ である。三角形 ABC の面積は $\dfrac{\boxed{2}\,\boxed{3}\sqrt{\boxed{4}}}{\boxed{5}}$ である。

(2)　$\angle CAD = 45°$ のとき，AD = $\boxed{6}\sqrt{\boxed{7}}$ である。

(3)　辺 BC と辺 AD が平行であるとき，$\cos\angle CAD = \dfrac{\boxed{8}}{\boxed{9}}$ であり，AD = $\dfrac{\boxed{10}\boxed{11}}{\boxed{12}}$ である。

(4)　三角形 ABC の外接円の半径と三角形 ACD の外接円の半径が等しいとき，

$\cos\angle CAD = \dfrac{\boxed{13}}{\boxed{14}\boxed{15}}$ であり，AD = $\dfrac{\boxed{16}\boxed{17}}{\boxed{18}}$ である。

〔 $\boxed{1}$〜$\boxed{18}$ の選択肢 〕

① 1　　　　　② 2　　　　　③ 3　　　　　④ 4　　　　　⑤ 5
⑥ 6　　　　　⑦ 7　　　　　⑧ 8　　　　　⑨ 9　　　　　⑩ 0

第4問　次の文章中の $\boxed{1}$ ～ $\boxed{13}$ に適する数字を，下の選択肢①～⑩のうちからそれぞれ一つ選べ。ただし，重複して使用してもよい。

解答番号 $\boxed{1}$ ～ $\boxed{13}$

(1) $x + y + z = 15$ を満たす1以上の整数 x, y, z の組 (x, y, z) のうち，$z = 1$ であるものは全部で $\boxed{1}\boxed{2}$ 組ある。

(2) $x + y + z = 15$ を満たす0以上の整数 x, y, z の組 (x, y, z) は全部で $\boxed{3}\boxed{4}\boxed{5}$ 組ある。

(3) $x + y + z = 15$ を満たす1以上の整数 x, y, zの組 (x, y, z) は全部で $\boxed{6}\boxed{7}$ 組ある。

(4) $x + y + z = 15$ を満たす2以上の整数 x, y, zの組 (x, y, z) は全部で $\boxed{8}\boxed{9}$ 組ある。

(5) $x + y + z = 15$ を満たす3以上の異なる整数 x, y, zの組 (x, y, z) は全部で $\boxed{10}\boxed{11}$ 組ある。

(6) $x + y + z = 15$ を満たす1以上の整数 x, y, zの組 (x, y, z) のうち，$z \geqq 4$ を満たすものは全部で $\boxed{12}\boxed{13}$ 組ある。

〔 $\boxed{1}$ ～ $\boxed{13}$ の選択肢 〕

① 1　　　② 2　　　③ 3　　　④ 4　　　⑤ 5
⑥ 6　　　⑦ 7　　　⑧ 8　　　⑨ 9　　　⑩ 0

■数学Ⅱ・B■

（2科目 120分）

<答えに関する注意事項>

1．以下の問題の解答番号 $\boxed{1}$ 以降には，0，1，2，3，……，9の数字のうち，いずれか 1 つが入る（1桁の整数"1"は $\boxed{1}$ ，2桁の整数"12"は $\boxed{1}\,\boxed{2}$ ，3桁の整数"123"は $\boxed{1}\,\boxed{2}\,\boxed{3}$ のように並べて表す）。

2．解答が120，解答欄が $\boxed{1}\,\boxed{2}\,\boxed{3}$ の場合，解答は以下のようになる。

　$\boxed{1}$＝①，$\boxed{2}$＝②，$\boxed{3}$＝⑩

3．分数は既約分数（それ以上約分できない分数）で答えるものとする。

4．根号を含む形で解答する場合は，根号の中に現れる自然数が最小となる形で答えるものとする（例えば，$4\sqrt{2}$ と答えるところを，$2\sqrt{8}$ のように答えてはいけない）。

第 1 問　次の文章中の $\boxed{1}$～$\boxed{23}$ に適する数字を，下の選択肢①～⑩のうちからそれぞれ一つ選べ。ただし，重複して使用してもよい。

(A)

$0 \leqq \theta < 2\pi$ とする。

(1) θ の方程式 $\sin\dfrac{\theta}{2} = \dfrac{1}{2}$ の解は，$\theta = \dfrac{\boxed{1}}{\boxed{2}}\pi,\ \dfrac{\boxed{3}}{\boxed{4}}\pi$ である。ただし，$\dfrac{\boxed{1}}{\boxed{2}} < \dfrac{\boxed{3}}{\boxed{4}}$ とする。

(2) θ の不等式 $\sin\theta > \cos\theta$ の解は，$\dfrac{\boxed{5}}{\boxed{6}}\pi < \theta < \dfrac{\boxed{7}}{\boxed{8}}\pi$ である。

(3) θ の方程式 $\sin 4\theta = \dfrac{1}{2}$ の異なる解は $\boxed{9}$ 個ある。

(B)

x の 2 次方程式 $x^2 - 3x + 1 = 0$ の 2 つの解を $\alpha,\ \beta$ とする。

(1) $\alpha + \beta = \boxed{10}$，$\alpha\beta = \boxed{11}$ である。

(2) $\alpha^2 + \beta^2 = \boxed{12}$ である。

(3) $\alpha^4,\ \beta^4$ を解にもつ x^2 の係数が 1 である 2 次方程式は，$x^2 - \boxed{13}\,\boxed{14}\,x + \boxed{15} = 0$ である。

(C)

$O(0,\ 0)$ を原点とする座標平面上に，3 点 $A(1,\ 7)$, $B(9,\ 1)$, $C(5,\ 12)$ がある。三角形 ABC の周および内部を点 $(a,\ b)$ が動く。

(1) $a + b$ の最大値は $\boxed{16}\,\boxed{17}$ である。

(2) $\sqrt{a^2 + b^2}$ の最小値は $\dfrac{\boxed{18}\,\boxed{19}}{\boxed{20}}$ である。

(3) $m = \dfrac{b}{a}$ のとる値の範囲は，$\dfrac{\boxed{21}}{\boxed{22}} \leqq m \leqq \boxed{23}$ である。

〔 $\boxed{1}$ ～ $\boxed{23}$ の選択肢 〕

① 1　　　　② 2　　　　③ 3　　　　④ 4　　　　⑤ 5
⑥ 6　　　　⑦ 7　　　　⑧ 8　　　　⑨ 9　　　　⑩ 0

第2問　次の文章中の $\boxed{1}$ ～ $\boxed{15}$ に適する数字を，下の選択肢①～⑩のうちからそれぞれ一つ選
べ。ただし，重複して使用してもよい。　　　　　　　　　　解答番号 $\boxed{1}$ ～ $\boxed{15}$

$f(x) = x^3 - 3x^2 + 4$ とし，曲線 $C : y = f(x)$ について考える。

(1) $f'(x) = \boxed{1}x^2 - \boxed{2}x$ である。x の方程式 $f(x) = 0$ の解は，$x = -\boxed{3}$，$\boxed{4}$
である。

(2) C と x 軸によって囲まれてできる図形の面積は $\dfrac{\boxed{5}\,\boxed{6}}{\boxed{7}}$ である。

(3) C 上の点 $\left(t,\ f(t)\right)$ における接線の傾きが 6 であるとき，$t = \boxed{8} \pm \sqrt{\boxed{9}}$ である。

(4) x の方程式 $f(x) = 6x + a$ の異なる実数解の個数が 3 個となるような定数 a の値の範
囲は，$-\boxed{10} - \boxed{11}\sqrt{\boxed{12}} < a < -\boxed{13} + \boxed{14}\sqrt{\boxed{15}}$ である。

〔 $\boxed{1}$ ～ $\boxed{15}$ の選択肢 〕

① 1　　　　② 2　　　　③ 3　　　　④ 4　　　　⑤ 5
⑥ 6　　　　⑦ 7　　　　⑧ 8　　　　⑨ 9　　　　⑩ 0

第3問　次の文章中の $\boxed{1}$ ～ $\boxed{20}$ に適する数字を，下の選択肢①～⑩のうちからそれぞれ一つ選べ。ただし，重複して使用してもよい。

解答番号 $\boxed{1}$ ～ $\boxed{20}$

n を正の整数とする。$a_n = 2n^2$ である数列 $\{a_n\}$ の階差数列を $\{b_n\}$ とする。

数列 $\{a_n\}$ の初項から第 n 項までの和を S_n とし，数列 $\{c_n\}$ を，$c_n = \dfrac{b_n}{S_n}$ により定める。

数列 $\{c_n\}$ の初項から第 n 項までの和を T_n とする。

(1) $b_n = \boxed{1}\,n + \boxed{2}$ である。数列 $\{b_n\}$ に現れる4桁の整数は $\boxed{3}\boxed{4}\boxed{5}\boxed{6}$ 個ある。

(2) $S_{10} = \boxed{7}\boxed{8}\boxed{9}$ である。

(3) $c_n = \dfrac{\boxed{10}}{n\left(n + \boxed{11}\right)}$ である。$T_{10} = \dfrac{\boxed{12}\boxed{13}}{\boxed{14}\boxed{15}}$ である。

(4) T_n を小数第4位で四捨五入したとき 6 となるような最小の n の値は

$\boxed{16}\boxed{17}\boxed{18}\boxed{19}\boxed{20}$ である。

〔 $\boxed{1}$ ～ $\boxed{20}$ の選択肢 〕

① 1　　　② 2　　　③ 3　　　④ 4　　　⑤ 5
⑥ 6　　　⑦ 7　　　⑧ 8　　　⑨ 9　　　⑩ 0

第4問 次の文章中の $\boxed{1}$ ～ $\boxed{19}$ に適する数字を，下の選択肢①～⑩のうちからそれぞれ一つ選べ。ただし，重複して使用してもよい。　　　　　　　**解答番号** $\boxed{1}$ ～ $\boxed{19}$

平面上に4点 O, A, B, C があり，OA = 3, OB = 2, OC = 7, $\overrightarrow{OC} = \overrightarrow{OA} + 4\overrightarrow{OB}$ を満たしている。直線 BC と直線 OA の交点を P とする。

(1) $\overrightarrow{OA} \cdot \overrightarrow{OB} = -\boxed{1}$ であり，$\angle AOB = \boxed{2}\boxed{3}\boxed{4}^\circ$ である。

　　　三角形 OAB の面積は $\dfrac{\boxed{5}\sqrt{\boxed{6}}}{\boxed{7}}$ である。

(2) 実数 s, t を用いて，$\overrightarrow{OP} = s\overrightarrow{OA} + t\overrightarrow{OB}$ と表すと，$s = -\dfrac{\boxed{8}}{\boxed{9}}$, $t = \boxed{10}$ である。

(3) 三角形 PAC の面積は，三角形 OAB の面積の $\dfrac{\boxed{11}\boxed{12}}{\boxed{13}}$ 倍である。

(4) H を直線 OB 上の点とし，実数 u を用いて $\overrightarrow{OH} = u\overrightarrow{OB}$ と表す。

　　　PH ⊥ OB が成り立つとき，$u = \dfrac{\boxed{14}}{\boxed{15}}$ である。

(5) 三角形 OAB の外心を X とする。$\overrightarrow{OX} = \dfrac{\boxed{16}}{\boxed{17}}\overrightarrow{OA} + \dfrac{\boxed{18}}{\boxed{19}}\overrightarrow{OB}$ である。

〔 $\boxed{1}$ ～ $\boxed{19}$ の選択肢 〕

① 1　　　　② 2　　　　③ 3　　　　④ 4　　　　⑤ 5
⑥ 6　　　　⑦ 7　　　　⑧ 8　　　　⑨ 9　　　　⑩ 0

物　理

■物理基礎・物理■

（2科目 120分）

第1問　次の各問に答えよ。

問1　質量が m の物体と質量が $5m$ のおもりを軽くて丈夫な糸でつなぐ。図1−1のように，摩擦のある水平面上に物体を置いて外力で支え，なめらかな滑車を介しておもりを垂らす。外力を取り除くと物体は動き出した。物体と水平面の間の動摩擦係数が 0.80 であるとき，物体が動き出したときの加速度の大きさは重力加速度の大きさの何倍か。最も適当なものを，次の選択肢①〜⑥のうちから一つ選べ。　　　　　　　　　　　　　　　解答番号 $\boxed{1}$

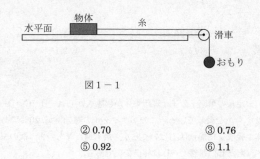

図1−1

① 0.64　　　　　　　　② 0.70　　　　　　　　③ 0.76
④ 0.84　　　　　　　　⑤ 0.92　　　　　　　　⑥ 1.1

問2　図1−2のように，焦点距離が 60cm の凸面鏡がある。凸面鏡から 20cm 離れた光軸上に物体を置いた。このとき凸面鏡の　　　　　　ができる。　　　　　　に当てはまる文として最も適当なものを，次の選択肢①〜⑧のうちから一つ選べ。ただし，凸面鏡から物体のある側を左側とする。　　　　　　　　　　　　　　　解答番号 $\boxed{2}$

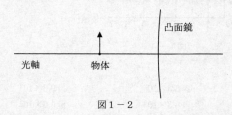

図1−2

① 左側 15cm の位置に実像　　② 左側 30cm の位置に実像
③ 左側 15cm の位置に虚像　　④ 左側 30cm の位置に虚像
⑤ 右側 15cm の位置に実像　　⑥ 右側 30cm の位置に実像
⑦ 右側 15cm の位置に虚像　　⑧ 右側 30cm の位置に虚像

問3　図1－3のような装置で，空気中における開管の共鳴実験を行った。音源から発生する音の振動数が 1000Hz，音速が 340m/s であるとき，5倍振動となるための開管の長さ[m]はいくらか。最も適当なものを，次の選択肢①～⑥のうちから一つ選べ。ただし，開口端補正は無視できるものとする。　　**解答番号 3**

図1－3

① 0.63　　　　② 0.85　　　　③ 1.1
④ 1.3　　　　⑤ 1.7　　　　⑥ 2.1

問4　図1－4は，一定量の単原子分子・理想気体が状態 A から A→B→C→D→A のように変化したときの熱サイクルを表している。この熱サイクルの熱効率が 20%であるとすると，状態 C→D で気体が吸収した熱量[kJ]はいくらか。最も適当なものを，次の選択肢①～⑥のうちから一つ選べ。ただし，状態 C→D は等温変化である。　　**解答番号 4**

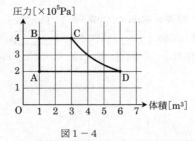

図1－4

① 7.1×10²　　　② 8.3×10²　　　③ 9.6×10²
④ 7.1×10³　　　⑤ 8.3×10³　　　⑥ 9.6×10³

問5　長さが20cmで，断面積が $5.0 \times 10^{-5}\,cm^2$ である鉄製の電線の抵抗値は $4.0\,\Omega$ であった。鉄の抵抗率はいくらか。抵抗率の値と単位の表記について最も適当なものを，次の選択肢①〜⑧のうちから一つ選べ。　　　　　　　　　　　解答番号 $\boxed{5}$

① $1.0 \times 10^{-7}\,\Omega\cdot m$　② $1.6 \times 10^{-7}\,\Omega\cdot m$　③ $1.0 \times 10^{-5}\,\Omega\cdot m$　④ $1.6 \times 10^{-5}\,\Omega\cdot m$

⑤ $1.0 \times 10^{-7}\,\Omega/m$　⑥ $1.6 \times 10^{-7}\,\Omega/m$　⑦ $1.0 \times 10^{-5}\,\Omega/m$　⑧ $1.6 \times 10^{-5}\,\Omega/m$

第2問　次の文章を読み，下の設問に答えよ。

質量がそれぞれ 5.0kg，2.0kg，3.0kg の物体 A，B，C が互いに接するようになめらかで十分に広い水平面上に静止している。

物体 A から物体 B に 50N の力が t_1 秒間加えられた。その後，物体 A は左向きに進み，物体 B と物体 C は接したまま 5.0m/s の速さで右向きに進んだ（図2−1）。このとき，力が加えられた時間 t_1 は $\boxed{\text{ア}}$ [s]であり，物体 A の運動量の大きさは $\boxed{\text{イ}}$ [kg·m/s]である。

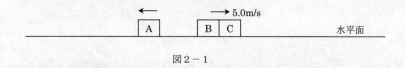

図2−1

続いて，物体 B から物体 C に 25N の力が t_2 秒間加えられた。その後，物体 B は左向きに 1.0m/s の速さで進み，物体 C は右向きに進んだ（図2−2）。このとき，力が加えられた時間 t_2 は $\boxed{\text{ウ}}$ [s]であり，物体 C の速さは $\boxed{\text{エ}}$ [m/s]となっている。

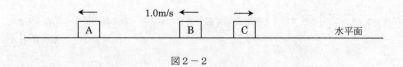

図2−2

また，図2−1の状態の後，物体 B から物体 C に 25N の力が t_3 秒間加えられると，物体 B は静止し，物体 C は右向きに進んだ（図2−3）。このとき，力が加えられた時間 t_3 は $\boxed{\text{オ}}$ [s]であり，物体 C の速さは $\boxed{\text{カ}}$ [m/s]となる。その後の物体 A と物体 C の運動量を合計するとその大きさは $\boxed{\text{キ}}$ [kg·m/s]となる。

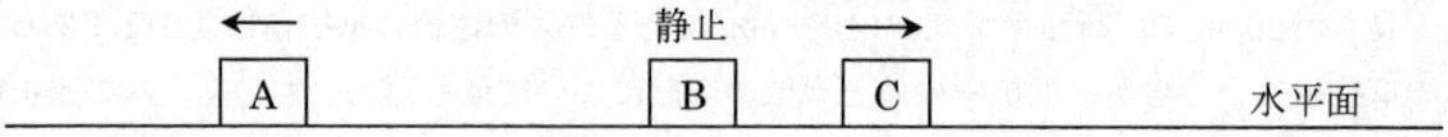

図 2 − 3

問 1　文中 　ア　 に当てはまる数値として最も適当なものを，次の選択肢①〜⑥のうちから
一つ選べ。　　　　　　　　　　　　　　　　　　　　　　　　　　**解答番号 1**

① 0.20	② 0.27	③ 0.35
④ 0.40	⑤ 0.50	⑥ 0.67

問 2　文中 　イ　 に当てはまる数値として最も適当なものを，次の選択肢①〜⑥のうちから
一つ選べ。　　　　　　　　　　　　　　　　　　　　　　　　　　**解答番号 2**

① 10	② 13	③ 17
④ 20	⑤ 25	⑥ 34

問 3　文中 　ウ　 に当てはまる数値として最も適当なものを，次の選択肢①〜⑥のうちから
一つ選べ。　　　　　　　　　　　　　　　　　　　　　　　　　　**解答番号 3**

① 0.12	② 0.24	③ 0.36
④ 0.48	⑤ 0.60	⑥ 0.72

問 4　文中 　エ　 に当てはまる数値として最も適当なものを，次の選択肢①〜⑥のうちから
一つ選べ。　　　　　　　　　　　　　　　　　　　　　　　　　　**解答番号 4**

① 7.0	② 9.0	③ 12
④ 15	⑤ 18	⑥ 20

問 5　文中 　オ　 に当てはまる数値として最も適当なものを，次の選択肢①〜⑥のうちから
一つ選べ。　　　　　　　　　　　　　　　　　　　　　　　　　　**解答番号 5**

① 0.10	② 0.18	③ 0.28
④ 0.33	⑤ 0.40	⑥ 0.48

問6　文中　カ　に当てはまる数値として最も適当なものを，次の選択肢①～⑥のうちから
一つ選べ。　　　　　　　　　　　　　　　　　　　　　　　　　　解答番号 6

① 6.7　　　　　　　　② 7.2　　　　　　　　③ 8.0
④ 8.3　　　　　　　　⑤ 9.2　　　　　　　　⑥ 9.7

問7　文中　キ　に当てはまる数値として最も適当なものを，次の選択肢①～⑥のうちから
一つ選べ。　　　　　　　　　　　　　　　　　　　　　　　　　　解答番号 7

① 0　　　　　　　　　② 20　　　　　　　　③ 30
④ 40　　　　　　　　⑤ 50　　　　　　　　⑥ 60

第3問　次の文章を読み，下の設問に答えよ。

　図3のような形状で温度調節器を備えた断面積 S のシリンダーがある。軽くてなめらかに移動できるピストンによって単原子分子・理想気体（以下，気体Aと呼ぶ）が閉じ込められている。気体Aの圧力は大気圧と等しく P_0，温度は T_0，体積は SL_0 である。ピストンとシリンダーの間には図のようにばねが自然長の状態で，両端がピストンおよびシリンダーから離れないように取り付けられている。このときの気体Aの状態を状態1とする。続いて温度調節器で気体Aを加熱し，体積を $2SL_0$ とした。このときの気体Aの状態を状態2とする。次に，温度調節器で気体Aを冷却し，体積を $\frac{1}{2}SL_0$ とした。このときの気体Aの状態を状態3とする。シリンダーとピストンは断熱性が高く，熱の移動は温度調節器と気体Aの間のみで起こっている。また，気体Aの状態はゆっくりと変化している。気体定数を R，ばね定数を $\frac{P_0S}{L_0}$ とし，温度は絶対温度で考えるものとする。

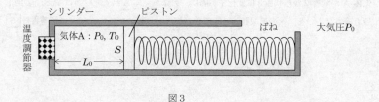

シリンダー　　　　　　　ピストン
温度調節器　　気体A：P_0, T_0　　　　　　　　　　　ばね　　　大気圧P_0
S
L_0

図3

問1　状態1において，気体Aの内部エネルギーは P_0SL_0 の何倍か。最も適当なものを，次の
選択肢①～⑥のうちから一つ選べ。　　　　　　　　　　　　　　　解答番号 1

① 0　　　　　　　　　　② $\dfrac{3}{4}$　　　　　　　　　③ 1

④ $\dfrac{3}{2}$　　　　　　　　　⑤ 2　　　　　　　　　　⑥ $\dfrac{5}{2}$

問2　状態1から状態2に変化する間に，ピストンがばねにした仕事は気体Aがピストンにした仕事の何%か。最も適当なものを，次の選択肢①〜⑥のうちから一つ選べ。**解答番号** [2]

① 20　　　　　　　　　② 33　　　　　　　　　③ 40

④ 50　　　　　　　　　⑤ 67　　　　　　　　　⑥ 80

問3　気体Aが状態1から状態2に変化する間に温度調節器から与えられた熱量は $P_0 S L_0$ の何倍か。最も適当なものを，次の選択肢①〜⑥のうちから一つ選べ。　　　　**解答番号** [3]

① $\dfrac{3}{2}$　　　　　　　　　② $\dfrac{5}{2}$　　　　　　　　　③ 3

④ $\dfrac{7}{2}$　　　　　　　　　⑤ $\dfrac{9}{2}$　　　　　　　　　⑥ 6

問4　状態3における気体Aの温度は T_0 の何倍か。最も適当なものを，次の選択肢①〜⑥のうちから一つ選べ。　　　　**解答番号** [4]

① 0　　　　　　　　　② $\dfrac{1}{8}$　　　　　　　　　③ $\dfrac{1}{4}$

④ $\dfrac{1}{2}$　　　　　　　　　⑤ $\dfrac{5}{8}$　　　　　　　　　⑥ $\dfrac{3}{4}$

問5　気体Aが状態2から状態3に変化する間に，大気が気体Aにした仕事は $P_0 S L_0$ の何倍か。最も適当なものを，次の選択肢①〜⑥のうちから一つ選べ。　　　　**解答番号** [5]

① 0　　　　　　　　　② $\dfrac{3}{4}$　　　　　　　　　③ 1

④ $\dfrac{3}{2}$　　　　　　　　　⑤ 2　　　　　　　　　　⑥ $\dfrac{5}{2}$

問6　気体Aが状態2から状態3に変化する間に温度調節器が吸収した熱量は $P_0 S L_0$ の何倍か。最も適当なものを，次の選択肢①〜⑥のうちから一つ選べ。　　　　**解答番号** [6]

①$\dfrac{15}{4}$　　　　　　②$\dfrac{9}{2}$　　　　　　③$\dfrac{21}{4}$

④$\dfrac{15}{2}$　　　　　　⑤$\dfrac{33}{4}$　　　　　　⑥$\dfrac{19}{2}$

第4問　次の文章を読み，下の設問に答えよ。

　図4のように，電池 E，コイル L，抵抗 R_0，R_1，R_2，R_3，スイッチ S_1，S_2，S_3 を使用して回路をつくった。電池 E は起電力が 36V であり，内部抵抗は無視できるものとする。抵抗 R_0，R_1，R_2，R_3 の抵抗値はそれぞれ 2.0Ω，4.0Ω，4.0Ω，2.0Ω である。はじめ，スイッチはすべて開いている。なお，以下の問1〜問7の操作は連続した操作である。例えば，スイッチ S_1 を閉じたら，それ以降の設問でスイッチ S_1 を開くまでスイッチ S_1 は閉じたままとなっている。

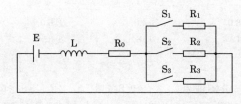

図4

問1　スイッチ S_1 を閉じた。その直後に抵抗 R_0 を流れる電流の大きさ[A]はいくらか。最も適当なものを，次の選択肢①〜⑧のうちから一つ選べ。　**解答番号** 1

①0　　　　　②3.0　　　　　③4.0　　　　　④6.0

⑤10　　　　　⑥12　　　　　⑦16　　　　　⑧18

問2　スイッチ S_1 を閉じた直後にコイル L に生じる誘導起電力の大きさ[V]はいくらか。最も適当なものを，次の選択肢①〜⑧のうちから一つ選べ。　**解答番号** 2

①0　　　　　②3.0　　　　　③4.0　　　　　④6.0

⑤9.0　　　　　⑥12　　　　　⑦18　　　　　⑧36

問3　スイッチ S_1 を閉じて十分な時間の後に抵抗 R_0 に流れている電流の大きさ[A]はいくらか。最も適当なものを，次の選択肢①〜⑧のうちから一つ選べ。　**解答番号** 3

①0　　　　　②3.0　　　　　③4.0　　　　　④6.0

⑤ 10　　　　　　⑥ 12　　　　　　⑦ 16　　　　　　⑧ 18

問4　スイッチ S_1 を閉じて十分な時間の後，スイッチ S_2 を閉じた。その直後に抵抗 R_0 を流れる電流の大きさ[A]はいくらか。最も適当なものを，次の選択肢①〜⑧のうちから一つ選べ。
　　　　　　　　　　　　　　　　　　　　　　　　　　　　　　　解答番号 4

① 0　　　　　　② 3.0　　　　　③ 4.0　　　　　④ 6.0
⑤ 10　　　　　　⑥ 12　　　　　　⑦ 16　　　　　　⑧ 18

問5　スイッチ S_2 を閉じた直後にコイル L に生じる誘導起電力の大きさ[V]はいくらか。最も適当なものを，次の選択肢①〜⑧のうちから一つ選べ。　　　解答番号 5

① 0　　　　　　② 3.0　　　　　③ 4.0　　　　　④ 6.0
⑤ 9.0　　　　　⑥ 12　　　　　　⑦ 18　　　　　　⑧ 36

問6　スイッチ S_2 を閉じて十分な時間の後，スイッチ S_3 を閉じた。スイッチ S_3 を閉じた直後にコイル L に生じる誘導起電力の大きさ[V]はいくらか。最も適当なものを，次の選択肢①〜⑧のうちから一つ選べ。　　　　　　解答番号 6

① 0　　　　　　② 3.0　　　　　③ 4.0　　　　　④ 6.0
⑤ 9.0　　　　　⑥ 12　　　　　　⑦ 18　　　　　　⑧ 36

問7　スイッチ S_3 を閉じて十分な時間の後，スイッチ S_1 を開いた。スイッチ S_1 を開いた直後にコイル L に生じる誘導起電力の大きさ[V]はいくらか。最も適当なものを，次の選択肢①〜⑧のうちから一つ選べ。　　　　　　解答番号 7

① 0　　　　　　② 3.0　　　　　③ 4.0　　　　　④ 6.0
⑤ 9.0　　　　　⑥ 12　　　　　　⑦ 18　　　　　　⑧ 36

■物 理 基 礎■

（注）　化学基礎とあわせて1科目として解答。

（2科目 120分）

第1問　次の文章を読み，下の設問に答えよ。

　　図1のような熱気球 A に，質量 m の小物体 B が，軽く伸び縮みしない糸でつながれている。図では省略されているが，熱気球 A は下部に空いた穴から内部の空気の温度をバーナーで調整することにより，熱気球 A の体積 V を一定に保ったまま内部の空気の密度を変化させることができるようになっている。

　　はじめ，この熱気球 A と小物体 B は糸でつながれた状態で地上にある。熱気球 A の内部の空気の密度を ρ_1 まで下げることで，まず熱気球 A が浮き上がりはじめる。さらに，密度をゆっくりと下げていくと，ρ_2 よりも下がった瞬間から熱気球 A と小物体 B は一体となって上昇しはじめる。熱気球 A の内部の空気を含めない部分の質量を M とする。重力加速度の大きさを g とし，外部の空気の密度は一定値 ρ_0 とする。また，空気抵抗による速度への影響は無視する。

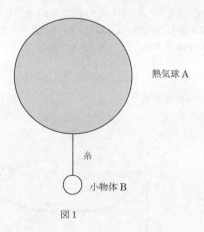

熱気球 A

糸

小物体 B

図1

問1　熱気球 A にはたらく浮力の大きさ F について説明した文として最も適当なものを，次の選択肢①～④のうちから一つ選べ。　　　　　　　　　　　　　解答番号　1

① 熱気球 A の内部の空気の密度をρとすれば，$F=\rho V g$ である。

② 常に $F=\rho_0 V g$ である。

③ 常に $F=\rho_1 V g$ である。

④ 常に $F=\rho_2 V g$ である。

問2　密度ρ_1の値として最も適当なものを，次の選択肢①～④のうちから一つ選べ。

解答番号 2

① ρ_0　　　② $\dfrac{\rho_0 V - M}{V}$　　　③ $\dfrac{\rho_0 V + M}{V}$　　　④ $\dfrac{M - \rho_0 V}{V}$

問3　熱気球 A と小物体 B が一体となって上昇したあと，熱気球 A の内部の空気の密度をρ_3に調整して，一定の速さで上昇するようにした。密度ρ_3の満たす関係式として最も適当なものを，次の選択肢①～⑤のうちから一つ選べ。

解答番号 3

① $\rho_3 < \rho_2$　　② $\rho_3 = \rho_2$　　③ $\rho_2 < \rho_3 < \rho_0$　　④ $\rho_3 = \rho_0$　　⑤ $\rho_0 < \rho_3$

　問3のあと，静かに糸を切断して熱気球 A と小物体 B を切り離した。このときの小物体 B の速さをvとする。小物体 B の真下には，図2のように進行方向を変えることのできる摩擦のない台が固定してあり，点 P に鉛直下向きに突入したのち，なめらかに進行方向を変え，点 Q から鉛直上向きに飛び出すようになっている。点 P と点 Q は同じ高さにあり，糸を切断したときの小物体 B の点 P からの高さは h である。

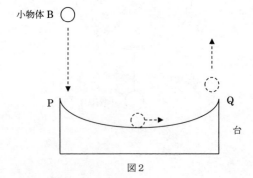

図2

問4　小物体 B が点 P に突入した瞬間の速さとして最も適当なものを，次の選択肢①〜⑥の
うちから一つ選べ。　　　　　　　　　　　　　　　　　　　　　　**解答番号 4**

①　$\sqrt{gh}$　　　　　　　　　②　$\sqrt{gh+v^2}$　　　　　　　③　$\sqrt{v^2-gh}$

④　$\sqrt{2gh}$　　　　　　　　　⑤　$\sqrt{2gh+v^2}$　　　　　　　⑥　$\sqrt{v^2-2gh}$

問5　小物体 B が点 Q から飛び出したあとに到達する最高点の点 Q からの高さを h_Q とすると
き，h と h_Q の間の関係式として最も適当なものを，次の選択肢①〜③のうちから一つ選べ。
　　　　　　　　　　　　　　　　　　　　　　　　　　　　　　　　解答番号 5

①　$h < h_Q$　　　　　　　　②　$h = h_Q$　　　　　　　③　$h_Q < h$

問6　小物体 B を切り離したあと，熱気球 A は加速度の大きさ a で上昇を続ける。糸を切断
した瞬間から熱気球 A が H だけ上昇したときの熱気球 A の速さはいくらか。最も適当なも
のを，次の選択肢①〜⑥のうちから一つ選べ。　　　　　　　　　　　**解答番号 6**

①　$\sqrt{v^2+aH}$　　　　　　　②　$\sqrt{v^2+2aH}$　　　　　　③　$\sqrt{v^2-2aH}$

④　$\sqrt{v^2-gH}$　　　　　　　⑤　$\sqrt{v^2+2gH}$　　　　　　⑥　$\sqrt{v^2-2gH}$

第2問　次の文章を読み，下の設問に答えよ。

　　水の比熱が 4.2J/(g·K)であることを利用して，500g の金属球 X の比熱を求める実験を行った。まず，容器 A に水 100g を入れてしばらく時間が経過したところ，水温は20℃になった。この容器 A に，さらに 80℃の水 50g を入れてしばらく時間が経過したところ，水温は30℃に上昇した。その後，100℃の金属球 X を入れてしばらく時間が経過したところ，水温は 40℃に上昇した。ただし，水，金属球 X，容器 A の間以外で熱のやりとりはないものとする。

問1　水 100g を 10K 上昇させるのに必要な熱量は何 J か。最も適当なものを，次の選択肢①〜⑥のうちから一つ選べ。　　　　　　　　　　　　　　　　解答番号 $\boxed{1}$

① 10　　　　　　　　② 42　　　　　　　　③ 100
④ 420　　　　　　　⑤ 1000　　　　　　　⑥ 4200

問2　容器 A の熱容量は何 J/K か。最も適当なものを，次の選択肢①〜⑥のうちから一つ選べ。　　　　　　　　　　　　　　　　　　　　　　　　　　　　解答番号 $\boxed{2}$

① 100　　　　　　　② 630　　　　　　　③ 1260
④ 1680　　　　　　⑤ 2940　　　　　　　⑥ 3780

問3　金属球 X の比熱は何 J/(g·K)か。最も適当なものを，次の選択肢①〜⑥のうちから一つ選べ。　　　　　　　　　　　　　　　　　　　　　　　　　　解答番号 $\boxed{3}$

① 0.14　　　　　　② 0.26　　　　　　　③ 0.42
④ 14　　　　　　　⑤ 26　　　　　　　　⑥ 42

　　次に，温度が異なる金属片 P，Q，R を用意した。これら金属片の比熱は，金属球 X の比熱と等しい。はじめ，金属片 P の温度は T_P[℃]である。まず，金属片 P と Q を接触させてしばらく時間が経過したところ，金属片 P の温度は 10℃低下し，金属片 Q の温度は 5℃上昇した。金属片 P と Q を離したあと，金属片 Q と R を接触させてしばらく時間が経過したところ，金属片 Q の温度は 3℃上昇し，金属片 R の温度は 2℃低下した。ただし，金属片の間以外で熱のやりとりはないものとする。

222222222

222

問4　金属片 P，Q，R の質量 m_P，m_Q，m_R の比 $m_P : m_Q : m_R$ として最も適当なものを，次の選択肢①～⑧のうちから一つ選べ。　　　　解答番号 4

① 1:2:3　　② 3:6:4　　③ 4:2:3　　④ 6:3:2

⑤ 3:1:2　　⑥ 4:6:3　　⑦ 3:2:4　　⑧ 2:3:6

問5　金属片 Q と R を離したあと，再び金属片 P と Q を接触させてしばらく時間が経過した。このときの金属片 P の温度を $T[℃]$ としたとき，T と T_P の満たす関係式として最も適当なものを，次の選択肢①～⑧のうちから一つ選べ。　　　　解答番号 5

① $T>T_P-7$　　② $T=T_P-7$　　③ $T=T_P-8$　　④ $T=T_P-9$

⑤ $T=T_P-10$　　⑥ $T=T_P-11$　　⑦ $T=T_P-12$　　⑧ $T<T_P-12$

問6　金属片 P，Q，R を同時に接触させてしばらく時間が経過したところ，温度は 20.5℃ になっていた。はじめの金属片 P の温度 T_P は何℃か。最も適当なものを，次の選択肢①～⑩のうちから一つ選べ。　　　　解答番号 6

① 13　　② 17　　③ 19　　④ 21　　⑤ 23

⑥ 24　　⑦ 25　　⑧ 27　　⑨ 28　　⑩ 30

化　学

◀薬，成田薬，福岡薬学部▶

（60分）

必要であれば，次の値を用いよ。また，指示がない場合，気体は理想気体として扱ってよい。

アボガドロ定数：$N_A = 6.02 \times 10^{23}$ /mol　　　　　水のイオン積：$K_w = 1.0 \times 10^{-14}$ (mol/L)^2

気体定数：$R = 8.3 \times 10^3$ Pa·L/(mol·K)　　　　　ファラデー定数：$F = 9.65 \times 10^4$ C/mol

標準状態における理想気体のモル体積：22.4 L/mol

原子量：H=1.0,　He=4.0,　Li=7.0,　　Be=9.0,　B=10.8,　C=12.0,　N=14.0,　O=16.0,
　　　　F=19.0,　Ne=20.2,　Na=23.0,　Mg=24.0,　Al=27.0,　Si=28.0,　P=31.0,　S=32.0,
　　　　Cl=35.5,　Ar=40.0,　K=39.0,　Ca=40.0,　Sc=45.0,　Ti=48.0,　V=51.0,　Cr=52.0,
　　　　Mn=55.0,　Fe=56.0,　Co=58.9,　Ni=58.7,　Cu=64.0,　Zn=65.0,　Br=80.0,　Ag=108,
　　　　Cd=112,　Sn=119,　I=127,　　Ba=137,　Hg=200,　Pb=207

（解答上の注意）

1．数値を答える場合は，次の指示に従うこと。

　　・解答欄が $\boxed{60}$. $\boxed{61}$ ×10$^{\boxed{62}}$, 0. $\boxed{63}$ $\boxed{64}$, $\boxed{65}$. $\boxed{66}$, $\boxed{67}$ $\boxed{68}$ の形式の場合には，数値は
　　　四捨五入して，有効数字2桁で求めよ。

　　・解答欄が $\boxed{70}$. $\boxed{71}$ $\boxed{72}$ ×10$^{\boxed{73}}$, $\boxed{74}$. $\boxed{75}$ $\boxed{76}$, $\boxed{77}$ $\boxed{78}$. $\boxed{79}$ の形式の場合には，数値は
　　　四捨五入して，有効数字3桁で求めよ。

　　なお，$\boxed{67}$, $\boxed{77}$ は 10 の位を，$\boxed{60}$, $\boxed{65}$, $\boxed{68}$, $\boxed{70}$, $\boxed{74}$, $\boxed{78}$ は 1 の位を，$\boxed{61}$,
　　$\boxed{63}$, $\boxed{66}$, $\boxed{71}$, $\boxed{75}$, $\boxed{79}$ は小数第 1 位を，$\boxed{64}$, $\boxed{72}$, $\boxed{76}$ は小数第 2 位を，$\boxed{62}$,
　　$\boxed{73}$ は底 10 に対する指数の 1 の位を表すものとする。

2．化学式を答える場合は，次の指示に従うこと。

　　・化学式が C₄H₈O のとき，解答欄が C$_{\boxed{80}}$H$_{\boxed{81}\boxed{82}}$O$_{\boxed{83}}$ の形式の場合には，解答は以下のよう
　　　になる。

　　　　$\boxed{80}$ ＝④，　$\boxed{81}$ ＝⑩，　$\boxed{82}$ ＝⑧，　$\boxed{83}$ ＝①

3．特に指示がない場合は，同じ選択肢を重複して使用してもよい。

第1問　次の文章を読み，下の設問に答えよ。

水素 H_2 とヨウ素 I_2 を加熱するとヨウ化水素 HI が生成し，逆にヨウ化水素 HI を加熱すると水素とヨウ素が生成する。ある化学反応について，化学反応式の右辺から左辺の反応も起こりうるとき，この反応は a 反応であるといい，記号⇄を使って表す。したがって，水素とヨウ素とヨウ化水素の反応は次のように表す。

$$\boxed{5}\,H_2 + \boxed{6}\,I_2 \rightleftarrows \boxed{7}\,HI$$

a 反応において，左辺から右辺への反応（→）を b 反応，右辺から左辺への反応（←）を c 反応という。また，a 反応に対して，一方向だけにしか進まない反応を d 反応という。

ある温度で平衡状態に達しているとき，水素とヨウ素とヨウ化水素のモル濃度をそれぞれ $[H_2]$，$[I_2]$，$[HI]$ とすると，次の関係式が成り立っている。

$$K_c = \frac{[HI]^2}{[H_2][I_2]}$$

この関係式中の K_c を e といい，この関係を f の法則という。

一般に，条件変化と平衡の移動の間には次の表のような関係があり，これを g の原理という。

条件の変化		平衡移動の方向
濃度	増加	増やした物質の濃度が ア する方向
	減少	減らした物質の濃度が イ する方向
温度	加熱	ウ 反応の方向
	冷却	エ 反応の方向
圧力	加圧	気体分子の総数が オ する方向
	減圧	気体分子の総数が カ する方向

表

問1　文中の a ～ d に入る語句として適切なものを，次の選択肢①～⑨のうちからそれぞれ一つ選べ。なお，同じ選択肢を重複して使用してはならない。　a ＝解答番号 1　b ＝解答番号 2　c ＝解答番号 3　d ＝解答番号 4

① 正　　　　　② 陽　　　　　③ 負
④ 逆　　　　　⑤ 酸化還元　　⑥ 均一

⑦ 中和   ⑧ 可逆   ⑨ 不可逆

問2 文中の 5 ～ 7 に入る係数として適切なものを，次の選択肢①～⑨のうちからそれぞ
れ一つ選べ。係数が1の場合は①を選べ。   解答番号 5 ～ 7

① 1   ② 2   ③ 3   ④ 4   ⑤ 5
⑥ 6   ⑦ 7   ⑧ 8   ⑨ 9

問3 文中の e ， f に入る語句として適切なものを，次の選択肢①～⑧のうちからそ
れぞれ一つ選べ。なお，同じ選択肢を重複して使用してはならない。 e =解答番号 8
                                               f =解答番号 9

① 気体定数   ② 平衡定数   ③ 圧平衡定数   ④ アボガドロ定数
⑤ 質量保存   ⑥ 化学平衡   ⑦ 定比例   ⑧ 倍数比例

問4 文中の g に入る語句として適切なものを，次の選択肢①～⑥のうちから一つ選べ。
                                               解答番号 10

① ラボアジエ   ② メンデレーエフ   ③ プルースト
④ ドルトン   ⑤ ルシャトリエ   ⑥ アボガドロ

問5 表中の ア ～ カ に入る語句の組み合わせとして適切なものを，次の選択肢①～⑧
のうちから一つ選べ。   解答番号 11

	ア	イ	ウ	エ	オ	カ
①	増加	減少	吸熱	発熱	増加	減少
②	増加	減少	吸熱	発熱	減少	増加
③	増加	減少	発熱	吸熱	増加	減少
④	増加	減少	発熱	吸熱	減少	増加
⑤	減少	増加	吸熱	発熱	増加	減少
⑥	減少	増加	吸熱	発熱	減少	増加
⑦	減少	増加	発熱	吸熱	増加	減少
⑧	減少	増加	発熱	吸熱	減少	増加

問6　容積一定の容器にヨウ化水素を 4.5 mol 入れて加熱し，一定温度に保ったところ，平衡
　　状態となり，ヨウ素が 0.50 mol 生成した。この温度での K_c は $\boxed{12}\boxed{13}$ となる。また，別の
　　容積一定の容器にヨウ化水素を 1.8 mol 入れて先ほどと同じ温度に保ったとき，水素は
　　$\boxed{14}$．$\boxed{15}$ mol 生成する。$\boxed{12}$〜$\boxed{15}$ に入る適切な数字を，次の選択肢①〜⑩のうちからそれ
　　ぞれ一つ選べ。　　　　　　　　　　　　　　　　　　　　　　　　解答番号$\boxed{12}$〜$\boxed{15}$

　　① 1　　　　　② 2　　　　　③ 3　　　　　④ 4　　　　　⑤ 5
　　⑥ 6　　　　　⑦ 7　　　　　⑧ 8　　　　　⑨ 9　　　　　⑩ 0

第2問　次の文章を読み，下の設問に答えよ。

　　　酸素は $\boxed{a}$ 族の $\boxed{ア}$ 元素であり，^{16}O，^{17}O，^{18}O の3種類の同位体が天然に存在する。
　　酸素は $\boxed{b}$ 個の価電子をもち，2価の $\boxed{イ}$ イオンである酸化物イオンを生成する。酸化
　　物イオンの電子配置はネオン原子と同じになるが，原子核の違いのみに基づいて予測すると，
　　酸化物イオンの半径はネオン原子の半径 $\boxed{ウ}$。
　　　酸素の化合物を酸化物といい，水や酸，塩基との反応性の違いにより，酸性酸化物，塩基
　　性酸化物，両性酸化物などに分類される。酸化アルミニウム Al_2O_3 は両性酸化物であり，水
　　には溶けないが，酸の水溶液や塩基の水溶液には溶ける。例えば，塩酸や水酸化ナトリウム
　　水溶液とはそれぞれ次のように反応する。

$$Al_2O_3 + \boxed{6}HCl \longrightarrow \boxed{7}AlCl_3 + \boxed{8}H_2O$$

$$Al_2O_3 + \boxed{9}NaOH + \boxed{10}H_2O \longrightarrow \boxed{11}Na[Al(OH)_4]$$

　　(1)酸素の製造方法はいくつかある。例えば，実験室で酸素を発生させたい場合，酸化マン
　　ガン(IV)に過酸化水素の水溶液を加えるか，(2)塩素酸カリウムと酸化マンガン(IV)の混合物
　　を加熱すればよい。これらの反応はそれぞれ次のように表される。

$$2\boxed{A} \longrightarrow O_2 + 2\boxed{B}$$

$$2\boxed{C} \longrightarrow 3O_2 + 2\boxed{D}$$

問1　文中の $\boxed{a}$，$\boxed{b}$ に入る数として適切なものを，次の選択肢①〜⑩のうちからそれ
　　ぞれ一つ選べ。　　　　　　　　　　　　　　　　　$\boxed{a}$＝解答番号$\boxed{1}$
　　　　　　　　　　　　　　　　　　　　　　　　　　$\boxed{b}$＝解答番号$\boxed{2}$

　　① 1　　　　　② 2　　　　　③ 3　　　　　④ 4　　　　　⑤ 5
　　⑥ 6　　　　　⑦ 14　　　　⑧ 15　　　　⑨ 16　　　　⑩ 17

問2　文中の $\boxed{ア}$〜$\boxed{ウ}$ に入る語句として適切なものを，次の選択肢①〜⑧のうちからそ

れぞれ一つ選べ。なお，同じ選択肢を重複して使用してはならない。　　ア ＝解答番号 3

イ ＝解答番号 4

ウ ＝解答番号 5

① 遷移　　　　　② 典型　　　　　③ 金属　　　　　④ 陽

⑤ 陰　　　　　⑥ より大きい　　⑦ より小さい　　⑧ と同じである

問 3　文中の 6 ～ 11 に入る係数として適切なものを，次の選択肢①～⑨のうちからそれぞ
れ一つ選べ。係数が 1 の場合は①を選べ。　　　　　　　　　　　　　解答番号 6 ～ 11

① 1　　　　　② 2　　　　　③ 3　　　　　④ 4　　　　　⑤ 5

⑥ 6　　　　　⑦ 7　　　　　⑧ 8　　　　　⑨ 9

問 4　下線部(1)について，酸素を製造する反応として適切なものを，次の選択肢①～⑥のう
ちから二つ選べ。なお，解答の順序は問わない。　　　　　　　　　解答番号 12 ， 13

① 蛍石の粉末に濃塩酸を加えて加熱する。

② 水を電気分解する。

③ 酸化マンガン(Ⅳ)に濃塩酸を加えて加熱する。

④ 銅に希硝酸を加える。

⑤ 亜鉛に希硫酸を加える。

⑥ 液体空気を分留する。

問 5　文中の A ～ D に入る化学式として適切なものを，次の選択肢①～⑧のうちから
それぞれ一つ選べ。なお，同じ選択肢を重複して使用してはならない。

A ＝解答番号 14

B ＝解答番号 15

C ＝解答番号 16

D ＝解答番号 17

① H_2O_2　　　　② H_3O　　　　③ H_2O　　　　④ H_2

⑤ $KClO_3$　　　⑥ $KClO_4$　　　⑦ KCl　　　　⑧ KCl_2

問 6　下線部(2)について，塩素酸カリウム 9.80 g から得られる酸素の最大量は，標準状態で
18 . 19 20 L である。 18 ～ 20 に入る適切な数字を，次の選択肢①～⑩のうちからそれ
ぞれ一つ選べ。　　　　　　　　　　　　　　　　　　　　　　　　解答番号 18 ～ 20

① 1　　　　② 2　　　　③ 3　　　　④ 4　　　　⑤ 5

⑥ 6　　　　⑦ 7　　　　⑧ 8　　　　⑨ 9　　　　⑩ 0

第3問　次の設問に答えよ。

問1　メタンについて述べた次の文(A)〜(C)を読み，下の選択肢①〜⑦のうちから，記述が正しい文の記号だけがすべて含まれているものを一つ選べ。なお，記述の正しい文が一つもないときには該当なしの⑧を選べ。　　　　　　　　　　　　　　　　解答番号 [1]

［文］
(A) メタンはアルカンの一つである。
(B) メタン分子は炭素原子と水素原子の共有結合によりできている。
(C) 酢酸ナトリウムと水酸化ナトリウムを混ぜて加熱するとメタンが生成する。

① (A), (B), (C)　　② (A), (B)　　　③ (B), (C)　　　④ (A), (C)
⑤ (A)　　　　　　⑥ (B)　　　　　⑦ (C)　　　　　⑧ 該当なし

問2　エチレンについて述べた次の文(A)〜(C)を読み，下の選択肢①〜⑦のうちから，記述が正しい文の記号だけがすべて含まれているものを一つ選べ。なお，記述の正しい文が一つもないときには該当なしの⑧を選べ。　　　　　　　　　　　　　　　解答番号 [2]

［文］
(A) エチレンは1―プロパノールの脱水により得られる。
(B) エチレンに水素を付加するとアセチレンが生成する。
(C) エチレンの付加重合によりポリエチレンが生成する。

① (A), (B), (C)　　② (A), (B)　　　③ (B), (C)　　　④ (A), (C)
⑤ (A)　　　　　　⑥ (B)　　　　　⑦ (C)　　　　　⑧ 該当なし

問3　アルデヒドについて述べた次の文(A)〜(C)を読み，下の選択肢①〜⑦のうちから，記述が正しい文の記号だけがすべて含まれているものを一つ選べ。なお，記述の正しい文が一つもないときには該当なしの⑧を選べ。　　　　　　　　　　　　　解答番号 [3]

［文］
(A) 酢酸カルシウムを乾留するとアセトアルデヒドが生成する。
(B) アセトアルデヒドはヨードホルム反応を示す。
(C) アセチレンに水を付加するとホルムアルデヒドが生成する。

① (A), (B), (C)　　② (A), (B)　　　③ (B), (C)　　　④ (A), (C)
⑤ (A)　　　　　　⑥ (B)　　　　　⑦ (C)　　　　　⑧ 該当なし

問4　カルボン酸について述べた次の文(A)〜(C)を読み，下の選択肢①〜⑦のうちから，記述が正しい文の記号だけがすべて含まれているものを一つ選べ。なお，記述の正しい文が

一つもないときには該当なしの⑧を選べ。　　　　　　　　　解答番号 4

[文]

(A) オレイン酸は飽和脂肪酸の一つである。

(B) フマル酸はジカルボン酸の一つである。

(C) 乳酸は不斉炭素原子をもつ。

① (A), (B), (C)　　② (A), (B)　　③ (B), (C)　　④ (A), (C)

⑤ (A)　　　　　　⑥ (B)　　　　⑦ (C)　　　　⑧ 該当なし

問5　油脂について述べた次の文(A)〜(C)を読み，下の選択肢①〜⑦のうちから，記述が正しい文の記号だけがすべて含まれているものを一つ選べ。なお，記述の正しい文が一つもないときには該当なしの⑧を選べ。　　　　　　　　　解答番号 5

[文]

(A) 油脂に強塩基の水溶液を加えて加熱したときにおこる反応をけん化という。

(B) 油脂を加水分解すると３価のアルコールであるグリセリンが生成する。

(C) 油脂１gに付加するヨウ素の質量〔g〕をヨウ素価という。

① (A), (B), (C)　　② (A), (B)　　③ (B), (C)　　④ (A), (C)

⑤ (A)　　　　　　⑥ (B)　　　　⑦ (C)　　　　⑧ 該当なし

問6　分子式が C_7H_8O で表される芳香族化合物の構造異性体の数として適切なものを，次の選択肢①〜⑧のうちから一つ選べ。　　　　　　　　　解答番号 6

① 1　　　　② 2　　　　③ 3　　　　④ 4

⑤ 5　　　　⑥ 6　　　　⑦ 7　　　　⑧ 8

問7　p−キシレンからテレフタル酸を生成する操作として最も適切なものを，次の選択肢①〜⑥のうちから一つ選べ。　　　　　　　　　解答番号 7

① 濃硫酸と濃塩酸の混合物を加えて反応させる。

② 過マンガン酸カリウム水溶液を加えて加熱する。

③ 無水酢酸を加えて加熱する。

④ メタノールと濃硫酸を加えて加熱する。

⑤ 鉄粉と塩素を加えて加熱する。

⑥ 紫外線を当てながら塩素を加えて加熱する。

◀**保健医療，医療福祉，成田看護，成田保健医療，
赤坂心理・医療福祉マネジメント，小田原保健医療，
福岡保健医療学部**▶

■化学基礎・化学■

（2 科目 120 分）

必要であれば，次の値を用いよ。また，指示がない場合，気体は理想気体として扱ってよい。

アボガドロ定数：$N_A = 6.02 \times 10^{23}$ /mol   水のイオン積：$K_w = 1.0 \times 10^{-14}$ (mol/L)^2
気体定数：$R = 8.3 \times 10^3$ Pa·L/(mol·K)   ファラデー定数：$F = 9.65 \times 10^4$ C/mol
標準状態における理想気体のモル体積：22.4 L/mol

原子量：H=1.0,   He=4.0,   Li=7.0,   Be=9.0,   B=10.8,   C=12.0,   N=14.0,   O=16.0,
       F=19.0,   Ne=20.2,   Na=23.0,   Mg=24.0,   Al=27.0,   Si=28.0,   P=31.0,   S=32.0,
       Cl=35.5,   Ar=40.0,   K=39.0,   Ca=40.0,   Sc=45.0,   Ti=48.0,   V=51.0,   Cr=52.0,
       Mn=55.0,   Fe=56.0,   Co=58.9,   Ni=58.7,   Cu=64.0,   Zn=65.0,   Br=80.0,   Ag=108,
       Cd=112,   Sn=119,   I=127,   Ba=137,   Hg=200,   Pb=207

（解答上の注意）

1．数値を答える場合は，次の指示に従うこと。

   ・解答欄が $\boxed{60}.\boxed{61} \times 10^{\boxed{62}}$, 0.$\boxed{63}\boxed{64}$, $\boxed{65}.\boxed{66}$, $\boxed{67}\boxed{68}$ の形式の場合には，数値は
     四捨五入して，有効数字 2 桁で求めよ。

   ・解答欄が $\boxed{70}.\boxed{71}\boxed{72} \times 10^{\boxed{73}}$, $\boxed{74}.\boxed{75}\boxed{76}$, $\boxed{77}\boxed{78}.\boxed{79}$ の形式の場合には，数値は
     四捨五入して，有効数字 3 桁で求めよ。

   なお，$\boxed{67}$, $\boxed{77}$ は 10 の位を，$\boxed{60}$, $\boxed{65}$, $\boxed{68}$, $\boxed{70}$, $\boxed{74}$, $\boxed{78}$ は 1 の位を，$\boxed{61}$,
   $\boxed{63}$, $\boxed{66}$, $\boxed{71}$, $\boxed{75}$, $\boxed{79}$ は小数第 1 位を，$\boxed{64}$, $\boxed{72}$, $\boxed{76}$ は小数第 2 位を，$\boxed{62}$,
   $\boxed{73}$ は底 10 に対する指数の 1 の位を表すものとする。

2．化学式を答える場合は，次の指示に従うこと。

   ・化学式が C_4H_8O のとき，解答欄が $C_{\boxed{80}}H_{\boxed{81}\boxed{82}}O_{\boxed{83}}$ の形式の場合には，解答は以下のよう
    になる。

         $\boxed{80}$ = ④, $\boxed{81}$ = ⑩, $\boxed{82}$ = ⑧, $\boxed{83}$ = ①

3．特に指示がない場合は，同じ選択肢を重複して使用してもよい。

第1問　次の文章を読み，下の設問に答えよ。

　鉛蓄電池は(1)充電が可能な　a　電池であり，構造が単純なことや容量が大きいなどの特徴をもつため，発明されてから160年以上経った現在でも広く用いられている。その構造は以下のような式で表される。

$$(-)\ Pb\ |\ H_2SO_4aq\ |\ PbO_2\ (+)$$

　鉛蓄電池を放電させたとき，負極と正極ではそれぞれ

負極：$Pb + SO_4^{2-} \longrightarrow PbSO_4 + 2e^-$

正極：$\boxed{1}PbO_2 + \boxed{2}SO_4^{2-} + \boxed{3}H^+ + \boxed{4}e^- \longrightarrow \boxed{5}PbSO_4 + \boxed{6}H_2O$

のような反応がおこり，負極では Pb が　b　される一方，正極では PbO_2 が　c　され，どちらも(2)固体の $\underline{PbSO_4}$ に変化する。

　鉛蓄電池を充電する際は，外部電源の　d　を鉛蓄電池の鉛電極に，外部電源の　e　を鉛蓄電池の酸化鉛(IV)電極に接続して電流を流せばよい。

問1　文中の $\boxed{1}$〜$\boxed{6}$ に入る係数として適切なものを，次の選択肢①〜⑨のうちからそれぞれ一つ選べ。係数が1の場合は①を選べ。　　　解答番号 $\boxed{1}$〜$\boxed{6}$

①　1　　　　②　2　　　　③　3　　　　④　4　　　　⑤　5
⑥　6　　　　⑦　7　　　　⑧　8　　　　⑨　9

問2　文中の　a　に入る語句として適切なものを，次の選択肢①〜④のうちから一つ選べ。　　　解答番号 $\boxed{7}$

①　一次　　　　②　二次　　　　③　乾　　　　④　燃料

問3　文中の　b　〜　e　に入る語句として適切なものを，次の選択肢①〜⑥のうちからそれぞれ一つ選べ。なお，同じ選択肢を重複して使用してはならない。
b＝解答番号 $\boxed{8}$
c＝解答番号 $\boxed{9}$
d＝解答番号 $\boxed{10}$
e＝解答番号 $\boxed{11}$

①　酸化　　　　②　還元　　　　③　正極
④　陽極　　　　⑤　負極　　　　⑥　陰極

問4　下線部(1)について，充電することにより繰り返し使用することができる電池は次の語群の中にいくつあるか。適切なものを，下の選択肢①〜④のうちから一つ選べ。該当するものがない場合は⑤を選べ。　　　解答番号 $\boxed{12}$

[語群] ダニエル電池，ニッケル水素電池，マンガン乾電池，リチウムイオン電池

① 1つ　　　　② 2つ　　　　③ 3つ　　　　④ 4つ　　　　⑤ 該当なし

問5　鉛蓄電池について，次の問(ⅰ)〜(ⅲ)に答えよ。

(ⅰ) 鉛蓄電池を放電させてちょうど1 molの電子が流れたとき，正極の質量は $\boxed{13}\boxed{14}$ g 増加する。$\boxed{13}$，$\boxed{14}$ に入る適切な数字を，次の選択肢①〜⑩のうちからそれぞれ一つ選べ。

解答番号 $\boxed{13}$，$\boxed{14}$

① 1　　　　② 2　　　　③ 3　　　　④ 4　　　　⑤ 5
⑥ 6　　　　⑦ 7　　　　⑧ 8　　　　⑨ 9　　　　⑩ 0

(ⅱ) 鉛蓄電池を放電させたところ，負極の質量が 1.92 g 増加した。このとき，流れた電気量は $\boxed{15}.\boxed{16}\times10^{\boxed{17}}$ C である。$\boxed{15}$〜$\boxed{17}$ に入る適切な数字を，次の選択肢①〜⑩のうちからそれぞれ一つ選べ。

解答番号 $\boxed{15}$〜$\boxed{17}$

① 1　　　　② 2　　　　③ 3　　　　④ 4　　　　⑤ 5
⑥ 6　　　　⑦ 7　　　　⑧ 8　　　　⑨ 9　　　　⑩ 0

(ⅲ) 鉛蓄電池を充電していくと，電解液である希硫酸中の水の量は $\boxed{ア}$。また，溶質である硫酸の量は $\boxed{イ}$。そのため，希硫酸の濃度は $\boxed{ウ}$。文中の $\boxed{ア}$〜$\boxed{ウ}$ に入る語句として適切なものを，次の選択肢①〜③のうちからそれぞれ一つ選べ。

$\boxed{ア}$＝解答番号 $\boxed{18}$
$\boxed{イ}$＝解答番号 $\boxed{19}$
$\boxed{ウ}$＝解答番号 $\boxed{20}$

① 一定で変化しない　　　② 増加する　　　　③ 減少する

問6　下線部(2)について，次の問(ⅰ)，(ⅱ)に答えよ。

(ⅰ) $PbSO_4$ の色として適切なものを，次の選択肢①〜④のうちから一つ選べ。　解答番号 $\boxed{21}$

① 黒色　　　　② 白色　　　　③ 黄色　　　　④ 赤褐色

(ⅱ) $PbSO_4$ は水に難溶の物質であり，その溶解度積は $K_{sp}=2.0\times10^{-8}$ $(mol/L)^2$ である。よって，ちょうど1 Lの水に対して溶かすことができる $PbSO_4$ の質量は $\boxed{22}\boxed{23}$ mg である。$\boxed{22}$，$\boxed{23}$ に入る適切な数字を，次の選択肢①〜⑩のうちからそれぞれ一つ選べ。ただし，水溶液の体積は1 Lのままとする。なお，必要であれば $\sqrt{2}=1.41$ を用いよ。

解答番号 $\boxed{22}$，$\boxed{23}$

　① 1　　　　　　② 2　　　　　　③ 3　　　　　　④ 4　　　　　　⑤ 5
　⑥ 6　　　　　　⑦ 7　　　　　　⑧ 8　　　　　　⑨ 9　　　　　　⑩ 0

第2問　次の設問に答えよ。

問1　硫酸の性質について述べた次の文(A)〜(C)を読み，下の選択肢①〜⑦のうちから，記述が正しい文の記号だけがすべて含まれているものを一つ選べ。なお，記述の正しい文が一つもないときには該当なしの⑧を選べ。　　　　　　　　　　　　　　　　解答番号 1

[文]
(A) 熱濃硫酸が銅を溶かすのは，硫酸の酸化作用による反応である。
(B) 砂糖に濃硫酸を加えると黒く炭化するのは，硫酸の強酸性による反応である。
(C) 塩化ナトリウムに濃硫酸を加えて加熱すると塩化水素が発生するのは，硫酸の不揮発性による反応である。

　① (A), (B), (C)　　　② (A), (B)　　　　③ (B), (C)　　　　④ (A), (C)
　⑤ (A)　　　　　　　⑥ (B)　　　　　　⑦ (C)　　　　　　⑧ 該当なし

問2　リンについて述べた次の文(A)〜(C)を読み，下の選択肢①〜⑦のうちから，記述が正しい文の記号だけがすべて含まれているものを一つ選べ。なお，記述の正しい文が一つもないときには該当なしの⑧を選べ。　　　　　　　　　　　　　　　　　　解答番号 2

[文]
(A) リンは肥料の三要素のひとつである。
(B) 黄リンには強い毒性がある。一方，赤リンにはあまり毒性がない。
(C) リンの酸化物は塩基性酸化物であり，水と反応してリン酸を生じる。

　① (A), (B), (C)　　　② (A), (B)　　　　③ (B), (C)　　　　④ (A), (C)
　⑤ (A)　　　　　　　⑥ (B)　　　　　　⑦ (C)　　　　　　⑧ 該当なし

問3　ケイ素について述べた次の文(A)〜(C)を読み，下の選択肢①〜⑦のうちから，記述が正しい文の記号だけがすべて含まれているものを一つ選べ。なお，記述の正しい文が一つもないときには該当なしの⑧を選べ。　　　　　　　　　　　　　　　解答番号 3

[文]
(A) 単体として天然に豊富に存在する。
(B) 二酸化ケイ素と水酸化ナトリウムを混合して加熱するとケイ酸ナトリウムが生じる。
(C) 二酸化ケイ素の結晶において，1つの Si 原子は2つの O 原子と共有結合している。

国際医療福祉大   問 題   53

2024年度 特別選抜 特待奨学生   化学

① (A), (B), (C)　　② (A), (B)　　　③ (B), (C)　　　④ (A), (C)
⑤ (A)　　　　　　　⑥ (B)　　　　　⑦ (C)　　　　　⑧ 該当なし

問4　ナトリウムについて述べた次の文(A)～(C)を読み，下の選択肢①～⑦のうちから，記述が正しい文の記号だけがすべて含まれているものを一つ選べ。なお，記述の正しい文が一つもないときには該当なしの⑧を選べ。　　　　　　　**解答番号 4**

[文]
(A) 単体は空気中で速やかに酸化されるため，水中に保存する。
(B) 炭酸ナトリウムは工業的に大量生産されている。
(C) ナトリウム塩は水に溶けやすいものが多い。

① (A), (B), (C)　　② (A), (B)　　　③ (B), (C)　　　④ (A), (C)
⑤ (A)　　　　　　　⑥ (B)　　　　　⑦ (C)　　　　　⑧ 該当なし

問5　銅について述べた次の文(A)～(C)を読み，下の選択肢①～⑦のうちから，記述が正しい文の記号だけがすべて含まれているものを一つ選べ。なお，記述の正しい文が一つもないときには該当なしの⑧を選べ。　　　　　　　**解答番号 5**

[文]
(A) 単体は電気伝導性がよい一方で，熱伝導性はほとんどない。
(B) 炭素を数パーセント含む銅はしなやかで粘り強く，鋼とよばれる。
(C) 銅イオンは水分子やアンモニア分子と錯イオンをつくる性質をもつ。

① (A), (B), (C)　　② (A), (B)　　　③ (B), (C)　　　④ (A), (C)
⑤ (A)　　　　　　　⑥ (B)　　　　　⑦ (C)　　　　　⑧ 該当なし

問6　金属イオンの反応について述べた次の文(A)～(C)を読み，下の選択肢①～⑦のうちから，記述が正しい文の記号だけがすべて含まれているものを一つ選べ。なお，記述の正しい文が一つもないときには該当なしの⑧を選べ。　　　　　　　**解答番号 6**

[文]
(A) Al^{3+}を含む水溶液にアンモニア水を加えると，白色ゲル状沈殿が生じる。
(B) Fe^{2+}を含む水溶液に硫化水素を通じると，血赤色溶液に変化する。
(C) Ag^+を含む水溶液に塩酸を加えると，褐色沈殿が生じる。

① (A), (B), (C)　　② (A), (B)　　　③ (B), (C)　　　④ (A), (C)
⑤ (A)　　　　　　　⑥ (B)　　　　　⑦ (C)　　　　　⑧ 該当なし

第3問　次の文章を読み，下の設問に答えよ。

　　炭素，水素，酸素のみからなる化合物Aについて元素分析をおこなったところ，炭素が
60.0%，水素が 8.0%含まれていることがわかった。また，500 mg のAを(1)シクロヘキサン
100 g に溶かした溶液の凝固点を測定したところ，純粋なシクロヘキサンの凝固点と比べて
0.505℃の違いが見られた。

　　Aはエステル結合を有することがわかっており，ちょうど1 mol のAを酸触媒のもと加水
分解したところ，1 mol の化合物Bと 2 mol の化合物Cが得られた。Bには(2)幾何異性体
（シス-トランス異性体）が存在する。Bを加熱すると分子内から1分子の水が失われる脱
水反応がおこり，分子式 $C_4H_2O_3$ で表される化合物Dが得られた。一方，化合物Cはナトリ
ウムと反応して(3)気体が発生した。

問1　下線部(1)について，シクロヘキサンの構造異性体として適切なものを，次の選択肢①
　　～④のうちから一つ選べ。　　　　　　　　　　　　　　　　　　　　　解答番号 1

　　① ヘキサン　　　　　　　　　　　　　② ヘキセン
　　③ ペンタン　　　　　　　　　　　　　④ シクロヘキセン

問2　元素分析の結果より，化合物Aの組成式は $C_2H_3O_4$ である。 2 ～ 4 に入る適切な
　　数字を，次の選択肢①～⑨のうちからそれぞれ一つ選べ。　　　　　　解答番号 2 ～ 4

　　① 1　　　　　　② 2　　　　　　③ 3　　　　　　④ 4　　　　　　⑤ 5
　　⑥ 6　　　　　　⑦ 7　　　　　　⑧ 8　　　　　　⑨ 9

問3　凝固点の測定結果より，化合物Aの分子量は 5 6 7 である。 5 ～ 7 に入る適切
　　な数字を，次の選択肢①～⑩のうちからそれぞれ一つ選べ。なお，シクロヘキサンの凝固
　　点は 6.544℃であり，モル凝固点降下を 20.2 K·kg/mol とする。　　　解答番号 5 ～ 7

　　① 1　　　　　　② 2　　　　　　③ 3　　　　　　④ 4　　　　　　⑤ 5
　　⑥ 6　　　　　　⑦ 7　　　　　　⑧ 8　　　　　　⑨ 9　　　　　　⑩ 0

問4　化合物Bの分子式は $C_8H_9O_{10}$ である。 8 ～ 11 に入る適切な数字を，次の選択肢
　　①～⑩のうちからそれぞれ一つ選べ。　　　　　　　　　　　　　　　解答番号 8 ～ 11

　　① 1　　　　　　② 2　　　　　　③ 3　　　　　　④ 4　　　　　　⑤ 5
　　⑥ 6　　　　　　⑦ 7　　　　　　⑧ 8　　　　　　⑨ 9　　　　　　⑩ 0

問5　化合物Bの名称として適切なものを，次の選択肢①～⑥のうちから一つ選べ。
　　　　　　　　　　　　　　　　　　　　　　　　　　　　　　　　　　　解答番号 12

① 乳酸　　　　　　② プロピオン酸　　　③ フマル酸
④ マレイン酸　　　⑤ シュウ酸　　　　　⑥ フタル酸

問6　下線部(2)について，幾何異性体（シス－トランス異性体）が存在する化合物として適切なものを，次の選択肢①～⑨のうちから二つ選べ。なお，解答の順序は問わない。

解答番号 13 ， 14

① H C=C H / Cl
② H C=C H / Cl Cl
③ Cl C=C H / Cl H
④ H C=C H / CH₃ H
⑤ H₃C C=C CH₃ / CH₃
⑥ Cl C=C H / CH₃ Cl
⑦ H C=C H / CH₂-CH₃ CH₃
⑧ H C=C H₃C / CH₂-CH₃ CH₃
⑨ H₃C C=C H₃C / CH₂-CH₃ CH₃

問7　下線部(3)について，発生した気体として適切なものを，次の選択肢①～⑤のうちから一つ選べ。

解答番号 15

① 水素　　　② 酸素　　　③ 一酸化炭素　　④ 二酸化炭素　　⑤ 窒素

問8　化合物Cの分子式は $C_{\boxed{16}}H_{\boxed{17}\boxed{18}}O_{\boxed{19}}$ である。 16 ～ 19 に入る適切な数字を，次の選択肢①～⑩のうちからそれぞれ一つ選べ。

解答番号 16 ～ 19

① 1　　　② 2　　　③ 3　　　④ 4　　　⑤ 5
⑥ 6　　　⑦ 7　　　⑧ 8　　　⑨ 9　　　⑩ 0

問9　本文中の実験から化合物Cの構造を決定することはできない。これについて，次の問（ⅰ），（ⅱ）に答えよ。

（ⅰ）化合物Cとして考えられる構造はいくつあるか。適切なものを，次の選択肢①～⑥のうちから一つ選べ。

解答番号 20

① 1つ　　　② 2つ　　　③ 3つ
④ 4つ　　　⑤ 5つ　　　⑥ 6つ

（ⅱ）追加の実験をおこなうことで化合物Cの構造を決定したい。その結果からCの構造を決定することができる実験として適切なものを，次の選択肢①～⑥のうちから二つ選べ。なお，解答の順序は問わない。

解答番号 21 ， 22

① 銀鏡反応を示すかどうかを調べる。

② ヨードホルム反応を示すかどうかを調べる。

③ フェーリング反応を示すかどうかを調べる。

④ 炭酸水素ナトリウム水溶液に加えて気体が発生するかどうかを調べる。

⑤ 一定質量を量り取り，気体状態としたときの温度・体積・圧力を測定する。

⑥ 過マンガン酸カリウム水溶液で酸化して得られる化合物が酸性を示すかどうかを調べる。

■化 学 基 礎■

（注）　物理基礎または生物基礎とあわせて１科目として解答。

（2 科目 120 分）

必要であれば，次の値を用いよ。また，指示がない場合，気体は理想気体として扱ってよい。

アボガドロ定数：$N_A = 6.02 \times 10^{23}$ /mol　　　　水のイオン積：$K_w = 1.0 \times 10^{-14}$ (mol/L)^2
標準状態における理想気体のモル体積：22.4 L/mol

原子量：H＝1.0,　　He＝4.0,　Li＝7.0,　　Be＝9.0,　　B＝10.8,　　C＝12.0,　　N＝14.0,　O＝16.0,
　　　　F＝19.0,　　Ne＝20.2,　Na＝23.0,　Mg＝24.0,　Al＝27.0,　Si＝28.0,　P＝31.0,　S＝32.0,
　　　　Cl＝35.5,　Ar＝40.0,　K＝39.0,　　Ca＝40.0,　Sc＝45.0,　Ti＝48.0,　V＝51.0,　Cr＝52.0,
　　　　Mn＝55.0, Fe＝56.0, Co＝58.9, Ni＝58.7,　Cu＝64.0,　Zn＝65.0,　Br＝80.0, Ag＝108,
　　　　Cd＝112,　Sn＝119,　I＝127,　　Ba＝137,　Hg＝200,　Pb＝207

（解答上の注意）

１．数値を答える場合は，次の指示に従うこと。

　　・解答欄が [60].[61]×10^[62]，0.[63][64]，[65].[66]，[67][68] の形式の場合には，数値は
　　　四捨五入して，有効数字２桁で求めよ。

　　・解答欄が [70].[71][72]×10^[73]，[74].[75][76]，[77][78].[79] の形式の場合には，数値は
　　　四捨五入して，有効数字３桁で求めよ。

　　なお，[67]，[77] は 10 の位を，[60]，[65]，[68]，[70]，[74]，[78] は 1 の位を，[61]，
　　[63]，[66]，[71]，[75]，[79] は小数第１位を，[64]，[72]，[76] は小数第２位を，[62]，
　　[73] は底 10 に対する指数の１の位を表すものとする。

２．化学式を答える場合は，次の指示に従うこと。

　　・化学式が C$_4$H$_8$O のとき，解答欄が C$_{[80]}$H$_{[81][82]}$O$_{[83]}$ の形式の場合には，解答は以下のよう
　　　になる。

　　　　[80] ＝ ④，　[81] ＝ ⑩，　[82] ＝ ⑧，　[83] ＝ ①

３．特に指示がない場合は，同じ選択肢を重複して使用してもよい。

第1問　次の設問に答えよ。

問1　次の選択肢①〜⑥の化合物の水溶液のうち，青緑色の炎色反応を示すものを一つ選べ。

解答番号 $\boxed{1}$

① 塩化ナトリウム　　　② 硝酸カリウム　　　③ 水酸化バリウム
④ 硫酸銅（Ⅱ）　　　　⑤ 硫化鉄（Ⅱ）　　　⑥ 塩化リチウム

問2　次の選択肢①〜⑥の化合物のうち，沸点が最も高いものを一つ選べ。　　解答番号 $\boxed{2}$

① HF　　　　　　　② H_2O　　　　　　③ CH_4
④ HCl　　　　　　⑤ NaCl　　　　　　⑥ CCl_4

問3　質量パーセント濃度 98%，密度 1.83 g/cm^3 の濃硫酸 300 mL に含まれる硫酸 H_2SO_4 の物質量は $\boxed{3}$. $\boxed{4}$ mol である。$\boxed{3}$，$\boxed{4}$ に入る適切な数字を，次の選択肢①〜⑩のうちからそれぞれ一つ選べ。

解答番号 $\boxed{3}$，$\boxed{4}$

① 1　　　　② 2　　　　③ 3　　　　④ 4　　　　⑤ 5
⑥ 6　　　　⑦ 7　　　　⑧ 8　　　　⑨ 9　　　　⑩ 0

問4　銅と濃硝酸の反応を表す次の化学反応式中の空欄に入る係数として適切なものを，下の選択肢①〜⑨のうちからそれぞれ一つ選べ。係数が1の場合は①を選べ。

解答番号 $\boxed{5}$〜$\boxed{9}$

$$\boxed{5}Cu + \boxed{6}HNO_3 \longrightarrow \boxed{7}Cu(NO_3)_2 + \boxed{8}H_2O + \boxed{9}NO_2$$

① 1　　　　② 2　　　　③ 3　　　　④ 4　　　　⑤ 5
⑥ 6　　　　⑦ 7　　　　⑧ 8　　　　⑨ 9

問5　0.10 mol/L の希硫酸 500 mL に 6.0 g の水酸化ナトリウムを溶かした水溶液の pH として適切なものを，次の選択肢①〜⑧のうちから一つ選べ。ただし，反応の前後で水溶液の体積は変化しないものとする。

解答番号 $\boxed{10}$

① 1　　　　② 2　　　　③ 3　　　　④ 4
⑤ 10　　　⑥ 11　　　⑦ 12　　　⑧ 13

問6　亜硝酸アンモニウム $NH_4\underline{N}O_2$ において，下線を引いた窒素原子の酸化数として適切なものを，次の選択肢①〜⑧のうちから一つ選べ。

解答番号 $\boxed{11}$

① ＋1　　　　② ＋2　　　　③ ＋3　　　　④ ＋4
⑤ －1　　　　⑥ －2　　　　⑦ －3　　　　⑧ －4

第2問　次の文章を読み，下の設問に答えよ。

　　原子の電子殻には一定の数の電子が収容される。収容可能な数の電子で電子殻が満たされたとき，その電子殻は閉殻の状態になったという。また，特別な場合を除いて最外殻電子を価電子といい，他の原子との結合に関与する。7種類の原子ア〜キについて，その電子配置を次に示す。なお，K，L，M，N は電子殻を表し，その後ろの括弧内の数字は電子殻に収まっている電子の数を表している。

ア：K(1)　　　　　　　　　　　イ：K(2)，L(4)
ウ：K(2)，L(8)　　　　　　　　エ：K(2)，L(8)，M(1)
オ：K(2)，L(8)，M(6)　　　　　カ：K(2)，L(8)，M(7)
キ：K(2)，L(8)，M(8)，N(2)

問1　原子イ，原子エ，および原子カの元素記号として適切なものを，次の選択肢①〜⑩のうちからそれぞれ一つ選べ。なお，同じ選択肢を重複して使用してはならない。

イ＝解答番号 1
エ＝解答番号 2
カ＝解答番号 3

① S　　　② O　　　③ H　　　④ C　　　⑤ Ca
⑥ Cl　　　⑦ Ne　　　⑧ Na　　　⑨ Li　　　⑩ Mg

問2　最外殻が閉殻の状態となっている原子として適切なものを，次の選択肢①〜⑦のうちから一つ選べ。　解答番号 4

① ア　　　② イ　　　③ ウ　　　④ エ　　　⑤ オ
⑥ カ　　　⑦ キ

問3　原子ウおよび原子キの価電子の数として適切なものを，次の選択肢①〜⑨のうちからそれぞれ一つ選べ。なお，同じ選択肢を重複して使用してはならない。　ウ＝解答番号 5
キ＝解答番号 6

① 1個　　　② 2個　　　③ 3個　　　④ 4個　　　⑤ 5個
⑥ 6個　　　⑦ 7個　　　⑧ 8個　　　⑨ 0個

問4　原子エと原子カがつくる化合物の化学結合として適切なものを，次の選択肢①〜④のうちから一つ選べ。　　　　　　　　　　　　　　　　　　　　　　　　　解答番号 7

①　共有結合　　　　②　金属結合　　　　③　イオン結合　　　　④　配位結合

問5　原子イと原子オは共有結合によって分子を形成する。1つの分子を形成する原子イと原子オの数の組み合わせとして適切なものを，次の選択肢①〜⑥のうちから一つ選べ。
解答番号 8

	原子イ	原子オ
①	1	1
②	1	2
③	2	1
④	2	2
⑤	2	3
⑥	3	2

問6　原子ア〜キの中で，多数の原子が共有結合することで結晶をつくるものはどれか。適切なものを，次の選択肢①〜⑦のうちから一つ選べ。　　　　　　　　　　　解答番号 9

①　ア　　　　　②　イ　　　　　③　ウ　　　　　④　エ　　　　　⑤　オ
⑥　カ　　　　　⑦　キ

問7　原子 a からなる単体 2 mol を十分な量の水と反応させると，激しく反応して原子 b からなる単体 1 mol が気体として発生する。
　　文中の a ， b に入る原子として適切なものを，次の選択肢①〜⑦のうちからそれぞれ一つ選べ。なお，同じ選択肢を重複して使用してはならない。　 a ＝解答番号 10
　　　　　　　　　　　　　　　　　　　　　　　　　　　　　　　 b ＝解答番号 11

①　ア　　　　　②　イ　　　　　③　ウ　　　　　④　エ　　　　　⑤　オ
⑥　カ　　　　　⑦　キ

生 物

■生物基礎・生物■

（2科目 120分）

第1問 次の文章を読み，下の設問に答えよ。

　神経細胞は(1)ニューロンともよばれ，枝分かれした多数の a と細長い b が，
c から突き出した構造をもつ。 c には d があり， d の内部の e がもつ遺
伝情報からタンパク質を合成するために必要な f も， c の細胞質に存在する。一般
的なニューロンの模式図を次に示す。

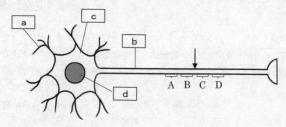

　細胞内には b に沿って(2)微小管が分布しており，その上をダイニンやキネシンなどの
(3)モータータンパク質が移動することで物質を輸送している。 b の末端ではたらくタン
パク質などは c で合成された後，末端まで輸送される。ミトコンドリアなどの細胞小器
官も b に沿って輸送されることが知られている。 c から b の末端に向かう輸送
を順行輸送といい，その逆向きの輸送を逆行輸送という。なお，ダイニンによる輸送とキネ
シンによる輸送の方向は逆向きであることが知られている。

　ある動物からニューロンを取り出して図中の矢印の部分で b を細い糸で縛り，物質輸
送を抑制した。一定時間が経過してから，糸で縛った部分の周辺部位 A〜D におけるモータ
ータンパク質やミトコンドリアの蓄積量を調べた。その結果は次のようであった。

・ダイニンはAやDと比べてBとCに多く蓄積していた。
・キネシンはBに最も多く蓄積していた。
・ミトコンドリアはAやDと比べてBとCに多く蓄積していた。

問1 文中の a 〜 f に入る語句として適切なものを，次の選択肢①〜⑩のうちからそ

れぞれ一つ選べ。なお，同じ選択肢を重複して使用してはならない。

a	=	解答番号 1
b	=	解答番号 2
c	=	解答番号 3
d	=	解答番号 4
e	=	解答番号 5
f	=	解答番号 6

① 核　　　　　② RNA　　　　③ ゴルジ体　　　④ 細胞体
⑤ シナプス小胞　⑥ 樹状突起　　⑦ DNA　　　　⑧ リボソーム
⑨ 軸索　　　　⑩ リソソーム

問2　下線部(1)について，次の文中の ア ～ エ に入る語句として適切なものを，下の選択肢①～⑧のうちからそれぞれ一つ選べ。なお，同じ選択肢を重複して使用してはならない。

ア	=	解答番号 7
イ	=	解答番号 8
ウ	=	解答番号 9
エ	=	解答番号 10

　脊椎動物の多くのニューロンの b では，オリゴデンドロサイトや ア などが何重にも巻き付いて イ を形成しており，絶縁体としてはたらく。 b がむき出しになっている イ の切れ目を ウ といい，ニューロンで生じた興奮は ウ を飛び飛びに エ する。

① 神経鞘　　　② ランビエ絞輪　　③ 伝導　　　　　④ シュワン細胞
⑤ セルトリ細胞　⑥ 伝達　　　　　⑦ 髄鞘　　　　　⑧ ギャップ

問3　下線部(2)について，微小管について述べた文として適切なものを，次の選択肢①～⑤のうちから二つ選べ。なお，解答の順序は問わない。　　　　　解答番号 11 ， 12

① 他の細胞骨格と比べて最も太い。
② アクチンとよばれるタンパク質から構成される。
③ ヒトの骨格筋の収縮に関わる。
④ 中心体が微小管形成の中心となる。
⑤ ナトリウムイオンの輸送に関わる。

問4　下線部(3)について，モータータンパク質について述べた次の[文](A)～(C)を読み，下の選択肢①～⑦のうちから，記述が正しい文の記号だけがすべて含まれているものを一つ選べ。なお，記述の正しい文が一つもないときには該当なしの⑧を選べ。　　　解答番号 13

[文]
(A) ミオシンはモータータンパク質の一種である。

(B) ATP を分解して放出されるエネルギーにより変形する性質をもつ。

(C) 鞭毛の運動にはモータータンパク質が関わる。

① (A), (B), (C)　　② (A), (B)　　　　③ (B), (C)　　　　④ (A), (C)

⑤ (A)　　　　　　⑥ (B)　　　　　　⑦ (C)　　　　　　⑧ 該当なし

問5　ニューロンにおける物質輸送について，本文中の実験結果に矛盾しない仮説を立てた。その内容を述べた次の文中の　オ　〜　ケ　に入る語句として適切なものを，　オ　〜　ク　については下の選択肢①〜⑦，　ケ　については下の選択肢⑧〜⑩のうちからそれぞれ一つ選べ。なお，同じ選択肢を重複して使用してはならない。

$$\boxed{オ} = 解答番号 \boxed{14}$$
$$\boxed{カ} = 解答番号 \boxed{15}$$
$$\boxed{キ} = 解答番号 \boxed{16}$$
$$\boxed{ク} = 解答番号 \boxed{17}$$
$$\boxed{ケ} = 解答番号 \boxed{18}$$

　キネシンが B に多く蓄積していたため，キネシンは　オ　輸送にはたらくと考えられる。また，ダイニンが B と C の両方に蓄積していたことから，　カ　は　キ　によって　b　の末端に運ばれた後，物質の　ク　輸送にはたらくと考えられる。さらに，ミトコンドリアが B と C の両方に蓄積していたことから，　ケ　がミトコンドリアを輸送していると考えられる。

① ダイニン　　　② リボソーム　　③ 順行　　　　　④ 核

⑤ 逆行　　　　　⑥ キネシン　　　⑦ ミトコンドリア

⑧ キネシンのみ　⑨ ダイニンのみ　⑩ キネシンとダイニンの両方

第２問　動物や植物の環境に対する応答に関して，下の設問に答えよ。

問１　鳥の渡りについて述べた次の[文](A)〜(C)を読み，下の選択肢①〜⑦のうちから，記述が正しい文の記号だけがすべて含まれているものを一つ選べ。なお，記述の正しい文が一つもないときには該当なしの⑧を選べ。　　　　　　　　　　　　　解答番号 1

[文]
(A)　渡りは定位運動の一つである。
(B)　太陽の位置や地球の磁場を手がかりに方向を定めている。
(C)　夜間に渡りをおこなう鳥はいない。

① (A), (B), (C)　　　② (A), (B)　　　③ (B), (C)　　　④ (A), (C)
⑤ (A)　　　　　　　⑥ (B)　　　　　⑦ (C)　　　　　⑧ 該当なし

問２　動物の走性について述べた次の[文](A)〜(C)を読み，下の選択肢①〜⑦のうちから，記述が正しい文の記号だけがすべて含まれているものを一つ選べ。なお，記述の正しい文が一つもないときには該当なしの⑧を選べ。　　　　　　　　　　　　　解答番号 2

[文]
(A)　ゾウリムシは酸素濃度の高い場所へ移動する。これは正の化学走性である。
(B)　アリは道しるべフェロモンに対する負の化学走性をしめす。
(C)　重力に対して鉛直上向き方向に移動することを正の重力走性という。

① (A), (B), (C)　　　② (A), (B)　　　③ (B), (C)　　　④ (A), (C)
⑤ (A)　　　　　　　⑥ (B)　　　　　⑦ (C)　　　　　⑧ 該当なし

問３　ヒトの環境応答について述べた次の[文](A)〜(C)を読み，下の選択肢①〜⑦のうちから，記述が正しい文の記号だけがすべて含まれているものを一つ選べ。なお，記述の正しい文が一つもないときには該当なしの⑧を選べ。　　　　　　　　　　　　　解答番号 3

[文]
(A)　強い光が目に入ると瞳孔が縮小する。
(B)　外気温が高くなると交感神経のはたらきにより心臓の拍動が促進される。
(C)　熱いものに手が触れると脊髄を中枢とする反射がおこり手を引っ込める。

① (A), (B), (C)　　　② (A), (B)　　　③ (B), (C)　　　④ (A), (C)
⑤ (A)　　　　　　　⑥ (B)　　　　　⑦ (C)　　　　　⑧ 該当なし

問４　植物の花芽形成について述べた次の[文](A)〜(C)を読み，下の選択肢①〜⑦のうちから，記述が正しい文の記号だけがすべて含まれているものを一つ選べ。なお，記述の正しい文

が一つもないときには該当なしの⑧を選べ。　　　　　　　　　　　　**解答番号 4**

[文]

(A) 昼間よりも夜間が長くなると花芽を形成する植物を短日植物という。

(B) アサガオは長日植物である。

(C) 葉で日長を感知して花成ホルモンが合成される。

① (A), (B), (C)　　② (A), (B)　　③ (B), (C)　　④ (A), (C)

⑤ (A)　　　　　　⑥ (B)　　　　⑦ (C)　　　　⑧ 該当なし

問5　植物のストレス応答について述べた次の[文](A)〜(C)を読み，下の選択肢①〜⑦のうち
から，記述が正しい文の記号だけがすべて含まれているものを一つ選べ。なお，記述の正
しい文が一つもないときには該当なしの⑧を選べ。　　　　　　　　**解答番号 5**

[文]

(A) 乾燥条件下では気孔を閉じる。

(B) 病原体が侵入するとファイトアレキシンとよばれる抗菌物質が合成される。

(C) 食害を受けた葉ではシステミンやジャスモン酸などの植物ホルモンが合成される。

① (A), (B), (C)　　② (A), (B)　　③ (B), (C)　　④ (A), (C)

⑤ (A)　　　　　　⑥ (B)　　　　⑦ (C)　　　　⑧ 該当なし

第3問 次の文章を読み，下の設問に答えよ。

　発生や遺伝，(1)代謝などの生命現象の研究には，広く利用されている生物がある。これらの生物は，入手が容易であり実験室で飼育・栽培が可能であることや，一世代が短く多くの子が得られることなど，研究に適した特徴をもち，モデル生物とよばれる。代表的なモデル生物とその特徴を下の表にまとめた。

モデル生物	特徴
マウス	a
カエル	b (2)組織片の移植などが容易である。
センチュウ	細胞数が少ない。個々の細胞の(3)発生運命がわかっている。
ショウジョウバエ	c
シロイヌナズナ	(4)ゲノムサイズが小さい。(5)自家受精できる。
大腸菌	d

問1　文中の　a　～　d　に入る語句として適切なものを，次の選択肢①～④のうちからそれぞれ一つ選べ。なお，同じ選択肢を重複して使用してはならない。　　a ＝解答番号 1
b ＝解答番号 2
c ＝解答番号 3
d ＝解答番号 4

① 多くの突然変異体が知られており，遺伝の研究が盛んである。
② 一世代が非常に短く，短時間で大量に培養できる。
③ 卵が大きく扱いやすい。
④ ヒトと同じほ乳類であり，遺伝子の操作などが可能である。

問2　下線部(1)について，以下の設問[Ⅰ]，[Ⅱ]に答えよ。

[Ⅰ] ヒトの骨格筋などで見られる解糖とよばれる代謝の最終産物として適切なものを，次の選択肢①～⑥のうちから一つ選べ。　　　　　　　　　　　　　解答番号 5

① グルコース　　　　② ピルビン酸　　　　③ クエン酸
④ スクロース　　　　⑤ 乳酸　　　　　　　⑥ クレアチンリン酸

[Ⅱ] ヒトの細胞におけるタンパク質の合成を促進するホルモンとして適切なものを，次の選択肢①～⑥のうちから一つ選べ。　　　　　　　　　　　　　解答番号 6

① GTP　　　　　　　② 成長ホルモン　　　③ パラトルモン
④ オキシトシン　　　⑤ グルカゴン　　　　⑥ 鉱質コルチコイド

問3　下線部(2)に関連して，シュペーマンがおこなった移植実験について述べた次の[文](A)〜(C)を読み，下の選択肢①〜⑦のうちから，記述が正しい文の記号だけがすべて含まれているものを一つ選べ。なお，記述の正しい文が一つもないときには該当なしの⑧を選べ。

解答番号 7

[文]

(A) イモリの初期原腸胚を用いた。

(B) 移植した原口背唇は神経管に分化した。

(C) 原口背唇を移植した部位に二次胚が誘導された。

① (A), (B), (C)　　　② (A), (B)　　　③ (B), (C)　　　④ (A), (C)

⑤ (A)　　　　　　　⑥ (B)　　　　　　⑦ (C)　　　　　　⑧ 該当なし

問4　下線部(3)に関連して，受精卵の内部にはその後の娘細胞の発生運命に影響を与えるさまざまな物質が含まれている。これらの物質について述べた次の[文](A)〜(C)を読み，下の選択肢①〜⑦のうちから，記述が正しい文の記号だけがすべて含まれているものを一つ選べ。なお，記述の正しい文が一つもないときには該当なしの⑧を選べ。　　解答番号 8

[文]

(A) mRNAやタンパク質などである。

(B) 母性因子とよばれる。

(C) 卵の内部に均一に含まれる。

① (A), (B), (C)　　　② (A), (B)　　　③ (B), (C)　　　④ (A), (C)

⑤ (A)　　　　　　　⑥ (B)　　　　　　⑦ (C)　　　　　　⑧ 該当なし

問5　下線部(4)について，以下の設問[Ⅰ]，[Ⅱ]に答えよ。

[Ⅰ] ヒトのゲノムはいくつの染色体に相当するか。適切なものを，次の選択肢①〜⑥のうちから一つ選べ。

解答番号 9

① 常染色体 22 本

② 常染色体 22 本 ＋ 性染色体 1 本

③ 常染色体 22 本 ＋ 性染色体 2 本

④ 常染色体 44 本

⑤ 常染色体 44 本 ＋ 性染色体 1 本

⑥ 常染色体 44 本 ＋ 性染色体 2 本

[Ⅱ] ゲノムサイズが小さいとは，具体的にどのようなことを指すのか。その説明として適切なものを，次の選択肢①〜⑤のうちから一つ選べ。　　解答番号 10

① 染色体の総数が少ないこと。
② 遺伝子の総数が少ないこと。
③ DNA の塩基配列の総数が少ないこと。
④ 遺伝子に含まれるエキソンの総数が少ないこと。
⑤ 遺伝子に含まれるイントロンの総数が少ないこと。

問6　下線部(5)について，遺伝子型が *AaBb* である個体から自家受精によって生じる子について考える。以下の設問[I]～[IV]に答えよ。

[I]　2組の対立遺伝子 *A*(*a*) と *B*(*b*) が独立である場合，親個体がつくる配偶子の遺伝子型とその分離比として適切なものを，次の選択肢①～④のうちから一つ選べ。　　**解答番号 11**

　①　*AB* : *ab* ＝1 : 1　　　　　　　　　②　*Aa* : *Bb* ＝1 : 1
　③　*A* : *a* : *B* : *b* ＝1 : 1 : 1 : 1　　④　*AB* : *Ab* : *aB* : *ab* ＝1 : 1 : 1 : 1

[II]　2組の対立遺伝子 *A*(*a*) と *B*(*b*) が独立である場合，自家受精によって生じる子のうち，遺伝子 *A* と *B* をどちらももたない個体の割合〔％〕として適切なものを，次の選択肢①～⑥のうちから一つ選べ。　　**解答番号 12**

　①　6　　　　　　　　　　　②　16　　　　　　　　　　　③　20
　④　33　　　　　　　　　　⑤　50　　　　　　　　　　　⑥　75

[III]　2組の対立遺伝子 *A*(*a*) と *B*(*b*) が連鎖しており，親個体がつくる配偶子の遺伝子型とその分離比が *AB* : *Ab* : *aB* : *ab* ＝1 : 4 : 4 : 1 であるとき，2組の対立遺伝子 *A*(*a*) と *B*(*b*) の間の組換え価〔％〕として適切なものを，次の選択肢①～⑥のうちから一つ選べ。　　**解答番号 13**

　①　10　　　　　　　　　　②　14　　　　　　　　　　　③　20
　④　30　　　　　　　　　　⑤　41　　　　　　　　　　　⑥　50

[IV]　問[III]の場合において，親個体から自家受精によって生じる子のうち，遺伝子 *A* と *B* をどちらももたない個体の割合〔％〕として適切なものを，次の選択肢①～⑥のうちから一つ選べ。　　**解答番号 14**

　①　1　　　　　　　　　　　②　4　　　　　　　　　　　　③　5
　④　10　　　　　　　　　　⑤　20　　　　　　　　　　　⑥　40

■生　物　基　礎■

（注）　化学基礎とあわせて１科目として解答。

（2科目 120分）

第1問　次の文章を読み，下の設問に答えよ。

　　ヒトの肝臓は消化管とつながる最大の内臓器官で，その重量は成人で　a　ほどである。他の臓器とは異なり，肝臓には　b　と　c　の他にも，消化管や(1)ひ臓から出る　c　が合流した　d　もつながっている。肝臓の大部分を構成する細胞は肝細胞とよばれ，およそ50万個の肝細胞が集まって肝小葉という基本単位をつくる。肝小葉は中心　e　のまわりに肝細胞が集まった構造をもつ。

　　肝臓はさまざまなはたらきをもっており，生命の維持に不可欠な臓器である。それらのはたらきの一部を次に示す。

・　ア　をグリコーゲンに変えて蓄えたり，(2)グリコーゲンを分解して　ア　を血液中に放出したりすることで血糖濃度を調節する。

・血しょう中に含まれる　イ　などのタンパク質を合成したり，不要になったタンパク質を分解したりする。

・タンパク質や　ウ　の分解で生じた有毒な　エ　を毒性の低い　オ　に変換する。

・古くなった赤血球を分解する。また，その分解産物である　カ　などを含む(3)胆汁をつくる。

・(4)さまざまな化学反応をおこなうことで生じる熱により血液を温める。

問1　文中の　a　に入る数値として適切なものを，次の選択肢①〜⑤のうちから一つ選べ。
　　　　　　　　　　　　　　　　　　　　　　　　　　　　　　解答番号　1

　　①　100〜200 g　　②　300〜600 g　　③　800〜900 g　　④　1.2〜2.0 kg　　⑤　3〜4 kg

問2　文中の　b　〜　e　に入る語句として適切なものを，次の選択肢①〜③のうちからそれぞれ一つ選べ。なお，同じ選択肢を重複して使用してもよい。
　　　b　＝解答番号　2
　　　c　＝解答番号　3
　　　d　＝解答番号　4
　　　e　＝解答番号　5

① 動脈　　　　　　　　　② 静脈　　　　　　　　　③ 門脈

問3　文中の　ア　～　カ　に入る語句として適切なものを，次の選択肢①～⑧のうちからそ
れぞれ一つ選べ。なお，同じ選択肢を重複して使用してはならない。　ア　＝解答番号 6
　　　　　　　　　　　　　　　　　　　　　　　　　　　　　　　イ　＝解答番号 7
　　　　　　　　　　　　　　　　　　　　　　　　　　　　　　　ウ　＝解答番号 8
　　　　　　　　　　　　　　　　　　　　　　　　　　　　　　　エ　＝解答番号 9
　　　　　　　　　　　　　　　　　　　　　　　　　　　　　　　オ　＝解答番号 10
　　　　　　　　　　　　　　　　　　　　　　　　　　　　　　　カ　＝解答番号 11

① アミノ酸　　　② ビリルビン　　　③ グルコース　　　④ アデニン
⑤ アルブミン　　⑥ 尿素　　　　　　⑦ 免疫グロブリン　⑧ アンモニア

問4　下線部(1)について述べた次の[文](A)～(C)を読み，下の選択肢①～⑦のうちから，記述
が正しい文の記号だけがすべて含まれているものを一つ選べ。なお，記述の正しい文が一
つもないときには該当なしの⑧を選べ。　　　　　　　　　　　　　　　　解答番号 12

[文]
(A) リンパ管が多く分布する。
(B) 免疫反応の場となる。
(C) 血液中の不要な成分をろ過する。

① (A), (B), (C)　　② (A), (B)　　　③ (B), (C)　　　④ (A), (C)
⑤ (A)　　　　　　⑥ (B)　　　　　⑦ (C)　　　　　⑧ 該当なし

問5　下線部(2)について，この反応を促進するホルモンとして適切なものを，次の選択肢①
～⑥のうちから二つ選べ。なお，解答の順序は問わない。　　　　　　解答番号 13 ，14

① グルカゴン　　　　　② 糖質コルチコイド　　　③ パラトルモン
④ アドレナリン　　　　⑤ インスリン　　　　　　⑥ 鉱質コルチコイド

問6　下線部(3)について，胆汁が分泌される消化管の部位として適切なものを，次の選択肢
①～⑤のうちから一つ選べ。　　　　　　　　　　　　　　　　　　　　解答番号 15

① 胃　　　　② 十二指腸　　　③ 小腸　　　④ 大腸　　　⑤ 直腸

問7　下線部(4)に関連して，肝臓などにおける化学反応を促進するホルモンとしてチロキシ
ンが知られている。チロキシンを分泌する内分泌腺として適切なものを，次の選択肢①～
⑥のうちから一つ選べ。　　　　　　　　　　　　　　　　　　　　　　解答番号 16

① ひ臓　　　　　② 腎臓　　　　　③ 副腎
④ 脳下垂体　　　⑤ 甲状腺　　　　⑥ 副甲状腺

第2問　生態系に関して，下の設問に答えよ。

問1　植生について述べた次の[文](A)〜(C)を読み，下の選択肢①〜⑦のうちから，記述が正しい文の記号だけがすべて含まれているものを一つ選べ。なお，記述の正しい文が一つもないときには該当なしの⑧を選べ。　　　　　　　　　　　解答番号 1

[文]
(A) ある地域の中で生育する植物のうち，最も個体数の多い種を植生という。
(B) 亜寒帯の針葉樹林と比べて，熱帯の森林では階層構造がよく発達している。
(C) 荒原では多くの植物種が見られるが，個体数は少ない。

① (A), (B), (C)　② (A), (B)　③ (B), (C)　④ (A), (C)
⑤ (A)　　　　　⑥ (B)　　　⑦ (C)　　　⑧ 該当なし

問2　光環境について述べた次の[文](A)〜(C)を読み，下の選択肢①〜⑦のうちから，記述が正しい文の記号だけがすべて含まれているものを一つ選べ。なお，記述の正しい文が一つもないときには該当なしの⑧を選べ。　　　　　　　　　　　解答番号 2

[文]
(A) 森林のギャップでは，林床に届く光の強さは林冠の数%ほどである。
(B) 森林では，高さによる光の強さの差が大きい。
(C) 遷移が進行するほど，地表に届く光の強さは弱くなる。

① (A), (B), (C)　② (A), (B)　③ (B), (C)　④ (A), (C)
⑤ (A)　　　　　⑥ (B)　　　⑦ (C)　　　⑧ 該当なし

問3　光の強さと植物の適応について述べた次の[文](A)〜(C)を読み，下の選択肢①〜⑦のうちから，記述が正しい文の記号だけがすべて含まれているものを一つ選べ。なお，記述の正しい文が一つもないときには該当なしの⑧を選べ。　　　　　　　　　　　解答番号 3

[文]
(A) 陰生植物は林床でよく生育する。
(B) 陽生植物の光飽和点は，陰生植物の光飽和点と比べて大きい。
(C) 陽生植物の光補償点は，陰生植物の光補償点と比べて大きい。

① (A), (B), (C)　　　② (A), (B)　　　③ (B), (C)　　　④ (A), (C)
⑤ (A)　　　　　　　⑥ (B)　　　　　　⑦ (C)　　　　　　⑧ 該当なし

問4　炭素循環について述べた次の[文](A)～(C)を読み，下の選択肢①～⑦のうちから，記述が正しい文の記号だけがすべて含まれているものを一つ選べ。なお，記述の正しい文が一つもないときには該当なしの⑧を選べ。　　　解答番号 4

[文]
(A) 人類の活動が炭素循環に与える影響はほとんどない。
(B) 二酸化炭素は水に溶けにくいため，炭素循環における海の影響はほとんどない。
(C) 炭素は生物と環境の間で循環し，ある生物から他の生物へ取り込まれることはない。

① (A), (B), (C)　　　② (A), (B)　　　③ (B), (C)　　　④ (A), (C)
⑤ (A)　　　　　　　⑥ (B)　　　　　　⑦ (C)　　　　　　⑧ 該当なし

問5　海洋生態系について述べた次の[文](A)～(C)を読み，下の選択肢①～⑦のうちから，記述が正しい文の記号だけがすべて含まれているものを一つ選べ。なお，記述の正しい文が一つもないときには該当なしの⑧を選べ。　　　解答番号 5

[文]
(A) 沿岸部では外洋域と比べてさまざまな生産者や消費者が見られる。
(B) 外洋域では主に植物プランクトンが生産者となる。
(C) 海洋生態系には分解者は見られない。

① (A), (B), (C)　　　② (A), (B)　　　③ (B), (C)　　　④ (A), (C)
⑤ (A)　　　　　　　⑥ (B)　　　　　　⑦ (C)　　　　　　⑧ 該当なし

国　語

（二科目　一二〇分）

第一問　次の文章を読んで、後の設問に答えよ。

　Ａ　パンデミック——地球規模の疫病——の時代において、健康と病気に関わる人文知の果たすべき役割は、パンデミックはウイルスなど病原体が人から人にうつることだという「常識」と距離を置くことだと私は考えている。

　歴史的にみれば、病気は病原体によって生じるとする「病原体説」は、ワクチンで知られるルイ・パストゥールとコレラ菌や結核菌の発見で知られるロベルト・コッホの時代だった一九世紀末に確立された歴史の浅い思想だ。そして、その病原体説を基礎にして発展を遂げた生物医学的な知は、新型肺炎ＣＯＶＩＤ－19を引き起こしたコロナウイルスに対する治療薬やワクチンを研究開発するバイオテクノロジーの基礎となった。

　だが、医学史の教えるところでは、現在では支配的思想となった病原体説は一九世紀まで少数派だったという。近代の病原体説の先駆は、一六世紀イタリアのジロラモ・フラカストロによって定式化された「コンタギオ（伝染）」説——人間から人間に何かが感染する——の考え方である。もちろん、一六世紀以前にも、ある地域で多数の人びとが一斉によく似た病気に罹り、ときには多数の死者が出る疫病という現象は存在していた。たとえば、紀元前二〇〇〇年頃に遡ることのできる古代メソポタミアのギルガメシュ叙事詩にも「疫病神」が登場している。

　多くの人びとが同時に病に斃れて命を落とす災いを前にしたとき、そこに共通の原因があるはずだと推論することは自然の成り行きだろう。そして、その現象を、疫病神や神の怒りという超自然的な要因にもウイルスなどの病原体にも結び付けないのであれば、過去の人びとは疫病をどのように思考していたのだろうか。

　その代表的な考え方が「ミアスマ（瘴気）」説である。近代医学の源流となったギリシャ・ローマ以来の医学では、その地域一帯に淀んだ汚れた空気（ミアスマ）が原因となって集団的な病気としての疫病が発生すると考えてきた。たしかに、疫病が多くの人びとを同時に襲うことを、集団全体に対していちどきに影響する何かを思いこだろうとする方が、個人から個人への伝染の蓄積を想定するより、はるかに納得しやすい。

　こうしたミアスマの考え方は、じつは現代の私たちにも大きな影響を残している。ＣＯＶＩＤ－19の予防に「三密」を避ける生活習慣の重要性が口うるさく言われている。密接と密集と密閉を避けるという手法は、人間の距離を離して感染予防する社会的距離（ソーシャル・ディスタンシング）という手法を進めるための日本での標語だ。そのなかの密接と密集は、身体の間の距離そのもので飛沫感染や接触感染を防ぐ役割があり、密閉を避けるのは空中に長く漂う微細な飛沫でのエアロゾル感染を防ぐためのものだ。だが、歴史的にみれば、換気は、生物医学的な有用性以上に、　Ｂ　　な意味合いを帯びている。

　ケアの場での新鮮な空気の必要性を強調する考え方の起源は、近代看護の創始者フローレンス・ナイチンゲールにあった。病原体以前である一九世紀の人であったナイチンゲール自身は、傷病者が詰め込まれた病室の感を開け放ち、不潔で湿った空気の淀みを部屋から追い出すことが治癒に役立つと考えていた。これは、ミアスマ説の考え方に基づいている。

　三密と並べて見直せば、密接や密集を避ける生活習慣を強制されることがいかにも道徳的で窮屈であるのに比べて、ミアスマ説の唱える「新鮮な空気の大切さ」には道徳性を打ち破る自然な軽やかさがあって趣が異なる（ような気もする……）。

　さきほどナイチンゲールの名前を出したのは一例に過ぎない。一九世紀当時のイギリスでは、疫病の医学理論としては一種のミアスマ説（特殊な「伝染性大気コンスティテューション」が住民全体を襲う疫病の原因であるとする説）とコンタギオ説（コンスティテューション）説が共存していた。そのなかで、コレラのパンデミックをきっかけに、ミアスマ（コンスティテューション）説の信奉者たちによって、一九世紀の衛生改革、すなわち上下水道の整備や都市の塵芥処理や換気の奨励が大規模に導入された。こうして実現された生活環境の改善で、病原体が発見される以前に、コレラに限らずさまざまな感染症での死亡率を引き下げることに成功していた。

　ミアスマやコンスティテューションが何を指していたのか、現在からみると　｜Ｃ｜　としている（引用に出てくるトマス・シデナムは、一七世紀の高名な医師で「イギリスのヒポクラテス」とも呼ばれる）。

　シデナムのいう「コンスティテューション」とは自律的な自然ではなく、いくつかの自然的な出来事の総体が、かりそめの結び目のような具合に形成する複合体である。自然的な出来事とはたとえば地質、気候、季節、雨、ひとり、流行病中心地、をなど（中略）

　「年毎の体質は常に多様であって、その発生は暑さ、寒さ、乾燥、湿気によるものではなく、むしろその土地の内部にある、説明不可能な、隠れた何らかの変化によるものである。」

　これは、ミシェル・フーコーの『臨床医学の誕生』のなかの説明だが、むりやりに現代の考え方を当てはめて解釈すれば、おそらくコンスティテューション（ミアスマ）とは感染拡大に関わる広い意味での　｜Ｄ｜　を指していたと思われる。

　こうした視点は、ＣＯＶＩＤ-19パンデミックを考える上で重要だ。一つのウイルスによる世界の均質化というにはあまりに複雑な事態が生じており、感染拡大や死亡率の国家間や地域間での差異の大きさのほうが私たちの目を引く。気候などの環境の要因はもちろん、地域の人間社会や清潔さの文化、政治経済状況など、シデナムの時代に想定されたよりもさらに多様な「コンスティテューション」が影響して、感染症の広がりと重症度の違いを生み出しているのだろう。こうした個別的で複雑な局面状況を、細部に目を配りつつ複雑なままに取り扱うことこそ、現代の人文知の役割ではないだろうか。

　そんな視点から本書は、人間対ウイルスという二項対立の短絡的な考え方を　｜Ｅ｜　し、社会現象としてのパンデミックとコロナウイルスの存在との隙間にあるさまざまなコンスティテューションの軋みに耳を澄まぜ、思考を積み重ねることを目指している。

　なお、「コンスティテューション」は多義的な言葉で、日本語に翻訳することは困難だ。一般的には、構成と訳され、医学史のなかでは体質や組成との訳語が当てられることが多い。だが、それ以外に政治の領域では、憲法や政体を意味する（たとえば、日本国憲法は「The

Constitution of Japan」）。

本書の導きの糸の一つであるフーコーの生政治（バイオポリティクス）という概念のなかには、このコンスティテューションのもつ　Ｆ　が反響している。『臨床医学の誕生』の三三年後、権力を戦略的なものとして捉える独自な理論を練り上げる際に、フーコーはそうした社会的諸力の絡まりあいを指すため、「ほぼ（引用者注：一七世紀の）医者たちが使っている意味でのコンスティテューションのようなもの、すなわち『力関係』比率のバランスと作用」安定状態にある非対称性「一致する不平等」というイメージをもちだしている。

　Ｇ　、　Ｈ　１　を受け継いだ現代版といえるのは生物医学とバイオテクノロジーだ。現在に至るまで「生物医学」は、細菌やウイルスを的を絞って病因を追求し、発見された病原体をさまざまなバイオテクノロジーを用いて撲滅することを目指してきた。しかし、人間と病気との関わりには生物医学以外の複雑な要素が絡み合っており、一つの特効薬によってあっという間に　Ｉ　するような単純なものではない。

　ワクチンや新薬が魔法のようにすべてを解決する劇的な物語は、たしかに魅力的だ。だが、世界から感染症のリスクをゼロにして、病気からの完全な解放を求めることは人類にとって夢物語に過ぎないだろう。「無菌の世界を想定することは危険思想であると同時に愚人の戯言だ」という警句は、細菌学者ルネ・デュボスの言葉だ。

　もちろん、デュボスと同じく私も生物医学には限界もあることを指摘しただけで、その拒否や否定を意図しているわけではない。ここで、疫病とはいうもの、頑なな　Ｈ　２　を打ち破った　Ｈ　３　が人びとの生命を救ったケースを医学史から紹介しておこう。

　それは、ハンガリー出身の産科医イグナーツ・ゼンメルヴァイスによる産褥熱の予防法の開発である。近代医学から見れば、産褥熱は連鎖球菌などによって起きる、分娩直後の産褥期の女性の感染症だ。高熱が続き、病原菌が全身に回ると一週間前後で敗血症によって死亡する恐ろしい病気だ。現在であれば抗生物質で治療可能だが、一九世紀当時にはいったん発症すれば見守る以外に治療法はなかった。

　ゼンメルヴァイスは一八一八年、現在のブダペストに生まれ、一八四六年からウィーン総合病院の二つある産科棟の一方（第一産科棟）に勤務していた。そこで彼は、若い妊婦が産後に次々と産褥熱で死亡しているのに気づいた。しかも、二つの産科棟のうち彼自身を含めた産科医の管理する第一産科棟では、女性助産師だけの第二産科棟よりもはるかに高率で産褥熱による死亡が報告されていたという（一〇％対三％）。彼は、産科医や医学生が産褥熱で死亡した女性の死体解剖後に手に付いた死体片（有機物）を取らずに分娩介助をすることが、産褥熱を拡大させているのだと考えついた。そこで彼は産科棟の管理医に昇進したとき、さらし粉（塩素系消毒剤）溶液を用いての手洗いの励行をさせ、結果として（いんたちでいう）消毒効果を得て、産褥熱を激減させたのだ（一％）。

　手洗いと消毒法による病気予防の先駆者とみなされ、「母親たちの救い主」として現在では知られるゼンメルヴァイスは、　Ｈ　４　が主流だった当時の医学界にまったく受け入れられなかった。彼は、面倒な手洗いを強制する狂信者と見なされ、他の産科医や医学界の重鎮に批判されて職を追われ、ウィーンを離れてハンガリーのペスト大学（現在のゼンメルヴァイス大学）に移る。頑迷な医学界からの迫害に絶望した彼は、精神に障害をきたし、手術中のメスでできた小さな傷が膿になったため敗血症で、一八六五年に四七歳の生涯を終える。死後、病原菌の発見とともに　Ｈ　５　が確立されて初めて、ゼンメルヴァイスの業

積は正当に評価されるようになった。

とはいえ、ⅢⅢには、消毒法による病原菌の死滅という生物医学の勝利の物語だけがあるのではない。さまざまな水準での（フーコー的意味での）コンスティテューションを読み取ることができる。

たとえば、その一つは、客観的事実の正しさだけでは科学者をも含めて人びとの信念や行動を変容させることは困難で、医療実践を変化させて感染症を減らすことはできない、という点だ。科学技術社会論で繰り返し論じられてきたとおり、観察された事実を受容する理論やパラダイムなどの認知の枠組みの変化とそれに伴う説明理論の入れ替わりが、事実そのものよりも重要であり得る。消毒法が社会に受け入れられたのは、[　　　　　K　　　　　]。

結果として、ゼンメルヴァイスは、男性医師の不潔な手からの院内感染で女性たちが死んでいる事実を暴露してしまった。同僚たちからの執拗な敵意が彼に向けられた原因は、理論的立場の違いだけではなく、[　　　　　L　　　　　]点にもあっただろう。

（美馬達哉「感染症社会」一部改）

注　　ミシェル・フーコー … フランスの哲学者（一九二六〜一九八四）。
　　　生政治 … ミシェル・フーコーが提案した支配の概念。近代国家の支配の方法として、法制度というものを「外的」に制定するだけではなく、法制度を「倫理」として「内的」な意識レベルまで浸透させるようになってきたと説明する。

問一　傍線Ａ「『パンデミック――地球規模の疫病――の時代において、健康と病気に関わる人文知の果たすべき役割は、パンデミックはウイルスなど病原体が人から人にうつることだという『常識』と距離を置くことだと、私は考えている』とあるが、筆者がそのように考えるのはなぜか。最も適当なものを、次の選択肢①〜⑤のうちから一つ選べ。

解答番号 [1]

①　多くの人びとが一斉に同じ病気に罹る場合、共通の原因があると考えることが自然だから。

②　多くの人びとが一斉に同じ病気に罹る場合、個人から個人への感染を想定するより、集団全体に対してはたらきかけると影響する何か、例えばその地域一帯に淀む汚れた空気を想定する方が自然だから。

③　歴史的に見ても、フロレンス・ナイチンゲールが、不潔で湿った空気の淀んだ部屋から追い出すことで、傷病者の治療に効果を上げているように、病原体説よりミアスマ説の方が説得的だから。

④　人間と病気の関わりには生物医学以外の複雑な要素が絡み合っており、ワクチンや新薬が魔法のように全てを解決すると考えることは現実的ではないから。

⑤　密接や密集を避ける生活習慣を強制されることは道徳的に窮屈で、自然な軽やかさに欠けるから。

問二　空欄Ｂに入れるのに最も適当なものを、次の選択肢①〜⑤のうちから一つ選べ。

解答番号 [2]

① 強制的　　② 象徴的　　③ 常識的　　④ 相対的　　⑤ 生物学的

問三　空欄Cに入れるのに最も適当なものを、次の選択肢①〜⑤のうちから一つ選べ。　　解答番号 3

① 優柔不断　　② 疑心暗鬼　　③ 曖昧模糊　　④ 諸行無常　　⑤ 虚心坦懐

問四　空欄Dに入れるのに最も適当なものを、次の選択肢①〜⑤のうちから一つ選べ。　　解答番号 4

① ① 病原体
② ② 人文知
③ 体質や組成に代表される政体
④ 社会・環境因子の複合した状況
⑤ 力関係・比率のバランスと作用、安定状態にある非対称性、一致する不平等などの政治的構成

問五　空欄Eに入れるのに最も適当なものを、次の選択肢①〜⑤のうちから一つ選べ。　　解答番号 5

① 相対化　　② 具体化　　③ 一体化　　④ 現代化　　⑤ 普遍化

問六　空欄Fに入れるのに最も適当なものを、次の選択肢①〜⑤のうちから一つ選べ。　　解答番号 6

① 政治性　　② 可塑性　　③ 脆弱性　　④ 多義性　　⑤ 非対称性

問七　空欄Gに入れるのに最も適当なものを、次の選択肢①〜⑤のうちから一つ選べ。　　解答番号 7

① さらに　　② しかるに　　③ なぜなら　　④ すべからく　　⑤ これに対して

問八　空欄 H 1 〜 H 5 のうち、「ウイルス説」を入れるのに適切なのは何箇所か。最も適当なものを、次の選択肢①〜⑤のうちから一つ選べ。　　解答番号 8

① 一箇所　　② 二箇所　　③ 三箇所　　④ 四箇所　　⑤ 五箇所

問九　空欄Iに入れるのに最も適当なものを、次の選択肢①〜⑤のうちから一つ選べ。　　解答番号 9

① 意気消沈　　② 換骨奪胎　　③ 雲散霧消　　④ 合従連衡　　⑤ 驚天動地

問十　傍線J「無菌の世界を想定することは危険思想であると同時に愚人の戯言だ」とあるが、それはなぜか。最も適当なものを、次の選択肢①〜⑤のうちから一つ選べ。　　解答番号 10

① 病原菌と人間の戦いはいたちごっこの繰り返しでしかなく、世界から感染症を絶滅させることは不可能だから。

② 生物医学は、細菌やウイルスに的を絞って病因を追求し、病原体を撲滅することを目指してきたが、バイオテクノロジーの発展のスピードが限定的であるから。

③ 感染拡大は多様な要因が影響しており、生物医学には限界があるから。

④ 社会的諸力の絡まりあいは、権力の力関係により影響を受けるから。

⑤ ミアスマ説によれば、不潔で湿った空気の淀みが感染症の発症に関係するが、空気はいたるところにあり、完全に排除することができないから。

問十一　空欄Kに入れるのに最も適当なものを、次の選択肢①～⑤のうちから一つ選べ。
解答番号 **11**

① 消毒の徹底による感染症のない快適な社会が実現したからだ
② 社会の成熟とともに清潔が習慣として定着したからだ
③ 幸運なことに、一般には困難と考えられてきた人びとの信念や行動が感染絶滅に向けて変化したからだ
④ 幸運なことに病原体説からもミアスマ説からも、批判が集まらなかったからだ
⑤ 感染予防に有効だったからというよりも、病原体説という思想がコンスティテューションのなかで支配的になったからだ

問十二　空欄Lに入れるのに最も適当なものを、次の選択肢①～⑤のうちから一つ選べ。
解答番号 **12**

① 医師たちの罪を告発した
② パラダイムなどの認知の枠組みが大きく変化した
③ 社会が消毒法を受け入れることに抵抗を示した
④ 客観的事実の正しさに異論をはさむ医師が大勢いた
⑤ ミアスマ説への批判が強まっていた時期と重なった

第二問　次の文章を読んで、後の設問に答えよ。

　私たちは天才だ――。そう自分自身をつい　Ａ　カすことにかけては。

　「夏までに痩せよう」だとか、「健康のために毎朝走ろう」だとか、「無駄遣いせずに将来のために貯金しよう」だとか、「締め切りに間にあうように原稿を書こう」だとか決意しても、あれこれ理由をつけて真っ当な目標を失敗させる。

　私たちは、民度が低いとか、愚民だとかいわれているが、本当だろうか。実際のところ、大抵のことについて、何をするべきか、それをしなければどうなるのか、よく分かっているのではないか。だからこそ、計画も立てれば決意もするのだ。それなのに、われわれは自分で立てた計画を台無しにし、そうしたことを　Ｂ　としてしまう。「夏までは時間があるから今日くらいはいいだろう」「ちょっと風邪気味だし今日はもう少し寝ていよう」「流行に敏感なのも大事だし、これは無駄じゃない」「推敲を重ねるのは重要だからもう少しくらい遅れてもいいだろう」……といった具合に、自分で自分を納得させる。しかし、それが嘘であることは自分が一番よく知っている。なぜならウソをつくったのは自分自身だから、言い訳が言い訳でしかないことも、よく分かっている。だから、「今度こそ！」と決意して計画を立て直す。けれどもまた、それを　Ｃ　反故にする。私たちは誰もが、自分をゴマカすことにかけては天才的なのである。

　こうした自己　Ｄ　判とは、言い訳を正当化するだけでなく、言い訳する自分をも正当化することがある。これを、社会学では「認知的不協和」という。誰にとっても、三日坊主で計画が失敗するのは気分がよくない。従って、そうした嫌な気分が続かないように、私たちは自分自身に都合のよいように状況を解釈して、納得しようとする。要するに、ゴマカしているということをも、ごまかしてしまおうというわけだ。

　いま言論界では、客観的・実証的なデータにもとづかないで、自分たちに都合のよいように状況を理解しようとする傾向を「反知性主義」と呼んでケイショョウを鳴らすことが、ちょっとした流行になっている。中には、そうした傾向を単に「バカの開き直り」として片づけてしまう人もいるようだ。けれども、いま問題になっているのは　Ｆ　にものを見たり、さまざまな意見を比較したりしないで、自分に都合のよい見方だけにかたよって、それ以外の見方を受けつけない態度なのではないだろうか。自分自身をゴマカしていることの後ろめたさや、簡単に解決するのか複雑な問題を忍耐強く考える面倒から、スッキリした気分になれる安易なカタンスへと流される傾向ということもいえるだろう。

　むろん、私も、聞く耳を持たず、熱慮するキョカリョに欠ける人のことを　Ｈ　と思うことはある。だが、そうした人たちがその属性として、根っからの反知性主義だとは考えない。なぜなら、最初にも述べたとおり、私たちは実際には、意外なほど、何事もよく分かっているからだ。むしろ、「分かり過ぎている」からこそ、余計に逃げたくなるのではないかとさえ私は考えている。

　社会状況がますます複雑で困難なものになるにつれ、私たちの不完全な理性では、十分に対処できなくなってきている。そのため、私たちはそうした状況にいっそう注意を向けなければならなくなった。だから、理性的に対処しようという意志の力が足りなくなるのではないか。実際、私たちの注意力に限りがあるし、意志とはそもそも怠け者だ。だから、カタンスを得たがれる感情的発露の方が、忍耐を強いられる理性的判断よりも優先されてしまう。

　　　　　　　　　　　　　　　　　Ｊ　　　　　。

　たとえば、「一割の確率で当たる宝くじ」と、「九割の確率で外れる宝くじ」、二つの店が立っていたら、どちらのお店に入るだろうか。多くの人は前者を選ぶであろう。生命保険はあっても、死亡保険がないのも同じ理由からだ。これと同じようなことが、われわれの実生活においてもしばしば起こっている。

（中略）

　私たちの理性のだらしなさや意志力の弱さを理解した上で、理性と意志を鍛えようとすることを、ここでは仮に「道徳化」と呼ぶことにしよう。この「道徳化」には二つの方向があるだ。一つは、感情的な動物としての人間の共感能力に期待することだ。共感能力とは、簡単にいえば、相手、同じ種類のほかの個体の身になって考え、相手の感情や意図などを感じ取る能力のことだ。共感能力によって私たちは相手を慰めたり、協調行動を取ったりする。こうした能力は、長い間、高い知能を持つ人間だけのものだと考えられてきた。しかし、いまでは多くの動物にも「情動伝染」があることが知られている。共感能力は生物の進化にもとづく能力だと考えられるようになった。動物たちの協調的な世界の根っこにも共感能力がある。ただ、人間はより高度な共感能力を持っているだろうというだけだ。

　他者のために行動することが幸福感をもたらし、自分の喜びになるという経験は、思想史の中では「仁愛」や「道徳感覚」として、古くから注目され、そうした感情を豊かにしたり、発揮したりすることのできる社会的な条件さまざまに論じられてきた。

　もう一つは、共感能力の限界を克服するため感情を理性によってコントロールしようとするものだ。他者への共感は、家族や親類から知人、赤の他人になるにつれてだんだんに減っていくことが分かっている。よそ者よりも身内の方が共感しやすいというのは、誰にとっても理解しやすい。感情的な動物である私たちは共感能力という優れた特性を持っているが、それには限界がある。共感を社会全体に及ぶようなものとして考えることは難しい。また、感情には、嫉妬心や利己心、残酷さといった面もある。だから、感情をコントロールすることが必要とされるわけだ。

　これは、古代ギリシアの哲学にも見られる古典的な考えである。思想史では、共感能力に期待するという考えと、理性で感情をコントロールするという考えが交互に現れてきた。理性で感情を抑えようという考えの根本には人間理性の信頼がある。特に西洋ではキリスト教が広く人の心を掴んでからは、人間の理性は神が与えたという教えによって、理性への信頼はより強いものになった。近代になって、宗教が背景に退き、人間イコール「理性的な存在者」ということになると、理性への信頼はますます高まった。だが、こうした理性への信頼は、数々の社会的厄災、特に二度の世界大戦によって急速に失われた。そればかりか、理性こそが厄災の原因だという主張も現れた。

　近年の心理学的な研究は、理性は感情をコントロールするどころか、むしろ「理性は感情の奴隷である」という証拠をいくつも発見している。たとえば、二〇〇二年にノーベル経済学賞を受賞した心理学者・行動経済学者のダニエル・カーネマンは、人間が何らかの情報を処理する過程は、感情（システム１　ファスト）と理性（システム２　スロー）の二つのシステムから成っており、理性（システム２）は期待されるほどには優れておらず、むしろ感情

（システム１）に左右されているということを明らかにしている。どういうことか。

　たとえば、次の問題に答えてみて欲しい。

　バットとボールがセット価格で一一〇〇円で売られている。バットはボールより一〇〇〇円高い。そのとき、ボールの値段はいくらか。

　ボールの値段を一〇〇円だと思ったあなたは、感情（システム１）が理性（システム２）に先行したのをそのまま体験したことになる。落ちついて考えればすぐに分かるとおり、ボールの値段は五〇円だ。そうでなければ、バットがボールより一〇〇〇円高いことにはならない（一〇五〇－五〇＝一〇〇〇）。だが、この場合、注目すべきなのは、理性（システム２）のはたらきそのものではなく、答えを出したときの心地よさである。一〇〇円という間違った答えが瞬間的にひらめいたときの快さ、じっくり考えて五〇円という正解を導いたときに得難いものだ。こうした心地よさは、根拠なく正しいと思い込んだり、後から再び、その答えを吟味する必要を感じなくさせたりする原因となりうる。

　同じように、よく知っている人や親しみや所属している共同体や組織への愛着は、それらにコミット、参加する動機となり、反省するのを難しくする。親近感や愛着が心地よいほど反省は難しくなるが、これも私たち人間が感情的な動物であるからだ。

　理性への信頼の喪失と、情報処理における感情（システム１）の再評価もあって、近年では理性よりも感情を重視する主張が注目を集めるようになってきた。感情的な動物としての人間の共感能力に期待する考え方が、欠点は目を向けず、理性を重視する考えに取って代わろうとしているわけだ。

　しかし、こうした感情に期待する風潮は本当に正しいのだろうか。今日では何かと評判の悪いシステムだが、各国の中央銀行が政権から独立しているのは、政権の一時の人気取りによって持続性が必要とされる金融政策が振り回されないためだ。政権が変わっても原子力規制委員会による規制が存在することによって、推進派が思うように原発の再稼働が進んでいないという事例を見ても、そのことは分かる。一般にシステムが感情的に好かれないことには、それなりに理由があるのだ。

　本書では、政治や労働・消費といった日常生活の中で、理性的な反省を避けて、感情的な共感を引きだし、献身や購買といった形で人々を動員する数々の仕掛けが存在してきたことを示した。私には、それらこそが真剣に顧みられ、考慮されるべき事柄であると思われる。私たち人間の理性は確かに頼りない。そして、感情にすばらしい働きがある。その意味で、感情の働きとしての「共感」や「思い遣り」「やる気」「直観」に注目が集まるのは当然だ。しかし、感情の働きが重要であればあるほど、人間が感情的な動物であることの負の側面をしっかりと見ておかねばならない。

　最初に述べたように、私たちは自分で自分をつくったウソにだまされやすい。自分の理性の不十分さや意志の弱さに付け込まれ、あるいは感情への期待を逆手に取られ、国家や市場や会社や共同体に都合よく動員されるだけでなく、だまされていることに薄々気づくにしても、動員されてしまったことも都合よく合理化して、何かもっともらしい理由をつけて納得してしまう。それは、せっかくの感情の働きも有害なものになってしまう。

　本書では、「冷静に考えよう」というお決まりの主張を繰り返すつもりはない。確かに冷静に考えることも大切だが、だからこそ、それ以上に　　　　　　Ｍ　　　　　　が重要だからだ。本書の狙いは、ささやかではあるが、そのための足掛かりを提供することである。

付記

本書では、「感情（affect）」「情念（emotion）」「情熱（passion）」「感覚（feeling）」「直観（intuition）」などは厳密に区別することなく、「感情」として統一表記されている。また、「共感（sympathy）」「関心（concern）」などは、「感情」にもとづく作用として理解されている。

（堀内進之介　「感情で釣られる人々　なぜ理性は負け続けるのか」一部改）

注　カタルシス … 文学作品などの鑑賞において、そこに展開される世界への感情移入が行われることで、日常生活の中で抑圧されていた感情が解放され、快感がもたらされること。

問一　傍線A・D・E・G・Kに用いるべき漢字を、次の選択肢①～⑤のうちからそれぞれ一つ選べ。

A　ゴマカす　　　　　　　　　　　　　　　　　　　　　　　解答番号 1
　①真　　　　②磨　　　　③間　　　　④魔　　　　⑤麻

D　キバン　　　　　　　　　　　　　　　　　　　　　　　　解答番号 2
　①疑　　　　②戯　　　　③欺　　　　④欹　　　　⑤偽

E　ケイショウ　　　　　　　　　　　　　　　　　　　　　　解答番号 3
　①承　　　　②鐘　　　　③衝　　　　④詳　　　　⑤焦

G　キガイ　　　　　　　　　　　　　　　　　　　　　　　　解答番号 4
　①害　　　　②該　　　　③概　　　　④慨　　　　⑤凱

K　ジョジョ　　　　　　　　　　　　　　　　　　　　　　　解答番号 5
　①徐　　　　②助　　　　③序　　　　④如　　　　⑤処

問二　空欄Bに入れるのに最も適当なものを、次の選択肢①～⑤のうちから一つ選べ。
　　　　　　　　　　　　　　　　　　　　　　　　　　　　　解答番号 6
　①茶化　　　②偶像化　　③現実化　　④陳腐化　　⑤合理化

問三　傍線C「反故にする」の意味として最も適当なものを、次の選択肢①～⑤のうちから一つ選べ。
　　　　　　　　　　　　　　　　　　　　　　　　　　　　　解答番号 7
　①繰り返す。　　　　　　　　　②当初の意図に反する形でやりなおす。
　③根底から破壊する。　　　　　④ないものとする。
　⑤繰り返し駄目にする。

問四　空欄Fに入れるのに最も適当なものを、次の選択肢①～⑤のうちから一つ選べ。
　　　　　　　　　　　　　　　　　　　　　　　　　　　　　解答番号 8
　①直線的　　②周縁的　　③主観的　　④複眼的　　⑤時系列的

問五　空欄Hに入れるのに最も適当なものを、次の選択肢①～⑤のうちから一つ選べ。
　　　　　　　　　　　　　　　　　　　　　　　　　　　　　解答番号 9

① 「知性」に欠ける

② 「非理性的」で「感情的」過ぎる

③ 「現実」から逃げてばかりの弱虫だ

④ 「嫌な気分」にさせる最低な人だ

⑤ 「理性」が何かわかっていない人だ

問六　傍線I「分かり過ぎているからこそ、余計に逃げたくなるのではないか」とあるが、筆者がそのように考えるのはなぜか。最も適当なものを、次の選択肢①〜⑤のうちから一つ選べ。　　解答番号 10

① 「認知的不協和」により、状況をゴマカすしか選択肢がないから。

② 自分自身に都合のよいよう状況を解釈し、納得した上で、理性が冷静に逃げるという判断を下しているから。

③ 理性が、ときに反知性主義的な判断を下すことがあり、嫌な気分が続かないように逃げるという決断を下したにすぎないから。

④ 意志とはそもそも怠け者で、理性的判断より感情的な発露の方が優先されてしまうから。

⑤ 社会が複雑化するに従って、不完全な理性では対処できないことが増えてきているから。

問七　空欄Jに入れるのに最も適当なものを、次の選択肢①〜⑤のうちから一つ選べ。　　解答番号 11

① 理性など、結局は、何の役にも立たないものなのだ

② 近代化が進むにつれ、人間は野生を失い、その結果、理性は衰えてしまったのだ

③ その結果、理性を鍛えるには、感情が必要になってしまったのだ

④ いまや意志をつかさどるのは、理性ではなく、感情なのである

⑤ 私たちはもともと感情的な動物だから、理性的になるには努力が必要なのだ

問八　傍線L「『理性は感情の奴隷である』という証拠」の具体的な例として最も適当なものを、次の選択肢①〜⑤のうちから一つ選べ。　　解答番号 12

① ダニエル・カーネマンが、理性は期待されるほどには優れておらず、むしろ感情に左右されていると明らかにしたこと。

② 「バットとボールがセット価格一一〇〇円で売られている。バットはボールより一〇〇〇円高い。そのとき、ボールの値段はいくら？」という問いに対して、感情(システム1　ファスト)と、理性(システム2　スロー)という二つのシステムから導かれる答えが異なること。

③ 「バットとボールがセット価格一一〇〇円で売られている。バットはボールより一〇〇〇円高い。そのとき、ボールの値段はいくら？」という問いに対して、一〇〇円という間違った答えが瞬間的にひらめいたときに快を感じること。

④ 「バットとボールがセット価格一一〇〇円で売られている。バットはボールより一〇〇〇円高い。そのとき、ボールの値段はいくら？」という問いに対して、瞬間的にひらめいた一〇〇円という間違った答えを根拠なく正しいと思い込むこと。

⑤ 政治や労働・消費といった日常生活の中で、理性的な反省を避けて、感情的な共感を引きだし、献身や購買といった形で人々を動員する数々の仕掛けが存在してきたことを真剣に顧み、考慮すること。

問九　空欄　Ｍ　に入れるのに最も適当なものを、次の選択肢①〜⑤のうちから一つ選べ。　解答番号　13

① こうした主張を聞くだけでなく、実際に「冷静に考える」ことができる条件や環境を整えること

② 理性の不十分さや意志の弱さを認識し、どのように理性や意志を強くしていくのか、その方法

③ 「冷静に考えよう」という人の真の目的は何なのか考え続ける懐疑的な心を失わないこと

④ 情熱を失うことなく、国家や市場がつくったウソをあばき立てること

⑤ こうした主張を聞くことにより生じた感情の赴くままに行動すること

小 論 文

$$\left(\begin{array}{c}60\,分\\解答例省略\end{array}\right)$$

問：　世界経済フォーラムが発表した「ジェンダーギャップ指数」の 2023 年
版報告書によると，日本における男女平等の度合いは調査対象 146 か国
中 125 位（64.7%）で，前年から 9 ランクダウンして過去最低の結果でし
た。女性の国会議員や閣僚の少なさ，管理職に占める女性の割合の低さや
男女間の所得格差など，特に政治・経済の分野でジェンダーギャップの解
消が進んでいない状況が明らかとなりました。ジェンダー平等を実現する
ためには，どのようなことが求められるでしょうか。あなたの考えを 600
字以内で述べなさい。

解 答 編

英 語

 **解答**　問1. ④　問2. ㈠—②　㈡—③　㈢—①　㈣—④
問3. ④　問4. ③　問5. ④　問6. ①

解説

《ソーシャルネットワーキングの影響》

問1. 挿入文の意味は「ソーシャルネットワーキングはまた，私たちの購買行動にも大きな影響を及ぼしている」である。購買についての話題が登場するのは第5段（（　d　）Traditional "word-of-mouth"…）である。空所(d)の後の文に「伝統的な『口コミ』は，消費者が購入前にオンラインでウェブサイトをますますチェックするようになっているので，『ウェブの言葉』に取って代わられた」とあるので，購買行動にソーシャルネットワーキングが影響していることが読み取れる。よって(d)に入れるのがよい。

問2. ㈠　空所の直後に out があり，その後に to people「人々に」という前置詞句が続いているので，②の reaching を入れると reach out (to〜)「〜に手を伸ばす，差し出す」の意味となり，「ソーシャルネットワーキングの目的は人々に手を伸ばす（＝人とのつながりを求める）ことである」となるので文意が通じる。be about *doing*「〜が目的である」

㈡　空所を含む文の訳は「数百万のツイートやブログ，そして電子メールで情報が絶え間なく作り出されているので，何か新しいものが日々私たちの暮らしに（　　　）するのを避けることはできない」となるので，「入る」を意味する③の entering を入れるとよい。

㈢　空所の後に people, the ability と二つの目的語が並んでいるので，第4文型をとる動詞を選ぶ。よって①の giving が正解。空所以降は「人々にイベントを手配したり，新たな情報を大規模に，それもしばしば数時間

のうちに伝えたりする力を与える」という意味になる。

㈐　do a good job of *doing* で「うまく～する」の意味。空所の後に「ソーシャルネットワークを利用して自分たちのブランドのイメージを」とあるので④の managing「処理する，有効に使う」がよい。

問3. politics のアクセントは第1音節にあり〔ɑ〕である。これと同じ発音を含む語は④である。

問4. 下線部⑵を含む文の訳は「例えば，『ドリンク1つで10を与える』キャンペーンはボルヴィックという水販売会社によって始められたが，これはアメリカ合衆国やカナダで購入されたボルヴィックの水1リットルごとにエチオピアの子どもに清潔な飲み水10リットルを寄付した」となる。この内容を表すのは③の「ボルヴィックの水をアメリカ合衆国やカナダの人たちがたくさん買えば買うほど，エチオピアの子どもたちはますます多くの清潔な飲み水を手に入れることになった」となる。

問5. 下線部⑶は There is 構文で，主語が cases なので be 動詞は are になっている。その後に関係副詞 where の節が形容詞節として続いている。よって訳は「うわさや誤った情報が意図的に広められ，多くの点で人々に影響を与える場合がある」となるので，これと一致するのは④である。

問6. 第2段第3文（And even if …）で「オンラインで新しい友人と『会った』としても，現実の世界で実際に知っている人とほぼ同じぐらい親しくなれる」とあるので，①の「ソーシャルネットワーキングの助けを借りて，人々は現実世界の友人とほぼ同じぐらい親しい友人を新たに作ることができる」が内容に一致する。

② **解答**　問1. ②　問2. ①　問3. ③　問4. ②　問5. ①

解説

問1. C as S V で「SはCだけれども」の譲歩節を作っている。

問2. 前の文に「彼女は何をしているかな」とあるので，空所に①の lately「最近」を入れて空所を含む文を「最近彼女に会ったかい」という内容にすると文意が通じる。

問3. few, if any で「ある（いる）にしても，ほとんど～ない」という意味になる。

問4. on the ground that ～は「～という理由で」という意味で,〈理由〉を表す表現である。文の訳は「十分な参加者がいなかったので儀式は延期された」となる。

問5. with a view to *doing* で「～するために」という意味の慣用表現。これを用いると「彼女はオペラを勉強するためにイタリアに行った」となり,文意が通じる。

③　解答　問1.②　問2.②　問3.③　問4.④　問5.②

━━━━━━━━━━　解　説　━━━━━━━━━━

問1. 比較級を用いて2つの間にどのぐらい差があるかを述べるとき,比較級の前にその差を置くか,文末で前置詞 by の後に続けてその差を置く。

問2. How come S V? で「どうして～か」という表現。

問3. (a)の if 節の内容は「この薬が発見されなければ」で,これは「この薬がなかったら」と同義である。よって答えは had it not been for ～「～がなかったら」という慣用表現になる③となる。

問4. 後ろに動詞の原形がある。原形不定詞をとるのは使役動詞の let である。

問5. (a)の get in touch with ～は「～と連絡を取る」という意味なので,②の contact を答えとする。

④　解答　問1.④　問2.①　問3.④　問4.③　問5.⑤

━━━━━━━━━━　解　説　━━━━━━━━━━

問1. (Kyoto is one) of the cities which I have wanted (to visit.)

「私が訪れたいと思っていた」の部分を関係代名詞 which の後に続けて,それを the cities の後に置いて修飾させると文が完成する。

問2. Moderate exercise will do you good(.)

do A good で「A のためになる,A に良い影響を及ぼす」という意味。

問3. (I prefer) sending an email to writing a letter(.)

prefer A to B で「B より A を好む」という意味。to は前置詞なので,ここでは動名詞を入れる。

問4. The <u>moment</u> she got home (, it began to snow.)

the moment S V は「SがVするとすぐに」という意味の接続詞である。

問5. (There is something wrong with this car, but) I don't think it is <u>worth</u> repairing(.)

be worth *doing* で「〜する価値がある」という意味。

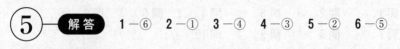

⑤ **解答**   1—⑥   2—①   3—④   4—③   5—②   6—⑤

═══════ **解説** ═══════

《病院での医師と患者の会話》

1. 空所の前の発言でBは「この2日間吐き気がある。食べたらすぐに戻してしまう」と言い，空所の後でAが「頭痛や，熱，身体の痛み，そのようなものがありますか」と尋ねているので，⑥の「他に何か症状がありましたか」がよい。

2. 空所の直前で「ええ，昨日は胃痛や身体の痛みがありました」と述べられ，空所の後で「少し良くなっていると思いますが，まだ食べることができない」が続くので，①の「それらは，今はない」と入れると，胃痛と身体の痛みはなくなっているという表現になるので文意が通じる。

3. 空所の前のAの発言に「最近へんな味のするもの，特に鶏肉や卵，海産物を食べましたか」とあり，空所の後でBは「最近海産物のレストランで食事をしたが，おいしかった」と言っている。Aが原因になりそうなことを尋ね，それに対してそこは問題なかったような表現が続くので，④の「そうは思えない」を入れるとよい。

4. 空所の直前で「私には食中毒に思われるが」と述べられており，空所は逆接の but の後であるので，診断に確信をもてないとすると文意が通じる。よって③の「確実にはわからない」を入れるのが妥当である。

5. 空所の前でAはBに「休んで，たくさんの水やジュースを飲む」ようアドバイスしている。また，空所の後ではAは「すみません」と答えているので，②の「処方箋は出してくれないのですか」が答えとなる。

6. 空所は処方箋を出せないことに対する理由を述べているととらえ，⑤の「食中毒の唯一の療法は時間だ」を答えに選ぶ。

日本史

①　**解答**　《飛鳥〜奈良時代の政治と文化》

問1. ①　問2. ④　問3. ④　問4. ②　問5. ②　問6. ④
問7. ④　問8. ⑤　問9. ③　問10. ④

②　**解答**　《鎌倉時代の政治と対外関係》

問1. ①　問2. ②　問3. ⑤　問4. ④　問5. ①　問6. ③
問7. ①　問8. ②　問9. ⑤　問10. ④

③　**解答**　《江戸時代の政治・対外関係・文化》

問1. ②　問2. ④　問3. ③　問4. ①　問5. ⑤　問6. ④
問7. ②　問8. ⑤　問9. ①　問10. ④

④　**解答**　《明治時代の政治・経済・外交・文化》

問1. ①　問2. ②　問3. ①　問4. ②　問5. ②　問6. ④
問7. ①　問8. ②　問9. ③　問10. ⑤

数　学

■数学Ⅰ・A■

 **解答**　(A)(1)$\boxed{1}$—⑨　$\boxed{2}$—⑧　$\boxed{3}$—⑥
(2)$\boxed{4}$—②　$\boxed{5}$—③　$\boxed{6}$—⑥　$\boxed{7}$—⑤

(3)$\boxed{8}\boxed{9}$—②⑤

(B)(1)$\boxed{10}$—③　(2)$\boxed{11}$—③　(3)$\boxed{12}$—⑥

(C)(1)$\boxed{13}$—⑧　$\boxed{14}$—③　(2)$\boxed{15}\boxed{16}$—①⑧　$\boxed{17}$—⑤　(3)$\boxed{18}$—⑦　$\boxed{19}$—⑥

═══ 解　説 ═══

《小問3問》

(A)(1)　$a=1$ のとき，$f(x)=x^2-8x-15$ より

$$f(8+\sqrt{6})=(8+\sqrt{6})^2-8(8+\sqrt{6})-15$$
$$=(70+16\sqrt{6})-(64+8\sqrt{6})-15$$
$$=-9+8\sqrt{6}\quad\rightarrow\boxed{1}\sim\boxed{3}$$

(2)　$a=12$ のとき

$$f(x)=12x^2-8x-15=(2x-3)(6x+5)\quad\rightarrow\boxed{4}\sim\boxed{7}$$

(3)　$a=0$ のとき，$f(x)=-8x-15$ より

$$|-8x-15|<100$$

$|8x+15|<100$ であるから

$$-100<8x+15<100$$

ゆえに

$$-15<-\frac{115}{8}<x<\frac{85}{8}<11$$

したがって，求める整数の個数は，$x=-14,\ -13,\ \cdots,\ 10$ より

$$25\text{ 個}\quad\rightarrow\boxed{8}\boxed{9}$$

(B)(1)　$2024\in A$ より

$$x=2024\quad\text{または}\quad x^2=2024$$

すなわち　$x=2024$ または $x=\pm2\sqrt{506}$

よって，$2024 \in A$ となる x は 3 個ある。 → $\boxed{10}$

(2) $A \cap B = \{1,\ 4\}$ より，$4 \in A$ であるから

$\qquad x = 4$　または　$x^2 = 4$

すなわち　$x = 4$　または　$x = \pm 2$

$1 \in B$ より，$y = 1$ であるから，求める $(x,\ y)$ の組は

$\qquad (x,\ y) = (4,\ 1),\ (2,\ 1),\ (-2,\ 1)$

の 3 個ある。 → $\boxed{11}$

(3) $x \in B$ より　$x = 4$　または　$x = y$

(i)　$x = 4$ のとき

$2y \in A$ より $2y = 1$ または $2y = x$ または $2y = x^2$ であるから

$\qquad 2y = 1$ のとき　　$(x,\ y) = \left(4,\ \dfrac{1}{2}\right)$

$\qquad 2y = x$ のとき　　$(x,\ y) = (4,\ 2)$

$\qquad 2y = x^2$ のとき　　$(x,\ y) = (4,\ 8)$

(ii)　$x = y$ のとき

$2y \in A$ より $2y = 1$ または $2y = x$ または $2y = x^2$ であるから

$\qquad 2y = 1$ のとき　　$(x,\ y) = \left(\dfrac{1}{2},\ \dfrac{1}{2}\right)$

$\qquad 2y = x$ のとき　　$(x,\ y) = (0,\ 0)$

$\qquad 2y = x^2$ のとき，$x(x-2) = 0$ より　　$x = 0,\ 2$

$\qquad\qquad\qquad\qquad$ よって　　$(x,\ y) = (0,\ 0),\ (2,\ 2)$

以上より，求める $(x,\ y)$ の組は，$\left(4,\ \dfrac{1}{2}\right),\ (4,\ 2),\ (4,\ 8),\ \left(\dfrac{1}{2},\ \dfrac{1}{2}\right),$

$(0,\ 0),\ (2,\ 2)$ の 6 個ある。 → $\boxed{12}$

(C)(1)　$\triangle ABC$ と直線 ED について，メネラウ
スの定理より

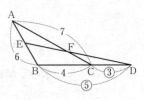

$\qquad \dfrac{\text{AE}}{\text{EB}} \cdot \dfrac{\text{BD}}{\text{DC}} \cdot \dfrac{\text{CF}}{\text{FA}} = 1$

よって

$\qquad \dfrac{\text{AE}}{6 - \text{AE}} \cdot \dfrac{5}{3} \cdot \dfrac{3}{4} = 1$

ゆえに　　$\text{AE} = \dfrac{8}{3}$ → $\boxed{13},\ \boxed{14}$

(2)　$\triangle\text{AEF}=\triangle\text{CDF}$，四角形 BCFE は共通であるから

$$\triangle\text{ABC}=\triangle\text{BDE}$$

よって

$$\frac{1}{2}\times\text{AB}\times\text{BC}\times\sin B=\frac{1}{2}\times\text{DB}\times\text{BE}\times\sin B$$

$$\frac{1}{2}\times 6\times 4\times\sin B=\frac{1}{2}\times\left(\frac{5}{2}\times 4\right)\times\text{BE}\times\sin B$$

$$\text{BE}=\frac{12}{5}$$

であるから

$$\text{AE}=6-\text{BE}=\frac{18}{5}\quad\rightarrow\boxed{15}\sim\boxed{17}$$

(3)　方べきの定理より

$$\text{AE}\times\text{AB}=\text{AF}\times\text{AC}$$

$$6\text{AE}=7\text{AF}$$

よって

$$\text{AE}:\text{AF}=7:6\quad\rightarrow\boxed{18},\ \boxed{19}$$

② 解答　(1)$\boxed{1}$—②

(2)$\boxed{2}\boxed{3}$—①②　$\boxed{4}\boxed{5}$—①③　$\boxed{6}\boxed{7}$—②⑩

$\boxed{8}\boxed{9}\boxed{10}$—①①⑩

(3)$\boxed{11}\boxed{12}$—②②

(4)$\boxed{13}$—②　$\boxed{14}\boxed{15}$—①④　$\boxed{16}\boxed{17}$—①③

━━━━━━━━━━　解　説　━━━━━━━━━━

《放物線の軸，平行移動，x 軸から切り取る線分の長さ，2 次関数の最大・最小》

(1)　$f(x)=x^2+4x+1=(x+2)^2-3$

より，C_1 の軸の方程式は

$$x=-2\quad\rightarrow\boxed{1}$$

(2)　条件より

$$\begin{aligned}g(x)&=f(x-p)+q\\&=(x-p)^2+4(x-p)+1+q\\&=x^2-2(p-2)x+p^2-4p+1+q\end{aligned}$$

$$= \{x-(p-2)\}^2+q-3$$

C_2 の頂点の座標が $(10,\ 10)$ であるから

$$\begin{cases} p-2=10 \\ q-3=10 \end{cases}$$

ゆえに　　$p=12,\ q=13$　→ ②〜⑤

また，このとき

　　$g(x)=x^2-20x+110$　→ ⑥〜⑩

(3)　$p=5$ のとき

　　$g(x)=x^2-6x+q+6$

$g(x)=0$ とおいて，x 軸との交点の x 座標を求めると

　　$x=3\pm\sqrt{3-q}$　$(q<3)$

よって　　$(3+\sqrt{3-q})-(3-\sqrt{3-q})=10$

これを解くと

　　$\sqrt{3-q}=5$

　　$q=-22$　（これは $q<3$ を満たす）　→ ⑪⑫

(4)　$p=2,\ q=17$ のとき

　　$g(x)=x^2+14$

$-1\leqq x\leqq 4$ であるから，$f(x)=(x+2)^2-3,\ g(x)=x^2+14$ より

　　$f(x)$ の最小値は，$x=-1$ のとき　　-2　→ ⑬

　　$g(x)$ の最小値は，$x=0$ のとき　　14　→ ⑭⑮

また，$h(x)=f(x)+g(x)$ とおくと，

$h(x)=2x^2+4x+15=2(x+1)^2+13$ より

　　$h(x)$ の最小値は，$x=-1$ のとき　　13　→ ⑯⑰

③ **解答**　(1)①—⑥　②③—①⑤　④—⑦　⑤—④

　　　　　　(2)⑥—⑤　⑦—②

(3)⑧—③　⑨—④　⑩⑪—①⑤　⑫—②

(4)⑬—⑨　⑭⑮—①⑥　⑯⑰—④⑤　⑱—⑧

━━━ 解説 ━━━

《三角形の面積，正弦定理・余弦定理》

(1)　△ABC において，余弦定理より

$$BC^2 = BA^2 + AC^2 - 2 \times BA \times AC \times \cos\angle BAC$$

$$= 4^2 + 5^2 - 2 \times 4 \times 5 \times \frac{1}{8} = 36$$

BC＞0 より　　　BC＝6　→ ①

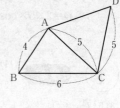

また，$0° < \angle BAC < 180°$ より，$\sin\angle BAC > 0$ であるから

$$\sin\angle BAC = \sqrt{1 - \cos^2\angle BAC}$$

$$= \sqrt{1 - \left(\frac{1}{8}\right)^2} = \frac{3\sqrt{7}}{8}$$

したがって

$$\triangle ABC = \frac{1}{2} \times AB \times AC \times \sin\angle BAC = \frac{1}{2} \times 4 \times 5 \times \frac{3\sqrt{7}}{8}$$

$$= \frac{15\sqrt{7}}{4}　→ ② \sim ⑤$$

(2)　$\angle CAD = 45°$，CA＝CD より，$\triangle ACD$ は $\angle ACD = 90°$ の直角二等辺三角形であるから

$$AD = \sqrt{2}\,AC = 5\sqrt{2}　→ ⑥, ⑦$$

(3)　BC∥AD より，$\angle CAD = \angle ACB$ であるから，余弦定理より

$$\cos\angle CAD = \cos\angle ACB = \frac{6^2 + 5^2 - 4^2}{2 \times 6 \times 5} = \frac{3}{4}　→ ⑧, ⑨$$

$\triangle ACD$ は二等辺三角形であるから

$$AD = 2 \times AC \times \cos\angle CAD = 2 \times 5 \times \cos\angle CAD = \frac{15}{2}　→ ⑩ \sim ⑫$$

(4)　$\triangle ABC$ の外接円の半径を R とすると，正弦定理より

$$R = \frac{BC}{2 \times \sin\angle BAC} = \frac{6}{2 \times \frac{3\sqrt{7}}{8}} = \frac{8}{\sqrt{7}}$$

$\triangle ACD$ において，正弦定理より

$$\frac{CD}{2 \times \sin\angle CAD} = \frac{5}{2 \times \sin\angle CAD} = \frac{8}{\sqrt{7}}$$

ゆえに　　　$\sin\angle CAD = \frac{5\sqrt{7}}{16}$

$\angle CAD$ は二等辺三角形の底角だから，$0° < \angle CAD < 90°$ より，$\cos\angle CAD > 0$ であるから

$$\cos\angle\mathrm{CAD}=\sqrt{1-\sin^2\angle\mathrm{CAD}}=\sqrt{1-\left(\dfrac{5\sqrt{7}}{16}\right)^2}=\dfrac{9}{16} \quad \rightarrow\boxed{13}\sim\boxed{15}$$

また

$$\mathrm{AD}=2\times5\times\cos\angle\mathrm{CAD}=\dfrac{45}{8} \quad \rightarrow\boxed{16}\sim\boxed{18}$$

④ 解 答

(1)$\boxed{1}\boxed{2}$—①③

(2)$\boxed{3}\boxed{4}\boxed{5}$—①③⑥

(3)$\boxed{6}\boxed{7}$—⑨①

(4)$\boxed{8}\boxed{9}$—⑤⑤

(5)$\boxed{10}\boxed{11}$—①⑧

(6)$\boxed{12}\boxed{13}$—⑤⑤

━━━━ 解 説 ━━━━

《等式を満たす整数の組の個数（重複組合せ）》

(1)　$z=1$ より　　$x+y=14$

　　さらに変形すると

　　　$(x-1)+(y-1)=12$

　　右図のように，○と｜に機能をもたせると，
求める組の数は 12 個の ○ と 1 個の ｜ の並べ方
であるから

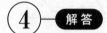

$x-1$の値　　$y-1$の値

　　　$\dfrac{13!}{12!1!}=13$ 組　 $\rightarrow\boxed{1}\boxed{2}$

(2)　(1)と同様に考えると，右図より，
求める組の数は，15 個の ○ と 2 個の
｜ の並べ方であるから

xの値　　　yの値　　　zの値

　　　$\dfrac{17!}{15!2!}=136$ 組　 $\rightarrow\boxed{3}\sim\boxed{5}$

(3)　$(x-1)+(y-1)+(z-1)=12$ より，
(1)と同様に考えて

$x-1$の値　　$y-1$の値　　$z-1$の値

　　　$\dfrac{14!}{12!2!}=91$ 組　 $\rightarrow\boxed{6}\boxed{7}$

(4) $(x-2)+(y-2)+(z-2)=9$ より，

(1)と同様に考えて

$$\frac{11!}{9!2!}=55 \text{ 組} \quad \to \boxed{8}\boxed{9}$$

(5) $(x-3)+(y-3)+(z-3)=6$ より，(1)と同様に考えて

$$\frac{8!}{6!2!}=28 \text{ 組}$$

ただし，この中には $(3, 3, 9)$，$(4, 4, 7)$，$(5, 5, 5)$，$(6, 6, 3)$ の組み合わせとなる x, y, z の組が，合計で $3+3+1+3=10$ 組含まれているから，それを除くと

$$28-10=18 \text{ 組} \quad \to \boxed{10}\boxed{11}$$

(6) $(x-1)+(y-1)+(z-4)=9$ より，

(1)と同様に考えて

$$\frac{11!}{9!2!}=55 \text{ 組} \quad \to \boxed{12}\boxed{13}$$

■数学Ⅱ・B■

① 解答

(A)(1) $\boxed{1}$—① $\boxed{2}$—③ $\boxed{3}$—⑤ $\boxed{4}$—③

(2) $\boxed{5}$—① $\boxed{6}$—④ $\boxed{7}$—⑤ $\boxed{8}$—④ (3)$\boxed{9}$—⑧

(B)(1)$\boxed{10}$—③ $\boxed{11}$—① (2)$\boxed{12}$—⑦ (3)$\boxed{13}\boxed{14}$—④⑦ $\boxed{15}$—①

(C)(1)$\boxed{16}\boxed{17}$—①⑦ (2)$\boxed{18}\boxed{19}$—③① $\boxed{20}$—⑤ (3)$\boxed{21}$—① $\boxed{22}$—⑨ $\boxed{23}$—⑦

=== 解 説 ===

《小問3問》

(A)(1) $0 \leqq \theta < 2\pi$ より，$0 \leqq \dfrac{\theta}{2} < \pi$ であるから，$\sin\dfrac{\theta}{2} = \dfrac{1}{2}$ となる $\dfrac{\theta}{2}$ は

$$\frac{\theta}{2} = \frac{1}{6}\pi, \ \frac{5}{6}\pi$$

ゆえに　　$\theta = \dfrac{1}{3}\pi, \ \dfrac{5}{3}\pi$　→ $\boxed{1}$～$\boxed{4}$

(2) 三角関数の合成を用いて $\sin\theta > \cos\theta$ を変形すると

$$\sqrt{2}\sin\left(\theta - \frac{\pi}{4}\right) > 0$$

$-\dfrac{\pi}{4} \leqq \theta - \dfrac{\pi}{4} < \dfrac{7}{4}\pi$ より

$$0 < \theta - \frac{\pi}{4} < \pi$$

ゆえに　　$\dfrac{1}{4}\pi < \theta < \dfrac{5}{4}\pi$　→ $\boxed{5}$～$\boxed{8}$

(3) $0 \leqq 4\theta < 8\pi$ より，$\sin 4\theta = \dfrac{1}{2}$ となる 4θ は

$$4\theta = \frac{1}{6}\pi, \ \frac{5}{6}\pi, \ \frac{13}{6}\pi, \ \frac{17}{6}\pi, \ \frac{25}{6}\pi, \ \frac{29}{6}\pi, \ \frac{37}{6}\pi, \ \frac{41}{6}\pi$$

すなわち　　$\theta = \dfrac{1}{24}\pi, \ \dfrac{5}{24}\pi, \ \dfrac{13}{24}\pi, \ \dfrac{17}{24}\pi, \ \dfrac{25}{24}\pi, \ \dfrac{29}{24}\pi, \ \dfrac{37}{24}\pi, \ \dfrac{41}{24}\pi$

ゆえに　　8個　→ $\boxed{9}$

(B)(1) 解と係数の関係より

$$\alpha + \beta = 3, \ \alpha\beta = 1 \quad → \boxed{10}, \ \boxed{11}$$

(2) $\alpha^2 + \beta^2 = (\alpha + \beta)^2 - 2\alpha\beta = 3^2 - 2 \times 1 = 7$　→ $\boxed{12}$

(3) $(x - \alpha^4)(x - \beta^4) = x^2 - (\alpha^4 + \beta^4)x + \alpha^4\beta^4 = 0$

ここで
$$\alpha^4+\beta^4=(\alpha^2+\beta^2)^2-2\alpha^2\beta^2=7^2-2\times1^2=47$$
$$\alpha^4\beta^4=(\alpha\beta)^4=1$$

よって，求める2次方程式は
$$x^2-47x+1=0 \quad \rightarrow \boxed{13}\sim\boxed{15}$$

(C)(1) $a+b=k$ とおくと，$b=-a+k$
より，点 $(a,\ b)$ は傾き -1，y 切片 k
の直線上に存在する。

k が最大になるのは，点 $C(5,\ 12)$ を
通るときであるから，求める最大値は
$$5+12=17 \quad \rightarrow \boxed{16}\boxed{17}$$

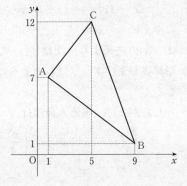

(2) $\sqrt{a^2+b^2}$ は原点と点 $(a,\ b)$ との距
離であるから，最小値は原点と線分
AB との距離となる。

直線 AB の式は
$$y-7=\frac{1-7}{9-1}(x-1) \qquad 3x+4y-31=0$$

よって，求める最小値は
$$\frac{|-31|}{\sqrt{3^2+4^2}}=\frac{31}{5} \quad \rightarrow \boxed{18}\sim\boxed{20}$$

(3) $m=\dfrac{b}{a}$ より，$b=ma$ となるから，m は原点と点 $(a,\ b)$ を通る直線
の傾きである。

よって，m が最大となるのは点 $A(1,\ 7)$ を通るとき，m が最小となる
のは点 $B(9,\ 1)$ を通るときであるから，求める m の値の範囲は
$$\frac{1}{9}\leqq m\leqq7 \quad \rightarrow \boxed{21}\sim\boxed{23}$$

② **解答**

(1)$\boxed{1}$—③　$\boxed{2}$—⑥　$\boxed{3}$—①　$\boxed{4}$—②

(2)$\boxed{5}\boxed{6}$—②⑦　$\boxed{7}$—④

(3)$\boxed{8}$—①　$\boxed{9}$—③

(4)$\boxed{10}$—④　$\boxed{11}$—⑥　$\boxed{12}$—③　$\boxed{13}$—④　$\boxed{14}$—⑥　$\boxed{15}$—③

═══════ **解　説** ═══════

2
0
2
4
年
度

特　特
待　別
奨　選
学　抜
生

数
学

《導関数，積分法（面積），接線，3次方程式の実数解の個数》

(1) $f(x)=x^3-3x^2+4$ より

$$f'(x)=3x^2-6x \quad \rightarrow \boxed{1}, \boxed{2}$$

また，$f(x)=0$ の解は，$f(-1)=0$ より

$$x^3-3x^2+4=(x+1)(x-2)^2=0$$

ゆえに　　$x=-1, 2 \quad \rightarrow \boxed{3}, \boxed{4}$

(2) (1)の結果より，関数 $f(x)$ の
増減表およびグラフは右のように
なる。

x	…	0	…	2	…
$f'(x)$	+	0	−	0	+
$f(x)$	↗	4	↘	0	↗

したがって，求める面積は

$$\int_{-1}^{2}(x^3-3x^2+4)dx=\left[\frac{x^4}{4}-x^3+4x\right]_{-1}^{2}$$

$$=(4-8+8)-\left(\frac{1}{4}+1-4\right)$$

$$=\frac{27}{4} \quad \rightarrow \boxed{5}\sim\boxed{7}$$

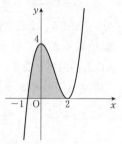

(3)　C 上の点 $(t, f(t))$ における接線の傾きが 6 であるので，
$f'(t)=3t^2-6t$ より

$$3t^2-6t=6$$

$$t^2-2t-2=0$$

ゆえに　　$t=1\pm\sqrt{3} \quad \rightarrow \boxed{8}, \boxed{9}$

(4)　方程式 $f(x)=6x+a$ が異なる 3 個の実数解をもつのは，曲線 C と直
線 $y=6x+a$ が異なる 3 個の共有点をもつときである。

$(t, f(t))$ における接線の方程式は

$$y-(t^3-3t^2+4)=(3t^2-6t)(x-t)$$

整理すると

$$y=(3t^2-6t)x-2t^3+3t^2+4$$

$t=1+\sqrt{3}$ を代入すると

$$y=6x-4-6\sqrt{3}$$

$t=1-\sqrt{3}$ を代入すると

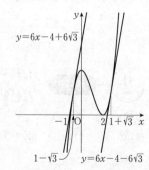

$$y=6x-4+6\sqrt{3}$$

したがって，求める a の値の範囲は

$$-4-6\sqrt{3}<a<-4+6\sqrt{3} \quad →\boxed{10}\sim\boxed{15}$$

別解 方程式 $f(x)=6x+a$，すなわち $x^3-3x^2-6x+4=a$ が異なる 3 個の実数解をもつには，曲線 $y=x^3-3x^2-6x+4$ と直線 $y=a$ が異なる 3 個の共有点をもてばよい。

$y'=3(x^2-2x-2)$ より，関数 $y=x^3-3x^2-6x+4$ の増減表は右のようになる。

x	$\cdots$	$1-\sqrt{3}$	$\cdots$	$1+\sqrt{3}$	$\cdots$
y'	$+$	0	$-$	0	$+$
y	↗	極大	↘	極小	↗

$g(x)=x^3-3x^2-6x+4$ とおくと

$$g(x)=(x^2-2x-2)(x-1)-6x+2$$

ここで

$$g(1-\sqrt{3})=-6(1-\sqrt{3})+2=-4+6\sqrt{3}$$
$$g(1+\sqrt{3})=-6(1+\sqrt{3})+2=-4-6\sqrt{3}$$

より，求める a の値の範囲は

$$-4-6\sqrt{3}<a<-4+6\sqrt{3}$$

3 **解答**
(1)$\boxed{1}$—④　$\boxed{2}$—②　$\boxed{3}\boxed{4}\boxed{5}\boxed{6}$—②②⑤⑩
(2)$\boxed{7}\boxed{8}\boxed{9}$—⑦⑦⑩
(3)$\boxed{10}$—⑥　$\boxed{11}$—①　$\boxed{12}\boxed{13}$—⑥⑩　$\boxed{14}\boxed{15}$—①①
(4)$\boxed{16}\boxed{17}\boxed{18}\boxed{19}\boxed{20}$—①①⑨⑨⑨

───── 解　説 ─────

《階差数列，数列の和》

(1) $b_n=a_{n+1}-a_n=2(n+1)^2-2n^2=4n+2 \quad →\boxed{1}，\boxed{2}$

また，$1000\leqq 4n+2\leqq 9999$ を解くと

$$\frac{499}{2}\leqq n\leqq\frac{9997}{4}$$

よって，$250\leqq n\leqq 2499$ より，数列 $\{b_n\}$ に現れる 4 桁の整数は 2250 個ある。　→$\boxed{3}\sim\boxed{6}$

(2) $S_{10}=\displaystyle\sum_{k=1}^{10}2k^2=2\times\frac{10\times 11\times 21}{6}=770 \quad →\boxed{7}\sim\boxed{9}$

(3) $S_n=\displaystyle\sum_{k=1}^{n}2k^2=2\times\frac{n(n+1)(2n+1)}{6}=\frac{n(n+1)(2n+1)}{3}$

より

$$c_n = \frac{b_n}{S_n} = \frac{2(2n+1)}{\dfrac{n(n+1)(2n+1)}{3}} = \frac{6}{n(n+1)} \quad \rightarrow \boxed{10}, \boxed{11}$$

これより

$$T_{10} = \sum_{k=1}^{10} c_k = \sum_{k=1}^{10} \frac{6}{k(k+1)}$$

$$= 6\sum_{k=1}^{10}\left(\frac{1}{k} - \frac{1}{k+1}\right)$$

$$= 6\left(1 - \frac{1}{11}\right) = \frac{60}{11} \quad \rightarrow \boxed{12} \sim \boxed{15}$$

(4)　$T_n = \sum\limits_{k=1}^{n} c_k = \sum\limits_{k=1}^{n} \dfrac{6}{k(k+1)} = 6\sum\limits_{k=1}^{n}\left(\dfrac{1}{k} - \dfrac{1}{k+1}\right) = 6\left(1 - \dfrac{1}{n+1}\right) = \dfrac{6n}{n+1}$

より，明らかに $T_n < 6$ であるから，題意を満たすためには

$5.9995 \leqq \dfrac{6n}{n+1}$ であればよい。

$5.9995 \leqq 0.0005n$

よって，$11999 \leqq n$ より，求める最小の n の値は

$n = 11999 \quad \rightarrow \boxed{16} \sim \boxed{20}$

④ **解答**

(1)$\boxed{1}$—③　$\boxed{2}\boxed{3}\boxed{4}$—①②⑩　$\boxed{5}$—③　$\boxed{6}$—③　$\boxed{7}$—②

(2)$\boxed{8}$—①　$\boxed{9}$—③　$\boxed{10}$—⑩

(3)$\boxed{11}\boxed{12}$—①⑥　$\boxed{13}$—③

(4)$\boxed{14}$—①　$\boxed{15}$—④

(5)$\boxed{16}$—⑧　$\boxed{17}$—⑨　$\boxed{18}$—⑦　$\boxed{19}$—⑥

═══ **解説** ═══

《平面ベクトルの内積，三角形の面積，1次独立なベクトル》

(1)　$|\overrightarrow{OC}|^2 = |\overrightarrow{OA} + 4\overrightarrow{OB}|^2$

$\qquad = |\overrightarrow{OA}|^2 + 8\overrightarrow{OA} \cdot \overrightarrow{OB} + 16|\overrightarrow{OB}|^2$

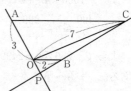

より

$\qquad 49 = 9 + 8\overrightarrow{OA} \cdot \overrightarrow{OB} + 16 \times 4$

ゆえに　　$\overrightarrow{OA} \cdot \overrightarrow{OB} = -3 \quad \rightarrow \boxed{1}$

また

$$\cos\angle AOB = \frac{\overrightarrow{OA}\cdot\overrightarrow{OB}}{|\overrightarrow{OA}||\overrightarrow{OB}|} = \frac{-3}{3\times 2} = -\frac{1}{2}$$

より

$$\angle AOB = 120° \quad \rightarrow \boxed{2}\sim\boxed{4}$$

よって

$$\triangle OAB = \frac{1}{2}\times OA\times OB\times \sin\angle AOB$$

$$= \frac{1}{2}\times 3\times 2\times \frac{\sqrt{3}}{2} = \frac{3\sqrt{3}}{2} \quad \rightarrow \boxed{5}\sim\boxed{7}$$

(2) $\overrightarrow{OC} = \overrightarrow{OA} + 4\overrightarrow{OB}$ より，$OB /\!/ AC$，$OB : AC = 1 : 4$ であるから

$$\overrightarrow{OP} = -\frac{1}{3}\overrightarrow{OA} + 0\times\overrightarrow{OB}$$

ゆえに $\quad s = -\dfrac{1}{3}$，$t = 0 \quad \rightarrow \boxed{8}\sim\boxed{10}$

(3) $PB : BC = 1 : 3$ より

$$\triangle PAB = \frac{1}{4}\triangle PAC$$

$OP : OA = 1 : 3$ より

$$\triangle OAB = \frac{3}{4}\triangle PAB = \frac{3}{16}\triangle PAC$$

よって $\quad \triangle PAC = \dfrac{16}{3}\triangle OAB \quad \rightarrow \boxed{11}\sim\boxed{13}$

(4) $PH\perp OB$，$\overrightarrow{PH} = \overrightarrow{OH} - \overrightarrow{OP} = u\overrightarrow{OB} - \left(-\dfrac{1}{3}\overrightarrow{OA}\right) = u\overrightarrow{OB} + \dfrac{1}{3}\overrightarrow{OA}$ より

$$\overrightarrow{PH}\cdot\overrightarrow{OB} = \left(u\overrightarrow{OB} + \frac{1}{3}\overrightarrow{OA}\right)\cdot\overrightarrow{OB} = u|\overrightarrow{OB}|^2 + \frac{1}{3}\overrightarrow{OA}\cdot\overrightarrow{OB}$$

$$= 4u + \frac{1}{3}\times(-3)$$

$$= 4u - 1 = 0$$

よって $\quad u = \dfrac{1}{4} \quad \rightarrow \boxed{14}, \boxed{15}$

(5) $\overrightarrow{OX} = p\overrightarrow{OA} + q\overrightarrow{OB}$，線分 OA，OB の中点をそれぞれ M_1，M_2 とおく

と，$\overrightarrow{M_1X}\perp\overrightarrow{OA}$，$\overrightarrow{M_2X}\perp\overrightarrow{OB}$ であり，$\overrightarrow{M_1X} = \left(p - \dfrac{1}{2}\right)\overrightarrow{OA} + q\overrightarrow{OB}$，

$\overrightarrow{M_2X} = p\overrightarrow{OA} + \left(q - \dfrac{1}{2}\right)\overrightarrow{OB}$ であるから

$$\overrightarrow{\mathrm{M_1X}}\cdot\overrightarrow{\mathrm{OA}}=\left(p-\frac{1}{2}\right)|\overrightarrow{\mathrm{OA}}|^2+q\overrightarrow{\mathrm{OA}}\cdot\overrightarrow{\mathrm{OB}}=9p-\frac{9}{2}-3q=0$$

よって　　　$3p-q=\dfrac{3}{2}$　……①

$$\overrightarrow{\mathrm{M_2X}}\cdot\overrightarrow{\mathrm{OB}}=p\overrightarrow{\mathrm{OA}}\cdot\overrightarrow{\mathrm{OB}}+\left(q-\frac{1}{2}\right)|\overrightarrow{\mathrm{OB}}|^2=-3p+4q-2=0$$

よって　　　$3p-4q=-2$　……②

①，②より　　　$p=\dfrac{8}{9}$，$q=\dfrac{7}{6}$

したがって

$$\overrightarrow{\mathrm{OX}}=\frac{8}{9}\overrightarrow{\mathrm{OA}}+\frac{7}{6}\overrightarrow{\mathrm{OB}}\quad\rightarrow\boxed{16}\sim\boxed{19}$$

物　理

■物理基礎・物理■

① 〔**解答**〕　問1．② 問2．⑦ 問3．② 問4．② 問5．①

━━━━━━━━━━━━ **解説** ━━━━━━━━━━━━

《小問5問》

問1．重力加速度の大きさを g とすると，物体にはたらく動摩擦力の大きさは $0.80mg$ となる。よって，求める加速度の大きさを a，糸の張力の大きさを T とすると，物体とおもりにはたらく力は下図のようになる。

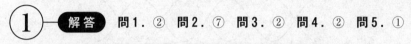

それぞれの運動方程式より

　　物体：$T - 0.80mg = ma$

　　おもり：$5mg - T = 5ma$

これら2式より　　$a = 0.70g$

問2．下図の点Aから出た2つの光線は，凸面鏡で反射され，下図の点A′の位置（鏡の右側）に虚像をつくる。

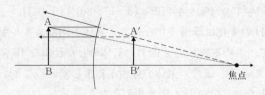

また，鏡から像までの距離を b〔cm〕とすると，凹レンズのときのレンズの式が適用できるので

$$\frac{1}{20} - \frac{1}{b} = -\frac{1}{60} \qquad \therefore \quad b = 15 \, [\text{cm}]$$

問3. この音波の波長 λ は，$\lambda = 340 \div 1000 = 0.34 \, [\text{m}]$ である。よって，開管の5倍振動の管の長さは，下図のように $2.5\lambda = 0.85 \, [\text{m}]$ となる。

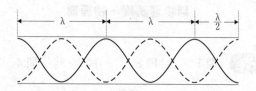

問4. 状態 A〜D の温度，圧力，体積を，それぞれ T_A〜T_D [K]，P_A〜P_D [Pa]，V_A〜V_D [m³] とし，気体の物質量を n，気体定数を R とする。

状態 A → B の変化は定積変化であるので，この間に気体のした仕事 W_{AB} は 0 kJ である。また，定積モル比熱 $\dfrac{3R}{2}$ を用いると，この間に気体が吸収した熱量 Q_{AB} [kJ] は次のようになる。

$$Q_{AB} = n \times \frac{3R}{2} \times (T_B - T_A) = \frac{3}{2}(nRT_B - nRT_A) = \frac{3}{2}(P_B V_B - P_A V_A)$$

$$= \frac{3}{2} \times 1 \times (4-2) \times 10^5 = 3.0 \times 10^2 \, [\text{kJ}]$$

状態 B → C の変化は定圧変化であるので，定圧モル比熱 $\dfrac{5R}{2}$ を用いると，この間に気体が吸収した熱量 Q_{BC} [kJ] とこの間に気体がした仕事 W_{BC} [kJ] は次のようになる。

$$Q_{BC} = n \times \frac{5R}{2} \times (T_C - T_B) = \frac{5}{2}(nRT_C - nRT_B) = \frac{5}{2}(P_C V_C - P_B V_B)$$

$$= \frac{5}{2} \times 4 \times 10^5 \times (3-1) = 20 \times 10^2 \, [\text{kJ}]$$

$$W_{BC} = P_B(V_C - V_B) = 4 \times 10^5 \times (3-1) = 8.0 \times 10^2 \, [\text{kJ}]$$

状態 C → D の変化は等温変化なので，気体の内部エネルギーは変化しない。よって，求める熱量を x [kJ]，気体のした仕事を W_{CD} [kJ] とすると，$W_{CD} = x$ である。また，気体の体積が膨張していることから，$W_{CD} = x > 0$ となり，C → D も吸熱過程となる。

状態 D → A は発熱過程で，気体のした仕事 W_{DA} [kJ] は次のようになる。

$$W_{DA}=P_D(V_D-V_A)=2\times10^5\times(1-6)=-10\times10^2\,[\text{kJ}]$$

以上をまとめると，1サイクルで気体が吸収した熱量 $Q_{in}\,[\text{kJ}]$ と気体がした仕事の総計 $W\,[\text{kJ}]$ は次のようになる。

$$Q_{in}=Q_{AB}+Q_{BC}+x=23\times10^2+x\,[\text{kJ}]$$

$$W=W_{BC}+x+W_{DA}=x-2.0\times10^2\,[\text{kJ}]$$

よって，この熱サイクルの熱効率が 20% であることから

$$\frac{x-2.0\times10^2}{23\times10^2+x}=0.20 \quad \therefore \quad x=8.25\times10^2 \fallingdotseq 8.3\times10^2\,[\text{kJ}]$$

問5. 長さ l，断面積 S，抵抗率 ρ の導体の電気抵抗 R は，$R=\rho\dfrac{l}{S}$ で表されるので，$1\,[\text{cm}]=10^{-2}\,[\text{m}]$，$1\,[\text{cm}^2]=10^{-4}\,[\text{m}^2]$ に注意して計算すると

$$\rho=\frac{RS}{l}=\frac{4.0\,[\Omega]\times5.0\times10^{-9}\,[\text{m}^2]}{0.20\,[\text{m}]}=1.0\times10^{-7}\,[\Omega\cdot\text{m}]$$

② 解答

問1. ⑤　**問2.** ⑤　**問3.** ④　**問4.** ②　**問5.** ⑤
問6. ④　**問7.** ①

=========== 解　説 ===========

《運動量と力積》

問1・問2. │ イ │で求める運動量の大きさを $p_A\,[\text{kg}\cdot\text{m/s}]$ とすると，運動量保存則より

$$(2.0+3.0)\times5.0-p_A=0 \quad \therefore \quad p_A=25\,[\text{kg}\cdot\text{m/s}]$$

よって，│ ア │で求める $t_1\,[\text{s}]$ は，運動量と力積の関係より

$$50t_1=25 \quad \therefore \quad t_1=0.50\,[\text{s}]$$

問3・問4. │ エ │で求める速さを $v_C\,[\text{m/s}]$ とすると，物体 A と物体 B からなる系の水平方向には内力しかはたらかないので，運動量保存則より

$$2.0\times(-1.0)+3.0\times v_C=(2.0+3.0)\times5.0 \quad \therefore \quad v_C=9.0\,[\text{m/s}]$$

よって，│ ウ │で求める $t_2\,[\text{s}]$ は，運動量と力積の関係より

$$25t_2=3.0\times9.0-3.0\times5.0 \quad \therefore \quad t_2=0.48\,[\text{s}]$$

問5～問7. │ カ │で求める速さを $v'_C\,[\text{m/s}]$ とすると，系全体の運動量保存則より

$$5.0 \times (-5.0) + 3.0 \times v'_C = 0 \quad \therefore \quad v'_C = \frac{25}{3} \fallingdotseq 8.3 \, [\text{m/s}]$$

オ　で求める t_3 [s] は，運動量と力積の関係より

$$25t_3 = 3.0 \times \frac{25}{3} - 3.0 \times 5.0 \quad \therefore \quad t_3 = 0.40 \, [\text{s}]$$

キ　運動量保存則より，物体 A・B・C からなる系全体の運動量は 0 である。したがって，物体 B の運動量が 0 になれば，物体 A と物体 C の運動量の和も 0 となる。

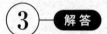

問 1. ④　問 2. ②　問 3. ⑥　問 4. ③　問 5. ④
問 6. ④

======== 解説 ========

《ばねつきのピストンにより閉じ込められた気体》

問 1. 気体 A の物質量を n とすると，理想気体の状態方程式より，$P_0 S L_0 = nRT_0$ の関係がある。よって，単原子分子理想気体の内部エネルギーの式より，求める内部エネルギー U_1 は次のようになる。

$$U_1 = \frac{3}{2} nRT_0 = \frac{3}{2} P_0 S L_0$$

問 2. 状態 1 から状態 2 に変化する間に，ピストンがばねにした仕事 w_{12} は，ばねの弾性エネルギーの式より

$$w_{12} = \frac{1}{2} \left(\frac{P_0 S}{L_0} \right) L_0{}^2 = \frac{1}{2} P_0 S L_0$$

一方，気体 A がピストンにした仕事 W_{12} は，w_{12} とピストンが大気圧に対してした仕事 $P_0 S L_0$ の和となるので

$$W_{12} = \frac{1}{2} P_0 S L_0 + P_0 S L_0 = \frac{3}{2} P_0 S L_0$$

$$\therefore \quad \frac{w_{12}}{W_{12}} = \frac{1}{3} \fallingdotseq 33 \, [\%]$$

問 3. 状態 2 での気体 A の圧力を P_2 とすると，ピストンにはたらく力のつり合いより

$$P_2 S = P_0 S + \left(\frac{P_0 S}{L_0} \right) L_0 \quad \therefore \quad P_2 = 2P_0$$

状態 2 での気体 A の温度を T_2 とし，理想気体の状態方程式を用いると，

内部エネルギーの変化 ΔU_{12} は次のようになる。

$$\Delta U_{12}=\frac{3}{2}nR(T_2-T_0)=\frac{3}{2}\{(2P_0S)(2L_0)-P_0SL_0\}=\frac{9}{2}P_0SL_0$$

　熱力学第一法則より，この間に気体 A に与えられた熱量 Q_{12} は

$$Q_{12}=\Delta U_{12}+W_{12}=6P_0SL_0$$

問4. 状態3での気体 A の圧力を P_3 とすると，ピストンにはたらく力の
つり合いより

$$P_3S=P_0S-\left(\frac{P_0S}{L_0}\right)\left(\frac{L_0}{2}\right)=\frac{1}{2}P_0S \quad \therefore \quad P_3=\frac{1}{2}P_0$$

　状態3での気体 A の温度を T_3 とすると，ボイル・シャルルの法則より

$$\frac{\left(\dfrac{P_0}{2}\right)\left(\dfrac{SL_0}{2}\right)}{T_3}=\frac{P_0SL_0}{T_0} \quad \therefore \quad T_3=\frac{1}{4}T_0$$

問5. 大気圧はピストンを一定の力 P_0S で押すので，これにピストンの
移動距離 $\dfrac{3}{2}L_0$ をかけると，大気圧のした仕事 $\dfrac{3}{2}P_0SL_0$ が求まる。

問6. 状態2から状態3に変化する間に，ばねがした仕事 w_{23} は，ばねの
弾性エネルギーの減少分に等しいので

$$w_{23}=\frac{1}{2}\left(\frac{P_0S}{L_0}\right)L_0{}^2-\frac{1}{2}\left(\frac{P_0S}{L_0}\right)\left(\frac{L_0}{2}\right)^2=\frac{3}{8}P_0SL_0$$

となる。

　問5の結果より，状態2から状態3に変化する間に気体 A がされた仕
事 W_{23} は次のようになる。

$$W_{23}=\frac{3}{8}P_0SL_0+\frac{3}{2}P_0SL_0=\frac{15}{8}P_0SL_0$$

　また，このときの内部エネルギーの変化 ΔU_{23} は，理想気体の状態方程
式を用いると，次のようになる。

$$\Delta U_{23}=\frac{3}{2}nR(T_3-T_2)=\frac{3}{2}\left\{\left(\frac{P_0}{2}\right)\left(\frac{SL_0}{2}\right)-(2P_0S)(2L_0)\right\}$$

$$=-\frac{45}{8}P_0SL_0$$

　よって，熱力学第一法則より，気体 A が放出した熱量 q_{23} は

$$q_{23}=-\Delta U_{23}+W_{23}=\frac{15}{2}P_0SL_0$$

参考 W_{23} は次のように求めてもよい。

状態2から状態3への変化を P-V グラフで表すと，右図のようになる。

体積が減少しているので，右図の網かけ部分の面積が，気体Aがされた仕事 W_{23} であり

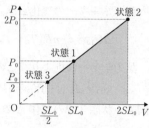

$$W_{23} = \frac{1}{2}(2P_0)(2SL_0) - \frac{1}{2}\left(\frac{P_0}{2}\right)\left(\frac{SL_0}{2}\right) = \frac{15}{8}P_0SL_0$$

④ **解答** 問1. ① 問2. ⑧ 問3. ④ 問4. ④ 問5. ⑥
問6. ⑤ 問7. ③

═══════ 解説 ═══════

《コイルを含んだ直流回路》

問1. S_1 を閉じるまでコイルを流れる電流の大きさは0Aであったので，S_1 を閉じた直後もコイルを流れる電流の大きさは0Aのままである。よって，R_0 を流れる電流の大きさも0Aである。

参考 コイルには電流の時間変化に比例した起電力が生じるので，流れる電流は連続的にしか変化しない。したがって，スイッチを閉じた直後に流れる電流の大きさと閉じる直前に流れる電流の大きさは等しくなる。

問2. コイルに生じる誘導起電力の大きさを，下図の矢印の向きを正として V_1〔V〕とする。S_1 を閉じた直後には，R_1 を流れる電流の大きさは0Aなので，図の経路にそってキルヒホッフの第二法則を立てると

$$36 + V_1 = 0 \quad \therefore \quad |V_1| = 36 \text{〔V〕}$$

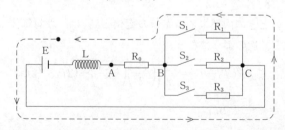

問3. S_1 を閉じて十分な時間が経過すると，コイルを流れる電流量が一定になり，コイルに生じる起電力の大きさは0Vとなる。よって，回路は R_0 と R_1 を直列接続した回路と等しくなるので，オームの法則より，

流れる電流の大きさは

$$\frac{36}{2.0+4.0}=6.0\,[\text{A}]$$

参考 S_1 を閉じて十分に時間が経過したときには,コイルは抵抗 0 Ω の導線と考えてよい。

問4. R_0 にはコイルと同じ大きさの電流が流れるので,S_2 を閉じた直後に流れる電流の大きさは,閉じる直前に流れていた電流の大きさ (6.0 A) と等しい。

問5. 問2の図の BC 間の合成抵抗 $R_{12}\,[\Omega]$ は,並列接続の合成抵抗の公式より

$$\frac{1}{R_{12}}=\frac{1}{4.0}+\frac{1}{4.0}=\frac{1}{2.0}\qquad\therefore\quad R_{12}=2.0\,[\Omega]$$

となるので,BC 間に生じる電圧降下は $2.0\times6.0=12\,[\text{V}]$ である。また,AB 間に生じる電圧降下は $2.0\times6.0=12\,[\text{V}]$ であるので,キルヒホッフの第二法則より

$$36-12-12+V_1=0\qquad\therefore\quad |V_1|=12\,[\text{V}]$$

参考 BC 間にはコイルが含まれていないので,S_2 を閉じた瞬間に R_2 に電流が流れだし,BC 間は R_1 と R_2 の並列接続と見なせるようになる。

問6. S_2 を閉じて十分な時間が経過すると,コイルに生じる起電力の大きさは 0 V となり,合成抵抗 4.0 Ω の AC 間に 36 V の電圧が加わる。よって,コイルには $36\div4.0=9.0\,[\text{A}]$ の電流が流れている。

S_3 を閉じた直後の BC 間の合成抵抗 $R_{123}\,[\Omega]$ は,合成抵抗の公式より

$$\frac{1}{R_{123}}=\frac{1}{4.0}+\frac{1}{4.0}+\frac{1}{2.0}=\frac{1}{1.0}\qquad\therefore\quad R_{123}=1.0\,[\Omega]$$

となるので,S_3 を閉じた直後の BC 間に生じる電圧降下は $1.0\times9.0=9.0\,[\text{V}]$ である。また,AB 間に生じる電圧降下は $2.0\times9.0=18\,[\text{V}]$ であるので,キルヒホッフの第二法則より

$$36-9.0-18+V_1=0\qquad\therefore\quad |V_1|=9.0\,[\text{V}]$$

問7. S_3 を閉じて十分な時間が経過すると,コイルに生じる起電力の大きさは 0 V となり,合成抵抗 3.0 Ω の AC 間には 36 V の電圧が加わる。よって,コイルには $36\div3.0=12\,[\text{A}]$ の電流が流れている。この状態から S_1 を開くと,BC 間の合成抵抗 $R_{23}\,[\Omega]$ は,合成抵抗の公式より

$$\frac{1}{R_{23}} = \frac{1}{4.0} + \frac{1}{2.0} = \frac{3}{4.0} \qquad \therefore \quad R_{23} = \frac{4.0}{3} \ (\Omega)$$

となるので，S_1 を開いた直後の BC 間に生じる電圧降下は

$\dfrac{4.0}{3} \times 12 = 16$ (V) である。また，AB 間に生じる電圧降下は

$2.0 \times 12 = 24$ (V) であるので，キルヒホッフの第二法則より

$$36 - 16 - 24 + V_1 = 0 \qquad \therefore \quad V_1 = 4.0 \ (V)$$

参考 問 7 では，S_1 を開くことにより合成抵抗が増えるので，コイルに
電池と同じ向きの起電力が生じ，それまでと同じ大きさの電流が流れる。

■物理基礎■

 **①** 　解答　　問1. ②　問2. ②　問3. ②　問4. ⑤　問5. ①
問6. ②

━━━━━━━━━━━━━　解　説　━━━━━━━━━━━━━

《熱気球と落体の運動》

問1. アルキメデスの原理より，浮力の大きさは，物体が押しのけた（周りの）流体の重さに等しくなるので，$F = \rho_0 V g$ となる。

問2. 熱気球Aが浮き上がりはじめる瞬間には，熱気球Aに問1の浮力のほかに，内部の空気にはたらく重力 $\rho_1 V g$ とそれ以外の部分が受ける重力 Mg が下向きにはたらいている。よって，力のつり合いより

$$\rho_1 V g + M g = \rho_0 V g \qquad \therefore \quad \rho_1 = \frac{\rho_0 V - M}{V}$$

問3. 熱気球Aの内部の空気の密度が ρ_2 より下がると，熱気球Aと小物体Bが上昇をはじめるとあるので，ρ_2 は熱気球Aと小物体Bを合わせた系にはたらく力がつり合うときの空気の密度である。また，熱気球Aが一定の速さで上昇するときにも，系にはたらく力はつり合っているので，このときの空気の密度 ρ_3 は ρ_2 に等しい。

問4. 小物体Bが点Pに突入したときの速さを v_P とすると，力学的エネルギー保存則より

$$\frac{1}{2}mv^2 + mgh = \frac{1}{2}mv_P^2 \qquad \therefore \quad v_P = \sqrt{2gh + v^2}$$

問5. 台には摩擦がないとあるので，点Qにおける小物体Bの速さは v_P と等しい。また，空気抵抗による速度への影響は無視するとあるので，力学的エネルギー保存則より，小物体Bは落とされた点より高く上がる。

問6. 求める速さを v_H とすると，等加速度運動の公式より

$$v_H{}^2 - v^2 = 2aH \qquad \therefore \quad v_H = \sqrt{v^2 + 2aH}$$

② 　解答　　問1. ⑥　問2. ②　問3. ③　問4. ①　問5. ③
問6. ⑨

━━━━━━━━━━━━ 解　説 ━━━━━━━━━━━━

《比熱と熱量保存則》

問1. 水の比熱が $4.2\ \mathrm{J/(g \cdot K)}$ であることから，求める熱量は

$$4.2 \times 100 \times 10 = 4200\ \text{[J]}$$

問2. 求める熱容量を C_A [J/K] とすると，容器 A の温度を 10 K 上昇させるのに必要な熱量は $C_A \times 10$ [K] である。一方，80℃ の水が失った熱量は，$4.2 \times 50 \times 50 = 10500$ [J] であるので，熱量保存則より

$$10 C_A + 4200 = 10500 \qquad \therefore \quad C_A = 630\ \text{[J/K]}$$

問3. 求める比熱を c [J/(g・K)] とすると，金属球 X が失った熱量は $c \times 500 \times 60$ [J] である。一方，水と容器 A が受けた熱量は，$4.2 \times 150 \times 10 + 630 \times 10 = 12600$ [J] であるので，熱量保存則より

$$30000c = 12600 \qquad \therefore \quad c = 0.42\ \text{[J/(g・K)]}$$

問4. 金属片 P と Q を接触させたときの熱量保存則より

$$m_P \times c \times 10 = m_Q \times c \times 5 \qquad \therefore \quad m_Q = 2 m_P$$

金属片 Q と R を接触させたときの熱量保存則より

$$m_Q \times c \times 3 = m_R \times c \times 2 \qquad \therefore \quad m_R = \frac{3}{2} m_Q = 3 m_P$$

よって

$$m_P : m_Q : m_R = 1 : 2 : 3$$

問5. 最初の金属片 P と Q の接触で金属片 P の温度が 10℃ 低下したとあるので，接触後の両物体の温度は $T_P - 10$ [℃] である。次の金属片 Q と R の接触で金属片 Q の温度が 3℃ 上昇したとあるので，接触後の両物体の温度は $T_P - 7$ [℃] である（下図参照）。

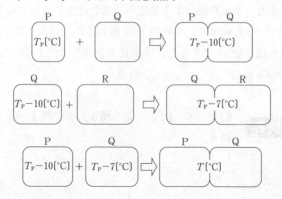

したがって，2回目の金属片PとQの接触では，T_P-10 [℃] の金属片
Pと T_P-7 [℃] の金属片Qが接触することになる。このときの熱量保存
則より

$$m_P c\{T-(T_P-10)\}=2m_P c\{(T_P-7)-T\}$$

∴ $T=T_P-8$

参考 2回目の金属片PとQの接触で，接触前の両物体の温度差は3℃
である。接触による金属片PとQの温度変化の比は2:1となることか
ら，金属片Pの温度が2℃上昇し，金属片Qの温度が1℃低下して温
度 T [℃] に達することがわかる。これより，$T=(T_P-10)+2=T_P-8$ と
してもよい。

問6. 問5の接触後の金属片P，Qと，金属片Rの接触時の温度は下図
のようになっている。よって，熱量保存則より

$$3m_P c\{20.5-(T_P-8)\}=3m_P c\{(T_P-7)-20.5\}$$

∴ $T_P=28$ [℃]

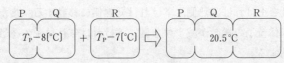

参考 金属片PとQを合わせた物体と金属片Rの熱容量は等しいので，
接触による両物体の温度変化は等しい。両物体の接触前の温度差は1℃
であるので，それぞれ0.5℃ずつ温度が変化して20.5℃に達する。これ
より，$T_P-8+0.5=20.5$ として，T_P を求めてもよい。

$$\boxed{化　学}$$

◀薬，成田薬，福岡薬学部▶

① 解答　問1．a−⑧　b−①　c−④　d−⑨
　　　　　問2．⑤−①　⑥−①　⑦−②

問3．e−②　f−⑥　問4．⑤　問5．⑥

問6．⑫⑬−④⑨　⑭−⑩　⑮−②

===== 解　説 =====

《化学平衡》

問4・問5． 平衡移動に関するルシャトリエの原理とは，「平衡状態に変化を加えると，その変化を緩和する方向に平衡が移動する」という原理であり，温度を上げれば吸熱側，下げれば発熱側に移動する。また，圧力を上げれば気体粒子の総数が減少する側，下げれば気体粒子の総数が増加する側に移動する。

問6． 反応式の係数比より，平衡時にヨウ素が 0.50 mol 生成すると，水素が 0.50 mol 生成し，ヨウ化水素は 4.5−0.50×2=3.5 [mol] になっている。よって，この温度の平衡定数は，容器の容積を V_1 [L] とすると

$$K_c = \frac{[HI]^2}{[H_2][I_2]} = \frac{\left(\dfrac{3.5}{V_1}\right)^2}{\dfrac{0.50}{V_1} \times \dfrac{0.50}{V_1}} = 49$$

　また，別の容器が平衡に達したとき水素が x [mol] 生成したとすると，ヨウ素も x [mol] 生成し，ヨウ化水素は 1.8−2x [mol] になっている。同温なので平衡定数の値は等しいから，容器の容積を V_2 [L] とすると

$$K_c = \frac{[HI]^2}{[H_2][I_2]} = \frac{\left(\dfrac{1.8-2x}{V_2}\right)^2}{\dfrac{x}{V_2} \times \dfrac{x}{V_2}} = 49 \qquad x=0.2 \text{ [mol]}$$

② 解答

問1．a—⑨　b—⑥
問2．ア—②　イ—⑤　ウ—⑥
問3．⑥—⑥　⑦—②　⑧—③　⑨—②　⑩—③　⑪—②
問4．②・⑥（順不同）　問5．A—①　B—③　C—⑤　D—⑦
問6．⑱—②　⑲⑳—⑥⑨

=== 解説 ===

《酸素化合物の性質》

問4． 各操作で得られる気体とその反応式は以下の通り。

①フッ化水素：$CaF_2+2HCl \longrightarrow CaCl_2+2HF$

②酸素と水素：$2H_2O \longrightarrow O_2+2H_2$

③塩素：$MnO_2+4HCl \longrightarrow MnCl_2+Cl_2+2H_2O$

④一酸化窒素：$3Cu+8HNO_3 \longrightarrow 3Cu(NO_3)_2+2NO+4H_2O$

⑤水素：$Zn+H_2SO_4 \longrightarrow ZnSO_4+H_2$

⑥窒素，酸素など（分留では化学反応は起こらない）

問6． 塩素酸カリウム $KClO_3$ の式量は 122.5 であるから，反応式
$2KClO_3 \longrightarrow 2KCl+3O_2$ の係数比より

$$\frac{9.80}{122.5} \times \frac{3}{2} \times 22.4 = 2.688 \fallingdotseq 2.69 \,[L]$$

③ 解答

問1．①　問2．⑦　問3．⑥　問4．③　問5．②
問6．⑤　問7．②

=== 解説 ===

《炭化水素，カルボニル化合物，油脂，芳香族化合物》

問2． (A)誤り。エチレンはエタノールの脱水で得られる。

(B)誤り。エチレンに水素を付加させるとエタンが得られる。

問3． (A)誤り。酢酸カルシウムの乾留で得られるのはアセトンである。

(C)誤り。アセチレンに水を付加するとアセトアルデヒドが得られる。

問4． (A)誤り。オレイン酸は分子内に C=C 結合を１つもつ不飽和脂肪酸である。

問5． (C)誤り。ヨウ素価は油脂 100 g に付加するヨウ素の質量である。

問6． 以下に示す５種類の構造異性体がある。

OH ─CH₃ 　　OH ─CH₃ 　　OH ─CH₃ 　　CH₂─OH 　　O─CH₃

問7. p-キシレンを過マンガン酸カリウムで側鎖を酸化したのち，塩酸酸性とするとテレフタル酸が得られる。

◀保健医療，医療福祉，成田看護，成田保健医療，
　赤坂心理・医療福祉マネジメント，小田原保健医療，
　　　　　　　　　　　　　福岡保健医療学部▶

■化学基礎・化学■

① 解答 問1．**1**—① **2**—① **3**—④ **4**—② **5**—①
　　　　　 6—②
問2．② 問3．b—① c—② d—⑤ e—③ 問4．②
問5．(i)**13**|**14**—③② (ii)**15**—③ **16**—⑨ **17**—③
(iii)ア—③ イ—② ウ—②
問6．(i)—② (ii)**22**|**23**—④③

=============== 解　説 ===============

《鉛蓄電池，溶解度積》

問2〜問4． 充電可能な電池を二次電池といい，鉛蓄電池のほかにニッケ
ル水素電池やリチウムイオン電池が該当する。鉛蓄電池を充電する際には，
外部電源と電池の正極どうし，負極どうしを接続させればよい。

問5．(i) 正極の反応式より，電子 2 mol あたり，PbO_2 が $PbSO_4$ に変
化するので，質量が 64 g 増加する。よって，電子 1 mol あたりでは 32 g
増加する。

(ii) 負極の反応式より，電子 2 mol あたり，Pb が $PbSO_4$ に変化するの
で，質量が 96 g 増加する。よって，電子 1 mol あたりでは 48 g 増加する
ことになるから，本問で流れた電気量を Q [C] とすると

$$\frac{Q}{9.65 \times 10^4} = \frac{1.92}{48} \qquad Q = 3860 \fallingdotseq 3.9 \times 10^3 \text{ [C]}$$

(iii) （正極）＋（負極）とすると，鉛蓄電池の放電反応の化学反応式は

$$Pb + PbO_2 + 2H_2SO_4 \longrightarrow 2PbSO_4 + 2H_2O$$

である。充電は放電の逆反応なので，充電をすると硫酸が増えて水が減少
する。よって，鉛蓄電池の電解液の希硫酸の濃度は増加する。

問6．(ii) x [mg] の $PbSO_4$ が溶け，水中で完全に電離して飽和溶液と
なるとすると，$PbSO_4$ の式量が 303 なので

$$K_{sp}=[Pb^{2+}][SO_4^{2-}]=\dfrac{\dfrac{x\times10^{-3}}{303}}{1}\times\dfrac{\dfrac{x\times10^{-3}}{303}}{1}=2.0\times10^{-8}$$

$$x=303\sqrt{2}\times10^{-1}=42.7\fallingdotseq43 \text{[mg]}$$

② 解答　問1. ④　問2. ②　問3. ⑥　問4. ③　問5. ⑦
問6. ⑤

=== 解説 ===

《無機化合物の性質》

問1. (B)誤り。砂糖が炭化するのは，濃硫酸の脱水作用による。

問2. (C)誤り。リンの酸化物は酸性酸化物に分類される。

問3. (A)誤り。ケイ素の単体は天然にほぼ存在しない。
(C)誤り。二酸化ケイ素の結晶は1個のケイ素に4個の酸素原子が共有結合しており，SiO_2 は組成式である。

問4. (A)誤り。ナトリウムの単体は空気中の酸素とも水とも反応するので，灯油や石油中に保存する。

問5. (A)誤り。銅の単体は電気伝導性にも熱伝導性にも富む。
(B)誤り。鋼は炭素を数パーセント含む鉄である。

問6. (B)誤り。沈殿する硫化鉄 FeS は黒色である。
(C)誤り。沈殿する塩化銀 $AgCl$ は白色である。

③ 解答　問1. ②
問2. 2—⑤　3—⑧　4—②

問3. 567—②⑩⑩　問4. 8—④　910—⑩④　11—④

問5. ④　問6. ③・⑧（順不同）　問7. ①

問8. 16—③　1718—⑩⑧　19—①

問9. (i)—②　(ii)—②・⑥（順不同）

=== 解説 ===

《脂肪族エステルの構造決定》

問1. シクロヘキサンの分子式は C_6H_{12} である。各選択肢の分子式は，①が C_6H_{14}，②が C_6H_{12}，③が C_5H_{12}，④が C_6H_{10} であるから，異性体の関係にあるものは②である。

問2. 元素分析の結果より

$$C : H : O = \frac{60}{12} : \frac{8.0}{1} : \frac{100-(60+8.0)}{16} = 5 : 8 : 2$$

問3. 分子量を M とすると，凝固点降下の関係式より

$$0.505 = 20.2 \times \frac{\dfrac{500 \times 10^{-3}}{M}}{\dfrac{100}{1000}} \qquad M = 200$$

問4. 化合物 B から水分子が1つ外れた化合物の分子式が $C_4H_2O_3$ なので，化合物 B の分子式は $C_4H_2O_3 + H_2O = C_4H_4O_4$ である。

問5. 分子式が $C_4H_4O_4$ でシス-トランス異性体をもち，加熱により脱水が起こる化合物は，シス体のマレイン酸である。

問8. 化合物 A の分子式は，問2の結果より $(C_5H_8O_2)_n$ と表せる。問3の結果より，化合物 A の分子量について

$$200 = (12 \times 5 + 1 \times 8 + 16 \times 2) \times n$$
$$n = 2$$

なので，化合物 A の分子式は $C_{10}H_{16}O_4$ である。化合物 A 1 mol の加水分解により化合物 B 1 mol と化合物 C 2 mol が得られることから，化合物 A はジエステルである。よって，化合物 C の分子式は

$$\frac{1}{2}(C_{10}H_{16}O_4 + 2H_2O - C_4H_4O_4) = C_3H_8O$$

問9. 化合物 C は分子式 C_3H_8O のアルコールだから，1-プロパノールまたは2-プロパノールのいずれかである。これらを見分ける方法に関して，(ii)の各選択肢の実験結果は以下の表のようになる。

	1-プロパノール	2-プロパノール
①	陰性である	陰性である
②	陰性である	陽性である
③	陰性である	陰性である
④	発生しない	発生しない
⑤	同じ値が得られる	
⑥	酸性を示す	中性を示す

2024年度 特別選抜 特待奨学生 化学

■化 学 基 礎■

① 解答　問1．④　問2．⑤　問3．3 —⑤　4 —⑤
　　　　問4．5 —①　6 —④　7 —①　8 —②　9 —②
問5．⑧　問6．③

解　説

《小問6問》

問2． 常温・常圧で塩化ナトリウムは固体，水は液体，他は気体であるため，沸点が最も高いのは塩化ナトリウムである。

問3． 硫酸の式量は98であるから，濃硫酸水溶液300 mL中の硫酸の物質量は

$$300 \times 1.83 \times \frac{98}{100} \times \frac{1}{98} = 5.49 \fallingdotseq 5.5 \ [\text{mol}]$$

問5． 希硫酸からの水素イオンは

$$0.10 \times \frac{500}{1000} \times 2 = 0.10 \ [\text{mol}]$$

水酸化ナトリウムからの水酸化物イオンは

$$\frac{6.0}{40} \times 1 = 0.15 \ [\text{mol}]$$

であるから，水酸化物イオンが 0.15 − 0.10 = 0.05 [mol] 過剰である。

よって

$$[\text{OH}^-] = \frac{0.05}{\dfrac{500}{1000}} = 1.0 \times 10^{-1} \ [\text{mol/L}]$$

であり

$$[\text{H}^+] = \frac{1.0 \times 10^{-14}}{1.0 \times 10^{-1}} = 1.0 \times 10^{-13} \ [\text{mol/L}]$$

となるから，この水溶液のpHは13である。

② 解答　問1．イ—④　エ—⑧　カ—⑥　問2．③
　　　　問3．ウ—⑨　キ—②　問4．③　問5．②
問6．②　問7．a—④　b—①

═══════ **解説** ═══════

《原子の性質，化学結合》

各元素は，ア：H，イ：C，ウ：Ne，エ：Na，オ：S，カ：Cl，キ：Ca である。

問3. ネオンは最外殻電子が8個あるが，価電子数は0個である。

問7. この反応の化学反応式は $2Na+2H_2O \longrightarrow 2NaOH+H_2$ より，2 mol のナトリウムから1 mol の水素が発生する。

ᅟ

生　物

■生物基礎・生物■

① 解答　問1．a─⑥　b─⑨　c─④　d─①　e─⑦
　f─⑧

問2．ア─④　イ─⑦　ウ─②　エ─③

問3．①・④（順不同）　**問4．**①

問5．オ─③　カ─①　キ─⑥　ク─⑤　ケ─⑩

────────── 解説 ──────────

《ニューロンの構造，細胞骨格とモータータンパク質》

問4． (A)〜(C)正しい。モータータンパク質の一種であるミオシンはアクチンフィラメント上を移動し，ダイニン，キネシンは微小管上を移動するが，その際ATPのエネルギーを利用して変形しながら移動する。鞭毛の運動によるダイニンの役割も同様である。

問5． リード文中に「ダイニンによる輸送とキネシンによる輸送の方向は逆向きである」と述べられていることに注意する。キネシンがBに蓄積するのは，キネシンが細胞体で合成され順行輸送の方向に移動して縛られた部分で止まるからと考えられる。ダイニンについて，キネシンと逆向きなので逆行輸送を行うモータータンパク質であり，選択肢にある限られた語を使って考えると，ダイニンがキネシンによって軸索の末端に運ばれ，それからダイニンが逆行輸送の方向に移動してCに蓄積すると考えられる。また，ダイニンがBに蓄積するのは，キネシンがダイニンを末端方向に運んでいる途中で縛られた部分で止められたからと考えられる。ダイニンは軸索の末端に運ばれた後，逆行輸送の方向に移動するのであって，途中で止まっても，そこから逆行輸送の方向に移動しないと考えられる。ミトコンドリアについては，蓄積した場所がダイニンと同じであるが，単純にダイニンが運んだとは言えない。Bに蓄積しているダイニンはキネシンが運んできたものなので，そのダイニンがミトコンドリアを載せていないとも考えられ，Bに蓄積しているミトコンドリアはキネシンが運んできた可能

性がある。また，ミトコンドリアがCに蓄積するのはダイニンの逆行輸送によるものと考えられる。

② ●**解答** 問1．② 問2．⑤ 問3．④ 問4．⑦ 問5．①

――――――――― 解　説 ―――――――――

《動物や植物の環境に対する応答》

問2．(B)誤り。アリは道しるべフェロモンに従って動くので，正の化学走性である。

(C)誤り。重力の向き，つまり鉛直下向きに移動するのが正の重力走性である。

問3．(B)誤り。外気温が高いと，心臓の拍動が抑制される。

問4．(A)誤り。短日植物は限界暗期より夜間が長くなると花芽形成を行う植物であるが，それは昼間より夜間が長くなる時とは限らない。

(B)誤り。アサガオは，夏至以降，昼間の長さが短くなり夜間が限界暗期より長くなることで花芽が形成される，短日植物である。

③ ●**解答** 問1．a—④　b—③　c—①　d—②
　　　　　　　問2．[Ⅰ]—⑤　　[Ⅱ]—②

問3．④　**問4．**②

問5．[Ⅰ]—②　[Ⅱ]—③

問6．[Ⅰ]—④　[Ⅱ]—①　[Ⅲ]—③　[Ⅳ]—①

――――――――― 解　説 ―――――――――

《モデル生物，代謝・発生・遺伝に関する総合問題》

問2．[Ⅱ]　成長ホルモンは生物体の構成成分であるタンパク質の合成を促進する。

問3．(B)誤り。原口背唇自身は主に脊索になる。

問5．[Ⅰ]　ゲノムは相同染色体の一方がもつすべての遺伝情報で生殖細胞がもつ染色体にある遺伝情報に相当するので，体細胞の半分の染色体数の遺伝情報と考えてよい。

問6．[Ⅱ]　遺伝子型 $AaBb$ の個体間の自家受精による子の表現型の比は
　　　$[AB]:[Ab]:[aB]:[ab]=9:3:3:1$

遺伝子 A も B ももたない個体は $[ab]$ であり，その割合は

$$\frac{1}{9+3+3+1} \times 100 = 6.25 \,〔\%〕$$

となるので，選択肢の①を選ぶ。

[Ⅲ] $\dfrac{1+1}{1+4+4+1} \times 100 = 20 \,〔\%〕$

[Ⅳ] 遺伝子型 ab の配偶子の割合は$\dfrac{1}{1+4+4+1} = 0.1$ である。

遺伝子 A も B ももたない個体は遺伝子型 $aabb$ であり，この個体は遺伝子型 ab の配偶子が 2 つ合体して出現する。よって，求める割合は

$$0.1 \times 0.1 \times 100 = 1 \,〔\%〕$$

■生物基礎■

① 解答

問1. ④

問2. b—① c—② d—③ e—②

問3. ア—③ イ—⑤ ウ—① エ—⑧ オ—⑥ カ—②

問4. ⑥ 問5. ①・④（順不同） 問6. ② 問7. ⑤

=== 解説 ===

《ヒトの肝臓とひ臓, ヒトのホルモン》

問2. 消化管（小腸）やひ臓から出る血管は静脈であり, 肝臓に流れ込む血管は門脈である。よって, c は静脈, d は門脈である。

問4. (A)誤り。ひ臓ではリンパ球が免疫に関わる働きをするが, リンパ管は分布しない。

(C)誤り。血液中の老廃物や塩分をろ過するのは腎臓である。

問5. グリコーゲンを分解して血糖量を増加させるホルモンを選ぶ。

問6. 胆汁は, 胃に続く小腸の最初の部分である十二指腸にすい液とともに分泌される。

② 解答

問1. ⑥ 問2. ③ 問3. ① 問4. ⑧ 問5. ②

=== 解説 ===

《植物と環境の関係, 生態系内の物質と生物》

問3. (A)正しい。林床は光が弱いので陽生植物に比べて陰生植物が多く生育している。

(B)・(C)正しい。陽生植物は, 光補償点が高いので光が弱いところでは生育できず, 光飽和点が高いので光が強いところでは光合成速度が大きく生育がはやい。

問4. (B)誤り。海水は二酸化炭素をよく溶かし, そのことが炭素循環に大きく影響する。

(C)誤り。例えば動物が植物を摂食するとき, 有機物の形で炭素が移動する。

問5. (A)正しい。沿岸部は陸から栄養塩類が運ばれ, 多様な環境もあるので, 外洋域に比べて多くの生物が生育できる環境になっている。

国　語

〔一〕

出典　美馬達哉『感染症社会──アフターコロナの生政治』〈第1章　感染症という妖怪〉(人文書院)

解答
問一　④
問二　②
問三　③
問四　④
問五　①
問六　④
問七　⑤
問八　②
問九　③
問十　③
問十一　⑤
問十二　①

〔二〕

出典　堀内進之介『感情で釣られる人々──なぜ理性は負け続けるのか』〈はじめに〉(集英社新書)

解答
問一　A─④　D─③　E─②　G─③　K─①
問二　⑤
問三　④
問四　④
問五　②
問六　④
問七　⑤
問八　③
問九　①

一般選抜前期　日程Ａ：医学部を除く

問 題 編

▶試験科目・配点

学　部			科　　　目	配　点
原保健医療、福岡保健医療（看護、医学検査）、小田原保健医療、成田保健医療（放射線・情報科除く）、成田看護	選　択	必須	コミュニケーション英語Ⅰ・Ⅱ・英語表現Ⅰ	各100点
		選択	日本史Ｂ,「数学Ⅰ・Ａ」,「数学Ⅱ・Ｂ」,「物理基礎・物理」,「化学基礎・化学」,「生物基礎・生物」,「物理基礎・化学基礎」,「生物基礎・化学基礎」,「国語総合（古文・漢文を除く）」から1科目選択	
	必　須		小論文（600字以内）	段階評価
成田保健医療（放射線・情報科）、保健医療（放射線・情報科）	選　択	必須	コミュニケーション英語Ⅰ・Ⅱ・英語表現Ⅰ	各100点
		選択	「数学Ⅱ・Ｂ」,「物理基礎・物理」,「化学基礎・化学」,「生物基礎・生物」,「物理基礎・化学基礎」,「生物基礎・化学基礎」から1科目選択	
	必　須		小論文（600字以内）	段階評価
（理学療法、作業療法）、福岡保健医療	選　択	必須	コミュニケーション英語Ⅰ・Ⅱ・英語表現Ⅰ	各100点
		選択	日本史Ｂ,「数学Ⅰ・Ａ」,「数学Ⅱ・Ｂ」,「物理基礎・物理」,「化学基礎・化学」,「生物基礎・生物」,「物理基礎・化学基礎」,「生物基礎・化学基礎」,「国語総合（古文・漢文を除く）」から1科目選択	
医療福祉マネジメント、医療福祉、赤坂心理・	選　択		「コミュニケーション英語Ⅰ・Ⅱ・英語表現Ⅰ」, 日本史Ｂ,「数学Ⅰ・Ａ」,「数学Ⅱ・Ｂ」,「物理基礎・物理」,「化学基礎・化学」,「生物基礎・生物」,「物理基礎・化学基礎」,「生物基礎・化学基礎」,「国語総合（古文・漢文を除く）」から2科目選択 ※「コミュニケーション英語Ⅰ・Ⅱ・英語表現Ⅰ」,「国語総合（古文・漢文を除く）」から最低1科目を選択すること。	各100点

薬、成田薬、福岡薬	選　択	必須	コミュニケーション英語Ⅰ・Ⅱ・英語表現Ⅰ	各100点
		選択	「数学Ⅰ・Ａ」，「数学Ⅱ・Ｂ」，「物理基礎・物理」，「生物基礎・生物」から１科目選択	
	必　須		化学基礎・化学	100点

▶備　考

- 試験日自由選択制。
- 数学Ａは「場合の数と確率，図形の性質」の範囲から出題する。
- 数学Ｂは「数列，ベクトル」の範囲から出題する。
- 物理は「様々な運動，波，電気と磁気」の範囲から出題する。
- 化学は「高分子化合物の性質と利用」を除く範囲から出題する。
- 生物は「生命現象と物質，生殖と発生，生物の環境応答」の範囲から出題する。
- 「物理基礎・化学基礎」，「生物基礎・化学基礎」の試験について，「物理基礎」，「化学基礎」，「生物基礎」は，それぞれ50点満点とし，２科目で100点満点とする。また，２科目の合計得点を１科目分として扱う。

英　語

（2科目 120分）

第1問　次の英文を読み，下の設問に答えよ。

著作権の都合上，省略。

* artisan　職人　　propel　を前進させる

Adapted from Brenda Wegmann and Miki Knezevic,
"Mozaic 1 Reading, Sixth Edition,"
The McGraw-Hill Companies, Inc. (2014), pp.117-118

問1　空所(ア)〜(エ)に入れるのに最も適切なものを，次の選択肢①〜④のうちからそれぞれ一つ選べ。ただし，同じ選択肢を二回以上用いてはならない。

(ア)＝**解答番号** 1 ，(イ)＝**解答番号** 2 ，(ウ)＝**解答番号** 3 ，(エ)＝**解答番号** 4

① landmark　　　② evolution　　　③ transmission　　　④ nightmare

問2　下線部(1)の information について，最も強いアクセントのある母音と同じ発音の母音を含む単語を，次の選択肢①〜④のうちから一つ選べ。　　　　　　　　**解答番号** 5

① delay　　　　　② image　　　　　③ horizon　　　　④ article

問3　空所(2)に入れるのに最も適切なものを，次の選択肢①〜④のうちから一つ選べ。

解答番号 6

① where Cambodia has established its position as a hub in the global economy

② where the direct application of advanced-country systems comes into play

③ that has proven that a country can get along without information technology

④ that combines technology high and low in innovative ways

問4　下線部(3)の日本語訳として最も適切なものを，次の選択肢①〜④のうちから一つ選べ。

解答番号 7

① 広範囲に及ぶ産業的発展のために，アフリカ，アジア，ラテンアメリカのある世代の人々の多くは，ヨーロッパや北アメリカに向かって出発したものだった。

② ヨーロッパや北アメリカよりひと世代遅れているアフリカ，アジア，ラテンアメリカには，まだ多くの広範囲に及ぶ産業的発展の余地が残っているだろう。

③ 広範囲に及ぶ産業的発展を遂げたとしてもなお，アフリカ，アジア，ラテンアメリカの大部分は，ヨーロッパや北アメリカよりひと世代遅れたままであろう。

④ アフリカ，アジア，ラテンアメリカのある世代の人々の多くは，広範囲に及ぶ産業的発展のために，ヨーロッパや北アメリカを後に残して立ち去ったものだった。

問5　空所(4)に入れるのに最も適切なものを，次の選択肢①〜④のうちから一つ選べ。

解答番号 8

① make sure that the developing world follows the same path as the developed world

② take the developing world directly from a farming-based economy to post-industrial development

③ let the developing world enjoy the benefits typically seen in industrial societies

④ stop the developing world from getting backward and becoming agricultural societies again

問6　本文の内容に一致するものとして最も適切なものを，次の選択肢①〜④のうちから一つ選べ。　　　　　　　　　　　　　　　　　　　　　解答番号 9

① In Robib, villagers get on a motorcycle and go around to search for the best doctors.
② The economy in Robib is shrinking because the handmade silk scarves don't sell well.
③ The computers in Robib houses are directly connected with and sending data to each other.
④ The form of development seen in villages called leapfroggers can be environmentally friendly.

第2問　次の各問の空所(1)〜(5)に入れるのに最も適切なものを，それぞれの選択肢①〜④のうちから一つ選べ。

問1　We (1) a table for two at the French restaurant to celebrate our anniversary.　　　　　　　　　　　　　　　　　　　　　解答番号 1

① appointed　　② made　　③ cooked　　④ booked

問2　Would you mind (2) on the TV?　　　　　　　解答番号 2
① me turn　　② myself to turn　　③ my turning　　④ me to turn

問3　(3) your help, the project wouldn't have been completed on time.　解答番号 3
① But for　　② As if　　③ Even if　　④ If had not been for

問4　You can get (4) if you handle sharp objects without caution.　解答番号 4
① broken　　② harmed　　③ injured　　④ damaged

問5　This restaurant serves delicious food, and (5) is more, it offers great customer service.　　　　　　　　　　　　　　　　　　　解答番号 5
① which　　② what　　③ much　　④ some

第3問　次の各問について，ほぼ同じ文意になるように(a)を(b)に書き換えた場合，空所(1)～
(5)に入れるのに最も適切なものを，それぞれの選択肢①～④のうちから一つ選べ。

問 1　(a) I've been in the library for hours; I'm bored with reading.

　　　(b) I've been in the library for hours; I'm (1) reading.　　　　　解答番号 1

　　① sick of　　　　　　② hate for　　　　　③ about to　　　　　④ interested in

問 2　(a) It is reported that three people were killed in the accident.

　　　(b) Three people are reported (2) killed in the accident.　　　　解答番号 2

　　① to be　　　　　　② to have been　　　　③ to have　　　　　④ that they are

問 3　(a) It's natural that you should be proud of your father.

　　　(b) You (3) be proud of your father.　　　　　　　　　　　　解答番号 3

　　① have better　　　② are good　　　　　③ find natural to　　④ may well

問 4　(a) When I checked the fridge this morning, food was hardly left.

　　　(b) When I checked the fridge this morning, (4) food was left.　　解答番号 4

　　① not many　　　　② very little　　　　③ only a few　　　　④ quite a little

問 5　(a) Whenever I hear this song, I remember my grandfather.

　　　(b) I never hear this song (5) remembering my grandfather.　　解答番号 5

　　① to　　　　　　　② with　　　　　　　③ after　　　　　　④ without

第4問　次の各英文が和文の意味を表すように，各問の選択肢①〜⑤を並べ替えよ。ただし，
　　　　解答は解答番号のある場所に該当するもののみをマークせよ。

問1　広告にお金をかければかけるほど売り上げが高くなる傾向がある。　　　**解答番号 1**

The more we spend on advertising, (　　　)(　　　)(1)(　　　)(　　　).

① to be　　　　　　　② higher　　　　　　　③ the

④ tend　　　　　　　⑤ our sales

問2　彼女は早起きに慣れていなかった。　　　　　　　　　　　　　　　　**解答番号 2**

She (　　)(　　)(2)(　　)(　　) early in the morning.

① was　　　　　　　② used　　　　　　　③ waking up

④ to　　　　　　　　⑤ not

問3　制服の目的は，人々を似ているように見せることだ。　　　　　　　　**解答番号 3**

The purpose of the uniform (　　)(　　)(3)(　　)(　　) similar.

① to　　　　　　　　② people　　　　　　③ make

④ is　　　　　　　　⑤ look

問4　変化を拒めば私たちは大きな害を被る可能性がある。　　　　　　　　**解答番号 4**

Our resistance (　　)(　　)(　　)(4)(　　).

① change　　　　　　② to　　　　　　　　③ can do

④ great harm　　　　⑤ us

問5　彼女は，先生が宿題に出すどんなものでも楽しむ方法を見つけ出す。　**解答番号 5**

She finds a way to (　　)(　　)(5)(　　)(　　)(　　) homework.

① whatever　　　　　② as　　　　　　　　③ enjoy

④ assign　　　　　　⑤ her teachers

第５問　次の会話の空所(1)〜(6)に入れるのに最も適切なものを，下の選択肢①〜⑥のうちか
　　　らそれぞれ一つ選べ。ただし，同じ選択肢を二回以上用いてはならない。

解答番号 $\boxed{1}$ 〜 $\boxed{6}$

A: Hi, darling, I'm home.

B: Hello. Good day at work?

A: Yes, not bad, thanks. Mm, that smells good.

B: (　1　) It's for David, not for you. You haven't forgotten about his first birthday party on Saturday, have you?

A: (　2　)

B: Yes, of course they are. (　3　)

A: When are they arriving?

B: On Friday. It's a long way to come and they wanted to make a weekend of it.

A: Right. They're not staying here, are they?

B: No, we thought it would be easier if they didn't.

A: (　4　)

B: Yes, I did it this afternoon.

A: OK. What about your uncle Tom?

B: What about him?

A: Has he been invited?

B: Of course. I know you don't get on with him, but he's family. (　5　)

A: I will. Perhaps you can ask him not to break my TV this time too.

B: (　6　) Anyway, come and see what I've got David for his birthday.

① Just try not to get into an argument with him this time.

② They wouldn't miss their grandson's first birthday.

③ No, of course not. Are your parents coming?

④ That was an accident.

⑤ Don't get excited.

⑥ Have we booked them a hotel room?

日本史

（2科目 120分）

第1問　次の文章を読み，下の設問に答えよ。

　　　称徳天皇の死後，　　　Ａ　　　の孫にあたる光仁天皇が即位した。光仁天皇の時代の宝亀
11 年には蝦夷の豪族の　　　Ｂ　　　が挙兵した。光仁天皇は天武天皇系のＣ聖武天皇の娘を
妻としており，二人の子が皇位を継ぐことによっての二つの皇統がつながることをめざした
とも考えられるが，結果として渡来系の母を持つＤ桓武天皇が即位した。桓武天皇は当初長岡
京に遷都したが，長岡京はＥ造営責任者が暗殺されたことなどもあり，Ｆ平安京へと再び遷都
することとなった。平安京造営や光仁朝から続いていた対蝦夷戦争の遂行は，民衆にとって
も大きな負担となり，　　　Ｇ　　　の提案もあったことで，打ち切られることとなった。
　　　桓武天皇が始めた律令政治の建て直しは，Ｈ桓武天皇の子が天皇として在位していた時代
にも引き継がれたが，次第に弛緩し　　　Ｉ　　　の時代には最後の班田が行われた。また，平
安時代に入ってから藤原北家は他氏排斥を進め，969 年に　　　Ｊ　　　が左遷されたことで
完成をみることとなる。

問1　　　　Ａ　　　にあてはまる天皇として最も適切なものを，次の選択肢①〜⑤のうちから
　　一つ選べ。　　　　　　　　　　　　　　　　　　　　　　　　　　　　解答番号 [1]
　　① 天智天皇　　　　　　② 用明天皇　　　　　　③ 孝徳天皇
　　④ 欽明天皇　　　　　　⑤ 文武天皇

問2　　　　Ｂ　　　にあてはまる人名として最も適切なものを，次の選択肢①〜⑤のうちから
　　一つ選べ。　　　　　　　　　　　　　　　　　　　　　　　　　　　　解答番号 [2]
　　① 文室綿麻呂　　　　　② 阿弖流為　　　　　　③ 阿倍比羅夫
　　④ 伊治呰麻呂　　　　　⑤ 国中公麻呂

問3　　下線部Ｃに関連して，聖武天皇在位中の出来事として最も適切なものを，次の選択肢①
　　〜④のうちから一つ選べ。　　　　　　　　　　　　　　　　　　　　　解答番号 [3]
　　① 墾田永年私財法を出した。
　　② 東大寺の大仏開眼供養が行われた。
　　③ 薬師寺を建立した。
　　④ 水城を建設した。

問4　下線部Dに関連して，桓武天皇により設置された令外官として最も適切なものを，次の
選択肢①〜⑤のうちから一つ選べ。　　　　　　　　　　　　　　　解答番号 4

①　検非違使　　　　　　　②　中納言　　　　　　　　③　按察使
④　勘解由使　　　　　　　⑤　内大臣

問5　下線部Eに関連して，暗殺された造営責任者とその暗殺事件の結果廃太子された親王の
組み合わせとして最も適切なものを，次の選択肢①〜⑥のうちから一つ選べ。解答番号 5

①　藤原百川・他戸親王　　②　藤原種継・他戸親王　　③　藤原通憲・他戸親王
④　藤原百川・早良親王　　⑤　藤原種継・早良親王　　⑥　藤原通憲・早良親王

問6　下線部Fに関連して，平安京内にあった寺院として最も適切なものを，次の選択肢①〜
⑤のうちから一つ選べ。　　　　　　　　　　　　　　　　　　　　解答番号 6

①　仁和寺　　　　　　　　②　法成寺　　　　　　　　③　法勝寺
④　元興寺　　　　　　　　⑤　教王護国寺

問7　　　G　　にあてはまる人名として最も適切なものを，次の選択肢①〜⑤のうちから
一つ選べ。　　　　　　　　　　　　　　　　　　　　　　　　　　解答番号 7

①　菅野真道　　　　　　　②　藤原緒嗣　　　　　　　③　藤原仲麻呂
④　藤原頼通　　　　　　　⑤　橘広相

問8　下線部Hに関連して，この時代の出来事として不適切なものを，次の選択肢①〜⑤のう
ちから一つ選べ。　　　　　　　　　　　　　　　　　　　　　　　解答番号 8

①　公営田の設置　　　　　②　勧学院の設立　　　　　③　貞観格式の施行
④　『凌雲集』の編纂　　　⑤　空海の帰国

問9　　　I　　にあてはまる天皇として最も適切なものを，次の選択肢①〜⑤のうちから
一つ選べ。　　　　　　　　　　　　　　　　　　　　　　　　　　解答番号 9

①　宇多天皇　　　　　　　②　醍醐天皇　　　　　　　③　朱雀天皇
④　陽成天皇　　　　　　　⑤　村上天皇

問10　　　J　　にあてはまる人名として最も適切なものを，次の選択肢①〜⑤のうちから
一つ選べ。　　　　　　　　　　　　　　　　　　　　　　　　　　解答番号 10

①　菅原道真　　　　　　　②　源高明　　　　　　　　③　藤原仲成
④　吉備真備　　　　　　　⑤　源通親

第2問　次の文章を読み，下の設問に答えよ。

　　A蒙古襲来にも参加したB高麗が滅亡し朝鮮が建国されると，朝鮮は日本にC倭寇の取り締まりを要求した。日本側もこれに応じたため日朝間に国交が開かれた。□□D□□年に起きたE応永の外寇による一時的な中断はあったが，その後も活発に行われた。

　　東アジアの国々との活発な交流も重要な要素となり，室町文化が形成された。南北朝期には南朝の立場からF伊勢神道の理論を背景に道理を説いた『神皇正統記』が著された。室町幕府は臨済宗を保護し，足利義満の時代には□□G□□にならった五山・十刹の制度も整った。臨済宗は，その公案を図示したH「瓢鮎図」が描かれるなど，美術にも影響を与えた。寺社も文化を保護し，□□I□□を本所とする大和猿楽四座から出た観阿弥・世阿弥は義満の保護を受けた。

　　足利義政の治世には，J禅の精神に基づく簡素さと伝統文化を精神的な基調とする文化が形成された。

問1　下線部Aに関連して，蒙古襲来の様子を描いた「蒙古襲来絵詞」を描かせた御家人として最も適切なものを，次の選択肢①〜⑤のうちから一つ選べ。　　　**解答番号** [1]

① 三浦泰村　　　　　　② 和田義盛　　　　　　③ 比企能員
④ 竹崎季長　　　　　　⑤ 楠木正成

問2　下線部Bに関連して，朝鮮建国の5年前から建国の5年後までの間に東アジアで起きた出来事として最も適切なものを，次の選択肢①〜④のうちから一つ選べ。　　　**解答番号** [2]

① 足利直義が高師直に殺害された。
② 朱元璋により明が建国された。
③ 山名氏清が敗死した。
④ 陶晴賢が主君を殺害した。

問3　下線部Cに関連して，このころの倭寇の活動拠点として最も適切なものを，次の選択肢①〜⑤のうちから一つ選べ。　　　**解答番号** [3]

① 松浦　　　　　　　　② 博多　　　　　　　　③ 堺
④ 松前　　　　　　　　⑤ 兵庫

問4　□□D□□にあてはまる年代として最も適切なものを，次の選択肢①〜⑤のうちから一つ選べ。　　　**解答番号** [4]

① 1413　　　　　　　　② 1416　　　　　　　　③ 1419
④ 1422　　　　　　　　⑤ 1425

問5　下線部Eに関連して，応永の外寇の事後処理のために来日した朝鮮の使節により書かれた史料で，三毛作についての記載でも知られるものとして最も適切なものを，次の選択肢①〜⑤のうちから一つ選べ。　　　**解答番号** [5]

① 『老松堂日本行録』　　② 『海道記』　　　　③ 『東方見聞録』
④ 『十六夜日記』　　　　⑤ 『資治通鑑』

問6　下線部Fに関連して，伊勢神道についての記述として最も適切なものを，次の選択肢①
　〜④のうちから一つ選べ。　　　　　　　　　　　　　　　　　　　解答番号 6
　① 伊勢神宮の内宮の神官によって始められた。
　② 『三教指帰』によってその考えが示された。
　③ 南都六宗の影響を強く受けた。
　④ 神本仏迹説を主張とする。

問7　　　 G 　　にあてはまる中国の王朝として最も適切なものを，次の選択肢①〜⑤のう
　ちから一つ選べ。　　　　　　　　　　　　　　　　　　　　　　　解答番号 7
　① 金　　　　　　　　　② 南宋　　　　　　　③ 呉越
　④ 元　　　　　　　　　⑤ 唐

問8　下線部Hに関連して，「瓢鮎図」を描いた人物として最も適切なものを，次の選択肢①
　〜⑤のうちから一つ選べ。　　　　　　　　　　　　　　　　　　　解答番号 8
　① 明兆　　　　　　　　② 絶海中津　　　　　③ 夢窓疎石
　④ 如拙　　　　　　　　⑤ 周文

問9　　　 I 　　にあてはまる語句として最も適切なものを，次の選択肢①〜⑤のうちから
　一つ選べ。　　　　　　　　　　　　　　　　　　　　　　　　　　解答番号 9
　① 石清水八幡宮　　　　② 日吉大社　　　　　③ 南禅寺
　④ 延暦寺　　　　　　　⑤ 興福寺

問10　下線部Jに関連して，この文化に関する記述として不適切なものを，次の選択肢①〜④
　のうちから一つ選べ。　　　　　　　　　　　　　　　　　　　　　解答番号 10
　① 村田珠光が佗茶を創出した。
　② 金工では後藤祐乗が作品を残した。
　③ 二条良基は有職故実を研究し，『職原抄』を著した。
　④ 大徳寺大仙院の庭園は枯山水の一例である。

第3問　次の文章を読み，下の設問に答えよ。

　　徳川綱吉は儒教を新井白石の師でもある　　A　　に学び，政策に活かした。綱吉の儒教重視は　　B　　令と呼ばれる代替わりの武家諸法度にもあらわれている。綱吉は仏教も重視し，C貞享2年以降20年余りにわたって殺生を禁ずる法令を出した。また，D寺社造営への支出も増加し，幕府財政の破綻の原因となった。1707年に　　E　　が噴火した後の復興にも多くの費用が必要となった。

　　綱吉の治世には，文化が栄えた。文学では上方の町人文芸が盛んとなった。近松門左衛門は人形浄瑠璃やF歌舞伎の脚本の中で義理と人情で板挟みになる人々の姿を描き，G『国性爺合戦』などで知られる。

　　学問の世界では，幕府に重視された朱子学の他にも陽明学も盛んになった。後に陽明学を学んだH大塩平八郎は反乱を起こすことになる。文学研究も進み，　　I　　は『源氏物語湖月抄』を著した。これらの古典研究がのちにJ国学として成長することとなる。

問1　　A　　にあてはまる人名として最も適切なものを，次の選択肢①〜⑤のうちから一つ選べ。　　解答番号　1

① 木下順庵　　　② 山片蟠桃　　　③ 岡田寒泉
④ 柴野栗山　　　⑤ 太宰春台

問2　　B　　にあてはまる年号として，最も適切なものを，次の選択肢①〜⑤のうちから一つ選べ。　　解答番号　2

① 元和　　　② 寛永　　　③ 慶長
④ 明和　　　⑤ 天和

問3　下線部Cに関連して，貞享暦を作成した人物として最も適切なものを，次の選択肢①〜⑤のうちから一つ選べ。　　解答番号　3

① 角倉了以　　　② 契沖　　　③ 渋川春海
④ 吉田光由　　　⑤ 貝原益軒

問4　下線部Dに関連して，徳川綱吉のころに東大寺の再建に尽力した僧侶として最も適切なものを，次の選択肢①〜⑤のうちから一つ選べ。　　解答番号　4

① 重源　　　② 公慶　　　③ 隠元
④ 円仁　　　⑤ 栄西

問5　　E　　にあてはまる語句として最も適切なものを，次の選択肢①〜⑤のうちから一つ選べ。　　解答番号　5

① 浅間山　　　② 御嶽山　　　③ 鳥海山
④ 阿蘇山　　　⑤ 富士山

問6　下線部Fに関連して，天保改革期に歌舞伎が移転させられた場所を，次の選択肢①～⑤
のうちから一つ選べ。　　　　　　　　　　　　　　　　　　　　　　　解答番号 6

①　浅草　　　　　　　　②　上野　　　　　　　③　品川

④　中野　　　　　　　　⑤　渋谷

問7　下線部Gに関連して，『国性爺合戦』の主人公のモデルとなった人物として最も適切な
ものを，次の選択肢①～⑤のうちから一つ選べ。　　　　　　　　　　　解答番号 7

①　鄭成功　　　　　　　②　諸葛孔明　　　　　③　安禄山

④　朱元璋　　　　　　　⑤　趙匡胤

問8　下線部Hに関連して，大塩平八郎が反乱を起こしたのは文化・文政時代の終わりのころ
である。文化・文政時代の出来事として不適切なものを，次の選択肢①～④のうちから一つ
選べ。　　　　　　　　　　　　　　　　　　　　　　　　　　　　　　解答番号 8

①　レザノフが日本に来航した。

②　関東取締出役が設置された。

③　異国船打払令が出された。

④　『解体新書』が出版された。

問9　　　　I　　　にあてはまる人名として最も適切なものを，次の選択肢①～⑤のうちから
一つ選べ。　　　　　　　　　　　　　　　　　　　　　　　　　　　　解答番号 9

①　北村季吟　　　　　　②　関孝和　　　　　　③　大蔵永常

④　熊沢蕃山　　　　　　⑤　宮崎安貞

問10　下線部Jに関連して，以下の国学者a～cを古い順に並べたものとして最も適切なもの
を，次の選択肢①～⑥のうちから一つ選べ。　　　　　　　　　　　　　解答番号 10

a：本居宣長　　　　　　b：荷田春満　　　　　c：平田篤胤

①　a→b→c　　　　　②　a→c→b　　　　　③　b→a→c

④　b→c→a　　　　　⑤　c→a→b　　　　　⑥　c→b→a

第4問　次の文章を読み，下の設問に答えよ。

　　日朝修好条規による開国以降，朝鮮国内の政治状況も変化していった。　　A　　らの独
立党は近代化をはかってクーデターを起こしたが失敗した。日本と清は，その後悪化した関
係の修復のために，　　B　　条約を結んだ。こうした中，福沢諭吉は　　C　　に「脱
亜論」を発表し，清や朝鮮に対して強い姿勢を示すことを主張した。

　　その後，　　D　　農民戦争が起きると，日清両国は朝鮮に出兵した。この事態に際し，
日本国内では　　E　　で開かれた第七議会において，民党は方針を変更して政府に全面
的に協力することとなった。衝突した日清両軍による日清戦争は日本の勝利に終わり，F遼東
半島を得たがGロシアなどによる三国干渉を受け返還した。日本ではこのときの賠償金をも
とに工業化を進め　　H　　県にある八幡製鉄所が操業を開始した。また日清戦争で得た
台湾には総督府を置き，初代総督として　　I　　を派遣したが強い抵抗を受けた。

　　清はその後列強による分割が進み，最終的に三民主義をとなえた　　J　　を中心とし
て起きた辛亥革命で滅亡することとなる。

問1　　　A　　にあてはまる人名として最も適切なものを，次の選択肢①～⑤のうちから
一つ選べ。　　　　　　　　　　　　　　　　　　　　　　　　　　　解答番号 1

　① 金日成　　　　　　　② 金玉均　　　　　　　③ 李舜臣
　④ 李成桂　　　　　　　⑤ 安重根

問2　　　B　　にあてはまる地名として最も適切なものを，次の選択肢①～⑤のうちから
一つ選べ。　　　　　　　　　　　　　　　　　　　　　　　　　　　解答番号 2

　① 北京　　　　　　　　② パリ　　　　　　　　③ 下関
　④ 天津　　　　　　　　⑤ 南京

問3　　　C　　にあてはまる語句として最も適切なものを，次の選択肢①～⑤のうちから
一つ選べ。　　　　　　　　　　　　　　　　　　　　　　　　　　　解答番号 3

　① 『日新真事誌』　　　② 『時事新報』　　　　③ 『東京朝日新聞』
　④ 『明六雑誌』　　　　⑤ 『中央公論』

問4　　　D　　にあてはまる干支として最も適切なものを，次の選択肢①～⑤のうちから
一つ選べ。　　　　　　　　　　　　　　　　　　　　　　　　　　　解答番号 4

　① 壬午　　　　　　　　② 壬申　　　　　　　　③ 庚寅
　④ 甲申　　　　　　　　⑤ 甲午

問5　　　E　　にあてはまる地名として最も適切なものを，次の選択肢①～⑤のうちから
一つ選べ。　　　　　　　　　　　　　　　　　　　　　　　　　　　解答番号 5

　① 広島　　　　　　　　② 神戸　　　　　　　　③ 横須賀
　④ 長崎　　　　　　　　⑤ 鹿児島

問6　下線部Fに関連して，遼東半島にあった都市や港の地名として最も適切なものを，次の
選択肢①〜⑤のうちから一つ選べ。　　　　　　　　　　　　　　**解答番号** 6

①　大連　　　　　　　　　②　奉天　　　　　　　　　③　長春

④　威海衛　　　　　　　　⑤　青島

問7　下線部Gに関連して，三国干渉以後20年以内のロシアについての記述として<u>不適切なも
の</u>を，次の選択肢①〜④のうちから一つ選べ。　　　　　　　　　**解答番号** 7

①　義和団事件以後も満州に兵を置いた。

②　レーニンによりボリシェビキ政権が成立した。

③　日本と第一次日露協約を結んだ。

④　血の日曜日事件をきっかけに革命運動が起きた。

問8　　　H　　　にあてはまる県名として最も適切なものを，次の選択肢①〜⑤のうちから
一つ選べ。　　　　　　　　　　　　　　　　　　　　　　　　　　**解答番号** 8

①　兵庫　　　　　　　　　②　大分　　　　　　　　　③　福岡

④　和歌山　　　　　　　　⑤　広島

問9　　　I　　　にあてはまる人名として最も適切なものを，次の選択肢①〜⑤のうちから
一つ選べ。　　　　　　　　　　　　　　　　　　　　　　　　　　**解答番号** 9

①　樺山資紀　　　　　　　②　山県有朋　　　　　　　③　後藤新平

④　林銑十郎　　　　　　　⑤　大村益次郎

問10　　　J　　　にあてはまる人名として最も適切なものを，次の選択肢①〜⑤のうちから
一つ選べ。　　　　　　　　　　　　　　　　　　　　　　　　　　**解答番号** 10

①　袁世凱　　　　　　　　②　康有為　　　　　　　　③　孫文

④　梁啓超　　　　　　　　⑤　毛沢東

数　学

■数学 I・A■

（2科目 120分）

＜答えに関する注意事項＞

1．以下の問題の解答番号 $\boxed{1}$ 以降には，0，1，2，3，……，9の数字のうち，いずれか 1 つが入る（1桁の整数 "1" は $\boxed{1}$，2桁の整数 "12" は $\boxed{1}\boxed{2}$，3桁の整数 "123" は $\boxed{1}\boxed{2}\boxed{3}$ のように並べて表す）。

2．解答が120，解答欄が $\boxed{1}\boxed{2}\boxed{3}$ の場合，解答は以下のようになる。

$\boxed{1}=①$，$\boxed{2}=②$，$\boxed{3}=⑩$

3．分数は既約分数（それ以上約分できない分数）で答えるものとする。

4．根号を含む形で解答する場合は，根号の中に現れる自然数が最小となる形で答えるものとする（例えば，$4\sqrt{2}$ と答えるところを，$2\sqrt{8}$ のように答えてはいけない）。

第1問 次の文章中の $\boxed{1}$ ～ $\boxed{23}$ に適する数字を，下の選択肢①～⑩のうちからそれぞれ一つ選べ。ただし，重複して使用してもよい。　　　　　　　　　**解答番号** $\boxed{1}$ ～ $\boxed{23}$

(A)

$P = 2(\sqrt{2} + \sqrt{3})^2 + \dfrac{\sqrt{2} + \sqrt{3}}{\sqrt{2} - \sqrt{3}}$ とする。 $P = \boxed{1} + \boxed{2}\sqrt{\boxed{3}}$ である。

P の整数部分を a，小数部分を b とする。 $a = \boxed{4}$， $b = \boxed{5}\sqrt{\boxed{6}} - \boxed{7}$ であり，

$\dfrac{a - 2b - 5}{b} = \sqrt{\boxed{8}}$ である。

(B)

2つの x の2次不等式 $x^2 - 2x - 2 > 0$ …[i]， $x^2 - (a+1)x + a \leqq 0$ …[ii] がある。
ただし，a は実数の定数である。

(1) [i]を満たす x の値の範囲は， $x < \boxed{9} - \sqrt{\boxed{10}}$, $\boxed{11} + \sqrt{\boxed{12}} < x$ である。

(2) $a = 5$ であるとき，[i]，[ii]を同時に満たす整数 x の個数は $\boxed{13}$ 個である。

(3) [i]，[ii]を同時に満たす整数 x の個数が1個であるような定数 a の値の範囲は，

$-\boxed{14} < a \leqq -\boxed{15}$, $\boxed{16} \leqq a < \boxed{17}$ である。

(C)

1 辺の長さが 6 である正三角形に内接する円の半径を r とする。半径が r の球を B とし，B の体積を V，表面積を S とする。

$r = \sqrt{\boxed{18}}$ であり，$\dfrac{S}{V} = \sqrt{\boxed{19}}$ である。

次に底面の半径が r，高さが $2r$ の円柱形の容器を用意する。

この容器を水でいっぱいに満たした後，B と同じ体積の物体を容器の中に完全に沈める。

容器に残った水の体積は $\boxed{20}\sqrt{\boxed{21}}\,\pi$ である。

容器に残った水を，底面の半径が $\dfrac{r}{3}$ であり，高さが十分ある細長い円柱形の別の容器に

移し替える。このとき，水面の高さは $\boxed{22}\sqrt{\boxed{23}}$ である。

〔 $\boxed{1}$～$\boxed{23}$ の選択肢 〕

① 1　　　　② 2　　　　③ 3　　　　④ 4　　　　⑤ 5

⑥ 6　　　　⑦ 7　　　　⑧ 8　　　　⑨ 9　　　　⑩ 0

第2問　次の文章中の $\boxed{1}$ ～ $\boxed{15}$ に適する数字を，下の選択肢①～⑩のうちからそれぞれ一つ選べ。ただし，重複して使用してもよい。　　　　　解答番号 $\boxed{1}$ ～ $\boxed{15}$

O$(0,\ 0)$ を原点とする座標平面上に，3点 $(1,\ 5)$，$(3,\ 1)$，$(-2,\ -4)$ を通る放物線 $C : y = f(x)$ がある。$f(x) = ax^2 + bx + c$ とする。
ただし，$a,\ b,\ c$ は実数の定数である。

(1) $a = -\boxed{1}$，$b = \boxed{2}$，$c = \boxed{3}$ である。

(2) $-1 \leqq x \leqq 2$ において，$f(x)$ は，$x = \boxed{4}$ で最大値 $\boxed{5}$ をとり，$x = -\boxed{6}$ で最小値 $\boxed{7}$ をとる。

(3) C を x 軸方向に $\dfrac{1}{2}$，y 軸方向に $-\dfrac{3}{4}$ だけ平行移動して得られる放物線の方程式は，

$y = ax^2 + \boxed{8}x + \boxed{9}$ である。

(4) C を原点 O に関して対称移動し，さらに x 軸方向に $-\boxed{10}$，y 軸方向に $\boxed{11}$ だけ平行移動して得られる放物線を C_1 とすると，C_1 は，放物線 $y = x^2 + 4x + 2$ に重なる。

このとき，C と x 軸の共有点の x 座標を x_1，x_2 とし，C_1 と x 軸の共有点の x 座標を x_3，x_4 とする。$x_1 x_2 x_3 x_4 + x_1 + x_2 + x_3 + x_4 = -\boxed{12}\boxed{13}$ であり，

$\dfrac{1}{x_1} + \dfrac{1}{x_2} + \dfrac{1}{x_3} + \dfrac{1}{x_4} = -\dfrac{\boxed{14}}{\boxed{15}}$ である。

〔 $\boxed{1}$ ～ $\boxed{15}$ の選択肢 〕

① 1　　　② 2　　　③ 3　　　④ 4　　　⑤ 5
⑥ 6　　　⑦ 7　　　⑧ 8　　　⑨ 9　　　⑩ 0

第3問　次の文章中の $\boxed{1}$〜$\boxed{21}$ に適する数字を，下の選択肢①〜⑩のうちからそれぞれ一つ選べ。ただし，重複して使用してもよい。　　　　　　　　　　　**解答番号** $\boxed{1}$〜$\boxed{21}$

AB = AC = a，BC = $2a - 2$ である二等辺三角形 ABC がある。辺 BC の中点を M とする。三角形 ABC の面積を S，外接円の半径を R，内接円の半径を r とし，∠BAC = θ とする。ただし，$a > 1$ である。

(1) $a = 3$ とする。$\cos\theta = \dfrac{\boxed{1}}{\boxed{2}}$ であり，$S = \boxed{3}\sqrt{\boxed{4}}$ である。$\dfrac{r}{R} = \dfrac{\boxed{5}}{\boxed{6}}$ である。

(2) $\cos\theta = -\dfrac{7}{25}$ とする。$a = \boxed{7}$ であり，$S = \boxed{8}\,\boxed{9}$ である。

$r = \dfrac{\boxed{10}}{\boxed{11}}$ である。$\sin\angle ABC = \dfrac{\boxed{12}}{\boxed{13}}$ であり，三角形 ABM の内接円の半径を r_1 とすると，$r - r_1 = \dfrac{\boxed{14}}{\boxed{15}}$ である。

(3) $\cos\angle ABC = \dfrac{4}{5}$ とする。三角形 ABC に長方形 EFGH が内接している。ただし，点 E，F は辺 BC 上にあり，点 G，H はそれぞれ辺 AC，AB 上にあるとする。

BE = CF = $4x$ とする。EF = $\boxed{16}$ − $\boxed{17}x$，EH = $\boxed{18}x$ と表される。また，$0 < x < 1$ である。以上のことより，長方形 EFGH の面積は，$x = \dfrac{\boxed{19}}{\boxed{20}}$ であるとき最大となり，最大値は $\boxed{21}$ である。

〔 $\boxed{1}$〜$\boxed{21}$ の選択肢 〕

① 1　　　② 2　　　③ 3　　　④ 4　　　⑤ 5
⑥ 6　　　⑦ 7　　　⑧ 8　　　⑨ 9　　　⑩ 0

第4問　次の文章中の $\boxed{1}$ ～ $\boxed{24}$ に適する数字を，下の選択肢①～⑩のうちからそれぞれ一つ選べ。ただし，重複して使用してもよい。　　　　　　　　　　**解答番号** $\boxed{1}$ ～ $\boxed{24}$

1個のさいころを3回投げ，1回目，2回目，3回目に出た目の数をそれぞれ a, b, c

とする。

(1)　$a < b < c$ となる確率は $\dfrac{\boxed{1}}{\boxed{2}\boxed{3}}$ である。

(2)　a, b, c の中に1が少なくとも1つ含まれている確率は $\dfrac{\boxed{4}\boxed{5}}{\boxed{6}\boxed{7}\boxed{8}}$ である。

(3)　$a + b + c$ が6となる確率は $\dfrac{\boxed{9}}{\boxed{10}\boxed{11}\boxed{12}}$ である。

(4)　$a + b + c$ が10以下の素数となる確率は $\dfrac{\boxed{13}\boxed{14}}{\boxed{15}\boxed{16}\boxed{17}}$ である。

(5)　$a \times b \times c$ が奇数であり，かつ $a + b + c$ が5以上10以下となる確率は $\dfrac{\boxed{18}}{\boxed{19}\boxed{20}}$ である。

(6)　$a + b + c$ が偶数となる確率は $\dfrac{\boxed{21}}{\boxed{22}}$ であり，このとき，a, b, c の中に奇数が少な

くとも1つ含まれている条件付き確率は $\dfrac{\boxed{23}}{\boxed{24}}$ である。

〔 $\boxed{1}$ ～ $\boxed{24}$ の選択肢 〕

　　　① 1　　　　② 2　　　　③ 3　　　　④ 4　　　　⑤ 5
　　　⑥ 6　　　　⑦ 7　　　　⑧ 8　　　　⑨ 9　　　　⑩ 0

■数学Ⅱ・B■

（2科目 120分）

<答えに関する注意事項>

1．以下の問題の解答番号 □1 以降には，0，1，2，3，……，9の数字のうち，いずれか 1 つが入る（1桁の整数"1"は □1，2桁の整数"12"は □1□2，3桁の整数"123"は □1□2□3 のように並べて表す）。

2．解答が120，解答欄が □1□2□3 の場合，解答は以下のようになる。

　□1＝①，□2＝②，□3＝⑩

3．分数は既約分数（それ以上約分できない分数）で答えるものとする。

4．根号を含む形で解答する場合は，根号の中に現れる自然数が最小となる形で答えるものとする（例えば，$4\sqrt{2}$ と答えるところを，$2\sqrt{8}$ のように答えてはいけない）。

第 1 問　次の文章中の $\boxed{1}$ ～ $\boxed{25}$ に適する数字を，下の選択肢①～⑩のうちからそれぞれ一つ選べ。ただし，重複して使用してもよい。　　　　　　　　　**解答番号** $\boxed{1}$ ～ $\boxed{25}$

(A)

$f(x) = \sin x + \sin\left(x + \dfrac{\pi}{3}\right)$ $(0 \leqq x \leqq \pi)$ とする。

(1)　$f\left(\dfrac{\pi}{6}\right) = \dfrac{\boxed{1}}{\boxed{2}}$ であり，$4f\left(\dfrac{\pi}{4}\right) = \boxed{3}\sqrt{\boxed{4}} + \sqrt{\boxed{5}}$ である。

(2)　定数 $\alpha\,(0 \leqq \alpha < 2\pi)$ を用いて，$f(x) = \sqrt{\boxed{6}}\,\sin(x + \alpha)$ と変形することができる。

$f(x) > \dfrac{3}{2}$ を満たす x の値の範囲は，$\dfrac{\boxed{7}}{\boxed{8}}\pi < x < \dfrac{\boxed{9}}{\boxed{10}}\pi$ である。

(B)

不等式 $\log_4 x > \log_2\sqrt{3}$ … [ⅰ] の解は，$x > \boxed{11}$ である。

不等式 $\log_{0.5} x - \log_{0.5}(8-x) < 1$ … [ⅱ] の解は，$\dfrac{\boxed{12}}{\boxed{13}} < x < \boxed{14}$ である。

不等式 [ⅰ] と [ⅱ] を共に満たす整数 x は全部で $\boxed{15}$ 個ある。

(C)

O$(0, 0)$ を原点とする座標平面上に，放物線 $C : y = x^2 - 2x + 2$ と，

直線 $\ell : y = kx - k + 2$ がある。C と ℓ の2つの共有点をA，Bとし，

線分 AB の中点を M とする。ただし，k は実数の定数である。

(1) ℓ は k の値にかかわらず定点 $\left(\boxed{16}, \boxed{17} \right)$ を通る。

(2) $k = 3$ であるとき，M の座標は $\left(\dfrac{\boxed{18}}{\boxed{19}}, \dfrac{\boxed{20}\,\boxed{21}}{\boxed{22}} \right)$ である。

(3) k の値が変化するとき，M の軌跡を表す方程式は，

$y = \boxed{23}x^2 - \boxed{24}x + \boxed{25}$ である。

〔 $\boxed{1}$ ～ $\boxed{25}$ の選択肢 〕

　① 1　　　　② 2　　　　③ 3　　　　④ 4　　　　⑤ 5

　⑥ 6　　　　⑦ 7　　　　⑧ 8　　　　⑨ 9　　　　⑩ 0

第2問　次の文章中の $\boxed{1}$ ～ $\boxed{22}$ に適する数字を，下の選択肢①～⑩のうちからそれぞれ一つ選べ。ただし，重複して使用してもよい。　　　　　　　　　　　　　**解答番号** $\boxed{1}$ ～ $\boxed{22}$

$O(0, 0)$ を原点とする座標平面上に，2つの曲線 $C_1 : y = f(x)$, $C_2 : y = g(x)$ がある。$f(x) = x^2 + 3x$, $g(x) = x^3 + 3x^2$ とする。C_1, C_2 上の点 $P(-3, 0)$ における C_1, C_2 の接線をそれぞれ ℓ_1, ℓ_2 とする。

(1) ℓ_1 の方程式は，$y = -\boxed{1}x - \boxed{2}$ である。ℓ_2 の方程式は，$y = \boxed{3}x + \boxed{4}\boxed{5}$ である。

(2) $g(x)$ は，$x = -\boxed{6}$ で極大値 $\boxed{7}$ をとり，$x = \boxed{8}$ で極小値 $\boxed{9}$ をとる。

(3) C_1 と x 軸で囲まれた図形の面積を S_1 とする。$S_1 = \dfrac{\boxed{10}}{\boxed{11}}$ である。

　　C_2 と x 軸で囲まれた図形の面積を S_2 とする。$S_2 = \dfrac{\boxed{12}}{\boxed{13}}S_1$ である。

(4) ℓ_1 に平行な C_2 の接線 ℓ_3 の方程式は，$y = -\boxed{14}x - \boxed{15}$ である。

　　ℓ_3 と C_1 で囲まれた図形の面積を S_3 とする。$S_3 = \dfrac{\boxed{16}\boxed{17}\sqrt{\boxed{18}}}{\boxed{19}}$ である。

(5) ℓ_2 と C_2 で囲まれた図形の面積を S_4 とする。$S_4 = \boxed{20}\boxed{21}\boxed{22}$ である。

〔 $\boxed{1}$ ～ $\boxed{22}$ の選択肢 〕

① 1　　　② 2　　　③ 3　　　④ 4　　　⑤ 5
⑥ 6　　　⑦ 7　　　⑧ 8　　　⑨ 9　　　⑩ 0

第3問　次の文章中の $\boxed{1}$ ～ $\boxed{24}$ に適する数字を，下の選択肢①～⑩のうちからそれぞれ一つ選べ。ただし，重複して使用してもよい。　　　　　　　　　　**解答番号** $\boxed{1}$ ～ $\boxed{24}$

n を自然数とする。等差数列 $\{a_n\}$ の初項から第 n 項までの和を S_n とする。

$a_9 = 25$, $S_{12} = 210$ である。

等比数列 $\{b_n\}$ の初項から第 n 項までの和を T_n とする。ただし，数列 $\{b_n\}$ の公比は実数である。$b_1 + b_2 + b_3 = 13$, $b_4 + b_5 + b_6 = 351$ である。

(1) 数列 $\{a_n\}$ の初項は $\boxed{1}$，公差は $\boxed{2}$ であり，$a_n = \boxed{3}\,n - \boxed{4}$ である。

(2) $S_{20} = \boxed{5}\,\boxed{6}\,\boxed{7}$ である。

　　S_n が 1000 を超える最小の n の値を求めると，$n = \boxed{8}\,\boxed{9}$ である。

(3) 一般項が $\dfrac{1}{a_n \cdot a_{n+1}}$ で表される数列について考える。

$$\sum_{k=1}^{30} \frac{1}{a_k \cdot a_{k+1}} = \frac{\boxed{10}\,\boxed{11}}{\boxed{12}\,\boxed{13}} \text{ である。}$$

(4) 数列 $\{b_n\}$ の初項は $\boxed{14}$，公比は $\boxed{15}$ である。

　　$b_7 = \boxed{16}\,\boxed{17}\,\boxed{18}$ であり，$T_8 = \boxed{19}\,\boxed{20}\,\boxed{21}\,\boxed{22}$ である。

　　T_n が 80000 を超える最小の n の値を求めると，$n = \boxed{23}\,\boxed{24}$ である。

〔 $\boxed{1}$ ～ $\boxed{24}$ の選択肢 〕

① 1	② 2	③ 3	④ 4	⑤ 5
⑥ 6	⑦ 7	⑧ 8	⑨ 9	⑩ 0

第4問　次の文章中の $\boxed{1}$ ～ $\boxed{23}$ に適する数字を，下の選択肢①～⑩のうちからそれぞれ一つ選
　　　べ。ただし，重複して使用してもよい。　　　　　　　　　　解答番号 $\boxed{1}$ ～ $\boxed{23}$

OA = 7，OB = 4 である三角形 OAB がある。辺 AB の中点を M とする。OM = AB である。
辺 OB を 1 : 3 に内分する点を N とし，線分 AN と線分 OM との交点を P とする。

(1)　$\overrightarrow{OM} = \dfrac{\boxed{1}}{\boxed{2}} \left(\overrightarrow{OA} + \overrightarrow{OB} \right)$ であり，$OP = \dfrac{\boxed{3}}{\boxed{4}} OM$ である。AP : PN = $\boxed{5}$: $\boxed{6}$ である。

(2)　三角形 APM の面積を S_1，三角形 OPN の面積を S_2 とする。$S_1 : S_2 = \boxed{7}$: $\boxed{8}$ であ

　　り，四角形 MPNB の面積は，三角形 OAB の面積の $\dfrac{\boxed{9}}{\boxed{10}\boxed{11}}$ 倍である。

(3)　OM = AB であることより，$\overrightarrow{OA}$ と $\overrightarrow{OB}$ の内積を求めると，$\overrightarrow{OA} \cdot \overrightarrow{OB} = \dfrac{\boxed{12}\boxed{13}}{\boxed{14}}$ である。

　　よって，OM = AB = $\sqrt{\boxed{15}\boxed{16}}$ である。

(4)　$\overrightarrow{OM} \cdot \overrightarrow{AB} = -\dfrac{\boxed{17}\boxed{18}}{\boxed{19}}$ である。$\overrightarrow{OM}$ と $\overrightarrow{AB}$ のなす角を θ とすると，

　　$\cos\theta = -\dfrac{\boxed{20}\boxed{21}}{\boxed{22}\boxed{23}}$ である。

〔 $\boxed{1}$ ～ $\boxed{23}$ の選択肢 〕

　　①　1　　　　　②　2　　　　　③　3　　　　　④　4　　　　　⑤　5
　　⑥　6　　　　　⑦　7　　　　　⑧　8　　　　　⑨　9　　　　　⑩　0

物　理

■物理基礎・物理■

（2科目 120分）

第1問　次の各問に答えよ。

問1　図1－1のように，摩擦のある斜面上に物体を置き，斜面の傾斜角を 0 から徐々に大きくしたところ，角度が θ_0 を超えた瞬間に物体はすべり出した。このときの角度 θ_0 を特に何というか。最も適当なものを，次の選択肢①〜⑥のうちから一つ選べ。　**解答番号 $\boxed{1}$**

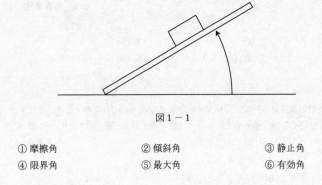

図1－1

① 摩擦角	② 傾斜角	③ 静止角
④ 限界角	⑤ 最大角	⑥ 有効角

問2　図1－2は，真空中から光ファイバーに入射角 45°，屈折角 30°で光線が進入して，その後全反射を繰り返しながら進むようすを表している。コアとクラッドの境界で全反射が起こるためのクラッドの屈折率 n の条件を　$1.0 \leqq n < N$　のように表すとき，N の最大値はいくらか。最も適当なものを，次の選択肢①〜⑧のうちから一つ選べ。ただし，$\sqrt{2} = 1.41$，$\sqrt{3} = 1.73$ とし，小数第 2 位以下を切り捨てて求めることとする。真空中の屈折率を 1.0 とする。　**解答番号 $\boxed{2}$**

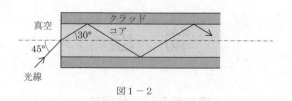

図 1 - 2

① 1.1　　　　　② 1.2　　　　　③ 1.3　　　　　④ 1.4
⑤ 1.5　　　　　⑥ 1.6　　　　　⑦ 1.7　　　　　⑧ 1.8

問3　地震の振動が伝わるとき，縦波として伝わる波をP波，横波として伝わる波をS波という。この2つの波動は震源において同時に発生して，P波は 8.0km/s，S波は 4.0km/s で伝わり，観測地点に達した。P波の到着時刻よりも 30 秒遅れてS波が到着したとすると，観測地点は震源から何 km 離れているか。最も適当なものを，次の選択肢①～⑥のうちから一つ選べ。　　　　　　　　　　　　　　　　　　　　　　　　　　　　　解答番号 3

① 40　　　　　　　② 80　　　　　　　③ 120
④ 240　　　　　　 ⑤ 360　　　　　　 ⑥ 480

問4　単原子分子・理想気体において，定積モル比熱が 12.5J/(mol·K) であるとき，定圧モル比熱[J/(mol·K)]はいくらか。最も適当なものを，次の選択肢①～⑧のうちから一つ選べ。ただし，気体定数は 8.31J/(mol·K) であるとする。　　　　　　　　　　　　　　解答番号 4

① 12.5　　　　　② 14.6　　　　　③ 20.8　　　　　④ 25.0
⑤ 26.6　　　　　⑥ 29.1　　　　　⑦ 31.2　　　　　⑧ 37.4

問5　図1-3のように，負の点電荷Aと正の点電荷Bが，1.0m 離れて固定されており，点電荷Aから点電荷Bに向かって 25cm 離れた地点での電位は 0V である。点電荷Aの電気量が -20μC であるとき，点電荷Bの電気量$[\mu$C$]$はいくらか。最も適当なものを，次の選択肢①～⑧のうちから一つ選べ。ただし，クーロンの法則の比例定数を 9.0×10⁹ N·m²/C² とする。　　　　　　　　　　　　　　　　　　　　　　　　　　　　　解答番号 5

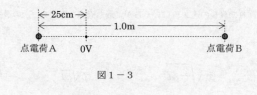

図1−3

① 1.3 ② 2.2 ③ 5.0 ④ 6.7
⑤ 60 ⑥ 80 ⑦ 180 ⑧ 320

第2問 次の文章を読み，下の設問に答えよ。

　水平で広い床の上に質量が $3m$ の台車を置き，軽いばねを取り付ける。台車は床の上を摩擦なく運動できる。台車の上に質量が m の物体を乗せ，ばねを d だけ押し縮めた状態で，糸を図2のように取り付ける。このときの糸の張力の大きさは重力加速度の大きさを g として $2mg$ である。糸を静かに切断すると物体はばねに押し出され，ばねから離れて台車上を摩擦なく運動する。物体はやがて台車の右端に衝突し，台車と一体化する。なお，糸が切断された後に，ばねや糸が物体および台車の運動に影響を与えることはない。

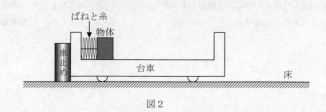

図2

　はじめ，台車の左側に接するように車止めを設置し，台車が左向きに動かないようする。糸を静かに切断すると，物体は動き始めた。

問1　糸を切断した直後の物体の加速度の大きさはいくらか。最も適当なものを，次の選択肢①〜⑥のうちから一つ選べ。　　　　　　　　　　　　　　　　　　　　　**解答番号** 1

① $\frac{1}{2}g$ ② $\frac{2}{3}g$ ③ g

④ $\frac{3}{2}g$ ⑤ $2g$ ⑥ $\frac{5}{2}g$

問2　物体がばねから離れた直後の速さ v_1 はいくらか。最も適当なものを，次の選択肢①〜⑥
のうちから一つ選べ。　　　　　　　　　　　　　　　　　　　　　　**解答番号 2**

① $\sqrt{\dfrac{1}{2}\,gd}$ 　　　　　② $\sqrt{\dfrac{2}{3}\,gd}$ 　　　　　③ $\sqrt{gd}$

④ $\sqrt{\dfrac{3}{2}\,gd}$ 　　　　　⑤ $\sqrt{2\,gd}$ 　　　　　⑥ $\sqrt{3\,gd}$

問3　糸を切断してから台車が動き出すまでに台車が車止めに対して及ぼした力積の大きさは
mv_1 の何倍か。最も適当なものを，次の選択肢①〜⑧のうちから一つ選べ。ただし，v_1 は問
2で求めた速さとする。　　　　　　　　　　　　　　　　　　　　　**解答番号 3**

① 0 　　　　　② $\dfrac{1}{8}$ 　　　　　③ $\dfrac{1}{4}$ 　　　　　④ $\dfrac{3}{8}$

⑤ $\dfrac{1}{2}$ 　　　　　⑥ $\dfrac{5}{8}$ 　　　　　⑦ $\dfrac{3}{4}$ 　　　　　⑧ 1

次に，糸が切断される前の状態にもどし，車止めを取り除いてから糸を静かに切断した。

問4　糸を切断した直後の物体の加速度の大きさはいくらか。最も適当なものを，次の選択肢
①〜⑥のうちから一つ選べ。　　　　　　　　　　　　　　　　　　　**解答番号 4**

① $\dfrac{1}{2}g$ 　　　　　② $\dfrac{2}{3}g$ 　　　　　③ g

④ $\dfrac{3}{2}g$ 　　　　　⑤ $2g$ 　　　　　⑥ $\dfrac{5}{2}g$

問5　物体がばねから離れた直後の速さ v_2 はいくらか。最も適当なものを，次の選択肢①〜⑥
のうちから一つ選べ。　　　　　　　　　　　　　　　　　　　　　**解答番号 5**

① $\sqrt{\dfrac{1}{2}\,gd}$ 　　　　　② $\sqrt{\dfrac{2}{3}\,gd}$ 　　　　　③ $\sqrt{gd}$

④ $\sqrt{\dfrac{3}{2}\,gd}$ 　　　　　⑤ $\sqrt{2\,gd}$ 　　　　　⑥ $\sqrt{3\,gd}$

問6　物体と台車が一体化した直後の台車の速さは問5の v_2 の何倍か。最も適当なものを，次
の選択肢①〜⑧のうちから一つ選べ。　　　　　　　　　　　　　　**解答番号 6**

① 0 　　　　　② $\dfrac{1}{8}$ 　　　　　③ $\dfrac{1}{4}$ 　　　　　④ $\dfrac{3}{8}$

⑤ $\dfrac{1}{2}$ 　　　　　⑥ $\dfrac{5}{8}$ 　　　　　⑦ $\dfrac{3}{4}$ 　　　　　⑧ 1

2024年度　一般選抜前期　日程A　物理

第3問　次の文章を読み，下の設問に答えよ。

　熱力学の第1法則の式は，気体が吸収した熱量を Q，気体の内部エネルギーの変化量をΔU，気体が外部にした仕事を W とすると，$Q = \Delta U + W$ となる。断熱変化では 　ア　 が0となり，等温変化では 　イ　 が0となり，定積変化では 　ウ　 が0となる。

　一定量の単原子分子・理想気体がある。はじめ，気体の圧力は $2P_0$，体積は V_0，温度は T_0 であり，この状態を状態Aとする。状態Aにおける気体の内部エネルギーは 　エ　 $\times P_0V_0$ である。状態Aから気体の圧力を $2P_0$ に保ちながら体積を $2V_0$ とした。この状態を状態Bとする。状態Aから状態Bの過程で気体が外部から吸収した熱量は 　オ　 $\times P_0V_0$ であり，気体が外部に対してした仕事は 　カ　 $\times P_0V_0$ である。状態Bから気体の体積を $2V_0$ に保ちながら圧力を P_0 とした。この状態を状態Cとする。状態Bから状態Cの過程で気体が外部に放出した熱量は 　キ　 $\times P_0V_0$ であり，気体の温度は 　ク　 $\times T_0$ となっている。状態Cから断熱状態を保ちながら体積を V_0 とした。この状態を状態Dとする。状態Cから状態Dの過程で気体は外部から $1.8P_0V_0$ の仕事をされたことがわかっている。状態Dにおける気体の内部エネルギーは 　ケ　 $\times P_0V_0$，圧力は 　コ　 $\times P_0$ となっている。さらに，気体の体積を V_0 に保ちながら気体から 　サ　 $\times P_0V_0$ の熱量を奪うことで状態Aに戻した。

　図3は以上の気体の状態変化について，体積と圧力の関係を表したグラフである。ただし，状態Cから状態Dの過程は断熱変化であるが，図3のグラフ上の点Dが示す圧力の値は正確ではない。

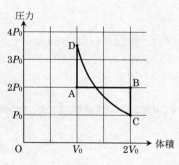

図3

問1　文中 ア ， イ ， ウ に当てはまる文字式の組み合わせ（**ア，イ，ウ**）
として最も適当なものを，次の選択肢①～⑥のうちから一つ選べ。　　　　**解答番号** 1

①　$(Q,\ \Delta U,\ W)$　　　　②　$(Q,\ W,\ \Delta U)$　　　　③　$(\Delta U,\ Q,\ W)$
④　$(\Delta U,\ W,\ Q)$　　　　⑤　$(W,\ Q,\ \Delta U)$　　　　⑥　$(W,\ \Delta U,\ Q)$

問2　文中 エ に当てはまる数値として最も適当なものを，次の選択肢①～⑩のうちから
一つ選べ。　　　　　　　　　　　　　　　　　　　　　　　　　　**解答番号** 2

①　0.50　　　②　0.80　　　③　1.0　　　④　1.2　　　⑤　1.5
⑥　1.8　　　⑦　2.0　　　⑧　2.5　　　⑨　2.8　　　⑩　3.0

問3　文中 オ に当てはまる数値として最も適当なものを，次の選択肢①～⑩のうちから
一つ選べ。　　　　　　　　　　　　　　　　　　　　　　　　　　**解答番号** 3

①　2.5　　　②　3.2　　　③　4.6　　　④　5.0　　　⑤　5.7
⑥　6.3　　　⑦　6.8　　　⑧　7.2　　　⑨　7.5　　　⑩　8.0

問4　文中 カ に当てはまる数値として最も適当なものを，次の選択肢①～⑩のうちから
一つ選べ。　　　　　　　　　　　　　　　　　　　　　　　　　　**解答番号** 4

①　0.50　　　②　0.80　　　③　1.0　　　④　1.2　　　⑤　1.5
⑥　1.8　　　⑦　2.0　　　⑧　2.5　　　⑨　2.8　　　⑩　3.0

問5　文中 キ に当てはまる数値として最も適当なものを，次の選択肢①～⑩のうちから
一つ選べ。　　　　　　　　　　　　　　　　　　　　　　　　　　**解答番号** 5

①　1.0　　　②　1.1　　　③　1.2　　　④　1.5　　　⑤　1.8
⑥　2.5　　　⑦　3.0　　　⑧　4.0　　　⑨　5.0　　　⑩　6.0

問6　文中 ク に当てはまる数値として最も適当なものを，次の選択肢①～⑩のうちから
一つ選べ。　　　　　　　　　　　　　　　　　　　　　　　　　　**解答番号** 6

① 0.50 　② 0.80 　③ 1.0 　④ 1.2 　⑤ 1.5

⑥ 1.8 　⑦ 2.0 　⑧ 2.5 　⑨ 2.8 　⑩ 3.0

問7 文中 ケ に当てはまる数値として最も適当なものを，次の選択肢①〜⑩のうちから一つ選べ。 解答番号 7

① 2.5 　② 3.2 　③ 4.2 　④ 4.8 　⑤ 5.7

⑥ 6.3 　⑦ 6.8 　⑧ 7.2 　⑨ 7.5 　⑩ 8.0

問8 文中 コ に当てはまる数値として最も適当なものを，次の選択肢①〜⑩のうちから一つ選べ。 解答番号 8

① 0.90 　② 1.2 　③ 1.5 　④ 1.6 　⑤ 2.0

⑥ 2.4 　⑦ 2.5 　⑧ 2.8 　⑨ 3.2 　⑩ 4.0

問9 文中 サ に当てはまる数値として最も適当なものを，次の選択肢①〜⑩のうちから一つ選べ。 解答番号 9

① 0.90 　② 1.0 　③ 1.1 　④ 1.2 　⑤ 1.3

⑥ 1.4 　⑦ 1.5 　⑧ 1.6 　⑨ 1.7 　⑩ 1.8

第4問　次の文章を読み，下の設問に答えよ。

　図4－1のように，電池0，電池1，可変抵抗，抵抗線PQ，検流計Ⓖ，およびスイッチS_1，S_2を使用して，未知の電池2の起電力E_xを調べる回路をつくった。電池0の起電力E_0は20V，電池1は標準電池で起電力E_1は2.4Vとわかっている。接点Tは抵抗線PQに接した状態で移動できるつくりになっている。

　可変抵抗を適当な値にしてスイッチS_2は開いたままスイッチS_1を閉じた。接点Tを抵抗線PQのP端からQ側に動かしていくと，PT間の長さをLとして$L=36$cmのときに検流計Ⓖは0を示した。次にスイッチS_1を開いてスイッチS_2を閉じた。検流計Ⓖが0を示すように接点を移動させたところ，$L=54$cmであった。電池の内部抵抗，可変抵抗，抵抗線PQ以外の回路内の抵抗は無視できるものとする。

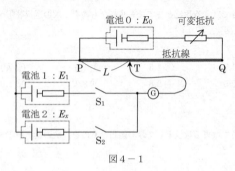

図4－1

問1　図4－1の実験装置によって電池の起電力を知ることができる。この装置の名称として最も適当なものを，次の選択肢①～④のうちから一つ選べ。　　　解答番号 1

① メートルブリッジ　　　　　　　　② 倍率器
③ 電位差計　　　　　　　　　　　　④ 集積回路

問2　実験の結果より，電池2の起電力E_x[V]はいくらか。最も適当なものを，次の選択肢①～⑥のうちから一つ選べ。　　　解答番号 2

① 1.2　　　　　　　　② 1.6　　　　　　　　③ 2.0
④ 3.0　　　　　　　　⑤ 3.6　　　　　　　　⑥ 4.8

問3　一般に，電池には内部抵抗があるため，通常の電圧計で端子間の電圧を測定しても正確な起電力を測定することができない。この装置で電池の起電力が正しく測定できるのは，検流計Ⓖが0を示すことで，測定する電池の ア ためである。 ア 内に当てはまる文として最も適当なものを，次の選択肢①～④のうちから一つ選べ。　　　解答番号 3

① 内部抵抗の抵抗値が 0Ω となる

② 内部抵抗における電圧降下が 0V となる

③ 内部抵抗が検流計Ⓖの内部抵抗と打ち消しあう

④ 内部抵抗の抵抗値が計算によって求められるようになる

　図4－1の装置は標準電池が必要となるが，図4－2のように電流計Ⓐを入れて，抵抗線
PQ の長さと抵抗値を正確に測定しておくことで，標準電池がなくても電池3の起電力 E_y を求
めることができる。抵抗線 PQ は長さが 100cm であり，1.0cm あたりの抵抗値は 1.0Ω であ
る。電池0の起電力は 20V であり，電池0の内部抵抗および電流計Ⓐの内部抵抗の抵抗値は，
抵抗線 PQ および可変抵抗の抵抗値に比べて非常に小さい。

　可変抵抗を適当な値にしてスイッチ S を閉じ，検流計Ⓖが 0 を示すように接点 T を移動し
たところ，$L＝20$cm，電流計の読みは $I＝150$mA となった。

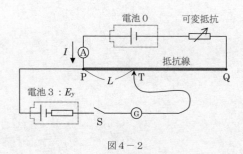

図4－2

問4　実験の結果より，電池3の起電力 E_y[V]はいくらか。最も適当なものを，次の選択肢①
　　〜⑥のうちから一つ選べ。　　　　　　　　　　　　　　　　　　　　　　解答番号 4

　① 3.0　　　　　　　　　② 4.0　　　　　　　　　③ 5.0

　④ 8.0　　　　　　　　　⑤ 10　　　　　　　　　⑥ 12

問5　図4－2の実験装置において，電池3を電池4に取り換えて電池4の起電力を測定しよ
　　うとしたが，接点 T を抵抗線 PQ 上のどの位置に移動しても検流計Ⓖは 0 を示さなかった。
　　このことから，電池4の起電力は　イ　[V]以下ではないことがわかる。また，装置の
　　　ウ　ことで，電池4の起電力を測定できる可能性がある。以上の　イ　に入る数値，
　　および　ウ　に入る文の組み合わせとして最も適当なものを，次の選択肢①〜⑥のうちか
　　ら一つ選べ。　　　　　　　　　　　　　　　　　　　　　　　　　　　　解答番号 5

	イ	ウ
①	5.0	可変抵抗の抵抗値をはじめに設定した値よりも大きくする
②	5.0	電池 O をより大きな起電力の電池に取り換える
③	10	可変抵抗の抵抗値をはじめに設定した値よりも大きくする
④	10	電池 O をより大きな起電力の電池に取り換える
⑤	15	可変抵抗の抵抗値をはじめに設定した値よりも大きくする
⑥	15	電池 O をより大きな起電力の電池に取り換える

２０２４年度　一般選抜前期 日程Ａ　　物理

■物 理 基 礎■

（注）　化学基礎とあわせて１科目として解答。

（2科目 120分）

第1問　次の文章を読み，下の設問に答えよ。

P君はビルの屋上から鉛直方向に質量が m[kg]の小球 A を投げ，その速度の変化について調べた。図1は，時刻 t[s]における小球 A の速度 v[m/s]をグラフに表したものであり，投げた時刻を $t=0$s とし，鉛直上向きを正の向きとしている。その後，時刻 $t=5$s で質量が m[kg]の小球 B を鉛直下向きに速さ v_1[m/s]で投げ下ろしたところ，小球 A と小球 B は時刻 $t=6$s で同時に地上に達した。重力加速度の大きさを g[m/s²]とする。

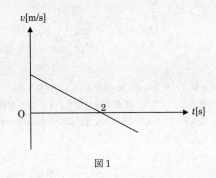

図1

問1　P君が投げた小球 A について説明した文として最も適当なものを，次の選択肢①〜③のうちから一つ選べ。　　　　　　　　　　　　　　　　　　　解答番号 1

① 小球 A を鉛直上向きに投げ上げた。

② 小球 A を鉛直下向きに投げ下ろした。

③ 小球 A から静かに手をはなして自由落下させた。

問2　鉛直上向きを正の向きとしたときの小球 A の初速度[m/s]として最も適当なものを，次の選択肢①〜⑦のうちから一つ選べ。　　　　　　　　　　　　　　　解答番号 2

① $-4g$　　　　② $-2g$　　　　③ $-g$　　　　④ 0

⑤ g　　　　⑥ $2g$　　　　⑦ $4g$

問3　このビルの地上から屋上までの高さ[m]として最も適当なものを，次の選択肢①〜⑧のうちから一つ選べ。　　　　　　　　　　　　　　　　　　　　　**解答番号** 3

① g　　　　② $2g$　　　　③ $4g$　　　　④ $6g$

⑤ $12g$　　　　⑥ $18g$　　　　⑦ $24g$　　　　⑧ $30g$

問4　速さ v_1[m/s]として最も適当なものを，次の選択肢①〜⑧のうちから一つ選べ。　　　　　　　　　　　　　　　　　　　　　　　　　**解答番号** 4

① g　　　　② $\dfrac{5g}{2}$　　　　③ $3g$　　　　④ $\dfrac{9g}{2}$

⑤ $5g$　　　　⑥ $\dfrac{11g}{2}$　　　　⑦ $6g$　　　　⑧ $\dfrac{13g}{2}$

問5　小球Aと小球Bの高さの差 L[m]を縦軸に，小球Bを投げ下ろしてからの経過時間 T[s]を横軸にして表したグラフとして最も適当なものを，次の選択肢①〜④のうちから一つ選べ。ただし，①は線分，②は円弧，③は上に凸の放物線の一部，④は下に凸の放物線の一部を表したグラフである。　　　　　　　　　　　　　**解答番号** 5

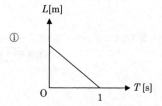

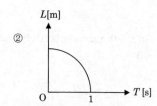

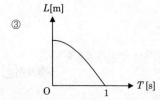

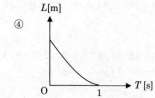

問6　質量 m[kg]の小球 B を，質量 M[kg]の小球 C に変えて同様の実験を行う。ただし，時刻 $t=5$s において小球 C を投げ下ろす速さ v_C[m/s]は，小球 A と小球 C が同時に地上に達するように調整する。速さ v_C[m/s]を縦軸に，小球 C の質量 M[kg]を横軸にして表したグラフとして最も適当なものを，次の選択肢①～③のうちから一つ選べ。　　　　**解答番号 6**

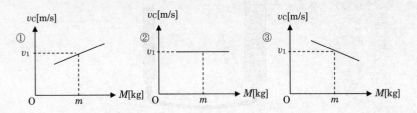

第2問　次の文章を読み，下の設問に答えよ。

　図2のように，円筒 A と円筒 B の下部をチューブでつないだ。チューブ内には常に一定の量の水があり，円筒 B の高さを調整することにより，円筒 A や円筒 B の内部にある水面の位置を調節することができる。円筒 A の上端から水面までの距離を a（>0）で，円筒 B の上端から水面までの距離を b（>0）で表す。円筒 A の断面積は，円筒 B の断面積の 2 倍である。円筒 A の上部にはスピーカーX があり，振動数 420Hz の音を発することができる。円筒 B の上部にはスピーカーY があり，様々な振動数の音を発することができる。スピーカーY の発する音の振動数を f で表す。スピーカーX のスイッチを入れて音を発したところ，円筒 A で共鳴が生じた。このとき，$a=100$cm，$b=120$cm であった。この実験の間，音速は 336m/s で一定であった。また，円筒は十分長く，開口端補正は無視できるものとする。

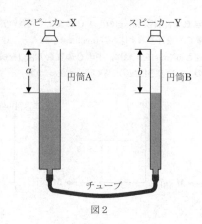

図 2

問 1　円筒 A 内に生じた定常波の波長は何 cm か。最も適当なものを，次の選択肢①〜⑥のうちから一つ選べ。　　　　　　　　　　　　　　　　　　　　　　　　　　　　　解答番号 $\boxed{1}$

① 0.8　　　　　　　　② 1.25　　　　　　　　③ 1.41

④ 80　　　　　　　　⑤ 125　　　　　　　　⑥ 141

問 2　円筒 A 内に生じた定常波は何振動か。最も適当なものを，次の選択肢①〜⑥のうちから一つ選べ。　　　　　　　　　　　　　　　　　　　　　　　　　　　　　　　解答番号 $\boxed{2}$

① 基本振動　　　　　　② 2 倍振動　　　　　　③ 3 倍振動

④ 4 倍振動　　　　　　⑤ 5 倍振動　　　　　　⑥ 6 倍振動

問 3　円筒 B を動かして a の値を少しずつ大きくしていくと，$a=a_0$[cm]のときに再び共鳴した。a_0 の値として最も適当なものを，次の選択肢①〜⑩のうちから一つ選べ。解答番号 $\boxed{3}$

① 110　　　　② 115　　　　③ 120　　　　④ 125　　　　⑤ 130
⑥ 140　　　　⑦ 150　　　　⑧ 160　　　　⑨ 170　　　　⑩ 180

問 4　問 3 のときの b は何 cm か。最も適当なものを，次の選択肢①〜⑩のうちから一つ選べ。
　　　　　　　　　　　　　　　　　　　　　　　　　　　　　　　　　　　解答番号 $\boxed{4}$

① 20   ② 30   ③ 40   ④ 50   ⑤ 60
⑥ 80   ⑦ 100   ⑧ 120   ⑨ 160   ⑩ 200

問5   問3のときに $f=f_0$[Hz]の振動数の音をスピーカーYから発したところ，円筒Bでも共鳴が起った。その後，aの値を問3のa_0から小さくしていくと，$a=100$cmのときに円筒Bで再び共鳴が起こった。f_0の値として最も適当なものを，次の選択肢①〜⑧のうちから一つ選べ。   解答番号 5

① 105   ② 210   ③ 315   ④ 420
⑤ 630   ⑥ 840   ⑦ 1260   ⑧ 1680

問6   スピーカーYから問5の振動数 f_0[Hz]の音を出し続け，aやbの値を色々と変化させた。このときの共鳴のようすについて述べた文（ⅰ）〜（ⅳ）のうち，正しく述べた文の組み合わせとして最も適当なものを，次の選択肢①〜④のうちから一つ選べ。   解答番号 6

（ⅰ）円筒Aで共鳴が起こっている時，円筒Bでも常に共鳴が起こる。
（ⅱ）円筒Aで共鳴が起こっているが，円筒Bでは共鳴が起きていない時がある。
（ⅲ）円筒Bで共鳴が起こっている時，円筒Aでも常に共鳴が起こる。
（ⅳ）円筒Bで共鳴が起こっているが，円筒Aでは共鳴が起きていない時がある。

① （ⅰ）と（ⅲ）   ② （ⅱ）と（ⅲ）   ③ （ⅰ）と（ⅳ）   ④ （ⅱ）と（ⅳ）

化　学

◀薬，成田薬，福岡薬学部▶

（60分）

必要であれば，次の値を用いよ。また，指示がない場合，気体は理想気体として扱ってよい。

アボガドロ定数：$N_A = 6.02 \times 10^{23}$ /mol　　　　水のイオン積：$K_w = 1.0 \times 10^{-14}$ (mol/L)^2

気体定数：$R = 8.3 \times 10^3$ Pa·L/(mol·K)　　　　ファラデー定数：$F = 9.65 \times 10^4$ C/mol

標準状態における理想気体のモル体積：22.4 L/mol

原子量：H=1.0,　　He=4.0,　Li=7.0,　　Be=9.0,　　B=10.8,　C=12.0,　N=14.0,　O=16.0,

F=19.0,　Ne=20.2, Na=23.0, Mg=24.0, Al=27.0, Si=28.0, P=31.0, S=32.0,

Cl=35.5,　Ar=40.0, K=39.0, Ca=40.0, Sc=45.0, Ti=48.0, Cr=52.0, Mn=55.0

Fe=56.0, Co=58.9, Ni=58.7, Cu=64.0, Zn=65.0, Br=80.0, Ag=108, Cd=112,

Sn=119,　I=127,　　Ba=137, Hg=200, Pb=207

（解答上の注意）

1．数値を答える場合は，次の指示に従うこと。

　・解答欄が $\boxed{60}.\boxed{61} \times 10^{\boxed{62}}$, $0.\boxed{63}\boxed{64}$, $\boxed{65}.\boxed{66}$, $\boxed{67}\boxed{68}$ の形式の場合には，数値は
　　四捨五入して，有効数字2桁で求めよ。

　・解答欄が $\boxed{70}.\boxed{71}\boxed{72} \times 10^{\boxed{73}}$, $\boxed{74}.\boxed{75}\boxed{76}$, $\boxed{77}\boxed{78}.\boxed{79}$ の形式の場合には，数値は
　　四捨五入して，有効数字3桁で求めよ。

　　なお，$\boxed{67}$, $\boxed{77}$ は 10 の位を，$\boxed{60}$, $\boxed{65}$, $\boxed{68}$, $\boxed{70}$, $\boxed{74}$, $\boxed{78}$ は 1 の位を，$\boxed{61}$,
　　$\boxed{63}$, $\boxed{66}$, $\boxed{71}$, $\boxed{75}$, $\boxed{79}$ は小数第 1 位を，$\boxed{64}$, $\boxed{72}$, $\boxed{76}$ は小数第 2 位を，$\boxed{62}$,
　　$\boxed{73}$ は底 10 に対する指数の 1 の位を表すものとする。

2．化学式を答える場合は，次の指示に従うこと。

　・化学式が C_4H_8O のとき，解答欄が $C_{\boxed{80}}H_{\boxed{81}\boxed{82}}O_{\boxed{83}}$ の形式の場合には，解答は以下のよう
　　になる。

　　　$\boxed{80} = ④$, $\boxed{81} = ⑩$, $\boxed{82} = ⑧$, $\boxed{83} = ①$

3．特に指示がない場合は，同じ選択肢を重複して使用してもよい。

第1問　次の文章を読み，下の設問に答えよ。

　十分量の塩酸を用意し，ある量の亜鉛を加えて発生した気体 X を水上置換法により捕集した。メスシリンダー内の気体の体積は 249 mL であり，内部の水面は外部よりも 51.3 cm 高い状態であった。その様子を模式図として以下に示す。

　実験は 27℃でおこない，大気圧は $1.0×10^5$ Pa（76 cmHg）であった。また，27℃における飽和水蒸気圧を $4.0×10^3$ Pa とし，水および水銀の密度をそれぞれ 1.0 g/cm³，13.5 g/cm³ とする。

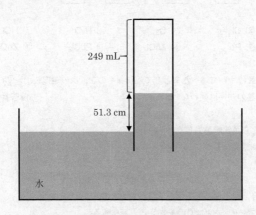

図

問1　塩酸と反応して溶ける金属は次の語群の中にいくつあるか。適切なものを，下の選択肢①～④のうちから一つ選べ。該当するものがない場合は⑤を選べ。　**解答番号** $\boxed{1}$

［語群］ニッケル，鉄，銅，アルミニウム

①　1　　　　　②　2　　　　　③　3　　　　　④　4　　　　　⑤　該当なし

問2　水上置換法による捕集が<u>適当でない</u>気体は次の語群の中にいくつあるか。適切なものを，下の選択肢①～④のうちから一つ選べ。該当するものがない場合は⑤を選べ。　**解答番号** $\boxed{2}$

［語群］酸素，硫化水素，アンモニア，二酸化窒素

①　1　　　　　②　2　　　　　③　3　　　　　④　4　　　　　⑤　該当なし

問3　亜鉛が塩酸に溶ける反応を表す次の化学反応式中の空欄に入る化学式として適切なものを，下の選択肢①〜⑩のうちからそれぞれ一つ選べ。なお，同じ選択肢を重複して使用してはならない。また， $\boxed{\text{D}}$ には気体Xの化学式が入るものとする。

$\boxed{\text{A}}$ ＝解答番号 $\boxed{3}$
$\boxed{\text{B}}$ ＝解答番号 $\boxed{4}$
$\boxed{\text{C}}$ ＝解答番号 $\boxed{5}$
$\boxed{\text{D}}$ ＝解答番号 $\boxed{6}$

$$\boxed{\text{A}} + 2\boxed{\text{B}} \rightarrow \boxed{\text{C}} + \boxed{\text{D}}$$

① H_2　　　② Cl_2　　　③ O_2　　　④ H_2O　　　⑤ HCl

⑥ Zn　　　⑦ Pb　　　⑧ $ZnCl_2$　　　⑨ $PbCl_2$　　　⑩ ZnO

問4　発生する気体Xについて述べた文として適切なものを，次の選択肢①〜⑥のうちから二つ選べ。なお，解答の順序は問わない。　　　　　　　解答番号 $\boxed{7}$, $\boxed{8}$

① 石灰水に通すと白色沈殿が生じる。

② 無色であり，刺激臭をもつ。

③ 空気よりも軽い。

④ ヨウ素ヨウ化カリウムデンプン紙を青変させる。

⑤ 乾燥させる場合，ソーダ石灰を用いることができる。

⑥ 過酸化水素水に酸化マンガン(IV)を加えると発生する。

問5　51.3 cm の液面差による圧力〔Pa〕を表す次の式中の空欄に入る数値として適切なものを，下の選択肢①〜⑨のうちからそれぞれ一つ選べ。なお，同じ選択肢を重複して使用してはならない。

$\boxed{\text{a}}$ ＝解答番号 $\boxed{9}$
$\boxed{\text{b}}$ ＝解答番号 $\boxed{10}$
$\boxed{\text{c}}$ ＝解答番号 $\boxed{11}$
$\boxed{\text{d}}$ ＝解答番号 $\boxed{12}$

$$液面差による圧力〔Pa〕 = 51.3\,\text{cm} \times \frac{\boxed{\text{a}}\ \text{g/cm}^3}{\boxed{\text{b}}\ \text{g/cm}^3} \times \frac{\boxed{\text{c}}\ \text{Pa}}{\boxed{\text{d}}\ \text{cm}}$$

① 1.0　　　② 1.0×10^5　　　③ 13.5　　　④ 27　　　⑤ 76

⑥ 249　　　⑦ 273　　　⑧ 300　　　⑨ 4.0×10^3

問6　メスシリンダー内の気体Xの分圧は $\boxed{13}.\boxed{14} \times 10^{\boxed{15}}$ Pa である。 $\boxed{13}$ 〜 $\boxed{15}$ に入る適切な数字を，次の選択肢①〜⑩のうちからそれぞれ一つ選べ。　　　　　　　解答番号 $\boxed{13}$ 〜 $\boxed{15}$

① 1　　　② 2　　　③ 3　　　④ 4　　　⑤ 5

⑥ 6　　　⑦ 7　　　⑧ 8　　　⑨ 9　　　⑩ 0

問7　塩酸に加えた亜鉛の質量は $\boxed{16}.\boxed{17} \times 10^{\boxed{18}}$ mg である。$\boxed{16} \sim \boxed{18}$ に入る適切な数字を，次の選択肢①〜⑩のうちからそれぞれ一つ選べ。　　　　　　　解答番号 $\boxed{16} \sim \boxed{18}$

①　1　　　　　　②　2　　　　　　③　3　　　　　　④　4　　　　　　⑤　5
⑥　6　　　　　　⑦　7　　　　　　⑧　8　　　　　　⑨　9　　　　　　⑩　0

第2問　次の設問に答えよ。

問1　アンモニアについて述べた次の文(A)〜(C)を読み，下の選択肢①〜⑦のうちから，記述が正しい文の記号だけがすべて含まれているものを一つ選べ。なお，記述の正しい文が一つもないときには該当なしの⑧を選べ。　　　　　　　解答番号 $\boxed{1}$

[文]
(A) オストワルト法によって工業的に大量生産されている。
(B) 水に非常によく溶けて強塩基性を示す。
(C) 空気中で酸素と反応して自然発火する。

①　(A), (B), (C)　　②　(A), (B)　　③　(B), (C)　　④　(A), (C)
⑤　(A)　　　　　　⑥　(B)　　　　⑦　(C)　　　　⑧　該当なし

問2　一酸化窒素について述べた次の文(A)〜(C)を読み，下の選択肢①〜⑦のうちから，記述が正しい文の記号だけがすべて含まれているものを一つ選べ。なお，記述の正しい文が一つもないときには該当なしの⑧を選べ。　　　　　　　解答番号 $\boxed{2}$

[文]
(A) 銅と希硝酸を反応させると発生する。
(B) 非常に不安定であり容易に窒素と酸素に分解する。
(C) 水に溶けにくい無色の気体である。

①　(A), (B), (C)　　②　(A), (B)　　③　(B), (C)　　④　(A), (C)
⑤　(A)　　　　　　⑥　(B)　　　　⑦　(C)　　　　⑧　該当なし

問3　硝酸について述べた次の文(A)〜(C)を読み，下の選択肢①〜⑦のうちから，記述が正しい文の記号だけがすべて含まれているものを一つ選べ。なお，記述の正しい文が一つもないときには該当なしの⑧を選べ。　　　　　　　解答番号 $\boxed{3}$

［文］
(A) 二酸化窒素を水と反応させると得られる。
(B) 濃硝酸に銀を加えると溶ける。
(C) 濃硝酸に鉄を加えると溶ける。

① (A), (B), (C)　　② (A), (B)　　　③ (B), (C)　　　④ (A), (C)
⑤ (A)　　　　　　⑥ (B)　　　　　⑦ (C)　　　　　⑧ 該当なし

問4　第3周期の金属元素について述べた次の文(A)〜(C)を読み，下の選択肢①〜⑦のうちから，記述が正しい文の記号だけがすべて含まれているものを一つ選べ。なお，記述の正しい文が一つもないときには該当なしの⑧を選べ。　　**解答番号 4**

［文］
(A) 第一イオン化エネルギーが最も大きいのはナトリウムである。
(B) 原子半径が最も小さいのはアルミニウムである。
(C) 単体の融点が最も高いのはアルミニウムである。

① (A), (B), (C)　　② (A), (B)　　　③ (B), (C)　　　④ (A), (C)
⑤ (A)　　　　　　⑥ (B)　　　　　⑦ (C)　　　　　⑧ 該当なし

問5　遷移元素について述べた次の文(A)〜(C)を読み，下の選択肢①〜⑦のうちから，記述が正しい文の記号だけがすべて含まれているものを一つ選べ。なお，記述の正しい文が一つもないときには該当なしの⑧を選べ。　　**解答番号 5**

［文］
(A) 銅は天然に単体として産出するほか，硫化物や酸化物として存在している。
(B) 銅を空気中で加熱すると，主に黒色の CuO が生じる。
(C) 鉄を空気中で加熱すると，主に黒色の Fe_3O_4 が生じる。

① (A), (B), (C)　　② (A), (B)　　　③ (B), (C)　　　④ (A), (C)
⑤ (A)　　　　　　⑥ (B)　　　　　⑦ (C)　　　　　⑧ 該当なし

問6　3種類の金属イオン Ca^{2+}, Ag^+, Zn^{2+} を含む水溶液について述べた次の文(A)〜(C)を読み，下の選択肢①〜⑦のうちから，記述が正しい文の記号だけがすべて含まれているものを一つ選べ。なお，記述の正しい文が一つもないときには該当なしの⑧を選べ。　　**解答番号 6**

［文］

(A) 炎色反応を示さない。

(B) 硫酸や塩酸を加えると白色沈殿が生じる。

(C) 濃アンモニア水を過剰に加えると褐色沈殿が生じる。

① (A), (B), (C)　　② (A), (B)　　③ (B), (C)　　④ (A), (C)

⑤ (A)　　　　　　⑥ (B)　　　　⑦ (C)　　　　⑧ 該当なし

問7　原子量 51.0 のある金属 M の単体 10.2 g を完全に酸素と反応させたところ，酸化物が 18.2 g 得られた。この酸化物の組成式として適切なものを，次の選択肢①〜⑧のうちから一つ選べ。　　　　　　　　　　　　　　　　　　　　　　　　　　解答番号 7

① MO　　　　　　② M_2O　　　　③ MO_2　　　　④ M_2O_3

⑤ M_3O_2　　　　⑥ M_2O_7　　　⑦ MO_4　　　　⑧ M_2O_5

第3問　次の文章を読み，下の設問に答えよ。

ベンゼン環の炭素原子に a 基が直接結合した化合物を芳香族カルボン酸という。(1)一般に芳香族カルボン酸は水に溶けにくいものが多く，水溶液中でわずかに電離して弱い酸性を示す。

ベンゼン環の水素原子 1 個を a 基で置換した化合物である安息香酸は白色の固体物質で，食品の防腐剤などに利用される。安息香酸を適切な条件のもとで還元すると b に変化し，さらに還元すると c が得られる。

ベンゼン環の水素原子 2 個をカルボキシ基で置換した化合物には 3 種類の異性体 A〜C がある。(2)A は加熱すると容易に脱水して D に変化する。また，B とエチレングリコールを反応させて得られる高分子化合物は容器や繊維として利用されている。B のベンゼン環に結合している 4 個の水素原子の一つを塩素原子で置換した化合物には d 種類の異性体が存在し，同様に C のベンゼン環に結合している 4 個の水素原子の一つを塩素原子で置換した化合物には e 種類の異性体が存在する。

問1　芳香族カルボン酸として不適切なものを，次の選択肢①〜⑤のうちから二つ選べ。なお，解答の順序は問わない。　　　　　　　　　　　　　　　　　解答番号 1 , 2

① ピクリン酸　　　　② サリチル酸　　　　③ アセチルサリチル酸

④ サリチル酸メチル　　⑤ p−アミノ安息香酸

問2　文中の a に入る語句として適切なものを，次の選択肢①〜⑤のうちから一つ選べ。

解答番号 3

①　ホルミル　　②　カルボキシ　　③　カルボニル　　④　ヒドロキシ　　⑤　スルホ

問3　文中の b ， c に入る化合物の構造として適切なものを，次の選択肢①〜⑨のうちからそれぞれ一つ選べ。なお，同じ選択肢を重複して使用してはならない。

b ＝解答番号 4
c ＝解答番号 5

問4　文中の d ， e に入る数として適切なものを，次の選択肢①〜⑧のうちからそれぞれ一つ選べ。

d ＝解答番号 6
e ＝解答番号 7

①　1　　　　　②　2　　　　　③　3　　　　　④　4
⑤　5　　　　　⑥　6　　　　　⑦　7　　　　　⑧　8

問5　酸化することで安息香酸を生じる化合物は次の語群の中にいくつあるか。適切なものを，下の選択肢①〜⑤のうちから一つ選べ。該当するものがない場合は⑥を選べ。解答番号 8

［語群］トルエン，キシレン，スチレン，フェノール，アニリン

①　1　　　　　　　　②　2　　　　　　　　③　3
④　4　　　　　　　　⑤　5　　　　　　　　⑥　該当なし

問6　下線部(1)について，次の問（ⅰ），（ⅱ）に答えよ。

（ⅰ）安息香酸は25℃において，100 mL の水に 305 mg 溶ける。よって，25℃における安息香酸の飽和水溶液のモル濃度は $\boxed{9}$. $\boxed{10}$ ×10$^{-\boxed{11}}$ mol/L である。$\boxed{9}$～$\boxed{11}$ に入る適切な数字を，次の選択肢①～⑩のうちからそれぞれ一つ選べ。ただし，溶解による体積変化は無視できるものとする。　　　　　　解答番号 $\boxed{9}$ ～ $\boxed{11}$

①　1　　　　　②　2　　　　　③　3　　　　　④　4　　　　　⑤　5
⑥　6　　　　　⑦　7　　　　　⑧　8　　　　　⑨　9　　　　　⑩　0

（ⅱ）25℃における安息香酸の飽和水溶液中の安息香酸の電離度は 0.049 である。よって，この水溶液の pH は $\boxed{12}$. $\boxed{13}$ である。$\boxed{12}$ ，$\boxed{13}$ に入る適切な数字を，次の選択肢①～⑩のうちからそれぞれ一つ選べ。必要であれば $\log_{10}2 = 0.30$，$\log_{10}3 = 0.48$，$\log_{10}7 = 0.85$ を用いよ。　　　　　　解答番号 $\boxed{12}$ ，$\boxed{13}$

①　1　　　　　②　2　　　　　③　3　　　　　④　4　　　　　⑤　5
⑥　6　　　　　⑦　7　　　　　⑧　8　　　　　⑨　9　　　　　⑩　0

問7　下線部(2)について，次の問（ⅰ），（ⅱ）に答えよ。

（ⅰ）化合物 A の名称として適切なものを，次の選択肢①～⑥のうちから一つ選べ。　　　　　　解答番号 $\boxed{14}$

①　マレイン酸　　　　　②　フマル酸　　　　　③　フタル酸
④　テレフタル酸　　　　⑤　イソフタル酸　　　⑥　サリチル酸

（ⅱ）830 mg の A を加熱して完全に反応が進行した場合，得られる D の質量は $\boxed{15}$. $\boxed{16}$ ×10$^{\boxed{17}}$ mg である。$\boxed{15}$～$\boxed{17}$ に入る適切な数字を，次の選択肢①～⑩のうちからそれぞれ一つ選べ。　　　　　　解答番号 $\boxed{15}$ ～ $\boxed{17}$

①　1　　　　　②　2　　　　　③　3　　　　　④　4　　　　　⑤　5
⑥　6　　　　　⑦　7　　　　　⑧　8　　　　　⑨　9　　　　　⑩　0

2
0
2
4
年
度

一
般
選
抜
前
期
日
程
A

化
学

◀保健医療，医療福祉，成田看護，成田保健医療，
　赤坂心理・医療福祉マネジメント，小田原保健医療，
　　　　　　　　　　　　　　　　　　　福岡保健医療学部▶

■化学基礎・化学■

（2科目 120分）

必要であれば，次の値を用いよ。また，指示がない場合，気体は理想気体として扱ってよい。

アボガドロ定数：$N_A = 6.02 \times 10^{23}$ /mol　　　　水のイオン積：$K_w = 1.0 \times 10^{-14}$ $(mol/L)^2$

気体定数：$R = 8.3 \times 10^3$ Pa·L/(mol·K)　　　　ファラデー定数：$F = 9.65 \times 10^4$ C/mol

標準状態における理想気体のモル体積：22.4 L/mol

原子量：H=1.0,　　He=4.0,　Li=7.0,　Be=9.0,　B=10.8,　C=12.0,　N=14.0,　O=16.0,
　　　　F=19.0,　Ne=20.2,　Na=23.0,　Mg=24.0,　Al=27.0,　Si=28.0,　P=31.0,　S=32.0,
　　　　Cl=35.5,　Ar=40.0,　K=39.0,　Ca=40.0,　Sc=45.0,　Ti=48.0,　V=51.0,　Cr=52.0,
　　　　Mn=55.0,　Fe=56.0,　Co=58.9,　Ni=58.7,　Cu=64.0,　Zn=65.0,　Br=80.0,　Ag=108,
　　　　Cd=112,　Sn=119,　I=127,　　Ba=137,　Hg=200,　Pb=207

（解答上の注意）

1．数値を答える場合は，次の指示に従うこと。

　　・解答欄が $\boxed{60}.\boxed{61} \times 10^{\boxed{62}}$，0.$\boxed{63}\boxed{64}$，$\boxed{65}.\boxed{66}$，$\boxed{67}\boxed{68}$ の形式の場合には，数値は
　　四捨五入して，有効数字2桁で求めよ。

　　・解答欄が $\boxed{70}.\boxed{71}\boxed{72} \times 10^{\boxed{73}}$，$\boxed{74}.\boxed{75}\boxed{76}$，$\boxed{77}\boxed{78}.\boxed{79}$ の形式の場合には，数値は
　　四捨五入して，有効数字3桁で求めよ。

　　なお，$\boxed{67}$，$\boxed{77}$ は 10 の位を，$\boxed{60}$，$\boxed{65}$，$\boxed{68}$，$\boxed{70}$，$\boxed{74}$，$\boxed{78}$ は 1 の位を，$\boxed{61}$，
　　$\boxed{63}$，$\boxed{66}$，$\boxed{71}$，$\boxed{75}$，$\boxed{79}$ は小数第1位を，$\boxed{64}$，$\boxed{72}$，$\boxed{76}$ は小数第2位を，$\boxed{62}$，
　　$\boxed{73}$ は底 10 に対する指数の1の位を表すものとする。

2．化学式を答える場合は，次の指示に従うこと。

　　・化学式が C_4H_8O のとき，解答欄が $C_{\boxed{80}}H_{\boxed{81}}O_{\boxed{82}}$ の形式の場合には，解答は以下のように
　　なる。

　　　　$\boxed{80} = ④$，$\boxed{81} = ⑩$，$\boxed{82} = ⑧$，$\boxed{83} = ①$

3．特に指示がない場合は，同じ選択肢を重複して使用してもよい。

第1問　次の文章を読み，下の設問に答えよ。

　　物質には主に固体・液体・気体の3つの状態があり，いずれの状態をとるかは温度と圧力によって決まる。下の図は，体積を変えることができる密閉容器に 18 g の H_2O を入れ，標準大気圧（1.01×10^5 Pa）のもと一定の割合で加熱したときの温度変化のグラフである。なお，液体状態の H_2O の密度は温度によらず 1.0 g/cm³ とする。

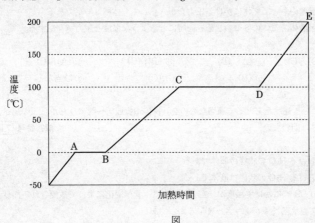

図

問1　液体から固体への状態変化を何というか。適切なものを，次の選択肢①～⑥のうちから一つ選べ。　　　　　　　　　　　　　　　　　　　　解答番号 $\boxed{1}$

　① 凝固　　　　　　　② 凝縮　　　　　　　③ 溶解
　④ 融解　　　　　　　⑤ 昇華　　　　　　　⑥ 蒸発

問2　常温常圧で液体の物質として適切なものを，次の選択肢①～⑨のうちから二つ選べ。なお，解答の順序は問わない。　　　　　　　　　　　　　解答番号 $\boxed{2}$ ，$\boxed{3}$

　① 塩化ナトリウム　　② 塩化水素　　　　　③ 四塩化炭素
　④ ホルムアルデヒド　⑤ フッ素　　　　　　⑥ 臭素
　⑦ 二酸化炭素　　　　⑧ 二酸化ケイ素　　　⑨ リチウム

問3　標準大気圧のもとでは液体状態にならない物質として適切なものを，次の選択肢①～⑥のうちから二つ選べ。なお，解答の順序は問わない。　　　　解答番号 $\boxed{4}$ ，$\boxed{5}$

　① ヨウ素　　　　　　② アセトン　　　　　③ ケイ素
　④ 二酸化炭素　　　　⑤ ベンゼン　　　　　⑥ トルエン

問4　物質の状態と温度・圧力の関係について述べた次の文(A)〜(C)を読み，下の選択肢①〜⑦のうちから，記述が正しい文の記号だけがすべて含まれているものを一つ選べ。なお，記述の正しい文が一つもないときには該当なしの⑧を選べ。　　　**解答番号** 6

[文]
(A) 一定温度のもとで液体にかける圧力を大きくすると気体へと変化する。
(B) 一定温度のもとで気体にかける圧力を小さくしても体積は一定である。
(C) 固体・液体・気体の3つの状態を同時にとるような温度と圧力が存在する。

① (A), (B), (C)　　② (A), (B)　　③ (B), (C)　　④ (A), (C)
⑤ (A)　　⑥ (B)　　⑦ (C)　　⑧ 該当なし

問5　図について述べた文として適切なものを，次の選択肢①〜⑧のうちから三つ選べ。なお，解答の順序は問わない。　　　**解答番号** 7 〜 9

① A点における H_2O の状態は液体である。
② C点における H_2O の状態は液体である。
③ A点からB点にかけて温度が一定であるのは，状態変化によって放出される熱量と加熱によって与える熱量が釣り合っているからである。
④ D点からE点の間の H_2O の状態は液体と気体の混合状態である。
⑤ B点からC点にかけて温度が上昇しているのは，加熱によって H_2O 分子の熱運動が激しくなっているからである。
⑥ A点からB点までに加えた熱量とB点からC点までに加えた熱量は等しい。
⑦ H_2O の融解熱と蒸発熱は等しい。
⑧ H_2O の固体・液体・気体のうち比熱が最も大きい状態は液体である。

問6　図のB点における容器内の H_2O の体積は 10 . 11 $\times 10^{-12}$ L である。10 〜 12 に入る適切な数字を，次の選択肢①〜⑩のうちからそれぞれ一つ選べ。　　**解答番号** 10 〜 12

① 1　　② 2　　③ 3　　④ 4　　⑤ 5
⑥ 6　　⑦ 7　　⑧ 8　　⑨ 9　　⑩ 0

問7　図のD点における容器内の H_2O の体積は 13 14 L である。13, 14 に入る適切な数字を，次の選択肢①〜⑩のうちからそれぞれ一つ選べ。　　**解答番号** 13, 14

① 1　　② 2　　③ 3　　④ 4　　⑤ 5
⑥ 6　　⑦ 7　　⑧ 8　　⑨ 9　　⑩ 0

第2問　次の文章を読み，下の設問に答えよ。

　　フッ素，塩素，臭素，ヨウ素は周期表の　a　族に位置する元素であり，ハロゲンとよばれる。ハロゲンの原子は最外殻に　b　個の電子をもち，また，　ア　が大きいため他の原子と共有した電子を引き付けやすく，その結果として　c　価の　d　イオンになりやすい。

　　ハロゲンの単体はすべて(1)二原子分子からなる物質であるが，　イ　の強さの違いによって気体のものから固体のものまで存在する。塩素の単体を得る方法のひとつに電気分解がある。たとえば，塩化ナトリウム水溶液を電気分解すると　e　極で塩素が発生する。また，(2)濃塩酸に酸化マンガン(IV)を加えて加熱することでも塩素を得ることができる。この場合，発生した塩素の純度を高めるためには，得られた気体をまず　f　に通して　g　を取り除き，次いで　h　に通すことで　i　を取り除けばよい。

　　塩素は水に少し溶ける　A　色の気体である。塩素を溶かした水は酸性を示すため，メチルオレンジを加えると　B　色に変化する。また，酸化力が強いため漂白作用などを示す。塩素そのものも強い酸化力をもち，湿らせたヨウ化カリウムデンプン紙を　C　色に変化させる。

問1　文中の　a　～　e　に入る数または語句として適切なものを，次の選択肢①～⑩のうちからそれぞれ一つ選べ。

a　＝解答番号　1
b　＝解答番号　2
c　＝解答番号　3
d　＝解答番号　4
e　＝解答番号　5

① 1　　　　　② 2　　　　　③ 7　　　　　④ 8　　　　　⑤ 17
⑥ 18　　　　⑦ 正　　　　　⑧ 負　　　　　⑨ 陽　　　　　⑩ 陰

問2　文中の　ア　，　イ　に入る語句として適切なものを，次の選択肢①～⑥のうちからそれぞれ一つ選べ。なお，同じ選択肢を重複して使用してはならない。

ア　＝解答番号　6
イ　＝解答番号　7

① イオン化エネルギー　　② 電子親和力　　　　③ 電気陰性度
④ 水素結合　　　　　　　⑤ 共有結合　　　　　⑥ ファンデルワールス力

問3　文中の　f　～　i　に入る語句として適切なものを，次の選択肢①～⑧のうちからそれぞれ一つ選べ。なお，同じ選択肢を重複して使用してはならない。

f　＝解答番号　8
g　＝解答番号　9
h　＝解答番号　10
i　＝解答番号　11

① 希硝酸　　　　② 液体の水　　　　③ 濃硫酸　　　　④ ジエチルエーテル
⑤ 水蒸気　　　　⑥ アセトン　　　　⑦ 塩化水素　　　　⑧ 濃硝酸

問4　文中の　A　〜　C　に入る色として適切なものを，次の選択肢①〜⑧のうちからそれ
ぞれ一つ選べ。なお，同じ選択肢を重複して使用してはならない。　A　＝解答番号 12
　　　　　　　　　　　　　　　　　　　　　　　　　　　　　　　　B　＝解答番号 13
　　　　　　　　　　　　　　　　　　　　　　　　　　　　　　　　C　＝解答番号 14

① 青　　　　　　② 黒　　　　　　③ 濃緑　　　　　④ 黄緑
⑤ 淡黄　　　　　⑥ 褐　　　　　　⑦ 赤　　　　　　⑧ 白

問5　下線部(1)について，二原子分子からなる物質は次の語群の中にいくつあるか。適切な
ものを，下の選択肢①〜④のうちから一つ選べ。該当するものがない場合は⑤を選べ。
　　　　　　　　　　　　　　　　　　　　　　　　　　　　　　　　解答番号 15

［語群］黄リン，オゾン，単斜硫黄，フラーレン

① 1つ　　　　　② 2つ　　　　　③ 3つ　　　　　④ 4つ　　　　　⑤ 該当なし

問6　下線部(2)の反応を表す次の化学反応式中の空欄に入る係数として適切なものを，下の
選択肢①〜⑨のうちからそれぞれ一つ選べ。係数が1の場合は①を選べ。
　　　　　　　　　　　　　　　　　　　　　　　　　　　　　　　　解答番号 16 〜 20

$$\boxed{16}\ HCl + \boxed{17}\ MnO_2 \longrightarrow \boxed{18}\ MnCl_2 + \boxed{19}\ Cl_2 + \boxed{20}\ H_2O$$

① 1　　　　　　② 2　　　　　　③ 3　　　　　　④ 4　　　　　　⑤ 5
⑥ 6　　　　　　⑦ 7　　　　　　⑧ 8　　　　　　⑨ 9

第3問　次の設問に答えよ。

問1　分子式 C_3H_9N で表される化合物にはいくつの構造異性体が存在するか。適切なものを，次の選択肢①～⑧のうちから一つ選べ。　　　　　　　　　　　　解答番号 $\boxed{1}$

① 1　　　　　　　② 2　　　　　　　③ 3　　　　　　　④ 4
⑤ 5　　　　　　　⑥ 6　　　　　　　⑦ 7　　　　　　　⑧ 8

問2　炭化水素について述べた次の文(A)～(C)を読み，下の選択肢①～⑦のうちから，記述が正しい文の記号だけがすべて含まれているものを一つ選べ。なお，記述の正しい文が一つもないときには該当なしの⑧を選べ。　　　　　　　　　　　　解答番号 $\boxed{2}$

[文]
(A) シクロプロパンとプロピレンは互いに異性体の関係である。
(B) 酢酸ナトリウムと水酸化ナトリウムを混合して加熱するとエタンが発生する。
(C) シス-2-ブテン分子のすべての炭素原子は常に同一平面上にある。

① (A), (B), (C)　　② (A), (B)　　　③ (B), (C)　　　④ (A), (C)
⑤ (A)　　　　　　⑥ (B)　　　　　　⑦ (C)　　　　　　⑧ 該当なし

問3　分子式 C_3H_6O で表されるケトンを A，アルデヒドを B とする。A または B について述べた文として適切なものを，次の選択肢①～⑥のうちから二つ選べ。なお，解答の順序は問わない。　　　　　　　　　　　　解答番号 $\boxed{3}$, $\boxed{4}$

① A は水に溶けにくい。
② A はクメン法の副生成物である。
③ B は分子内に環構造をもつ。
④ B は銀鏡反応を示す。
⑤ A と B はともにヨードホルム反応を示す。
⑥ A と B はともにフェーリング反応を示す。

問4　セッケンおよび合成洗剤について述べた次の文(A)～(C)を読み，下の選択肢①～⑦のうちから，記述が正しい文の記号だけがすべて含まれているものを一つ選べ。なお，記述の正しい文が一つもないときには該当なしの⑧を選べ。　　　　　　　　　　　　解答番号 $\boxed{5}$

[文]
(A) セッケンの水溶液は弱塩基性を示す。
(B) 合成洗剤は硬水中で沈殿を生じる。
(C) セッケンおよび合成洗剤はともに親水性の部分と疎水性の部分をもつ。

① (A), (B), (C)　　　② (A), (B)　　　③ (B), (C)　　　④ (A), (C)
⑤ (A)　　　　　　　⑥ (B)　　　　　⑦ (C)　　　　　⑧ 該当なし

問5　ベンゼンについて述べた文として適切なものを，次の選択肢①～⑥のうちから二つ選べ。
なお，解答の順序は問わない。　　　　　　　　　　　　　　　　　解答番号 6 ， 7

① 燃焼させると多量の煤が発生する。
② 置換反応よりも付加反応を起こしやすい。
③ 濃硝酸と反応させるとピクリン酸を生じる。
④ 濃硫酸と反応させるとフェノールを生じる。
⑤ 塩化ナトリウムをよく溶かす。
⑥ 水よりも密度が小さい。

問6　フェノールについて述べた次の文(A)～(C)を読み，下の選択肢①～⑦のうちから，記
述が正しい文の記号だけがすべて含まれているものを一つ選べ。なお，記述の正しい文が
一つもないときには該当なしの⑧を選べ。　　　　　　　　　　　　　解答番号 8

[文]
(A) ナトリウムと反応してナトリウムフェノキシドを生じる。
(B) 水酸化ナトリウムと反応してナトリウムフェノキシドを生じる。
(C) 塩化鉄(Ⅲ)水溶液を加えると赤紫色に呈色する。

① (A), (B), (C)　　　② (A), (B)　　　③ (B), (C)　　　④ (A), (C)
⑤ (A)　　　　　　　⑥ (B)　　　　　⑦ (C)　　　　　⑧ 該当なし

問7　炭素，水素，酸素からなる有機化合物 X を 23 mg 用意して完全に燃焼させたところ，
二酸化炭素 44 mg と水 27 mg が生じた。また，X には2種類の異性体が存在することがわ
かっている。以上より，X の分子式は $C_{\boxed{9}}H_{\boxed{10}\boxed{11}}O_{\boxed{12}}$ である。 9 ～ 12 に入る適切な数字を，
次の選択肢①～⑩のうちからそれぞれ一つ選べ。　　　　　　　　　　解答番号 9 ～ 12

① 1　　　　　　② 2　　　　　　③ 3　　　　　④ 4　　　　　⑤ 5
⑥ 6　　　　　　⑦ 7　　　　　　⑧ 8　　　　　⑨ 9　　　　　⑩ 0

■化 学 基 礎■

（注）　物理基礎または生物基礎とあわせて1科目として解答。

（2科目 120分）

必要であれば，次の値を用いよ。また，指示がない場合，気体は理想気体として扱ってよい。

アボガドロ定数：$N_A = 6.02 \times 10^{23}/\text{mol}$　　　　水のイオン積：$K_w = 1.0 \times 10^{-14}\ (\text{mol/L})^2$
標準状態における理想気体のモル体積：22.4 L/mol

原子量：H＝1.0,　　He＝4.0,　 Li＝7.0,　　 Be＝9.0,　 B＝10.8,　 C＝12.0,　 N＝14.0, O＝16.0,
　　　　F＝19.0,　 Ne＝20.2, Na＝23.0, Mg＝24.0, Al＝27.0, Si＝28.0, P＝31.0, S＝32.0,
　　　　Cl＝35.5, Ar＝40.0, K＝39.0,　 Ca＝40.0, Sc＝45.0, Ti＝48.0, V＝51.0, Cr＝52.0,
　　　　Mn＝55.0, Fe＝56.0, Co＝58.9, Ni＝58.7, Cu＝64.0, Zn＝65.0, Br＝80.0, Ag＝108,
　　　　Cd＝112,　 Sn＝119, I＝127,　　 Ba＝137, Hg＝200, Pb＝207

（解答上の注意）

1．数値を答える場合は，次の指示に従うこと。

- 解答欄が $\boxed{60}.\boxed{61} \times 10^{\boxed{62}}$，$0.\boxed{63}\boxed{64}$，$\boxed{65}.\boxed{66}$，$\boxed{67}\boxed{68}$ の形式の場合には，数値は
  四捨五入して，有効数字2桁で求めよ。

- 解答欄が $\boxed{70}.\boxed{71}\boxed{72} \times 10^{\boxed{73}}$，$\boxed{74}.\boxed{75}\boxed{76}$，$\boxed{77}\boxed{78}.\boxed{79}$ の形式の場合には，数値は
  四捨五入して，有効数字3桁で求めよ。

  なお，$\boxed{67}$，$\boxed{77}$ は 10 の位を，$\boxed{60}$，$\boxed{65}$，$\boxed{68}$，$\boxed{70}$，$\boxed{74}$，$\boxed{78}$ は 1 の位を，$\boxed{61}$，
  $\boxed{63}$，$\boxed{66}$，$\boxed{71}$，$\boxed{75}$，$\boxed{79}$ は小数第1位を，$\boxed{64}$，$\boxed{72}$，$\boxed{76}$ は小数第2位を，$\boxed{62}$，
  $\boxed{73}$ は底 10 に対する指数の 1 の位を表すものとする。

2．化学式を答える場合は，次の指示に従うこと。

- 化学式が C_4H_8O のとき，解答欄が $C_{\boxed{80}}H_{\boxed{81}\boxed{82}}O_{\boxed{83}}$ の形式の場合には，解答は以下のよう
  になる。

  　　$\boxed{80} = ④$，　$\boxed{81} = ⑩$，　$\boxed{82} = ⑧$，　$\boxed{83} = ①$

3．特に指示がない場合は，同じ選択肢を重複して使用してもよい。

第1問 次の設問に答えよ。

問1 常温常圧で液体状態として存在する混合物として適切なものを，次の選択肢①〜⑧のうちから一つ選べ。 解答番号 $\boxed{1}$

① 黒鉛　　② 塩酸　　③ 硝酸ナトリウム　④ ヨウ素
⑤ 空気　　⑥ 白金　　⑦ 塩化水素　　⑧ 硫酸銅(Ⅱ)五水和物

問2 ^2_1H と $^{17}_8O$ からなる水分子には $\boxed{2}\boxed{3}$ 個の中性子が含まれる。$\boxed{2}$，$\boxed{3}$ に入る適切な数字を，次の選択肢①〜⑩のうちからそれぞれ一つ選べ。 解答番号 $\boxed{2}$，$\boxed{3}$

① 1　　② 2　　③ 3　　④ 4　　⑤ 5
⑥ 6　　⑦ 7　　⑧ 8　　⑨ 9　　⑩ 0

問3 極性分子は次の語群の中にいくつあるか。適切なものを，下の選択肢①〜⑤のうちから一つ選べ。該当するものがない場合は⑥を選べ。 解答番号 $\boxed{4}$

[語群] 塩化水素 HCl，二酸化炭素 CO_2，四塩化炭素 CCl_4，アンモニア NH_3，フッ素 F_2

① 1　　② 2　　③ 3
④ 4　　⑤ 5　　⑥ 該当なし

問4 アルミニウムを希硫酸に加えると水素を発生しながら溶ける。この反応を表す次の化学反応式中の空欄に入る係数として適切なものを，下の選択肢①〜⑨のうちからそれぞれ一つ選べ。係数が1の場合は①を選べ。 解答番号 $\boxed{5}$〜$\boxed{8}$

$$\boxed{5}Al + \boxed{6}H_2SO_4 \longrightarrow \boxed{7}Al_2(SO_4)_3 + \boxed{8}H_2$$

① 1　　② 2　　③ 3　　④ 4　　⑤ 5
⑥ 6　　⑦ 7　　⑧ 8　　⑨ 9

問5 エタンとアセチレンはいずれも炭素と水素からなる化合物であるが，同じ質量の炭素と化合している水素の質量比は，エタン：アセチレン＝3：1である。この事実に最も関係が深い化学法則として適切なものを，次の選択肢①〜⑥のうちから一つ選べ。 解答番号 $\boxed{9}$

① ファラデーの法則　② 気体反応の法則　③ 定比例の法則
④ 倍数比例の法則　　⑤ 質量保存の法則　⑥ アボガドロの法則

問6　3.7 g の水酸化カルシウムが溶けている水溶液を中和するために必要な 2.0 mol/L の希
塩酸の体積は $\boxed{10}$ $\boxed{11}$ mL である。$\boxed{10}$，$\boxed{11}$ に入る適切な数字を，次の選択肢①〜⑩のうち
からそれぞれ一つ選べ。　　　　　　　　　　　　　　　　　　解答番号 $\boxed{10}$，$\boxed{11}$

① 1　　　　　② 2　　　　　③ 3　　　　　④ 4　　　　　⑤ 5
⑥ 6　　　　　⑦ 7　　　　　⑧ 8　　　　　⑨ 9　　　　　⑩ 0

第2問　次の文章を読み，下の設問に答えよ。

　　中和滴定をおこなうとき，正確な濃度の酸もしくは塩基の水溶液を調製する必要がある。
この水溶液を $\boxed{a}$ 溶液という。$\boxed{a}$ 溶液を調製するときに用いる物質は，空気中で組成
が変化しにくく安定な性質をもつ必要がある。
　　シュウ酸二水和物(COOH)$_2$·2H$_2$O の結晶は空気中で安定なため，酸の $\boxed{a}$ 溶液を調製す
るときによく用いられる。シュウ酸二水和物の $\boxed{b}$ 量は 126 であり，4032 mg の結晶を量
り取った場合，その中に含まれるシュウ酸は $\boxed{ア}$ mol，水は $\boxed{イ}$ mol である。これに純水
を加えて全量 500 mL の水溶液を調製したとすると，そのモル濃度は $\boxed{ウ}$ mol/L となる。
　　一方，塩基の $\boxed{a}$ 溶液を調製する場合に水酸化ナトリウムを用いることはできない。水
酸化ナトリウムの結晶は空気中の $\boxed{c}$ を吸収する潮解性をもち，また，空気中の $\boxed{d}$ と
反応する性質があり，純度の高い結晶を得にくいためである。

問1　水溶液を調製するとき，体積が正確な水溶液をつくるために用いる実験器具の名称とし
て適切なものを，次の選択肢①〜⑥のうちから一つ選べ。　　　　解答番号 $\boxed{1}$

① 駒込ピペット　　　　　　　　② メスフラスコ
③ メスシリンダー　　　　　　　④ ビュレット
⑤ コニカルビーカー　　　　　　⑥ 三角フラスコ

問2　文中の $\boxed{a}$ に入る語句として適切なものを，次の選択肢①〜④のうちから一つ選べ。
　　　　　　　　　　　　　　　　　　　　　　　　　　　　　　解答番号 $\boxed{2}$

① 価標　　　　　② 指示　　　　　③ 標準　　　　　④ 精製

問3　文中の $\boxed{b}$ に入る語句として適切なものを，次の選択肢①〜④のうちから一つ選べ。
　　　　　　　　　　　　　　　　　　　　　　　　　　　　　　解答番号 $\boxed{3}$

① 原子　　　　　② 質　　　　　③ 物質　　　　　④ 式

問4　文中の ア ～ ウ に入る数値として適切なものを，次の選択肢①〜⑩のうちからそれぞれ一つ選べ。

ア ＝解答番号 4
イ ＝解答番号 5
ウ ＝解答番号 6

① 1.0×10^{-2}　② 1.6×10^{-2}　③ 2.0×10^{-2}　④ 2.5×10^{-2}　⑤ 3.0×10^{-2}
⑥ 3.2×10^{-2}　⑦ 5.0×10^{-2}　⑧ 6.4×10^{-2}　⑨ 8.0×10^{-2}　⑩ 9.6×10^{-2}

問5　文中の c ， d に入る語句として適切なものを，次の選択肢①〜⑥のうちからそれぞれ一つ選べ。なお，同じ選択肢を重複して使用してはならない。　c ＝解答番号 7　d ＝解答番号 8

① 酸素　　　　　　　　② 窒素　　　　　　　　③ 二酸化炭素
④ アルゴン　　　　　　⑤ 水素　　　　　　　　⑥ 水蒸気

問6　不純物を含む水酸化ナトリウムの結晶4.0 gを量り取って体積1.0 Lの水溶液をつくり，その 20 mL に対して指示薬としてフェノールフタレインを加え， ウ mol/L のシュウ酸水溶液を滴下したところ，終点までに 12.5 mL を要した。これについて，次の問(i)，(ii)に答えよ。ただし，水酸化ナトリウム以外の物質はシュウ酸と反応しないものとする。

(i) 中和点の前後でフェノールフタレインの色はどのように変化するか。適切なものを，次の選択肢①〜⑥のうちから一つ選べ。　解答番号 9

① 赤色→無色　　　　　② 赤色→黄色　　　　　③ 無色→赤色
④ 黄色→赤色　　　　　⑤ 黄色→青色　　　　　⑥ 青色→黄色

(ii) 量り取った水酸化ナトリウムの結晶の純度は 10 11 ％である。 10 ， 11 に入る適切な数字を，次の選択肢①〜⑩のうちからそれぞれ一つ選べ。　解答番号 10 ， 11

① 1　　　② 2　　　③ 3　　　④ 4　　　⑤ 5
⑥ 6　　　⑦ 7　　　⑧ 8　　　⑨ 9　　　⑩ 0

生　物

■生物基礎・生物■

（2科目 120分）

第1問　次の文章を読み，下の設問に答えよ。

　酵素は生体触媒とも呼ばれる物質であり，(1)生体内でおこる様々な化学反応を促進するはたらきを担っている。酵素の主成分は $\boxed{a}$ であり，その分子は(2)複雑な立体構造をもつ。酵素が作用する物質を $\boxed{b}$ といい，酵素が $\boxed{b}$ と結合する部分を $\boxed{c}$ 部位という。温度や pH の変化によって酵素の立体構造は変化するため，それぞれの酵素には特定の最適温度や最適 pH がある。

　ある被子植物の(3)発芽種子を粉末状にし，水を加えて抽出液 A を作製した。A にはデンプンに作用して分解する酵素である $\boxed{d}$ が含まれている。6本の試験管 1〜6 にそれぞれ 10 mL のデンプン溶液を入れてその pH を 3.0〜8.0 の範囲で調整し，少量のヨウ素液と 5 mL の抽出液 A を加えた。試験管を最適温度に保って(4)反応溶液の色が変化するまでの時間を測定したところ，表1のような結果が得られた。

表1

試験管	1	2	3	4	5	6
反応溶液の pH	3.0	4.0	5.0	6.0	7.0	8.0
時間〔分〕	25	16	10	13	20	30

　また，50 mL のデンプン溶液を最適 pH に調整し，1 mL の抽出液 A を加えてから時間とともにデンプンの分解によって生成する物質の質量を測定したところ，図1の太線アのような結果が得られた。

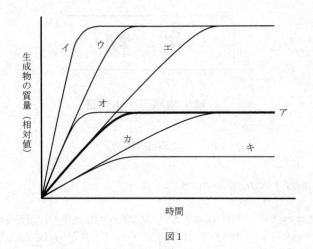

図 1

問1　文中の　a　～　c　に入る語句として適切なものを，次の選択肢①～⑧のうちからそれぞれ一つ選べ。なお，同じ選択肢を重複して使用してはならない。
　　　　　　　　　　　　　　　　　　　　　　a　=解答番号　1
　　　　　　　　　　　　　　　　　　　　　　b　=解答番号　2
　　　　　　　　　　　　　　　　　　　　　　c　=解答番号　3

　　① 5′キャップ　　② 活性　　　　③ タンパク質　　④ アロステリック
　　⑤ DNA　　　　　⑥ ポリ A　　　⑦ 基質　　　　　⑧ 炭水化物

問2　下線部(1)について，ATP のエネルギーを消費して進行する化学反応として適切なものを，次の選択肢①～⑥のうちから一つ選べ。　　　　　　　　　解答番号　4

　　① 小腸における脂肪の分解
　　② 抗原に対する抗体の結合
　　③ クエン酸回路におけるコハク酸の脱水素反応
　　④ カルビン・ベンソン回路における PGA から GAP の合成
　　⑤ 腎臓における血液のろ過
　　⑥ アルコール発酵におけるピルビン酸からエタノールの合成

問3　下線部(2)について，α－ヘリックスやβ－シートなどの立体構造はどの階層に分類されるか。適切なものを，次の選択肢①～④のうちから一つ選べ。　　解答番号　5

　　① 一次構造　　　② 二次構造　　　③ 三次構造　　　④ 四次構造

問4　文中の　d　に入る語句として適切なものを，次の選択肢①～⑥のうちから一つ選べ。
　　　　　　　　　　　　　　　　　　　　　　　　　　　　　　解答番号　6

① カタラーゼ　　　　② リパーゼ　　　　③ ペプシン
④ アミラーゼ　　　　⑤ アルブミン　　　⑥ トリプシン

問5　下線部(3)について，ムギの発芽種子において発芽を促進するホルモンおよびそのホルモンが作用する部位として適切なものを，次の選択肢①〜⑥のうちから一つ選べ。
解答番号 7

　　　　　ホルモン　　　　　　作用する部位
① アブシシン酸　　　　胚
② アブシシン酸　　　　胚乳
③ サイトカイニン　　　胚乳
④ サイトカイニン　　　糊粉層
⑤ ジベレリン　　　　　胚
⑥ ジベレリン　　　　　糊粉層

問6　下線部(4)について，デンプンが完全に分解されると溶液の色はどのように変化するか。適切なものを，次の選択肢①〜⑥のうちから一つ選べ。
解答番号 8

① 赤色→無色　　　　② 無色→赤色　　　　③ 青紫色→無色
④ 無色→青紫色　　　⑤ 黄色→無色　　　　⑥ 無色→黄色

問7　表1の結果より，抽出液Aに含まれる d の最適pHとして最も適切なものを，次の選択肢①〜⑥のうちから一つ選べ。
解答番号 9

① 3.0　　　　② 4.0　　　　③ 5.0　　　　④ 6.0　　　　⑤ 7.0
⑥ 8.0

問8　50 mLのデンプン溶液のpHを7.0に調整して1 mLの抽出液Aを加えた場合，時間とともに生成物の質量はどのように変化するか。図1のグラフの中で最も適切なものを，選択肢①〜⑦のうちから一つ選べ。
解答番号 10

① ア　　　　② イ　　　　③ ウ　　　　④ エ
⑤ オ　　　　⑥ カ　　　　⑦ キ

問9　100 mLのデンプン溶液を最適pHに調整して2 mLの抽出液Aを加えた場合，時間とともに生成物の質量はどのように変化するか。図1のグラフの中で最も適切なものを，選択肢①〜⑦のうちから一つ選べ。
解答番号 11

① ア　　　　② イ　　　　③ ウ　　　　④ エ
⑤ オ　　　　⑥ カ　　　　⑦ キ

第2問　ショウジョウバエの受精から体節の分化までに関して，下の設問に答えよ。

問1　受精について述べた次の[文](A)〜(C)を読み，下の選択肢①〜⑦のうちから，記述が正しい文の記号だけがすべて含まれているものを一つ選べ。なお，記述の正しい文が一つもないときには該当なしの⑧を選べ。　　　　　　　　　　　　　　　**解答番号** [1]

[文]

(A) ショウジョウバエは体外受精をおこなう。

(B) 受精卵では表割が見られる。

(C) 受精卵では核が何度も分裂して多数の核が形成される。

① (A), (B), (C)　　　② (A), (B)　　　③ (B), (C)　　　④ (A), (C)

⑤ (A)　　　　　　　⑥ (B)　　　　　　⑦ (C)　　　　　⑧ 該当なし

問2　母性因子について述べた次の[文](A)〜(C)を読み，下の選択肢①〜⑦のうちから，記述が正しい文の記号だけがすべて含まれているものを一つ選べ。なお，記述の正しい文が一つもないときには該当なしの⑧を選べ。　　　　　　　　　　　　　　　**解答番号** [2]

[文]

(A) 前端にはビコイド mRNA が局在している。

(B) 後端にはディシェベルド mRNA が局在している。

(C) ビコイド mRNA は受精後に翻訳される。

① (A), (B), (C)　　　② (A), (B)　　　③ (B), (C)　　　④ (A), (C)

⑤ (A)　　　　　　　⑥ (B)　　　　　　⑦ (C)　　　　　⑧ 該当なし

問3　分節遺伝子について述べた次の[文](A)〜(C)を読み，下の選択肢①〜⑦のうちから，記述が正しい文の記号だけがすべて含まれているものを一つ選べ。なお，記述の正しい文が一つもないときには該当なしの⑧を選べ。　　　　　　　　　　　　　　　**解答番号** [3]

[文]

(A) 分節遺伝子は調節遺伝子としてはたらく。

(B) ギャップ遺伝子群は母性因子によって発現が調節される。

(C) ギャップ遺伝子群がはたらくことで胚がおおまかに区画化される。

① (A), (B), (C)　　　② (A), (B)　　　③ (B), (C)　　　④ (A), (C)

⑤ (A)　　　　　　　⑥ (B)　　　　　　⑦ (C)　　　　　⑧ 該当なし

問4 胚の区画化について述べた次の[文](A)～(C)を読み，下の選択肢①～⑦のうちから，記述が正しい文の記号だけがすべて含まれているものを一つ選べ。なお，記述の正しい文が一つもないときには該当なしの⑧を選べ。　　　　　　　　　　　　　　**解答番号** 4

[文]

(A) ギャップ遺伝子群によってペアルール遺伝子群の発現が誘導される。

(B) ペアルール遺伝子群によってセグメントポラリティー遺伝子群の発現が誘導される。

(C) セグメントポラリティー遺伝子群のはたらきで 7 つあるすべての体節の区分が決定する。

① (A), (B), (C)　　② (A), (B)　　③ (B), (C)　　④ (A), (C)

⑤ (A)　　　　　　⑥ (B)　　　　⑦ (C)　　　　⑧ 該当なし

問5 ホメオティック遺伝子群と突然変異体について述べた次の[文](A)～(C)を読み，下の選択肢①～⑦のうちから，記述が正しい文の記号だけがすべて含まれているものを一つ選べ。なお，記述の正しい文が一つもないときには該当なしの⑧を選べ。　　　　　　**解答番号** 5

[文]

(A) ホメオティック遺伝子群はすべて同一の染色体上にある。

(B) アンテナペディア突然変異体では，脚が形成される位置に触角が形成される。

(C) バイソラックス突然変異体では，二重の胸部と二対の翅が形成される。

① (A), (B), (C)　　② (A), (B)　　③ (B), (C)　　④ (A), (C)

⑤ (A)　　　　　　⑥ (B)　　　　⑦ (C)　　　　⑧ 該当なし

第3問　次の文章を読み，下の設問に答えよ。

　　ある生物の特定の遺伝子を取り出し，別の生物の DNA に組み込むことを遺伝子組換えという。この技術を応用して，ヒトの(1)インスリンや成長ホルモンなどのタンパク質を大腸菌に生産させることができる。

　　ただし，| a |の遺伝子には| b |が含まれており，染色体から直接取り出した遺伝子を大腸菌に導入しても本来のタンパク質は合成されない。| c |には| d |のしくみが備わっていないからである。そこで，| e |だけが結合した遺伝子 DNA を準備することが必要となる。

　　大腸菌にインスリンを生産させる場合，まず(2)インスリンを合成しているヒトの細胞から| ア |を抽出する。これを鋳型として| イ |によって相補的な DNA (cDNA) を合成し，さらに PCR 法によって cDNA を大量に増幅する。次に，大腸菌から取り出した| ウ |を(3)特定の塩基配列を認識して切断する| エ |によって切断し，増幅した cDNA と| ウ |を| オ |によって結合させる。これを大腸菌に戻して培養することにより，ヒトのインスリンが合成されるようになる。

問1　下線部(1)について述べた次の[文](A)～(C)を読み，下の選択肢①～⑦のうちから，記述が正しい文の記号だけがすべて含まれているものを一つ選べ。なお，記述の正しい文が一つもないときには該当なしの⑧を選べ。　　　　　　　　　　　　　　解答番号| 1 |

[文]
(A)　どちらも血糖量を増加させるはたらきをもつ。
(B)　インスリンは肝臓におけるグリコーゲン合成を促進する。
(C)　成長ホルモンは組織の細胞におけるタンパク質合成を促進する。

①　(A), (B), (C)　　　②　(A), (B)　　　③　(B), (C)　　　④　(A), (C)
⑤　(A)　　　　　　　⑥　(B)　　　　　　⑦　(C)　　　　　⑧　該当なし

問2　文中の| a |～| e |に入る語句として適切なものを，次の選択肢①～⑧のうちからそれぞれ一つ選べ。なお，同じ選択肢を重複して使用してはならない。　| a |＝解答番号| 2 |
　　　　　　　　　　　　　　　　　　　　　　　　　　　　　　　　| b |＝解答番号| 3 |
　　　　　　　　　　　　　　　　　　　　　　　　　　　　　　　　| c |＝解答番号| 4 |
　　　　　　　　　　　　　　　　　　　　　　　　　　　　　　　　| d |＝解答番号| 5 |
　　　　　　　　　　　　　　　　　　　　　　　　　　　　　　　　| e |＝解答番号| 6 |

①　翻訳後修飾　　　②　真核細胞　　　③　イントロン　　　④　スプライシング
⑤　エキソン　　　　⑥　クロマチン　　⑦　原核細胞　　　　⑧　ウイルス

問3　文中の ア ～ オ に入る語句として適切なものを，次の選択肢①～⑧のうちからそれぞれ一つ選べ。なお，同じ選択肢を重複して使用してはならない。 ア ＝解答番号 7

イ ＝解答番号 8

ウ ＝解答番号 9

エ ＝解答番号 10

オ ＝解答番号 11

① インスリン　　　② DNA リガーゼ　　③ DNA　　　　　④ RNA ポリメラーゼ

⑤ 制限酵素　　　　⑥ mRNA　　　　　　⑦ プラスミド　　⑧ 逆転写酵素

問4　下線部(2)について，その細胞はどの器官・臓器にあるか。適切なものを，次の選択肢①～⑨のうちから一つ選べ。 解答番号 12

① 脳下垂体前葉　　　　② 脳下垂体中葉　　　　③ 脳下垂体後葉

④ 甲状腺　　　　　　　⑤ 副甲状腺　　　　　　⑥ すい臓

⑦ 肝臓　　　　　　　　⑧ 腎臓　　　　　　　　⑨ 心臓

問5　下線部(3)について，EcoRI は大腸菌がもつ エ の一種であり，次のような塩基配列を認識して DNA を切断する。

$$5´ \cdots GAATTC \cdots 3´$$
$$3´ \cdots CTTAAG \cdots 5´$$

　塩基配列がまったくランダムな 32000 塩基対からなる DNA に対して EcoRI を作用させたとき，生じる DNA 断片の長さは平均で何塩基対か。最も適切なものを，次の選択肢①～⑧のうちから一つ選べ。 解答番号 13

① 1000　　　　　② 2000　　　　　③ 3000　　　　　④ 4000

⑤ 6000　　　　　⑥ 8000　　　　　⑦ 10000　　　　⑧ 16000

■生 物 基 礎■

（注）　化学基礎とあわせて１科目として解答。

（2 科目 120 分）

第１問　次の文章を読み，下の設問に答えよ。

　　分裂を繰り返している動物細胞の集団を(1)適切な処理をおこなったのちに(2)光学顕微鏡を用いて観察すると，次に示すA～Eのようなさまざまな状態の細胞が確認できた。

　状態A：明瞭な核が見られる。
　状態B：核が見られず，太く凝縮した染色体が赤道面に並んでいる。
　状態C：核が見られず，赤道付近の細胞膜が細胞の中心に向かってくびれている。
　状態D：核が見られず，やや凝縮した染色体が分散している。
　状態E：核が見られず，凝縮した染色体が細胞の両極に見られる。

　　上記の培養細胞の細胞周期は 20 時間であることがわかっている。培養細胞の集団の一部の観察をおこなったところ，それぞれの状態の細胞数は表１のようになった。

表１

	状態A	状態B	状態C	状態D	状態E
細胞数〔個〕	570	9	6	8	7

　　また，1000 個の培養細胞を取り出して個々の細胞に含まれる DNA 量を測定したところ，図１のような結果が得られた。

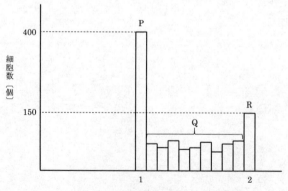

図1　細胞あたりの DNA 量（相対値）

問1　下線部(1)について述べた次の[文](A)〜(C)を読み，下の選択肢①〜⑦のうちから，記述が正しい文の記号だけがすべて含まれているものを一つ選べ。なお，記述の正しい文が一つもないときには該当なしの⑧を選べ。　　　　　　　　　　　　　解答番号 1

[文]

(A) 細胞の形態を安定化させるため，はじめに特定の薬品で処理して固定する。

(B) 希塩酸に浸して細胞壁を分解し，細胞をばらばらにする解離をおこなう。

(C) 染色体を観察するため，酢酸オルセインを用いて染色する。

① (A), (B), (C)　　② (A), (B)　　③ (B), (C)　　④ (A), (C)

⑤ (A)　　　　　　⑥ (B)　　　　⑦ (C)　　　　⑧ 該当なし

問2　下線部(2)について，光学顕微鏡の特徴について述べた次の[文](A)〜(C)を読み，下の選択肢①〜⑦のうちから，記述が正しい文の記号だけがすべて含まれているものを一つ選べ。なお，記述の正しい文が一つもないときには該当なしの⑧を選べ。　　　　解答番号 2

[文]

(A) レンズを変更して高い倍率に変えると視野は暗くなる。

(B) ヒトの赤血球を観察できる。

(C) ウイルスは観察できない。

① (A), (B), (C)　　② (A), (B)　　③ (B), (C)　　④ (A), (C)

⑤ (A)　　　　　　⑥ (B)　　　　⑦ (C)　　　　⑧ 該当なし

問3　本文中の状態 A〜C はそれぞれ細胞周期のどの時期に相当するか。適切なものを，次の選択肢①〜⑤のうちからそれぞれ一つ選べ。なお，同じ選択肢を重複して使用してはならない。　　　　　　　　　　　　　　　　　　　　　　　　　A＝解答番号 3

B＝解答番号 4

C＝解答番号 5

① 分裂期前期　　② 分裂期中期　　③ 分裂期後期　　④ 分裂期終期　　⑤ 間期

問4　表1の結果から，この培養細胞が分裂期（M 期）に要する時間として適切なものを，次の選択肢①〜⑥のうちから一つ選べ。　　　　　　　　　　　　　解答番号 6

① 1 時間　　　　　② 2 時間　　　　　③ 3 時間

④ 10 時間　　　　⑤ 15 時間　　　　⑥ 19 時間

問5　図1のQおよびRにはどの時期の細胞が含まれるか。適切なものを，次の選択肢①～
　　　⑨のうちからそれぞれ一つ選べ。なお，同じ選択肢を重複して使用してはならない。

Q＝解答番号 7

R＝解答番号 8

① M期のみ　　　　　　② S期のみ　　　　　　③ G₁期のみ

④ G₂期のみ　　　　　　⑤ M期とS期　　　　　⑥ G₁期とG₂期

⑦ M期とG₂期　　　　　⑧ G₁期とS期　　　　　⑨ S期とG₂期

問6　表1および図1の結果から，この培養細胞がS期およびG₂期に要する時間として最も
　　　適切なものを，次の選択肢①～⑩のうちからそれぞれ一つ選べ。　S期＝解答番号 9

G₂期＝解答番号 10

① 1時間　　　　　　② 2時間　　　　　③ 3時間　　　　　④ 4時間

⑤ 5時間　　　　　　⑥ 6時間　　　　　⑦ 7時間　　　　　⑧ 8時間

⑨ 9時間　　　　　　⑩ 10時間

第2問　ヒトの器官・臓器に関して，下の設問に答えよ。

問1　心臓について述べた次の[文](A)～(C)を読み，下の選択肢①～⑦のうちから，記述が正
　　　しい文の記号だけがすべて含まれているものを一つ選べ。なお，記述の正しい文が一つも
　　　ないときには該当なしの⑧を選べ。　　　　　　　　　　　　　　　　解答番号 1

[文]
(A) 内部構造は合計4つの部屋に分かれている。
(B) 心筋の厚みは心室よりも心房の方が厚い。
(C) 心房と心室の間には弁がある。

① (A), (B), (C)　　　② (A), (B)　　　③ (B), (C)　　　④ (A), (C)

⑤ (A)　　　　　　　⑥ (B)　　　　　　⑦ (C)　　　　　⑧ 該当なし

問2　腎臓について述べた次の[文](A)～(C)を読み，下の選択肢①～⑦のうちから，記述が正
　　　しい文の記号だけがすべて含まれているものを一つ選べ。なお，記述の正しい文が一つも
　　　ないときには該当なしの⑧を選べ。　　　　　　　　　　　　　　　　解答番号 2

[文]
(A) 腎小体は糸球体とボーマンのうからなる。
(B) 腎小体は皮質に存在する。
(C) 腎臓を通過した血液は原尿となり腎静脈を流れる。

① (A), (B), (C)   ② (A), (B)   ③ (B), (C)   ④ (A), (C)
⑤ (A)   ⑥ (B)   ⑦ (C)   ⑧ 該当なし

問3 肝臓について述べた次の[文](A)〜(C)を読み，下の選択肢①〜⑦のうちから，記述が正しい文の記号だけがすべて含まれているものを一つ選べ。なお，記述の正しい文が一つもないときには該当なしの⑧を選べ。 **解答番号 3**

[文]
(A) 多数の肝細胞が集まった肝小葉とよばれる基本単位が1億個ほど存在する。
(B) 血液凝固に関与するタンパク質を合成する。
(C) アミノ酸が分解されて生じる尿素を水に溶けやすいアンモニアに変換する。

① (A), (B), (C)   ② (A), (B)   ③ (B), (C)   ④ (A), (C)
⑤ (A)   ⑥ (B)   ⑦ (C)   ⑧ 該当なし

問4 甲状腺について述べた次の[文](A)〜(C)を読み，下の選択肢①〜⑦のうちから，記述が正しい文の記号だけがすべて含まれているものを一つ選べ。なお，記述の正しい文が一つもないときには該当なしの⑧を選べ。 **解答番号 4**

[文]
(A) 腎臓の直下にある。
(B) 甲状腺の細胞は代謝を調節するはたらきをもつホルモンを分泌する。
(C) 甲状腺の細胞は血液中のチロキシン濃度を感知してホルモン分泌の量を調節する。

① (A), (B), (C)   ② (A), (B)   ③ (B), (C)   ④ (A), (C)
⑤ (A)   ⑥ (B)   ⑦ (C)   ⑧ 該当なし

問5 脾臓について述べた次の[文](A)〜(C)を読み，下の選択肢①〜⑦のうちから，記述が正しい文の記号だけがすべて含まれているものを一つ選べ。なお，記述の正しい文が一つもないときには該当なしの⑧を選べ。 **解答番号 5**

[文]
(A) 血管が多く分布する。
(B) リンパ管が多く分布する。
(C) 免疫反応の場となる。

① (A), (B), (C)　　② (A), (B)　　③ (B), (C)　　④ (A), (C)

⑤ (A)　　　　　　⑥ (B)　　　　⑦ (C)　　　⑧ 該当なし

国　語

（二科目　一二〇分）

第一問　次の文章を読んで、後の設問に答えよ。

ウォルト・ディズニーが生きた時代は「アメリカの世紀」でもあり、映像の世紀でもあり、戦争の時代でもあり、そして大衆文化が｜Ａ｜的に発展した時代でもある。ミッキーマウスが誕生したのは、一九二八年のこと。アナーキーで前衛的で、どこまでも自由なりのネズミは技術と自然の賜だった。その後まもなくして第二次世界大戦が始まり、そしてウォルト・ディズニーは冷戦のただなかにこの世を去った。米ソの緊張が高まるなか、彼が築いた世界は、西側諸国の資本主義的な豊かさを象徴する大衆文化として、また「アメリカ」を象徴する｜Ｂ｜として受け入れられてきた。

ウォルト・ディズニーの時代というものがあるとすれば、一九二〇年代末から没年の一九六六年まで、およそ四〇年間をそう呼ぶことができるだろう。作品で言えば、ミッキーマウスが誕生した一九二八年から最後に手がけた遺作『ジャングル・ブック』（一九六七）までだろうか。だが、ミッキー前史としていくつもの作品があり、また彼の世界は六六年の死とともに唐突に途切れたわけではない。ディズニーの「テーマ」はその後も途絶えることなく、ジャンルを越境し、メディアミックスを前提とした環境のなかで大胆な変容を遂げている。いや、その世界はむしろ、無限にその境界を押し広げ、増殖の一途を辿っているというべきだろう。

だが、こうした展開を迎えるなかで、意外にもウォルト自身が創出した世界については、あまり知られていないのではないか。大学でディズニーについて語ると、『ダンボ』や『ベンビ』などとよく知られていると思われる作品でさえ、どうやら映像を見たことのある学生は思いのほかなくて驚いたことがある。そうしたなかで、あえて原点に戻ってウォルト・ディズニーとその世界に目を向け、ディズニーの美学と政治学について自分なりに掘り下げてみよう。そう思って手がけたのが本書である。

グローバルなメディア帝国と化したディズニー文化を語る前に、その原点にあたるウォルト・ディズニーがそもそも何に関心を抱き、｜Ｄ｜なぜアニメーションというメディアに憑かれたのか。そして二〇世紀を通じてその世界はどのように変容してきたのか。まずはここから問いを始めてみたい。ひるがえってそれは、メディアテクノロジーが進展するなかで現実と虚構、文化と自然、人間と動物といった二元論に対して、ウォルトがどのように向き合ってきたのか。そして拡張するそのメディア空間を通じて、わたしたちの身体がどのような知覚、認識の変容を遂げてきたのかといった問いを探究することになるだろう。

一九〇一年に誕生したウォルト・ディズニー（本名ウォルター・イライアス・ディズニー）は、アメリカ中西部ミズーリ州のマーセリン農場で幼年時代を過ごした。その後、父が肺炎にかかり農場を手放すまでシカゴで暮らすことになる。ウォルトはまもなくこの土地の自然と動物

を愛していた。そのことは彼の作品にも色濃く反映されている。とりわけ初期の作品には、農場や田園を舞台にしたものが多く、平和で牧歌的な風景が描かれている。また『ダンボ』（一九四一）や『バンビ』（一九四二）は戦時下の時代状況を反映しつつ、動物をめぐるある種の「神話」として機能してきた。ウォルト自身、動物たちは人間の心を癒し、自然界は大いなる知恵をわたしたちに授けてくれると述べていたように、ウォルト時代のディズニー映画にとって、動物たちは必要不可欠な存在である。

しかし、その一方でウォルトの世界を特徴づけているのは、自然を徹底して抹消し、浄化した[　E　]でもある。じっさいウォルトが暮らしたアメリカ中西部の大平原は、砂嵐や泥[　F　]といった、自然の猛威を目の当たりにする場所だった。そのため人々は自然の脅威を[　G　]し、「安全で清潔で快適な世界」を強烈に憧れていたという。それゆえ、ディズニーの世界は、自然の美しさを演出すると同時に、けっしてそのままに自然が成長することは許されず、巨大な資本を投入してきわめて「反自然的な世界」「徹底的に飼い馴らされ、無菌化[　H　]ニュラ化」された世界に仕上がっているというわけだ。

ドイツの哲学者ペーター・スローターダイクは、かつて外部にあったものを内部へと引き込んだ[　I　]のような空間──グローバルな資本主義が生のあらゆる条件を決定する「資本の内部空間」──の最初の兆候を一八五一年の万国博覧会におけるロンドン水晶宮に見てとったわけだが、ウォルトが晩年に構想した実験未来都市（EPCOT）──それは雨や気温、湿度が完全にコントロールされた「気候管制区域」が構想された──やエンジニアリングからなる空間だった──その行方を読みとることができる。そこに浮かび上がるのは、メディアテクノロジーと資本を通して、人間を中心に動物、自然界との共存を企図していうとする、人新世的な視座からなる未来像である。

だが、ディズニーをたんに資本主義の象徴としてのみ捉えてしまうと多くのことを見逃してしまうだろう。むしろここで目を向けたいのは、それにもかかわらず、「ディズニーがこれほど多くの人々を魅了し、その作品が同意も抵抗の闘技場としても、これほど長きにわたって語り継がれてきたのはなぜか」という問いである。

スクリーンには複数の欲望が刻印されている。とはいえ、ディズニーの世界において、夢は必ずしも魔法によって叶えられているわけではない。魔法には必ず条件があるからだ。シンデレラの魔法は夜中十二時の鐘の音とともに解け、アリエルが手にする魔法は人間の三本の足を手に入れるため、その美しい声を放さなければならなかった。エルサが手にする魔法は世界を氷結させる。『美女と野獣』（一九九一）や『プリンセスと魔法のキス』（二〇〇九）では、動物の世界から人間の世界へ、あるいは人間の世界から動物の世界へ移行するさいに魔法が働く。だが、魔法は必ずしも夢を叶えるだけではない。場合によっては、「悪」に彩られた邪悪な魔法こそが、物語の原動力となることもある。白雪姫の継母が鏡をのぞきこむのは、そこに自分が望む姿を見たいからだ。白雪姫が願いの叶う井戸をのぞきこみ、その水面に王子と自分の姿を見たように。だが、現実はなかなかうまくはいかない。だからこそロマンスとサスペンスが、そして思いがけないコメディが始まるのである。

とすれば、ディズニーがスクリーンに映し出してきた物語は、たんなる夢と魔法の世界ではない。では、そこにはいかなるドラマが繰り広げられてきたのだろうか。

ウォルトがもたらした世界は、たんに架空のネズミのキャラクターが語り、歌い、楽器を演

奏し、音楽のビートにあわせて動くだけではない。二〇世紀初頭、ディズニーアニメーションに魅了された一連の映画監督セルゲイ・エイゼンシュテインは、その魅力を「恒久的な割り当てられた形態の拒絶、固定からの自由、ダイナミックにあらゆる形態をとる能力」にあると述べている。ドローイングの形状が生き物のように変化していく能力を、彼は「原形質性」と呼んだ。

この魅力は、フランスの哲学者ジル・ドゥルーズとフェリックス・ガタリが創出した「逃走線」という概念とも響きを合うものだ。逃走することは「現実を生産し、生を想像すること」である。「線」とはわたしたちの生であり、欲望そのものを意味していると彼らは言っていた。この「逃走線」という概念から大きな影響を受けた人類学者ティム・インゴルドもまた、「線」をめぐる議論のなかで「生きていること」を力動的、創造的な流れとして捉え、物質と生命の不可分性を「アニミック・オントロジー」と呼んでいる。

初期のミッキーマウス映画に充溢していたこのダイナミックな生の世界は、しかしアメリカのディズニー研究者スティーヴン・ワッツが「ハイブリッドな『センチメンタル・モダニスト』」と呼ぶ世界観と共振しながら物語を紡いでいく。ワッツは、つぎのように述べている。

　　ディズニーという笑いと革新、そして収益を求めてたぐい稀な才能を発揮したエンターテイナーは、モダニスト芸術の領域に転がり込み、その形式と技法の実験者となった。だが彼の真の美意識は、一九世紀のセンチメンタル・リアリズムの内なるリズムにあわせて脈打っていた。彼のサイケデリック朝的な感性は、果敢なモダニズムの引力とカウンターしていたが、どちらも完全に勝利したわけではなかった。この内的葛藤から、彼は「ハイブリッドなセンチメンタル・モダニスト」となり、二〇世紀のアメリカの鍵となる重要な文化的変容を手助けしたのである。

ワッツがここでいうモダニズムを、わたしたちはリアル・ハンセンにならって「ヴァナキュラー・モダニズム」と呼ぶことができるだろう。つまり、映画、建築、ファッション、写真、ラジオ、レコードといった、人々の生活に根ざした大衆的で土着的なモダニズムだ。これらのメディアは、それぞれの時代と場所に固有の文脈に深く依拠し、にもかかわらずグローバルな越境性のうちに生産/消費され、新たな集団的知覚と経験をもたらした。その力学は、わたしたち自身の時代を規定する政治的な力学とも分かちがたく結びついている。

では、モッピが語られる物語はどのような歴史を引き受け、何を語り、何を伝えようとしてきたのだろうか。そのさい、テクノロジーの進展は、ディズニーが一貫して探求してきたリアリティ、あるいはリアリティの擬装をどのように刷新し、それによってわたしたちの知覚をどのように変容してきたのだろうか。

ドイツの思想家ヴァルター・ベンヤミンは、映画をひとつの遊戯形式として捉えようとした。ベンヤミンにとって、映画は、資本主義的、帝国主義的に使用され、自然を支配し、人間性を（自己）破壊する道具と化してしまった技術を、「自然と人類の共同遊戯」として覆す最後のチャンスだった。子どもが月とボールを取り違え、月に手を伸ばし、それをつかむことを学ぶように、ベンヤミンは技術による諸感覚の疎外と、それを無効化し、自然と技術のオルタナティヴな関係を始動させるユートピア的可能性を映画のなかに探っていた。だからこそ、ベンヤミンはミッキー

マウスを、その「サイボーグ的性質」によって「　M　」として捉えたのである。

（清水 知子「ディズニーと動物」一部改）

注　ミーム … イギリスの進化生物学者リチャード・ドーキンスが提唱した文化の伝達
　　　　　や複製の基本単位。

　　ジオエンジニアリング … 気候工学。人為的な気候変動の対策として行う意図的な
　　　　　惑星環境の大規模改変。

　　人新世 … 二十一世紀に入ってから新たに提唱されている「人類の時代」という意
　　　　　味の地質学的な新しい時代区分。人類が産業革命などを通じて地球規模の環境変化に
　　　　　もたらした影響に注目して提案された。

　　アニミック・オントロジー … 生物・無機物を問わず、すべてのものの中に霊魂が
　　　　　存在するという思想。

　　ハイブリッド … 異種なものの合成物。

　　モダニズム … 近代主義。

　　オルタナティヴ … 主流な方法に代わる新しいもの。

問一　傍線A・C・F・G・Hに用いるべき漢字を、次の選択肢①〜⑤のうちからそれぞ
　　れ一つ選べ。

A　ヒヤク　　　　　　　　　　　　　　　　　　　　　　　　解答番号 [1]
　　① 躍　　② 踏　　③ 跳　　④ 蹴　　⑤ 踊

C　受けイれられてきた　　　　　　　　　　　　　　　　　　解答番号 [2]
　　① 納　　② 要　　③ 居　　④ 射　　⑤ 容

F　カッキ　　　　　　　　　　　　　　　　　　　　　　　　解答番号 [3]
　　① 核　　② 角　　③ 閣　　④ 革　　⑤ 格

G　キヒ　　　　　　　　　　　　　　　　　　　　　　　　　解答番号 [4]
　　① 稀　　② 鬼　　③ 機　　④ 忌　　⑤ 起

H　シュウ　　　　　　　　　　　　　　　　　　　　　　　　解答番号 [5]
　　① 修　　② 習　　③ 臭　　④ 囚　　⑤ 襲

問二　空欄Bに入れるのに最も適当なものを、次の選択肢①〜⑤のうちから一つ選べ。
　　　　　　　　　　　　　　　　　　　　　　　　　　　　　解答番号 [6]
　　① 符号　　② サイン　　③ 指標　　④ 装置　　⑤ 記号

問三　傍線D「なぜアニメーションというメディアに惹かれたのか」とあるが、ウォル
　　ト・ディズニーは「なぜアニメーションというメディアに惹かれた」と筆者は考えてい
　　るか。最も適当なものを、次の選択肢①〜⑤のうちから一つ選べ。　解答番号 [7]

① 筆者は、ディズニーが農場で幼年時代を過ごした経験から、平和で牧歌的な風景を愛するようになったため、アニメーションというメディアに惹かれるようになったと考えている。

② 筆者は、ディズニーが自然界は大きな知恵をわたしたちに授けてくれると信じていたため、アニメーションというメディアに惹かれるようになったと考えている。

③ 筆者は、ディズニーがメディアテクノロジーと資本を通じて、人間、動物、自然の共存をコントロールしたいという考えを持っていたため、アニメーションというメディアに惹かれるようになったと考えている。

④ 筆者は、ディズニーが「生きていること」を力学的な流れとして捉えていたため、アニメーションというメディアに惹かれるようになったと考えている。

⑤ 筆者は、ディズニーアニメーションの魅力についてセルゲイ・エイゼンシュテインが語った「固定化からの自由」については言及しているが、ウォルト・ディズニーが「なぜアニメーションというメディアに惹かれたのか」については具体的に述べていない。

問四　空欄Eに入れるのに最も適当なものを、次の選択肢①～⑤のうちから一つ選べ。　解答番号 8

① 神秘主義　② 自然主義　③ 未来主義　④ 衛生思想　⑤ 終末論

問五　空欄Iに入れるのに最も適当なものを、次の選択肢①～⑤のうちから一つ選べ。　解答番号 9

① 駅　② お城　③ 温室　④ 遊園地　⑤ 大広間

問六　傍線J「ディズニーが、これほど多くの人々を魅了し、その作品が同意と抵抗の闘技場として、これほど長きにわたって語り継がれてきたのはなぜか」とあるが、筆者は「ディズニーが、これほど多くの人々を魅了し、その作品が同意と抵抗の闘技場として、これほど長きにわたって語り継がれてきた」ことは何に由来している可能性が高いと考えているか。最も適当なものを、次の選択肢①～⑤のうちから一つ選べ。　解答番号 10

① ヴァナキュラー・モダニズム。　② ヴィクトリア朝的な感性。
③ 「悪」に彩られた邪悪な魔法。　④ 安全で清潔で快適な世界への憧れ。
⑤ 資本主義的な豊かさ。

問七　傍線K「ハイブリッド」とあるが、何と何が合成されたものと筆者は考えているか。最も適当なものを、次の選択肢①～⑤のうちから一つ選べ。　解答番号 11

① 物質と生命。
② 笑いと革新。
③ 形式と技法。
④ モダニズムとヴィクトリア朝的な感性。
⑤ アニミズム・オントロジーとセンチメンタル・モダニスト。

問八　傍線L「資本主義的・帝国主義的に使用され、自然を支配し、人間性を（自己）破壊する道具と化してしまった技術」とあるが、「資本主義的・帝国主義的に使用され、自然を支配し、人間性を（自己）破壊する道具と化してしまった技術」とは何か。最も適当なものを、次の選択肢①〜⑤のうちから一つ選べ。　解答番号 12

① 諸感覚の疎外をもたらした技術。
② リアリティを偽装するための技術。
③ 人々の生活に根ざした大衆的な技術。
④ 「アニミック・オントロジー」に深く依拠した技術。
⑤ 新世的な視座からなる未来像に深く依拠した技術。

問九　空欄Mに入れるのに最も適当なものを、次の選択肢①〜⑤のうちから一つ選べ。　解答番号 13

① 資本主義の象徴　　　② 無菌化された自然　　　③ 集団的な夢の形象
④ 政治力学の象徴　　　⑤ グローバリズムの象徴

第二問　次の文章を読んで、後の設問に答えよ。

　意図的に論理性を排し、アフォリズムを散りばめたマクルーハンの著作は、文章の難解さも手伝って、引用される頻度の割に、全体像を把握する作業等閑視されてきた。この事実は、マクルーハンの著作群に ［ A1 ］ や ［ A2 ］ が存在しないことを意味するものではない。以下にあげる三つのテーゼに依拠すれば、マクルーハンの理論を取り出すことが可能になり、他の研究領域との接点も明らかになる。

　一つ目のテーゼは、マクルーハンの代名詞の「メディアはメッセージ」である。このテーゼには、一九五〇年代以降、コミュニケーションの一般モデルとして定着していたB クロード・シャノンとウォーレン・ウィーバーの通信モデルに対するアンチテーゼの意味が込められている。

　シャノンらは、メッセージとシグナルを分離することで送り手から受け手に「流れるメッセージ」の図式化に成功し、電気通信の発達に貢献した。通信モデルにおいて、メディアは、メッセージを通信に適したシグナルに変換し、別の場所に伝達した後で再びメッセージに変換する機能を担う点で、「流れるメッセージ」の様態を支えるが、メッセージの正確な再現が主題となる時、メディアは「メッセージ(=)メッセージ」の等式を保証する ［ C ］ な存在でなければならない。通信モデルでは、メッセージに干渉するものはすべてノイズに分類される。メディアは、ノイズの発生源としてのみ可視化する ［ C ］ な対象以上の意味を持ちえない。「メディアはメッセージ」は、「メッセージはメッセージ」の等式を転倒し、意図されたメッセージではなく、メディアの潜在的なメッセージこそが考察の中心に置かれるべきことを宣言するものだった。

　では、メディアのメッセージはいかにして記述しうるのか。マクルーハンはこの課題に、ある種の身体論で挑んだ。二つ目のテーゼは、身体論の形成の核となる「すべての人工物は身体のエクステンション (All artifacts are extensions of the body.)」である。マクルーハンは、このテーゼで、すべての人工物をメディア研究の対象にすると同時に、メディアのメッセージを身体論で理解するという方向性を打ち出した。

　ここで重要なのは、extension(s)に、以下の三つの異なる意味が込められている点である。

　①メディアは身体を空間的に「延長」したもの
　②メディアは身体機能を「拡張(増強)」するもの
　③メディアは身体から「外化」したもの

　①「延長」は、道具があたかも身体の一部となり、身体を空間的に延長する現象の記述に登場する。モーリス・メルロ=ポンティやマイケル・ポラニーの道具論のほか、現在では、マン-マシン・インターフェイス論にも見られる。盲人にとっての杖、熟練したドライバーにとっての自動車が、もはや身体の外にある対象ではなく、身体の一部、あるいは身体そのものになることを思い浮かべればよいだろう。この概念の主題は、人工物と身体の領域を画定することにあるため、「延長」の他、「境界」に類する語が併用される場合が多い。生命を持つ人間の身体と、生命のない道具を分かつ二元論から推測できるように、「延長」の起源は、コギトの属

性を持つ心と延長の属性を持つ身体を分けた後、コギトの支配する延長物＝身体とコギトのない延長物＝人工物を区別したデカルトに求められる。「延長」の議論は、基本的にデカルトの問題系にあるが、なかにはデカルトを意識的に対象化した議論も存在する。

②「拡張」は、三つの中で最も人口に膾炙したもので、技術による人間機能の拡張（または縮小）の議論が、これに分類できる。この概念の起源は、　　　　E　　　　を考察したラントの説話や、荘子の「はねつるべ」の一節にまで遡れる。近年では、一九二〇年代のジョン・バナールの仕事を皮切りに、コンピューターと人間の「共生」を提言したアウグナー・ブッシュ、ICBMの父と呼ばれたサイモン・ラモ、マウスの発案者のダグラス・エンゲルバートを経て、ケヴィン・ケリーやクラウスのサイボーグ論に受け継がれている。これらの議論に共通するのは、人工物が身体の器官を「代行」することで生来の機能が「拡張」するという論理である。例えば、人間は低次元の仕事を機械に代行させることで余力をより創造的な仕事に振り分け、その結果、仕事の量と質が増大する、という議論は、「拡張」論の典型である。代行による機能の「拡張」を問題にするこの系譜では、当然、「代行」、「置き換え」、「機能」の語が登場するが、「拡張」の代わりに「増強」、「増大」、「増幅」などが使われる場合もある。

③「外化」は、人工物を内的な身体機構が外に投影されたものとして捉える立場であり、レンズの発明が　　　F　　　の発見に貢献した例がよく引かれる。人工物と人間の器官の単なるアナロジーではなく、外化したものが契機になって隠れていた内部が解明されるという論理を基盤にする点が重要である。「外化」の概念は、エルンスト・カップに代表される一九世紀後半の技術哲学で盛んに使用された。カップがクロード・ベルナールを参照したことからも分かるように、この概念は元々、医学思想の系譜に属し、またボグラスに起源を持つ。ヒポクラテスは、息や嘔吐物などの身体から「外化」した物質を手がかりに体内の状態を判断する医術を紹介している。以来、外化したものを手がかりにすれば、それを産出した母体の構造や状態が解明できる、という論理が他の研究領域に広まった。ベルナールの内部環境の他、アンドレ・ルロワ＝グーランの考古学でも「外化」が見られる。「外化」は様々に言い換えられ、最近ではブランソワ・ダゴニョの論考でも重要な役割を担っている。

　マクルーハンは、「メディアはメッセージ」を出発点に、三つの「extension」を組み合わせて、独自の身体論的メディア研究を構築した。三つのテーゼは、マクルーハン理解の鍵であると同時に、マクルーハンと同様の関心を持つ研究者との接点でもある。

　マクルーハンのメディア研究が通信モデルの批判を出発点にしていたように、キットラーも生態学的アプローチが通信モデルと相容れないことを述べている。「いわゆるコミュニケーションのメディアについての考察の膨大な領域は、何年か前にコミュニケーションの数理理論によって、ある種の学問分野を押しつけられた。伝達される情報の有用な測定単位は、「ビット」の用語で定式化された。送り手、受け手、チャンネル、有限数の可能なシグナルが仮定された。その成果が、通信工学という純粋な学問分野だった。とはいえ、それを心理学者があれこれと感覚に適用したり、神経心理学者が神経インパルスをビット、脳をコンピューターの用語で考え始めたが、どれもうまくいかなかった。シャノンの情報の概念は、電話の接続やラジオ放送に機はまったく当てはまるが、外界における一次的知覚や目を開けたばかりの赤ん坊が最初に獲得するものには当てはまらないと考える。残念ながら、知覚の情報はクロード・シャノンの情報

報のように定義することにも、測定することにもできない」。

引用から分かるように、二〇世紀の後半に心理学も、通信モデルに席巻されていた。ギブソンはこの事態を憂慮し、シャノンに代わる情報を根拠に心理学を再構築しようとした。

通信モデル批判の点で、ギブソンとマクルーハンは共通していた。では、展開の方向性はどうか。ギブソンは、キャリアの始まりと終わりの時期に道具、および機械について考察している。興味深いことに、それらはともに「延長」に定位している。

ギブソンは、一九三八年に、当時最新のメディアだった自動車について、次のように書いた。「高度な運転技術を身に付けるには、自動車の場について十分な感受性と制御能力が必要である。それら要件が満たされるならば、道具を用途にしたがって使うときのように、自動車は
［　　Ｈ　　］になる」。「アフォーダンス」が開示される最後の著作にも、「延長」の道具論がある。「使用時の道具は一種の手の延長したもの extension であり、手の付着物、または使用者自身の身体の一部になっている。したがって、道具はもはや［　Ｉ　］の一部ではない」。しかし、「一旦使用を離れると、道具は［　Ｉ　］中の単なる遊離対象になる。この時、確かに摑むことも運ぶこともできるが、道具は観察者の外に存在するものでしかない。身体に何物かを付着させる能力は、生物と［　Ｉ　］の境界が皮膚の表面に固定されてはおらず、移動しうるということを物語る」。

二つの引用は、道具の使用時に観察される「現象」の記述という点に限定すれば、メルロ＝ポンティらのものと大差ない。また、道具が身体に付着したり遊離したりするとする事実ならば、さらに多くの名前があげられるだろう。これらの観察記録とギブソンの引用を決定的に分ける違いは、ギブソンの「延長」の議論が［　Ｊ　］を志向し、デカルトの二元論を克服しようとしている点にある。

マクルーハンとギブソンは、ともにシャノンらの通信モデル批判を出発点にしていた。さらに両者は、身体に着目しただけでなく、運動する身体で環境の特性を明らかにしようとした点でも共通していた。両者の理論が「延長」を軸に展開していたことがその証左である。ギブソンが「延長」に定位していたことはすでに書いたが、マクルーハンも、「探る針」を使う様子をモデルにした「探索の原理」を自らの理論の集大成としたのである。とはいえ、「探索の原理」は、メディアそのものではなく、メディアについてのことばによる探索行為であり、マクルーハンのメディア研究が、ことばを対象にするという意味での表象主義を選択したものだった。マクルーハンにとってのメディア環境は、メディアについてのことばが織れるコード体系、あるいは、ことばの環境であり、物理的に実在する環境ではない。マクルーハンは、ことばの環境が実在する環境を表象すると考え、後者を直接考察する企図は持たなかった。この点で、実在する環境と切り結んだギブソンと根本的に相容れない。

環境をめぐる両者の溝は、「メディアのメッセージ」の捉え方にも現れている。マクルーハンは、メディアのメッセージを、ある種の刺激として捉えていた。刺激はそれ自体意味を持たないため、刺激の記述には身体内部の創造的過程を必要とする。他方、ギブソンは、刺激に代えてそれ自体が有意味な情報の概念を自説に組み立てた。ギブソンの環境は物理的に実在しており、有意味な情報に溢れている。マクルーハンは「メッセージはメッセージ」の等式を転倒し「メディアのメッセージ」に目を向けさせた。ギブソンは「メディアのメッセージ」の特性についてもっと深く斬り込み、メッセージに情報という［　Ｋ　］を与えることで、生

態学的モデルを構築したのである。

　ギブソンの「延長」において、道具は、環境と切り結ぶ身体の一部として記述されるだけでなく、切り結ぶ接点で起きている事象の情報によってその意味を与えられる。ギブソンの議論に、体内（脳内）で創られる表象は必要ない。ギブソンの　J　は、反表象主義、直接知覚　J　だが、この　J　は、知覚と行為の循環と、この循環を可能にする環境を前提とする。　L　、本章では、知覚行為主体を包摂する環境の構成要因の記述を含めてこの語を使う。

　以上からマクルーバンの「探索の原理」を、情報概念を持たない不要な枝と断定するのは早計である。われわれは現段階で、表象論として伸びる枝を摘む積極的な理由を持たない。マクルーバンが育てた台木は、思想の土壌に深く根付き、いくつもの系譜を束ねる役割を果たしている。われわれがすべきは、豊穣な台木を枯らすことではなく、　J　の穂を接ぎ、台木から分岐した別の枝で実を生らすことである。

（柴田崇「人工環境と切り結ぶ身体――メディア研究の生態学的転回」一部改）

　注　アフォリズム　…　物事の真実を簡潔に鋭く表現した語句。

　　　エクステンション　…　延長、拡張

　　　マン・マシン・インターフェイス　…　人間と機械が情報の授受を行う境界部分

　　　コギト　…　自己意識

　　　はねつるべ　…　柱の上に横木を渡し、その一端に石を、他端に釣瓶を取り付けて、石の重みで釣瓶をはね上げ、水をくむもの。

　　　ICBM　…　大陸間弾道弾。

　　　アナロジー　…　類推。

　　　インパルス　…　神経線維を伝わる電気的興奮。

　　　アフォーダンス　…　環境や事物が、それに働きかけようとする人や動物に対して与える、価値ある情報。

問一　空欄A1・A2に入れるのに最も適当な組合せを、次の選択肢①〜⑤のうちから一つ選べ。　　　　　　　　　　　　　　　　　　　解答番号　1

　①　A1＝メディア　　　　A2＝テーゼ

　②　A1＝テーゼ　　　　　A2＝身体論

　③　A1＝身体論　　　　　A2＝構造

　④　A1＝構造　　　　　　A2＝理論

　⑤　A1＝理論　　　　　　A2＝メディア

問二　傍線部B「クロード・シャノンとウォーレン・ウィーバーの通信モデル」の説明として最も適当なものを、次の選択肢①〜⑤のうちから一つ選べ。　　　解答番号　2

① メッセージを正確に伝えるメディアこそが正しいメディアである。

② メッセージを通信に適したシグナルに変換し、再びメッセージに変換することで初めて「メッセージ＝メッセージ」の等式が保証される。

③ メッセージに干渉するものはノイズとして分類されるため、メディアはノイズの発生源としてのみ可視化される。

④ メッセージとシグナルを分離することにより、人工物をメディア研究の対象とすることが可能になった。

⑤ メッセージの正確な再現を目指し、「メッセージはメッセージ」の等式を実現することにより、「メディアはメッセージ」の等式を証明した。

問三　空欄Cに入れるのに最も適当なものを、次の選択肢①～⑤のうちから一つ選べ。ただし、Cは二箇所ある。　　　　　　　　　　　　　　　解答番号　3

① 透明　　　　② 低次元　　　③ 無機的　　　④ 相互依存的　　　⑤ 無味乾燥

問四　傍線D「人口に膾炙した」の意味として最も適当なものを、次の選択肢①～⑤のうちから一つ選べ。　　　　　　　　　　　　　　　解答番号　4

① 多くの人々に愛されてきた。　　　　② 広く知れ渡った。

③ 長く使われてきた。　　　　④ 使い勝手がよい。

⑤ 口にするのははばかられる。

問五　空欄Eに入れるのに最も適当なものを、次の選択肢①～⑤のうちから一つ選べ。　　　　　　　　　　　　　　　解答番号　5

① 眼鏡をかけることによる矯正視力の向上

② 馬車の発明

③ スマホの発明による生活スタイルの変化

④ 文字の発明が記憶力に与える影響

⑤ 火の発見による食生活の変化

問六　空欄Fに入れるのに最も適当なものを、次の選択肢①～⑤のうちから一つ選べ。　　　　　　　　　　　　　　　解答番号　6

① 人工物　　　　② 眼球の水晶体　　　③ 外化した身体の一部

④ 細胞　　　　⑤ 細胞内の染色体

問七　傍線G「外界にいる時の一次的知覚や目を開いたばかりの赤ん坊が最初に獲得するものには当てはまらない」とあるが、「シャノンの情報の概念」が「外界にいる時の一次的知覚や目を開いたばかりの赤ん坊が最初に獲得するものには当てはまらない」のはなぜか。最も適当なものを、次の選択肢①～⑤のうちから一つ選べ。　　　　解答番号　7

① 人工物が身体の器官を「代行」することで生来の機能が「拡張」する場面ではないから。

② シャノンの情報の概念は、マクルーハンとは異なり、ことばを対象とするという意味での表象主義を選択したものではなかったから。

③ シャノンの情報の概念は、生命を持つ人間の身体と生命のない道具を分かつ二元論を背景とするものではないから。

④ メッセージに干渉するものはすべてノイズに分類されるが、外界にいる時の一次的知覚や目を開いたばかりの赤ん坊が最初に獲得するものには、ノイズが介入しないから。

⑤ 道具は観察者の外に存在するものでしかないから。

問八　空欄Hに入れるのに最も適当なものを、次の選択肢①〜⑤のうちから一つ選べ。　解答番号 8

① ドライバーの身体の一種の延長　　② 感受性と制御能力の発露

③ ビット単位で表現されるシグナル　　④ 外化された脳

⑤ 観察者の一部

問九　空欄Iに入れるのに最も適当なものを、次の選択肢①〜⑤のうちから一つ選べ。ただし、Iは三箇所ある。　解答番号 9

① 探索　　② 知覚　　③ 環境　　④ 道具　　⑤ 身体

問十　空欄Jに入れるのに最も適当なものを、次の選択肢①〜⑤のうちから一つ選べ。ただし、Jは五箇所ある。　解答番号 10

① 実在論　　② 心理学　　③ 相対主義　　④ 唯物論　　⑤ 形而上学

問十一　空欄Kに入れるのに最も適当なものを、次の選択肢①〜⑤のうちから一つ選べ。　解答番号 11

① 虚構　　② 内実　　③ 意思　　④ 接点　　⑤ 表象

問十二　空欄Lに入れるのに最も適当なものを、次の選択肢①〜⑤のうちから一つ選べ。　解答番号 12

① ただし　　② 例えば　　③ よって　　④ というのは　　⑤ すくなくとも

小 論 文

（60分
解答例省略）

問：　持続可能な開発目標（SDGs）に関して 2023 年に発表された国
別の達成度では，日本は 166 か国中 21 位で，「気候変動対策」など
5項目が最低評価でした。地球温暖化を防ぐために，私たちが日頃
からできることにはどのようなことがあるでしょうか。また，国や
企業などがすべき対策としてはどのようなことが考えられるでしょ
うか。あなたの考えを６００字以内で述べてください。

解 答 編

英 語

①　解答　問1. ㋐—① ㋑—③ ㋒—② ㋓—④
　　　　　問2. ①　問3. ④　問4. ③　問5. ②　問6. ④

解説

《情報技術による発展途上の世界の飛躍的発展》

問1. ㋐　空所を含めた第1段の訳は「カンボジアのロビブでは，村人たちは世界で最も優れた医師たちから医学的なアドバイスをもらっている。学童たちは自分たちの国の最も有名な（　　　）を初めて目にしている。そして村の経済はうまくいき始め，手作りの絹のスカーフを世界全体で売ることにより勢いをつけている」となる。どれも村にいながらにして遠く離れたものとつながる例として述べられている。ここでは①の landmark「歴史的建造物，名所」を入れるのがよい。

㋑　空所のある文は「その翌朝，彼らは電子メールやデータを拠点からダウンロードし，それを（　　　）のために村に持って行くのだ」という意味である。第2段第3文（Each vehicle has …）に「どの乗り物も，村を通り過ぎるときに電子メールやデータをアップロードしたりダウンロードしたりすることを可能にする送信機を備えている」とあり，続く第4文（At the end of …）に「一日の終わりにバイクは拠点に戻り，受け取った情報をアップロードする」とあるので，空所もその流れに沿った言葉が入ると考える。よって③の transmission「伝達」を入れる。

㋒　空所のある文は「高度に発展した国では，情報経済は長い（　　　）から現れてきた。すなわち，農業経済は職人に道を譲り，その職人は工業生産に道を譲り，そして製造業は情報やサービスに基づいた経済の台頭に屈した」という意味であるので，流れに沿って変化している様が述べられ

ている。よって②の evolution「進化」を入れるとよい。

(エ) 空所にかかっている this は，最終段第3文（Of greater concern …）の「より懸念されることは，広範囲にわたる工業化の環境への影響の可能性である。すなわち，発展途上の世界における大規模な工場生産は，特に工場がより安価で汚い生産方法を用いている場合は，世界のエネルギー消費や汚染のレベルを大いに高めている」ことを指しているので，悪い状況を表す言葉が入ることがわかる。よって④の nightmare「悪夢」を入れるとよい。

問2. information の最も強いアクセントのある母音は第3音節で［ei］なので，①が答えとなる。

問3. 空所の前の文に「ロビブのような村は『リープフロッガー』と言われる。この言葉の意味は，農業経済から情報経済へ直接跳躍するために情報やコミュニケーション技術を用いている発展途上の世界にある地域社会や国全体のことである」とある。①はカンボジアの話になっているが，本文はカンボジアに限定するものではないので不適である。②は先進国のシステムを直接応用するとあるが，インターネットを利用することを先進国のシステムとするのは無理がある。③は「情報技術がなくてもうまくやっていくことができる」とあるが，「リープフロッガー」はインターネットを用いているので不適。よって④の「独創的な方法であらゆる技術を結びつける」がよい。空所を含む文は「ロビブのように，それは独創的な方法であらゆる技術を結びつける現象で，経済的利益だけでなく，教育，社会，医療の機会の新たな世界を生み出す」となる。

問4. 下線部(3)は，主語が Widespread industrial development「広範囲に及ぶ産業的発展」，動詞が leave で，その目的語に much of Africa, Asia or Latin America「アフリカやアジア，ラテンアメリカの多く」，その後に a generation behind Europe and North America「ヨーロッパや北アメリカのひと世代前」と続く第5文型である。直訳すると，「広範囲に及ぶ産業的発展がいまだにアフリカやアジア，ラテンアメリカの多くをヨーロッパや北アメリカのひと世代前のままにしている」となる。これは③に一致する。

問5. 空所のある文は「発展した経済を工業の時代から脱却させ，情報の時代へと進めさせたハードウェアやソフトウェア，そしてネットワークは，

（　　　）するために今や期待できるものだ」という意味なので，内容と
しては肯定的な内容が入る。全文を通じて，発展途上の世界における農業
経済から情報経済への発展について述べているので，②の「発展途上の世
界を，農業に基づいた経済から直接脱工業化の発展へと導く」を入れると
よい。

問6. 最終段（Economists and development…）の内容から考えて，
「リープフロッガー」はそれまでのエネルギー消費のレベルや汚染のレベ
ルを引き上げるものの代替として登場しているので，環境にやさしいもの
だと推測できる。よって答えは④の「リープフロッガーと呼ばれる村の中
で見られる発展形態は，環境にやさしいものになりうる」がよい。

② 解答　問1.④　問2.③　問3.①　問4.③　問5.②

=== 解説 ===

問1. 目的語は a table「テーブル」なので，④の booked「予約した」が
よい。

問2. mind は動名詞を目的語にとる。また，Would you mind my
doing? で「～してもかまいませんか」という意味なので，③を選ぶ。

問3. 仮定法の文で，後ろに名詞しかないので，①の群前置詞 But for ～
「～がなければ」を選ぶ。

問4. if 節は「あなたが尖ったものを不用意に扱うなら」という意味なの
で，「けがをする」となる。

問5. 空所は後ろの is more と一緒になって副詞節を作っている。what
is more で「おまけに，さらに」という表現になる。

③ 解答　問1.①　問2.②　問3.④　問4.②　問5.④

=== 解説 ===

問1. be bored with ～で「～に飽きる」という意味。be sick of ～「～
にうんざりしている」

問2. (a)で「3人の人が殺された」と過去の内容になっているので，(b)で
も「（過去に）殺された」とするために to have *done* の形にして過去の内

容を表す。また，人が殺される話なので受け身にする。

問3. (a)は「自分の父親を誇りに思うのは当然だ」という意味なので，(b)でも同様の内容にするために④の may well「～するのも当然だ」を選ぶ。

問4. (a)は「今朝，冷蔵庫をチェックしたところ，食べ物はほとんど残っていなかった」という意味。food はこの場合，不可算名詞として扱われているので，(b)でも同じ意味を表すために②の very little「ほとんどない」を選ぶ。

問5. (a)は「私がこの歌を聞くときはいつも，祖父のことを思いだす」という意味なので，(b)で S never *do* A without *doing* B「A をするときはいつでも B をする」の形にする。

④ **解答** 問1.⑤　問2.②　問3.③　問4.⑤　問5.⑤

────── 解説 ──────

問1. (The more we spend on advertising,) the higher <u>our sales</u> tend to be(.)　The＋比較級＋S V，the＋比較級＋S' V'「S が V すればするほどますます S' が V' する」を用いる。

問2. (She) was not <u>used</u> to waking up (early in the morning.)　be used to *doing*「～することに慣れている」を用いる。

問3. (The purpose of the uniform) is to <u>make</u> people look (similar.)　使役動詞 make を用いる。

問4. (Our resistance) to change can do <u>us</u> great harm(.)　do A harm「A（人）の害となる」の表現を用いる。

問5. (She finds a way to) enjoy whatever <u>her teachers</u> assign as (homework.)　「～するものは何でも」は複合関係詞の whatever を用いる。whatever 節内では assign A as B「A を B として割り当てる」を用いる。

⑤ **解答** 1—⑤　2—③　3—②　4—⑥　5—①　6—④

────── 解説 ──────

《子どもの誕生日パーティーについての会話》

1. 空所の前の A の発言に「それはいい匂いだね」とある。これを受けて

のＢの空所の発言である。空所の後は「それはデイヴィッドのためのもので，あなたのためではない」という発言が続いている。これらのことから何かしら匂いのあるもの，例えばケーキや料理などがその場にあると考えられる。その匂いのあるものに対して⑤の「興奮しないで」を入れると文意が通じる。消去法で解答してもよいだろう。

2．「土曜日の彼の最初の誕生日パーティーのことを忘れてはいなかったよね」に続くＡの発言の部分で，それを受けてＢは「うん，もちろん」と答えているので，空所前の発言の付加疑問文に対して答えていて，次のＢがYesで答える疑問文をもつ選択肢を選ぶ。③の「うん，もちろん忘れていないよ。君の両親は来るのかい？」を選ぶ。

3．「君の両親」の話が続いている。空所の後のＡの発言で「彼らはいつ来るんだい？」と「彼ら」を主語としているので，ここは「君の両親」のことを話していると考えられる。よって②の「彼らは自分たちの孫の最初の誕生日を逃すことはないよ」を入れると文意が通じる。

4．空所の前のＡとＢの発言からＢの両親は家に泊まらないことがわかる。空所の後でＢは「うん，私は今日の午後それをした」とあるので，⑥の「彼らのためにホテルの部屋を予約したの？」を入れると文意が通じる。

5．空所の前でＢは「あなたが彼とうまくいっていないのは知っている。しかし彼は家族なんだ」と述べている。この文に続く部分なので，仲良くしてもらいたいというような内容が続くと想定される。よって①の「今回は彼と口論しないようにしてね」を入れると文意が通じる。

6．空所の前のＡの発言で「今回も私のテレビを壊さないよう頼んでくれ」とある。そのことに対して④の「あれは事故だったんだ」を入れると文意が通じる。

日　本　史

① 　**解 答** 　《平安時代初期の政治》

問1. ①　問2. ④　問3. ①　問4. ④　問5. ⑤　問6. ⑤
問7. ②　問8. ③　問9. ②　問10. ②

② 　**解 答** 　《室町時代の外交と文化》

問1. ④　問2. ③　問3. ①　問4. ③　問5. ①　問6. ④
問7. ②　問8. ④　問9. ⑤　問10. ③

③ 　**解 答** 　《徳川綱吉時代の政治と文化》

問1. ①　問2. ⑤　問3. ③　問4. ②　問5. ⑤　問6. ①
問7. ①　問8. ④　問9. ①　問10. ③

④ 　**解 答** 　《日清戦争と三国干渉》

問1. ②　問2. ④　問3. ②　問4. ⑤　問5. ①　問6. ①
問7. ②　問8. ③　問9. ①　問10. ③

数　学

■数学Ⅰ・Ａ■

① 解答　(A)$\boxed{1}$—⑤　$\boxed{2}$—②　$\boxed{3}$—⑥　$\boxed{4}$—⑨　$\boxed{5}$—②　$\boxed{6}$—⑥
$\boxed{7}$—④　$\boxed{8}$—⑥

(B)(1)$\boxed{9}$—①　$\boxed{10}$—③　$\boxed{11}$—①　$\boxed{12}$—③　(2)$\boxed{13}$—③

(3)$\boxed{14}$—②　$\boxed{15}$—①　$\boxed{16}$—③　$\boxed{17}$—④

(C)$\boxed{18}$—③　$\boxed{19}$—③　$\boxed{20}$—②　$\boxed{21}$—⑥　$\boxed{22}$—⑥　$\boxed{23}$—③

=== 解　説 ===

《小問 3 問》

(A)　$$P=2(\sqrt{2}+\sqrt{3})^2+\frac{\sqrt{2}+\sqrt{3}}{\sqrt{2}-\sqrt{3}}$$

$$=2(\sqrt{2}+\sqrt{3})^2+\frac{(\sqrt{2}+\sqrt{3})^2}{(\sqrt{2}-\sqrt{3})(\sqrt{2}+\sqrt{3})}$$

$$=(\sqrt{2}+\sqrt{3})^2=5+2\sqrt{6}\quad→\boxed{1}\sim\boxed{3}$$

$4=\sqrt{16}<2\sqrt{6}=\sqrt{24}<\sqrt{25}=5$ であるから，$9<5+2\sqrt{6}<10$ となる。
よって

$$a=9,\quad b=(5+2\sqrt{6})-9=2\sqrt{6}-4\quad→\boxed{4}\sim\boxed{7}$$

したがって

$$\frac{a-2b-5}{b}=\frac{9-2(2\sqrt{6}-4)-5}{2\sqrt{6}-4}=\frac{4(3-\sqrt{6})}{2(\sqrt{6}-2)}$$

$$=2\times\frac{(3-\sqrt{6})(\sqrt{6}+2)}{(\sqrt{6}-2)(\sqrt{6}+2)}=\sqrt{6}\quad→\boxed{8}$$

(B)(1)　$x^2-2x-2=\{x-(1-\sqrt{3})\}\{x-(1+\sqrt{3})\}>0$
より

$$x<1-\sqrt{3},\ 1+\sqrt{3}<x\quad\cdots\cdots①\quad→\boxed{9}\sim\boxed{12}$$

(2)　$a=5$ のとき，[ⅱ] は

$$x^2-6x+5=(x-1)(x-5)\leqq0$$

ゆえに　　$1\leqq x\leqq5\quad\cdots\cdots②$

　　［ⅰ］，［ⅱ］を同時に満たす x の値の範囲は，①，②より

　　　　$1+\sqrt{3}<x\leqq 5$

　　したがって，求める整数 x の個数は，$x=3,\ 4,\ 5$ より

　　　　3 個　→ ⑬

(3)　［ⅱ］を解くと，$(x-1)(x-a)\leqq 0$ より

(ア)　$a<1$ のとき　　$a\leqq x\leqq 1$

(イ)　$a=1$ のとき　　$x=1$

(ウ)　$a>1$ のとき　　$1\leqq x\leqq a$

　　［ⅰ］，［ⅱ］を同時に満たす整数 x の個数が 1 個となるのは

(ア)　$\begin{cases} x<1-\sqrt{3},\ 1+\sqrt{3}<x \\ a\leqq x\leqq 1 \end{cases}$

より　　$-2<a\leqq -1$　（$a<1$ を満たす）

　　　　　　　　　　　　　→ ⑭，⑮

(イ)　$\begin{cases} x<1-\sqrt{3},\ 1+\sqrt{3}<x \\ x=1 \end{cases}$

より，存在しない。

(ウ)　$\begin{cases} x<1-\sqrt{3},\ 1+\sqrt{3}<x \\ 1\leqq x\leqq a \end{cases}$

より，　$3\leqq a<4$　（$a>1$ を満たす）　→ ⑯，⑰

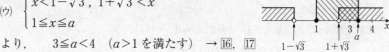

(C)　1 辺の長さが 6 である正三角形の面積は

$$\frac{1}{2}\times 6^2\times \sin 60°=9\sqrt{3}$$

　(三角形の面積)$=\dfrac{1}{2}\times$(内接円の半径)$\times$(三角形の周の長さ) なので

$$\frac{1}{2}\times r\times(3\times 6)=9\sqrt{3}$$

ゆえに　　$r=\sqrt{3}$　→ ⑱

球 B の体積 $V=\dfrac{4}{3}\pi r^3$，表面積 $S=4\pi r^2$ より

$$\frac{S}{V}=\frac{4\pi r^2}{\dfrac{4}{3}\pi r^3}=\frac{3}{r}=\sqrt{3}\quad\to ⑲$$

円柱の体積は $\pi r^2\times 2r=2\pi r^3$ であるから，容器に残った水の体積は

$$2\pi r^3 - V = \frac{2}{3}\pi r^3 = \frac{2}{3}\pi \times (\sqrt{3})^3 = 2\sqrt{3}\,\pi \quad \rightarrow \boxed{20},\ \boxed{21}$$

求める水面の高さを h とすると

$$\pi \times \left(\frac{r}{3}\right)^2 \times h = 2\sqrt{3}\,\pi$$

$r = \sqrt{3}$ を代入して

$$h = 6\sqrt{3} \quad \rightarrow \boxed{22},\ \boxed{23}$$

② 解答

(1) $\boxed{1}$—① $\boxed{2}$—② $\boxed{3}$—④

(2) $\boxed{4}$—① $\boxed{5}$—⑤ $\boxed{6}$—① $\boxed{7}$—①

(3) $\boxed{8}$—③ $\boxed{9}$—②

(4) $\boxed{10}$—① $\boxed{11}$—③ $\boxed{12}\boxed{13}$—①⑩ $\boxed{14}$—⑤ $\boxed{15}$—②

=== 解説 ===

《2次関数の決定，最大・最小，平行移動，2次方程式の解》

(1) 3点 $(1,\ 5)$, $(3,\ 1)$, $(-2,\ -4)$ を通ることから

$$\begin{cases} a+b+c=5 \\ 9a+3b+c=1 \\ 4a-2b+c=-4 \end{cases}$$

これを解いて $a=-1,\ b=2,\ c=4 \quad \rightarrow \boxed{1}\sim\boxed{3}$

(2) $f(x)=-x^2+2x+4=-(x-1)^2+5$

より，$-1\leqq x\leqq 2$ において，$f(x)$ は

$x=1$ で最大値 $5 \quad \rightarrow \boxed{4},\ \boxed{5}$

$x=-1$ で最小値 $1 \quad \rightarrow \boxed{6},\ \boxed{7}$

をとる。

(3) 放物線 $C:y=-x^2+2x+4$ を x 軸方向に $\dfrac{1}{2}$，y 軸方向に $-\dfrac{3}{4}$ だけ平行移動した放物線の方程式は

$$y-\left(-\frac{3}{4}\right)=-\left(x-\frac{1}{2}\right)^2+2\left(x-\frac{1}{2}\right)+4$$

整理すると

$$y=-x^2+3x+2 \quad \rightarrow \boxed{8},\ \boxed{9}$$

(4) $C:y=-x^2+2x+4$ を原点 O に関して対称移動した放物線の方程式

は

$$-y=-(-x)^2+2(-x)+4$$
$$y=x^2+2x-4$$

この放物線を x 軸方向に p, y 軸方向に q だけ平行移動すると

$$y-q=(x-p)^2+2(x-p)-4$$
$$y=x^2-(2p-2)x+p^2-2p+q-4$$

これが放物線 $y=x^2+4x+2$ に重なるから

$$\begin{cases} -(2p-2)=4 \\ p^2-2p+q-4=2 \end{cases}$$

よって　　$p=-1$, $q=3$　→ ⑩, ⑪

C と x 軸との共有点の x 座標 x_1, x_2 は，2次方程式 $-x^2+2x+4=0$ を解いて

$$x_1=1-\sqrt{5},\ x_2=1+\sqrt{5}\quad (x_1=1+\sqrt{5},\ x_2=1-\sqrt{5}\ でもよい)$$

同様に，2次方程式 $x^2+4x+2=0$ を解いて

$$x_3=-2-\sqrt{2},\ x_4=-2+\sqrt{2}$$
$$(x_3=-2+\sqrt{2},\ x_4=-2-\sqrt{2}\ でもよい)$$

よって

$$x_1x_2x_3x_4+x_1+x_2+x_3+x_4$$
$$=(1-\sqrt{5})(1+\sqrt{5})(-2-\sqrt{2})(-2+\sqrt{2})$$
$$\qquad\qquad +(1-\sqrt{5})+(1+\sqrt{5})+(-2-\sqrt{2})+(-2+\sqrt{2})$$
$$=-8-2=-10\quad → ⑫⑬$$

$$\frac{1}{x_1}+\frac{1}{x_2}+\frac{1}{x_3}+\frac{1}{x_4}=\frac{1}{1-\sqrt{5}}+\frac{1}{1+\sqrt{5}}+\frac{1}{-2-\sqrt{2}}+\frac{1}{-2+\sqrt{2}}$$
$$=\frac{1+\sqrt{5}}{-4}+\frac{1-\sqrt{5}}{-4}+\frac{-2+\sqrt{2}}{2}+\frac{-2-\sqrt{2}}{2}$$
$$=-\frac{1}{2}-2=-\frac{5}{2}\quad → ⑭, ⑮$$

③ 解答 (1) ①—① ②—⑨ ③—② ④—⑤ ⑤—④ ⑥—⑨

(2) ⑦—⑤ ⑧⑨—①② ⑩—④ ⑪—③ ⑫—③

⑬—⑤ ⑭—① ⑮—③

(3) ⑯—⑧ ⑰—⑧ ⑱—③ ⑲—① ⑳—② ㉑—⑥

========== 解　説 ==========

《正弦定理・余弦定理，三角形の面積，内接円の半径，2次関数の最大値》

(1)　余弦定理より

$$\cos\theta = \frac{a^2 + a^2 - (2a-2)^2}{2 \times a \times a} = \frac{3^2 + 3^2 - 4^2}{2 \times 3^2} = \frac{1}{9}$$

→ ①，②

$\text{AM} = \sqrt{a^2 - (a-1)^2} = \sqrt{5}$　より

$$S = \frac{1}{2} \times 4 \times \sqrt{5} = 2\sqrt{5}\quad → ③，④$$

また，$S = \dfrac{r}{2}(a + a + 2a - 2) = (2a-1)r$　より

$$r = 2\sqrt{5} \div 5 = \frac{2\sqrt{5}}{5}$$

$0° < \theta < 180°$ より，$\sin\theta > 0$ であるから

$$\sin\theta = \sqrt{1 - \cos^2\theta} = \frac{4\sqrt{5}}{9}$$

正弦定理より

$$R = \frac{2a-2}{2\sin\theta} = \frac{4}{2 \times \dfrac{4\sqrt{5}}{9}} = \frac{9}{2\sqrt{5}}$$

したがって

$$\frac{r}{R} = \frac{\dfrac{2\sqrt{5}}{5}}{\dfrac{9}{2\sqrt{5}}} = \frac{4}{9}\quad → ⑤，⑥$$

(2)　余弦定理より

$$\cos\theta = \frac{a^2 + a^2 - (2a-2)^2}{2 \times a \times a} = \frac{-2a^2 + 8a - 4}{2a^2} = -\frac{7}{25}$$

整理すると

$$9a^2 - 50a + 25 = (9a-5)(a-5) = 0$$

$a > 1$ より　　$a = 5$　→ ⑦

$\text{AM} = \sqrt{a^2 - (a-1)^2} = \sqrt{2a-1} = 3$　より

$$S = \frac{1}{2} \times 8 \times 3 = 12\quad → ⑧⑨$$

$$S=\frac{r}{2}\times(a+a+2a-2)=(2a-1)r \text{ より}$$

$$r=\frac{12}{9}=\frac{4}{3}\quad\rightarrow\boxed{10},\ \boxed{11}$$

また

$$\sin\angle ABC=\frac{AM}{AB}=\frac{3}{5}\quad\rightarrow\boxed{12},\ \boxed{13}$$

$$\triangle ABM=\frac{1}{2}\times4\times3=6 \text{ より}$$

$$\frac{r_1}{2}\times(5+4+3)=6\qquad r_1=1$$

したがって

$$r-r_1=\frac{4}{3}-1=\frac{1}{3}\quad\rightarrow\boxed{14},\ \boxed{15}$$

(**3**)　$\cos\angle ABC=\dfrac{4}{5}$ より

$$\frac{a^2+(2a-2)^2-a^2}{2\times a\times(2a-2)}=\frac{2a-2}{2a}=\frac{a-1}{a}=\frac{4}{5}$$

ゆえに　　$a=5$

よって

$$EF=(2\times5-2)-4x\times2=8-8x\quad\rightarrow\boxed{16},\ \boxed{17}$$

また

$$\tan^2\angle ABC=\frac{1}{\cos^2\angle ABC}-1=\frac{9}{16}$$

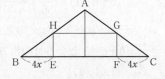

$\tan\angle ABC>0$ より　　$\tan\angle ABC=\dfrac{3}{4}$

よって

$$EH=4x\times\tan\angle ABC=3x\quad\rightarrow\boxed{18}$$

長方形 EFGH の面積を T とおくと

$$T=(8-8x)\times3x=24(-x^2+x)=24\left\{-\left(x-\frac{1}{2}\right)^2+\frac{1}{4}\right\}$$

$0<x<1$ より，T は $x=\dfrac{1}{2}$ のとき，最大値 6 をとる。$\rightarrow\boxed{19}\sim\boxed{21}$

④ **解 答**

(1) $\boxed{1}$—⑤ $\boxed{2}\boxed{3}$—⑤④

(2) $\boxed{4}\boxed{5}$—⑨① $\boxed{6}\boxed{7}\boxed{8}$—②①⑥

(3) $\boxed{9}$—⑤ $\boxed{10}\boxed{11}\boxed{12}$—①⑩⑧

(4) $\boxed{13}\boxed{14}$—①① $\boxed{15}\boxed{16}\boxed{17}$—①⑩⑧

(5) $\boxed{18}$—② $\boxed{19}\boxed{20}$—②⑦

(6) $\boxed{21}$—① $\boxed{22}$—② $\boxed{23}$—③ $\boxed{24}$—④

================== 解 説 ==================

《さいころを投げたときの出た目に関する確率，条件付き確率》

(1) 6つの目から異なる3つの目をとり，小さい順に a, b, c とすればよいから

$$_6C_3 \times \left(\frac{1}{6}\right)^3 = \frac{20}{216} = \frac{5}{54} \quad \rightarrow \boxed{1} \sim \boxed{3}$$

(2) 余事象「a, b, c すべて1以外の目が出る」の確率を考えて

$$1 - \left(\frac{5}{6}\right)^3 = \frac{91}{216} \quad \rightarrow \boxed{4} \sim \boxed{8}$$

(3) 合計6となる3つの目の出方の組み合わせは

$$(1, 1, 4), (1, 2, 3), (2, 2, 2)$$

の3通りある。

したがって，求める確率は

$$(3+6+1) \times \left(\frac{1}{6}\right)^3 = \frac{10}{216} = \frac{5}{108} \quad \rightarrow \boxed{9} \sim \boxed{12}$$

(4) $a+b+c$ が3，5，7のときを考える。

$a+b+c=3$ となる目の出方の組み合わせは

$$(1, 1, 1)$$

$a+b+c=5$ となる目の出方の組み合わせは

$$(1, 1, 3), (1, 2, 2)$$

$a+b+c=7$ となる目の出方の組み合わせは

$$(1, 1, 5), (1, 2, 4), (1, 3, 3), (2, 2, 3)$$

したがって，求める確率は

$$(1+3+3+3+6+3+3) \times \left(\frac{1}{6}\right)^3 = \frac{22}{216} = \frac{11}{108} \quad \rightarrow \boxed{13} \sim \boxed{17}$$

(5) $a \times b \times c$ が奇数，すなわち，a, b, c すべてが奇数で，

$5 \leqq a+b+c \leqq 10$ となる目の出方の組み合わせは，$a+b+c$ は奇数より

$a+b+c=5$ のとき 　　$(1,\ 1,\ 3)$

$a+b+c=7$ のとき 　　$(1,\ 1,\ 5),\ (1,\ 3,\ 3)$

$a+b+c=9$ のとき 　　$(1,\ 3,\ 5),\ (3,\ 3,\ 3)$

したがって，求める確率は

$$(3+3+3+6+1)\times\left(\frac{1}{6}\right)^3=\frac{16}{216}=\frac{2}{27}\quad\rightarrow\boxed{18}\sim\boxed{20}$$

(6)　$a+b+c$ が偶数となるのは，3つの目が（偶，偶，偶）または（偶，奇，奇）となるときであるから，$a+b+c$ が偶数となる確率は

$$(1+3)\times\left(\frac{1}{2}\right)^3=\frac{1}{2}\quad\rightarrow\boxed{21},\ \boxed{22}$$

このとき，$a,\ b,\ c$ の中に奇数が少なくとも1つ含まれている条件付き確率は

$$\frac{3\times\left(\frac{1}{2}\right)^3}{\frac{1}{2}}=\frac{3}{4}\quad\rightarrow\boxed{23},\ \boxed{24}$$

■数学Ⅱ・B■

①　解 答
(A)(1) ① —③　② —②　③ —③　④ —②　⑤ —⑥
(2) ⑥ —③　⑦ —①　⑧ —⑥　⑨ —①　⑩ —②
(B) ⑪ —③　⑫ —⑧　⑬ —③　⑭ —⑧　⑮ —④
(C)(1) ⑯ —①　⑰ —②　(2) ⑱ —⑤　⑲ —②　⑳㉑ —①③　㉒ —②
(3) ㉓ —②　㉔ —④　㉕ —④

===== **解 説** =====

《小問 3 問》

(A)(1)　$f\left(\dfrac{\pi}{6}\right)=\sin\dfrac{\pi}{6}+\sin\left(\dfrac{\pi}{6}+\dfrac{\pi}{3}\right)=\sin\dfrac{\pi}{6}+\sin\dfrac{\pi}{2}$

$\qquad =\dfrac{1}{2}+1=\dfrac{3}{2}\quad\rightarrow$ ①, ②

$\qquad 4f\left(\dfrac{\pi}{4}\right)=4\left\{\sin\dfrac{\pi}{4}+\sin\left(\dfrac{\pi}{4}+\dfrac{\pi}{3}\right)\right\}$

$\qquad\qquad =4\left(\dfrac{\sqrt{2}}{2}+\sin\dfrac{\pi}{4}\cos\dfrac{\pi}{3}+\cos\dfrac{\pi}{4}\sin\dfrac{\pi}{3}\right)$

$\qquad\qquad =4\left(\dfrac{\sqrt{2}}{2}+\dfrac{\sqrt{2}}{2}\times\dfrac{1}{2}+\dfrac{\sqrt{2}}{2}\times\dfrac{\sqrt{3}}{2}\right)$

$\qquad\qquad =3\sqrt{2}+\sqrt{6}\quad\rightarrow$ ③〜⑤

(2)　$f(x)=\sin x+\left(\sin x\cos\dfrac{\pi}{3}+\cos x\sin\dfrac{\pi}{3}\right)$

$\qquad =\dfrac{3}{2}\sin x+\dfrac{\sqrt{3}}{2}\cos x$

$\qquad =\sqrt{\left(\dfrac{3}{2}\right)^{2}+\left(\dfrac{\sqrt{3}}{2}\right)^{2}}\,\sin(x+\alpha)$

$\qquad =\sqrt{3}\,\sin(x+\alpha)\quad\rightarrow$ ⑥

α は $\cos\alpha=\dfrac{\sqrt{3}}{2}$, $\sin\alpha=\dfrac{1}{2}$ を満たす角より　　$\alpha=\dfrac{\pi}{6}$

よって，$f(x)=\sqrt{3}\,\sin\left(x+\dfrac{\pi}{6}\right)$ と変形できる。

$\sqrt{3}\,\sin\left(x+\dfrac{\pi}{6}\right)>\dfrac{3}{2}$

すなわち，$\dfrac{\pi}{6}\leqq x+\dfrac{\pi}{6}\leqq\dfrac{7}{6}\pi$ の範囲で，不等式 $\sin\left(x+\dfrac{\pi}{6}\right)>\dfrac{\sqrt{3}}{2}$ を解

くと

$$\frac{\pi}{3} \leqq x+\frac{\pi}{6} \leqq \frac{2}{3}\pi$$

ゆえに $\quad \dfrac{1}{6}\pi < x < \dfrac{1}{2}\pi \quad \rightarrow \boxed{7}\sim\boxed{10}$

(B) ［ⅰ］を解く。

真数は正より $\quad x>0 \quad \cdots\cdots$①

底を 4 に変形すると

$$\log_4 x > \frac{\log_4 \sqrt{3}}{\log_4 2}$$

$\log_4 \sqrt{3} = \dfrac{1}{2}\log_4 3, \ \log_4 2 = \dfrac{1}{2}$ より

$$\log_4 x > \log_4 3$$

底 4 は 1 より大きいから

$x>3$ （①を満たす） $\cdots\cdots$② $\rightarrow \boxed{11}$

［ⅱ］を解く。

真数は正より

$x>0 \quad$ かつ $\quad 8-x>0$

ゆえに $\quad 0<x<8 \quad \cdots\cdots$③

［ⅱ］は

$$\log_{0.5} x < 1+\log_{0.5}(8-x) = \log_{0.5} 0.5 + \log_{0.5}(8-x)$$

より $\quad \log_{0.5} x < \log_{0.5} 0.5(8-x)$

底 0.5 は 0 と 1 の間より

$x > 0.5(8-x)$

ゆえに $\quad x > \dfrac{8}{3} \quad \cdots\cdots$④

③, ④より $\quad \dfrac{8}{3} < x < 8 \quad \cdots\cdots$⑤ $\rightarrow \boxed{12}\sim\boxed{14}$

②と⑤の共通範囲をとると, $3<x<8$ であるから, 求める整数の個数は

4 個 $(x=4, 5, 6, 7) \rightarrow \boxed{15}$

(C)(1) l の方程式は, $y-2=k(x-1)$ と変形できるから, l は k の値にかかわらず, 定点 $(1, 2)$ を通る。 $\rightarrow \boxed{16}, \boxed{17}$

(2) $k=3$ のとき, 連立方程式

$$\begin{cases} y = x^2 - 2x + 2 \\ y = 3x - 1 \end{cases}$$

を解くと，C と l の共有点の x 座標は

$$x^2 - 5x + 3 = 0$$

の 2 つの実数解 α，β となる。

A$(\alpha,\ 3\alpha - 1)$，B$(\beta,\ 3\beta - 1)$ より

$$M\left(\frac{\alpha + \beta}{2},\ \frac{3}{2}(\alpha + \beta) - 1\right)$$

解と係数の関係より

$$\alpha + \beta = 5$$

したがって，点 M の座標は

$$M\left(\frac{5}{2},\ \frac{13}{2}\right) \quad \rightarrow \boxed{18} \sim \boxed{22}$$

(3)　C と l の共有点を A$(\alpha,\ k\alpha - k + 2)$，B$(\beta,\ k\beta - k + 2)$ とおくと，α，β は 2 次方程式 $x^2 - 2x + 2 = kx - k + 2$，すなわち $x^2 - (k+2)x + k = 0$ の 2 つの実数解である。

M$(X,\ Y)$ とおくと，解と係数の関係より

$$\begin{cases} X = \dfrac{\alpha + \beta}{2} = \dfrac{k+2}{2} & \cdots\cdots① \\ Y = k \times X - k + 2 & \cdots\cdots② \end{cases}$$

①より　　$k = 2X - 2$

これを②に代入して

$$Y = (2X - 2)X - (2X - 2) + 2 = 2X^2 - 4X + 4$$

したがって，求める M の軌跡の方程式は

$$y = 2x^2 - 4x + 4 \quad \rightarrow \boxed{23} \sim \boxed{25}$$

(注)　2 次方程式 $x^2 - (k+2)x + k = 0$ の判別式を D とおくと

$$D = (k+2)^2 - 4k = k^2 + 4 > 0$$

より，C と l は k の値にかかわらず，異なる 2 点で交わる。このことは，(1)の結果からも理解できる。

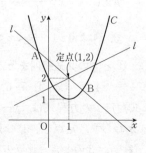

② **解 答**
(1)$\boxed{1}$―③　$\boxed{2}$―⑨　$\boxed{3}$―⑨　$\boxed{4}\boxed{5}$―②⑦
(2)$\boxed{6}$―②　$\boxed{7}$―④　$\boxed{8}$―⑩　$\boxed{9}$―⑩

(3)$\boxed{10}$―⑨　$\boxed{11}$―②　$\boxed{12}$―③　$\boxed{13}$―②

(4)$\boxed{14}$―③　$\boxed{15}$―①　$\boxed{16}\boxed{17}$―⑥④　$\boxed{18}$―②　$\boxed{19}$―③

(5)$\boxed{20}\boxed{21}\boxed{22}$―①⑩⑧

==================== 解 説 ====================

《接線，極大・極小，積分法（面積）》

(1)　$f'(x)=2x+3$, $g'(x)=3x^2+6x$ より，点 $P(-3, 0)$ における接線 l_1,
l_2 の方程式は

$$l_1 : y-0=-3(x+3)$$

　すなわち　$y=-3x-9$　→$\boxed{1}$, $\boxed{2}$

$$l_2 : y-0=9(x+3)$$

　すなわち　$y=9x+27$　→$\boxed{3}$～$\boxed{5}$

(2)　関数 $g(x)$ の増減は右のよう
になるから

　　$x=-2$ で極大値 4　→$\boxed{6}$, $\boxed{7}$

　　$x=0$ で極小値 0　→$\boxed{8}$, $\boxed{9}$

x	$\cdots$	-2	$\cdots$	0	$\cdots$
$g'(x)$	$+$	0	$-$	0	$+$
$g(x)$	↗	4	↘	0	↗

(3)　$f(x)=x^2+3x=x(x+3)=0$ より

　　$x=0, -3$

　したがって，求める面積 S_1 は

$$S_1=\int_{-3}^{0}\{0-(x^2+3x)\}dx=-\int_{-3}^{0}(x^2+3x)dx$$

$$=-\int_{-3}^{0}\{(x+3)x\}dx=\frac{1}{6}\{0-(-3)\}^3=\frac{9}{2}　→\boxed{10}, \boxed{11}$$

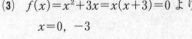

また，$g(x)=x^3+3x^2=x^2(x+3)=0$ より

　　$x=0, -3$

　(2)の結果から，$g(x)$ のグラフは右図のように
なるから

$$S_2=\int_{-3}^{0}(x^3+3x^2)dx$$

$$=\left[\frac{x^4}{4}+x^3\right]_{-3}^{0}$$

$$=0-\left(\frac{81}{4}-27\right)=\frac{27}{4}$$

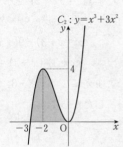

よって

$$S_2 = \frac{3}{2}S_1 \quad \rightarrow \boxed{12}, \boxed{13}$$

(4)　C_2 と l_3 の接点の x 座標を t とおくと，l_3 の傾きが -3 より

$$3t^2 + 6t = -3$$

整理すると，$(t+1)^2 = 0$ より　　$t = -1$

接点の座標が $(-1, 2)$，傾きが -3 より，接点 l_3 の方程式は

$$y - 2 = -3(x+1)$$

ゆえに　　$y = -3x - 1 \quad \rightarrow \boxed{14}, \boxed{15}$

l_3 と C_1 の交点の x 座標は，$x^2 + 3x = -3x - 1$ を解くと

$$x^2 + 6x + 1 = 0$$

ゆえに　　$x = -3 \pm 2\sqrt{2}$

したがって，求める面積 S_3 は

$$S_3 = \int_{-3-2\sqrt{2}}^{-3+2\sqrt{2}} \{(-3x-1)-(x^2+3x)\}dx$$

$$= \int_{-3-2\sqrt{2}}^{-3+2\sqrt{2}} (-x^2-6x-1)dx = -\int_{-3-2\sqrt{2}}^{-3+2\sqrt{2}} (x^2+6x+1)dx$$

$$= \frac{1}{6}\{(-3+2\sqrt{2})-(-3-2\sqrt{2})\}^3$$

$$= \frac{(4\sqrt{2})^3}{6} = \frac{64\sqrt{2}}{3} \quad \rightarrow \boxed{16} \sim \boxed{19}$$

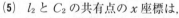

(5)　l_2 と C_2 の共有点の x 座標は，
$x^3 + 3x^2 = 9x + 27$ を解くと

$$x^3 + 3x^2 - 9x - 27 = 0$$

$$x^2(x+3) - 9(x+3) = 0$$

$$(x+3)^2(x-3) = 0$$

ゆえに　　$x = -3, 3$

したがって

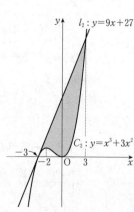

$$S_4 = \int_{-3}^{3} \{(9x+27) - (x^3 + 3x^2)\}dx$$

$$= 2\int_{0}^{3}(-3x^2 + 27)dx$$

$$= 2\left[-x^3 + 27x\right]_{0}^{3} = 108 \quad \rightarrow \boxed{20} \sim \boxed{22}$$

③ **解答**　(1)$\boxed{1}$—①　$\boxed{2}$—③　$\boxed{3}$—③　$\boxed{4}$—②
(2)$\boxed{5}\boxed{6}\boxed{7}$—⑤⑨⑩　$\boxed{8}\boxed{9}$—②⑥
(3)$\boxed{10}\boxed{11}$—③⑩　$\boxed{12}\boxed{13}$—⑨①
(4)$\boxed{14}$—①　$\boxed{15}$—③　$\boxed{16}\boxed{17}\boxed{18}$—⑦②⑨　$\boxed{19}\boxed{20}\boxed{21}\boxed{22}$—③②⑧⑩　$\boxed{23}\boxed{24}$—①①

=================== 解　説 ===================

《等差数列，等比数列の初項と公差，公比および和，Σ計算》

(1)　数列 $\{a_n\}$ の初項を a，公差を d とすると

$$\begin{cases} a_9 = a + 8d = 25 \\ S_{12} = \dfrac{12}{2} \times (2a + 11d) = 210 \end{cases}$$

これより，連立方程式

$$\begin{cases} a + 8d = 25 \\ 2a + 11d = 35 \end{cases}$$

を解いて　　$a = 1$，$d = 3$　→$\boxed{1}$，$\boxed{2}$
　　よって　　$a_n = 1 + (n-1) \times 3 = 3n - 2$　→$\boxed{3}$，$\boxed{4}$

(2)　$S_{20} = \dfrac{20}{2} \times (2 \times 1 + 19 \times 3) = 590$　→$\boxed{5} \sim \boxed{7}$

　　また，$S_n = \dfrac{n}{2}\{2 \times 1 + (n-1) \times 3\} = \dfrac{n(3n-1)}{2}$ より，不等式

$\dfrac{n(3n-1)}{2} > 1000$ を満たす最小の n の値は，$n \geqq 1$ で $\dfrac{n(3n-1)}{2}$ は単調増

加で

　　　　$n = 25$ のとき　　$\dfrac{25 \times (3 \times 25 - 1)}{2} = 925$

　　　　$n = 26$ のとき　　$\dfrac{26 \times (3 \times 26 - 1)}{2} = 1001$

より，$n = 26$ である。　→$\boxed{8}\boxed{9}$

(3) $a_n = 3n - 2$ より

$$\frac{1}{a_n \cdot a_{n+1}} = \frac{1}{(3n-2)\{3(n+1)-2\}} = \frac{1}{(3n-2)(3n+1)}$$

$$= \frac{1}{3}\left(\frac{1}{3n-2} - \frac{1}{3n+1}\right)$$

よって

$$\sum_{k=1}^{30} \frac{1}{a_k \cdot a_{k+1}} = \frac{1}{3}\sum_{k=1}^{30}\left(\frac{1}{3k-2} - \frac{1}{3k+1}\right)$$

$$= \frac{1}{3}\left\{\left(1 - \frac{1}{4}\right) + \left(\frac{1}{4} - \frac{1}{7}\right) + \cdots + \left(\frac{1}{88} - \frac{1}{91}\right)\right\}$$

$$= \frac{1}{3}\left(1 - \frac{1}{91}\right) = \frac{30}{91} \quad \rightarrow \boxed{10} \sim \boxed{13}$$

(4) 数列 $\{b_n\}$ の初項を b，公比を r とすると

$$\begin{cases} b_1 + b_2 + b_3 = b(1 + r + r^2) = 13 & \cdots\cdots① \\ b_4 + b_5 + b_6 = br^3(1 + r + r^2) = 351 & \cdots\cdots② \end{cases}$$

②÷①より　　$r^3 = 27$

ゆえに　　$r = 3$

よって　　$b = 1$, $r = 3$　$\rightarrow \boxed{14}$, $\boxed{15}$

これより

$$b_7 = 1 \times 3^6 = 729 \quad \rightarrow \boxed{16} \sim \boxed{18}$$

$$T_8 = 1 \times \frac{3^8 - 1}{3 - 1} = 3280 \quad \rightarrow \boxed{19} \sim \boxed{22}$$

また

$$T_n = 1 \times \frac{3^n - 1}{3 - 1} = \frac{1}{2}(3^n - 1) > 80000$$

すなわち　　$3^n - 1 > 160000$

$3^n - 1$ は $n \geqq 1$ で単調増加で，$n = 10$ のとき $3^{10} - 1 = 59048$，$n = 11$ のとき $3^{11} - 1 = 177146$ より，$T_n > 80000$ となる最小の n の値は

$$n = 11 \quad \rightarrow \boxed{23}\boxed{24}$$

④ **解　答**　(1)$\boxed{1}$—① 　$\boxed{2}$—② 　$\boxed{3}$—② 　$\boxed{4}$—⑤ 　$\boxed{5}$—④ 　$\boxed{6}$—①

(2)$\boxed{7}$—⑥ 　$\boxed{8}$—① 　$\boxed{9}$—⑨ 　$\boxed{10}\boxed{11}$—②⑩

(3)$\boxed{12}\boxed{13}$—③⑨ 　$\boxed{14}$—② 　$\boxed{15}\boxed{16}$—②⑥

(4) $\boxed{17}\boxed{18}$ ― ③③　$\boxed{19}$ ― ②　$\boxed{20}\boxed{21}$ ― ③③　$\boxed{22}\boxed{23}$ ― ⑤②

=========== 解　説 ===========

《平面ベクトルの図形への応用，内積》

(1)　$\overrightarrow{OM}=\dfrac{1}{2}(\overrightarrow{OA}+\overrightarrow{OB})$　→ $\boxed{1}$, $\boxed{2}$

$\overrightarrow{OP}=k\overrightarrow{OM}=\dfrac{k}{2}\overrightarrow{OA}+\dfrac{k}{2}\overrightarrow{OB}$ （k は実数）と

おくと

$$\overrightarrow{OP}=\dfrac{k}{2}\overrightarrow{OA}+2k\left(\dfrac{1}{4}\overrightarrow{OB}\right)=\dfrac{k}{2}\overrightarrow{OA}+2k\overrightarrow{ON}$$

と変形されるから，点 P は直線 AN 上にあるので

$$\dfrac{k}{2}+2k=1$$

すなわち　　$k=\dfrac{2}{5}$

ゆえに　　$OP=\dfrac{2}{5}OM$　→ $\boxed{3}$, $\boxed{4}$

また，$\overrightarrow{OP}=\dfrac{1}{5}\overrightarrow{OA}+\dfrac{4}{5}\overrightarrow{ON}$ より，点 P は線分 AN を $4:1$ に内分する

点であるから

　　$AP:PN=4:1$　→ $\boxed{5}$, $\boxed{6}$

別解　△OBM と直線 AN について，メネラウスの定理より

$$\dfrac{ON}{NB}\cdot\dfrac{BA}{AM}\cdot\dfrac{MP}{PO}=1$$

$$\dfrac{1}{3}\cdot\dfrac{2}{1}\cdot\dfrac{MP}{PO}=1$$

ゆえに　　$\dfrac{MP}{PO}=\dfrac{3}{2}$

よって，$OP:PM=2:3$ より

$$OP=\dfrac{2}{5}OM$$

次に，△ABN と直線 OM について，メネラウスの定理より

$$\dfrac{AM}{MB}\cdot\dfrac{BO}{ON}\cdot\dfrac{NP}{PA}=1$$

$$\dfrac{1}{1}\cdot\dfrac{4}{1}\cdot\dfrac{NP}{PA}=1$$

ゆえに　　$\dfrac{\text{NP}}{\text{PA}}=\dfrac{1}{4}$

よって　　AP：PN＝4：1

(2)　△OAB＝S とおくと

$$\begin{cases} S_1 = \triangle\text{APM} = \dfrac{3}{5}\triangle\text{OAM} = \dfrac{3}{5}\times\dfrac{1}{2}\triangle\text{OAB} = \dfrac{3}{10}S \\[2mm] S_2 = \triangle\text{OPN} = \dfrac{1}{5}\triangle\text{OAN} = \dfrac{1}{5}\times\dfrac{1}{4}\triangle\text{OAB} = \dfrac{1}{20}S \end{cases}$$

よって　　$S_1 : S_2 = \dfrac{3}{10} : \dfrac{1}{20} = 6 : 1$　→ 7 , 8

また，四角形 MPNB の面積を T とおくと

$$T = \triangle\text{OMB} - \triangle\text{OPN} = \dfrac{1}{2}S - \dfrac{1}{20}S = \dfrac{9}{20}S$$ → 9 ～ 11

(3)　OM＝AB より，$|\overrightarrow{\text{OM}}|^2 = |\overrightarrow{\text{AB}}|^2$ であるから

$$\left|\dfrac{\overrightarrow{\text{OA}}+\overrightarrow{\text{OB}}}{2}\right|^2 = |\overrightarrow{\text{OB}}-\overrightarrow{\text{OA}}|^2$$

$$\dfrac{1}{4}(|\overrightarrow{\text{OA}}|^2 + 2\overrightarrow{\text{OA}}\cdot\overrightarrow{\text{OB}} + |\overrightarrow{\text{OB}}|^2) = |\overrightarrow{\text{OB}}|^2 - 2\overrightarrow{\text{OA}}\cdot\overrightarrow{\text{OB}} + |\overrightarrow{\text{OA}}|^2$$

$|\overrightarrow{\text{OA}}|=7$，$|\overrightarrow{\text{OB}}|=4$ より

$$\dfrac{1}{4}(7^2 + 2\overrightarrow{\text{OA}}\cdot\overrightarrow{\text{OB}} + 4^2) = 4^2 - 2\overrightarrow{\text{OA}}\cdot\overrightarrow{\text{OB}} + 7^2$$

よって

$$\overrightarrow{\text{OA}}\cdot\overrightarrow{\text{OB}} = \dfrac{39}{2}$$ → 12 ～ 14

ゆえに

$$\text{OM} = \text{AB} = \sqrt{\dfrac{1}{4}(49+39+16)} = \sqrt{26}$$ → 15 16

(4)　$\overrightarrow{\text{OM}}\cdot\overrightarrow{\text{AB}} = \dfrac{1}{2}(\overrightarrow{\text{OA}}+\overrightarrow{\text{OB}})\cdot(\overrightarrow{\text{OB}}-\overrightarrow{\text{OA}})$

$$= \dfrac{1}{2}(|\overrightarrow{\text{OB}}|^2 - |\overrightarrow{\text{OA}}|^2)$$

$$= \dfrac{1}{2}(4^2 - 7^2) = -\dfrac{33}{2}$$ → 17 ～ 19

また

$$\cos\theta = \frac{\overrightarrow{OM}\cdot\overrightarrow{AB}}{|\overrightarrow{OM}||\overrightarrow{AB}|} = \frac{-\dfrac{33}{2}}{\sqrt{26}\times\sqrt{26}} = -\frac{33}{52} \quad \rightarrow \boxed{20}\sim\boxed{23}$$

物　理

■物理基礎・物理■

 **解答**　問1．① 　問2．② 　問3．④ 　問4．③ 　問5．⑤

───────── 解　説 ─────────

《小問5問》

問2． コアの屈折率を n_0 とすると，屈折の法則より

$$n_0 = \frac{\sin 45°}{\sin 30°} = \sqrt{2}$$

コアからクラッドに光が入射するときの入射角は $60°$ となるので，$60°$ が臨界角となるときのクラッドの屈折率が N である。よって，屈折の法則で屈折角を $90°$ として

$$\frac{\sin 60°}{\sin 90°} = \frac{N}{n_0} \qquad \therefore \quad N = \frac{\sqrt{3}}{2} n_0 = \frac{\sqrt{2}\sqrt{3}}{2} = 1.21 ≒ 1.2$$

問3． 求める距離を x [km] とすると，それぞれの地震波が観測地点に到着するまでにかかる時間の差より

$$\frac{x}{4.0} - \frac{x}{8.0} = 30 \qquad \therefore \quad x = 240 \,\text{[km]}$$

問4． 定圧モル比熱 C_P と定積モル比熱 C_V の間には，気体定数を R として，$C_P = C_V + R$ の関係があるので

$$C_P = 12.5 + 8.31 = 20.81 ≒ 20.8 \,\text{[J/(mol·K)]}$$

問5． 電気量 q の電荷から r だけ離れた点の電位 V は，無限遠を基準として，$V = k\dfrac{q}{r}$ で表される。ここで，k はクーロンの法則の比例定数である。よって，点電荷 A から $0.25\,\text{m}$，点電荷 B から $0.75\,\text{m}$ 離れた地点での電位が $0\,\text{V}$ となるためには，求める電気量を q_B [μC] として，次の関係が成り立てばよい。

$$k\frac{-20}{0.25} + k\frac{q_B}{0.75} = 0 \qquad \therefore \quad q_B = 60 \,\text{[μC]}$$

(注)　無限遠を電位の基準とした。

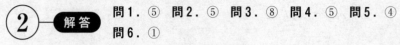

② 解答 問1．⑤ 問2．⑤ 問3．⑧ 問4．⑤ 問5．④
　　　　　　 問6．①

=========== **解 説** ===========

《ばねつきの台車上の物体の運動》

問1． 糸を切断するまでは物体は静止していたので，物体がばねから受けていた力の大きさが $2mg$ であったことがわかる。よって，求める加速度の大きさを a_1 とすると，水平方向の運動方程式より

　　$ma_1 = 2mg$ 　∴　$a_1 = 2g$

問2． d だけ押し縮められた状態で，ばねの力が $2mg$ であったことから，このばねのばね定数 k は $k = \dfrac{2mg}{d}$ であることがわかる。よって，力学的エネルギー保存則より

$$\frac{1}{2}mv_1{}^2 = \frac{1}{2}kd^2 \quad ∴ \quad v_1 = d\sqrt{\frac{k}{m}} = d\sqrt{\frac{\dfrac{2mg}{d}}{m}} = \sqrt{2gd}$$

問3． 糸を切断する前，台車と物体からなる系の全運動量は 0 であったが，台車が車止めから離れるときには，mv_1 に変化している。運動量と力積の関係より，車止めが台車に及ぼした力積の大きさ $F\varDelta t$ は次のようになる。

　　$F\varDelta t = mv_1$

　作用・反作用の法則より，この大きさは台車が車止めに及ぼした力積の大きさに等しい。

問4． 糸を切断すれば，問1と同じように物体にはたらく合力は $2mg$ となるので，大きさ $2g$ の加速度が生じる。

問5． 車止めがないと，糸が切断されたあと，台車は左向きに動き出すので，物体がばねから離れた直後の台車の速さを V とすると，運動量保存則より

　　$mv_2 - (3\mathrm{m})V = 0$ 　∴　$V = \dfrac{v_2}{3}$

　よって，力学的エネルギー保存則より

$$\frac{1}{2}mv_2{}^2+\frac{1}{2}(3m)\left(\frac{v_2}{3}\right)^2=\frac{1}{2}\left(\frac{2mg}{d}\right)d^2$$

$$\frac{2}{3}mv_2{}^2=mgd$$

$$\therefore\quad v_2=\sqrt{\frac{3}{2}gd}$$

問6. 台車と物体からなる系に，水平方向にはたらく外力はないため，系の全運動量は0に保たれる。よって，台車と物体が一体となれば，その速さは0となる。

 **解答**　　問1．① 問2．⑩ 問3．④ 問4．⑦ 問5．⑦
　　　　　　　　　問6．③ 問7．④ 問8．⑨ 問9．⑩

━━━━━━━━━ 解説 ━━━━━━━━━

《単原子分子理想気体の状態変化》

問1. 断熱変化とは，熱の出入りのない変化のことであるので，$Q=0$ である。理想気体の内部エネルギー U は，気体の絶対温度に比例するので，等温変化では $\varDelta U=0$ である。気体は体積が変化したとき外部に仕事をするので，体積変化のない定積変化では $W=0$ である。

問2. 物質量 n，絶対温度 T の単原子分子理想気体の内部エネルギーは，気体定数を R として，$U=\dfrac{3}{2}nRT$ で与えられる。よって，理想気体の状態方程式より，圧力 P，体積 V の状態では $U=\dfrac{3}{2}PV$ で内部エネルギーを求められる。これを用いると，求める内部エネルギー U_A は

$$U_A=\frac{3}{2}(2P_0)V_0=3.0P_0V_0$$

問3・問4. カ．状態 A から状態 B の変化では，一定の圧力 $2P_0$ のもとで体積が V_0 増加しているので，気体が外部に対してした仕事 W_{AB} は

$$W_{AB}=(2P_0)V_0=2.0P_0V_0$$

オ．状態 B での気体の内部エネルギー U_B は，問2と同様に考えると

$$U_B=\frac{3}{2}(2P_0)(2V_0)=6.0P_0V_0$$

この間に気体が外部から吸収した熱量を Q_{AB} とすると，熱力学第一法

則より

$$U_B - U_A = Q_{AB} - W_{AB}$$

∴　$Q_{AB} = U_B - U_A + W_{AB} = 5.0 P_0 V_0$

問5． 状態 C での気体の内部エネルギー U_C は，問2と同様に考えると

$$U_C = \frac{3}{2} P_0 (2V_0) = 3.0 P_0 V_0$$

状態 B から状態 C へは定積変化であるので，気体が外部にする仕事は 0 である。この間に気体が外部に放出した熱量を q_{BC} とすると，熱力学第一法則より

$$q_{BC} = U_B - U_C = 3.0 P_0 V_0$$

問6． 問2で求めた U_A と，問5で求めた U_C が等しいことから，状態 C と状態 A の気体の温度は等しい。

問7． 断熱変化では熱の出入りがないので，状態 D での気体の内部エネルギーを U_D とすると，熱力学第一法則より

$$U_D - U_C = 1.8 P_0 V_0$$

∴　$U_D = U_C + 1.8 P_0 V_0 = 4.8 P_0 V_0$

問8． 問7で求めた U_D が U_C の $4.8 \div 3.0 = 1.6$ 倍になっていることから，状態 D での気体の温度は T_0 の 1.6 倍であることがわかる。よって，状態 D での気体の圧力を P_D とすると，ボイル・シャルルの法則より

$$\frac{P_D V_0}{1.6 T_0} = \frac{2 P_0 V_0}{T_0} \qquad ∴ \quad P_D = 3.2 P_0$$

問9． 状態 D から状態 A へは定積変化であるので，気体が外部にする仕事は 0 である。この間に気体が外部に放出した熱量を q_{DA} とすると，熱力学第一法則より

$$q_{DA} = U_D - U_A = 1.8 P_0 V_0$$

④ **解答** 問1．③　問2．⑤　問3．②　問4．①　問5．⑥

―――――――――――――――　解説　―――――――――――――――

《電位差計による起電力の測定》

問1． 図4－1に示された装置は，電位差計と呼ばれる。

（注）図中の PQ 間には，1 m の長さをもつ目盛り付きの抵抗線が用いら

れることが多い。この抵抗線は，メートルブリッジの回路で用いられるものであるが，メートルブリッジとはホイートストンブリッジ回路の原理で，未知抵抗の抵抗値を測定する装置のことをいう。

問2． 検流計に電流が流れていない状態では，検流計や電池1・電池2の内部抵抗に加わる電圧が0Vとなるので，測定する電池の起電力を E〔V〕，PT間の電位差を V_{PT}〔V〕（$V_{PT}>0$）とすると，下図のS→A→B→P→T→Sの経路でのキルヒホッフの第二法則より

$$E-V_{PT}=0 \quad \therefore \quad E=V_{PT}\text{〔V〕}$$

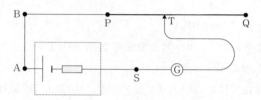

となるので，測定する電池の起電力はPT間の電位差と等しいことがわかる。よって，PQ間を流れる電流量を I〔A〕とし，抵抗線1cmあたりの電気抵抗を σ〔Ω〕とすると，S_1 を閉じているときと，S_2 を閉じているときのそれぞれの場合で，オームの法則を立てて

$$E_1=36\sigma I \quad \cdots\cdots①$$
$$E_x=54\sigma I \quad \cdots\cdots②$$

よって，②÷①より

$$\frac{E_x}{E_1}=\frac{3}{2} \quad \therefore \quad E_x=\frac{3}{2}\times 2.4=3.6\text{〔V〕}$$

問3． 起電力 E，内部抵抗 r の電池に電流 I が流れるとき，電池の端子電圧（正極と負極の間の電位差）は，内部抵抗での電圧降下のため，$E-rI$ となってしまう。電位差計の回路では，測定する電池を流れる電流が0となった状態で測定するので，内部抵抗による電圧降下が0Vになり，正確な起電力を測定できる。

問4． $L=20$〔cm〕より，PT間の電気抵抗は20Ωで，そこに150〔mA〕$=0.15$〔A〕の電流が流れているので

$$E_y=（\text{PT間の電位差}）=20\times 0.15=3.0\text{〔V〕}$$

問5． イ．図4-2の装置では，接点Tを点Qにもってきたとき，最もPT間の電位差が大きくなる。このため，測定する電池の起電力がPQ間

の電位差 V_{PQ} より大きくなると，接点 T をどこにおいても検流計に電流が流れてしまう。PQ 間の抵抗は 100 Ω なので，オームの法則より，電池の起電力は次の値より大きかったことになる。

$V_{PQ}=100\times0.15=15$ 〔V〕

ウ．15 V より大きな起電力の電池の測定をするためには，PQ 間の電位差を増やせばよいので，電池 0 を起電力の大きな電池に取り換えればよい。

■物理基礎■

① **解答**　問1．① 問2．⑥ 問3．④ 問4．⑥ 問5．①
問6．②

――――――― 解説 ―――――――

《落体の運動》

問1． 上向きの初速度が正の値であることから，投げ上げ運動であることがわかる。

問2． 求める初速度を v_0 [m/s] とすると，時刻 t [s] における小球Aの速度 v_A [m/s] は $v_A = v_0 - gt$ で与えられる。$t=2$ [s] で $v_A = 0$ [m/s] となっていることから

$$v_0 - 2g = 0 \quad \therefore \quad v_0 = 2g \text{ [m/s]}$$

問3． 求める高さを h [m] とすると，時刻 t [s] における小球Aの地上からの高さ y_A [m] は，等加速度運動の公式より，$y_A = v_0 t - \dfrac{1}{2}gt^2 + h$ で表される。問2の結果を用いると，$t=6$ [s] で $y_A = 0$ [m] となることより

$$12g - 18g + h = 0 \quad \therefore \quad h = 6g \text{ [m]}$$

問4． 小球Bは投げ出されてから1s後に地面に到達しているので，問3の結果を用いると，等加速度運動の公式より

$$h = v_1 \times 1 + \frac{1}{2}g \times 1^2 = 6g \quad \therefore \quad v_1 = \frac{11}{2}g \text{ [m/s]}$$

問5． 時刻 T [s] における小球Aの速度 v_A [m/s] と小球Bの速度 v_B [m/s] は，上向きを正として，それぞれ次のようになる。

$$v_A = v_0 - g(T+5)$$
$$v_B = -v_1 - gT$$

よって，小球Bから見た小球Aの相対速度 v_{BA} [m/s] は

$$v_{BA} = v_A - v_B = (v_0 + v_1) - 5g$$

となり，T によらず一定値となるので，小球Aと小球Bの距離は一定の割合で変化し，$L-T$ グラフは直線となる。

参考 時刻 T [s] における小球Aの高さ y_A [m] と小球Bの高さ y_B [m] を直接計算すると，次のように L を数式化することができる。

$$y_A = v_0(T+5) - \frac{1}{2}g(T+5)^2 + h$$

$$y_B = -v_1 T - \frac{1}{2} g T^2 + h$$

$$\therefore \quad L = y_A - y_B = \{(v_0 + v_1) - 5g\} T + 5v_0 - \frac{25}{2} g$$

$$= \frac{5}{2} g T - \frac{5}{2} g$$

問6. 空気抵抗の影響を無視すれば，落体に生じる加速度は質量には依存
しない。よって，v_1 は M によらず一定値となる。

　**解答**　**問1.** ④　**問2.** ⑤　**問3.** ⑥　**問4.** ③　**問5.** ②
問6. ①

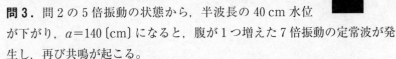

《気柱の固有振動》

問1. 波の速さと波長の関係式より

$336 \div 420 = 0.80$ [m] $= 80$ [cm]

問2. 問1の結果より，円筒 A 内に生じた定常波の腹か
ら節までの長さは 20 cm である。

　よって，円筒 A には右図のような 5 倍振動が生じたこ
とがわかる。

問3. 問2の 5 倍振動の状態から，半波長の 40 cm 水位
が下がり，$a = 140$ [cm] になると，腹が 1 つ増えた 7 倍振動の定常波が発
生し，再び共鳴が起こる。

問4. 円筒 B の断面積は円筒 A の断面積の半分なので，円筒 A の水位を
40 cm 下げると，2 倍の 80 cm 水位が上昇する。b は最初 120 cm であっ
たので，$120 - 80 = 40$ [cm] になる。

問5. $b = 40$ [cm] のとき定常波が生じ，
$a = 100$ [cm]，すなわち $b = 120$ [cm] のとき再び
定常波が生じた。このとき，$120 = 40 \times 3$ より，
$b = 40$ [cm] のときは基本振動，$b = 120$ [cm] の
ときは 3 倍振動であることがわかる。それぞれの
定常波の様子は右図のようになるので，波長は
4×40 [cm] $= 160$ [cm] $= 1.60$ [m] である。

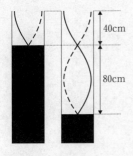

　　よって，求める振動数は

　　　　$336 \div 1.60 = 210$ [Hz]

問6. 気柱共鳴では，音波の波長が変わらないとき，気柱の長さが半波長増えるごとに，腹が1つ増えた定常波が発生し，共鳴が起こる。したがって，円筒 A では 40 cm 水位が変化するごとに，円筒 B では 80 cm 水位が変化するごとに，それぞれ共鳴が起こる。円筒 B の断面積は円筒 A の断面積の半分なので，円筒 A の水位が 40 cm 変化すれば，円筒 B の水位は 80 cm 変化する。問5の状態では共鳴が起こっているので，円筒から水がこぼれない範囲では，円筒 A の水位が 40 cm 変化するごとに，両方の円筒で同時に共鳴が起こる。

化　学

◀薬，成田薬，福岡薬学部▶

① 解答

問1. ③　問2. ③

問3. A—⑥　B—⑤　C—⑧　D—①

問4. ③・⑤（順不同）　問5. a—①　b—③　c—②　d—⑤

問6. $\boxed{13}$—⑨　$\boxed{14}$—①　$\boxed{15}$—④　問7. $\boxed{16}$—⑤　$\boxed{17}$—⑨　$\boxed{18}$—②

======================= 解説 =======================

《蒸気圧，金属のイオン化傾向》

問1. 水素よりイオン化傾向の大きなニッケル，鉄，アルミニウムが該当する。

問2. 水に溶ける硫化水素，アンモニア，二酸化窒素が該当する。

問4. 水素は無色無臭の気体であり，分子量は空気の平均分子量より小さいので空気より軽い。また，水に溶けにくい中性の気体であり，ソーダ石灰と反応しないので，乾燥剤としてソーダ石灰を使うことができる。

問5. 51.3 cm の液面差による圧力を考える際，次の二段階で考えるとよい。

(1) 水柱と同じ圧力を示す水銀柱の高さを H [cm] とすると，

(密度)×(高さ) が等しいので

$$51.3 \times 1.0 = H \times 13.5$$

$$H = 51.3 \times \frac{1.0}{13.5} \text{ [cm]}$$

(2) 大気圧 1.0×10^5 Pa のもとで，水銀柱は 76 cm を示すので，H [cm] の水銀柱の示す圧力 P [Pa] は

$$P : H = 1.0 \times 10^5 : 76$$

$$P = \frac{H}{76} \times 1.0 \times 10^5 = 51.3 \times \frac{1.0}{13.5} \times \frac{1.0 \times 10^5}{76} \text{ [Pa]}$$

問6. 同じ高さでは同じ圧力がかかるので，メスシリンダー外の液面の高さにかかる圧力を比べると，下図のようになる（気体 X の分圧を P_X，飽

和水蒸気圧を P_{vap}，水柱の重力による圧力を $P_{水柱}$ とする）。

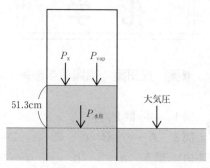

51.3cm

大気圧

メスシリンダー内には気体 **X** のほか，飽和水蒸気圧を示す分の水蒸気が存在する。メスシリンダー内の点線部分にかかる圧力について，(大気圧)＝$P_{水柱}+P_X+P_{vap}$ が成立するから

$$1.0\times10^5=51.3\times\frac{1.0}{13.5}\times\frac{1.0\times10^5}{76}+P_X+4.0\times10^3$$

$$P_X=9.1\times10^4 \text{ [Pa]}$$

問7. 反応式の係数比より，(反応した Zn の物質量)＝(発生した H_2 の物質量)であるから，塩酸に加えた亜鉛の質量を x [mg] とすると

$$\frac{x\times10^{-3}}{65}=\frac{9.1\times10^4\times\frac{249}{1000}}{8.3\times10^3\times300}$$

$$x=591.5\fallingdotseq5.9\times10^2 \text{ [mg]}$$

 **2** **解答** 問1. ⑧ 問2. ④ 問3. ② 問4. ③ 問5. ①
問6. ⑥ 問7. ⑧

━━━━━━━━━━ 解説 ━━━━━━━━━━

《無機化合物の個別各論》

問1. (A)誤り。アンモニアの工業的製法はハーバー・ボッシュ法である。

(B)誤り。水に溶けて弱塩基性を示す。

(C)誤り。アンモニアは空気中で自然発火しない。

問2. (B)誤り。一酸化窒素は空気中では速やかに酸化されて二酸化窒素に変化する。

問3. (C)誤り。鉄は濃硝酸とは不動態を形成するため溶けない。

問4. (A)誤り。ナトリウムの第一イオン化エネルギーは第3周期で最も小さい。

問6. (A)誤り。Ca^{2+} は橙色の炎色反応を示す。

(C)誤り。濃アンモニア水を過剰に加えると，$[Ag(NH_3)_2]^+$ が生じ，褐色沈殿は生じない。

問7. (物質量比)＝(組成比) であるから

$$M : O = \frac{10.2}{51.0} : \frac{18.2-10.2}{16.0} = 2 : 5$$

M＝51.0 より，この酸化物の組成式は M_2O_5 である。

3 **解答** **問1.** ①・④（順不同）　**問2.** ②
問3. b—⑥　c—④　**問4.** d—①　e—③
問5. ②　**問6.** (i)⑨—②　⑩—⑤　⑪—②　(ii)⑫—②　⑬—⑨
問7. (i)—③　(ii)⑮—⑦　⑯—④　⑰—②

━━━━━━━━━━━━━ 解 説 ━━━━━━━━━━━━━

《芳香族カルボン酸の性質》

問1. ①のピクリン酸の構造式は O_2N〜OH〜NO_2，NO_2，④のサリチル酸メチ

ルの構造式は〜OH〜$COOCH_3$ である。

問3. 適切な試薬でカルボキシ基を還元すると，ホルミル基（−CHO）を経て第一級アルコール（−CH$_2$OH）に変化する。

問4. ベンゼン環の水素2つをカルボキシ基に置き換えた化合物は以下の通り。

① COOH / COOH

② COOH / COOH

③ HOOC— —COOH

↓加熱　　　　　↓加熱　　　　　↓加熱

O C O C O　　　　×　　　　×

　加熱すると容易に脱水する **A** はオルト位にカルボキシ基があるフタル酸（①）である。また，エチレングリコールと縮重合して高分子となる **B** はパラ位 2 置換体のテレフタル酸（③）であるから，**C** はメタ位 2 置換体のイソフタル酸（②）である。

　B，C のベンゼン環の水素を一つ塩素に置換した化合物の異性体の数は，以下に示すように **B** が 1 種類，**C** が 3 種類となる（同じ番号の炭素原子に塩素原子が結合したものは同一の化合物を意味する）。

1 1 / 1 HOOC— —COOH 1 / 1

2 3 / 2 —COOH 1 / COOH

B　　　　　**C**

問 5. 酸化により安息香酸が得られる化合物は，ベンゼン環に炭化水素基が 1 つだけ結合しているものであり，選択肢中ではトルエンとスチレンが該当する。

問 6. (i)　安息香酸の分子量は 122 であるから

$$\dfrac{\dfrac{305\times10^{-3}}{122}}{\dfrac{100}{1000}}=2.5\times10^{-2} \text{ [mol/L]}$$

(ii)　$\text{pH}=-\log_{10}[\text{H}^+]=-\log_{10}(2.5\times10^{-2}\times0.049)=2.9$

問 7. フタル酸 1 mol から無水フタル酸 1 mol が得られるので，生じた無水フタル酸の質量を x [mg] とすると

$$\dfrac{830\times10^{-3}}{166}=\dfrac{x\times10^{-3}}{148} \qquad x=7.4\times10^2 \text{ [mg]}$$

◀保健医療，医療福祉，成田看護，成田保健医療，
　赤坂心理・医療福祉マネジメント，小田原保健医療，
　　　　　　　　　　　　　　　　福岡保健医療学部▶

■化学基礎・化学■

 **解 答**　問1．① 　問2．③・⑥ （順不同）
問3．①・④ （順不同） 　問4．⑦
問5．②・⑤・⑧ （順不同） 　問6．$\boxed{10}$—① 　$\boxed{11}$—⑧ 　$\boxed{12}$—②
問7．$\boxed{13}\boxed{14}$—③①

=== 解 説 ===

《物質の三態，気体の状態方程式》

問3． 標準大気圧のもとで昇華する物質を選べばよい。

問4． (A)誤り。粒子間距離は液体≪気体なので，一定温度のもとで圧力を
かけて粒子間距離を近づけても液体が気体になることはない。

(B)誤り。一定量の気体を一定温度のもとで減圧すると，気体の体積は大き
くなる（ボイルの法則）。

問5． ①誤り。A点における H_2O の状態は固体である。

③誤り。A点からB点にかけて起こる状態変化は融解であり，このとき
には吸熱が起こっている。

④誤り。D点からE点の間の H_2O の状態は気体のみである。

⑥・⑦誤り。加熱時間が異なるので，加えた熱量は異なる。

問6． B点では H_2O はすべて液体で存在している。液体 H_2O の密度が
$1.0\,g/cm^3$ であるから，このときの体積は

$$18\times\frac{1}{1.0}\times10^{-3}=1.8\times10^{-2}\,[L]$$

問7． D点では H_2O はすべて気体で存在している。H_2O の分子量は18
なので，気体の状態方程式より

$$\frac{\frac{18}{18}\times8.31\times10^3\times373}{1.01\times10^5}=30.6\fallingdotseq31\,[L]$$

② **解答** 問1．a—⑤　b—③　c—①　d—⑩　e—⑨
問2．ア—③　イ—⑥

問3．f—②　g—⑦　h—③　i—⑤　問4．A—④　B—⑦　C—①

問5．⑤　問6．⓰—④　⓱—①　⓲—①　⓳—①　⓴—②

========= 解説 =========

《ハロゲンの性質》

問3． 下線部⑵の方法で発生させた塩素には，反応によって生成した水蒸気と，未反応の塩酸からの塩化水素が混入しているので，先に水に通して塩化水素を，次いで濃硫酸に通して水蒸気を取り除く必要がある。水と濃硫酸を逆にすると，塩化水素を除去するための水から生じる水蒸気の混入を防げないので，濃硫酸を後に置く必要がある。

問4．B． メチルオレンジは酸性側で赤色，塩基性側で黄色を示す指示薬である。

C． 塩素がヨウ化カリウムを酸化してヨウ素の単体が生じ
($Cl_2+2KI \longrightarrow 2KCl+I_2$)，デンプン分子のらせん構造にヨウ素分子が取り込まれてヨウ素デンプン反応を示すため，青色に呈色する。

問5． 分子式は順に P_4，O_3，S_8，C_{60} より，該当するものはない。

③ **解答** 問1．④　問2．④　問3．②・④（順不同）
問4．④　問5．①・⑥（順不同）　問6．①

問7．⑨—②　⓾⓫—⑩⑥　⓬—①

========= 解説 =========

《脂肪族炭化水素，芳香族炭化水素，セッケン，構造異性体，構造決定》

問1． 以下の4種類が考えられる。

$CH_3-CH_2-CH_2-NH_2$

$CH_3-CH-CH_3$
　　　|
　　　NH_2

$CH_3-CH_2-NH-CH_3$

CH_3-N-CH_3
　　|
　　CH_3

問2． ⒝誤り。この反応で得られる有機化合物はメタンである。

$$CH_3COONa + NaOH \longrightarrow CH_4 + Na_2CO_3$$

問3. A はアセトン，B はプロピオンアルデヒドである。

①誤り。A は水に溶けやすい。

③誤り。B は分子内に環構造をもたない。

⑤誤り。ヨードホルム反応を示すのは A のみである。

⑥誤り。フェーリング液を還元するのは B のみである。

問4. (B)誤り。合成洗剤の水溶液はセッケン水とは異なり，硬水中の Ca^{2+}，Mg^{2+} と難溶性の沈殿を生じない。

問5. ②誤り。ベンゼンに対する付加反応は起こりにくい。

③誤り。濃硫酸を触媒として濃硝酸を作用させて生じるのはニトロベンゼンである。

④誤り。濃硫酸を作用させて生じるのはベンゼンスルホン酸である。

⑤誤り。ベンゼンは無極性分子なので，イオン結合である塩化ナトリウムを溶かさない。

問7. 元素分析の結果より

$$C : H : O = \frac{44 \times \frac{12}{44}}{12} : \frac{27 \times \frac{2}{18}}{1} : \frac{23 - \left(44 \times \frac{12}{44} + 27 \times \frac{2}{18}\right)}{16}$$

$$= 2 : 6 : 1$$

有機化合物 X の実験式は C_2H_6O となる。

炭素，水素，酸素のみからなる化合物で，水素数が炭素数の 2 倍より 2 個多いものは，二重結合を含まない脂肪族化合物である。X の分子式を $(C_2H_6O)_n$ とすると，n が 2 以上では成立しないため，X の分子式は C_2H_6O と決まる。この分子式をもつ化合物はエタノール C_2H_5OH とジメチルエーテル CH_3OCH_3 の 2 種類の異性体をもつので，条件を満たす。

■化 学 基 礎■

(1) 解答　問1．② 問2．$\boxed{2}\boxed{3}$─①① 問3．②
問4．$\boxed{5}$─② $\boxed{6}$─③ $\boxed{7}$─① $\boxed{8}$─③
問5．④　問6．$\boxed{10}\boxed{11}$─⑤⑩

━━━━━━━━ 解説 ━━━━━━━━

《小問6問》

問2． $_{1}^{2}\mathrm{H}$ は1個の，$_{8}^{17}\mathrm{O}$ は9個の中性子をもつから，H_2O 分子1個に含まれる中性子の数は

$$1\times2+9=11 \text{ 個}$$

問3． 塩化水素とアンモニアの2つが該当する。

問5． 2種類以上の元素（HとC）からなる2種類の化合物（C_2H_6 と C_2H_2）について，一定質量の元素（同じ質量の炭素）と化合しているもう一方の元素の質量比は整数比が成立する（水素の質量比がエタン：アセチレン＝3：1）。この法則は倍数比例の法則である。

問6． 希塩酸は1価の酸，水酸化カルシウムは2価の塩基である。水酸化カルシウムの式量が74であるから，必要な希塩酸の体積を V [mL] とすると

$$\frac{3.7}{74}\times2=2.0\times\frac{V}{1000}\times1$$

$$V=50 \text{ [mL]}$$

(2) 解答　問1．② 問2．③ 問3．④
問4．ア─⑥ イ─⑧ ウ─⑧
問5．c─⑥ d─③ 問6．(i)─① (ii)$\boxed{10}\boxed{11}$─⑧⑩

━━━━━━━━ 解説 ━━━━━━━━

《中和滴定》

問2〜問4． シュウ酸二水和物の式量は126であるから，シュウ酸二水和物 4032 mg の物質量は

$$\frac{4032\times10^{-3}}{126}=3.2\times10^{-2} \text{ [mol]}$$

シュウ酸二水和物 1 mol 中にシュウ酸は 1 mol，水は 2 mol 含まれるの

で，シュウ酸の物質量は 3.2×10^{-2} mol，水の物質量は

$3.2 \times 10^{-2} \times 2 = 6.4 \times 10^{-2}$ [mol]

また，3.2×10^{-2} mol のシュウ酸二水和物を水に溶かして 500 mL とした シュウ酸標準溶液のモル濃度は

$$\frac{3.2 \times 10^{-2}}{\dfrac{500}{1000}} = 6.4 \times 10^{-2} \text{ [mol/L]}$$

問5. 水酸化ナトリウムは空気中の水分を吸収する潮解性を示すほか，二酸化炭素と中和して吸収する。

$$2NaOH + CO_2 \longrightarrow Na_2CO_3 + H_2O$$

問6.(i) シュウ酸を滴下していったので，コニカルビーカー内の液性は塩基性から酸性となる。よって，終点ではフェノールフタレインの色は赤色から無色に変化する。

(ii) 水酸化ナトリウムの純度を x [%] とすると，4.0 g の水酸化ナトリウムを水に溶かして 1.0 L とし，そこから 20 mL を量り取っているので，この水溶液中の水酸化ナトリウムの物質量は，式量が 40 であることから

$$\frac{4.0 \times \dfrac{x}{100}}{40} \times \frac{20}{1000} \text{ [mol]}$$

水酸化ナトリウムが1価の塩基，シュウ酸が2価の酸であるから

$$\frac{4.0 \times \dfrac{x}{100}}{40} \times \frac{20}{1000} \times 1 = 6.4 \times 10^{-2} \times \frac{12.5}{1000} \times 2$$

$x = 80$ [%]

生　物

■生物基礎・生物■

① **解答**　問1．a—③　b—⑦　c—②
問2．④　問3．②　問4．④　問5．⑥　問6．③
問7．③　問8．⑥　問9．③

=== 解説 ===

《タンパク質の構造と働き，酵素による反応，植物ホルモン》

問7． 表1の時間は基質がすべて分解されるまでの時間であるので，時間が短いほど反応速度が大きいことを示している。よって，最も時間が短いpH＝5.0が最適pHである。

問8． 図1のグラフの縦軸は生成物の質量であることに注意する。太線アの条件と比べると，本問の条件は，基質の量が同じであるので，最終的な生成物の質量は同じになる。また，pHが最適でないので，反応速度は遅くなる。よって，グラフの傾きが太線アよりも小さくなる。この二つを満たすグラフはカである。

問9． 太線アの条件と比べると，本問の条件は，基質の量が2倍で，酵素の量が2倍である。よって，最終的な生成物の質量が2倍になる。また，酵素と基質が複合体を形成する頻度が2倍になるので，反応速度も2倍になる。この二つを満たすグラフはウである。

② **解答**　問1．③　問2．④　問3．①　問4．②　問5．④

=== 解説 ===

《ショウジョウバエの発生，位置情報と形態形成》

問1． (A)誤り。ショウジョウバエは陸上の動物であり，体内受精をおこなう。

(B)・(C)正しい。ショウジョウバエの受精卵はまず核が分裂して多数になり，表面に移動して細胞質分裂が起こる。この過程を表割という。

問 3 . (B)正しい。ギャップ遺伝子は 3 つの分節遺伝子のうちはじめに働く
ものであり，ビコイドなどの母性因子の影響を受けるといってよい。

問 4 . (C)誤り。ペアルール遺伝子群で 7 つの帯状パターンがつくられ，セ
グメントポラリティー遺伝子群で 14 の帯状のパターンがつくられて，14
の体節がつくられる。

問 5 . (B)誤り。アンテナペディア突然変異体では，触角が形成される位置
に脚が形成される。

③ **解 答**　　　**問 1 .** ③
　　　　　　　　　　問 2 . a ─② 　b ─③ 　c ─⑦ 　d ─④ 　e ─⑤
問 3 . ア─⑥ 　**イ**─⑧ 　**ウ**─⑦ 　**エ**─⑤ 　**オ**─②
問 4 . ⑥ 　**問 5 .** ④

━━━━━━━━━━━━ 解説 ━━━━━━━━━━━━

《遺伝子組換え技術，ホルモンの働き》

問 1 . (A)誤り。(B)正しい。インスリンはグルコースからグリコーゲンを合
成して血糖量を低下させる。

(C)正しい。成長ホルモンは組織の細胞におけるタンパク質合成を促進し，
体物質を増加させる。

問 5 . 4 つの塩基（A，T，G，C）をランダムに選んで問題文のような
塩基 6 個の配列が出現する確率は，$\left(\dfrac{1}{4}\right)^{6} = \dfrac{1}{4096}$である。よって，平均し
て 4096 塩基対ごとにこの配列が現れて，この制限酵素で切られると考え
られる。

■生 物 基 礎■

① 解答　問1．④　問2．①　問3．A—⑤　B—②　C—④
　　　　　問4．①　問5．Q—②　R—⑦
問6． S期：⑨　G_2期：②

===== 解説 =====

《植物の細胞分裂の観察》

問1． (B)誤り。希塩酸による解離は細胞壁間の接着力を緩めるのであって細胞壁を分解するのではない。

問4． 合計600個の細胞のうち，分裂期は間期の状態A以外の30個である。ゆえに，細胞周期の20時間に表1の全体の細胞数600個に対する30個の割合$\dfrac{30}{600}$を乗じると，分裂期に要する時間は

$$20\,時間 \times \frac{30}{600} = 1\,時間$$

問5． Qは1から2のさまざまな量のDNAを含むので，S期と考えられる。RはS期が終わった後のG_2期とそれに続くM期（分裂期）を含むと考えられる。

問6． 細胞周期20時間に図1のグラフのQの細胞数の割合$\dfrac{1000-400-150}{1000}$を乗じると，S期に要する時間は$20\,時間 \times \dfrac{450}{1000} = 9\,時間$となる。

　図1のうち，分裂期の細胞数は，全体の細胞数1000個に表1より求められる分裂期の割合$\dfrac{30}{600}$を乗じて，$1000 \times \dfrac{30}{600} = 50$個である。よって，150個のRのうち，$150 - 50 = 100$個が$G_2$期である。ゆえに，$G_2$期に要する時間は$20\,時間 \times \dfrac{100}{1000} = 2\,時間$となる。

② ──［解答］　問1. ④　問2. ②　問3. ⑥　問4. ⑥　問5. ④

═══════════ 解　説 ═══════════

《恒常性に関わるヒトの器官の構造・機能》

問1.（B）誤り。血液を肺や全身に送り出す心室のほうが心筋が厚い。

問3.（A）誤り。肝臓に存在する肝小葉は約50万個である。

問4.（C）誤り。チロキシンの濃度を感知するのは脳下垂体と間脳視床下部であり，甲状腺は感知できない。

問5.（A）正しい。ひ臓は，古くなった赤血球を破壊して肝臓に送っている。よって，血管が多く分布すると考えられる。

（B）誤り。ひ臓ではリンパ球が免疫に関わる働きをするが，リンパ管は分布しない。

（C）正しい。ひ臓に存在するリンパ球が血液中の病原体などの異物を除去する。

国　語

① **出典**　清水知子『ディズニーと動物──王国の魔法をとく』〈序章　ディズニーと映像の政治学〉（筑摩書房）

解答

問一　A─① 　C─⑤ 　F─⑤ 　G─④ 　H─③

問二　⑤

問三　⑤

問四　④

問五　③

問六　①

問七　④

問八　①

問九　③

② **出典**　柴田崇「人工環境と切り結ぶ身体──メディア研究の生態学的転回」（村田純一編『知の生態学的転回 2　技術──身体を取り囲む人工環境』東京大学出版会）

解答

問一　④

問二　③

問三　①

問四　②

問五　④

問六　②

問七　④

問八　①

問九　③

問十　①

問十一　②

問十二　③

一般選抜：医学部

問 題 編

▶試験科目・配点

教科	科　　目	配　点
英　語	コミュニケーション英語Ⅰ・Ⅱ・Ⅲ・英語表現Ⅰ・Ⅱ	200点
数　学	数学Ⅰ・Ⅱ・Ⅲ・A・B	150点
理　科	「物理基礎・物理」，「化学基礎・化学」，「生物基礎・生物」から2科目選択	各100点
小論文	600字以内。小論文の評価結果は一次選考では使用せず，二次選考の合否判定に使用する。	段階評価

▶備　考

- 二次選考（個人面接）は，一次選考合格者のみに対して実施する。
- 数学Bは「数列，ベクトル」の範囲から出題する。

英 語

(80分)

第1問 次の各問の空所(1)〜(10)に入れるのに最も適切なものを，それぞれの選択肢①〜④のうちから一つ選べ。

問1 The exchange rates (1) greatly and rapidly early this week.　　解答番号 1

① fluctuate　　② fluctuated　　③ are fluctuating　　④ have fluctuated

問2 Take this medicine three times a day after meals unless (2) instructed.

解答番号 2

① otherwise　　② meanwhile　　③ particularly　　④ specifically

問3 Some companies have recently decided to shift to the four-day workweek, but it's not clear whether more companies will (3) immediately.　　解答番号 3

① go green　　② take effect　　③ come along　　④ follow suit

問4 It can be said that some of the greatest achievements in medical science have been (4) made in cardiac surgery.　　解答番号 4

① that　　② those　　③ which　　④ what

問5 The goal is to identify the cause of the accident as opposed (5) the blame on someone.　　解答番号 5

① put　　② to put　　③ putting　　④ to putting

問6 Posting offensive, vulgar, or violent comments on social media could (6) employees their jobs.　　解答番号 6

① dismiss　　② deprive　　③ cost　　④ sacrifice

問7 Geothermal power generation is said to be inferior (7) efficiency to hydroelectric power generation.　　解答番号 7

① in   ② for   ③ to   ④ with

問8 On commercial flights, all passengers are required to (8) lighted signs, posted
placards, and crew member instructions.   解答番号 [8]
① apply for   ② sort out
③ comply with   ④ dwell on

問9 Melissa is well versed in art and has a particular (9) for the Renaissance artists.
解答番号 [9]
① like   ② liking   ③ likeness   ④ likelihood

問10 (10), I've never heard her speak Portuguese in the office.   解答番号 [10]
① Come to think of it   ② Making nothing of it
③ To think little of it   ④ What comes of it

第2問 次の各和文の意味を表すように，それぞれの選択肢①〜⑧を並べ替えて空所を補い，最
も適切な英文を完成させよ。ただし，解答は解答番号のある場所に該当するもののみをマー
クせよ。なお，選択肢の語（句）は，文のはじめにくるものも小文字になっている。

問1 どの程度まで私たちはインターネットの情報を信用していいと思いますか。
解答番号 [11]，[12]
(   )(   )([11])(   )(   )(   )([12])(   ) trust information
on the Internet?
① we   ② to   ③ can
④ think   ⑤ extent   ⑥ you
⑦ what   ⑧ do

問2 混雑したビーチに行くぐらいなら，休日に仕事をしたほうがましだ。   解答番号 [13]，[14]
I (   )([13])(   )(   )(   )([14])(   )(   ) go to a
crowded beach.
① on   ② work   ③ as well
④ off   ⑤ might   ⑥ my
⑦ as   ⑧ day

問3 私たちが口にするものには，食物アレルギーがあると体が激しく反応するものが数多く存在

する。　　　　　　　　　　　　　　　　　　　　　　解答番号 15 , 16

There are numerous things (　　) (　　) (15) (　　) (　　) (16)
(　　) (　　) severely if we have a food allergy.

① to　　　　　　　　　② we　　　　　　　　③ cause
④ our bodies　　　　　　⑤ can　　　　　　　⑥ that
⑦ eat　　　　　　　　　⑧ react

問4　その男性は何も悪いことはしていなかったのに，隣人が理由もなく「警察に突き出すぞ」と
脅した。　　　　　　　　　　　　　　　　　　　　解答番号 17 , 18

The man didn't do anything wrong, but (　　) (　　) (17) (　　) (　　)
(18) (　　) (　　) any reason.

① to　　　　　　　　　② threatened　　　　③ his neighbor
④ without　　　　　　　⑤ him　　　　　　　⑥ turn
⑦ in　　　　　　　　　⑧ to the police

問5　私の住む町に由緒正しい神社があるとは夢にも思っていなかった。　解答番号 19 , 20

Little (19) (　　) (　　) (　　) (20) (　　) (　　) (　　) a long
and honorable history in my town.

① with　　　　　　　　② dream　　　　　　③ I
④ of　　　　　　　　　⑤ a shrine　　　　　⑥ being
⑦ did　　　　　　　　　⑧ there

第3問　次の英文のパラグラフ 21 ～ 25 には，誤りがそれぞれ一つ含まれている。各パラグラフにおける誤った箇所を含む下線部を，それぞれ①～④のうちから一つ選べ。解答は解答番号 21 ～ 25 にマークせよ。

21　In 1974, ①the United Nations World Health Organization (WHO) adapted a new policy: encourage developing countries to improve their traditional forms of medicine, instead of turning to Western medicine for expensive cures to medical problems. There were many people who looked down on this new policy, ②but the WHO felt that it was the most reasonable solution to the large health problems facing poor countries. Today, the WHO estimates that ③a third of the global population lack easy access to modern drugs and that in the poorest parts of Africa and Asia, that figure rises to 50 percent. The WHO believed that ④the people in developing countries who could not afford or find modern medical doctors were better off using traditional medicine rather than no medicine at all.

22　Today, traditional medicine and treatments are not only used in developing countries, but are increasing in popularity in North America and Europe. In the United Kingdom, for example, $2.6 billion is spent on traditional remedies annually. ①In China, traditional herbal medicines account for 30 to 50 percent of all medicines used. The global market for traditional medicines is estimated to be $60 billion, and growing every year. ②Twenty-five percent of modern medicines are made from plants that were first used in traditional medicine, and scientists believe they have just scratched the surface. ③For example, one Chinese herbal remedy, which has been used for over 2000 years, has recently been found to be effective against varieties of malaria that have resistance to other drugs. ④This herb could end up to save a million lives a year, mostly among children. In South Africa, another traditional plant is being used to treat patients with AIDS.

23　Recognizing the importance of traditional medicines, the WHO began a program called the Traditional Medicine Strategy. ①Among the recommendations of this strategy, there were several areas of concern. The first area of concern is safety. The WHO recommends more scientific testing on traditional medicine — ②not all traditional medicines are as helpful as the two mentioned above, and some can't actually be harmful. For example, in the United States, a traditional Chinese herb used to treat chest colds, *ma huan*, was sold as a diet drug. ③It is blamed for causing many heart attacks and at least a dozen deaths. In Belgium, ④at least 70 people received liver damage when they took a herbal remedy made from the wrong species of plant.

24　Other areas of concern are biodiversity and sustainability. Some people are worried that ①as herbal medicines become more popular, the plants that these medicines are made from may become endangered as they are over-harvested. ②For example, in eastern and southern Africa, a species of wild potato has become endangered because of reports that it is effective in the treatment of AIDS. There is also the problem of rights to drugs created from traditional remedies. ③Research into traditional remedies is increasingly being done by large drug companies, mostly based in Western countries. There is a fear that as these companies produce drugs, they will claim to have the rights to the medicine. The WHO recognizes that

④there is a need to make sure that any profits from drugs produced from traditional medicines are shared with the local culture which the medicine originated.

25　Traditional treatments don't only include medicines. They also include such treatments as acupuncture (using needles to treat illnesses) and aromatherapy, which as the name suggests, uses types of smell (aroma) as therapy. ①Acupuncture, for example, started in China, but it is now performed by professionally trained acupuncturists worldwide. A majority of professional acupuncturists can be found in Asia, but more than 20,000 live and work in the United States. ②Acupuncture appears to be popular in Europe as well, with the United Kingdom alone has more than 10,000 licensed acupuncturists. Even conventional doctors there have come to recognize the benefits of acupuncture to stop pain and to treat some illnesses. ③One study found that almost half of all conventional doctors in the UK either recommend acupuncture in some cases or will perform acupuncture themselves. ④In fact, several British soccer players have used acupuncture to treat injuries that, in the past, would have required surgery or that they would have had to put up with.

Adapted from "Reading Advantage 4 Student Book, Third Edition,"

by Casey Malarcher,

Cengage Learning Asia Pte Ltd (2012), p.10

第4問　次の英文を読み，以下の設問に答えよ。

Scientists are (1)homing in on one of medicine's most baffling mysteries: why some species avoid getting cancers while others are plagued by tumours that shorten their lives.

Whales tend to have low rates of cancer but it is the leading cause of death for dogs and cats. Foxes and leopards are susceptible while sheep and antelopes are not. Bats are also relatively well protected against cancer but not mice or rats. In humans, cancer is a leading cause of death that kills around 10 million people a year.

(　2　) is the fact that many huge creatures, including whales and elephants, generally avoid cancer when, instead, they should be at special risk because they possess vast numbers of cells, each of which could (3)trigger a tumour.

This is Peto's paradox, named after the UK statistician Richard Peto who first outlined it, and it is the focus of investigations by scientists at the Wellcome Sanger Institute, in Cambridge, who are working with researchers from a number of centres, including the Zoological Society of London (ZSL).

"Cancer is a disease that occurs when a cell in the body undergoes a series of mutations in its DNA and begins to divide uncontrollably, and the body's defences fail to stop this growth," said project leader Alex Cagan. "The more cells that an animal possesses would suggest the greater is the risk of one becoming cancerous."

This point is backed by Simon Spiro, ZSL's wildlife veterinary pathologist. "Think of cells as lottery tickets: the more you have, the greater is your chance of winning a jackpot which, in this case, is cancer. So if you have a thousand times more cells than a human, then you should have a thousand times greater risk of ending up with cancer."

From this perspective, there are some species of whale that should not be able to reach the age of one without getting cancer because they have so many cells — several quadrillion compared with humans, who only have trillions, a thousandfold reduction in numbers. (　4　). Bowhead whales have an average lifespan of 100 to 200 years, for example, while elephants have an average lifespan of around 70 years. Yet compared with humans, they all have thousands of times more cells, each a potential starting point for a mutation that would lead to cancer.

In (5)a bid to understand this paradox, the Sanger team studied a range of animals that had died of natural causes at the London Zoo. All were mammals and included lions, tigers, giraffes, ferrets and ring-tailed lemurs. In addition, naked mole rats from a different centre were included in the study.

"They look like cocktail sausages with teeth," said Cagan. "They are the size of a mouse but live for about 30 years and almost never get cancer."

The scientists then isolated cells known as intestinal crypt cells from each newly expired animal and studied their genomes.

"These are constantly being (6)replenished by stem cells and are a first-rate way to compare genomes. We used them to count the numbers of mutations each species was accumulating every year," added Cagan.

"What we found was very striking. The number of mutations each was accumulating every year varied enormously. Essentially, long-lived species were found to be accumulating mutations at a slower rate while short-lived species did so at a faster rate. For example, in humans, we get about 47 mutations a year while in the mouse, it is around 800 mutations a year. The latter live for about 4 years. The average human lifespan is 83.6 years."

In addition, it was found that, at the end of a lifespan, all the different animals that were studied had amassed around 3,200 mutations. "The (　7　) number of mutations at the end of the lifespans of these different animals is striking, though it is not yet clear if this is a cause of ageing," said Cagan.

Exactly how long-living animals successfully slow down their rate of DNA mutations is unclear, however. In addition, the link between mutation rates and lifespan has only been established for animals that have short-to-average lifespans.

"We can only study creatures that have died natural deaths, and those very long lifespans will be rare, by definition," said Spiro. "We will have to wait to get that data."

In addition, the first phase of the Sanger-Zoo project only looked at mammals. Now it is being extended to plants, insects and reptiles.

"Social insects like ants are particularly interesting," said Cagan. "Worker ants and their queen have the same genome but the queen lives for 30 years whereas workers last one or two. This suggests the queen might be activating better DNA repair, though there could be other explanations."

Cagan added that their research suggested that the mouse, which is used in cancer experiments, may not be the best model for research because of its very short lifespan.

"Now we can think about looking at much longer-living species that may be more relevant and be useful models for understanding cancer resistance."

The crucial point is that making a link between mutation rates, tumours and ageing offers new understanding of both processes and could lead to improved cancer screening and treatments that might moderate the worst impacts of ageing, say the scientists.

Adapted from an article by Robin McKie,
The Guardian (April 8, 2023)

問1　下線部（1），（3），（5），（6）の本文中での意味に最も近いものを，それぞれの選択肢①〜
　　④のうちから一つ選べ。

（1）　homing in on　　　　　　　　　　　　　　　　　　　　　解答番号 26
　　① particularly familiar with
　　② working out the solution to
　　③ paying special attention to
　　④ almost getting rid of

（3）　trigger a tumour　　　　　　　　　　　　　　　　　　　　解答番号 27
　　① make a tumour dangerous
　　② take aim at a tumour
　　③ cause a tumour to develop
　　④ live with a tumour

（5）　a bid　　　　　　　　　　　　　　　　　　　　　　　　　解答番号 28
　　① an attempt　　　　　　　　　　　　② an offer
　　③ a plan　　　　　　　　　　　　　　④ a way

（6）　replenished　　　　　　　　　　　　　　　　　　　　　　解答番号 29
　　① restored to the normal state
　　② improved for the better
　　③ transformed into other ones
　　④ restocked with new ones

問2　空所（2），（4），（7）に入れるのに最も適切なものを，それぞれの選択肢①〜④のうちから
　　一つ選べ。

（2）　　　　　　　　　　　　　　　　　　　　　　　　　　　　解答番号 30
　　① The most intriguing　　　　　　　② Even more puzzling
　　③ What seems most obvious　　　　　④ What we have come to realise

（4）　　　　　　　　　　　　　　　　　　　　　　　　　　　　解答番号 31
　　① But that is not what is observed

② Moreover, that poses another question

③ And that exactly matches our expectations

④ So that leads naturally to a further consideration

（7）　　　　　　　　　　　　　　　　　　　　　　　　　解答番号 32

① huge　　　　　　　　　　　　　② unrelated

③ diverse　　　　　　　　　　　　④ similar

問3　本文の内容に関して，次のⅠ～Ⅳの空所に入れるのに最も適切なものを，それぞれの選択肢
　　①～④のうちから一つ選べ。

Ⅰ．Based on Simon Spiro's argument, _____.　　　解答番号 33

① any assumption about the connection between the number of cells and the risk of getting cancer is deceptive, like lottery tickets

② large animals, which have a larger number of cells, should be more likely to get cancer than small animals

③ no matter how many cells an animal possesses, the possibility of it getting cancer should be the same

④ the assertion that the number of cells is directly related to the prospect of getting cancer could be denied

Ⅱ．Alex Cagan explains that _____.　　　　　　　解答番号 34

① a notable point from their findings is that it is the rate of the accumulation of mutations rather than the species's size that is important

② naked mole rats are exceptional creatures in that the number of mutations they accumulate does not correlate with their lifespans

③ both in long-lived and short-lived species, the more rapidly the mutations occur, the less likely that tumours are to appear

④ the causal relationship between the rate of mutations and lifespans has been proved scientifically

Ⅲ．In the case of ants, _____.　　　　　　　　　解答番号 35

① what is true of humans and other mammals does not always apply to worker ants

② it is probable that the queen has the advantage of having a better genome than the worker ants

③ from the long lifespan of the queen, we can infer that there could be an effective replacement of cells occurring

④ we can get interesting data as to why worker ants possess the same genome as the queen

Ⅳ．According to the passage, _____.　　　　　　　解答番号 36

① regardless of the kind of mammal, cancer continues to be the leading cause of death in all of them

② Peto's paradox will not be fully explained as long as the object of research is limited to mammals

③ the study of mutations of mice will probably become useful in preventing cancer

④ understanding the relationship between mutation rates and lifespan might lead to a new way of treating cancer

問4 本文のタイトルとして最も適切なものを，次の選択肢①〜④のうちから一つ選べ。

解答番号 37

① How is the rate of mutations related to ageing?

② What causes cells to become life-threatening tumours?

③ Why are humans, but not whales, susceptible to cancer?

④ What models should we seek for cancer resistance?

第5問　次の英文を読み，以下の設問に答えよ。

Around two and a half billion years ago Earth was an alien world that would have been hostile to most of the complex life that surrounds us today. This was a planet where bacteria reigned, and one kind of bacteria in particular — cyanobacteria — was slowly changing the world around it through photosynthesis.

The atmosphere of early Earth lacked oxygen. This began to change during what's known as the Great Oxidation Event, or GOE. At its broadest definition, the GOE refers to a series of chemical changes that geologists and geochemists have observed in rocks that are between 2.5 and 2.3 billion years old. These changes were the result of oxygen (1) by ancient cyanobacteria. Communities of this bacteria lived in shallow seawater and were preserved in rocks as structures called stromatolites.

We know that the GOE was associated with a series of glaciations on Earth, at least one of which was thought to be the first "snowball Earth" event — a glaciation so severe that ice sheets extended as far as the tropics. Though this glaciation has now been dated to approximately 2.42 billion years ago, (2) about the exact timing of the Great Oxidation Event has meant that it has not been possible to say which came first; was it the oxidation or the snowball Earth glaciation?

①

There have been hypotheses and arguments supporting both scenarios. If the glaciation came first, it is possible that it was because nutrients that were derived from rocks (3) glaciers were washed into the oceans by rivers and floodwaters when the ice sheets melted. (4)Once in the ocean these nutrients could have stimulated a cyanobacterial bloom thereby increasing oxygen production.

To investigate the timing of the Great Oxidation Event, colleagues and I examined two rock "cores" drilled from the Kola Peninsula in the far north-west of Russia, not far from Finland and Norway. These sedimentary rocks were deposited in shallow seawater between 2.50 and 2.43 billion years ago. We analysed the sulphur they contained using a new state-of-the-art technique developed at the University of St Andrews in Scotland, and our results are now published in the journal *PNAS*.

We looked at sulphur because sulphur isotopes — that is, atoms of sulphur with different atomic masses — are the most robust "(5)" of the GOE. The relative amounts of each of these sulphur isotopes is usually predictable. However, in rocks more than 2.5 billion years old this rule does not hold true, and certain unpredictable ratios, caused by photochemical reactions in the atmosphere, are preserved in rocks if the atmosphere at the time lacked oxygen. Therefore, we can use the point at which sulphur with this sort of unpredictable isotope ratio vanishes from ancient rocks to pinpoint the GOE.

Importantly, given the age constraints on the snowball Earth deposit, we can now say the GOE preceded the most severe of the glacial episodes. We conclude, as others have argued, that it is likely that rising atmospheric oxygen concentrations lowered methane levels and weakened the greenhouse effect thereby pushing the planet into a period of major glaciation.

So, why does this matter? As we take greater steps to evaluating the (6) of other planets and moons in our solar system, and exoplanets beyond, it is vitally important that we understand the evolution of life in the context of the geological changes that have happened on Earth. If we were to view ancient Earth through a telescope, would we recognise a habitable world?

Further, as we continue to change our atmosphere through rising anthropogenic greenhouse gas emissions, and consider schemes to (7)mitigate climate change by directly removing greenhouse gases from the air, it is important that we understand the extremes of how Earth's climate has shifted in the distant past. The Great Oxidation Event reminds us of a time when life on Earth pumped uncontrolled levels of "waste gas" into the atmosphere. While this facilitated the (　8　) evolution of complex life like humans, it changed the course of Earth history forever.

Adapted from "Billions of years ago,
the rise of oxygen in Earth's atmosphere caused a worldwide deep freeze,"
by Matthew Warke,
The Conversation (June 2, 2020)

問 1　空所（1），（2），（3），（5），（6），（8）に入れるのに最も適切なものを，それぞれの選択肢①〜④のうちから一つ選べ。

（1）   解答番号 38

　　① given off   ② kept away
　　③ put off   ④ taken in

（2）   解答番号 39

　　① assumption   ② irrelevancy
　　③ reliability   ④ uncertainty

（3）   解答番号 40

　　① untouched by   ② ground up by
　　③ made up of   ④ wrapped up with

（5）   解答番号 41

　　① suspects   ② counterfeits
　　③ fingerprints   ④ silver bullets

（6）   解答番号 42

　　① habitability   ② variability
　　③ productivity   ④ validity

（8）   解答番号 43

　　① abrupt   ② eventual
　　③ marginal   ④ alleged

問 2　下線部（4），（7）の内容として最も適切なものを，それぞれの選択肢①〜④のうちから一つ選べ。

（4）　Once in the ocean these nutrients could have stimulated a cyanobacterial bloom

解答番号 44

　　① These nutrients could have once hindered cyanobacteria from blooming in the ocean
　　② Before entering the ocean, these nutrients could have caused an explosion of cyanobacteria

③ These nutrients, which could have made a cyanobacterial bloom possible, were developed in the ocean

④ It is thought that these nutrients could have encouraged cyanobacteria to flourish when they went into the ocean

（7）　mitigate climate change　　　　　　　　　　　　　　　　　解答番号 45

① make climate change less severe

② alter the effects of climate change

③ eliminate climate change completely

④ stop controlling climate change any more

問3　次のパラグラフⅠ，Ⅱは本文中の　　①　　～　　⑥　　のいずれかの位置に入る。最も適切な箇所を一つずつ選べ。

Ⅰ.　　　　　　　　　　　　　　　　　　　　　　　　　　　　　　解答番号 46

　　　We found evidence in the older Russian rocks we looked at, but in the younger rocks it was absent. This is strong evidence that the GOE happened in a 70-million-year interval between 2.50 and 2.43 billion years ago. This is earlier than previous estimates of the GOE, but we argue that it is consistent with sulphur isotope records from South Africa, North America and Australia.

Ⅱ.　　　　　　　　　　　　　　　　　　　　　　　　　　　　　　解答番号 47

　　　Conversely, oxygenation of the atmosphere during the GOE would have destabilised methane, a greenhouse gas that is thought to have been present in greater concentrations in the early atmosphere. A rapid drop in methane levels would have caused a collapse of the greenhouse effect, therefore triggering a sudden and severe cooling of the climate.

問4　本文の内容に一致するものとして適切なものを，次の選択肢①～⑧のうちから三つ選べ。なお，解答の順序は問わない。　　　　　　　　　　　　　　解答番号 48 ～ 50

① Living things on Earth today might have felt unfamiliar but adaptable to Earth 2.5 billion years ago.

② Cyanobacteria played a crucial role in creating the temperate climate of Earth as we know it today.

③ The GOE and the glaciations on Earth were so closely associated that the two could hardly be thought of as separate events.

④ The author and his colleagues researched rock cores in order to determine when Earth entered the glacial epoch.

⑤ According to the researchers, sulphur before the GOE has unpredictable isotope ratios derived from the lack of oxygen.

⑥ Lowered methane levels and the weakened greenhouse effect were responsible for the glaciation of Earth.

⑦ We should think of the evolution of life not only from the climatic point of view, but in terms of geology.

⑧ By learning about the GOE, we have become aware that what we are doing with greenhouse gasses could be justified.

数　学

（80分）

＜答えに関する注意事項＞

1．解答は，解答用紙の問題番号に対応した解答欄にマークせよ。

2．問題文中の，　ア　，　イウ　などには，特に指示がない限り，符号（−，±）または数字（0〜9）が入る。ア，イ，ウ，…の一つ一つは，これらのいずれか一つに対応する。それらを解答用紙のア，イ，ウ，…で示された解答欄にマークして答えよ。

例　アイウ　に −39 と答えたいとき

ア	⚫	±	0	1	2	3	4	5	6	7	8	9
イ	−	±	0	1	2	⚫	4	5	6	7	8	9
ウ	−	±	0	1	2	3	4	5	6	7	8	⚫

なお，同一の問題文中に　ア　，　イウ　などが2度以上現れる場合，2度目以降は　ア　，　イウ　のように細字で表記する。

3．分数は既約分数（それ以上約分できない分数）で答え，符号は分子につけるものとする（例えば，$\dfrac{エオ}{カ}$ に $-\dfrac{3}{4}$ と答えたいときは，$\dfrac{-3}{4}$ として答えよ）。

4．根号を含む形で解答する場合は，根号の中に現れる自然数が最小となる形で答えるものとする（例えば，$\boxed{キ}\sqrt{\boxed{ク}}$ に $4\sqrt{2}$ と答えるところを，$2\sqrt{8}$ のように答えてはいけない）。

第1問　次の文章中の**ア**〜**ノ**に適する符号または数字を解答用紙の所定の欄にマークせよ。

(A)

三角形 ABC において，AB = 2，∠BAC = 60°，∠ACB = 45° とする。

BC = $\sqrt{\boxed{ア}}$，CA = $\boxed{イ}+\sqrt{\boxed{ウ}}$ であり，三角形 ABC の外接円の半径は

$\sqrt{\boxed{エ}}$ である。

(B)

A，B，C の3人を含む9人がいる。

9人を3人ずつの3組に分ける方法は，全部で $\boxed{オカキ}$ 通りある。このうち，A，B，C のうち少なくとも2人が同じ組になるような分け方は，全部で $\boxed{クケコ}$ 通りある。

(C)

実数 x，y，z が $x+y-z=1$，$x-2y+z=0$ を満たすとき，y，z を x を用いて表すと，

$$y = \boxed{サ}\,x - \boxed{シ}, \quad z = \boxed{ス}\,x - \boxed{セ}$$

である。

$x+y-z=1$，$x-2y+z=0$ を満たすすべての実数 x，y，z に対して $ax^2+by^2+cz^2=1$ が成り立つような定数 a，b，c の値は，

$$a = \boxed{ソ}, \quad b = \boxed{タチ}, \quad c = \boxed{ツ}$$

である。

(D)

数列 $\{a_n\}$ $(n=1, 2, 3, \cdots)$ の初項から第 n 項までの和を S_n とし，$S_n = 2n^2 - n + 1$ とする。

一般項 a_n は，

$$a_1 = \boxed{テ}, \quad n \geqq 2 \text{ のとき } a_n = \boxed{ト}\,n - \boxed{ナ}$$

であり，

$$\sum_{k=1}^{n} a_{2k-1} = \boxed{二}\,n^{\boxed{ヌ}} - \boxed{ネ}\,n + \boxed{ノ}$$

である。

第2問　次の文章中の**ア～テ**に適する符号または数字を解答用紙の所定の欄にマークせよ。

n を正の整数とし，

$$f(n) = \left[\sqrt{\frac{n}{2}+1}\right], \quad g(n) = \left[\frac{n+2}{f(n)}\right]$$

とする。ただし，$[x]$ は x を超えない最大の整数を表す。

(1) $f(8) = \boxed{\text{ア}}$，$f(15) = \boxed{\text{イ}}$，$g(15) = \boxed{\text{ウ}}$，$g(20) = \boxed{\text{エ}}$ である。

(2) l を2以上の整数とする。$f(n) = l$ を満たす n のうち，

最小の n の値は $\boxed{\text{オ}}\, l^2 - \boxed{\text{カ}}$，

最大の n の値は $\boxed{\text{キ}}\, l^2 + \boxed{\text{ク}}\, l - \boxed{\text{ケ}}$

である。

(3) $g(n) = 13$ を満たす n は全部で $\boxed{\text{コサ}}$ 個あり，このうち，最小の n の値は $\boxed{\text{シス}}$，最大の n の値は $\boxed{\text{セソ}}$ である。

(4) m を4以上の整数とする。$g(n) = 2m$ を満たす n のうち，

最小の n の値は $\boxed{\text{タ}}\, m^{\boxed{\text{チ}}} - \boxed{\text{ツ}}\, m - \boxed{\text{テ}}$

である。

第3問　次の文章中の**ア**〜**ネ**に適する符号または数字を解答用紙の所定の欄にマークせよ。

四面体 OABC がある。三角形 ABC の重心を G とし，点 P は

$$\overrightarrow{\mathrm{OP}} = \frac{1}{4}\overrightarrow{\mathrm{OA}} + s\overrightarrow{\mathrm{OB}} + t\overrightarrow{\mathrm{BC}} \quad (s,\ t\ \text{は実数})$$

を満たす点とする。

(1) $\overrightarrow{\mathrm{OG}} = \dfrac{\boxed{\text{ア}}}{\boxed{\text{イ}}}\overrightarrow{\mathrm{OA}} + \dfrac{\boxed{\text{ウ}}}{\boxed{\text{エ}}}\overrightarrow{\mathrm{OB}} + \dfrac{\boxed{\text{オ}}}{\boxed{\text{カ}}}\overrightarrow{\mathrm{OC}}$ である。

(2) $t = 0$ とする。

　(ⅰ) 点 P が直線 AB 上にあるとき，$s = \dfrac{\boxed{\text{キ}}}{\boxed{\text{ク}}}$ である。

　(ⅱ) 直線 OG と直線 CP が交わるとき，$s = \dfrac{\boxed{\text{ケ}}}{\boxed{\text{コ}}}$ であり，交点を Q とすると，

$$\frac{\mathrm{OQ}}{\mathrm{OG}} = \frac{\boxed{\text{サ}}}{\boxed{\text{シ}}},\quad \frac{\mathrm{CQ}}{\mathrm{CP}} = \frac{\boxed{\text{ス}}}{\boxed{\text{セ}}}\ \text{である。}$$

(3) $s = \dfrac{1}{3}$ とし，点 P が平面 OAC 上にあるとする。

　(ⅰ) $t = \dfrac{\boxed{\text{ソ}}}{\boxed{\text{タ}}}$ である。

　(ⅱ) 四面体 ABGP の体積は，四面体 OABC の体積の $\dfrac{\boxed{\text{チ}}}{\boxed{\text{ツテ}}}$ 倍である。

(4) $s,\ t$ が $s \geqq \dfrac{1}{3}$，$t \geqq 0$ の範囲で変化するとき，四面体 OABC の表面および内部において点 P が存在する領域の面積は，三角形 OBC の面積の $\dfrac{\boxed{\text{トナ}}}{\boxed{\text{ニヌネ}}}$ 倍である。

第4問　次の文章中の**ア〜ヌ**に適する符号または数字を解答用紙の所定の欄にマークせよ。

関数 $f(x) = \dfrac{\log 4x}{\sqrt{x}}$ がある。$y = f(x)$ のグラフを C とする。

(1)　C と x 軸の交点の座標は $\left(\dfrac{\boxed{\text{ア}}}{\boxed{\text{イ}}},\ 0 \right)$ である。

(2)　$f(x)$ を微分すると，

$$f'(x) = \frac{\boxed{\text{ウ}} - \log 4x}{\boxed{\text{エ}}\, x\sqrt{x}}$$

である。

よって，$f(x)$ は，$x = \dfrac{\boxed{\text{オ}}}{\boxed{\text{カ}}} e^{\boxed{\text{キ}}}$ で極大値 $\dfrac{\boxed{\text{ク}}}{e}$ をとる。

(3)　t を正の実数とし，C 上の点 $(t,\ f(t))$ における C の接線を l とする。l と y 軸の交点の y 座標を $g(t)$ とすると，

$$g(t) = \frac{\boxed{\text{ケ}}\,\log 4t - \boxed{\text{コ}}}{2\sqrt{t}}$$

である。

よって，$g(t)$ は $t = \dfrac{\boxed{\text{サ}}}{\boxed{\text{シ}}} e^{\frac{\boxed{\text{ス}}}{\boxed{\text{セ}}}}$ のとき，最大値 $\boxed{\text{ソ}}\, e^{-\frac{\boxed{\text{タ}}}{\boxed{\text{チ}}}}$ をとる。

(4)　C，x 軸および，直線 $x = \dfrac{e^4}{4}$ によって囲まれた図形を D とする。

(ⅰ)　D の面積は，$\boxed{\text{ツ}}\, e^{\boxed{\text{テ}}} + \boxed{\text{ト}}$ である。

(ⅱ)　D を x 軸のまわりに1回転してできる立体の体積は，$\dfrac{\boxed{\text{ナ}}\boxed{\text{ニ}}}{\boxed{\text{ヌ}}}\pi$ である。

物　理

（2科目 120分）

第1問　次の問1〜問5の各設問に答えよ。

問1　図1のように，点Oを中心とする半球殻状の茶碗が水平面上に置いてある。その内壁に箸が
　　1本立てかけてあり，その一部が茶碗の外にはみ出したままつり合って静止している。箸と茶碗
　　の2つの接点P，Qは，点Oを通る鉛直面内にある。箸と茶碗の表面はなめらかで，摩擦力は無
　　視できるものとする。このとき，2つの接点P，Qでの，箸と茶碗間ではたらく抗力は，点Pで
　　は，箸の側面（茶碗と接する側）に垂直で，点Qでは，茶碗の内壁面に垂直と考えてよい。この図
　　中の点a〜eの中で，箸の重心の位置として最も適切なものを，下の選択肢①〜⑤のうちから一
　　つ選べ。　　　　　　　　　　　　　　　　　　　　　　　　　　　　　　　　　解答番号 1

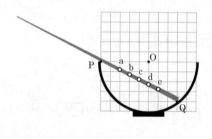

図1

　①　点a　　　　　　②　点b　　　　　　③　点c
　④　点d　　　　　　⑤　点e

問2　点電荷のつくる電場と電位について述べた次の文中の空欄 ア ， イ に当てはまる
　　記号の組合せとして最も適切なものを，下の選択肢①〜⑧のうちから一つ選べ。

　　　図2のように，真空中の一直線上に電荷$-Q$（$Q > 0$）をもつ点電荷と，電荷$+2Q$をもつ点電
　　荷が固定されている。この直線を含む平面内の等電位線の様子が破線で示されている。無限遠を
　　基準にした電位が0Vとなる等電位線は図2のa，bのうち ア で，点Pでの電場の向きは，
　　図2のc〜fのうち イ である。ただし，点電荷の大きさは無視できるものとする。
　　　　　　　　　　　　　　　　　　　　　　　　　　　　　　　　　　　　　　　解答番号 2

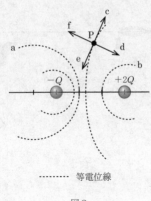

------- 等電位線

図2

	ア	イ
①	a	c
②	a	d
③	a	e
④	a	f
⑤	b	c
⑥	b	d
⑦	b	e
⑧	b	f

問3　一定振動数のおんさに取り付けられた弦を水平に張り，固定滑車を通し，重さの無視できる受け皿を取り付けた。受け皿におもりを1個乗せ，弦に張力をかけてぴんと張った。おんさを振動させ，弦の途中に弦の振動を抑えるコマを触れさせると，図3のように，おんさとコマの間に3つの腹をもつ定常波ができた。おんさとコマの間の腹の個数を2個にするためには，コマの位置とおもりをどのように組合せればよいか。最も適切なものを，下の選択肢①〜⑨のうちから一つ選べ。ただし，図3中の目盛りは等間隔であり，コマは図のa，b，cの3か所で固定でき，おもりは同じものが最大4個まで使える。　　　　　　　　　　　　　　　　　解答番号 3

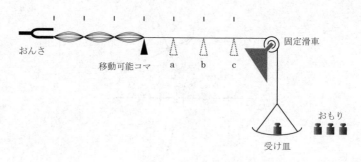

図3

	コマの位置	おもりの個数
①	a	2個
②	a	3個
③	a	4個
④	b	2個
⑤	b	3個
⑥	b	4個
⑦	c	2個
⑧	c	3個
⑨	c	4個

問4　質量が同じだが，異なる物質でできた金属球A，B，Cがあり，温度がそれぞれ15℃，25℃，35℃である。AとBを接触させると，21℃で熱平衡状態になり，25℃に戻したBとCと接触させると，32℃で熱平衡状態になった。Aの比熱とCの比熱の比として最も適切なものを，次の選択肢①〜⑤のうちから一つ選べ。ただし，熱の移動は金属球の間のみで生じるものとする。

解答番号 4

①　1：8　　　　　②　2：7　　　　　③　1：2

④　7：2　　　　　⑤　8：1

問5　水素原子内の電子は，自然数nで指定できるとびとびのエネルギー$E_n = \dfrac{E_1}{n^2}$をもつ（E_1は負の定数）状態間を遷移する。その際にエネルギー差に相当する光子を放出したり吸収したりする。水素原子の発光スペクトルのうち，バルマー系列は，$n = 3$，4，5…の状態から$n = 2$の状態への遷移に相当する。バルマー系列に属する発光スペクトルの中で，可視光線の領域にある最長波長の光はHα線と呼ばれ，その波長は$\lambda\alpha = 656\,\mathrm{nm}$で赤色の光である。次に波長の長い光は

Hβ 線と呼ばれる青色の光であるが，この波長として最も適切なものを，次の選択肢①～⑥のうちから一つ選べ。ただし，光子のエネルギーは光の波長 λ に反比例することを利用せよ。

解答番号 5

①   426 nm   ②   446 nm   ③   466 nm

④   486 nm   ⑤   506 nm   ⑥   526 nm

第2問 次の文章を読み，下の設問に答えよ。

図1のように，水平面上に固定された半径 r のリング状の枠がある。リングの中心を原点とし，水平面内に直交する x，y 軸をとる。リングの内部にある質量 m の小球Pが，時刻 $t = 0$ で，y 軸上の $(0, d)$（ただし，$0 \leqq d < r$）から，初速度 $(v_0, 0)$ で図1のように x 軸正の向きに水平面上で運動を開始した。この状態を「初期状態」とする。この後，リング内の水平面上を摩擦なく運動し，リングの壁と弾性衝突を繰り返した。ただし，半径 r に対してリングの枠の厚さは十分小さく無視できるものとし，小球の大きさも無視できるものとする。

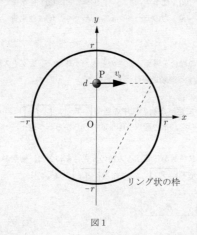

図1

〔A〕まず，$d = 0$ の場合を考える。このとき，小球Pは x 軸上を往復運動した。

問1   1回の衝突で，小球Pが壁から受ける力積の大きさ i_0，および，小球Pが最初にリングと衝突してから次にリングと衝突するまでの間の時間 τ_0 の組合せとして最も適切なものを，次の選択肢①～⑥のうちから一つ選べ。

解答番号 6

	i_0	τ_0
①	mv_0	$\dfrac{r}{v_0}$
②	mv_0	$\dfrac{2r}{v_0}$
③	mv_0	$\dfrac{4r}{v_0}$
④	$2mv_0$	$\dfrac{r}{v_0}$
⑤	$2mv_0$	$\dfrac{2r}{v_0}$
⑥	$2mv_0$	$\dfrac{4r}{v_0}$

問2　i_0をτ_0で割った$\dfrac{i_0}{\tau_0}$と同じ次元(または単位)をもつ物理量として最も適切なものを，次の選択肢①～⑥のうちから一つ選べ。　　　　解答番号 7

① 加速度　　　② 仕事　　　③ 仕事率
④ 力　　　　　⑤ 力のモーメント　　　⑥ 運動量

〔B〕次に，$0 < d < r$の場合を考える。このとき，小球は，リングとの衝突ごとに速度を変化させ，リング内を直進する運動を繰り返した。

問3　小球の運動について述べた次の文中の空欄 ア ， イ に当てはまる数値，式の組合せとして最も適切なものを，下の選択肢①～⑥のうちから一つ選べ。

1回の衝突で，小球Pが壁から受ける力積の大きさをi_dとし，衝突から次の衝突までの間の時間をτ_dとすると，$i_d = i_0 \times$ ア ，$\tau_d = \tau_0 \times$ イ となる。　　　解答番号 8

	ア	イ
①	$\dfrac{d}{r}$	$\dfrac{d}{r}$
②	$\dfrac{d}{r}$	1
③	$\dfrac{d}{r}$	$\dfrac{\sqrt{r^2-d^2}}{r}$
④	$\dfrac{\sqrt{r^2-d^2}}{r}$	$\dfrac{d}{r}$
⑤	$\dfrac{\sqrt{r^2-d^2}}{r}$	1
⑥	$\dfrac{\sqrt{r^2-d^2}}{r}$	$\dfrac{\sqrt{r^2-d^2}}{r}$

問4 $\dfrac{i_d}{\tau_d}$ の値として最も適切なものを，次の選択肢①～⑥のうちから一つ選べ。   **解答番号** 9

① $\dfrac{{v_0}^2}{r}$

② $\dfrac{{v_0}^2}{r}\dfrac{\sqrt{r^2-d^2}}{r}$

③ $\dfrac{{v_0}^2}{r}\dfrac{r}{\sqrt{r^2-d^2}}$

④ $\dfrac{m{v_0}^2}{r}$

⑤ $\dfrac{m{v_0}^2}{r}\dfrac{\sqrt{r^2-d^2}}{r}$

⑥ $\dfrac{m{v_0}^2}{r}\dfrac{r}{\sqrt{r^2-d^2}}$

〔C〕 d がある値のとき，小球が正 n 角形の軌道を描いて「初期状態」に戻った。

問5 d の値として最も適切なものを，次の選択肢①～⑥のうちから一つ選べ。   **解答番号** 10

① $r\sin\dfrac{2\pi}{n}$

② $2r\sin\dfrac{\pi}{n}$

③ $r\sin\dfrac{\pi}{n}$

④ $r\cos\dfrac{2\pi}{n}$

⑤ $2r\cos\dfrac{\pi}{n}$

⑥ $r\cos\dfrac{\pi}{n}$

問6 $n\to\infty$ での $\dfrac{i_d}{\tau_d}$ の極限として最も適切なものを，次の選択肢①～⑥のうちから一つ選べ。

解答番号 11

① 0

② ∞

③ $\dfrac{{v_0}^2}{r}$

④ $\dfrac{m{v_0}^2}{r}$

⑤ $\dfrac{2m{v_0}^2}{r}$

⑥ $\dfrac{m{v_0}^2}{2r}$

第3問　次の文章を読み，下の設問に答えよ。

　　図1のように，水平面上で距離 l 離れた平行な2本の直線状の導体レールを途中から半径 r の円弧状に曲げたものを用意し，鉛直上向きで磁束密度の大きさが B の一様な磁場中に設置する。2本のレールの左端に電気容量 C のコンデンサー C，および抵抗値 R の抵抗 R を並列に配置し，手前のレールにスイッチ S でいずれかの回路に切り替えられるようになっている。

　　はじめ，スイッチ S をコンデンサー側に倒したまま，図2のように，レール上の円弧の開始点である O 点から円弧に沿って距離 $r\theta_0$ の位置に質量 m の導体棒 aa′ をレールに直角に乗せ，初速度0で運動を開始させると，導体棒 aa′ はレール上を O 点に向かって運動を開始し，O 点から円弧に沿って距離 $r\theta$ の位置を速さ v で通過した。

　　なお，O 点を原点とし，レールに沿って図1のように x 軸をとり，x 軸正の向きの速度や加速度を正の速度や加速度とする。また，抵抗 R 以外の回路の電気抵抗や導体棒 aa′ とレールの間の摩擦力は無視できるものとする。導体棒 aa′ はレールに対して垂直を保ったまま運動するものとし，重力加速度の大きさを g とする。

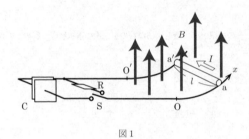

図1

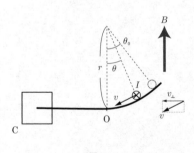

図2

問1　図2で導体棒 aa′ の速度の水平成分の大きさを $v_\perp$ とすると，導体棒 aa′ に生じる誘導起電力 V として最も適切なものを，次の選択肢①～⑥のうちから一つ選べ。ただし，a→a′ の向きを起電力の正の向きとする。

解答番号 [12]

①　vB　　　　　　　　②　$v_\perp Bl$　　　　　　③　$v_\perp Bl\cos\theta$

④ $-vBl$ ⑤ $-v_\perp Bl$ ⑥ $-v_\perp Bl\cos\theta$

問2   このとき，コンデンサーの奥側の極板上の電気量をQとすると，導体棒aa′をa→a′の向きに流れる電流Iを表す式として最も適切なものを，次の選択肢①～⑥のうちから一つ選べ。ただし，$\dfrac{\Delta Q}{\Delta t}$は$Q$の時間変化率を表す。   **解答番号** $\boxed{13}$

① $I = \dfrac{Q}{C}$ ② $I = \dfrac{\Delta Q}{\Delta t}$ ③ $I = \dfrac{\Delta Q}{C\Delta t}$

④ $I = -\dfrac{Q}{C}$ ⑤ $I = -\dfrac{\Delta Q}{\Delta t}$ ⑥ $I = -\dfrac{\Delta Q}{C\Delta t}$

問3   このときの導体棒aa′のx軸方向の加速度をa_tとする。x軸方向の運動方程式として最も適切なものを，次の選択肢①～⑥のうちから一つ選べ。   **解答番号** $\boxed{14}$

① $ma_t = -mg\sin\theta + IBl$ ② $ma_t = -mg\sin\theta - IBl$

③ $ma_t = -mg\sin\theta + IBl\sin\theta$ ④ $ma_t = -mg\sin\theta - IBl\sin\theta$

⑤ $ma_t = -mg\sin\theta + IBl\cos\theta$ ⑥ $ma_t = -mg\sin\theta - IBl\cos\theta$

問4   エネルギー保存則を表す式として最も適切なものを，次の選択肢①～⑥のうちから一つ選べ。   **解答番号** $\boxed{15}$

① $mgr(\cos\theta - \cos\theta_0) = \dfrac{1}{2}mv^2$ ② $mgr(\cos\theta - \cos\theta_0) = \dfrac{1}{2}mv_\perp{}^2$

③ $mgr(\cos\theta - \cos\theta_0) = \dfrac{1}{2}mv^2 + \dfrac{Q^2}{2C}$ ④ $mgr(\cos\theta - \cos\theta_0) = \dfrac{1}{2}mv^2 - \dfrac{Q^2}{2C}$

⑤ $mgr(\cos\theta - \cos\theta_0) = \dfrac{1}{2}mv_\perp{}^2 + \dfrac{Q^2}{2C}$ ⑥ $mgr(\cos\theta - \cos\theta_0) = \dfrac{1}{2}mv_\perp{}^2 - \dfrac{Q^2}{2C}$

問5   導体棒aa′が原点Oを通過した直後，スイッチSを抵抗R側に切り替えると，やがて導体棒aa′がスイッチSに達する前にx軸上で静止した。このときまでに抵抗Rで発生したジュール熱の総和として最も適切なものを，次の選択肢①～⑥のうちから一つ選べ。ただし，運動開始時の導体棒の水平面からの高さをhとする。   **解答番号** $\boxed{16}$

① $\dfrac{(Bl)^2 h}{m + (Bl)^2}$ ② $\dfrac{C(Bl)^2 h}{m + C(Bl)^2}$ ③ $\dfrac{(CBl)^2 h}{m + (CBl)^2}$

④ $\dfrac{m^2 gh}{m + (Bl)^2}$ ⑤ $\dfrac{m^2 gh}{m + C(Bl)^2}$ ⑥ $\dfrac{m^2 gh}{m + (CBl)^2}$

第4問　次の文章を読み，下の設問に答えよ。

　よく晴れた暑い夏，車に乗って前方を見ると，アスファルトの道路上に「水」が溜まっている部分があるような錯覚を覚えることがある。しかし，この「水」は実際に路上に溜まっているのではない。その証拠に，「水」が見えた位置まで車が移動してもそこに水はなく，車の進行に合わせて前方に移動し，決して追いつくことができない。あたかも観測者から逃げて行くように見えることから「逃げ水」と呼ばれる。この現象について考えてみる。

〔A〕この現象をまず，水平な境界面をもつ2つの空気層があるモデルで考えてみよう。図1のように平らなアスファルト路面近くの厚さ d の高温領域には屈折率 n_1 の空気が，それより上層部には屈折率 n_0 の $(n_0 > n_1)$ の空気があるとする。このとき，路面からの高さ $d + h$ $(d \ll h)$ の位置から前方を見ることを考える。観測者の目の位置を通る鉛直線を y 軸，y 軸と2つの空気層の境界面との交点を原点とし，y 軸に垂直に x 軸をとる。

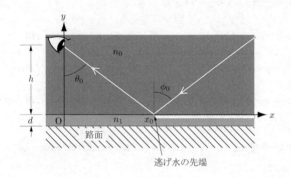

図1

問1　逃げ水上からの反射光について述べた次の文中の空欄　ア　，　イ　に当てはまる記号の組合せとして最も適切なものを，下の選択肢①〜⑥のうちから一つ選べ。

　観測者の目の位置を $(x, y) = (0, h)$ に置き，x 軸上の正の領域を見ると，$x > x_0$ の領域に逃げ水が観測された。観測者から見て，逃げ水上からの反射光が明るく見えるのは，屈折率 n_1 の空気層の表面に入射した光線が　ア　して目に入るためで，図1の角度 $\phi_0 (= \theta_0)$ はその入射角の最小値であり，　イ　と呼ばれる。

解答番号 $\boxed{17}$

	ア	イ
①	全反射	偏光角
②	全反射	臨界角
③	全反射	回折角
④	屈折	偏光角
⑤	屈折	臨界角
⑥	屈折	回折角

問2　原点から逃げ水の手前の先端までの距離 x_0 として最も適切なものを，次の選択肢①〜⑥のうちから一つ選べ。　　　　　　解答番号 18

① $\dfrac{(n_0 - n_1)h}{\sqrt{n_0{}^2 + n_1{}^2}}$ 　　② $\dfrac{n_1 h}{\sqrt{n_0{}^2 + n_1{}^2}}$ 　　③ $\dfrac{n_0 h}{\sqrt{n_0{}^2 + n_1{}^2}}$

④ $\dfrac{(n_0 - n_1)h}{\sqrt{n_0{}^2 - n_1{}^2}}$ 　　⑤ $\dfrac{n_1 h}{\sqrt{n_0{}^2 - n_1{}^2}}$ 　　⑥ $\dfrac{n_0 h}{\sqrt{n_0{}^2 - n_1{}^2}}$

〔B〕次に3つの空気層があるモデルを考える。図2のように，厚さ d の高温領域には屈折率 n_1 の空気が，その上の厚さ y_1 の領域には屈折率 n' の空気が，それより上層部には屈折率 n_0 の空気があり，$n_0 > n' > n_1$ とする。屈折率 n_1 の空気層の上面の逃げ水領域に入射する光の入射角の最小値を ϕ_1 とし，入射角 ϕ_1 の光線が目に届くときの y 軸に対する角度を θ_1 とする。

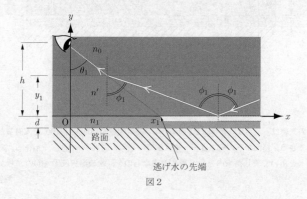

図2

問3　θ_0, θ_1, ϕ_1 の大小関係として最も適切なものを，次の選択肢①〜⑥のうちから一つ選べ。　　　　　　解答番号 19

① $\theta_0 = \theta_1 = \phi_1$ 　　② $\theta_0 < \theta_1 = \phi_1$ 　　③ $\theta_0 = \theta_1 < \phi_1$

④ $\theta_0 < \theta_1 < \phi_1$　　　⑤ $\theta_1 < \theta_0 < \phi_1$　　　⑥ $\theta_1 < \theta_0 = \phi_1$

問4　原点から逃げ水の手前の先端までの距離 x_1 は x_0 の何倍か。最も適切なものを，次の選択肢
①〜⑦のうちから一つ選べ。　　　　　　　　　　　　　　　　　　　　解答番号 $\boxed{20}$

① 1　　　　　　② $\dfrac{n_0}{n_1}$　　　　　　③ $\dfrac{n_1}{n_0}$　　　　　　④ $\dfrac{y_1}{h}$

⑤ $\dfrac{h}{y_1}$　　　　　⑥ $\dfrac{n_0 y_1}{n'h}$　　　　⑦ $\dfrac{n'h}{n_0 y_1}$

〔C〕実際の空気の層は屈折率が不連続に変化するのではなく，アスファルト路面からの高さに
よって n_1 から n_0 まで連続的に変化すると考えられる。〔B〕で考えた空気層の数を増加させた
ときの極限を考えると，実際の逃げ水上から目に届く光の経路が，図3のように曲線に近づい
ていく。目に届く光線が描く曲線が円軌道になる場合について考えてみる。

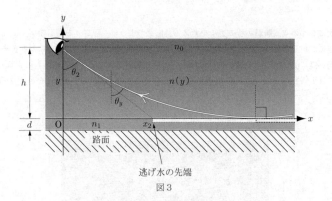

図3

問5　図3の光線は，$y = 0$ の境界面を屈折率 n_1 の高温領域側から入射角90°で入射した光とみな
すことができる。路面からの高さ $d + y$ の位置での空気の屈折率 $n(y)$ を，n_1，y，および円軌
道の半径 r を用いて表したものとして最も適切なものを，次の選択肢①〜⑥のうちから一つ選
べ。　　　　　　　　　　　　　　　　　　　　　　　　　　　　　　　解答番号 $\boxed{21}$

① $\dfrac{r-y}{r} n_1$　　　　② $\dfrac{\sqrt{2ry-y^2}}{r} n_1$　　　　③ $\dfrac{r-y}{\sqrt{2ry-y^2}} n_1$

④ $\dfrac{r}{r-y} n_1$　　　　⑤ $\dfrac{r}{\sqrt{2ry-y^2}} n_1$　　　　⑥ $\dfrac{\sqrt{2ry-y^2}}{r-y} n_1$

問6　$y = h$ での屈折率が n_0 であることより，円軌道の半径 r が求められる。半径 r として最も適

切なものを，次の選択肢①～⑥のうちから一つ選べ。　　　　　　　　　　**解答番号 22**

① $\dfrac{n_0}{n_0 - n_1}h$ 　　　② $\dfrac{n_1}{n_0 - n_1}h$ 　　　③ $\dfrac{n_0 + n_1}{n_0 - n_1}h$

④ $\dfrac{n_0 - n_1}{n_0}h$ 　　　⑤ $\dfrac{n_0 - n_1}{n_1}h$ 　　　⑥ $\dfrac{n_0 - n_1}{n_0 + n_1}h$

第5問 次の文章を読み，下の設問に答えよ。

　図1のように，シリンダーをなめらかに動く2つのピストン1，2により，部屋A，部屋B，部屋Cの3部屋に仕切る。各部屋に単原子分子理想気体1モルを封入した。各ピストンは，固定が解除されている状態では，外力により摩擦なく移動が可能である。部屋Aと部屋Cにはヒーターが設置されていて，気体を直接加熱することができる。以後，部屋A，B，Cの気体を単に気体A，B，Cとよぶ。最初，気体A，B，Cの体積はいずれもV_0で，圧力はいずれもP_0であった。この状態を状態(a)とする。ただし，ヒーターの体積と熱容量は無視できるものとする。

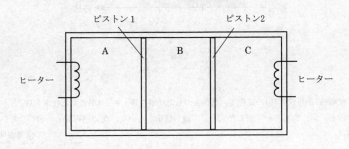

ピストン1　　　　　　　ピストン2

ヒーター　　　A　　B　　C　　ヒーター

図1

〔A〕まずピストン2を固定した状態で，外力を加えてピストン1をゆっくりと右に動かし，気体Aの体積が$\dfrac{5}{4}V_0$となったところでピストン1を固定した。この状態を(b)とする。ただし，シリンダーやピストンは熱をよく通すので，シリンダー内の気体の温度は常に外気温（一定）と同じであるとしてよい。

問1　状態(b)での気体Bの圧力を表す式として最も適切なものを，次の選択肢①～⑧のうちから一つ選べ。　　　　　　　　　　**解答番号 23**

① $\dfrac{1}{2}P_0$ 　　　② $\dfrac{2}{3}P_0$ 　　　③ $\dfrac{3}{4}P_0$ 　　　④ $\dfrac{4}{5}P_0$

⑤ $\dfrac{6}{5}P_0$　　　　　⑥ $\dfrac{5}{4}P_0$　　　　　⑦ $\dfrac{4}{3}P_0$　　　　　⑧ $\dfrac{3}{2}P_0$

　　図2のグラフは，気体の体積を横軸に，圧力を縦軸にとり，状態の変化を表したものである。図の曲線は，状態(a)から変化する等温変化を表している。状態(a)での気体Aと気体Bの状態の位置は○印で示されている。図中の$S_1 \sim S_5$は，表示されている等温変化曲線と横軸で挟まれた部分について，横軸を等分割した部分の面積を表している。

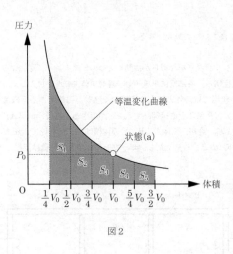

図2

問2　状態(a)から状態(b)の変化で，気体Aのした仕事をW_A，気体Bのした仕事をW_Bとする。その値を，S_3，S_4を用いて表した式として最も適切なものを，次の選択肢①〜⑧のうちから一つ選べ。　　　　　　　　　　　　　　　　　　　　　　　　　　　　　解答番号 24

①　$W_A = S_3$, $W_B = S_4$　　　　②　$W_A = S_3$, $W_B = -S_4$

③　$W_A = -S_3$, $W_B = S_4$　　　④　$W_A = -S_3$, $W_B = -S_4$

⑤　$W_A = S_4$, $W_B = S_3$　　　　⑥　$W_A = S_4$, $W_B = -S_3$

⑦　$W_A = -S_4$, $W_B = S_3$　　　⑧　$W_A = -S_4$, $W_B = -S_3$

　　続いて，状態(b)からピストン1を固定したまま，ピストン2の固定を解き，ゆっくりと左に動かし，気体Cの体積が$\dfrac{5}{4}V_0$となったところでピストン2を固定した。この状態を状態(c)とする。

問3　状態(a)から状態(c)に至る過程全体で，シリンダーを通じて外部に放出された熱量を表す式

として最も適切なものを，次の選択肢①～⑧のうちから一つ選べ。　　　　解答番号 $\boxed{25}$

① $S_2 + S_3 + S_4$　　② $S_2 + S_3 - S_4$　　③ $S_2 + S_3 + 2S_4$　　④ $S_2 + S_3 - 2S_4$

⑤ $S_2 - S_3 + S_4$　　⑥ $S_2 - S_3 - S_4$　　⑦ $S_2 - S_3 + 2S_4$　　⑧ $S_2 - S_3 - 2S_4$

〔B〕気体を状態(a)に戻し，シリンダーもピストンも断熱性のものに取り替える。2つのピストンの固定を解き，ヒーター1とヒーター2を用いて気体A，および気体Cをゆっくり加熱したところ，2つのピストンがゆっくりと動き始めた。加熱を止めてから十分に時間が経ち，2つのピストンが静止したとき，気体A，気体B，気体Cの体積の比が，5：2：5となっていた。このときの気体の状態を状態(d)とする。

　なお，断熱変化においては，気体の圧力 P と体積 V の間に，

$$PV^{\frac{5}{3}} = 一定$$

という関係があることを用いてもよい。

問4　状態(d)での気体Bの圧力 P_d を表す式として最も適切なものを，次の選択肢①～⑧のうちから一つ選べ。　　　　解答番号 $\boxed{26}$

① $\left(\dfrac{2}{7}\right)^{\frac{5}{3}} P_0$　　② $\left(\dfrac{1}{3}\right)^{\frac{5}{3}} P_0$　　③ $\left(\dfrac{2}{5}\right)^{\frac{5}{3}} P_0$　　④ $\left(\dfrac{1}{2}\right)^{\frac{5}{3}} P_0$

⑤ $\left(\dfrac{2}{3}\right)^{\frac{5}{3}} P_0$　　⑥ P_0　　⑦ $2^{\frac{5}{3}} P_0$　　⑧ $3^{\frac{5}{3}} P_0$

問5　状態(d)での気体Aの内部エネルギーを P_d，V_0 を用いて表す式として最も適切なものを，次の選択肢①～⑧のうちから一つ選べ。　　　　解答番号 $\boxed{27}$

① $\dfrac{15}{8} P_d V_0$　　② $\dfrac{2}{5} P_d V_0$　　③ $\dfrac{3}{5} P_d V_0$　　④ $\dfrac{2}{3} P_d V_0$

⑤ $\dfrac{8}{15} P_d V_0$　　⑥ $\dfrac{5}{2} P_d V_0$　　⑦ $\dfrac{5}{3} P_d V_0$　　⑧ $\dfrac{3}{2} P_d V_0$

問6　ヒーター1とヒーター2が気体に与えた熱量の総和を P_0，V_0 を用いて表す式として最も適切なものを，次の選択肢①～⑧のうちから一つ選べ。　　　　解答番号 $\boxed{28}$

① $\dfrac{2}{3}\left(\left(\dfrac{2}{3}\right)^{\frac{5}{3}} - 1\right) P_0 V_0$　　　　　② $\dfrac{2}{3}\left(2^{\frac{5}{3}} - 1\right) P_0 V_0$

③ $\dfrac{2}{3}\left(3^{\frac{5}{3}} - 1\right) P_0 V_0$　　　　　④ $\dfrac{2}{3}\left(5^{\frac{5}{3}} - 1\right) P_0 V_0$

⑤ $\dfrac{9}{2}\left(\left(\dfrac{2}{3}\right)^{\frac{5}{3}}-1\right)P_0V_0$　　　　⑥ $\dfrac{9}{2}\left(2^{\frac{5}{3}}-1\right)P_0V_0$

⑦ $\dfrac{9}{2}\left(3^{\frac{5}{3}}-1\right)P_0V_0$　　　　⑧ $\dfrac{9}{2}\left(5^{\frac{5}{3}}-1\right)P_0V_0$

化　学

（2科目 120分）

必要であれば，次の値を用いよ。また，指示がない場合，気体は理想気体として扱ってよい。

原 子 量：H＝1.0，C＝12.0，N＝14.0，O＝16.0

標準状態：0℃，1.013×10⁵ Pa

気体定数：$R＝8.31×10^3$ Pa・L/(mol・K)

（解答上の注意）

1．数値を答える場合は，次の指示に従うこと。

・解答欄が [60].[61]×10^[62]，0.[63][64]，[65].[66]，[67][68] の形式の場合には，数値は
四捨五入して，有効数字2桁で求めよ。

・解答欄が [70].[71][72]×10^[73]，[74].[75][76]，[77][78].[79] の形式の場合には，数値は
四捨五入して，有効数字3桁で求めよ。

なお，[67]，[77] は10の位を，[60]，[65]，[68]，[70]，[74]，[78] は1の位を，
[61]，[63]，[66]，[71]，[75]，[79] は小数第1位を，[64]，[72]，[76] は小数第2位を，
[62]，[73] は底10に対する指数の1の位を表すものとする。

また，特に指示がない場合は，同じ選択肢を重複して使用してもよい。

2．化学式を答える場合は，次の指示に従うこと。

・化学式が$C_4H_{10}O$のとき，C[80]H[81][82]O[83] の形式の場合には，解答は以下の
ようになる。

[80]＝④，[81]＝①，[82]＝⑩，[83]＝①

第1問　次の設問に答えよ。

問1　原子番号が同じ原子であっても，中性子の数が異なるために　ア　の異なる原子が存在する。これらの原子どうしを互いに　イ　であるという。　イ　の例としては　ウ　などがあげられる。

　　　文中の　ア　～　ウ　に入る語句の組合せとして適切なものを，次の選択肢①～⑧のうちから一つ選べ。　　　　　　　　　　　　　　　　　　　　　　　　　　　　解答番号 1

	ア	イ	ウ
①	陽子の数	同位体	重水素と三重水素
②	陽子の数	同位体	黒鉛とフラーレン
③	陽子の数	同素体	重水素と三重水素
④	陽子の数	同素体	黒鉛とフラーレン
⑤	質量数	同位体	重水素と三重水素
⑥	質量数	同位体	黒鉛とフラーレン
⑦	質量数	同素体	重水素と三重水素
⑧	質量数	同素体	黒鉛とフラーレン

問2　触媒に関する文として適切なものを，次の選択肢①～⑥のうちから一つ選べ。　　　　　　　　　　　　　　　　　　　　　　　　　　　　　　　　　解答番号 2

　① ある可逆反応における正反応の反応速度を大きくするはたらきをもつ触媒は，逆反応については，反応速度を小さくするはたらきをもつ。
　② 触媒は，反応熱を大きくするはたらきをもつ。
　③ 触媒には，活性化エネルギーを大きくして，反応速度を大きくするはたらきをもつ。
　④ 酵素は，生体内ではたらく触媒である。
　⑤ ハーバー・ボッシュ法では，スズが触媒として用いられる。
　⑥ 過酸化水素の分解反応に触媒として用いられる酸化マンガン(IV)は，均一触媒である。

問3　ケイ素に関する文として誤っているものを，次の選択肢①～⑥のうちから一つ選べ。　　　　　　　　　　　　　　　　　　　　　　　　　　　　　　　　解答番号 3

　① ケイ素は単体としては天然に存在しない。
　② ケイ素の単体は，半導体の性質をもつ。
　③ 二酸化ケイ素と炭酸ナトリウムを混合し，高温で融解させるとシリカゲルができる。
　④ 二酸化ケイ素は，石英やケイ砂として天然に存在している。
　⑤ シリカゲルは，乾燥剤として広く利用されている。
　⑥ 二酸化ケイ素は，ほとんどの酸には溶けないが，フッ化水素酸には溶ける。

問4　次の図は，エタノールの蒸気圧曲線である。いま，容積を任意に調節できる密閉容器内に，窒素 0.40 mol とエタノール 0.10 mol の混合気体を入れ，1.0×10^5 Pa，80℃に保った。この混合気体を温度一定に保ったまま徐々に加圧したとき，液体のエタノールが生じ始めるときの混合気体の全圧 [Pa] として適切なものを，下の選択肢①〜⑥のうちから一つ選べ。

解答番号 4

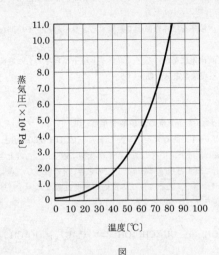

蒸気圧（×10^4 Pa）

温度 [℃]

図

① 1.0×10^5 Pa　　② 2.6×10^5 Pa　　③ 4.2×10^5 Pa

④ 5.2×10^5 Pa　　⑤ 7.2×10^5 Pa　　⑥ 9.5×10^5 Pa

問5　1.00 mol/L の硫酸を正確に純水で10倍に薄め，この水溶液を 20.0 mL はかり取り，コニカルビーカーに入れた。この硫酸に，ある一定量のアンモニアを完全に吸収させたのち，指示薬として少量のメチルオレンジを加えた。このコニカルビーカーに，ビュレットに入れた 0.100 mol/L の水酸化ナトリウム水溶液を用いて滴定する実験を行ったところ，終点までに 14.0 mL を要した。このとき，硫酸に吸収させたアンモニアの物質量 [mol] として適切なものを，次の選択肢①〜⑦のうちから一つ選べ。

解答番号 5

① 2.00×10^{-4} mol　　② 4.00×10^{-4} mol　　③ 6.00×10^{-4} mol

④ 1.30×10^{-3} mol　　⑤ 1.40×10^{-3} mol　　⑥ 2.00×10^{-3} mol

⑦ 2.60×10^{-3} mol

問6　コロイド溶液に関する文として誤っているものを，次の選択肢①〜⑥のうちから一つ選べ。

解答番号 6

① 親水コロイドに多量の電解質を加えていくと，コロイド粒子どうしが反発力を失って集まり沈殿する現象を塩析という。

② コロイド溶液に光を当てると，光の通路が明るく輝いて見える現象をチンダル現象という。

③ 流動性のないコロイドを，ゾルという。

④ 溶液中のコロイド粒子と小さい分子やイオンなどを，半透膜を用いて分離する操作を透析という。

⑤ 溶液中のコロイド粒子を限外顕微鏡で観察すると見られる，不規則な運動をブラウン運動という。

⑥ コロイド溶液に直流電圧をかけると，コロイド粒子が自身のもつ電荷とは反対の符号の電極の方へ移動する現象を電気泳動という。

問7 ある容器内において，少量の濃硫酸を触媒として，1-プロパノール$CH_3(CH_2)_2OH$ 0.60 mol を炭素数が $n+1$ であるカルボン酸$C_nH_{2n+1}COOH$ 0.60 mol と反応させたところ，エステルと水が生成し，最終的に次のような平衡状態に達した。このとき得られたエステルの質量を有効数字2桁で表すと63gであった。このとき，nの値として適切なものを下の選択肢①～⑨のうちから一つ選べ。ただし，この反応の平衡定数は$K_c=4$であるとする。また，実験はすべて同じ温度で行ったものとする。　　　　　解答番号 7

$$C_nH_{2n+1}COOH \ + \ CH_3(CH_2)_2OH \ \rightleftarrows \ C_nH_{2n+1}COO(CH_2)_2CH_3 \ + \ H_2O$$

① 1　② 2　③ 3　④ 4　⑤ 5　⑥ 6　⑦ 7　⑧ 8　⑨ 9

問8 あるアミノ酸Xの陽イオンをX^+，双性イオンを$X^\pm$，陰イオンをX^-とするとき，アミノ酸Xの水溶液中では，次の反応式で表される平衡が成り立つ。

$$X^+ \ \rightleftarrows \ X^\pm \ + \ H^+ \quad\cdots\cdots(a)$$
$$X^\pm \ \rightleftarrows \ X^- \ + \ H^+ \quad\cdots\cdots(b)$$

また，(a)，(b)式の電離定数はそれぞれ$K_1=5.0\times10^{-3}$ mol/L，$K_2=2.0\times10^{-10}$ mol/L である。いま，アミノ酸Xの水溶液中のX^+の数がX^-の数の1.0×10^6倍であるとき，この水溶液のpHとして適切なものを，次の選択肢①～⑨のうちから一つ選べ。　　　　　解答番号 8

① 1　② 2　③ 3　④ 4　⑤ 5
⑥ 6　⑦ 7　⑧ 8　⑨ 9

第2問　次の文章を読み，下の設問に答えよ。

　　電気陰性度は，原子が電子(共有電子対)を引きつける強さの程度を相対的な数値で表したものであり，この値が大きいほど強く電子を引きつける。電気陰性度の値はさまざまな方法で定義されている。例えば，マリケンの定義では，電気陰性度(χ)は原子の(a)第一イオン化エネルギー I と電子親和力 A の平均値であり，次の式で表される。

$$\chi = \frac{1}{2}(I+A)$$

　　現在多くの場合利用されている電気陰性度の値は，ポーリングの定義に基づいたものである。(b)ポーリングの電気陰性度は，結合エネルギーの値を用い，次のように定義されている。

　　2つの原子AおよびBに対して，結合A−A，B−B，A−Bの結合エネルギーをそれぞれ，$E(\text{A}-\text{A})$，$E(\text{B}-\text{B})$，$E(\text{A}-\text{B})$ とする。同一の原子間の結合は純粋な共有結合となるが，異なる原子間の結合では，原子の電気陰性度の差によりわずかに引力がはたらくため，A−Bが純粋な共有結合と仮定した場合より結合エネルギーが大きくなる。この結合エネルギーの差 ΔE は次の式で表される。

$$\Delta E = E(\text{A}-\text{B}) - \frac{1}{2}\{E(\text{A}-\text{A})+E(\text{B}-\text{B})\}$$

　　A，Bの電気陰性度をχ_A, χ_Bとすると，電気陰性度の差は

$$|\chi_\text{A}-\chi_\text{B}| = 0.21\sqrt{\Delta E}$$

と表される。

問1　下線部(a)について，イオン化エネルギーと電子親和力に関する文として適切なものを，次の選択肢①〜⑥のうちから一つ選べ。　　　　　　**解答番号** $\boxed{9}$

① 第一イオン化エネルギーの小さい原子ほど一価の陽イオンになりやすい。
② 第一イオン化エネルギーは貴ガスには定義されていない。
③ 第一イオン化エネルギーが最も大きな原子はフッ素である。
④ 電子親和力の小さい原子ほど陰イオンになりやすい。
⑤ 電子親和力は原子から1個の電子を取りさって，一価の陰イオンにするときに必要なエネルギーである。
⑥ 電子親和力が最も大きな原子はフッ素である。

問2　下線部(b)について，下の問(ⅰ)，(ⅱ)に答えよ。必要ならば次の結合エネルギーの値〔kJ/mol〕を用いよ。ただし，Iはヨウ素，Hは水素であり，X, Y, Zはいずれも17族元素である。

各結合とその結合エネルギー〔kJ/mol〕

結合	結合エネルギー	結合	結合エネルギー
I－I	150.0	H－I	295.0
X－X	160.0	H－X	569.0
Y－Y	190.0	H－Y	370.0
Z－Z	243.0	H－Z	432.0
H－H	436.0		

（ⅰ）X，Y，Zをポーリングの電気陰性度の大きさの順に並べたものとして適切なものを，次の選択肢①〜⑥のうちから一つ選べ。　　　　　　　　　　　　解答番号 [10]

① X＞Y＞Z　　　② X＞Z＞Y　　　③ Y＞X＞Z
④ Y＞Z＞X　　　⑤ Z＞X＞Y　　　⑥ Z＞Y＞X

（ⅱ）ヨウ素原子の電気陰性度を2.5とすると，水素原子の電気陰性度の値は [11].[12] となる。[11]，[12] に入る適切な数字を，次の選択肢①〜⑩のうちからそれぞれ一つ選べ。ただし，$\sqrt{2.0}=1.4$ とする。　　　　　　　　　　　　　　　　　解答番号 [11]，[12]

① 1　　　　② 2　　　　③ 3　　　　④ 4　　　　⑤ 5
⑥ 6　　　　⑦ 7　　　　⑧ 8　　　　⑨ 9　　　　⑩ 0

問3　次の文章を読み，下の問（ⅰ），（ⅱ）に答えよ。

　　二原子間に生じる化学結合の種類は，2つの原子の電気陰性度を用いて分類することができる。結合する原子間の電気陰性度の差Δχを縦軸に，電気陰性度の平均値 $\overline{χ}$ を横軸にとると，単体や化合物について，次の図のような三角形が描画できる。この三角形をケテラーの三角形という。図中のA〜Dの領域は原子間の結合性の種類で分けられている。Dはジントル相とよばれる領域であり，ここでは考えないものとする。一般に，電気陰性度の小さな原子間で生じる金属結合は　ア　，電気陰性度の大きな原子間で生じる共有結合は　イ　，電気陰性度の差の大きな原子間で生じるイオン結合は　ウ　に位置する。

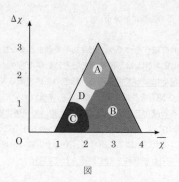

図

（ⅰ）銀原子，ヨウ素原子の電気陰性度をそれぞれ1.9，2.5としたとき，ヨウ化銀 AgI の Ag－I 結合が位置する場所として適切なものを，次の図中の選択肢①〜⑥のうちから一つ選べ。

解答番号 13

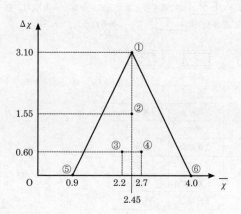

（ⅱ）文中の ア 〜 ウ に入る領域の組合せとして適切なものを，次の選択肢①〜⑥のうちから一つ選べ。

解答番号 14

	ア	イ	ウ
①	領域A	領域B	領域C
②	領域A	領域C	領域B
③	領域B	領域C	領域A
④	領域B	領域A	領域C
⑤	領域C	領域A	領域B
⑥	領域C	領域B	領域A

第3問　次の文章を読み，下の設問に答えよ。

　窒素は，非金属元素と共有結合をつくり，化合物中でさまざまな酸化数をとる。
　一酸化窒素NOと二酸化窒素NO₂は常温常圧でともに気体であり，(a)それぞれ濃度の異なる硝酸HNO₃水溶液と銅との反応によって得られる。無色の気体であるNOは，空気中で容易に酸化されて赤褐色の気体であるNO₂を生成する。また，(b)常温において，NO₂を密閉容器内で放置すると，無色の気体である四酸化二窒素N₂O₄が生じ，やがて平衡状態となる。
　アンモニアNH₃は工業的には，窒素と水素の単体から合成することができる気体であり，特有の刺激臭をもっている。また，水によく溶けて，その水溶液は弱塩基性を示す。
　(c)HNO₃は工業的には，NH₃を原料として製造されている。

問1　窒素に関する次の文中の　ア　～　ウ　に入る数値や語句の組合せとして適切なものを，下の選択肢①～⑧のうちから一つ選べ。　解答番号 15

　窒素Nは周期表の　ア　族に属する元素である。単体の窒素N₂は，分子内に　イ　をもち，工業的には，液体空気の　ウ　によって得られる。

	ア	イ	ウ
①	5	二重結合	抽出
②	5	二重結合	分留
③	5	三重結合	抽出
④	5	三重結合	分留
⑤	15	二重結合	抽出
⑥	15	二重結合	分留
⑦	15	三重結合	抽出
⑧	15	三重結合	分留

問2　実験室でNOとNH₃を発生させたときに用いる捕集法の組合せとして適切なものを，次の選択肢①～⑨のうちから一つ選べ。　解答番号 16

	NO	NH₃
①	上方置換	上方置換
②	上方置換	下方置換
③	上方置換	水上置換
④	下方置換	上方置換
⑤	下方置換	下方置換
⑥	下方置換	水上置換
⑦	水上置換	上方置換
⑧	水上置換	下方置換
⑨	水上置換	水上置換

問3　NO, NO_2, NH_3, HNO_3, N_2O_4 から2つを選んだ組合せのうち，それぞれに含まれている窒素原子の酸化数の平均値が，N_2O に含まれている窒素原子1つの酸化数と等しい組合せとして適切なものを，次の選択肢①〜⑩のうちから一つ選べ。なお，N_2O に含まれている2つの窒素原子の酸化数は等しいものとする。　　　　　解答番号 17

① NO と NO_2　　② NO と NH_3　　③ NO と HNO_3　　④ NO と N_2O_4
⑤ NO_2 と NH_3　　⑥ NO_2 と HNO_3　　⑦ NO_2 と N_2O_4　　⑧ NH_3 と HNO_3
⑨ NH_3 と N_2O_4　　⑩ HNO_3 と N_2O_4

問4　下線部(a)について，等しい質量の NO と NO_2 の気体を発生させることを考える。このとき最低限必要な銅の質量をそれぞれ，M_{NO}〔g〕，M_{NO_2}〔g〕とするとき，$\dfrac{M_{NO}}{M_{NO_2}}$ の値は，18 . 19 となる。18，19 に入る適切な数字を，次の選択肢①〜⑩のうちからそれぞれ一つ選べ。なお，下線部(a)の反応において硝酸は十分な量を用い，反応は完全に進行するものとする。また，気体はそれぞれ NO と NO_2 の1種類のみが得られるものとする。　　　　　解答番号 18，19

① 1　　② 2　　③ 3　　④ 4　　⑤ 5
⑥ 6　　⑦ 7　　⑧ 8　　⑨ 9　　⑩ 0

問5　下線部(b)について，平衡状態のときに次の(操作1)〜(操作3)を行った。このとき，操作前に比べて N_2O_4 の物質量が増加する操作として適切なものを，下の選択肢①〜⑦のうちから一つ選べ。　　　　　解答番号 20

(操作1)　温度一定で，圧力を上げる。
(操作2)　温度・圧力一定で，触媒を加える。
(操作3)　温度・全圧一定で，Arを加える。

① 操作1のみ　　　　　　② 操作2のみ　　　　　③ 操作3のみ
④ 操作1と操作2　　　　⑤ 操作1と操作3　　　⑥ 操作2と操作3
⑦ 操作1と操作2と操作3

問6　下線部(c)について，次の文章を読み，下の問(ⅰ)，(ⅱ)に答えよ。

　　NH_3を原料として，次の(操作1)～(操作3)によってHNO_3を発生させる。

　　(操作1)　NH_3を酸化させてNOと水を得る。
　　(操作2)　(操作1)で生成したNOを酸化させてNO_2を得る。
　　(操作3)　酸素のない条件下で，(操作2)で得られたNO_2をすべて熱水と反応させて，
　　　　　　HNO_3とNOを得る。

　　ここで，(操作3)で得られたNOを除去したHNO_3の水溶液に対して，水を加えて正確に
1.0 Lとした。そのうち，10.0 mLをとり，濃度0.100 mol/Lの水酸化バリウム水溶液を用いて
中和滴定を行ったところ，終点までに80.0 mLを要した。

(ⅰ) 原料として用いたNH_3の物質量は $\boxed{21}.\boxed{22}$ molとなる。$\boxed{21}$，$\boxed{22}$ に入る適切な数字を，
　　次の選択肢①～⑩のうちからそれぞれ一つ選べ。　　　　　　　**解答番号** $\boxed{21}$，$\boxed{22}$

　　① 1　　　　② 2　　　　③ 3　　　　④ 4　　　　⑤ 5
　　⑥ 6　　　　⑦ 7　　　　⑧ 8　　　　⑨ 9　　　　⑩ 0

(ⅱ) (操作1)～(操作3)の反応で消費した酸素の物質量は $\boxed{23}.\boxed{24}$ molとなる。$\boxed{23}$，$\boxed{24}$ に入
　　る適切な数字を，次の選択肢①～⑩のうちからそれぞれ一つ選べ。　　**解答番号** $\boxed{23}$，$\boxed{24}$

　　① 1　　　　② 2　　　　③ 3　　　　④ 4　　　　⑤ 5
　　⑥ 6　　　　⑦ 7　　　　⑧ 8　　　　⑨ 9　　　　⑩ 0

第4問　次の文章を読み，下の設問に答えよ。

　ベンゼン環とアミド結合をもつ芳香族化合物Xを酸で加水分解すると，化合物AとBの塩が得られる。化合物Aは，分子式が$C_6H_{10}O_2$で表され，炭素原子間に二重結合をもつカルボン酸であり，シス-トランス異性体と鏡像異性体をもつ。また，化合物Bは分子式がC_7H_9Nで表され，塩基性の芳香族化合物で，水には溶けにくいが，塩酸には塩をつくって溶ける。

問1　次の化合物のうち，アミド結合をもたないものとして適切なものを，次の選択肢①〜⑥のうちから一つ選べ。　　　　　　　　　　　　　　　　　解答番号 25

　①　アセトアニリド　　　　②　ナイロン66　　　　③　ナイロン6
　④　ポリアクリロニトリル　⑤　アセトアミノフェン　⑥　ペニシリン

問2　化合物A57.0 mgと，ある質量のエタンC_2H_6を別々に完全燃焼させると，それぞれから同じ質量の二酸化炭素が得られた。このエタンの質量は，26 . 27 ×10^28 mgである。26 〜 28 に入る適切な数字を，次の選択肢①〜⑩のうちからそれぞれ一つ選べ。　　　　　　　　　　　　　　　　　　　　　　　　　　　　解答番号 26 〜 28

　①1　　②2　　③3　　④4　　⑤5
　⑥6　　⑦7　　⑧8　　⑨9　　⑩0

問3　化合物Bの試料に対して行った操作とその結果について述べた次の文(a)〜(d)のうち，正しいものとして適切なものを，下の選択肢①〜⑩のうちから一つ選べ。　解答番号 29

　(a)　試料を熱した銅線につけて炎に入れたところ，青緑色の炎色反応が観察された。
　(b)　単体のナトリウムとともに試料を加熱することで得られた生成物を水に溶かし，酢酸鉛（Ⅱ）水溶液を加えると黒色沈殿を生じた。
　(c)　試料に水酸化ナトリウムを加えて加熱し，濃塩酸を近づけると白煙が発生した。
　(d)　試料を酸化銅（Ⅱ）を用いて完全燃焼させたのち，発生した液体を硫酸銅（Ⅱ）無水和物につけると青色に変化した。

　①　(a)のみ　　②　(b)のみ　　③　(c)のみ　　④　(d)のみ　　⑤　(a)と(b)
　⑥　(a)と(c)　　⑦　(a)と(d)　　⑧　(b)と(c)　　⑨　(b)と(d)　　⑩　(c)と(d)

問4　化合物Aの構造は，次に示した構造式のようになる。　ア 〜 ウ に入る構造として適切なものを，下の選択肢①〜⑩のうちからそれぞれ一つずつ選べ。ただし，選択肢を重複して使用してもよい。また，　イ に入る構造を構成する原子の原子量の和は，　ウ に入る構造を構成する原子の原子量の和よりも小さいものとする。　　　　　　ア ＝解答番号 30

イ	＝解答番号 31
ウ	＝解答番号 32

$$CH_3 \diagdown \underset{\boxed{ア}}{C} = \underset{\boxed{ウ}}{C} \diagup \boxed{イ}$$

① H
② CH_3
③ CH_2CH_3
④ $CH(CH_3)_2$
⑤ $CH_2CH(CH_3)_2$
⑥ $COOH$
⑦ CH_2COOH
⑧ CH_2CH_2COOH
⑨ $CH(CH_3)COOH$
⑩ $CH_2CH(CH_3)COOH$

問5　化合物Aの構造異性体のうち，Aと同様に炭素原子間に二重結合をもつカルボン酸であるが，シス‐トランス異性体も鏡像異性体ももたない化合物の数として適切なものを，次の選択肢①～⑩のうちから一つ選べ。　　　　　　　　　　　　　　　　　　　　　　解答番号 33

① 1　　　② 2　　　③ 3　　　④ 4　　　⑤ 5
⑥ 6　　　⑦ 7　　　⑧ 8　　　⑨ 9　　　⑩ 10

問6　次の文章を読み，下の問(ⅰ)，(ⅱ)に答えよ。

アルキル基をもつ芳香族炭化水素Cを出発原料として，次の(操作1)～(操作6)によって化合物Bを経て，化合物Hを合成した。

(操作1)　化合物Cに濃硝酸と濃硫酸の混合物を加えて加熱すると，生成物として主に化合物D_1と化合物D_2が得られた。D_1とD_2は構造異性体の関係であった。D_1のベンゼン環に直接結合した水素原子1つを臭素原子で置換すると，2種類の異性体が得られる。

(操作2)　D_1を取り出し，スズと塩酸を作用させたのち，反応溶液を塩基性にすると，化合物Bが得られた。

(操作3)　Bを塩酸に溶かし，氷冷下で亜硝酸ナトリウムを作用させると，芳香族化合物Eの水溶液が得られた。

(操作4)　Eの水溶液を加熱すると，窒素が発生して芳香族化合物Fが生成した。

(操作5)　Fに無水酢酸を反応させると，芳香族化合物Gが得られた。

(操作6)　Gを中性条件下で過マンガン酸カリウムを用いて酸化すると，化合物Hの塩が得られた。

（ⅰ）Cの構造として適切なものを，次の選択肢①～④のうちから一つ選べ。　　　**解答番号** 34

① （benzene ring）

② CH₃ （toluene: ベンゼン環に CH₃）

③ CH₂–CH₃ （ベンゼン環に CH₂–CH₃）

④ CH₃ （p-キシレン: ベンゼン環の上下に CH₃, CH₃）

（ⅱ）Hの構造として適切なものを，次の選択肢①～⑧のうちから一つ選べ。　　　**解答番号** 35

① COOH, OH（ベンゼン環 オルト位）

② COOH, OCOCH₃（ベンゼン環 オルト位）

③ CH₂COOH, OH（ベンゼン環 オルト位）

④ CH₂COOH, OCOCH₃（ベンゼン環 オルト位）

⑤ COOH, OH（ベンゼン環 パラ位）

⑥ COOH, OCOCH₃（ベンゼン環 パラ位）

⑦ CH₂COOH, OH（ベンゼン環 パラ位）

⑧ CH₂COOH, OCOCH₃（ベンゼン環 パラ位）

生　物

（2科目 120 分）

第1問　次の[文1]，[文2]を読み，下の設問に答えよ。

[文1]

　　細胞を包む細胞膜の主成分は，[ア]とタンパク質である。[ア]分子は疎水性の部分を膜の内側に向けた二重層を形成しており，タンパク質はこの二重層に埋め込まれる形で存在している。細胞膜と(1)細胞小器官を構成する膜をまとめて，生体膜と総称する。

　　細胞膜に存在するタンパク質には，膜の内外に物質を輸送するものがあり，細胞膜を通過しにくいイオンや水，グルコースなどを輸送している。このようなタンパク質には，濃度勾配に逆らって物質を輸送するものと，濃度勾配にしたがって物質を輸送するものがあり，濃度勾配に逆らった輸送は[イ]という。

　　タンパク質などの高分子の物質は，細胞膜の一部を陥入させて物質を含む小胞として細胞内に吸収する。これを[ウ]という。また，細胞内の物質を含む小胞を細胞膜と融合させて開口させることで細胞外に分泌する。これを[エ]という。

　　タンパク質は細胞質中のリボソームで合成されるが，真核細胞では細胞外に分泌されるタンパク質が移動するときに，小胞に包まれて輸送される。分泌タンパク質は[オ]に付着したリボソームで合成され，輸送小胞によって[カ]に輸送されて，糖を付加するなど加工を受ける。さらに，[カ]から分泌小胞によって細胞膜まで運ばれて，[エ]によって細胞外に分泌される。

　　細胞膜に存在するタンパク質には，細胞を，隣接する細胞や細胞外基質に接着させる機能をもつものがある。このような細胞接着タンパク質には，カルシウムイオン（Ca^{2+}）の存在下で細胞どうしを接着させる[キ]や，細胞を細胞外基質と結合させる[ク]などがある。

問1　文中の[ア]，[イ]，[ウ]，[エ]にあてはまる語句の組合せとして最も適切なものを，次の選択肢①〜⑧のうちから一つ選べ。　　　　　　　　　　　　　　　　　　　　　　解答番号 [1]

	[ア]	[イ]	[ウ]	[エ]
①	ステロイド	選択的透過性	エキソサイトーシス	エンドサイトーシス
②	ステロイド	選択的透過性	エンドサイトーシス	エキソサイトーシス
③	ステロイド	能動輸送	エキソサイトーシス	エンドサイトーシス
④	ステロイド	能動輸送	エンドサイトーシス	エキソサイトーシス
⑤	リン脂質	選択的透過性	エキソサイトーシス	エンドサイトーシス
⑥	リン脂質	選択的透過性	エンドサイトーシス	エキソサイトーシス
⑦	リン脂質	能動輸送	エキソサイトーシス	エンドサイトーシス
⑧	リン脂質	能動輸送	エンドサイトーシス	エキソサイトーシス

問2　下線部（1）について，細胞小器官A〜Eのうち，生体膜で構成されていないものの組合せとして最も適切なものを，次の選択肢①〜⑨のうちから一つ選べ。　　　　　**解答番号** 2

A　液胞　　　　　　B　中心体　　　　　C　ミトコンドリア
D　葉緑体　　　　　E　リボソーム

① A，B　　　　　② A，C　　　　　③ A，D
④ A，E　　　　　⑤ B，C　　　　　⑥ B，D
⑦ B，E　　　　　⑧ C，D　　　　　⑨ C，E

問3　物質を輸送するタンパク質の説明として誤っているものを，次の選択肢①〜⑥のうちから一つ選べ。　　　　　**解答番号** 3

① アクアポリンの細胞膜上への発現はバソプレシンによって促進される。
② 筋小胞体に存在するカルシウムチャネルが開口すると筋繊維が弛緩する。
③ グルコース輸送体は，グルコースと結合して立体構造が変化することによって，グルコースを通過させる。
④ 興奮性シナプスでは，シナプス後細胞の伝達物質（リガンド）依存性イオンチャネルが開き，ナトリウムイオンなどが流入する。
⑤ ナトリウムポンプがATPと反応する部位は，細胞内に存在している。
⑥ ニューロンの細胞膜には常に開いているカリウムチャネルが存在する。

問4　文中の　オ　，　カ　，　キ　，　ク　にあてはまる語句の組合せとして最も適切なものを，次の選択肢①〜⑧のうちから一つ選べ。　　　　　**解答番号** 4

	オ	カ	キ	ク
①	滑面小胞体	ゴルジ体	インテグリン	カドヘリン
②	滑面小胞体	ゴルジ体	カドヘリン	インテグリン
③	滑面小胞体	リソソーム	インテグリン	カドヘリン
④	滑面小胞体	リソソーム	カドヘリン	インテグリン
⑤	粗面小胞体	ゴルジ体	インテグリン	カドヘリン
⑥	粗面小胞体	ゴルジ体	カドヘリン	インテグリン
⑦	粗面小胞体	リソソーム	インテグリン	カドヘリン
⑧	粗面小胞体	リソソーム	カドヘリン	インテグリン

［文2］
　細胞膜に存在するタンパク質には，細胞間の情報伝達に関わるものがある。
　細胞膜上や細胞内に存在し，情報を受容するタンパク質を受容体といい，受容体と結合する物

質をリガンドという。細胞間の情報伝達では，細胞がホルモンや神経伝達物質などのリガンドを放出し，これが他の細胞に存在する受容体に結合することで，情報が伝達される。

　内分泌系では，ホルモンの標的細胞に$_{(2)}$ホルモン受容体が存在する。ホルモンの一部は細胞膜を通過できるので，そのようなホルモンの受容体は細胞内に存在する。また，自律神経系では，シナプス後細胞の細胞膜に神経伝達物質の受容体が存在する。自律神経系には$_{(3)}$交感神経と副交感神経があり，拮抗的に作用することが多い。

　一方，ホルモンや神経伝達物質のように細胞間の情報伝達を担う物質に対して，細胞内での情報伝達を担う物質をセカンドメッセンジャーという。

　血糖濃度が低下すると，交感神経の刺激によって副腎髄質からアドレナリンが分泌される。アドレナリンが肝細胞の細胞膜に存在する受容体に結合すると，アドレナリン受容体がGタンパク質を活性化し，活性化したGタンパク質がアデニル酸シクラーゼという酵素を活性化する。この酵素は，細胞内のATPを基質としてcAMPというセカンドメッセンジャーを生成し，cAMPはさまざまな酵素を活性化するので，最終的に細胞内でグリコーゲンが分解されてグルコースとなり，血中に放出されて，血糖濃度が上昇する。

　いま，アドレナリン受容体をもち，アドレナリンを与えると上記のしくみで細胞内のcAMP濃度が上昇する培養細胞がある。この培養細胞に突然変異を誘発したところ，$_{(4)}$アドレナリンを与えてもcAMP濃度が上昇しない細胞が2種類みつかった（変異細胞1，変異細胞2とする）。これらの変異細胞に，細胞膜を通過してGタンパク質を活性化するコレラトキシン（コレラ毒素）をアドレナリンとともに与えたところ，変異細胞1ではcAMP濃度が上昇したが，変異細胞2ではcAMP濃度が上昇しなかった。

問5　下線部(2)について，ホルモンA～Dのうち，ホルモン受容体が細胞膜上ではなく細胞内に存在するものの組合せとして最も適切なものを，次の選択肢①～⑥のうちから一つ選べ。
解答番号 5

A　インスリン　　　　B　鉱質コルチコイド
C　グルカゴン　　　　D　糖質コルチコイド

① A，B　　　　② A，C　　　　③ A，D
④ B，C　　　　⑤ B，D　　　　⑥ C，D

問6　内分泌系およびホルモンの説明として最も適切なものを，次の選択肢①～⑥のうちから一つ選べ。
解答番号 6

① 間脳視床下部は内分泌系の統合の中枢であるが，ホルモンは分泌しない。
② 鉱質コルチコイドは，腎臓の集合管でのナトリウムイオンの再吸収を抑制する。
③ すい臓のランゲルハンス島のB細胞は，血糖濃度の変化を直接感知して，ホルモンを分泌する。
④ 体液の濃度が上昇すると，脳下垂体後葉でのバソプレシンの合成が促進される。

⑤ チロキシンは脳下垂体前葉からの甲状腺刺激ホルモンの分泌を促進する。
⑥ 副腎皮質刺激ホルモンは神経分泌細胞から分泌されるホルモンである。

問7　下線部(3)について，交感神経による作用の説明として誤っているものを，次の選択肢
①〜⑥のうちから一つ選べ。　　　　　　　　　　　　　　　**解答番号 7**

① 暗所で瞳孔を縮小させる。
② 胃液の分泌や胃の運動を抑制する。
③ 心臓の拍動を促進する。
④ 体表の血管を収縮させる。
⑤ 汗腺からの発汗を促進する。
⑥ 排尿を抑制する。

問8　下線部(4)の変異細胞1と変異細胞2について，次のA〜Dのうち，突然変異により構造が
変化したと推察される部位(変異細胞1と変異細胞2で異なる部位とする)を過不足なく含む組合
せとして最も適切なものを，次の選択肢①〜⑥のうちからそれぞれ一つずつ選べ。

変異細胞1＝**解答番号 8**
変異細胞2＝**解答番号 9**

A アデニル酸シクラーゼの酵素としての活性部位
B アドレナリン受容体のGタンパク質を活性化する部位
C アドレナリン受容体のアドレナリンと結合する部位
D Gタンパク質のアデニル酸シクラーゼを活性化する部位

① A，B　　　　② A，C　　　　③ A，D
④ B，C　　　　⑤ B，D　　　　⑥ C，D

第2問　次の[文1]，[文2]を読み，下の設問に答えよ。

[文1]

　被子植物の配偶子は，植物の生殖器官である花で形成される。

　おしべの葯内では，花粉母細胞から(a)分裂によって ア が生じ，ア のそれぞれの細胞から (b)分裂によって大きい細胞とそれに包まれた小さい イ を生じ，成熟した花粉となる。このとき，1個の花粉母細胞から ウ 個の花粉が生じる。

　一方，めしべの子房に存在する胚珠内では，胚のう母細胞から(c)分裂によって大きさの異なる細胞が生じるが，そのうち大きい細胞が エ となる。

　エ は3回の核分裂を行った後，細胞質分裂を行い，胚のうとなる。このとき，1個の胚のう母細胞から オ 個の胚のうが生じる。胚のうは，1個の卵細胞，カ 個の助細胞，極核をもつ1個の中央細胞，キ 個の反足細胞からなる。

　花粉がめしべの柱頭に受粉すると，発芽して花粉管を伸ばし，イ はさらに(d)分裂して2個の精細胞となる。精細胞のうち1個は卵細胞と受精して受精卵となり，もう1個は中央細胞と融合する。このような受精は重複受精と呼ばれ，被子植物に特有である。

　植物によっては，ある個体の花粉が同じ個体の花の柱頭に受粉しても，花粉が発芽しなかったり，花粉管の伸長が抑制されたりして，受精できないことがある。この現象を(1)自家不和合性という。

問1　文中の ア ，イ ，エ にあてはまる語句の組合せとして最も適切なものを，次の選択肢①〜⑧のうちから一つ選べ。　　　　　　　　　　　　　　　　　　　解答番号 10

	ア	イ	エ
①	花粉管細胞	精原細胞	胚のう細胞
②	花粉管細胞	精原細胞	卵原細胞
③	花粉管細胞	雄原細胞	胚のう細胞
④	花粉管細胞	雄原細胞	卵原細胞
⑤	花粉四分子	精原細胞	胚のう細胞
⑥	花粉四分子	精原細胞	卵原細胞
⑦	花粉四分子	雄原細胞	胚のう細胞
⑧	花粉四分子	雄原細胞	卵原細胞

問2　文中の ウ ，オ ，カ ，キ にあてはまる数値の組合せとして最も適切なものを，次の選択肢①〜⑧のうちから一つ選べ。　　　　　　　　　　　　　　　　解答番号 11

	ウ	オ	カ	キ
①	2	1	2	3
②	2	1	3	2
③	2	4	2	3
④	2	4	3	2

⑤	4	1	2	3
⑥	4	1	3	2
⑦	4	4	2	3
⑧	4	4	3	2

問3　下線部(a)，(b)，(c)，(d)の分裂のうち，減数分裂を表す記号を過不足なく含むものとして最も適切なものを，次の選択肢①〜⑧のうちから一つ選べ。　　　　解答番号 12

① (a)　　　　② (b)　　　　③ (c)
④ (d)　　　　⑤ (a)，(c)　　⑥ (a)，(d)
⑦ (b)，(c)　　⑧ (b)，(d)

問4　種子植物の配偶子形成と重複受精について説明した文として誤っているものを，次の選択肢①〜⑥のうちから一つ選べ。　　　　解答番号 13

① 胚のう内の細胞または核はすべて同じ遺伝情報をもっている。
② 花粉管は助細胞から分泌される誘引物質によって胚のうに誘引される。
③ 被子植物の卵細胞はシダ植物の前葉体と同じ核相である。
④ 被子植物の胚珠の珠皮は受精後に果皮を形成する。
⑤ 受精した中央細胞は種子の胚乳を形成する。
⑥ 裸子植物の胚の核相は $2n$，胚乳の核相は n である。

問5　下線部(1)について，自家不和合性は S 遺伝子座に存在する複数の対立遺伝子(S_1, S_2, S_3, …, S_n)によって支配されている。ここでは，花粉と柱頭それぞれが属する個体のもつ S 遺伝子の型が1つでも一致している場合に花粉管の伸長が阻害されるものとする。たとえば，あるアブラナ科植物では，遺伝子型 S_1S_2 の個体から生じる花粉を遺伝子型 S_2S_3 の個体の柱頭に受粉すると，すべての花粉が花粉管を伸長せず，受精しない。

いま，この植物で，遺伝子型 S_1S_2 の個体の花粉を，遺伝子型 S_3S_4 の個体の柱頭に受粉し，得られた種子(F_1)どうしを自由に交雑させた。このとき，次世代(F_2)に生じる可能性がある個体の遺伝子型を過不足なく含むものとして最も適切なものを，次の選択肢①〜⑥のうちから一つ選べ。　　　　解答番号 14

① S_1S_2
② S_1S_2, S_1S_3
③ S_1S_2, S_1S_3, S_1S_4
④ S_1S_2, S_1S_3, S_1S_4, S_2S_3
⑤ S_1S_2, S_1S_3, S_1S_4, S_2S_3, S_2S_4
⑥ S_1S_2, S_1S_3, S_1S_4, S_2S_3, S_2S_4, S_3S_4

［文２］

　　カエルなどの両生類の胚では，発生において胚の各部がどのようなしくみで特定の器官や原基
に分化するかよく研究されている。

　　ドイツのフォークトは，イモリ胚の表面を生体に無
害な色素で染色して，胚の各部が将来どのような器官
や原基に分化するかを調べ，原基分布図を作成した。

　　右の図１はこの方法で作成されたイモリの初期原腸
胚の原基分布図を模式的に示したものである。

　　ドイツのシュペーマンは，イモリのさまざまな時期
の胚で，予定表皮域（図１では ク ）と予定神経域（図
１では ケ ）を交換移植した結果から，イモリの予定
表皮域と予定神経域の発生運命が決定する時期を明ら
かにした。また，これを踏まえて，初期原腸胚のう
ち，脊索に分化する原口背唇部（図１では コ ）を同じ

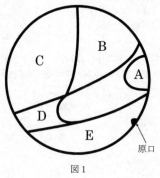

図１

時期の別の胚の腹側に移植すると，移植された胚の腹側に二次胚が生じることから，原口背唇部
に神経を誘導するはたらきがあることを明らかにした。

問６　文中の ク ， ケ ， コ にあてはまる図１中の記号の組合せとして最も適切なものを，次
　　の選択肢①〜⑨のうちから一つ選べ。　　　　　　　　　　　　　　　　　　　解答番号 15

	ク	ケ	コ
①	B	A	C
②	B	A	D
③	B	A	E
④	B	C	A
⑤	B	C	D
⑥	B	C	E
⑦	C	B	A
⑧	C	B	D
⑨	C	B	E

問７　シュペーマンの実験にならって，以下のような実験を行った。この実験について，以下の
　　（ⅰ），（ⅱ），（ⅲ）に答えよ。

【実験】

　　イモリの後期胞胚，初期原腸胚，初期神経胚の各時期の胚から予定表皮域または予定脊索域
を切り出して，各時期の別の胚（宿主胚）に組合せを変えて移植し，二次胚の形成の有無を観察し
た。表１はその操作と結果をまとめたものである。これらの実験は，移植される時期や移植され
る部位の違いによる，二次胚の形成の有無を確認するために行った。なお，すべての実験で本来
の胚（一次胚）は形成されていた。

表 1

実験	移植片		宿主胚		二次胚
	切り出す時期	部域	移植される時期	部域	の形成
1	後期胞胚	予定表皮域	後期胞胚	予定表皮域	なし
2	後期胞胚	予定脊索域	後期胞胚	予定脊索域	なし
3	後期胞胚	予定脊索域	初期原腸胚	予定表皮域	なし
4	後期胞胚	予定脊索域	初期神経胚	予定表皮域	サ
5	初期原腸胚	予定脊索域	後期胞胚	予定表皮域	あり
6	初期原腸胚	予定表皮域	初期原腸胚	予定脊索域	なし
7	初期原腸胚	予定脊索域	初期原腸胚	予定表皮域	あり
8	初期原腸胚	予定脊索域	初期神経胚	予定表皮域	なし
9	初期神経胚	予定脊索域	初期原腸胚	予定表皮域	あり
10	初期神経胚	予定脊索域	後期胞胚	予定表皮域	シ
11	初期神経胚	予定脊索域	初期神経胚	予定表皮域	ス

（ⅰ）　実験 1 ～ 3，実験 5 ～ 9 のうち対照実験を過不足なく含むものとして最も適切なものを，次の選択肢①～⑥のうちから一つ選べ。　　　　　　　　　　　　**解答番号 16**

① 実験 1

② 実験 1，実験 2

③ 実験 1，実験 2，実験 3

④ 実験 1，実験 2，実験 6

⑤ 実験 1，実験 2，実験 3，実験 6

⑥ 実験 1，実験 2，実験 3，実験 6，実験 8

（ⅱ）　実験 1 ～ 3，実験 5 ～ 9 の結果から考えて，(e)予定脊索域が神経を誘導する能力をもっている時期の範囲，および(f)予定表皮域が神経に誘導される能力をもっている時期の範囲として最も適切なものを，次の選択肢①～⑥のうちからそれぞれ一つずつ選べ。

（ e ）＝**解答番号 17**

（ f ）＝**解答番号 18**

① 後期胞胚のみ　　　　　　　　　② 初期原腸胚のみ

③ 初期神経胚のみ　　　　　　　　④ 後期胞胚から初期原腸胚まで

⑤ 後期胞胚から初期神経胚まで　　⑥ 初期原腸胚から初期神経胚まで

（ⅲ）　表 1 中の サ ， シ ， ス にあてはまる実験結果（二次胚の形成の有無）の組合せとして最も適切なものを，次の選択肢①～⑧のうちから一つ選べ。　　　　　　**解答番号 19**

	サ	シ	ス
①	あり	あり	あり
②	あり	あり	なし
③	なし	あり	あり
④	なし	あり	なし
⑤	あり	なし	あり
⑥	あり	なし	なし
⑦	なし	なし	あり
⑧	なし	なし	なし

第3問　次の[文1]，[文2]を読み，下の設問に答えよ。

[文1]

　植物は，環境に応じてその生理や形態を変化させながら，成長や生殖を行っている。植物の生理や形態は(1)植物ホルモンによって調節されている。オーキシンは成長の調節に重要な植物ホルモンである。オーキシンは，細胞壁の ア 繊維どうしの結合を緩める酵素を活性化し細胞の成長を促進するが，このとき イ によって ア 繊維が ウ 方向に整列すると，細胞は縦方向に成長して植物の伸長成長が促進される。一方，このとき エ によって ア 繊維が オ 方向に整列すると，細胞は横方向に成長して植物の肥大成長が促進される。

　植物が刺激の方向と無関係に屈曲する反応を カ といい，刺激の方向に対して一定の方向に屈曲する反応を屈性というが，オーキシンは屈性においても重要な役割を果たす。マカラスムギ（アベナ）などのイネ科植物の幼葉鞘は正の光屈性を示す。このとき，幼葉鞘の先端部でフォトトロピンという(2)光受容体によって光が受容されて，オーキシンの合成が誘導される。オーキシンは光の当たらない側を移動して，幼葉鞘の基部の光の当たらない側の成長を促進する。このとき，オーキシンは幼葉鞘の先端部から基部方向へ移動し，基部から先端部へは移動しない。このようなオーキシンの移動を キ という。

　植物の芽生え（茎と根を含む）を暗所で水平に置くと，茎は重力と反対方向に屈曲し，根は重力方向に屈曲する。このような(3)重力屈性もオーキシンの作用により生じる。

問1　文中の ア ， カ ， キ にあてはまる語句の組合せとして最も適切なものを，次の選択肢①～⑧のうちから一つ選べ。　　　　　　　　　　　　　　　　　解答番号 20

	ア	カ	キ
①	セルロース	傾性	極性移動
②	セルロース	傾性	能動輸送
③	セルロース	走性	極性移動
④	セルロース	走性	能動輸送
⑤	ラクトース	傾性	極性移動
⑥	ラクトース	傾性	能動輸送

⑦　ラクトース　　　　　　走性　　　　　　極性移動
⑧　ラクトース　　　　　　走性　　　　　　能動輸送

問2　文中の イ ， ウ ， エ ， オ にあてはまる語句の組合せとして最も適切なものを，次の
選択肢①～⑧のうちから一つ選べ。　　　　　　　　　　　　　　　　**解答番号** 21

	イ	ウ	エ	オ
①	ジベレリン	縦	エチレン	横
②	ジベレリン	縦	ブラシノステロイド	横
③	ジベレリン	横	エチレン	縦
④	ジベレリン	横	ブラシノステロイド	縦
⑤	エチレン	縦	ジベレリン	横
⑥	ブラシノステロイド	縦	ジベレリン	横
⑦	エチレン	横	ジベレリン	縦
⑧	ブラシノステロイド	横	ジベレリン	縦

問3　下線部（1）について，植物ホルモンの作用を説明した文として最も適切なものを，次の選択
肢①～⑥のうちから一つ選べ。　　　　　　　　　　　　　　　　　　**解答番号** 22

①　アブシシン酸は孔辺細胞の浸透圧を高めて，気孔を開口させる。
②　アブシシン酸は種子の休眠を打破して，発芽を促進する。
③　エチレンは離層を形成させて，落葉や落果を促進する。
④　サイトカイニンは頂芽優勢において側芽の伸長を抑制する。
⑤　ジベレリンは種子の発芽を抑制して，種子の休眠を継続させる。
⑥　ジベレリンは消化を阻害する作用のある物質の合成を促進する。

問4　下線部（2）について，光受容体の機能や性質を説明した文として<u>誤っているもの</u>を，次の選
択肢①～⑤のうちから一つ選べ。　　　　　　　　　　　　　　　　　**解答番号** 23

①　クリプトクロムは胚軸や茎の成長抑制に関与している。
②　クリプトクロムは赤色光を受容する。
③　フィトクロムは光発芽種子の発芽に関与している。
④　フィトクロムの分子構造は，赤色光を受容した場合と遠赤色光を受容した場合で可逆的に変
化する。
⑤　フォトトロピンは青色光を受容する。

問5　幼葉鞘でのオーキシンの移動について，細胞膜に存在してオーキシンを排出する輸送体
（**PIN**タンパク質など）が関与していることが知られている。オーキシンは細胞外から細胞内へ

は拡散によって移動できるが，細胞内から細胞外へはこの輸送体を介してのみ移動できる。幼葉鞘の細胞でのこの輸送体の配置を表す図として最も適切なものを，次の選択肢①～⑥のうちから一つ選べ。ただし，図中の●あるいは●の部分が輸送体の位置を示すものとし，ここでは，[キ]に関わる排出輸送体についてのみ考えるものとする。

解答番号 [24]

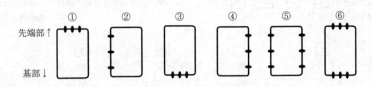

問6　下線部（3）について，根が重力方向（下側）に屈曲するのは，根冠にあるコルメラ細胞が重力の向きを感知し，根冠の細胞でオーキシンを排出する輸送体が再配置されることによる。以下の【処理1】～【処理4】を行ったときに，根が重力方向に屈曲しない処理の組合せとして最も適切なものを，次の選択肢①～⑥のうちから一つ選べ。なお，【処理2】の上側とは，芽生えを水平に置いたときの上側を，また，【処理3】の下側とは，芽生えを水平に置いたときの下側を意味する。

解答番号 [25]

【処理1】根冠の細胞をすべて除去する。

【処理2】根冠の上側の細胞のみを除去する。

【処理3】根冠の基部の下側にのみ，根に対して垂直に雲母板を挿入する。

【処理4】根冠と基部を切断し，その間に薄いゼラチン片をはさみ密着させる。

①【処理1】，【処理2】　　　　②【処理1】，【処理3】

③【処理1】，【処理4】　　　　④【処理2】，【処理3】

⑤【処理2】，【処理4】　　　　⑥【処理3】，【処理4】

[文2]

　ヒトは(4)受容器で外界からの刺激を受容している。ヒトでは耳の内耳で，音と体にかかる重力の方向，および体の回転の方向が受容される。音を受容する部分はうずまき管，重力の方向を受容する部分は[ク]，回転の方向を受容する部分は[ケ]である。

　音はまず耳殻で集められ，外耳道を通って鼓膜を振動させる。鼓膜の振動は耳小骨によって増幅されて，内耳の卵円窓からうずまき管内のリンパ液に伝えられる。うずまき管内のリンパ液の振動は[コ]から[サ]へと伝わり，この間にうずまき細管内の基底膜を振動させる。この振動によって基底膜の上にあるコルチ器を構成する聴細胞がおおい膜とふれて感覚毛が屈曲することによって聴細胞が興奮する。聴細胞の興奮は聴神経を介して[シ]に伝えられ，聴覚が生じる。

　音には，大きさ（強弱），高さ（高低），音色の三つの要素がある。このうち音の高さは興奮する聴細胞の位置の違いによって識別している。次の図1は基底膜の位置（卵円窓からの距離）とある高さの音に対する基底膜の振幅（振動の大きさ）の関係を示している。また，図2は基底膜の位置（卵円窓からの距離）と基底膜の幅の関係を示している。

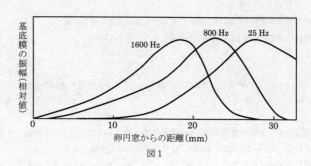

図1

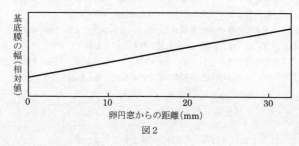

図2

問7　文中の ク ， ケ ， コ ， サ ， シ にあてはまる語句の組合せとして最も適切なものを，次の選択肢①〜⑧のうちから一つ選べ。　　　　　　　　　解答番号 26

	ク	ケ	コ	サ	シ
①	前庭	半規管	鼓室階	前庭階	小脳
②	前庭	半規管	鼓室階	前庭階	大脳
③	前庭	半規管	前庭階	鼓室階	小脳
④	前庭	半規管	前庭階	鼓室階	大脳
⑤	半規管	前庭	鼓室階	前庭階	小脳
⑥	半規管	前庭	鼓室階	前庭階	大脳
⑦	半規管	前庭	前庭階	鼓室階	小脳
⑧	半規管	前庭	前庭階	鼓室階	大脳

問8　下線部（4）について，ヒトの受容器の構造や機能を説明した文として誤っているものを，次の選択肢①〜⑥のうちから一つ選べ。　　　　　　　　　解答番号 27

① 舌の味覚芽（味蕾）には味細胞が支持細胞などとともに並んでいる。

② 筋肉にある筋紡錘は，筋肉自身の伸張（張力）を受容する。

③ 皮膚には温覚，冷覚，圧覚（触覚），痛覚などの受容器がある。

④ 鼻腔には嗅細胞が並んだ嗅上皮があり，液体の化学物質を受容する。

⑤ 耳のエウスタキオ管(耳管)は，中耳の鼓室と大気の圧力を等しく保つ。

⑥ 眼の網膜にある錐体細胞は網膜の中央部に多く分布している。

問9　図1および図2から考えて，音の高さの識別のしくみとして最も適切なものを，次の選択肢①〜④のうちから一つ選べ。　　　　　　　　　　　　　　　　　　**解答番号** 28

① 基底膜はうずまき管の奥の方ほど幅が狭いので，音の高さによって強く振動する基底膜の位置が変わり，低い音では卵円窓に近い位置の聴細胞が最も興奮しやすい。

② 基底膜はうずまき管の奥の方ほど幅が狭いので，音の高さによって強く振動する基底膜の位置が変わり，低い音では卵円窓から遠い位置の聴細胞が最も興奮しやすい。

③ 基底膜はうずまき管の奥の方ほど幅が広いので，音の高さによって強く振動する基底膜の位置が変わり，低い音では卵円窓に近い位置の聴細胞が最も興奮しやすい。

④ 基底膜はうずまき管の奥の方ほど幅が広いので，音の高さによって強く振動する基底膜の位置が変わり，低い音では卵円窓から遠い位置の聴細胞が最も興奮しやすい。

第4問　次の[文1]，[文2]を読み，下の設問に答えよ。

[文1]

　　約 ア 年前に誕生したばかりの地球は温度が高く，地表面はマグマにおおわれていたが，次第に温度が低下すると， イ が形成された。また，大気の温度が低下して， ウ が形成され，生命が誕生する条件が整った。

　　最古の化石は約 エ 年前の地層から発見されている。最古の化石生物は嫌気性の原核生物であったと考えられる。また， オ を行う独立栄養生物で，大洋底に存在する熱水噴出孔に生息していた可能性が高い。やがて，現生のシアノバクテリアに似た生物が現れ，シアノバクテリアの繁栄によって，その化石である カ という縞状の岩石が形成されるようになった。また，シアノバクテリアの活動によって生じた酸素(O_2)が増加し，海水中の鉄イオンを酸化して沈殿させることで，酸化鉄に富む縞状鉄鉱層(鉄鉱床)が形成されるようになった。さらに，酸素(O_2)の増加によって呼吸を行う好気性細菌も出現した。

　　約20億年前には(1)真核細胞をもつ真核生物が出現し，その後，何回かの キ を経て，約5億4000万年前になると，動物が爆発的に多様化し，現生の動物と共通する体制をもつ(2)さまざまな生物種が出現するようになった。

問1　文中の ア ， エ ， オ にあてはまる数値または語句の組合せとして最も適切なものを，次の選択肢①〜⑧のうちから一つ選べ。　　　　　　　　　　　　　　　　　　**解答番号** 29

	ア	エ	オ
①	46億	27億	化学合成
②	46億	27億	光合成

③	46億	35億	化学合成
④	46億	35億	光合成
⑤	138億	27億	化学合成
⑥	138億	27億	光合成
⑦	138億	35億	化学合成
⑧	138億	35億	光合成

問2　文中の イ ， ウ ， カ ， キ にあてはまる語句の組合せとして最も適切なものを，次の選択肢①〜⑧のうちから一つ選べ。　　　　　　　　　　　　　　　**解答番号** 30

	イ	ウ	カ	キ
①	海洋	地殻	コアセルベート	全球凍結
②	海洋	地殻	コアセルベート	陸上進出
③	海洋	地殻	ストロマトライト	全球凍結
④	海洋	地殻	ストロマトライト	陸上進出
⑤	地殻	海洋	コアセルベート	全球凍結
⑥	地殻	海洋	コアセルベート	陸上進出
⑦	地殻	海洋	ストロマトライト	全球凍結
⑧	地殻	海洋	ストロマトライト	陸上進出

問3　生命の起源と地球環境について説明した文として最も適切なものを，次の選択肢①〜⑥のうちから一つ選べ。　　　　　　　　　　　　　　　　　　　　　**解答番号** 31

① 生命が誕生した頃の原始大気の主成分は二酸化炭素(CO_2)，他に水(H_2O)，アンモニア（NH_3）などであったと考えられている。

② 生命の誕生の後に，化学物質が無機物から有機物に進化する過程があったと考えられ，このような過程を化学進化という。

③ ミラーは，当時，原始大気の主成分とされていた気体を混合して，熱を加えながら放電を続け，核酸が合成されることを証明した。

④ 生命体を構成する有機物の一部が隕石によって宇宙から飛来したという考え方は，今日では否定されている。

⑤ 生命の誕生には触媒や遺伝子としてはたらく物質がともに不可欠であるが，RNAはこの両方のはたらきを担うことができる。

⑥ 生命体の活動がDNAによって支配されているDNAワールドを経て，RNAによって支配されるRNAワールドになるとする考え方をRNAワールド仮説という。

問4　下線部（1）について，アメリカのマーグリスらが提唱した細胞内共生説を説明した文として<u>誤っているもの</u>を，次の選択肢①〜⑤のうちから一つ選べ。　　　　　　　　**解答番号** 32

① ミトコンドリアは好気性細菌，葉緑体はシアノバクテリアがそれぞれ細胞内共生してできた
と考えられる。
② ミトコンドリアと葉緑体がそれぞれ細胞内で分裂することは，細胞内共生説の証拠となる。
③ ミトコンドリアと葉緑体が内外異質の二重膜に包まれていることは，細胞内共生説の証拠と
なる。
④ ミトコンドリアと葉緑体が内部に環状DNAをもつことは，細胞内共生説の証拠となる。
⑤ 植物細胞では，葉緑体が形成された後にミトコンドリアが形成されたと考えられる。

問5　下線部(2)について，代表的な化石生物の生物種と地質時代の時代区分の組合せとして最も適
切なものを，次の選択肢①〜⑥のうちから一つ選べ。　　　　　　　　　　　解答番号 33

① アノマロカリス－中生代
② イクチオステガ－古生代
③ 三葉虫－新生代
④ 始祖鳥－新生代
⑤ ディキンソニア－中生代
⑥ マンモス－中生代

［文2］
　同じ生物種の個体の集団を個体群という。個体群内の個体の分布には，その生物種の性質や生
息地の環境に応じてさまざまな様式がみられる。図1は個体群における個体の分布の代表的な様
式を示している(図中の●は個体を表す)。

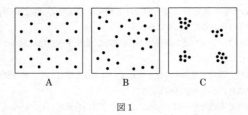

A　　　　　B　　　　　C

図1

　生物の個体数をその生活空間の面積や体積で割ったものを個体群密度といい，個体群密度が個
体の性質や成長，個体群の成長などに影響を及ぼすことを密度効果という。
　バッタやウンカなどの昆虫でみられる相変異は密度効果の例である。トノサマバッタの幼虫
は，個体群密度が低いと羽化して孤独相の成虫に，個体群密度が高いと羽化して群生相の成虫に
なる。群生相の成虫は，孤独相と比べて体長に対する翅の長さが ク ，後肢は発達していない。
さらに，集合性が強く，雌の産卵数が ケ 。また，孤独相の成虫は体色が コ だが，群生相の
成虫は体色が サ である。
　個体群の成長を考える上で，出生個体が時間(齢)とともにどのように減少するかについて調べ
ることは重要である。これを調べてまとめた表を生命表，生命表にもとづいて生存個体数の変化

をグラフにしたものを生存曲線という。

問6　文中の ク ， ケ ， コ ， サ にあてはまる語句の組合せとして最も適切なものを，次の
選択肢①〜⑧のうちから一つ選べ。　　　　　　　　　　　　　　　　　解答番号 34

	ク	ケ	コ	サ
①	長く	多い	暗色(褐色)	緑色
②	長く	多い	緑色	暗色(褐色)
③	長く	少ない	暗色(褐色)	緑色
④	長く	少ない	緑色	暗色(褐色)
⑤	短く	多い	暗色(褐色)	緑色
⑥	短く	多い	緑色	暗色(褐色)
⑦	短く	少ない	暗色(褐色)	緑色
⑧	短く	少ない	緑色	暗色(褐色)

問7　図1について，次の(ⅰ)，(ⅱ)に答えよ。

(ⅰ) A〜Cの分布様式の名称の組合せとして最も適切なものを，次の選択肢①〜⑥のうちから一
つ選べ。　　　　　　　　　　　　　　　　　解答番号 35

	A	B	C
①	一様分布	集中分布	ランダム分布
②	一様分布	ランダム分布	集中分布
③	集中分布	一様分布	ランダム分布
④	集中分布	ランダム分布	一様分布
⑤	ランダム分布	一様分布	集中分布
⑥	ランダム分布	集中分布	一様分布

(ⅱ) 次の個体(a)および(b)が示す分布様式の組合せとして最も適切なものを，下の選択肢①〜⑥
のうちから一つ選べ。　　　　　　　　　　　　　　　　　解答番号 36

(a) 繁殖期に縄張りを形成するシジュウカラの個体
(b) 風で散布された種子から同時期に発芽したセイヨウタンポポの個体

	(a)	(b)
①	A	B
②	A	C
③	B	A
④	B	C

⑤ C　　　A
⑥ C　　　B

問8　表1はアメリカシロヒトリの生命表の一例である。この表について，以下の（ⅰ），（ⅱ）に答えよ。

表1

齢	生存数	死亡数	主な死亡要因
卵	8574	268	自然死
ふ化幼虫	8306	1492	自然死，クモによる捕食
1齢幼虫	6814	2394	クモによる捕食
2齢幼虫	4420	666	クモによる捕食
3齢幼虫	3754	926	クモによる捕食
4〜6齢幼虫	2828	2746	鳥による捕食
7齢幼虫	82	58	アシナガバチによる捕食
前蛹	24	6	寄生バチによる捕食
蛹	18	4	寄生バチによる捕食
成虫	14	—	自然死など

（ⅰ）表1の個体群の個体数がほとんど増減していないとすると，雌の成虫1個体あたりの理論上の産卵数として最も適切なものを，次の選択肢①〜⑧のうちから一つ選べ。なお，成虫は捕食される前に産卵でき，幼虫がふ化する前に死亡するものとする。また，雌雄の比は1：1とする。　　　　　　　　　　　　　　　　　　　　　解答番号 37

① 7　　　　　　② 9　　　　　　③ 14　　　　　④ 18
⑤ 160　　　　　⑥ 270　　　　　⑦ 1225　　　　⑧ 2450

（ⅱ）表1の成虫以外の各齢の死亡率を考慮して，アメリカシロヒトリの生存に影響を与える最大の死亡要因として最も適切なものを，次の選択肢①〜⑥のうちから一つ選べ。
　　　　　　　　　　　　　　　　　　　　　　　　　　　　　　解答番号 38

① アシナガバチによる捕食
② 寄生バチによる捕食
③ クモによる捕食
④ 鳥による捕食
⑤ 自然死
⑥ 表1の情報だけでは決定できない。

小 論 文

$$\left(\begin{array}{c}60分\\解答例省略\end{array}\right)$$

問:　高齢化社会の進行に伴ってわが国の医療需要は増大し続けており，医療制度の持続可能性と医療安全の確保は極めて重要な課題の一つとなっています。こうした背景のもと，医師の長時間労働の是正，ワークライフバランスの向上，医療サービスの質の維持・向上を目指して，２０２４年４月から新たな医師の働き方改革が実施される予定です。医療安全を確保した上で医療提供者の負担を如何に軽減するかという観点から，この働き方改革が医療提供体制に与える影響について考え，その利点と懸念される点を含めてあなたの考えを 600 字以内で述べなさい。

解　答　編

英　語

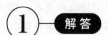

① 解答　問1. ②　問2. ①　問3. ④　問4. ②　問5. ④
　　　　　問6. ③　問7. ①　問8. ③　問9. ②　問10. ①

━━━━ 解説 ━━━━

問1. early this week は現在からみると過去の一点とみるのが妥当なので，過去形②が正解。

問2. unless otherwise instructed で「他に指示がないかぎり」という表現。この otherwise は「他の点では」という意味。

問3. 各選択肢の意味は次の通り。①「青ざめる」　②「効果を生じる，（法などが）発効する」　③「同伴する」　④「同様の措置を講じる」whether 以下は「他の会社がすぐに（　　　）するかどうか」という意味であり，文脈に合うのは④である。

問4. 空所は some of the greatest achievements を受ける代名詞である。that には前述の the＋名詞を指す用法があり，前置詞句で修飾されることが多い。本問は複数形の名詞を受けているので，that ではなく② those になっている。

問5. as opposed to ～で「～とは対照的に，～とは全く異なって」という意味。「目的は，誰かを責めるのとは全く異なり，事故の原因を特定することだ」

問6. 空所の後ろに名詞が2つ続いていることから第4文型をとれる動詞と判断できる。選択肢の中で第4文型をとれるのは③である。cost *A B*「*A* に *B* を失わせる〔犠牲にさせる〕」という意味。その他の選択肢は，①は第3文型で「～を解雇する」，②は deprive *A* of *B*「*A* から *B* を奪う」，④は第3文型で「～を犠牲にする，投げ打つ」という意味。

2024年度 医学部 一般選抜 英語

問7. inferior to ～「～より劣る」より，③を選びそうになるが，「水力発電」の前に to があることから別の選択肢を選ぶ。正解は① in である。この in は「分野」を表す。in efficiency「効率面で」

問8.「すべての乗客は，電光掲示板，掲示物，乗務員の指示に（　　）」という内容。この文脈に合うのは，③「～に従う」である。その他の選択肢の意味は次の通り。①「～に申し込む，問い合わせをする」　②「～を分類する，整理する」　④「～に住む」

問9.「メリッサは芸術に造詣が深く，ルネサンスの芸術が特に（　　）」という内容。文構造から名詞が入ると判断できる。各選択肢の名詞の意味は，①「(-s の形で) 好み」，②「好み」，③「類似（点）」，④「可能性，見込み」である。①は複数形で使うので不適。②は a liking for〔to〕～「～に対する好み」という形で用いるのでこれが正解。

問10. 後半は「会社で彼女がポルトガル語を話すのを一度も聞いたことがない」という意味。①は文頭で用いられ，「考えてみると」という意味になるので，これが正解。その他の選択肢は，②は make nothing of ～で「～を何とも思わない」，③は think little of ～で「～を軽んじる，苦にしない」，④は what comes of ～で「～のせいである」という意味。

② **解答** **問1.** ⑪—⑤ ⑫—① **問2.** ⑬—③ ⑭—⑧
問3. ⑮—⑥ ⑯—④ **問4.** ⑰—① ⑱—⑦
問5. ⑲—⑦ ⑳—⑧

━━━ 解 説 ━━━

問1. To what <u>extent</u> do you think <u>we</u> can (trust information on the Internet?)

Do you think と To what extent can we trust information on the Internet? が1つになった文。疑問詞を含む To what extent が文頭に出る。Do you think が文頭に来ると Yes/No で答える文となり，問題文と合わない。extent は to some〔a certain〕extent「ある程度まで」という使い方があり，some〔a certain〕の部分が what に置き換わって用いられている。

問2. (I) might <u>as well</u> work on my <u>day</u> off as (go to a crowded beach.)

may〔might〕as well *do* 〜 as *do* …「…するくらいなら〜したい〔〜したほうがましだ〕」「休日に」は on my day off で表現する。

問3.（There are numerous things）we eat that can cause our bodies to react（severely if we have a food allergy.）

　we eat と that can cause our bodies to react severely が先行詞 numerous things を修飾する関係代名詞の二重限定用法になっている。cause *A* to *do*「*A* に〜させる，*A* が〜する原因となる」の *A* と to *do* の間には主語・動詞関係が存在するので，「私たちの体が激しく反応する」の部分を表現できる。

問4.（The man didn't do anything wrong, but）his neighbor threatened to turn him in to the police without（any reason.）

　threatened to *do*「〜すると（言って）脅かす」の不定詞部分に，turn *A* in to the police「*A*（人）を警察に突き出す」が入っている。

問5.（Little）did I dream of there being a shrine with（a long and honorable history in my town.）

　否定語の little が文頭に出ていることから，後続の文は倒置の形（疑問文の語順）になると見抜き，did I dream の並びを作る。動詞 dream は，自動詞で dream of *A*〔*doing*〕という形を，他動詞では dream that SV という形をとる。本問は与えられた語句から前者と見抜く。I dream of being a shrine という並びにすると，動名詞 being の意味上の主語が I となり，「私は（私が）神社であることを夢見る」という意味になる。being の前に動名詞の意味上の主語 there を入れると，There is a shrine の is が動名詞 being になった形となり，与えられた日本語の内容を表現できる。

③ **解答** 21—① 22—④ 23—② 24—④ 25—②

＝＝＝＝＝＝＝＝＝＝＝＝ 解説 ＝＝＝＝＝＝＝＝＝＝＝＝

《現代医療の隙間を埋める伝統療法》

21　下線部①のコロンから後の文言は，完全文または句であるべき。encourage を動名詞 encouraging とすれば正しくなる。下線部②の文中の facing poor countries について，face には「（困難・危険が）〜に迫る」という語法があり，「問題が貧しい国々に迫っている」という意味で，適

切である。下線部③の主語は，a third of the global population であり，分数の主語を単数扱いするか，複数扱いするかは of 以下の名詞で決まる。population は people と同様のタイプの集合名詞であり，単数・複数両様がありうる。

22 下線部④は to save を（by）saving とすれば文法的に正しくなる。end up（by）*doing*「最後には～することになる」

23 下線部②は，「すべての伝統的な薬が先に述べた 2 つのものほど有益であるというわけではないし，中には実際に有害であるはずがない」という意味。後続の 3 文（For example, in …species of plant.）では，この下線部②の具体例として，アメリカでは中国の伝統的な咳止めの漢方薬がダイエット用の薬として販売され，心臓発作を起こして死亡した人がいたり，ベルギーでは間違った種類の植物から作られたハーブの薬で肝臓に被害が出たというような内容が書かれている。can't を can にすれば「実際に有害になりうる」となり，文意が通る。

24 下線部④の最後にある originated を含む部分（which the medicine originated）は，関係代名詞節であり，後続の文には名詞が抜けた不完全文が来なければならない。originate を自動詞として originate from ～「～から起こる〔生じる〕」という形で用いるとみて，文末に from を入れれば適切な文になる。

25 下線部②は，前置詞 with の後ろに the United Kingdom alone has …というように主語と動詞が続いている。has を having とすれば付帯状況の with となり，文法的に適切となる。

④ **解答** 問 1 ．(1)—③ (3)—③ (5)—① (6)—④
問 2 ．(2)—② (4)—① (7)—④
問 3 ．Ⅰ—② Ⅱ—① Ⅲ—③ Ⅳ—④ 問 4 ．③

=============== 解説 ===============

《なぜクジラではなくヒトがガンになりやすいのか》

問 1 ．(1) home in on ～は「～（話題・主題）に的を絞る」という意味。この意味に一番近いのは，③「～に特に注意を払う」である。

(3) trigger a tumour は「腫瘍を誘発する」という意味。この意味に一番近いのは，③「腫瘍が発現する原因となる」である。

⑸　a bid to *do* の形で「〜しようとする努力」という意味。この意味に一番近いのは，①「試み」である。

⑹　replenish は「〜を再び満たす」という意味。この単語に一番近いのは，④ restock「〜を補充する」である。①の restore は「〜を修復する」という意味なので不適。

問2．⑵　空所を含む部分は，「クジラや象を含む多くの巨大生物が一般的にガンになりにくいという事実は（　2　）」という意味。続く部分に，「細胞の数も多く，その細胞1つ1つがガンを誘発する可能性を秘めているため，彼らは特別な危険にさらされるはずだ」とあり，これを考慮すると，細胞の多い巨大生物はガンになる可能性が高いということになるが，第2段第1文（Whales tend to …）に「クジラがガンになる割合は低い」と書かれている。以上のことから，②「さらに困惑させる」が正解。

⑷　空所を含む文の前には，細胞が多いほどガンになる確率が高くなるという視点からみると，人間の1,000倍の細胞を持つクジラのいくつかの種は，ガンにならないまま1歳になることはできないはずだという内容が書かれている。空所の後ろでは，for example と書かれていることからもわかるように，空所の具体的内容が続いており，その内容は，北極クジラの平均寿命は100〜200年で，象の場合は70年ぐらいだということである。以上のことから，空所には細胞が多いからガンになって早く死ぬということはないというような内容が入ると判断できる。こうした意味になっているのは，①「しかしそのようなことは観察されていることではない」である。

⑺　第12段（"What we found …"）には，研究によって判明した驚くべき内容として，研究対象となった動物によって突然変異した細胞の数は異なり，長寿の種は遅いペースで，短命の種は速いペースで突然変異細胞が増えるという内容が書かれている。また，空所を含む文の直前には，突然変異のペースが違う種でも，死ぬ時には約3,200個の突然変異した細胞を有しているとある。つまり，突然変異細胞が増えるペースは種によって違うのに，死ぬ時にはほぼ同じ突然変異細胞を有しているのである。以上のことから，④「同様の」が正解となる。

問3．Ⅰ．第6段第2文（"Think of cells …"）のコロン以下に，「（細胞が）多ければ多いほど，ジャックポットを獲得する可能性は高くなるので

す。この場合はガンです」とあることから，②「たくさんの数の細胞を持つ大型動物は，小動物よりもガンになる可能性は高いはずだ」が正解となる。

Ⅱ. 第12段第3文（Essentially, long-lived species …）に「長生きする種は突然変異の蓄積が遅く，短命な種では速い」とある。①「自分たちの発見の注目すべき点は，種の大きさではなく，突然変異が蓄積する速さこそが重要であるということだ」が正解。

Ⅲ. 第17段最終文（This suggests the …）に「他の説も存在するかもしれないが，女王アリはDNAの修復をより上手に行っているかもしれないということを示唆している」とあることから，③「女王アリの寿命が長いことから，効率的な細胞交換が行われている可能性があると推察できる」が正解。

Ⅳ. 本文は突然変異とガン発生に着目して，生物の寿命を考察する研究を取り上げている。④「突然変異のペースと寿命の関係がわかれば，ガン治療の新しい方法につながるかもしれない」がその主旨に沿う。

問4. ①最終段（The crucial point …）参照。本文は突然変異のペースがガン発生と関係するという研究結果は述べているものの，後半に could lead to と仮定法で書かれているように，そのメカニズムは未解明であるから，①は不適。②細胞が腫瘍になる要因が何なのかを論じているのではないので不適。④ガンへの抵抗力のモデルについての記述はないので不適。③「なぜクジラではなくヒトがガンになりやすいのか」は第4段（This is Peto's paradox …）の Peto のパラドックスそのものであり，本文はそれを掘り下げる研究を取り上げている。本文後半の記述を網羅していない難点はあるが，消去法でこれを選ぶことになる。

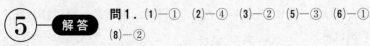

問1. (1)—① (2)—④ (3)—② (5)—③ (6)—① (8)—②

問2. (4)—④ (7)—①　**問3.** Ⅰ—④　Ⅱ—②

問4. ⑤・⑥・⑦（順不同）

========= 解　説 =========

《酸素濃度の上昇と氷河期の関係》

問1. (1) 第1段最終文（This was a …）の中に「シアノバクテリアが

光合成を通じて周囲の世界をゆっくりと変化させていた」とある。第2段第1・2文（The atmosphere of … Event, or GOE.）に「初期の地球の大気は酸素が不足していた。これが大酸化現象，いわゆる GOE として知られている期間に変わり始めた」とある。空所を含む文は，「こうした変化は古代のシアノバクテリアによって（ 1 ）酸素の結果であった」という意味。シアノバクテリアが光合成で酸素を作るので，①「放出された」が正解。その他の選択肢の意味は次の通り。②「遠ざけられた」 ③「延期された」 ④「取り入れられた」

(2) 空所を含む文は，「この氷河期は約24億2千万年前に遡るが，大酸化現象の正確な時期に関する（ 2 ）は，酸化と全球凍結のどちらが最初に起こったか主張するのは長らく不可能であったということを意味する」という内容。以上の文脈より，空所には「不明」というような内容が入るとわかる。この意味に一番近いのは，④「不明確」である。その他の選択肢の意味は次の通り。①「仮説」 ②「無関係」 ③「確実性」

(3) 空所を含む文の that 以下は，「それは氷床が溶けたときに，氷河（ 3 ）岩石に由来する栄養分が川や洪水によって海に流れ込んだためである」という意味。各選択肢の意味は次の通り。①「～によって触れられない」 ②「～によって砕かれた」 ③「～でできている」 ④「～で包まれている」 この中で，岩石由来の栄養分が流出するという内容になるのは②である。

(5) 空所を含む文の that is 以下は，「つまり，異なる原子量を持つ硫黄原子は，大酸化現象の最も堅実な（ 5 ）なのである」という意味。続く文には「こうした各硫黄同位体の相対量は，通常予測可能である」と書かれている。硫黄原子が堅実な「証拠」となるからこそ，予測可能であるという文脈になっている。以上のことから，③「痕跡」が正解。その他の選択肢の意味は次の通り。①「容疑者」 ②「偽物，模造品」 ④「特効薬，魔法の解決策」

(6) 空所を含む文の前には，「なぜこれが重要なのだろうか？」とあり，「これ」とは，前段に書かれている内容，つまり，大気中の酸素濃度が上昇することでメタン濃度が低下し，温室効果ガスの効果を弱めることによって大氷河期になった可能性があることを指している。読者に問いかける形で書かれたら，その問いに対する答えが後述されるはずである。この

答えは，空所を含む文～同段最終文で，次のような内容である。「太陽系内の他の惑星や月，そして太陽系外惑星の（　6　）を評価するさらなる措置を講じる際に，地球上でこれまでに起きた地質学上の変化の流れの中で，生命の進化を理解することは極めて重要である。仮に望遠鏡を通して古代の地球を見るとしたら，私たちは居住可能な世界だと評価するだろうか？」 この文脈から，地質学上の変化を分析・研究することが酸素の有無を確認することにつながり，それが太陽系内外の惑星の（　6　）を評価することにつながるということを読み取る。正解は①「居住適性」である。その他の選択肢の意味は次の通り。②「変動性」 ③「生産性」 ④「妥当性」

(8)　空所を含む文は，「これ（＝大酸化現象）は人間のような複雑な生命の（　8　）進化を促したが，地球の歴史の流れを永遠に変えた」という意味。各選択肢の意味は次の通り。①「突然の」 ②「やがて起きる，最終的な」 ③「取るに足りない」 ④「申し立てられた」 ①の「突然の」は，酸素が増えただけで人間が突然進化したというのはおかしいので不適。正解は②である。

問2.(4)　下線部は「かつて海中では，こうした栄養素がシアノバクテリアの大発生を促した」という意味。この内容と一致するのは，④「こうした栄養素は，シアノバクテリアが海へと流れ込んだときに，大量発生するのを促進した可能性があると考えられている」である。

(7)　下線部は「気候変動を緩和する」という意味。この内容と一致するのは，①「気候変動を緩やかにする」である。

問3. **Ⅰ.** 挿入段落の第2文（This is strong …）に，「これは大酸化現象が25億年前から24億3千万年前の間に7千万年間隔で起こったという有力な証拠である」とある。続く最終文（This is earlier …）の but 以下に，「硫黄同位体の記録と一致する」とある。以上の部分から，この段落が挿入されるのは，硫黄同位体を用いて大酸化現象がいつ起きたかを特定することについて書かれている段落の後ということになる。③の次の段落（We looked at …）には，硫黄同位体が大酸化現象の時期を特定する重要な手がかりであると書かれているので，この段落直後の④に挿入するのが適切である。

Ⅱ. 挿入段落の第1文（Conversely, oxygenation of …）が「反対に」と

始まることに注目する。挿入段落の大意は，大酸化現象が先行し，氷河期を引き起こしたというもの。第4段（There have been …）の第1文末尾に2つのシナリオとあり，第4段では氷河期が大酸化現象に先行したシナリオが記されていることから，その後つまり②が正解。

問4. ⑤「研究者たちによると，大酸化現象以前の硫黄は，酸素が不足することから生じる予測不能な同位体比がある」は，③の次の段落第2～最終文（The relative amounts … pinpoint the GOE.）に一致する。

⑥「メタン濃度が低下し，温室効果ガスの効果が弱まったことは，地球の氷河期の原因である」は，④の次の段落第2文（We concluded, as …）に一致する。

⑦「われわれは生命の進化を気候の観点からだけでなく地質学の観点でも考えるべきである」は本文の論点そのものであり，直接的には⑤の次の段落第2文（As we take …）後半のit is vitally important that以下と一致する。

　その他の選択肢が不適である理由は以下の通り。①は第1段第1文（Around two and …）より不適。②は第1・2段でシアノバクテリアが果たした役割が書かれているが，「温暖な気候を作り出した」とは言えないので不適（問1.⑴の〔解説〕も参照）。③は第4段（There have been …）以下で大酸化現象と氷河期を切り分けてどちらが起因かを考察しているので不適。④は②の次の段落第1文（To investigate the …）より不適。⑧は「私たちが温室効果ガスに対して行っていることは正当化される可能性がある」とは本文のどこにも書かれていないので不適。

数　学

① **解答**
(A)**ア**. 6　**イ**. 1　**ウ**. 3　**エ**. 2
(B)**オカキ**. 280　**クケコ**. 190
(C)**サ**. 2　**シ**. 1　**ス**. 3　**セ**. 2　**ソ**. 3　**タチ**. −3　**ツ**. 1
(D)**テ**. 2　**ト**. 4　**ナ**. 3　**ニ**. 4　**ヌ**. 2　**ネ**. 3　**ノ**. 1

━━━━━ 解説 ━━━━━

《小問4問》

(A)　正弦定理より

$$\frac{BC}{\sin 60°}=\frac{AB}{\sin 45°}$$

$$BC=2\cdot\sqrt{2}\cdot\frac{\sqrt{3}}{2}=\sqrt{6}\quad\rightarrow\text{ア}$$

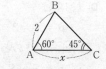

CA$=x$ とおくと，余弦定理より

$$(\sqrt{6}\,)^2=2^2+x^2-2\cdot 2\cdot x\cdot\cos 60°$$

$$x^2-2x-2=0$$

$x>0$ より　　$x=$CA$=1+\sqrt{3}$　　$\rightarrow$イ，ウ

外接円の半径を R とすると，正弦定理より

$$2R=\frac{AB}{\sin 45°}\qquad R=\frac{1}{2}\cdot 2\cdot\sqrt{2}=\sqrt{2}\quad\rightarrow\text{エ}$$

(B)　9人を3人ずつの3組に分ける方法は

$$\frac{{}_9C_3\times{}_6C_3}{3!}=\frac{9\cdot 8\cdot 7\cdot 6\cdot 5\cdot 4}{3\cdot 2\cdot 1\cdot 3\cdot 2\cdot 1\cdot 3\cdot 2\cdot 1}=280\text{ 通り}\quad\rightarrow\text{オ〜キ}$$

このうち，A，B，Cがすべて異なる組になる場合を除けば，少なくとも2人が同じ組になるような分け方になる。A，B，Cがすべて異なる組になる場合はAと同じ組の2人，Bと同じ組の2人を選んで，残りの2人をCと同じ組にすればよい。

ゆえに，求める場合の数は

$$280-{}_6C_2\times{}_4C_2=280-90=190\text{ 通り}\quad\rightarrow\text{ク〜コ}$$

(C)　$x+y-z=1$ と $x-2y+z=0$ を辺々加えて

$$y=2x-1 \quad → サ, シ$$

またこのとき

$$z=3x-2 \quad → ス, セ$$

これらを $ax^2+by^2+cz^2=1$ に代入して

$$ax^2+b(2x-1)^2+c(3x-2)^2=1$$

$$(a+4b+9c)x^2-4(b+3c)x+b+4c-1=0$$

この式が x の恒等式となる条件は

$$a+4b+9c=0 \quad かつ \quad b+3c=0 \quad かつ \quad b+4c-1=0$$

ゆえに，求める定数 a, b, c の値は

$$a=3, \ b=-3, \ c=1 \quad → ソ〜ツ$$

(D)　初項は

$$a_1=S_1=2-1+1=2 \quad → テ$$

また，$n \geqq 2$ のとき

$$\begin{aligned}
a_n &= S_n - S_{n-1} \\
&= (2n^2-n+1)-\{2(n-1)^2-(n-1)+1\} \\
&= (2n^2-n+1)-(2n^2-5n+4) \\
&= 4n-3 \quad → ト, ナ
\end{aligned}$$

よって，$n \geqq 2$ のとき，$a_{2n-1}=4(2n-1)-3=8n-7$ より，求める和は

$$\begin{aligned}
\sum_{k=1}^{n} a_{2k-1} &= a_1+a_3+a_5+\cdots+a_{2n-1} \\
&= 2+9+17+\cdots+(8n-7) \\
&= 1+1+9+17+\cdots+(8n-7) \\
&= 1+\frac{n(1+8n-7)}{2} \\
&= 4n^2-3n+1 \quad → ニ〜ノ
\end{aligned}$$

②　解答　(1)**ア**. 2　**イ**. 2　**ウ**. 8　**エ**. 7

(2)**オ**. 2　**カ**. 2　**キ**. 2　**ク**. 4　**ケ**. 1

(3)**コサ**. 11　**シス**. 63　**セソ**. 81

(4)**タ**. 2　**チ**. 2　**ツ**. 4　**テ**. 2

=== 解 説 ===

《ガウス記号で表された関数の値を満たす n の最大・最小》

(1)　　　$f(8)=[\sqrt{5}\,]=2$　$(\because\ \sqrt{4}<\sqrt{5}<\sqrt{9}\,)$　→ア

　　　　　$f(15)=[\sqrt{8.5}\,]=2$　$(\because\ \sqrt{4}<\sqrt{8.5}<\sqrt{9}\,)$　→イ

　$f(15)=2$ より

　　　　$g(15)=\left[\dfrac{17}{2}\right]=8$　→ウ

　　　$f(20)=[\sqrt{11}\,]=3$　$(\because\ \sqrt{9}<\sqrt{11}<\sqrt{16}\,)$ より

　　　　$g(20)=\left[\dfrac{22}{3}\right]=7$　→エ

(2)　実数 x に対して $[x]\leqq x<[x]+1$ が成り立つから，$f(n)=l$ を満たす
とき

　　　　$l\leqq\sqrt{\dfrac{n}{2}+1}<l+1$

となるので，$l\geqq2$ より各辺を 2 乗して

　　　　$l^2\leqq\dfrac{n}{2}+1<(l+1)^2$

　　　　$2l^2-2\leqq n<2l^2+4l$

　右辺は整数より

　　　　$2l^2-2\leqq n\leqq2l^2+4l-1$　……①

　$l\geqq2$ より　　　$2l^2-2\geqq6$

　したがって，①のいずれの等号も成り立つ。

　ゆえに，最小の n の値は　　　$2l^2-2$　→オ，カ

　　　　　　　最大の n の値は　　　$2l^2+4l-1$　→キ〜ケ

(3)　$\sqrt{\dfrac{n}{2}+1}>1$ より

　　　　$f(n)=l\geqq1$

　$l=1$ のとき，$f(n)=1$ より $1\leqq\sqrt{\dfrac{n}{2}+1}<2$ だから

　　　　$1\leqq n\leqq5$

　このとき，$g(n)=[n+2]$ より $3\leqq n+2\leqq7$ だから

　　　　$3\leqq g(n)\leqq7$

　$g(n)=13>7$ より　　　$l\neq1$

2
0
2
4
年
度

一医
般学
選部
抜

数
学

よって，$l \geqq 2$ が必要。

$g(n)=13$ を満たすとき，$13 \leqq \dfrac{n+2}{f(n)} < 14$ が成り立つから，$f(n)=l$ のとき，$13l-2 \leqq n < 14l-2$ となり，右辺は整数であるから

$\qquad 13l-2 \leqq n \leqq 14l-3$ ……②

これが(2)の①に含まれる条件は，②より

$\qquad 2l^2-2 \leqq 13l-2$ 　かつ　 $14l-3 \leqq 2l^2+4l-1$

よって　　　$l(2l-13) \leqq 0$ 　かつ　 $l(5-l) \leqq 1$

より　　$l=5, 6$

②より，$l=5$ のとき，n は $63 \leqq n \leqq 67$ の 5 個あり，$l=6$ のとき，n は $76 \leqq n \leqq 81$ の 6 個あるから，全部で 11 個ある。 →コサ

このうち，最小の n の値は 63，最大の n の値は 81 である。 →シ～ソ

(4) $m \geqq 4$ より

$\qquad g(n)=2m \geqq 8 > 7$

よって，(3)と同様に，$l \geqq 2$ が必要。

$g(n)=2m$，$f(n)=l$ を満たすとき，$2m \leqq \dfrac{n+2}{l} < 2m+1$ が成り立つから

$\qquad 2ml-2 \leqq n < (2m+1)l-2$

よって，整数 n の最小値は $2ml-2$ で，l を最小にすればよい。

$f(n)=l \geqq 2$ を満たすので，(2)の①より

$\qquad 2l^2-2 \leqq n \leqq 2l^2+4l-1$

$n=2ml-2$ のとき，l は $2l^2-2 \leqq 2ml-2 \leqq 2l^2+4l-1$ を満たす。

$2l^2-2 \leqq 2ml-2$ より　　$l^2 \leqq ml$

$l \geqq 2$ より　　$2 \leqq l \leqq m$ ……③

$2ml-2 \leqq 2l^2+4l-1$ より　　$2ml \leqq 2l^2+4l+1$

$l>0$ より　　$m \leqq l+2+\dfrac{1}{2l}$

$l \geqq 2$ より　　$0 < \dfrac{1}{2l} \leqq \dfrac{1}{4}$

m は整数より　　$m \leqq l+2$ 　 $l \geqq m-2$ ……④

$m \geqq 4$ より $m-2 \geqq 2$ だから，④は $l \geqq 2$ を満たす。

③，④より，l は $m-2 \leqq l \leqq m$ を満たす整数。

よって，n の最小値は，$l=m-2$ のとき

$$2ml-2=2m(m-2)-2$$
$$=2m^2-4m-2 \quad →タ～テ$$

3　解答　(1)**ア.** 1　**イ.** 3　**ウ.** 1　**エ.** 3　**オ.** 1　**カ.** 3

(2)(i)**キ.** 3　**ク.** 4　(ii)**ケ.** 1　**コ.** 4　**サ.** 3　**シ.** 5

ス. 4　**セ.** 5

(3)(i)**ソ.** 1　**タ.** 3　(ii)**チ.** 5　**ツテ.** 36

(4)**トナ.** 65　**ニヌネ.** 144

=== 解 説 ===

《四面体における点 P の位置と存在領域の面積比》

(1)　点 G は △ABC の重心だから

$$\overrightarrow{OG}=\frac{\overrightarrow{OA}+\overrightarrow{OB}+\overrightarrow{OC}}{3}=\frac{1}{3}\overrightarrow{OA}+\frac{1}{3}\overrightarrow{OB}+\frac{1}{3}\overrightarrow{OC} \quad →ア～カ$$

(2)(i)　$\overrightarrow{OP}=\frac{1}{4}\overrightarrow{OA}+s\overrightarrow{OB}$ となる。

ここで点 P が直線 AB 上にあるとき

$$\frac{1}{4}+s=1 \text{ が成り立つから}$$

$$s=\frac{3}{4} \quad →キ，ク$$

(ii)　実数 k，l を用いて，$\dfrac{OQ}{OG}=k$，$\dfrac{CQ}{CP}=l$ とおくと

$$\overrightarrow{OQ}=k\overrightarrow{OG}=\frac{1}{3}k\overrightarrow{OA}+\frac{1}{3}k\overrightarrow{OB}+\frac{1}{3}k\overrightarrow{OC}$$

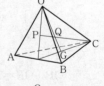

また

$$\overrightarrow{OQ}=\overrightarrow{OC}+\overrightarrow{CQ}$$
$$=\overrightarrow{OC}+l\overrightarrow{CP}$$
$$=\overrightarrow{OC}+l(\overrightarrow{OP}-\overrightarrow{OC})$$
$$=\frac{1}{4}l\overrightarrow{OA}+ls\overrightarrow{OB}+(1-l)\overrightarrow{OC}$$

ここで，$\overrightarrow{OA}$，$\overrightarrow{OB}$，$\overrightarrow{OC}$ はそれぞれ互いに 1 次独立だから

$$\frac{1}{3}k=\frac{1}{4}l=ls=1-l$$

が成り立つ。これより

$$s = \frac{1}{4} \quad \rightarrow ケ, コ$$

$$k = \frac{OQ}{OG} = \frac{3}{5} \quad \rightarrow サ, シ$$

$$l = \frac{CQ}{CP} = \frac{4}{5} \quad \rightarrow ス, セ$$

(3)(i)
$$\overrightarrow{OP} = \frac{1}{4}\overrightarrow{OA} + \frac{1}{3}\overrightarrow{OB} + t\overrightarrow{BC}$$

$$= \frac{1}{4}\overrightarrow{OA} + \frac{1}{3}\overrightarrow{OB} + t(\overrightarrow{OC} - \overrightarrow{OB})$$

$$= \frac{1}{4}\overrightarrow{OA} + \left(\frac{1}{3} - t\right)\overrightarrow{OB} + t\overrightarrow{OC}$$

ここで，点 P は平面 OAC 上にあるから

$$\frac{1}{3} - t = 0 \qquad t = \frac{1}{3} \quad \rightarrow ソ, タ$$

(ii) 直線 CG と AB の交点を M とすると，重心 G の
性質より，CG：GM＝2：1 であり，直線 OP と AC
の交点を R とすると

$$\overrightarrow{OP} = \frac{1}{4}\overrightarrow{OA} + \frac{1}{3}\overrightarrow{OC}$$

$$= \frac{3\overrightarrow{OA} + 4\overrightarrow{OC}}{12}$$

$$= \frac{7}{12} \cdot \frac{3\overrightarrow{OA} + 4\overrightarrow{OC}}{7} = \frac{7}{12}\overrightarrow{OR}$$

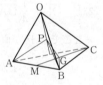

となるから

OP：OR＝7：12

よって，四面体 ABGP の体積を V_2，四面体 OABC の体積を V_1 とす
ると

$$V_2 = V_1 \times \frac{\triangle ABG}{\triangle ABC} \times \frac{\triangle PAC}{\triangle OAC}$$

ゆえに

$$\frac{V_2}{V_1} = \frac{GM}{CM} \times \frac{PR}{OR} = \frac{1}{3} \times \frac{5}{12} = \frac{5}{36} \quad \rightarrow チ～テ$$

(4) $\quad \overrightarrow{\text{OP}} = \dfrac{1}{4}\overrightarrow{\text{OA}} + s\overrightarrow{\text{OB}} + t\overrightarrow{\text{BC}}$

$\qquad\quad = \dfrac{1}{4}\overrightarrow{\text{OA}} + (s-t)\overrightarrow{\text{OB}} + t\overrightarrow{\text{OC}}$

で表される点 P が四面体 OABC の表面および内部に
存在する条件は

$\qquad s-t \geqq 0 \quad$ かつ $\quad t \geqq 0 \quad$ かつ $\quad \dfrac{1}{4} + s - t + t \leqq 1$

ゆえに $\qquad 0 \leqq t \leqq s \leqq \dfrac{3}{4}$

　ここで，点 A′ を $\overrightarrow{\text{OA}'} = \dfrac{1}{4}\overrightarrow{\text{OA}}$ と定め，点 A′ を通り平面 OBC に平行

な平面と辺 AB，AC との交点をそれぞれ B′，C′ とすると，$\dfrac{1}{3} \leqq s \leqq \dfrac{3}{4}$

より，点 P は右図のように三角形 A′B′C′ 上の横線部分に存在する。

　ゆえに，その面積は三角形 OBC の面積の

$$\left(\dfrac{3}{4}\right)^2 - \left(\dfrac{1}{3}\right)^2 = \dfrac{65}{144} \text{ 倍 } \quad \rightarrow \text{ト〜ネ}$$

④ 解答 (1)**ア.** 1　**イ.** 4
　　　　　 (2)**ウ.** 2　**エ.** 2　**オ.** 1　**カ.** 4　**キ.** 2　**ク.** 4
(3)**ケ.** 3　**コ.** 2　**サ.** 1　**シ.** 4　**ス.** 8　**セ.** 3　**ソ.** 6　**タ.** 4　**チ.** 3
(4)(i)**ツ.** 2　**テ.** 2　**ト.** 2　(ii)**ナニ.** 64　**ヌ.** 3

━━━━━━━━━━━━━ 解 説 ━━━━━━━━━━━━━

《関数の極大値，接線の y 切片の最大値，面積・回転体の体積》

(1) $f(x) = 0$ のとき，$\log 4x = 0$ より

$\qquad 4x = 1 \qquad x = \dfrac{1}{4} \quad \rightarrow \text{ア，イ}$

(2) $\quad f'(x) = \dfrac{\dfrac{1}{x}\sqrt{x} - \dfrac{1}{2\sqrt{x}}\log 4x}{x} = \dfrac{2 - \log 4x}{2x\sqrt{x}} \quad \rightarrow \text{ウ，エ}$

$\quad f'(x) = 0$ のとき，$\log 4x = 2$ より

$\qquad 4x = e^2 \qquad x = \dfrac{1}{4}e^2$

$$f\left(\frac{1}{4}e^2\right)=\frac{2}{\frac{1}{2}e}=\frac{4}{e}$$

よって，右の増減表より，$f(x)$ は

$x=\dfrac{1}{4}e^2$ で極大値 $\dfrac{4}{e}$ をとる。

→ オ～ク

x	(0)	$\cdots$	$\dfrac{1}{4}e^2$	$\cdots$
$f'(x)$		$+$	0	$-$
$f(x)$		↗	$\dfrac{4}{e}$	↘

(3)　$t>0$ より接線 l の方程式は

$$y=f'(t)(x-t)+f(t)$$

$$=\frac{2-\log 4t}{2t\sqrt{t}}(x-t)+\frac{\log 4t}{\sqrt{t}}$$

$$=\frac{2-\log 4t}{2t\sqrt{t}}x-\frac{2-\log 4t}{2\sqrt{t}}+\frac{\log 4t}{\sqrt{t}}$$

$$=\frac{2-\log 4t}{2t\sqrt{t}}x+\frac{3\log 4t-2}{2\sqrt{t}}$$

よって

$$g(t)=\frac{3\log 4t-2}{2\sqrt{t}}\quad → ケ，コ$$

このとき

$$g'(t)=\frac{\dfrac{3}{t}\sqrt{t}-\dfrac{1}{2\sqrt{t}}(3\log 4t-2)}{2t}=\frac{8-3\log 4t}{4t\sqrt{t}}$$

$g'(t)=0$ のとき，$\log 4t=\dfrac{8}{3}$ より

$$4t=e^{\frac{8}{3}}\qquad t=\frac{1}{4}e^{\frac{8}{3}}$$

$$g\left(\frac{1}{4}e^{\frac{8}{3}}\right)=\frac{8-2}{e^{\frac{4}{3}}}=6e^{-\frac{4}{3}}$$

よって，右の増減表より，$g(t)$ は

$t=\dfrac{1}{4}e^{\frac{8}{3}}$ のとき，最大値 $6e^{-\frac{4}{3}}$ をとる。

→ サ～チ

t	(0)	$\cdots$	$\dfrac{1}{4}e^{\frac{8}{3}}$	$\cdots$
$g'(t)$		$+$	0	$-$
$g(t)$		↗	$6e^{-\frac{4}{3}}$	↘

⑷(ⅰ) D の面積は右図の網かけ部分で，部分積分法より

$$\int_{\frac{1}{4}}^{\frac{e^4}{4}} \frac{\log 4x}{\sqrt{x}} dx = \int_{\frac{1}{4}}^{\frac{e^4}{4}} x^{-\frac{1}{2}} \log 4x \, dx$$

$$= \left[2\sqrt{x} \, \log 4x \right]_{\frac{1}{4}}^{\frac{e^4}{4}}$$

$$- \int_{\frac{1}{4}}^{\frac{e^4}{4}} 2\sqrt{x} \cdot \frac{1}{x} dx$$

$$= \left[2\sqrt{x} \, \log 4x - 4\sqrt{x} \right]_{\frac{1}{4}}^{\frac{e^4}{4}}$$

$$= 2e^2 + 2 \quad \rightarrow ツ \sim ト$$

(ⅱ) 求める回転体の体積は

$$\{(\log 4x)^3\}' = 3(\log 4x)^2 \cdot \frac{4}{4x} = \frac{3(\log 4x)^2}{x}$$

より

$$\pi \int_{\frac{1}{4}}^{\frac{e^4}{4}} \frac{(\log 4x)^2}{x} dx = \pi \left[\frac{1}{3} (\log 4x)^3 \right]_{\frac{1}{4}}^{\frac{e^4}{4}} = \frac{64}{3} \pi \quad \rightarrow ナ \sim ヌ$$

物　理

① 解答 問1．① 問2．④ 問3．③ 問4．② 問5．④

══════════ 解説 ══════════

《小問5問》

問1． 箸が静止していることから，箸
にはたらく力のつり合いと，力のモー
メントのつり合いが成立する。このと
き，力の作用線は1点で交わる。点P
と点Qにはたらく抗力の方向は問題
に示されているので，これらの作用線

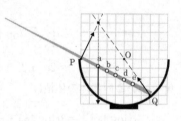

の交点を求めることができる。この交点を重力の作用線が通ればよいので，
上図より，箸の重心の位置は点aであることがわかる。

問2． 図2の直線上には目盛りが等間隔に示されており，この目盛りの間
隔を r とする。点電荷間の距離は $3r$ であり，直線と等電位線a，bはそ
れぞれ電荷 $-Q$ の点電荷から距離 r，$2r$ だけ離れた点を通っている。ク
ーロンの法則の比例定数を k_0 とし，これらの点において無限遠を基準と
した電位を求めると

$$a：k_0\frac{(-Q)}{r}+k_0\frac{2Q}{2r}=0$$

$$b：k_0\frac{(-Q)}{2r}+k_0\frac{2Q}{r}=\frac{3k_0Q}{2r}$$

よって，電位が0となるのはaである。

また，点Pでの電場については次のように考えられる。電荷 $-Q$ の点
電荷による電場は，点Pからこの点電荷に向かう向きであり，電荷 $2Q$
の点電荷による電場は，この点電荷から点Pに向かう向きである。した
がって，重ね合わせの原理より，点Pでの電場の向きは図2のfとなる。

問3． 図3の目盛りの間隔を l とする。最初の状態において，弦を伝わる
波の波長は $2l$ である。また，1個のおもりの質量を m，重力加速度の大

きさを g とすると，力のつり合いより，弦の張力の大きさは mg となる。

弦の線密度を ρ とすれば，弦を伝わる波の速さは，$\sqrt{\dfrac{mg}{\rho}}$ と表される。

以上より

$$\sqrt{\frac{mg}{\rho}}=f\cdot 2l \quad \cdots\cdots ①$$

が成立する。ただし，f はおんさの振動数である。コマの位置が a，b，c のとき，おんさとコマの間の腹の個数が 2 個であることから，波長はそれぞれ $4l$，$5l$，$6l$ となる。このときのおもりの質量をそれぞれ m_a，m_b，m_c とすると

$$\text{a}:\sqrt{\frac{m_a g}{\rho}}=f\cdot 4l,\quad \text{b}:\sqrt{\frac{m_b g}{\rho}}=f\cdot 5l,\quad \text{c}:\sqrt{\frac{m_c g}{\rho}}=f\cdot 6l$$

これらと①式より

$$m_a=4m,\quad m_b=\frac{25}{4}m,\quad m_c=9m$$

となるので，コマの位置は a，おもりの個数は 4 個である。

問 4． 金属球 A，B，C の比熱をそれぞれ c_A，c_B，c_C とし，質量を m とする。熱量の保存より

A と B を接触させたとき

$$mc_B(25-21)=mc_A(21-15) \quad \therefore\quad c_A=\frac{2}{3}c_B$$

B と C を接触させたとき

$$mc_C(35-32)=mc_B(32-25) \quad \therefore\quad c_C=\frac{7}{3}c_B$$

以上より　　$c_A:c_C=\dfrac{2}{3}c_B:\dfrac{7}{3}c_B=2:7$

問 5． エネルギー差を ΔE，光の波長を λ，プランク定数を h，真空中の光速を c とすると，ボーアの振動数条件より

$$\frac{hc}{\lambda}=\Delta E$$

これより，λ の値が大きいほど ΔE の値が小さいことがわかる。よって，Hα 線のときは，$n=3$ から $n=2$ の状態への遷移であり，Hβ 線のときは，$n=4$ から $n=2$ の状態への遷移である。求める波長を $\lambda=\lambda\beta$ とすると

$$\text{H}\alpha \, 線：\frac{hc}{\lambda\alpha}=E_3-E_2=\frac{E_1}{3^2}-\frac{E_1}{2^2}=-\frac{5}{36}E_1 \quad \cdots\cdots ①$$

$$\text{H}\beta \, 線：\frac{hc}{\lambda\beta}=E_4-E_2=\frac{E_1}{4^2}-\frac{E_1}{2^2}=-\frac{3}{16}E_1 \quad \cdots\cdots ②$$

①式÷②式より

$$\frac{\lambda\beta}{\lambda\alpha}=\frac{20}{27}$$

$$\therefore \quad \lambda\beta=\frac{20}{27}\lambda\alpha=\frac{20}{27}\times656=485.9\fallingdotseq486 \, [\text{nm}]$$

② 解答　　問1．⑤　問2．④　問3．⑥　問4．④　問5．⑥
問6．④

=== 解 説 ===

《リング状の枠内での繰り返し衝突》

問1． 最初の衝突では，リングと衝突する直前の小球 P の速度の x 成分は v_0 であり，リングと弾性衝突することから衝突直後の速度の x 成分は $-v_0$ となる。力積と運動量の関係より

$$(-mv_0)-mv_0=-i_0 \quad \therefore \quad i_0=2mv_0$$

また，次にリングと衝突するまでに小球 P は距離 $2r$ だけ進むので，

$\tau_0=\dfrac{2r}{v_0}$ となる。

問2． 力積は力と時間の積と同じ次元をもつので，力積を時間で割った物理量は力と同じ次元となる。

問3． 下図のように角度 θ を定める。

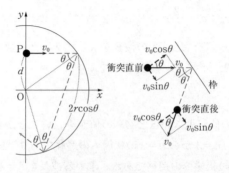

このとき，$\cos\theta=\dfrac{\sqrt{r^2-d^2}}{r}$ と表される。衝突直前において，衝突面と

垂直な方向の速度成分の大きさは，$v_0\cos\theta$ である。問 1 と同様に考えて

$$i_d = 2mv_0\cos\theta = i_0 \times \frac{\sqrt{r^2 - d^2}}{r}$$

また，次にリングと衝突するまでに小球 P は距離 $2r\cos\theta$ だけ進むので

$$\tau_d = \frac{2r\cos\theta}{v_0} = \tau_0 \times \frac{\sqrt{r^2 - d^2}}{r}$$

問 4. 問 3 の結果を用いて

$$\frac{i_d}{\tau_d} = \frac{mv_0{}^2}{r}$$

問 5. 小球 P とリングのある衝突点を点 A とし，次の衝突点を点 B とする。右図のように角度 ϕ を定めると，小球の軌道が正 n 角形の場合，$\phi = \dfrac{2\pi}{n}$ と表される。したがって

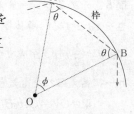

$$2\theta + \phi = \pi \quad \therefore \quad \theta = \frac{\pi - \phi}{2} = \frac{\pi}{2} - \frac{\pi}{n}$$

これより

$$d = r\sin\theta = r\sin\left(\frac{\pi}{2} - \frac{\pi}{n}\right) = r\cos\frac{\pi}{n}$$

問 6. 問 4 の結果より，$\dfrac{i_d}{\tau_d} = \dfrac{mv_0{}^2}{r}$ である。これは n によらない。

③ **解答** 問 1.② 問 2.② 問 3.⑤ 問 4.③ 問 5.⑤

══════════════════ 解 説 ══════════════════

《磁場中を運動する導体棒》

問 1. このときの誘導起電力は，導体棒の速度の向きから回路の内側の磁場の向きに右ねじが進むときにねじが回る向き，すなわち a → a′ の向きに生じるので，$V > 0$ である。よって，$V = v_\perp Bl$ となる。

問 2. 電流は単位時間に通過する電気量で表されるため，この場合はコンデンサーの極板上の電気量 Q の時間変化率に一致する。よって，

$$I = \frac{\Delta Q}{\Delta t} \quad となる。$$

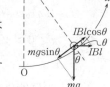

問3. 導体棒を流れる電流は大きさ IBl の力を磁場から受ける。この力はフレミングの左手の法則より，右図に示した向きにはたらく。よって，運動方程式は

$$ma_t = -mg\sin\theta + IBl\cos\theta$$

問4. 導体棒が運動を始めてから図2の位置を通過するまでの間，重力による位置エネルギーは $mgr(\cos\theta - \cos\theta_0)$ だけ減少する。この減少分が導体棒の運動エネルギーとコンデンサーが蓄える静電エネルギーになるので

$$mgr(\cos\theta - \cos\theta_0) = \frac{1}{2}mv^2 + \frac{Q^2}{2C}$$

問5. 求めるジュール熱を J とし，導体棒が原点 O を通過する瞬間の速さを v_0 とする。導体棒の運動エネルギーの減少分がジュール熱となるので，$J = \frac{1}{2}mv_0^2$ が成立する。導体棒が原点 O を通過する瞬間，コンデンサーに蓄えられた電気量 Q は

$$Q = CV = C(v_0Bl)$$

これと問4の結果より

$$mgr(1 - \cos\theta_0) = \frac{1}{2}mv_0^2 + \frac{(Cv_0Bl)^2}{2C}$$

$$mgh = \frac{1}{2}mv_0^2\left\{1 + \frac{C(Bl)^2}{m}\right\}$$

$$\therefore \quad (J=)\frac{1}{2}mv_0^2 = \frac{m^2gh}{m + C(Bl)^2}$$

④ 解答　　問1. ②　問2. ⑤　問3. ③　問4. ①　問5. ④
　　　　　　　問6. ①

＝＝＝＝＝＝＝＝＝＝＝＝＝ 解説 ＝＝＝＝＝＝＝＝＝＝＝＝＝

《屈折の法則，全反射，逃げ水の原理》

問1. 屈折率がより大きい物質中から小さい物質中へ進むとき，入射角が臨界角よりも大きい場合は屈折光が存在せず，反射光のみが生じる。これを全反射という。

問2. 角度 $\phi_0 (= \theta_0)$ は臨界角である。屈折の法則より

$$n_0 \sin \phi_0 = n_1 \sin 90° \quad \therefore \quad \sin \phi_0 = \frac{n_1}{n_0} \ (= \sin \theta_0)$$

これを用いて

$$x_0 = h \tan \theta_0 = h \frac{\sin \theta_0}{\cos \theta_0} = h \frac{\sin \theta_0}{\sqrt{1 - \sin^2 \theta_0}} = \frac{n_1 h}{\sqrt{n_0^2 - n_1^2}}$$

問3. 角度 ϕ_1 は臨界角である。$y = y_1$ と $y = 0$ の境界面において，屈折の法則より

$$n_0 \sin \theta_1 = n' \sin \phi_1 = n_1 \sin 90°$$

$$\therefore \quad \sin \theta_1 = \frac{n_1}{n_0}, \ \sin \phi_1 = \frac{n_1}{n'}$$

$n_0 > n'$ であることを考慮して

$$\sin \theta_0 = \sin \theta_1 < \sin \phi_1 \quad \therefore \quad \theta_0 = \theta_1 < \phi_1$$

問4. $\theta_0 = \theta_1$ であるから

$$x_1 = h \tan \theta_1 = h \tan \theta_0 = x_0$$

問5. $y = 0$ では入射角を $90°$ とみなせるので，屈折の法則より

$$n(y) \sin \theta_y = n_1 \sin 90°$$

$$\therefore \quad n(y) = \frac{n_1}{\sin \theta_y}$$

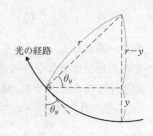

光の経路

ここで，右図より，$\sin \theta_y = \dfrac{r - y}{r}$ となることを用いると

$$n(y) = \frac{r}{r - y} n_1$$

問6. 問5の結果において，$y = h$ のとき，$n(y) = n_0$ とすれば

$$n_0 = \frac{r}{r - h} n_1 \quad \therefore \quad r = \frac{n_0}{n_0 - n_1} h$$

 **解答**　問1．⑦　問2．⑥　問3．④　問4．⑦　問5．①
問6．⑥

――――――――――― **解説** ―――――――――――

《シリンダー内に封入された理想気体の等温変化と断熱変化》

問1. 気体定数を R，外気温を T_0 とする。状態(a)において気体 A，B，

C は次の状態方程式を満たす。

$$P_0 V_0 = R T_0 \quad \cdots\cdots ①$$

状態(a)から状態(b)では気体 A の体積が $\dfrac{V_0}{4}$ だけ増加するので，気体 B の体積は $\dfrac{V_0}{4}$ だけ減少する。このとき，気体 B の圧力を P_B とすると，状態方程式は

$$P_B \cdot \frac{3}{4} V_0 = R T_0 \quad \cdots\cdots ②$$

①式と②式より

$$P_B \cdot \frac{3}{4} V_0 = P_0 V_0 \qquad \therefore \quad P_B = \frac{4}{3} P_0$$

別解　状態(a)から状態(b)への変化は等温変化である。

ボイルの法則より

$$P_0 V_0 = P_B \left(\frac{3}{4} V_0 \right) \qquad \therefore \quad P_B = \frac{4}{3} P_0$$

問2. 縦軸を圧力，横軸を体積としたグラフにおいて，グラフと横軸で囲まれた面積は気体が外部にした仕事 W の大きさを表す。ただし，体積が増加する場合は $W>0$，減少する場合は $W<0$ である。以上より，$W_A = S_4$，$W_B = -S_3$ となる。

問3. 状態(b)から状態(c)では，気体 C の体積が V_0 から $\dfrac{5}{4} V_0$ に $\dfrac{V_0}{4}$ だけ増加するので，気体 B の体積は $\dfrac{3}{4} V_0$ から $\dfrac{V_0}{4}$ だけ減少し，$\dfrac{V_0}{2}$ となる。この変化において，気体 B がした仕事を $W_B{}'$，気体 C がした仕事を W_C とする。問2と同様に考えて，$W_B{}' = -S_2$，$W_C = S_4$ となる。すべて等温変化であるから，気体の内部エネルギーは変化しないことを考慮すると，熱力学第一法則より，気体が外部から吸収した熱量（吸収する場合を正，放出する場合を負とする）は気体が外部にした仕事に一致する。したがって，気体 A，B，C が外部から吸収した熱量 Q は

$$Q = W_A + W_B + W_B{}' + W_C = 2S_4 - S_2 - S_3$$

図2の面積を考慮して，$Q<0$ と判断できる。すなわち，気体 A，B，C は外部に熱を放出したことがわかる。この熱量は，$-Q = S_2 + S_3 - 2S_4$

となる。

問4. 与えられた気体の体積比から，状態(d)における気体Bの体積は $\dfrac{V_0}{2}$，気体A，Cの体積はいずれも $\dfrac{5}{4}V_0$ である。気体Bについて，与えられた関係式（ポアソンの法則）を用いると

$$P_d\left(\frac{V_0}{2}\right)^{\frac{5}{3}}=P_0V_0{}^{\frac{5}{3}} \quad \therefore \quad P_d=2^{\frac{5}{3}}P_0$$

問5. それぞれのピストンにはたらく力のつり合いより，状態(d)における気体A，Cの圧力も P_d であることがわかる。このときの気体A，Cの温度を T_1，気体Bの温度を T_2 とすると，状態方程式は

$$\text{A，C：}P_d\cdot\frac{5}{4}V_0=RT_1 \quad\cdots\cdots ③$$

$$\text{B：}P_d\cdot\frac{V_0}{2}=RT_2 \quad\cdots\cdots ④$$

気体A，B，Cは単原子分子理想気体であるから，状態(d)におけるそれぞれの内部エネルギー U_A，U_B，U_C は，③式と④式を用いると

$$U_A=U_C=\frac{3}{2}\times RT_1=\frac{3}{2}\times\frac{5}{4}P_dV_0=\frac{15}{8}P_dV_0$$

$$U_B=\frac{3}{2}\times RT_2=\frac{3}{2}\times\frac{1}{2}P_dV_0=\frac{3}{4}P_dV_0$$

問6. 最初の状態(a)において，それぞれの気体の内部エネルギーは等しい。これを U_0 とし，①式を用いると

$$U_0=\frac{3}{2}\times RT_0=\frac{3}{2}P_0V_0$$

熱力学第一法則より，各ヒーターが気体に与えた熱量の総和 Q' は，気体の内部エネルギーの変化に等しい。

$$Q'=(U_A-U_0)+(U_B-U_0)+(U_C-U_0)$$
$$=U_A+U_B+U_C-3U_0$$
$$=\frac{9}{2}P_dV_0-\frac{9}{2}P_0V_0$$
$$=\frac{9}{2}(2^{\frac{5}{3}}-1)P_0V_0$$

化 学

① 解答 問1. ⑤ 問2. ④ 問3. ③ 問4. ④ 問5. ⑦
問6. ③ 問7. ⑤ 問8. ③

=== 解説 ===

《小問8問》

問2. ①誤り。触媒は正反応と逆反応の両方の反応速度を大きくする。
②誤り。触媒を加えても反応熱は変化しない。
③誤り。触媒は活性化エネルギーを小さくして反応速度を大きくする。
④正しい。酵素とはタンパク質を主体成分とした高分子化合物で，生体内の化学反応の触媒としてはたらく。
⑤誤り。ハーバー・ボッシュ法の触媒は四酸化三鉄 Fe_3O_4 である。
⑥誤り。反応物と均一に混合してはたらく触媒を均一触媒，反応物と均一に混合しない状態ではたらく触媒を不均一触媒という。酸化マンガン(Ⅳ)は過酸化水素水に溶けにくいため，不均一触媒としてはたらく。

問3. ③誤り。二酸化ケイ素に水酸化ナトリウムや炭酸ナトリウムなどの塩基を加えて高温で融解させると，ケイ酸ナトリウムが生じる。一方，シリカゲルはケイ酸を熱して脱水したものである。

問4. 図より，80℃でのエタノールの飽和蒸気圧は $10.4 \times 10^4\,Pa$ であり，エタノールの分圧がこの圧力に達すると液体のエタノールが生じる。物質量と圧力は比例することを利用して，このときの混合気体の全圧は

$$(エタノールの飽和蒸気圧) \times \frac{(混合気体の全物質量)}{(エタノールの物質量)}$$

$$= 10.4 \times 10^4 \times \frac{0.40+0.10}{0.10}$$

$$= 5.2 \times 10^5\,[Pa]$$

問5. 硫酸に吸収させたアンモニアの物質量を $x\,[mol]$ とする。反応全体で，酸から生じた H^+ と塩基から生じた OH^- の物質量が等しいため

$$2 \times \frac{1}{10} \times 1.00 \times \frac{20.0}{1000} = 1 \times x + 1 \times 0.100 \times \frac{14.0}{1000}$$

$$x = 2.60 \times 10^{-3} \text{ [mol]}$$

問6. ③誤り。流動性のないコロイドはゲルという。

問7. カルボン酸の変化量を x [mol] とする。

$$C_nH_{2n+1}COOH + CH_3(CH_2)_2OH \rightleftharpoons C_nH_{2n+1}COO(CH_2)_2CH_3 + H_2O$$

反応前	0.60	0.60		0	0 [mol]
変化量	$-x$	$-x$		$+x$	$+x$ [mol]
平衡状態	$0.60-x$	$0.60-x$		x	x [mol]

容器の体積を V [L] とおくと

$$K_c = \frac{\dfrac{x}{V} \times \dfrac{x}{V}}{\dfrac{0.60-x}{V} \times \dfrac{0.60-x}{V}} = 4$$

両辺の平方根をとって

$$\frac{x}{0.60-x} = 2 \qquad x = 0.40 \text{ [mol]}$$

エステルの分子量 $C_nH_{2n+1}COO(CH_2)_2CH_3 = 14.0n + 88.0$ より

$$\frac{63}{14.0n + 88.0} = 0.40 \qquad n = 4.9 \fallingdotseq 5$$

問8. $K_1 = \dfrac{[\mathbf{X}^{\pm}][\mathbf{H}^+]}{[\mathbf{X}^+]}$, $K_2 = \dfrac{[\mathbf{X}^-][\mathbf{H}^+]}{[\mathbf{X}^{\pm}]}$ となるため

$$K_1 K_2 = \frac{[\mathbf{X}^{\pm}][\mathbf{H}^+]}{[\mathbf{X}^+]} \times \frac{[\mathbf{X}^-][\mathbf{H}^+]}{[\mathbf{X}^{\pm}]} = \frac{[\mathbf{X}^-][\mathbf{H}^+]^2}{[\mathbf{X}^+]} = 1.0 \times 10^{-12}$$

$\mathbf{X}^+$ の数が $\mathbf{X}^-$ の数の 1.0×10^6 倍なので，$\dfrac{[\mathbf{X}^-]}{[\mathbf{X}^+]} = 1.0 \times 10^{-6}$ を代入して

$$1.0 \times 10^{-6} \times [\mathbf{H}^+]^2 = 1.0 \times 10^{-12}$$

$$[\mathbf{H}^+] = 1.0 \times 10^{-3} \text{ [mol/L]}$$

よって　　pH = 3

② 解答　**問1.** ①　**問2.** (i)—②　(ii)⑪—②　⑫—②
　　　　　　問3. (i)—③　(ii)—⑥

=== 解　説 ===

《電気陰性度の定義》

問1. ②誤り。第一イオン化エネルギーは貴ガス元素にも定義されている。

③誤り。第一イオン化エネルギーが最も大きな原子はヘリウムである。

④誤り。電子親和力の大きな原子ほど陰イオンになりやすい。

⑤誤り。電子親和力とは，原子が電子を1個取り入れて一価の陰イオンになるときに放出するエネルギーである。

⑥誤り。電子親和力が最も大きな原子は塩素である。

問2.（i）水素と $X \sim Z$ の電気陰性度の差は $\sqrt{\Delta E}$ に比例するため，ΔE の大小で比較する。

HX について

$$\Delta E = E(H-X) - \frac{1}{2}\{E(H-H)+E(X-X)\}$$

$$= 569.0 - \frac{1}{2}(436.0+160.0) = 271$$

HY について

$$\Delta E = E(H-Y) - \frac{1}{2}\{E(H-H)+E(Y-Y)\}$$

$$= 370.0 - \frac{1}{2}(436.0+190.0) = 57$$

HZ について

$$\Delta E = E(H-Z) - \frac{1}{2}\{E(H-H)+E(Z-Z)\}$$

$$= 432.0 - \frac{1}{2}(436.0+243.0) = 92.5$$

水素よりも17族元素 $X \sim Z$ の電気陰性度のほうが大きいため，電気陰性度の大きさは $X > Z > Y$ となる。

（ii）$$\Delta E = E(H-I) - \frac{1}{2}\{E(H-H)+E(I-I)\}$$

$$= 295.0 - \frac{1}{2}(436.0+150.0) = 2.0$$

$$|\chi_H - \chi_I| = 0.21\sqrt{2.0} = 0.21 \times 1.4 = 0.294$$

水素の電気陰性度 χ_H はヨウ素の電気陰性度よりも小さいため

$$\chi_H = 2.5 - 0.294 = 2.20 \fallingdotseq 2.2$$

問3.（i）$$\bar{\chi} = \frac{1.9+2.5}{2} = 2.2$$

$$\Delta\chi = 2.5 - 1.9 = 0.6$$

よって，横軸 2.2，縦軸 0.6 の③が当てはまる。

(ii)　ア．金属結合では原子の電気陰性度は小さくその差も小さい。そのため，$\overline{\chi}$ は小さく，$\varDelta\chi$ も小さくなり領域 C に位置する。

イ．共有結合では原子の電気陰性度は大きいが，その差は小さい。そのため，$\overline{\chi}$ は大きく，$\varDelta\chi$ は小さくなり領域 B に位置する。

ウ．イオン結合では，原子間の電気陰性度の差が大きいため，$\varDelta\chi$ が大きい。そのため領域 A に位置する。

③　解答　　問1．⑧　問2．⑦　問3．⑧
　　　　　　　問4．⑱—④　⑲—⑥
問5．①　問6．(i)㉑—②　㉒—④　(ii)㉓—④　㉔—②

――――――― 解　説 ―――――――

《窒素の化合物，硝酸の製法》

問3．窒素原子の酸化数は次のようになる。

$\underline{N}O$　$\underline{N}O_2$　$\underline{N}H_3$　$H\underline{N}O_3$　$\underline{N}_2O_4$　$\underline{N}_2O$
+2　　+4　　−3　　+5　　+4　　+1

平均して +1 になる組み合わせは，NH_3 と HNO_3 となる。

問4．銅と希硝酸の反応は
$$3Cu+8HNO_3 \longrightarrow 3Cu(NO_3)_2+4H_2O+2NO$$

銅と濃硝酸の反応は
$$Cu+4HNO_3 \longrightarrow Cu(NO_3)_2+2H_2O+2NO_2$$

銅の原子量を M とする。それぞれの気体が 1 g 発生したと仮定すると，分子量 $NO=30.0$，$NO_2=46.0$ より

$$M_{NO}=\frac{1}{30.0}\times\frac{3}{2}\times M=\frac{1}{20.0}M$$

$$M_{NO_2}=\frac{1}{46.0}\times\frac{1}{2}\times M=\frac{1}{92.0}M$$

$$\frac{M_{NO}}{M_{NO_2}}=\frac{\frac{1}{20.0}M}{\frac{1}{92.0}M}=4.6$$

問5．下線部(b)の反応は
$$2NO_2 \rightleftharpoons N_2O_4$$

（操作1）圧力を上げると，分子数が減少する方向へ平衡が移動する。したがって，上記の反応式で右へ移動する。

（操作2）触媒を加えても平衡は移動しない。

（操作3）全圧一定で Ar を加えると，NO_2 と N_2O_4 の分圧が減少し，分子数が増加する方向へ平衡が移動する。したがって，上記の反応式で左へ移動する。

　以上より，平衡が右（N_2O_4 増加）方向へ移動するのは，（操作1）のみとなる。

問6. (i)　（操作1）の反応は

$$4NH_3 + 5O_2 \longrightarrow 4NO + 6H_2O \quad \cdots\cdots①$$

（操作2）の反応は

$$2NO + O_2 \longrightarrow 2NO_2 \quad \cdots\cdots②$$

（操作3）の反応は

$$3NO_2 + H_2O \longrightarrow 2HNO_3 + NO \quad \cdots\cdots③$$

（操作3）で得られた NO は再利用ではなく除去しているため，（操作3）の NO は残しつつ，（操作1）〜（操作3）の NO，NO_2 を消すように反応式を足し合わせると，①×3＋②×6＋③×4 より

$$12NH_3 + 21O_2 \longrightarrow 8HNO_3 + 14H_2O + 4NO \quad \cdots\cdots④$$

得られた HNO_3 を x [mol] とする。中和滴定の結果より

$$1 \times x \times \frac{10.0}{1000} = 2 \times 0.100 \times \frac{80.0}{1000}$$

$$x = 1.6 \text{ [mol]}$$

化学反応式④の量的関係より，NH_3 の物質量は

$$1.6 \times \frac{12}{8} = 2.4 \text{ [mol]}$$

(ii)　(i)で求めた HNO_3 の物質量と化学反応式④の量的関係より，O_2 の物質量は

$$1.6 \times \frac{21}{8} = 4.2 \text{ [mol]}$$

4　解　答　　問1．④　問2．26 —④　27 —⑤　28 —①

　　　　　　　　問3．⑩　問4．ア—①　イ—①　ウ—⑨　問5．⑧

問6. (i)―② (ii)―⑥

──────── 解　説 ────────

《芳香族化合物の構造決定，芳香族化合物の合成》

問2. 化合物 A（分子量 114.0）とエタン（分子量 30.0）の燃焼は次の化学反応式で表される。

$$2C_6H_{10}O_2+15O_2 \longrightarrow 12CO_2+10H_2O$$
$$2C_2H_6+7O_2 \longrightarrow 4CO_2+6H_2O$$

エタンの質量を w [mg] とする。それぞれから同じ質量の二酸化炭素が得られたため，（化合物 A から生じた二酸化炭素の物質量）＝（エタンから生じた二酸化炭素の物質量）より

$$\frac{57.0\times10^{-3}}{114.0}\times\frac{12}{2}=\frac{w\times10^{-3}}{30.0}\times\frac{4}{2}$$

$$w=4.5\times10^1 \text{ [mg]}$$

問3. (a)誤り。この記述は塩素の検出実験である。

(b)誤り。この記述は硫黄の検出実験であり，硫黄が含まれると黒色の PbS が沈殿する。

(c)正しい。この記述は窒素の検出実験であり，水酸化ナトリウムを加えて加熱すると NH_3 が発生する。

(d)正しい。この記述は水素の検出実験であり，完全燃焼で H_2O が生じる。

問4. 化合物 $A(C_6H_{10}O_2)$ は，炭素原子間に二重結合をもつカルボン酸で，シス-トランス異性体をもち，鏡像異性体をもつため不斉炭素原子を含む。これらの条件を満たす構造は，次のようになる（*C は不斉炭素原子）。空欄イに入る構造を構成する原子の原子量の和が，空欄ウに入る構造を構成する原子の原子量の和よりも小さいということに注意する。

問5. 条件を満たす構造として，次の8種類が考えられる。

$$CH_2=C\begin{cases}CH_2-CH_3\\CH_2-COOH\end{cases} \qquad CH_2=C\begin{cases}CH_3\\CH_2-CH_2\\ \qquad\quad COOH\end{cases}$$

$$CH_2=C\begin{cases}CH-CH_3\\ \ \ CH_3\\COOH\end{cases} \qquad CH_2=C\begin{cases}H\\CH_3\ C-CH_3\\ \quad COOH\end{cases}$$

$$\frac{CH_3}{CH_3}C=C\begin{cases}CH_3\\COOH\end{cases} \qquad \frac{CH_3}{CH_3}C=C\begin{cases}H\\CH_2-COOH\end{cases}$$

問6.〔i〕（操作1）は化合物 C のニトロ化，（操作2）は化合物 D_1 の還元を行っており，これらの操作で炭素数は変化しない。そのため，化合物 C の炭素数は化合物 B と等しく 7 であり，選択肢の②が当てはまる。

〔ii〕（操作1）〜（操作6）をまとめると次のようになる。

なお，（操作1）では，メチル基はオルト-パラ配向性なので，o-ニトロトルエンまたは p-ニトロトルエンが生じる。ベンゼン環に直接結合した水素原子を臭素原子で置換すると，o-ニトロトルエンは 4 種類，p-ニトロトルエンは 2 種類の異性体が得られるため，化合物 D_1 と D_2 の区別がつく。

$$CH_3-\!\!\bigcirc\xrightarrow[\text{（操作1）}]{\text{濃硝酸と濃硫酸}} CH_3-\!\!\bigcirc\!\!-NO_2 + \ ^{CH_3}\!\!\bigcirc\!\!-NO_2$$

化合物 C　　　　　　　　　　　　　　　　化合物 D_1　　　　化合物 D_2

$$CH_3-\!\!\bigcirc\!\!-NO_2\xrightarrow[\text{（操作2）}]{\substack{\text{スズと塩酸}\\\text{塩基性}}} CH_3-\!\!\bigcirc\!\!-NH_2$$

化合物 D_1　　　　　　　　　　　　　化合物 B

$$\xrightarrow[\text{（操作3）}]{\text{亜硝酸ナトリウム}} CH_3-\!\!\bigcirc\!\!-N_2Cl$$

化合物 E

$$\xrightarrow[\text{（操作4）}]{\text{加熱}} CH_3-\!\!\bigcirc\!\!-OH\xrightarrow[\text{（操作5）}]{\text{無水酢酸}} CH_3-\!\!\bigcirc\!\!-OCOCH_3$$

化合物 F　　　　　　　　　　　化合物 G

$$\xrightarrow[\text{（操作6）}]{\text{過マンガン酸カリウム}} COOH-\!\!\bigcirc\!\!-OCOCH_3$$

化合物 H

生　物

① 〔解答〕　問1. ⑧　問2. ⑦　問3. ②　問4. ⑥　問5. ⑤
問6. ③　問7. ①
問8. 変異細胞1：④　変異細胞2：③

── 解説 ──

《膜タンパク質の種類と働き，細胞におけるホルモン受容のしくみ》

問3. ②誤文。筋小胞体のカルシウムチャネルが開口してカルシウムイオンが細胞内に放出されると，筋繊維は収縮する。

問5. 鉱質コルチコイドや糖質コルチコイドはステロイド系ホルモンであり，細胞膜のリン脂質二重層を通過するため，受容体が細胞内に存在する。

問6. ①誤文。間脳視床下部には，脳下垂体前葉に作用して各種の放出ホルモンを分泌させる神経分泌細胞が存在する。

②誤文。鉱質コルチコイドは，腎臓の細尿管（腎細管）でのナトリウムイオンの再吸収を促進する。

④誤文。体液の濃度が上昇すると，脳下垂体後葉からのバソプレシンの分泌は促進されるが，バソプレシンの合成は間脳視床下部にある神経分泌細胞の細胞体でおこなわれ，脳下垂体後葉へ輸送される。

⑤誤文。甲状腺刺激ホルモンの作用によって甲状腺からのチロキシンの分泌が促進される。分泌されたチロキシンはフィードバック作用により脳下垂体前葉に作用し，甲状腺刺激ホルモンの分泌を抑制する。

⑥誤文。副腎皮質刺激ホルモンは脳下垂体前葉から血液中に分泌されるホルモンであり，神経分泌細胞から分泌されるものではない。

問7. ①誤文。暗所では，交感神経の作用によって瞳孔は拡大する。

問8. 本文を整理すると，肝細胞がアドレナリンを受容してからcAMPが生成されるまでの過程は，大きく次の(i)～(iv)の4つの段階に分けることができる。

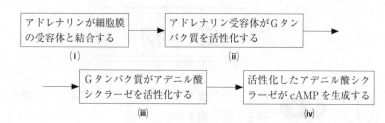

　変異細胞1では，コレラトキシンを添加することで上の図の(ii)が正常に進行すると，(iii)，(iv)も進行することから，変異の可能性があるのは(i)，(ii)の段階に絞られる。よって，B，Cがこれに該当する。

　変異細胞2では，コレラトキシンの添加によって(ii)が正常に進行しても cAMP が生成されないのであるから，変異の可能性があるのは(iii)，(iv)の段階に絞られる。よって，A，Dがこれに該当する。

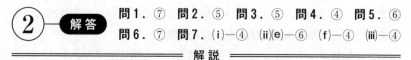

②　解答　問1．⑦　問2．⑤　問3．⑤　問4．④　問5．⑥
　　　　　問6．⑦　問7．(i)—④　(ii)(e)—⑥　(f)—④　(iii)—④

―――――――――――――　解説　―――――――――――――

《被子植物の配偶子形成，両生類の胚を用いた誘導に関する実験》

問3． 被子植物において減数分裂がみられるのは，花粉母細胞から花粉四分子が形成される過程，および，胚のう母細胞から胚のう細胞が形成される過程においてである。

問4． ④誤文。被子植物の胚珠の珠皮は，受精後に種子の形成にともなって種皮となる。

問5． 花粉外被，めしべ柱頭はいずれも体細胞でできている。したがって，体細胞（$2n$）の2つの対立遺伝子のうち，どちらかが共通する場合は花粉管が伸長せず自家不和合となる。設問文の F_1 を作るときの交配の S_1S_2 ×S_3S_4 では遺伝子が共通していないので，すべて受粉・交配が成立する。つまり，遺伝子型が S_1S_2 の個体の花粉からは，遺伝子型が S_1 の精細胞と S_2 の精細胞が生じる。また，遺伝子型が S_3S_4 の個体の胚のうでは，遺伝子型が S_3 の卵細胞と S_4 の卵細胞が生じる。よって，交配の結果，S_1S_3，S_1S_4，S_2S_3，S_2S_4 の4種類の遺伝子型をもつ F_1 が生じる。これらを自由交雑して生じる F_2 の個体の遺伝子型は設問文にある受精の可否の原則にしたがい，次の表のような結果となる。

花粉＼めしべ	S_1S_3	S_1S_4	S_2S_3	S_2S_4
S_1S_3	×	×	×	S_1S_2, S_1S_4 S_2S_3, S_3S_4
S_1S_4	×	×	S_1S_2, S_1S_3 S_2S_4, S_3S_4	×
S_2S_3	×	S_1S_2, S_1S_3 S_2S_4, S_3S_4	×	×
S_2S_4	S_1S_2, S_1S_4 S_2S_3, S_3S_4	×	×	×

×：花粉管の伸長が阻害され，受粉しないことを示す。

問7. (i)　対照実験と見なせるのは，移植片と宿主胚において，切り出す時期と部域が共通している実験1，2，6である。これらは，移植後に二次胚の形成は起こらないとあらかじめ予想できる。

(ii)　設問文に，「実験1〜3，実験5〜9の結果から考えて」とあることや，下線部(e)の「予定脊索域が神経を誘導する能力をもっている時期」，下線部(f)の「予定表皮域が神経に誘導される能力をもっている時期」とある箇所に注意しながら実験結果をまとめると，次の表のようになる。

		移植片（脊索域）		
		後期胞胚	初期原腸胚	初期神経胚
宿主胚（表皮域）	後期胞胚		○ (5)	
	初期原腸胚	× (3)	○ (7)	○ (9)
	初期神経胚		× (8)	

○：二次胚の形成あり，×：二次胚の形成なし，（ ）内は実験番号を表す。

　よって，実験1〜3，実験5〜9の結果から考えると，予定脊索域が誘導する能力をもつのは初期原腸胚から初期神経胚にかけてであり，予定表皮域が誘導される能力をもつのは後期胞胚から初期原腸胚にかけてであると言える。

(iii)　(ii)の結果をもとに考えるとわかりやすい。実験4で用いた移植片はまだ誘導能力をもたないので，空欄サは「なし」となる。実験10では，移

植片と移植される側の両方がそれぞれ誘導する能力と誘導される能力をもち合わせているので，空欄シは「あり」となる。実験11では，移植片は誘導能力をもつが，移植される側が誘導される能力をもたないと考えられるので，空欄スは「なし」となる。

3 　**解答**　問1．① 問2．③ 問3．③ 問4．② 問5．③
　　　　　　　問6．② 問7．④ 問8．④ 問9．④

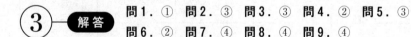

―――――――――――――― 解説 ――――――――――――――

《オーキシンの性質，聴覚発生のしくみ》

問3．①誤文。アブシシン酸は孔辺細胞の浸透圧を低下させることで気孔を閉じさせる。

②誤文。アブシシン酸は種子の休眠を維持させ，発芽を抑制する。

④誤文。サイトカイニンは側芽の成長を促進する。

⑤誤文。ジベレリンは種子の休眠を打破し，発芽を促進する。

⑥誤文。食害昆虫などの消化酵素の作用を阻害する物質の合成を促進するのはジャスモン酸である。

問4．②誤文。クリプトクロムは青色光を受容する。

問6．植物の根では，高濃度のオーキシンは伸長を抑制する。オーキシンは，根では下図aのように根の中央部を下方へ移動し，根冠で反転するように外側を上昇し，根の伸長部に到達して作用する。根を水平に置くと，図bのように下側に多くのオーキシンが移動するようになる。これは，根冠のコルメラ細胞においてアミロプラストが重力方向に移動し，これにともなってPINタンパク質の多くが重力方向に移動するためである。その結果，根の下側の伸長部に高濃度のオーキシンが到達して伸長を抑制するため，根は重力方向へ屈曲する。

根の伸長部
根冠
a
b

　【処理1】では，図cのように根冠が存在しなくなるため，根の伸長部にオーキシンが到達せず，重力方向へ屈曲しなくなると考えられる。

　【処理2】では，図dのように下側のみに高濃度のオーキシンが到達して伸長を抑制する。よって，重力方向への屈曲がみられると考えられる。

　【処理3】では，図eのように雲母板を挿入するため，下側へオーキシンが到達しなくなる。よって，根はほとんど屈曲しないと考えられる。

　【処理4】では，図fのようにゼラチン片を挿入することになる。ゼラチンは水溶性物質であるオーキシンを透過させるため，図bと同様に重力方向への屈曲がみられると考えられる。

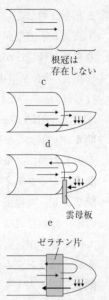

根冠は存在しない
c

d

雲母板
e

ゼラチン片
f

問8. ④誤文。嗅上皮にある嗅細胞は，気体状の物質が適刺激である。

問9. うずまき管にある基底膜は，奥にいくほど幅が広くなっている。また，うずまき管の入り口付近にある聴細胞ほど高音を，奥にある聴細胞ほど低音を受容しやすいという性質がある。

④ **解答**　**問1.** ③　**問2.** ⑦　**問3.** ⑤　**問4.** ⑤　**問5.** ②
　　　　　　　問6. ④　**問7.** (i)—②　(ii)—①
問8. (i)—⑦　(ii)—④

━━━━━━━━━━ **解　説** ━━━━━━━━━━

《原始地球の環境と生物の誕生，個体群の分布と生命表》
問1. 約35億年前の地球には，光合成をおこなう生物はまだ存在しなかったと考えられている。独立栄養生物で光エネルギーを利用できなかったと考えると，空欄オは「化学合成」が該当する。
問3. ①誤文。原始地球の大気成分は，水蒸気（H_2O）や二酸化炭素（CO_2），窒素（N_2），二酸化硫黄（SO_2）などであったと現在では考えられており，アンモニア（NH_3）は含まれていない。
②誤文。化学進化は生命の誕生前に起こったと考えられている。
③誤文。ミラーは，実験により無生物的に単純な構造のアミノ酸が生じる

ことを証明した。

④誤文。宇宙空間で生じたアミノ酸や核酸の一種が，隕石とともに地球に飛来した可能性が近年になって指摘されるようになった。

⑤正文。RNAの中に触媒作用をもつものが発見され，リボザイムと名づけられた。

⑥誤文。RNAワールドを経てDNAワールドになったと考えられている。

問4．⑤誤文。細胞内共生説では，動植物が共通してもつミトコンドリアが生じた後に，葉緑体が生じたと考えられている。

問5．②イクチオステガは古生代デボン紀の両生類である。

問7．(ii)　(a)縄張りを形成する動物は，互いにけん制し等距離を取り合うので，分布様式は一様分布であるAとなる。

(b)風で種子が散布される植物は，種子が着地した場所に根を張るので，分布様式はランダム分布であるBとなる。

問8．(i)　表1より，最終的に残った成虫の数は14個体であり，その半数の7個体が雌であると考える。この7個体の雌が，表1中の卵の生存数である8574個の卵を産めば，個体群の個体数は世代を経てもほとんど変動しないと考えられる。よって，7個体のメスが8574個の卵を産めばよいので，1個体あたりの理論上の産卵数は約1225個となる。

(ii)　各齢段階における死亡率を計算すると，次の表のようになる。

齢	死亡率 (%)	齢	死亡率 (%)
卵	3.1	4～6齢幼虫	97.1
ふ化幼虫	18.0	7齢幼虫	70.7
1齢幼虫	35.1	前蛹	25.0
2齢幼虫	15.1	蛹	22.2
3齢幼虫	24.7	成虫	−

　この結果より，死亡率が最も高いのは4～6齢幼虫の時期であり，この時期の主な死亡要因は，表1より鳥による捕食である。

■特待奨学生特別選抜

問題編

▶試験科目・配点

学　部	教　科	科　　　目	配　点
保健医療、成田看護、成田保健医療、赤坂心理・医療福祉マネジメント、小田原保健医療、福岡保健医療	選　択	「コミュニケーション英語Ⅰ・Ⅱ・英語表現Ⅰ」，日本史B，「数学Ⅰ・A」，「数学Ⅱ・B」*，「物理基礎・物理」*，「化学基礎・化学」*，「生物基礎・生物」*，「物理基礎・化学基礎」*，「生物基礎・化学基礎」*，「国語総合（古文・漢文を除く）」から2科目選択 ※1科目は必ず「コミュニケーション英語Ⅰ・Ⅱ・英語表現Ⅰ」を選択すること。	各100点
	小論文	600字以内	段階評価
医療福祉	選　択	「コミュニケーション英語Ⅰ・Ⅱ・英語表現Ⅰ」，日本史B，「数学Ⅰ・A」，「数学Ⅱ・B」，「物理基礎・物理」，「化学基礎・化学」，「生物基礎・生物」，「物理基礎・化学基礎」，「生物基礎・化学基礎」，「国語総合（古文・漢文を除く）」から2科目選択 ※「コミュニケーション英語Ⅰ・Ⅱ・英語表現Ⅰ」，「国語総合（古文・漢文を除く）」から最低1科目を選択すること。	各100点
薬、福岡薬	選　択	「コミュニケーション英語Ⅰ・Ⅱ・英語表現Ⅰ」，「数学Ⅰ・A」，「数学Ⅱ・B」，「物理基礎・物理」，「生物基礎・生物」から2科目選択 ※1科目は必ず「コミュニケーション英語Ⅰ・Ⅱ・英語表現Ⅰ」を選択すること。	各100点
	理　科	化学基礎・化学	100点

▶備　考

- 保健医療学部放射線・情報科学科，成田保健医療学部放射線・情報科学科を第1志望とする者は，「コミュニケーション英語Ⅰ・Ⅱ・英語表現Ⅰ」のほかに*の6科目から1科目を選択すること。
- 数学Aは「場合の数と確率，図形の性質」の範囲から出題する。

- 数学Bは「数列，ベクトル」の範囲から出題する。
- 物理は「様々な運動，波，電気と磁気」の範囲から出題する。
- 化学は「高分子化合物の性質と利用」を除く範囲から出題する。
- 生物は「生命現象と物質，生殖と発生，生物の環境応答」の範囲から出題する。
- 「物理基礎・化学基礎」，「生物基礎・化学基礎」の試験について，「物理基礎」，「化学基礎」，「生物基礎」は，それぞれ50点満点とし，2科目で100点満点とする。また，2科目の合計得点を1科目分として扱う。

■英語■

（2 科目 120 分）

第 1 問　次の英文を読み，下の設問に答えよ。

Creatine, increasingly popular on the sports scene today, is sold as a nutritional supplement and is, therefore, not subject to（　ア　）established for controlling performance-enhancing drugs like steroids or growth hormones. Creatine is used by professional and amateur athletes alike, and many high school and middle school athletes are beginning to take it. It is easily purchased in health food stores or from various websites on the (1)Internet.

Creatine, a natural chemical produced in the body, is also consumed in small amounts when eating meat or fish. According to the Food and Drug Administration (FDA), a healthy person requires only two grams of creatine per day, half of which is produced in the body by the liver, kidneys, and pancreas. However, by taking creatine supplements, intake may be as much as 20 grams per day.

Creatine supplements are designed to enhance athletic performance by increasing the energy available to muscles during exercise. By taking creatine supplements, athletes do not tire quickly and are, as a result, able to train for longer periods of time, with quick results. Thus, advertisers claim creatine helps athletes develop real muscle（　イ　）by allowing for longer workouts.

Creatine was first introduced to Olympic athletes as a dietary supplement to maximize muscle energy output. It was believed to have played some role in the success of British athletes at the 1992 Barcelona games.

However, (2)a group of medical experts released findings from their own study of creatine which indicate the supplement may not provide all the benefits advertised. Doctors involved in the study hope their research will clear up some of the（　ウ　）surrounding creatine and its benefits.

According to the findings, an individual only benefits from the extra energy boost provided by creatine during short, high-intensity exercises. As one doctor explained, "Creatine creates an energy reserve that is important in（　エ　）from rest to exercise—especially very intense, explosive exercise." For example, consider an athlete running the 200-meter dash. If the athlete were to run the same race four or five times with only a few seconds of rest between races, the effects of creatine would certainly be noticeable. During the third or fourth race, the athlete would notice（　3a　）energy allowing for（　3b　）performance. But as the researchers point out, "Those conditions are not typical of most athletic events and certainly not in the case of most workouts for amateur athletes or weekend athletes."

Creatine is also believed to have some role in building muscle mass, a claim not supported by the research. Rather, according to the study, a side effect which occurs two or three days after first taking supplements is an increase of water retention in muscles. However, because the muscles appear larger due to water retention, the athlete assumes he or she has bulked up from working out. This is not necessarily negative. "They look like performers, so they feel like performers," said one doctor from the study. This may cause athletes to train harder, through which they build real strength. (4)Thus, creatine use may generate a placebo effect.

Adapted from Barbara Graber, Peggy Babcock, and Kayang Gagiano, "Reading for the Real World 3," Compass Publishing (2009), pp.102-103

* steroid ステロイド(筋肉増強剤)　　kidney 腎臓　　pancreas 膵臓
workout トレーニング　　dietary supplement 栄養補助剤　　retention 保持
bulk up 大きくなる

問1　空所(ア)～(エ)に入れるのに最も適切なものを，次の選択肢①～④のうちからそれぞれ
一つ選べ。ただし，同じ選択肢を二回以上用いてはならない。
　　　　　　(ア)=解答番号 1 ，(イ)=解答番号 2 ，(ウ)=解答番号 3 ，(エ)=解答番号 4
① growth　　　　② rules　　　　③ confusion　　　　④ transitions

問2　下線部(1)の Internet について，最も強いアクセントのある母音と同じ発音の母音を
含む単語を，次の選択肢①～④のうちから一つ選べ。　　　　　　解答番号 5
① concern　　　　② willing　　　　③ tide　　　　④ upset

問3　下線部(2)の日本語訳として最も適切なものを，次の選択肢①～④のうちから一つ選べ。
　　　　　　　　　　　　　　　　　　　　　　　　　　　　解答番号 6
① ある医学専門家の集団は，その補助剤が宣伝された効果をまったくもたらさないかもし
れないことを示唆する，クレアチンについての彼ら自身の研究をもとにした発見を公表
した。
② ある医学専門家の集団は，クレアチンについての彼ら自身の研究から，その補助剤が利
益に関するあらゆる広告を提供してはならないと指摘する発見を公表した。
③ ある医学専門家の集団は，クレアチンについての彼ら自身の研究から，その補助剤が宣
伝されている効果のすべてをもたらすわけではないかもしれないことを示唆する発見を
公表した。
④ ある医学専門家の集団は，その補助剤が利益に関するあらゆる広告を提供してはならな
いと指摘する，クレアチンについての彼ら自身の研究をもとにした発見を公表した。

問4　空所(3a)，(3b)に入れる組み合わせとして最も適切なものを，次の選択肢①～④のうちから一つ選べ。　　　　　　　　　　　　　　　　　　解答番号 7

① (3a) increased 　 (3b) better 　　② (3a) decreased 　 (3b) better

③ (3a) increased 　 (3b) worse 　　④ (3a) decreased 　 (3b) worse

問5　下線部(4)の内容の説明として最も適切なものを，次の選択肢①～④のうちから一つ選べ。　　　　　　　　　　　　　　　　　　　　　解答番号 8

① Even though creatine itself doesn't strengthen muscles, creatine users build real strength because they train harder looking on themselves as real performers.

② If athletes take creatine with a good amount of water, they can double the effect of creatine on muscle mass.

③ Creatine has a serious side effect, which leads a doctor to suggest that athletes take creatine with a good amount of water.

④ The effect of creatine is not always negative because taking creatine makes athletes drink more water, which is good for athletes in that they can work out much longer.

問6　本文の内容に一致するものとして最も適切なものを，次の選択肢①～④のうちから一つ選べ。　　　　　　　　　　　　　　　　　　　　解答番号 9

① It is only professional athletes that use creatine as a nutritional supplement.

② Our body can't produce creatine, so we have to get it by eating meat or fish.

③ After taking creatine, athletes can run the 200-meter dash four or five times faster.

④ Some people believe that creatine has some role in building muscle mass.

第2問　次の各問の空所（1）～（5）に入れるのに最も適切なものを，それぞれの選択肢①～④のうちから一つ選べ。

問1　This word was （ 1 ） used to refer to a software company.　　　解答番号 1

① origin 　　　② originally 　　　③ original 　　　④ originate

問2　Come what （ 2 ）, I will not forgive him.　　　解答番号 2

① must 　　　② can 　　　③ may 　　　④ should

問3　After I took the medicine, I felt （ 3 ） better.　　　解答番号 3

① a lot of 　　　② much 　　　③ by 　　　④ more

問4　（ 4 ） the three boys, he knows chemistry best.　　　解答番号 4

① Of 　　　② In 　　　③ With 　　　④ That

問 5　The festival is around the (　5　) and many neighbors are busy preparing for it.

解答番号 5

①　corner　　　　②　wall　　　　③　nearby　　　　④　target

第 3 問　次の各問について，ほぼ同じ文意になるように(a)を(b)に書き換えた場合，空所(１)〜(５)に入れるのに最も適切なものを，それぞれの選択肢①〜④のうちから一つ選べ。

問 1　(a) Please provide the following information for us.

　　　(b) Please provide us (　1　) the following information.

解答番号 1

①　along　　　　②　of　　　　③　to　　　　④　with

問 2　(a) The teacher said to the class, "Don't speak during the exam."

　　　(b) The teacher told the class (　2　) during the exam.

解答番号 2

①　that they don't speak　　　　②　not to speak
③　not speaking　　　　④　that he doesn't speak

問 3　(a) This ticket of mine is valid for three months.

　　　(b) This ticket of mine is (　3　) three months.

解答番号 3

①　good for　　　　②　held to　　　　③　tight for　　　　④　applied to

問 4　(a) The students looked after the small pig.

　　　(b) The small pig was looked (　4　) the students.

解答番号 4

①　by　　　　②　by after　　　　③　after　　　　④　after by

問 5　(a) In the zoo are kept as many as 10,000 animals.

　　　(b) There are (　5　) 10,000 animals in the zoo.

解答番号 5

①　many a　　　　②　no less than　　　　③　not more than　　　　④　any more than

第 4 問　次の各英文が和文の意味を表すように，各問の選択肢①〜⑤を並べ替えよ（文頭にくるべき語も小文字で示してある）。ただし，解答は解答番号のある場所に該当するもののみをマークせよ。

問 1　この道具は私には役に立たなかった。

解答番号 1

This tool (　　　)(　1　)(　　　)(　　　)(　　　) me.

①　use　　　　②　was　　　　③　of
④　to　　　　⑤　no

問2　先生はいつも，面白い写真で私たちに興味を持たせようとする。　　　　解答番号 2

　　　Our teacher always tries to (　　　)(　　　)[2](　　　)(　　　) pictures.

　　① interesting　　　　　② with　　　　　　　　③ us
　　④ interested　　　　　⑤ make

問3　人々が知る限り，彼は人前で怒ったことがない。　　　　　　　　　　　解答番号 3

　　　He has never (　　　)(　　　)[3](　　　)(　　　) in public.

　　① angry　　　　　　　② been　　　　　　　　③ get
　　④ known　　　　　　　⑤ to

問4　その少女は，女優になったふりをした。　　　　　　　　　　　　　　　解答番号 4

　　　(　　　)(　　　)[4](　　　)(　　　) an actress.

　　① made　　　　　　　② that　　　　　　　　③ believe
　　④ the girl　　　　　　⑤ she was

問5　もし親切にもこの荷物を運んでくれたら，チップをあげます。　　　　　解答番号 5

　　　If you (　　　)(　　　)[5](　　　)(　　　) this luggage, I'll give you a tip.

　　① will be　　　　　　② enough　　　　　　③ to
　　④ kind　　　　　　　⑤ carry

第5問　次の会話の空所(1)〜(6)に入れるのに最も適切なものを，選択肢①〜⑥のうちからそ
れぞれ一つ選べ。ただし，同じ選択肢を二回以上用いてはならない。　　解答番号 1 〜 6

　A:　Well, it's a pretty long menu. What would you like?
　B:　This is my first visit to Florida. (　1　)
　A:　OK... the seafood is always good.
　B:　(　2　)
　A:　There's something really local on this menu. (　3　)
　B:　I'll try it! Um... what is it?
　A:　Gator tail.
　B:　Pardon?
　A:　Gator tail... alligator tail.
　B:　(　4　)
　A:　No, I'm not. It's not really popular. It's just a novelty for the tourists—there's an
　　　alligator farm right outside Orlando.
　B:　(　5　)
　A:　Well, I don't know. I have never eaten gator tail before.
　B:　Um... OK. (　6　)
　A:　Ah. Now, that's different! How about some fish?

＜選択肢＞

① You won't find this outside Florida.

② I'd like to try a local specialty.

③ You're kidding me.

④ I don't know... what does it taste like?

⑤ What kind of seafood do you recommend?

⑥ But only if you have it, too.

日本史

（2 科目 120 分）

第 1 問　次の文章を読み，下の設問に答えよ。

　　日本の中央集権的律令国家への体制作りは，中大兄皇子が活躍したころから本格化してい
った。権勢をふるっていた蘇我入鹿が暗殺された乙巳の変の後，軽皇子が孝徳天皇として即
位し，大王宮も飛鳥から難波長柄豊碕宮に遷され，　　　Ａ　　　が宣布されて新しい政治の方
針が示されたとされている。その後，孝徳天皇と中大兄皇子の関係が不和になると，政権は
分裂し，孝徳天皇が没すると B 皇極天皇が重祚した。白村江の戦いを経て天智天皇が即位す
ると，日本で初めての令である　　　Ｃ　　　が定められたとされており，さらには最初の戸籍で
ある　　　Ｄ　　　が作られた。E 壬申の乱の後に天武天皇が即位すると，皇室を中心とする身
分の再編成のため八色の姓が制定され，F 皇親政治と呼ばれる皇族中心の政治が行われ，次の
持統天皇にも引きつがれた。さらに中国の都城制を取り入れ，藤原京が作られた。
　　文化面では，この天武天皇・持統天皇の時代には初唐文化の影響を受けた G 仏教文化が発達
した。建築・H 彫刻・I 壁画などに特色ある作品が残され，さらに J 和歌もこの時期に形式が
整えられていった。

問 1　　　　Ａ　　　にあてはまる語句として最も適切なものを，次の選択肢①〜⑤のうちから
　　一つ選べ。　　　　　　　　　　　　　　　　　　　　　　　　　　　　**解答番号** 1
　　① 十七条憲法　　　　　　② 冠位十二階　　　　　　③ 三宝興隆の詔
　　④ 蔭位の制　　　　　　　⑤ 改新の詔

問 2　下線部 B に関連して，皇極天皇が重祚した天皇の名を何というか。最も適切なものを，
　　次の選択肢①〜⑤のうちから一つ選べ。　　　　　　　　　　　　　　**解答番号** 2
　　① 敏達天皇　　　　　　　② 崇峻天皇　　　　　　　③ 雄略天皇
　　④ 斉明天皇　　　　　　　⑤ 元正天皇

問 3　　　　Ｃ　　　にあてはまる語句として最も適切なものを，次の選択肢①〜⑤のうちから
　　一つ選べ。　　　　　　　　　　　　　　　　　　　　　　　　　　　**解答番号** 3
　　① 近江令　　　　　　　　② 飛鳥浄御原令　　　　　③ 養老令
　　④ 大宝令　　　　　　　　⑤ 難波令

問4 　　D　　にあてはまる戸籍として最も適切なものを，次の選択肢①〜⑤のうちから一つ選べ。 解答番号 4

① 庚寅年籍 　　　② 庚午年籍 　　　③ 壬申年籍

④ 甲子年籍 　　　⑤ 己丑年籍

問5 下線部Eに関連して，壬申の乱に関する記述として不適切なものを，次の選択肢①〜④のうちから一つ選べ。 解答番号 5

① 戦乱は約一年にわたり，戦いのために大野城などの城が作られた。

② 大海人皇子は吉野で挙兵し，美濃に本拠地を置いた。

③ 最終的には，大海人皇子を中心とする勢力が近江朝廷の勢力に勝利した。

④ この戦いにおいては，東国の兵が大きな役割を果たした。

問6 下線部Fに関連して，具体的には大臣が置かれずに高市皇子・大津皇子らの三皇子が政治の運営にあたった。高市皇子・大津皇子以外のもう一人として最も適切なものを，次の選択肢①〜⑤のうちから一つ選べ。 解答番号 6

① 草壁皇子 　　　② 有間皇子 　　　③ 古人大兄皇子

④ 泊瀬部皇子 　　⑤ 大伴皇子

問7 下線部Gに関連して，この天武天皇・持統天皇の時代の仏教文化は何と呼ばれるか。その名称として最も適切なものを，次の選択肢①〜⑤のうちから一つ選べ。 解答番号 7

① 飛鳥文化 　　　② 天平文化 　　　③ 弘仁・貞観文化

④ 白鳳文化 　　　⑤ 国風文化

問8 下線部Hに関連して，この時代の彫刻作品として不適切なものを，次の選択肢①〜⑤のうちから一つ選べ。 解答番号 8

① 法隆寺百済観音像 　② 法隆寺阿弥陀三尊像 　③ 興福寺仏頭

④ 法隆寺夢違観音像 　⑤ 薬師寺金堂薬師三尊像

問9 下線部Ⅰに関連して，当時の壁画に関する記述として不適切なものを，次の選択肢①〜④のうちから一つ選べ。 解答番号 9

① 法隆寺金堂壁画は，失火により大半が焼損し，それを契機に文化財保護法が制定された。

② 法隆寺金堂壁画には，インドや西域の影響が認められる。

③ 奈良県明日香村にある高松塚古墳は，カビなどの劣化もなく，良好な保存状態にある。

④ 高松塚古墳には玄武や青龍などが描かれ，中国や朝鮮の影響が認められる。

問10 下線部Jに関連して，この当時の宮廷歌人として最も適切な人名を，次の選択肢①〜⑤のうちから一つ選べ。 解答番号 10

① 紀貫之 　　　② 藤原定家 　　　③ 山部赤人

④ 小野小町 　　⑤ 大友黒主

第 2 問　次の文章を読み，下の設問に答えよ。

　　室町時代は，観応の擾乱，応仁の乱など，戦乱が多発した時代であったが，農村などにおいては，戦乱の世だからこそ団結して平和を勝ち取ろうという動きがみられた。農民たちは惣という自治組織を作り，共同で利用する　　　Ａ　　　や用水などを管理した。自ら守るべき村掟を作り，村民自身が警察権を行使する　　　Ｂ　　　もおこなわれた。一揆の際には C 起請文を焼いた灰を飲み，一致団結を誓約したりもした。また農業技術にも進歩が見られた。D 灌漑や排水の施設も改良され，二毛作が全国に広がり，地域により三毛作も行われるようになった。

　　この時代には商工業も発達し，各地で特産物も発達し，　　　Ｅ　　　の長船長光，京都の西陣織，河内の鍋などがその代表例であった。応仁の乱後には六斎市も一般化し，F 特定の商品を扱う専門の市場も開かれた。また当時の商工業者は，同業者の組合である G 座を結成してさまざまな権利を獲得するようになった。

　　このように商品経済が活発化し，さらに年貢の銭納も進むと，貨幣の役割も増大する。流通していた貨幣は中国から輸入された　　　Ｈ　　　などであったが，貨幣の流通と商業の発展に伴い，　　　Ｉ　　　などの金融業者や　　　Ｊ　　　などの運送業者も活躍するようになる。

問 1　　　　Ａ　　　にあてはまる語句として最も適切なものを，次の選択肢①〜⑤のうちから一つ選べ。　　　　　　　　　　　　　　　　　　　　　　　　　　　　**解答番号 1**

①　惣地　　　　　　　　②　入会地　　　　　　　　③　出会地

④　地下地　　　　　　　⑤　共同地

問 2　　　　Ｂ　　　にあてはまる語句として最も適切なものを，次の選択肢①〜⑤のうちから一つ選べ。　　　　　　　　　　　　　　　　　　　　　　　　　　　　**解答番号 2**

①　地下検断　　　　　　②　使節遵行　　　　　　　③　半済

④　地下請　　　　　　　⑤　刈田狼藉

問 3　下線部Ｃに関連して，この行為を何というか。その名称として最も適切なものを，次の選択肢①〜⑤のうちから一つ選べ。　　　　　　　　　　　　　　　　**解答番号 3**

①　太占　　　　　　　　②　盟神探湯　　　　　　　③　傘連判

④　祓　　　　　　　　　⑤　一味同心

問 4　下線部Ｄに関連して，中国から伝来し，室町時代から江戸時代前期にかけて用いられた設備の名称として最も適切なものを，次の選択肢①〜⑤のうちから一つ選べ。　**解答番号 4**

①　備中鍬　　　　　　　②　千歯扱　　　　　　　　③　えぶり

④　竜骨車　　　　　　　⑤　踏車

問 5　　　　Ｅ　　　にあてはまる国名として最も適切なものを，次の選択肢①〜⑤のうちから一つ選べ。　　　　　　　　　　　　　　　　　　　　　　　　　　　　**解答番号 5**

　① 加賀　　　　　　　② 播磨　　　　　　　③ 尾張
　④ 備前　　　　　　　⑤ 能登

問6　下線部Fに関連して，室町時代の商業の説明として最も適切なものを，次の選択肢①～
④のうちから一つ選べ。　　　　　　　　　　　　　　　　　　　　　解答番号 6
　① 淀には魚市が設けられた。
　② 京都の三条では，刃物市が有名であった。
　③ 蝦夷地では，商場でアイヌとの商取引が独占的に行われた。
　④ 堂島の米市場は，当時を代表する市であった。

問7　下線部Gに関連して，当時の座と本所の組み合わせとして正しいものを，次の選択肢①
～⑤のうちから一つ選べ。　　　　　　　　　　　　　　　　　　　解答番号 7
　① 麹座・祇園社　　　　② 綿座・三条西家　　　③ 青苧座・北野神社
　④ 薬座・東大寺　　　　⑤ 大山崎油座・石清水八幡宮

問8　　　 H 　　にあてはまる語句として最も適切なものを，次の選択肢①～⑤のうちから
一つ選べ。　　　　　　　　　　　　　　　　　　　　　　　　　　解答番号 8
　① 和同開珎　　　　　　② 貞観永宝　　　　　　③ 洪武通宝
　④ 乾元大宝　　　　　　⑤ 寛永通宝

問9　　　 I 　　にあてはまる，当時の高利貸業者として最も適切なものを，次の選択肢①
～⑤のうちから一つ選べ。　　　　　　　　　　　　　　　　　　　解答番号 9
　① 連雀商人　　　　　　② 土倉　　　　　　　　③ 両替商
　④ 割符屋　　　　　　　⑤ 悪党

問10　　　 J 　　にあてはまる語句として最も適切なものを，次の選択肢①～⑤のうちから
一つ選べ。　　　　　　　　　　　　　　　　　　　　　　　　　　解答番号 10
　① 振売　　　　　　　　② 酒屋　　　　　　　　③ 車借
　④ 飛脚　　　　　　　　⑤ 伝馬

第3問　次の文章を読み，下の設問に答えよ。

　　江戸幕府における武断政治から文治政治への転換は，徳川家A4代将軍が就任した時期か
らであった。この時期には牢人問題や財政の安定などに対し，それまでとは異なるBさまざま
な政策がとられた。またC諸藩においても儒者の登用や藩学の設置などの改革が見られた。
　　この文治主義は5代将軍にも引き継がれ，彼が出した「文武忠孝を励し，礼儀を正すべき
こと」と記された 　　 D 　　 の武家諸法度にその方針が示されている。武士の教育機関とし
てE湯島聖堂も建てられた。秩序維持の観点から朝廷への姿勢も改められ，F大嘗会の再興や

禁裏御料の増加なども行われた。さらにこの時期には神道の影響もあり　$\boxed{\quad G \quad}$　も出されて近親者の死を悼む期間まで細かく定められ，儒教が武家社会に深く浸透している。なお，この時期には武士とはどうあるべきかを問い直す赤穂事件が起き，切腹した主君の仇である　$\boxed{\quad H \quad}$　を討ち，その後切腹した大石良雄らが世間に大きな衝撃を与えている。

　秩序維持の観点から天皇家を尊重する傾向は 5 代将軍の後も続き，　$\boxed{\quad I \quad}$　家も新たに創設された。一方で将軍の権威を高めるために，朝鮮からの日本に対する国書の将軍の名称を「　$\boxed{\quad J \quad}$　」に改めさせるなどの政策もとっている。

問 1　下線部 A に関連して，4 代将軍の政治を支えた人物として最も適切なものを，次の選択肢①～⑤のうちから一つ選べ。　　　　　　　　　　　　　　　　解答番号 $\boxed{1}$
　① 松平容保　　　　　　② 金地院崇伝　　　　　　③ 松平忠直
　④ 三浦按針　　　　　　⑤ 松平信綱

問 2　下線部 B に関連して，4 代将軍の頃に行われた政策に関する記述として<u>不適切なもの</u>を，次の選択肢①～④のうちから一つ選べ。　　　　　　　　　　　解答番号 $\boxed{2}$
　① 末期養子の禁の制定により，牢人の発生が減少した。
　② 主君の後を追い自殺する殉死は禁止された。
　③ すべての大名に領知宛行状を発給して，将軍の権威を高めた。
　④ 関東地方の幕領に寛文検地を行い，財政の安定化を図った。

問 3　下線部 C に関連して，藩主とその藩主に仕えた儒学者の組み合わせとして最も適切なものを，次の選択肢①～⑤のうちから一つ選べ。　　　　　　　解答番号 $\boxed{3}$
　① 保科正之・朱舜水　　　② 徳川光圀・熊沢蕃山　　　③ 鍋島直茂・由井正雪
　④ 前田綱紀・木下順庵　　　⑤ 池田光政・山崎闇斎

問 4　$\boxed{\quad D \quad}$ にあてはまる年号として最も適切なものを，次の選択肢①～⑤のうちから一つ選べ。　　　　　　　　　　　　　　　　　　　　　　　解答番号 $\boxed{4}$
　① 元和　　　　　　　　② 天和　　　　　　　　③ 寛永
　④ 享保　　　　　　　　⑤ 貞享

問 5　下線部 E に関連して，湯島聖堂の大学頭に任命された人物として最も適切なものを，次の選択肢①～⑤のうちから一つ選べ。　　　　　　　　　　　解答番号 $\boxed{5}$
　① 林羅山　　　　　　　② 林信篤　　　　　　　③ 山鹿素行
　④ 谷時中　　　　　　　⑤ 中江藤樹

問 6　下線部 F に関連して，大嘗祭（大嘗会）などの朝廷の儀式の再興に積極的な活動を行った天皇の名前として最も適切なものを，次の選択肢①～⑤のうちから一つ選べ。
　　　　　　　　　　　　　　　　　　　　　　　　　　　　　　　　　　解答番号 $\boxed{6}$
　① 後陽成天皇　　　　　② 後水尾天皇　　　　　③ 霊元天皇
　④ 光格天皇　　　　　　⑤ 孝明天皇

問7　　　G　　にあてはまる語句として最も適切なものを，次の選択肢①〜⑤のうちから
一つ選べ。　　　　　　　　　　　　　　　　　　　　　　　　　　解答番号 7

① 服忌令　　　　　　② 禁中並公家諸法度　　　③ 長崎新令

④ 相対済令　　　　　⑤ 棄捐令

問8　　　H　　にあてはまる人名として最も適切なものを，次の選択肢①〜⑤のうちから
一つ選べ。　　　　　　　　　　　　　　　　　　　　　　　　　　解答番号 8

① 浅野長矩　　　　　② 吉良義央　　　　　　　③ 田沼意政

④ 井伊直弼　　　　　⑤ 近藤重蔵

問9　　　I　　にあてはまる語句として最も適切なものを，次の選択肢①〜⑤のうちから
一つ選べ。　　　　　　　　　　　　　　　　　　　　　　　　　　解答番号 9

① 伏見宮　　　　　　② 有栖川宮　　　　　　　③ 京極宮

④ 閑院宮　　　　　　⑤ 高松宮

問10　　　J　　にあてはまる語句として最も適切なものを，次の選択肢①〜⑤のうちから
一つ選べ。　　　　　　　　　　　　　　　　　　　　　　　　　　解答番号 10

① 大院君　　　　　　② 大君　　　　　　　　　③ 日本国王

④ 大将軍　　　　　　⑤ 大王

第4問　次の文章を読み，下の設問に答えよ。

　　大正時代を中心に，民衆の力が高まり，政治にも大きな影響を与えるようになった。その
思想的中心の一つとなったのが，吉野作造が『　　A　　』に発表した「憲政の本義を説い
て其有終の美を済すの途を論ず」である。大正時代の米騒動を経て，大衆の力を後押しとし
て，原敬によるB日本初の本格的政党内閣が組閣された。原内閣はC普通選挙の実現を期待さ
れたが，普通選挙は時期尚早として実現されず，また原内閣が閥族と手を結んだため，原敬
は暗殺され，　　D　　が後継内閣を組織するが，この内閣は短命に終わっている。一方で
吉野作造はE普通選挙の必要性を訴え，その運動は大正末期のF第二次護憲運動へとつながっ
ていく。

　　この後の総選挙において勝利を収めた護憲三派は，1925 年にいわゆる普通選挙法を成立さ
せ，有権者は一気に全人口の　　G　　％にまで増加した。1924 年に成立したこの護憲三
派内閣から五・一五事件までの　　H　　年間は，二大政党で政権交代を行う「憲政の常道」
と呼ばれる状態が続いた。また I『東洋経済新報』では植民地の放棄が主張され，Jマルクス
主義が知識人に影響を与えるなど，思想や学問に関しても比較的自由な主張が展開された。

問1　　　A　　にあてはまる語句として最も適切なものを，次の選択肢①〜⑤のうちから
一つ選べ。　　　　　　　　　　　　　　　　　　　　　　　　　　解答番号 1

① 中央公論　　　　　　② キング　　　　　　　③ 国民之友

④ 青い鳥　　　　　　　⑤ 青鞜

問2　下線部Bに関連して，この内閣のほとんどの閣僚の出身政党の名として最も適切なもの
を，次の選択肢①～⑤のうちから一つ選べ。　　　　　　　解答番号 2

① 自由党　　　　　　　② 憲政会　　　　　　　③ 革新倶楽部

④ 立憲改進党　　　　　⑤ 立憲政友会

問3　下線部Cに関連して，原敬のときに行われた選挙法の改正に関する記述として最も適切
なものを，次の選択肢①～④のうちから一つ選べ。　　　　　解答番号 3

① 選挙制度が変更され，大選挙区制が採用された。

② 選挙制度が変更され，小選挙区制が採用された。

③ 25 歳以上の女性にも，条件付きで参政権が与えられた。

④ 男性の被選挙権が 20 歳以上に引き下げられた。

問4　　D　　にあてはまる人名として最も適切なものを，次の選択肢①～⑤のうちから
一つ選べ。　　　　　　　　　　　　　　　　　　　　　　　解答番号 4

① 加藤高明　　　　　　② 犬養毅　　　　　　　③ 高橋是清

④ 尾崎行雄　　　　　　⑤ 大隈重信

問5　下線部Eに関連して，吉野作造が学者や思想家に呼びかけて結成した啓蒙組織の名称と
して最も適切なものを，次の選択肢①～⑤のうちから一つ選べ。　解答番号 5

① 友愛会　　　　　　　② 研究会　　　　　　　③ 桜会

④ 赤瀾会　　　　　　　⑤ 黎明会

問6　下線部Fに関連して，この運動は当時の総理大臣が議会を解散したことがきっかけの一
つとなった。この総理大臣の名前として最も適切なものを，次の選択肢①～⑤のうちから一
つ選べ。　　　　　　　　　　　　　　　　　　　　　　　　解答番号 6

① 桂太郎　　　　　　　② 山本権兵衛　　　　　③ 西園寺公望

④ 清浦奎吾　　　　　　⑤ 寺内正毅

問7　　G　　にあてはまる数値として最も適切なものを，次の選択肢①～⑤のうちから
一つ選べ。　　　　　　　　　　　　　　　　　　　　　　　解答番号 7

① 1.1　　　　　　　　② 2.2　　　　　　　　③ 5.5

④ 20.8　　　　　　　⑤ 50.4

問8　　H　　にあてはまる数値として最も適切なものを，次の選択肢①～⑤のうちから
一つ選べ。　　　　　　　　　　　　　　　　　　　　　　　解答番号 8

① 3　　　　　　　　　② 5　　　　　　　　　③ 8

④ 10　　　　　　　　⑤ 15

問 9 　下線部 I に関連して，この雑誌の中で「小日本主義」を唱えた人物は誰か。その人名と
　　して最も適切なものを，次の選択肢①〜⑤のうちから一つ選べ。　　　　**解答番号** 9

　　① 徳田球一　　　　　　② 石橋湛山　　　　　　③ 三木武夫

　　④ 鳩山一郎　　　　　　⑤ 芦田均

問10　下線部 J に関連して，マルクス主義を研究した人物のうちに河上肇がいる。この人物の
　　著作として最も適切なものを，次の選択肢①〜⑤のうちから一つ選べ。　　**解答番号** 10

　　① 『貧乏物語』　　　　② 『遠野物語』　　　　③ 『大菩薩峠』

　　④ 『党生活者』　　　　⑤ 『麦と兵隊』

■数学■

■数学Ⅰ・Ａ■

（2 科目 120 分）

<答えに関する注意事項>

1．以下の問題の解答番号 $\boxed{1}$ 以降には，0，1，2，3，……，9の数字のうち，いずれか 1 つが入る（1 桁の整数 "1" は $\boxed{1}$，2 桁の整数 "12" は $\boxed{1}\boxed{2}$，3 桁の整数 "123" は $\boxed{1}\boxed{2}\boxed{3}$ のように並べて表す）。

2．解答が120，解答欄が $\boxed{1}\boxed{2}\boxed{3}$ の場合，解答は以下のようになる。
$\boxed{1}$＝①，$\boxed{2}$＝②，$\boxed{3}$＝⑩

3．分数は既約分数（それ以上約分できない分数）で答えるものとする。

4．根号を含む形で解答する場合は，根号の中に現れる自然数が最小となる形で答えるものとする（例えば，$4\sqrt{2}$ と答えるところを，$2\sqrt{8}$ のように答えてはいけない）。

第1問　次の文章中の $\boxed{1}$〜$\boxed{20}$ に適する数字を，下の選択肢①〜⑩のうちからそれぞれ一つ選べ。ただし，重複して使用してもよい。　　　　　　　　解答番号$\boxed{1}$〜$\boxed{20}$

(A)

　$f(x) = |x - 5| + 3x$ とする。

(1) $x \leqq 5$ とする。$|f(x)| = 11$ となる x の値を求めると，$x = -\boxed{1}$，$\boxed{2}$ である。

(2) $f(x) = 0$ となる x の値を求めると，$x = -\dfrac{\boxed{3}}{\boxed{4}}$ である。

(3) $|f(x)| + f(x) = 0$ となるような x の値の範囲を求めると，$x \leqq -\dfrac{\boxed{5}}{\boxed{6}}$ である。

(B)

次のような，それぞれ 5 個の数からなる 2 つのデータ X, Y がある。

$$X : 1,\ 3,\ 5,\ 7,\ 9$$

$$Y : 101,\ 301,\ 501,\ 701,\ 901$$

(1) X の平均値は $\boxed{7}$，分散は $\boxed{8}$ である。

(2) Y の第 1 四分位数は $\boxed{9}\,\boxed{10}\,\boxed{11}$ である。

(3) Y の分散は $\boxed{12}\,\boxed{13}\,\boxed{14}\,\boxed{15}\,\boxed{16}$ である。

(C)

O_1 を中心とする円 C_1 と O_2 を中心とする円 C_2 がある。C_1 と C_2 は異なる 2 点 A，B で交わっており，AB = 4 を満たす。

(1) C_1 と C_2 の共通接線は $\boxed{17}$ 本ある。

(2) $O_1O_2 = 18$ のとき，四角形 AO_1BO_2 の面積は $\boxed{18}\,\boxed{19}$ である。

(3) 四角形 AO_1BO_2 が長方形のとき，その面積は $\boxed{20}$ である。

〔 $\boxed{1}\sim\boxed{20}$ の選択肢 〕

① 1　　　　② 2　　　　③ 3　　　　④ 4　　　　⑤ 5
⑥ 6　　　　⑦ 7　　　　⑧ 8　　　　⑨ 9　　　　⑩ 0

第 2 問　次の文章中の $\boxed{1}$〜$\boxed{21}$ に適する数字を，下の選択肢①〜⑩のうちからそれぞれ一つ選べ。ただし，重複して使用してもよい。　　　　　　　　　解答番号 $\boxed{1}$〜$\boxed{21}$

放物線 $y = 2x^2$ を x 軸方向に p，y 軸方向に q だけ平行移動して得られる放物線を C とする。ただし，p, q は定数である。

(1) $p = 1$，$q = 2$ のとき，C を表す方程式は，$y = \boxed{1}x^2 - \boxed{2}x + \boxed{3}$ である。

(2) C を表す方程式が $y = 2x^2 + 3x + 4$ のとき，$p = -\dfrac{\boxed{4}}{\boxed{5}}$, $q = \dfrac{\boxed{6}\,\boxed{7}}{\boxed{8}}$ である。

(3) $p = 1$，$q = -7$ のとき，C と x 軸との共有点の x 座標は $\dfrac{\boxed{9} \pm \sqrt{\boxed{10}\,\boxed{11}}}{\boxed{12}}$ である。

(4) $p = 2022$ とする。C が x 軸から切り取る線分の長さが $\sqrt{14}$ であるとき，$q = -\boxed{13}$ である。

(5) C を x 軸に関して対称移動して得られる放物線を $C' : y = f(x)$ とする。

C' が 2 点 $(1,\ 6)$, $(2,\ 3)$ を通るとき，$p = \dfrac{\boxed{14}}{\boxed{15}}$, $q = -\dfrac{\boxed{16}\,\boxed{17}}{\boxed{18}}$ である。

このとき，不等式 $f(x) > 0$ の解は，$-\boxed{19} < x < \dfrac{\boxed{20}}{\boxed{21}}$ である。

〔 $\boxed{1}$〜$\boxed{21}$ の選択肢 〕

① 1　　　　② 2　　　　③ 3　　　　④ 4　　　　⑤ 5
⑥ 6　　　　⑦ 7　　　　⑧ 8　　　　⑨ 9　　　　⑩ 0

第3問　次の文章中の $\boxed{1}$ ～ $\boxed{22}$ に適する数字を，下の選択肢①～⑩のうちからそれぞれ一つ選べ。ただし，重複して使用してもよい。　　　　　　　　　　**解答番号** $\boxed{1}$ ～ $\boxed{22}$

円 O に内接する四角形 ABCD があり，AD = 2，AB = 11，∠DAB = 120° を満たす。

線分 BD と AC の交点を P とする。

(1) BD = $\boxed{1}\sqrt{\boxed{2}}$ である。∠BCD = $\boxed{3}\boxed{4}$° である。

(2) CD = CB のとき，CD = $\boxed{5}\sqrt{\boxed{6}}$ である。

(3) 線分 BC が円 O の直径であるとする。

　　CD : CB = $\boxed{7}$: $\boxed{8}$ である。

　　また，三角形 ACD の面積を S_1，三角形 ABC の面積を S_2 とする。

　　$S_1 : S_2 = \boxed{9}$: $\boxed{10}\boxed{11}$ である。

　　$\sin\angle\mathrm{ACD} : \sin\angle\mathrm{ACB} = \boxed{12}$: $\boxed{13}\boxed{14}$ である。

(4) $\cos\angle\mathrm{APD} + \cos\angle\mathrm{APB} = \boxed{15}$ である。

　　P が線分 BD の中点であるとき，CD : CB = $\boxed{16}\boxed{17}$: $\boxed{18}$ であり，

　　$\mathrm{AP} = \dfrac{\sqrt{\boxed{19}\boxed{20}\boxed{21}}}{\boxed{22}}$ である。

〔 $\boxed{1}$ ～ $\boxed{22}$ の選択肢 〕

① 1	② 2	③ 3	④ 4	⑤ 5
⑥ 6	⑦ 7	⑧ 8	⑨ 9	⑩ 0

第 4 問　次の文章中の $\boxed{1}$ ～ $\boxed{20}$ に適する数字を，下の選択肢①～⑩のうちからそれぞれ一つ選べ。ただし，重複して使用してもよい。　　　　　　　　　　**解答番号** $\boxed{1}$ ～ $\boxed{20}$

1 から 8 までの目が等しい確率で出る正八面体のさいころがある。このさいころを 4 回投げ，出た目の数の最大値を X，最小値を Y とする。

(1) $X = 1$ となる確率は $\dfrac{\boxed{1}}{\boxed{2}\,\boxed{3}\,\boxed{4}\,\boxed{5}}$ である。

(2) $X = Y$ となる確率は $\dfrac{\boxed{6}}{\boxed{7}\,\boxed{8}\,\boxed{9}}$ である。

(3) $X = 2$ となる目の出方は $\boxed{10}\,\boxed{11}$ 通りある。

(4) $X = 5$ かつ $Y = 1$ となる目の出方は $\boxed{12}\,\boxed{13}\,\boxed{14}$ 通りある。

(5) $X = 5$ であるとき，$Y = 1$ である条件付き確率は $\dfrac{\boxed{15}\,\boxed{16}\,\boxed{17}}{\boxed{18}\,\boxed{19}\,\boxed{20}}$ である。

〔 $\boxed{1}$ ～ $\boxed{20}$ の選択肢 〕

① 1　　　　② 2　　　　③ 3　　　　④ 4　　　　⑤ 5
⑥ 6　　　　⑦ 7　　　　⑧ 8　　　　⑨ 9　　　　⑩ 0

■数学Ⅱ・B■

（2科目 120 分）

第1問 次の文章中の $\boxed{1}$ ～ $\boxed{20}$ に適する数字を，下の選択肢①～⑩のうちからそれぞれ一つ選べ。ただし，重複して使用してもよい。　　　　　　　解答番号 $\boxed{1}$ ～ $\boxed{20}$

(A)

$t = \sin x + \cos x \ (0 \leqq x < 2\pi)$ とする。

(1) $t = r\sin(x + \theta) \ (r > 0, \ 0 \leqq \theta < 2\pi)$ と表すことができる。

$r = \sqrt{\boxed{1}}$，$\theta = \dfrac{\boxed{2}}{\boxed{3}}\pi$ である。

(2) $\sin^3 x + \cos^3 x = -\dfrac{\boxed{4}}{\boxed{5}}t^3 + \dfrac{\boxed{6}}{\boxed{7}}t$ である。

(3) $4\sin^3 x + 4\cos^3 x + \sin x + \cos x = 5$ を満たす異なる t の値は $\boxed{8}$ 個ある。

(B)

$f(x) = (2x - 1)^{10}$ とする。

(1) $f(x)$ の展開式において，x^3 の項の係数は $-\boxed{9}\,\boxed{10}\,\boxed{11}$ である。

(2) $\log_{\sqrt{3}} f(14) = \boxed{12}\,\boxed{13}$ である。

(3) $f(x)$ の展開式において，各項の係数の総和は $\boxed{14}$ である。

(C)

$O(0,\ 0)$ を原点とする座標平面上に，3 点 $A(1,\ 1)$，$B(3,\ 5)$，$C(a,\ 0)$ がある。ただし，a は実数の定数である。

(1) $AB = \boxed{15}\sqrt{\boxed{16}}$ である。

(2) 線分 AB の垂直二等分線の方程式は，$y = -\dfrac{\boxed{17}}{\boxed{18}}x + \boxed{19}$ である。

(3) 直線 AB と直線 AC のなす鋭角の二等分線の方程式が $y = x$ であるとき，$a = -\boxed{20}$ である。

〔 $\boxed{1}$ ～ $\boxed{20}$ の選択肢 〕

① 1　　　　② 2　　　　③ 3　　　　④ 4　　　　⑤ 5

⑥ 6　　　　⑦ 7　　　　⑧ 8　　　　⑨ 9　　　　⑩ 0

第2問　次の文章中の $\boxed{1}$ ～ $\boxed{19}$ に適する数字を，下の選択肢①～⑩のうちからそれぞれ一つ選べ。ただし，重複して使用してもよい。　　　　　　　　　**解答番号** $\boxed{1}$ ～ $\boxed{19}$

$f(x) = 2x^3 - 3x^2$ とし，曲線 $y = f(x)$ を C とする。C 上の点 $\left(2,\ f(2)\right)$ における C の接線を l とする。

(1) $f(x)$ は，$x = \boxed{1}$ で極大値 $\boxed{2}$，$x = \boxed{3}$ で極小値 $-\boxed{4}$ をとる。

(2) l の方程式は，$y = \boxed{5}\,\boxed{6}x - \boxed{7}\,\boxed{8}$ である。

$1 \leqq x$ において，C, l および，直線 $x = 1$ によって囲まれた図形の面積は $\dfrac{\boxed{9}}{\boxed{10}}$ である。

(3) x の方程式 $f(x) = 12x + t$ が異なる 3 つの実数解 α, β, γ $(\alpha < \beta < \gamma)$ をもつとする。

ただし，t は実数の定数である。t のとる値の範囲は，$-\boxed{11}\boxed{12} < t < \boxed{13}$ である。

$\beta = 0$ のとき，$t = \boxed{14}$，$\alpha = \dfrac{\boxed{15} - \sqrt{\boxed{16}\boxed{17}\boxed{18}}}{\boxed{19}}$ である。

〔 $\boxed{1}$ ～ $\boxed{19}$ の選択肢 〕

① 1　　　　② 2　　　　③ 3　　　　④ 4　　　　⑤ 5
⑥ 6　　　　⑦ 7　　　　⑧ 8　　　　⑨ 9　　　　⑩ 0

第 3 問　次の文章中の $\boxed{1}$ ～ $\boxed{22}$ に適する数字を，下の選択肢①～⑩のうちからそれぞれ一つ選べ。ただし，重複して使用してもよい。　　　　　　　　　　　解答番号 $\boxed{1}$ ～ $\boxed{22}$

n を正の整数とし，$\sqrt{n}$ の整数部分を a_n で表す。正の整数 k に対し，集合 $\{n \mid a_n = k\}$ の要素の個数を b_k で表す。例えば，$\sqrt{5}$ の整数部分は 2 なので，$a_5 = 2$ である。また，$a_n = 2$ となるような a_n は，a_4, a_5, a_6, a_7, a_8 の 5 個あるので，$b_2 = 5$ である。

(1) $a_3 = \boxed{1}$，$a_9 = \boxed{2}$，$a_{15} = \boxed{3}$ である。

(2) $a_n = 50$ となる正の整数 n は $\boxed{4}\boxed{5}\boxed{6}$ 個ある。

(3) 数列 $\{b_n\}$ は，初項が $\boxed{7}$，公差が $\boxed{8}$ の等差数列である。

数列 $\{b_n\}$ の初項から第 100 項までの和は $\boxed{9}\boxed{10}\boxed{11}\boxed{12}\boxed{13}$ である。

(4) $a_n = 10$ となる正の整数 n は $\boxed{14}\boxed{15}$ 個あり，そのなかで最大の n は

$\boxed{16}\boxed{17}\boxed{18}$ である。

(5) 数列 $\{a_n\}$ の初項から第 n^2 項までの和は $\dfrac{\boxed{19}n^3 - \boxed{20}n^2 + \boxed{21}n}{\boxed{22}}$ である。

〔 $\boxed{1} \sim \boxed{22}$ の選択肢 〕

① 1	② 2	③ 3	④ 4	⑤ 5
⑥ 6	⑦ 7	⑧ 8	⑨ 9	⑩ 0

第 4 問　次の文章中の $\boxed{1} \sim \boxed{24}$ に適する数字を，下の選択肢①〜⑩のうちからそれぞれ一つ選べ。ただし，重複して使用してもよい。　　　　　　　　　　**解答番号** $\boxed{1} \sim \boxed{24}$

平面上に 3 点 O, A, B があり，OA = 3, OB = 4, $\overrightarrow{OA} \cdot \overrightarrow{OB} = 6$ を満たす。この平面上の点 P は，AP ⊥ OA，BP ⊥ OB を満たす。直線 OA と直線 PB の交点を Q とする。

三角形 OQP の重心を G，三角形 OBP の重心を G′ とする。

(1) 三角形 OAB の面積は $\boxed{1}\sqrt{\boxed{2}}$ である。$\overrightarrow{OA} \cdot \overrightarrow{AP} = \overrightarrow{OB} \cdot \overrightarrow{BP} = \boxed{3}$ である。

(2) $\overrightarrow{OP} = \dfrac{\boxed{4}}{\boxed{5}}\overrightarrow{OA} + \dfrac{\boxed{6}}{\boxed{7}}\overrightarrow{OB}$ である。$OP = \dfrac{\boxed{8}\sqrt{\boxed{9}\boxed{10}}}{\boxed{11}}$ である。

(3) $\overrightarrow{OQ} = \dfrac{\boxed{12}}{\boxed{13}}\overrightarrow{OA}$ である。

(4) $\overrightarrow{OG} = \dfrac{\boxed{14}\boxed{15}}{\boxed{16}\boxed{17}}\overrightarrow{OA} + \dfrac{\boxed{18}}{\boxed{19}\boxed{20}}\overrightarrow{OB}$ である。

(5) GG′ : QB = $\boxed{21}$: $\boxed{22}$ である。三角形 GG′P の面積は，三角形 OQB の面積の $\dfrac{\boxed{23}}{\boxed{24}}$ 倍である。

〔 $\boxed{1} \sim \boxed{24}$ の選択肢 〕

① 1	② 2	③ 3	④ 4	⑤ 5
⑥ 6	⑦ 7	⑧ 8	⑨ 9	⑩ 0

■物理基礎・物理■

（2科目120分）

第1問　次の各問に答えよ。

問1　図1−1のように，なめらかな水平面上に質量が $4m$ の物体Bが静止している。質量が $3m$ の物体Aが速さ v で物体Bに正面衝突したところ，衝突後，物体Aは静止した。物体Aと物体Bのはねかえり係数はいくらか。最も適当なものを，次の選択肢①〜⑥のうちから一つ選べ。　　　　　　　　　　　　　　　　　　　　　　　　　　　　　解答番号 $\boxed{1}$

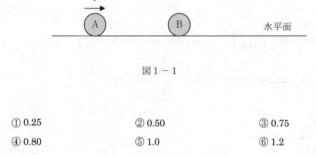

図1−1

① 0.25　　　　　　　　② 0.50　　　　　　　　③ 0.75
④ 0.80　　　　　　　　⑤ 1.0　　　　　　　　　⑥ 1.2

問2　図1−2は，x 軸正の向きに進む縦波を，x 軸正の向きの変位を y 軸正の向きに回転して横波として表したものである。媒質が最も密な部分は図中のアからコのうちのどれか。そのすべての組み合わせとして最も適当なものを，次の選択肢①〜⑥のうちから一つ選べ。　　　　　　　　　　　　　　　　　　　　　　　　　　　　　　解答番号 $\boxed{2}$

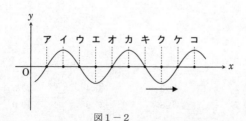

図1−2

① イ，カ，コ　　　　　　② エ，ク　　　　　　　③ イ，エ，カ，ク，コ

④ ア，オ，ケ　　　　　　⑤ ウ，キ　　　　　　　⑥ ア，ウ，オ，キ，ケ

問3　図1－3のように，物体，凸レンズ，スクリーンを並べて置いた。物体からスクリーン
　まで の距離を 120cm にしたところ，凸レンズの位置を調整してもスクリーンに実像をつく
　ることができなかった。このことより，このレンズの焦点距離 f が満たすべき条件として最
　も適当なものを，次の選択肢①～⑥のうちから一つ選べ。　　　　　　　　　解答番号 ⌈3⌉

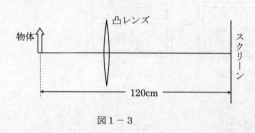

図1－3

① $f > 30$　　　　　　　② $f = 20$　　　　　　　③ $f = 30$

④ $20 \leqq f < 30$　　　　⑤ $f \leqq 30$　　　　　　　⑥ $30 \leqq f < 60$

問4　自己インダクタンスが 0.40H で 800 回巻きのコイルに流れる電流が，図1－4のグラフ
　に示すように，時刻 0.30s から 0.60s の間に電流の大きさは 2.0A から 3.5A に変化した。こ
　のときコイルに生じた誘導起電力の大きさは何 V か。最も適当なものを，次の選択肢①～⑩
　のうちから一つ選べ。　　　　　　　　　　　　　　　　　　　　　　　　　解答番号 ⌈4⌉

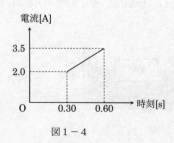

図1－4

① 1.5　　　　② 2.0　　　　③ 2.5　　　　④ 5.0　　　　⑤ 10

⑥ 20　　　　⑦ 100　　　　⑧ 200　　　　⑨ 400　　　　⑩ 800

問5　質量が m，断面積が S のなめらかに動くピストンを円筒容器にはめて気体を閉じ込めたところ，図1−5(a)のように気体の体積が V_0 となった。つぎにピストンの上に質量が $10m$ の物体をのせたところ，図1−5(b)のように気体の体積が $\frac{1}{2}V_0$ となった。ピストンにはたらく重力によって生じている圧力はまわりの大気の圧力 P_0 の何倍か。最も適当なものを，次の選択肢①〜⑧のうちから一つ選べ。ただし，気体の温度は常に一定であった。

解答番号 $\boxed{5}$

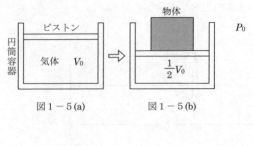

図1−5(a)　　　　図1−5(b)

①$\frac{1}{9}$　　　　②$\frac{1}{10}$　　　　③$\frac{1}{11}$　　　　④$\frac{1}{12}$

⑤$\frac{1}{18}$　　　　⑥$\frac{1}{20}$　　　　⑦$\frac{1}{22}$　　　　⑧$\frac{1}{24}$

第2問　次の文章を読み，下の設問に答えよ。

　図2のように，水槽に適量の水を入れ，一様な材質の直方体の物体を浮かべた。物体の質量は600gであり，その体積の a [%] が水面下に沈んだ状態で静止した。水槽は外力により水平に支えられていて，水平を維持したまま任意の加速度で水平方向または鉛直方向に動かすことができる。水の密度は $1.0\times10^3\text{kg/m}^3$，重力加速度の大きさは 10m/s^2 とする。

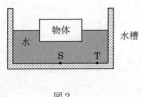

図2

はじめ，水槽，水，物体は静止している。

問1　物体にはたらく浮力の大きさ F_1 は何 N か。最も適当なものを，次の選択肢①～⑧のうちから一つ選べ。　　　　　　　　　　　　　　　　　　　　解答番号 $\boxed{1}$

① 1.5　　　　　② 3.0　　　　　③ 6.0　　　　　④ 12
⑤ 15　　　　　⑥ 30　　　　　⑦ 60　　　　　⑧ 120

問2　水槽内の点 S にはたらく圧力 P_S と点 T にはたらく圧力 P_T の関係を表す文として最も適当なものを，次の選択肢①～⑤のうちから一つ選べ。　　　　　　解答番号 $\boxed{2}$

① 常に $P_S = P_T$ である。
② 常に $P_S < P_T$ である。
③ 常に $P_S > P_T$ である。
④ 物体の密度によって $P_S < P_T$ となる場合も $P_S > P_T$ となる場合もある。
⑤ 物体の沈んでいる割合 a によって $P_S < P_T$ となる場合も $P_S > P_T$ となる場合もある。

　水槽を静止の状態から鉛直上向きにゆっくりと加速していった。やがて，水槽の加速度は 2.0m/s² となり，その加速度を維持したところ，物体は水面に対して静止した。このとき，物体が水面下に沈んでいる体積の割合は b[%]であった。

問3　b と a の関係を表した式として最も適当なものを，次の選択肢①～⑥のうちから一つ選べ。　　　　　　　　　　　　　　　　　　　　　　　　　　　　　　解答番号 $\boxed{3}$

① $b = 0.83a$　　　　② $b = a$　　　　③ $b = 1.2a$
④ $0.83a < b < a$　　　⑤ $a < b < 1.2a$　　　⑥ $b > 1.2a$

問4　物体にはたらく浮力の大きさは F_2 であった。F_2 と問1の F_1 の関係を表した式として最も適当なものを，次の選択肢①～⑥のうちから一つ選べ。　　　　　解答番号 $\boxed{4}$

① $F_2 = 0.83F_1$　　　　② $F_2 = F_1$　　　　③ $F_2 = 1.2F_1$
④ $0.83F_1 < F_2 < F_1$　　　⑤ $F_1 < F_2 < 1.2F_1$　　　⑥ $F_2 > 1.2F_1$

　水槽を静止の状態から水平方向左向きにゆっくりと加速していった。やがて水槽の加速度は 2.0m/s² となり，その加速度を維持した。水槽内の水と物体は水槽に対して静止している。

問5　水槽内の水と物体のようすを表した図として最も適当なものを，次の選択肢①～⑥のう

ちから一つ選べ。なお，図中の矢印は加速度の向きを表す。　　　　　　解答番号 5

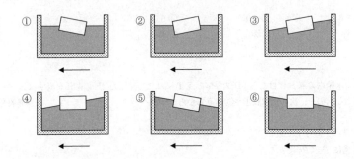

第3問　次の文章を読み，下の設問に答えよ。

　図3は，2原子分子理想気体 1.20mol を容器に封入して状態 A から状態 B に状態変化させたようすを，横軸に体積 V [$\times 10^{-2}$m^3]，縦軸に圧力 P [$\times 10^5$Pa]をとり，グラフに表したものである。2原子分子の定積モル比熱 C_V は $\frac{5}{2}R$ であり，定圧モル比熱 C_P との間にはマイヤーの関係が成り立つ。R は気体定数であり，状態 A における気体の温度 T_A は 300K である。

　状態 A のとき，気体の内部エネルギーは ア [J]である。また，状態 B においては，気体の温度は イ [K]，内部エネルギーは ウ [J]である。

　状態 A から状態 B に変化する間に気体が吸収したエネルギー（吸収したエネルギーから放出したエネルギーを引いた値）を Q [J]，内部エネルギーの変化量を ΔU [J]，気体が外部にした仕事を W [J]とするとき，$Q=\Delta U+W$ の式が成り立ち，$\Delta U=$ エ [J]，$W=$ オ [J]である。また，状態 A から状態 B に変化する際に，温度は一旦上昇し，やがて下降に転じる。温度が最も高くなるときの体積は カ $\times 10^{-2}$ m^{3}で，温度は キ [K]である。

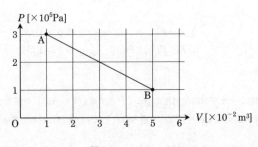

図3

問1　文中　**ア**　に当てはまる値として最も適当なものを，次の選択肢①〜⑧のうちから一つ選べ。　　　　　　　　　　　　　　　　　　　　　　　　　　　　　**解答番号** 1

① 4000　　　　　② 4500　　　　　③ 5000　　　　　④ 5500
⑤ 6000　　　　　⑥ 6500　　　　　⑦ 7000　　　　　⑧ 7500

問2　文中　**イ**　に当てはまる値として最も適当なものを，次の選択肢①〜⑧のうちから一つ選べ。　　　　　　　　　　　　　　　　　　　　　　　　　　　　　**解答番号** 2

① 500　　　　　② 530　　　　　③ 570　　　　　④ 610
⑤ 650　　　　　⑥ 690　　　　　⑦ 730　　　　　⑧ 760

問3　文中　**ウ**　に当てはまる値として最も適当なものを，次の選択肢①〜⑧のうちから一つ選べ。　　　　　　　　　　　　　　　　　　　　　　　　　　　　　**解答番号** 3

① 8330　　　　　② 9170　　　　　③ 10000　　　　④ 10800
⑤ 11700　　　　⑥ 12500　　　　⑦ 13300　　　　⑧ 14500

問4　文中　**エ**　に当てはまる値として最も適当なものを，次の選択肢①〜⑧のうちから一つ選べ。　　　　　　　　　　　　　　　　　　　　　　　　　　　　　**解答番号** 4

① 2000　　　　　② 2500　　　　　③ 3000　　　　　④ 3500
⑤ 4000　　　　　⑥ 4500　　　　　⑦ 5000　　　　　⑧ 5500

問5　文中　**オ**　に当てはまる値として最も適当なものを，次の選択肢①〜⑧のうちから一つ選べ。　　　　　　　　　　　　　　　　　　　　　　　　　　　　　**解答番号** 5

① 5000　　　　　② 6000　　　　　③ 7000　　　　　④ 8000
⑤ 9000　　　　　⑥ 10000　　　　⑦ 11000　　　　⑧ 12000

問6　文中　**カ**　に当てはまる値として最も適当なものを，次の選択肢①〜⑧のうちから一つ選べ。　　　　　　　　　　　　　　　　　　　　　　　　　　　　　**解答番号** 6

① 1.5 　　　　② 2.0 　　　　③ 2.5 　　　　④ 3.0
⑤ 3.5 　　　　⑥ 4.0 　　　　⑦ 4.5 　　　　⑧ 5.0

問 7　文中 ┃ キ ┃ に当てはまる値として最も適当なものを，次の選択肢①〜⑧のうちから一つ選べ。
解答番号 7

① 412 　　　　② 500 　　　　③ 563 　　　　④ 600
⑤ 613 　　　　⑥ 670 　　　　⑦ 714 　　　　⑧ 820

第 4 問　次の文章を読み，下の設問に答えよ。

　図 4 のように，電池 E_1，E_2，抵抗 R_1，R_2 を使って回路をつくった。電流回路内の各部の抵抗や電池の内部抵抗は抵抗 R_1，R_2 に対して無視できる。

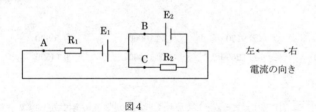

図 4

[I]　電池 E_1，E_2 の起電力をそれぞれ V_1 [V]，V_2 [V]，
　　抵抗 R_1，R_2 の抵抗値をそれぞれ $2r$ [Ω]，r [Ω] とする。

問 1　抵抗 R_2 にはたらく電圧は何 V か。最も適当なものを，次の選択肢①〜④のうちから一つ選べ。
解答番号 1

① V_1 　　　② V_2 　　　③ V_1+V_2 　　　④ $|V_1-V_2|$

問 2　点 B を流れる電流の大きさが 0 となるための条件として最も適当なものを，次の選択肢①〜⑥のうちから一つ選べ。
解答番号 2

① $V_1=V_2$ 　　② $V_1=2V_2$ 　　③ $V_1=3V_2$
④ $2V_1=V_2$ 　　⑤ $3V_1=V_2$ 　　⑥ $2V_1=3V_2$

問 3　問 2 のとき，点 C を流れる電流の大きさとして最も適当なものを，次の選択肢①～⑧の
うちから一つ選べ。　　　　　　　　　　　　　　　　　　　　　　　　　　解答番号 ⑶

① $\dfrac{V_2}{3r}$　　　　② $\dfrac{V_2}{2r}$　　　　③ $\dfrac{2V_2}{3r}$　　　　④ $\dfrac{V_2}{r}$

⑤ $\dfrac{3V_2}{2r}$　　　　⑥ $\dfrac{2V_2}{r}$　　　　⑦ $\dfrac{5V_2}{2r}$　　　　⑧ $\dfrac{3V_2}{r}$

[Ⅱ]　電池 E_1，E_2 の起電力をそれぞれ $2V_0$ [V]，$3V_0$ [V]，
　　　抵抗 R_1，R_2 の抵抗値をそれぞれ $2r$ [Ω]，$3r$ [Ω] とする。

問 4　点 A を流れる電流の向きと大きさについて最も適当なものを，向きについては次の選択
肢①，②のうちから，大きさについては次の選択肢③～⑩のうちからそれぞれ一つ選べ。

　　　　　　　　　　　　　　　　　　　　　　　　　　　　向き＝解答番号 ⑷

　　　　　　　　　　　　　　　　　　　　　　　　　　　大きさ＝解答番号 ⑸

① 右向き　　　　② 左向き

③ $\dfrac{V_0}{3r}$　　　　④ $\dfrac{V_0}{2r}$　　　　⑤ $\dfrac{2V_0}{3r}$　　　　⑥ $\dfrac{V_0}{r}$

⑦ $\dfrac{3V_0}{2r}$　　　　⑧ $\dfrac{2V_0}{r}$　　　　⑨ $\dfrac{5V_0}{2r}$　　　　⑩ $\dfrac{3V_0}{r}$

問 5　点 B を流れる電流の向きと大きさについて最も適当なものを，向きについては次の選択
肢①，②のうちから，大きさについては次の選択肢③～⑩のうちからそれぞれ一つ選べ。

　　　　　　　　　　　　　　　　　　　　　　　　　　　　向き＝解答番号 ⑹

　　　　　　　　　　　　　　　　　　　　　　　　　　　大きさ＝解答番号 ⑺

① 右向き　　　　② 左向き

③ $\dfrac{V_0}{3r}$　　　　④ $\dfrac{V_0}{2r}$　　　　⑤ $\dfrac{2V_0}{3r}$　　　　⑥ $\dfrac{V_0}{r}$

⑦ $\dfrac{3V_0}{2r}$　　　　⑧ $\dfrac{2V_0}{r}$　　　　⑨ $\dfrac{5V_0}{2r}$　　　　⑩ $\dfrac{3V_0}{r}$

[Ⅲ]　電池 E_1 の起電力を V_0 [V]，
　　　抵抗 R_1，R_2 の抵抗値をそれぞれ $2r$ [Ω]，$3r$ [Ω] とする。

問 6　点 A を流れる電流の向きが右向きになるための電池 E_2 の起電力 V_2 の条件として最も適
当なものを，次の選択肢①～⑩のうちから一つ選べ。　　　　　　　　　　解答番号 ⑻

① $V_2 > V_0$　　② $V_2 > \dfrac{3}{2}V_0$　　③ $V_2 > 2V_0$　　④ $V_2 > \dfrac{5}{2}V_0$　　⑤ $V_2 > 3V_0$

⑥ $V_2 < V_0$　　⑦ $V_2 < \dfrac{3}{2}V_0$　　⑧ $V_2 < 2V_0$　　⑨ $V_2 < \dfrac{5}{2}V_0$　　⑩ $V_2 < 3V_0$

■物 理 基 礎■

（注） 化学基礎とあわせて１科目として解答。

（2 科目 120 分）

第 1 問　次の文章を読み，下の設問に答えよ。

　　図 1 のように，長さ 100m の電車 P がはじめ速さ 90km/h で東に走っている。この電車には，3 種類の強さのブレーキがあり，ブレーキ A は加速度の大きさ 2m/s² で，ブレーキ B は加速度の大きさ 1m/s² で，ブレーキ C は加速度の大きさ 0.5m/s² で減速をすることができる。この電車がブレーキをかけて次のホームで停車する。ホームの長さは 200m である。電車 P は，先頭がホームの左端 X にさしかかった時には速さ 5m/s になるようにブレーキ A，ブレーキ B で電車の速度を調整したあと，右端から 50m の位置 Y にこの電車の先頭が来るようにブレーキ C を使って停止する規則になっている。

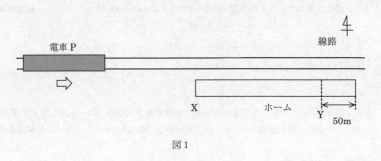

図 1

問 1　電車 P ははじめ速さ何 m/s で東に走っているか。最も適当なものを，次の選択肢①～⑥のうちから一つ選べ。　　　　　　　　　　　　　　　　　　解答番号 [1]

① 25　　　　　　　　② 50　　　　　　　　③ 75
④ 90　　　　　　　　⑤ 150　　　　　　　　⑥ 250

問 2　速度 v（>0）で走っている電車 P が，ブレーキ A のみ，または C のみを使用して完全に停止するまでに必要な時間をそれぞれ t_A, t_C とする。t_A, t_C の比率 $t_A : t_C$ として最も適当なものを，次の選択肢①～⑧のうちから一つ選べ。　　　　　　　　　解答番号 [2]

① 16：1　　　② 4：1　　　③ 2：1　　　④ 1：1
⑤ 1：2　　　⑥ 1：4　　　⑦ 1：16
⑧ はじめの速度 v によって比率は変化する

問3　問2においてブレーキ A のみ，または C のみを使用してから完全に停止するまでの走行距離をそれぞれ x_A，x_C としたとき，x_A と x_C の比率 $x_A：x_C$ として最も適当なものを，次の選択肢①〜⑧のうちから一つ選べ。　　　　　　　　　　**解答番号** $\boxed{3}$

① 16：1　　　② 4：1　　　③ 2：1　　　④ 1：1
⑤ 1：2　　　⑥ 1：4　　　⑦ 1：16
⑧ はじめの速度 v によって比率は変化する

問4　電車 P の先頭がホームの左端 X を通過し，速さ 5m/s のまましばらく走行した後にブレーキ C をかけ始め，位置 Y で停止した。ブレーキ C をかけ始めてからの走行距離は何 m か。最も適当なものを，次の選択肢①〜⑥のうちから一つ選べ。　　　　**解答番号** $\boxed{4}$

① 5　　　　　　② 10　　　　　　③ 15
④ 20　　　　　　⑤ 25　　　　　　⑥ 30

問5　問4においてブレーキ C をかけ始めたのは電車 P の先頭がホームの左端 X を通過してから何秒後か。最も適当なものを，次の選択肢①〜⑥のうちから一つ選べ。　**解答番号** $\boxed{5}$

① 5　　　　　　② 10　　　　　　③ 15
④ 20　　　　　　⑤ 25　　　　　　⑥ 30

　電車 P は，先頭がホーム X の 240m 手前となる位置からブレーキ A を t_A 秒間かけ，次に 6.0 秒間ブレーキをかけず，最後にブレーキ B を t_B 秒間かけて，速さが 5.0m/s になると同時にホーム X に入る計画を立てた。

問6　ブレーキ B をかける時間 t_B は何秒か。最も適当なものを，次の選択肢①〜⑥のうちから一つ選べ。　　　　　　　　　　　　　　　　　　　　　**解答番号** $\boxed{6}$

① $20-2t_A$　　　　　② $20-t_A$　　　　　③ 20

④ $10-2t_A$　　　　　　　⑤ $10-t_A$　　　　　　　⑥ 10

問7　ブレーキ A をかける時間 t_A は何秒か。最も適当なものを，次の選択肢①〜⑥のうちから一つ選べ。　　　　　　　　　　　　　　　　　　　　　　　　解答番号 7

① 1.0　　　　　　　　② 5.0　　　　　　　　③ 7.0
④ 10　　　　　　　　⑤ 20　　　　　　　　⑥ 30

第2問　次の文章を読み，下の設問に答えよ。

　　産業革命以後，石炭や石油などの ア を利用したエネルギー資源の大量利用が始まった。現在にわたり ア は最も重要なエネルギー資源の一つとなっているが，埋蔵量に限りがあり，いずれは枯渇すると懸念されている。このようなエネルギー資源を枯渇性エネルギーという。そのため，近年では，太陽光発電や風力発電など，自然現象を利用した永続的に使うことが出来るエネルギー源である，再生可能エネルギーが注目されている。
　　エネルギーには様々な種類があり，互いに変換される。例えば，原子力発電所は核エネルギーを電気エネルギーに変換する施設である。それ以外にも，石油ストーブ，光合成，水力発電所，発光ダイオード，蒸気機関もあるエネルギーを別のエネルギーに変換している。エネルギーは変換されてもその総和が一定に保たれるという イ の法則が成り立つため，無駄なく変換する機関を作ることが重要である。

問1　 ア ， イ に当てはまる語句として最も適当なものを，次の選択肢①〜⑥のうちからそれぞれ一つ選べ。ただし，同じ選択肢を重複して選んでもよい。

ア ＝解答番号 1
イ ＝解答番号 2

① 化石燃料　　　　　　② 核燃料　　　　　　③ バイオ燃料
④ エネルギー保存　　　⑤ ボイル・シャルル　　⑥ 熱量保存

問2　石油ストーブは， ウ を エ に変換する。 ウ ， エ に当てはまる語句として最も適当なものを，次の選択肢①〜⑥のうちからそれぞれ一つ選べ。ただし，同じ選択肢を重複して選んでもよい。

ウ ＝解答番号 3
エ ＝解答番号 4

① 核エネルギー　　　　② 光エネルギー　　　　③ 電気エネルギー

④ 熱エネルギー　　　　⑤ 化学エネルギー　　　　⑥ 力学的エネルギー

問3　光合成は，│ オ │を│ カ │に変換する。│ オ │，│ カ │に当てはまる語句として最も適当なものを，次の選択肢①〜⑥のうちからそれぞれ一つ選べ。ただし，同じ選択肢を重複して選んでもよい。

│ オ │＝解答番号│5│

│ カ │＝解答番号│6│

① 核エネルギー　　　　② 光エネルギー　　　　③ 電気エネルギー

④ 熱エネルギー　　　　⑤ 化学エネルギー　　　　⑥ 力学的エネルギー

問4　水力発電所は，│ キ │を│ ク │に変換する。│ キ │，│ ク │に当てはまる語句として最も適当なものを，次の選択肢①〜⑥のうちからそれぞれ一つ選べ。ただし，同じ選択肢を重複して選んでもよい。

│ キ │＝解答番号│7│

│ ク │＝解答番号│8│

① 核エネルギー　　　　② 光エネルギー　　　　③ 電気エネルギー

④ 熱エネルギー　　　　⑤ 化学エネルギー　　　　⑥ 力学的エネルギー

問5　発光ダイオードは，│ ケ │を│ コ │に変換する。│ ケ │，│ コ │に当てはまる語句として最も適当なものを，次の選択肢①〜⑥のうちからそれぞれ一つ選べ。ただし，同じ選択肢を重複して選んでもよい。

│ ケ │＝解答番号│9│

│ コ │＝解答番号│10│

① 核エネルギー　　　　② 光エネルギー　　　　③ 電気エネルギー

④ 熱エネルギー　　　　⑤ 化学エネルギー　　　　⑥ 力学的エネルギー

問6　蒸気機関は，│ サ │を│ シ │に変換する。│ サ │，│ シ │に当てはまる語句として最も適当なものを，次の選択肢①〜⑥のうちからそれぞれ一つ選べ。ただし，同じ選択肢を重複して選んでもよい。

│ サ │＝解答番号│11│

│ シ │＝解答番号│12│

① 核エネルギー　　　　② 光エネルギー　　　　③ 電気エネルギー

④ 熱エネルギー　　　　⑤ 化学エネルギー　　　　⑥ 力学的エネルギー

問 7　太陽は核エネルギーを光エネルギーに変換し，外部に放出している。地球において，太陽からの放射に垂直な面における単位面積あたりの仕事率 $S\mathrm{[W/m^2]}$ を太陽定数という。太陽と地球との距離を $d\mathrm{[m]}$ とするとき，太陽が 1 分あたりに放出する全エネルギーとして最も適当なものを，次の選択肢①～⑥のうちから一つ選べ。　　　　　　　　　　解答番号 13

① $4\pi d^2 S$ 　　　　　　② $60\pi d^2 S$ 　　　　　　③ $240\pi d^2 S$

④ $\dfrac{4\pi d^3 S}{3}$ 　　　　　⑤ $20\pi d^3 S$ 　　　　　　⑥ $80\pi d^3 S$

問 8　太陽から金星までの距離は，太陽から地球までの距離のおよそ 0.72 倍である。金星において，太陽からの放射に垂直な面における単位面積あたりの仕事率は太陽定数の何倍か。最も適当なものを，次の選択肢①～⑥のうちから一つ選べ。　　　　　　　解答番号 14

① 0.36 　　　　　　　② 0.37 　　　　　　　③ 0.52

④ 0.72 　　　　　　　⑤ 1.4 　　　　　　　⑥ 1.9

問 9　変換効率が 10％の，太陽光に垂直に向けて地表に設置した太陽電池をつかって 350W を得るのに必要な太陽電池の面積は何 $\mathrm{m^2}$ か。最も適当なものを，次の選択肢①～⑥のうちから一つ選べ。ただし，太陽定数は $1.4\mathrm{kW/m^2}$ であるとし，地球に届いた太陽エネルギーのうち半分が地表に降り注ぐとする。　　　　　　　　　　　　　解答番号 15

① 0.50 　　　　　　　② 5.0 　　　　　　　③ 5.0×10^{3}

④ 1.0 　　　　　　　⑤ 10 　　　　　　　⑥ 1.0×10^{4}

■化学■

◀薬，福岡薬学部▶

（60 分）

必要であれば，次の値を用いよ。また，指示がない場合，気体は理想気体として扱ってよい。

アボガドロ定数：$N_A = 6.02 \times 10^{23}$ /mol　　　　水のイオン積：$K_w = 1.0 \times 10^{-14}$ (mol/L)^2
気体定数：$R = 8.3 \times 10^3$ Pa·L/(mol·K)　　　ファラデー定数：$F = 9.65 \times 10^4$ C/mol
標準状態における理想気体のモル体積：22.4 L/mol

原子量：H=1.0,　He=4.0,　Li=7.0,　Be=9.0,　B=10.8,　C=12.0,　N=14.0,　O=16.0,
　　　　F=19.0,　Ne=20.2,　Na=23.0,　Mg=24.0,　Al=27.0,　Si=28.0,　P=31.0,　S=32.0,
　　　　Cl=35.5,　Ar=40.0,　K=39.0,　Ca=40.0,　Sc=45.0,　Ti=48.0,　V=51.0,　Cr=52.0,
　　　　Mn=55.0,　Fe=56.0,　Co=58.9,　Ni=58.7,　Cu=64.0,　Zn=65.0,　Br=80.0,　Ag=108,
　　　　Cd=112,　Sn=119,　I=127,　　Ba=137,　Hg=200,　Pb=207

（解答上の注意）

1．数値を答える場合は，次の指示に従うこと。

　・解答欄が $\boxed{60}$.$\boxed{61}$×10$^{\boxed{62}}$，0.$\boxed{63}$$\boxed{64}$，$\boxed{65}$.$\boxed{66}$，$\boxed{67}$$\boxed{68}$ の形式の場合には，数値は
　　四捨五入して，有効数字 2 桁で求めよ。

　・解答欄が $\boxed{70}$.$\boxed{71}$$\boxed{72}$×10$^{\boxed{73}}$，$\boxed{74}$.$\boxed{75}$$\boxed{76}$，$\boxed{77}$$\boxed{78}$.$\boxed{79}$ の形式の場合には，数値は
　　四捨五入して，有効数字 3 桁で求めよ。

　　なお，$\boxed{67}$，$\boxed{77}$ は 10 の位を，$\boxed{60}$，$\boxed{65}$，$\boxed{68}$，$\boxed{70}$，$\boxed{74}$，$\boxed{78}$ は 1 の位を，$\boxed{61}$，
　　$\boxed{63}$，$\boxed{66}$，$\boxed{71}$，$\boxed{75}$，$\boxed{79}$ は小数第 1 位を，$\boxed{64}$，$\boxed{72}$，$\boxed{76}$ は小数第 2 位を，$\boxed{62}$，
　　$\boxed{73}$ は底 10 に対する指数の 1 の位を表すものとする。

2．化学式を答える場合は，次の指示に従うこと。

　・化学式が C_4H_8O のとき，解答欄が C$_{\boxed{80}}$H$_{\boxed{81}\boxed{82}}$O$_{\boxed{83}}$ の形式の場合には，解答は以下のように
　　なる。

　　　$\boxed{80}$ = ④，　$\boxed{81}$ = ⑩，　$\boxed{82}$ = ⑧，　$\boxed{83}$ = ①

3．特に指示がない場合は，同じ選択肢を重複して使用してもよい。

第1問　次の文章を読み，下の設問に答えよ。

　　陽イオンと陰イオンが　a　力によるイオン結合により多数集まってできた物質の結晶を
イオン結晶と呼ぶ。イオン結晶では陽イオンと陰イオンが交互に規則正しく立体的に配列し
ており，その最小の繰り返し単位を単位格子という。
　　塩化ナトリウムの結晶の単位格子を次図に示す。塩化ナトリウムの結晶はナトリウムイオ
ンと塩化物イオンが前後，左右および上下に多数連なった構造になっており，その単位格子
中にナトリウムイオンを　ア　個，塩化物イオンを　イ　個含んでいる。ナトリウムイオン
は最短距離にある　ウ　個の塩化物イオンに囲まれており，また，単位格子の中央に塩化物
イオンが存在する場合を考えると，塩化物イオンは最短距離にある　エ　個のナトリウムイ
オンに囲まれている。このように1個の粒子に隣接する他の粒子の数を　b　数という。ま
た，単位格子中の塩化物イオンあるいはナトリウムイオンだけに着目すると，　c　格子を
形成している。

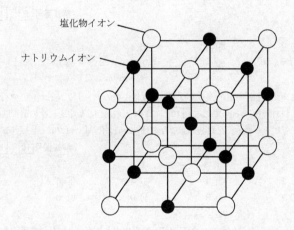

塩化物イオン

ナトリウムイオン

問1　文中の　a　～　c　に入る語句として適切なものを，次の選択肢①～⑨のうちからそ
れぞれ一つ選べ。

a ＝解答番号 1
b ＝解答番号 2
c ＝解答番号 3

　　① ファンデルワールス　　　② 静電気　　　　　　③ 分子間
　　④ イオン　　　　　　　　　⑤ 配位　　　　　　　⑥ 隣接
　　⑦ 体心立方　　　　　　　　⑧ 面心立方　　　　　⑨ 六方最密

問2　文中の　ア　～　エ　に入る数字として適切なものを，次の選択肢①～⑩のうちからそれぞれ一つ選べ。

　ア　＝解答番号 4
　イ　＝解答番号 5
　ウ　＝解答番号 6
　エ　＝解答番号 7

① 1　　　　② 2　　　　③ 4　　　　④ 5　　　　⑤ 6
⑥ 8　　　　⑦ 9　　　　⑧ 10　　　⑨ 12　　　⑩ 14

問3　下線部について，次の問(ⅰ)，(ⅱ)に答えよ。

(ⅰ)　塩化ナトリウムの単位格子の一辺の長さは 5.6×10^{-8} cm であるから，塩化ナトリウムの結晶の密度は $\boxed{8}.\boxed{9}$ g/cm³ である。$\boxed{8}$，$\boxed{9}$ に入る適切な数字を，次の選択肢①～⑩のうちからそれぞれ一つ選べ。ただし，$5.6^3 = 176$ として計算せよ。

解答番号 8 , 9

① 1　　　　② 2　　　　③ 3　　　　④ 4　　　　⑤ 5
⑥ 6　　　　⑦ 7　　　　⑧ 8　　　　⑨ 9　　　　⑩ 0

(ⅱ)　一辺の長さが 5.6×10^{-8} cm の塩化ナトリウムの単位格子中のナトリウムイオンの中心間距離の最小値は $\boxed{10}.\boxed{11} \times 10^{-8}$ cm である。$\boxed{10}$，$\boxed{11}$ に入る適切な数字を，次の選択肢①～⑩のうちからそれぞれ一つ選べ。ただし，必要ならば $\sqrt{2} = 1.41$，$\sqrt{3} = 1.73$ として計算せよ。

解答番号 10 , 11

① 1　　　　② 2　　　　③ 3　　　　④ 4　　　　⑤ 5
⑥ 6　　　　⑦ 7　　　　⑧ 8　　　　⑨ 9　　　　⑩ 0

問4　フッ化ナトリウム NaF と臭化ナトリウム NaBr は塩化ナトリウムと同じ結晶構造をもつ。3つのイオン結晶 NaCl，NaF，NaBr を融点の高い順に並べたものとして適切なものを次の選択肢①～⑥のうちから一つ選べ。

解答番号 12

① NaCl＞NaF＞NaBr　　② NaCl＞NaBr＞NaF　　③ NaF＞NaCl＞NaBr
④ NaF＞NaBr＞NaCl　　⑤ NaBr＞NaCl＞NaF　　⑥ NaBr＞NaF＞NaCl

第2問　次の文章を読み，下の設問に答えよ。

　　窒素 N は元素の周期表の第　a　周期，　b　族に位置する。窒素原子の最外殻は　ア　殻であり，最外殻電子の数は　c　個である。

　　窒素の水素化合物であるアンモニア NH_3 は，(1)水酸化カルシウムと塩化アンモニウムの混合物を加熱すると発生する。アンモニアは A 色で B 臭の気体であり，その水溶液は C い D 性を示す。

　　窒素のオキソ酸である硝酸 HNO_3 は，アンモニアを原料として(2)オストワルト法によって工業的に製造されている。硝酸は E い酸性を示す F 剤であり，(3)褐色びんに入れて保存する必要がある。

問1　文中の a ～ c に入る数字として適切なものを，次の選択肢①～⑩のうちからそれぞれ一つ選べ。

a ＝解答番号 1
b ＝解答番号 2
c ＝解答番号 3

① 1　　　　　② 2　　　　　③ 3　　　　　④ 4　　　　　⑤ 5
⑥ 14　　　　⑦ 15　　　　⑧ 16　　　　⑨ 17　　　　⑩ 18

問2　文中の ア に入る語句として適切なものを，次の選択肢①～④のうちから一つ選べ。

ア ＝解答番号 4

① K　　　　　　② L　　　　　　③ M　　　　　　④ N

問3　下線部(1)の反応を表す次の化学反応式中の空欄に入る係数として適切なものを，下の選択肢①～⑨のうちからそれぞれ一つ選べ。係数が 1 の場合は①を選べ。

解答番号 5 ～ 7

　　　　　$Ca(OH)_2$ ＋ 5 NH_4Cl → $CaCl_2$ ＋ 6 H_2O ＋ 7 NH_3

① 1　　　　　② 2　　　　　③ 3　　　　　④ 4　　　　　⑤ 5
⑥ 6　　　　　⑦ 7　　　　　⑧ 8　　　　　⑨ 9

問4　文中の A ～ F に入る語句として適切なものを，次の選択肢①～⑩のうちからそれぞれ一つ選べ。

A ＝解答番号 8
B ＝解答番号 9
C ＝解答番号 10
D ＝解答番号 11
E ＝解答番号 12
F ＝解答番号 13

① 有　　　　　② 無　　　　　③ 刺激　　　　④ 強　　　　　⑤ 弱
⑥ 酸　　　　　⑦ 中　　　　　⑧ 塩基　　　　⑨ 酸化　　　　⑩ 還元

問5　下線部(2)について，硝酸はアンモニアから次に示す3段階の反応で製造されている。質量パーセント濃度が 63.0%の硝酸 1.00 kg を得るには，標準状態のアンモニアが $\boxed{14}\boxed{15}$ $\boxed{16}$ L 必要である。$\boxed{14}$～$\boxed{16}$ に入る適切な数字を，下の選択肢①～⑩のうちからそれぞれ一つ選べ。　　　　　　　　　　　　　　　　　　　解答番号 $\boxed{14}$～$\boxed{16}$

$$4NH_3 + 5O_2 \longrightarrow 4NO + 6H_2O$$
$$2NO + O_2 \longrightarrow 2NO_2$$
$$3NO_2 + H_2O \longrightarrow 2HNO_3 + NO$$

① 1	② 2	③ 3	④ 4	⑤ 5
⑥ 6	⑦ 7	⑧ 8	⑨ 9	⑩ 0

問6　下線部(3)について，硝酸を褐色びんに入れて保存する理由として最も適切な記述を，次の選択肢①～④のうちから一つ選べ。　　　　　　　　　　　　解答番号 $\boxed{17}$

① 硝酸には潮解性があるため。
② 硝酸はガラスの主成分である二酸化ケイ素を溶かすため。
③ 硝酸は光によって分解するため。
④ 硝酸は空気中で発火するため。

第3問　次の文章を読み，下の設問に答えよ。

　ベンゼンに濃硝酸と濃硫酸の混合物を加えて反応させると，ベンゼンが $\boxed{ア}$ されて $\boxed{a}$ が生成する。これをスズと濃塩酸で $\boxed{イ}$ し，水酸化ナトリウムを加え，ジエチルエーテルで抽出すると $\boxed{b}$ が得られる。$\boxed{b}$ を $\boxed{c}$ と反応させると，(1)解熱鎮痛作用をもつアセトアニリドが生成する。また，$\boxed{b}$ を塩酸に溶かして $\boxed{d}$ と反応させると，塩化ベンゼンジアゾニウムが生成する。これを(2)$\underline{\boxed{e} と反応させると \boxed{ウ} がおこり}$，$p$－フェニルアゾフェノールが生成する。

問1　文中の $\boxed{a}$ ～ $\boxed{e}$ に入る物質として適切なものを，次の選択肢①～⑩のうちからそれぞれ一つ選べ。なお，同じ選択肢を重複して使用してはならない。

$\boxed{a}$	=解答番号 $\boxed{1}$
$\boxed{b}$	=解答番号 $\boxed{2}$
$\boxed{c}$	=解答番号 $\boxed{3}$
$\boxed{d}$	=解答番号 $\boxed{4}$
$\boxed{e}$	=解答番号 $\boxed{5}$

① 安息香酸	② ニトロベンゼン	③ アニリン
④ ピクリン酸	⑤ ベンゼンスルホン酸	⑥ 無水酢酸

⑦ 亜硫酸ナトリウム　　　⑧ 亜硝酸ナトリウム　　　⑨ 硝酸

⑩ ナトリウムフェノキシド

問2　文中の　ア　～　ウ　に入る反応の名称として適切なものを，次の選択肢①～⑩のうちからそれぞれ一つ選べ。なお，同じ選択肢を重複して使用してはならない。

> ア ＝解答番号 6
> イ ＝解答番号 7
> ウ ＝解答番号 8

① 中和　　　　　　② 酸化　　　　　　③ 還元　　　　　　④ 置換

⑤ 付加　　　　　　⑥ スルホン化　　　⑦ ニトロ化　　　　⑧ ジアゾ化

⑨ けん化　　　　　⑩ カップリング反応

問3　下線部(1)について，アセトアニリドと同様に解熱鎮痛作用をもち，医薬品の成分として用いられる物質として適切なものを，次の選択肢①～⑥のうちから一つ選べ。

> 解答番号 9

① ピクリン酸　　　　　② アセチルサリチル酸　　　③ マレイン酸

④ フマル酸　　　　　　⑤ テレフタル酸　　　　　　⑥ ベンゼンスルホン酸

問4　下線部(2)について，次の問（ⅰ），（ⅱ）に答えよ。

（ⅰ）下線部(2)について述べた次の文(A)～(C)を読み，下の選択肢①～⑦のうちから，記述が正しい文の記号だけがすべて含まれているものを一つ選べ。なお，記述の正しい文が一つもないときには該当なしの⑧を選べ。　　　　　　　　　　　　　　解答番号 10

［文］

(A) この反応は氷冷下で行う必要がある。

(B) 生成する *p*−フェニルアゾフェノールは染料として用いられる。

(C) ベンゼンジアゾニウムイオンが分解すると窒素が生じる。

① (A), (B), (C)　　② (A), (B)　　　③ (B), (C)　　　④ (A), (C)

⑤ (A)　　　　　　　⑥ (B)　　　　　　⑦ (C)　　　　　　⑧ 該当なし

（ⅱ）56.2 mg の塩化ベンゼンジアゾニウムから得られる *p*−フェニルアゾフェノールは 11 . 12 . 13 mg である。 11 ～ 13 に入る適切な数字を，次の選択肢①～⑩のうちからそれぞれ一つ選べ。　　　　　　　　　　　　　　　　　　　　　　解答番号 11 ～ 13

① 1　　　　　② 2　　　　　③ 3　　　　　④ 4　　　　　⑤ 5

⑥ 6　　　　　⑦ 7　　　　　⑧ 8　　　　　⑨ 9　　　　　⑩ 0

◀保健医療，医療福祉，成田看護，成田保健医療，
　赤坂心理・医療福祉マネジメント，小田原保健医療，
　　　　　　　　　　　　　　福岡保健医療学部▶

■化学基礎・化学■

（2 科目 120 分）

必要であれば，次の値を用いよ。また，指示がない場合，気体は理想気体として扱ってよい。

アボガドロ定数：$N_A = 6.02 \times 10^{23}$ /mol　　　水のイオン積：$K_w = 1.0 \times 10^{-14}$ (mol/L)^2
気体定数：$R = 8.3 \times 10^3$ Pa·L/(mol·K)　　　ファラデー定数：$F = 9.65 \times 10^4$ C/mol
標準状態における理想気体のモル体積：22.4 L/mol

原子量：H=1.0,　He=4.0,　Li=7.0,　Be=9.0,　B=10.8,　C=12.0,　N=14.0,　O=16.0,
　　　　F=19.0,　Ne=20.2,　Na=23.0,　Mg=24.0,　Al=27.0,　Si=28.0,　P=31.0,　S=32.0,
　　　　Cl=35.5,　Ar=40.0,　K=39.0,　Ca=40.0,　Sc=45.0,　Ti=48.0,　V=51.0,　Cr=52.0,
　　　　Mn=55.0,　Fe=56.0,　Co=58.9,　Ni=58.7,　Cu=64.0,　Zn=65.0,　Br=80.0,　Ag=108,
　　　　Cd=112,　Sn=119,　I=127,　Ba=137,　Hg=200,　Pb=207

（解答上の注意）

1．数値を答える場合は，次の指示に従うこと。

　・解答欄が $\boxed{60}$.$\boxed{61} \times 10^{\boxed{62}}$，0.$\boxed{63}\boxed{64}$，$\boxed{65}$.$\boxed{66}$，$\boxed{67}\boxed{68}$ の形式の場合には，数値は
　　四捨五入して，有効数字 2 桁で求めよ。

　・解答欄が $\boxed{70}$.$\boxed{71}\boxed{72} \times 10^{\boxed{73}}$，$\boxed{74}$.$\boxed{75}\boxed{76}$，$\boxed{77}\boxed{78}$.$\boxed{79}$ の形式の場合には，数値は
　　四捨五入して，有効数字 3 桁で求めよ。

　なお，$\boxed{67}$，$\boxed{77}$ は 10 の位を，$\boxed{60}$，$\boxed{65}$，$\boxed{68}$，$\boxed{70}$，$\boxed{74}$，$\boxed{78}$ は 1 の位を，$\boxed{61}$，
　$\boxed{63}$，$\boxed{66}$，$\boxed{71}$，$\boxed{75}$，$\boxed{79}$ は小数第 1 位を，$\boxed{64}$，$\boxed{72}$，$\boxed{76}$ は小数第 2 位を，$\boxed{62}$，
　$\boxed{73}$ は底 10 に対する指数の 1 の位を表すものとする。

2．化学式を答える場合は，次の指示に従うこと。

　・化学式が C_4H_8O のとき，解答欄が $C_{\boxed{80}}H_{\boxed{81}\boxed{82}}O_{\boxed{83}}$ の形式の場合には，解答は以下のように
　　なる。

　　　$\boxed{80} = ④$，$\boxed{81} = ⑩$，$\boxed{82} = ⑧$，$\boxed{83} = ①$

3．特に指示がない場合は，同じ選択肢を重複して使用してもよい。

第 1 問　次の設問に答えよ。

問 1　同周期の 1 族元素と比べると，2 族元素の原子では原子核の $\boxed{\text{a}}$ 電荷が $\boxed{\text{b}}$ なり，原子核が最外殻電子を引き付ける力が $\boxed{\text{c}}$ なる。そのため，1 族元素よりも 2 族元素のほうがイオン化エネルギーは $\boxed{\text{d}}$ なり，また原子の大きさは $\boxed{\text{e}}$ なる。文中の $\boxed{\text{a}}$ ～ $\boxed{\text{e}}$ に入る語句として適切なものを，次の選択肢①～④のうちからそれぞれ一つ選べ。

$\boxed{\text{a}}$ ＝解答番号 $\boxed{1}$
$\boxed{\text{b}}$ ＝解答番号 $\boxed{2}$
$\boxed{\text{c}}$ ＝解答番号 $\boxed{3}$
$\boxed{\text{d}}$ ＝解答番号 $\boxed{4}$
$\boxed{\text{e}}$ ＝解答番号 $\boxed{5}$

①　正　　　　　　②　負　　　　　　③　小さく　　　　④　大きく

問 2　ある金属は体心立方格子の結晶構造をとる。体心立方格子の単位格子中には $\boxed{\text{f}}$ 個の金属原子が含まれ，その 1 辺の長さを 4.3×10^{-8} cm，結晶の密度を 0.97 g/cm³ とすると，この金属元素は $\boxed{\text{g}}$ であると考えられる。文中の $\boxed{\text{f}}$，$\boxed{\text{g}}$ に入る語句として適切なものを，次の選択肢①～⑧のうちからそれぞれ一つ選べ。なお，$4.3^3 = 79.5$ として計算せよ。

$\boxed{\text{f}}$ ＝解答番号 $\boxed{6}$
$\boxed{\text{g}}$ ＝解答番号 $\boxed{7}$

①　1　　　　　②　2　　　　　③　3　　　　　④　4
⑤　Zn　　　　⑥　Al　　　　⑦　Na　　　　⑧　Fe

問 3　塩化水素 HCl（気）の生成熱を 92.5 kJ/mol，結合エネルギーをそれぞれ H－H：436 kJ/mol，Cl－Cl：243 kJ/mol とすると，H－Cl の結合エネルギーは $\boxed{8}\boxed{9}\boxed{10}$ kJ/mol である。$\boxed{8}$ ～ $\boxed{10}$ に入る適切な数字を，次の選択肢①～⑩のうちからそれぞれ一つ選べ。割り切れない場合は，小数第 1 位を四捨五入して整数で答えよ。　　解答番号 $\boxed{8}$ ～ $\boxed{10}$

①　1　　　　②　2　　　　③　3　　　　④　4　　　　⑤　5
⑥　6　　　　⑦　7　　　　⑧　8　　　　⑨　9　　　　⑩　0

問 4　陽極と陰極に銅電極を用いた硫酸銅（Ⅱ）水溶液の電気分解について述べた次の文（A）～（C）を読み，下の選択肢①～⑦のうちから，記述が正しい文の記号だけがすべて含まれているものを一つ選べ。なお，記述の正しい文が一つもないときには該当なしの⑧を選べ。

解答番号 $\boxed{11}$

［文］

（A）陽極では酸素が発生する。

（B）陰極では水素が発生する。

(C) 電気分解の前後で，陽極と陰極の質量の総和は変化しない。

① (A), (B), (C)　　② (A), (B)　　③ (B), (C)　　④ (A), (C)

⑤ (A)　　　　　　⑥ (B)　　　　⑦ (C)　　　　⑧ 該当なし

問5　天然の塩素には，相対質量が 35.0 の $^{35}_{17}Cl$ と，相対質量が 37.0 の $^{37}_{17}Cl$ の2種類の同位体があり，その他の同位体の存在量は無視できるほど小さい。また，塩素の原子量は 35.5 である。よって，$^{37}_{17}Cl$ の天然存在比は $\boxed{12}\,\boxed{13}.\boxed{14}$ %である。$\boxed{12}$～$\boxed{14}$ に入る適切な数字を，次の選択肢①～⑩のうちからそれぞれ一つ選べ。　　　　　　　　　　　解答番号 $\boxed{12}$～$\boxed{14}$

① 1　　　　② 2　　　③ 3　　　④ 4　　　⑤ 5

⑥ 6　　　　⑦ 7　　　⑧ 8　　　⑨ 9　　　⑩ 0

問6　分子の構造について述べた次の文(A)～(C)を読み，下の選択肢①～⑦のうちから，記述が正しい文の記号だけがすべて含まれているものを一つ選べ。なお，記述の正しい文が一つもないときには該当なしの⑧を選べ。　　　　　　　　　　　　　解答番号 $\boxed{15}$

[文]

(A) メタン分子は正四面体形の構造をもつ。

(B) アンモニア分子は1組の非共有電子対をもつ。

(C) 水分子は折れ線形の構造をもつ。

① (A), (B), (C)　　② (A), (B)　　③ (B), (C)　　④ (A), (C)

⑤ (A)　　　　　　⑥ (B)　　　　⑦ (C)　　　　⑧ 該当なし

第2問　次の文章を読み，下の設問に答えよ。

　濃度の低い硫酸水溶液を希硫酸といい，一般には(1)質量パーセント濃度がおよそ 90%未満のものを指す。希硫酸は強い $\boxed{a}$ を示すため，(2)多くの金属を溶かす性質をもつ。また，金属の酸化物や硫化物とも反応するため，実験室においては気体を発生させるなどの実験の際に用いることが多い。

　希硫酸に $\boxed{b}$ 色の酸化銅(Ⅱ)を加えると，気体を $\boxed{ア}$ 反応しながら溶け，$\boxed{c}$ 色の水溶液が得られる。また，希硫酸に $\boxed{d}$ 色の硫化鉄(Ⅱ)を加えると，気体を $\boxed{イ}$ 反応しながら溶け，$\boxed{e}$ 色の水溶液が得られる。

問1　文中の $\boxed{a}$ に入る語句として適切なものを，次の選択肢①～④のうちから一つ選べ。

解答番号 $\boxed{1}$

① 酸化力　　　② 酸性　　　③ 脱水作用　　　④ 不揮発性

問2 文中の b ～ e に入る色として適切なものを，次の選択肢①～⑥のうちからそれぞれ一つ選べ。

b ＝解答番号 2
c ＝解答番号 3
d ＝解答番号 4
e ＝解答番号 5

① 無 　　　　　② 青 　　　　　③ 赤褐
④ 黒 　　　　　⑤ 白 　　　　　⑥ 淡緑

問3 文中の ア , イ に入る語句として適切なものを，次の選択肢①，②のうちからそれぞれ一つ選べ。

ア ＝解答番号 6
イ ＝解答番号 7

① 発生して 　　　　　　　　　② 発生せずに

問4 下線部(1)について，希硫酸の質量パーセント濃度が 90%であるとして，次の問 (ⅰ)，(ⅱ)に答えよ。

(ⅰ) この希硫酸100 g に含まれている硫酸および水の物質量〔mol〕として適切なものを，次の選択肢①～⑧のうちからそれぞれ一つ選べ。なお，同じ選択肢を重複して使用してはならない。

硫酸＝解答番号 8
水＝解答番号 9

① 0.18 　　② 0.30 　　③ 0.44 　　④ 0.56
⑤ 0.72 　　⑥ 0.81 　　⑦ 0.92 　　⑧ 0.98

(ⅱ) この希硫酸中の硫酸の電離状態について述べた文として最も適切なものを，次の選択肢①～⑤のうちから一つ選べ。なお，硫酸の電離によって水素イオンが放出されると，水分子と結合してオキソニウムイオンが生じるものとし，その他の反応はおこらないものとする。

解答番号 10

① 硫酸は強酸であるから，すべての硫酸分子が電離している。
② すべての硫酸は第１電離によって HSO_4^- となっている。
③ 一部の硫酸のみが第１電離によって HSO_4^- となっている。
④ 第１電離は完全に進行し，さらにその一部は第２電離によって SO_4^{2-} となっている。
⑤ すべての硫酸は電離せず分子のままである。

問5 下線部(2)について，質量パーセント濃度が 10%程度の希硫酸に溶ける金属は次の語群の中にいくつあるか。適切なものを，下の選択肢①～⑤のうちから一つ選べ。該当するものがない場合は⑥を選べ。

解答番号 11

〔語群〕鉄, 亜鉛, 銅, アルミニウム, ニッケル

① 1つ ② 2つ ③ 3つ ④ 4つ ⑤ 5つ
⑥ 該当なし

問6 濃度が不明の希硫酸があり, その 10 mL を量り取って $2.0×10^{-2}$ mol/L の水酸化ナトリウム水溶液で中和滴定したところ, 7.5 mL で終点となった。次の問(ⅰ), (ⅱ)に答えよ。

(ⅰ) この希硫酸のモル濃度は $\boxed{12}.\boxed{13}×10^{-\boxed{14}}$ mol/L である。$\boxed{12}$〜$\boxed{14}$ に入る適切な数字を, 次の選択肢①〜⑩のうちからそれぞれ一つ選べ。　　　　　**解答番号** $\boxed{12}$〜$\boxed{14}$

① 1 ② 2 ③ 3 ④ 4 ⑤ 5
⑥ 6 ⑦ 7 ⑧ 8 ⑨ 9 ⑩ 0

(ⅱ) この希硫酸の pH は $\boxed{15}.\boxed{16}$ である。$\boxed{15}$, $\boxed{16}$ に入る適切な数字を, 次の選択肢①〜⑩のうちからそれぞれ一つ選べ。なお, 硫酸はこの水溶液中で完全に電離しているものとする。必要であれば $\log_{10}2 = 0.30$, $\log_{10}3 = 0.48$ を用いよ。　　　　　**解答番号** $\boxed{15}$, $\boxed{16}$

① 1 ② 2 ③ 3 ④ 4 ⑤ 5
⑥ 6 ⑦ 7 ⑧ 8 ⑨ 9 ⑩ 0

第3問 次の文章を読み, 下の設問に答えよ。

　ベンゼン環を有する化合物を芳香族化合物といい, (1)水に溶けにくいものが多い。しかし, 酸や塩基と反応して(2)イオンに変化すれば, 水によく溶けるようになる。この原理を利用して, サリチル酸, トルエン, フェノール, アニリンの4種類の化合物を含むエーテル溶液からそれぞれの化合物を分離するために, 分液ろうとを用いて次の実験1および2をおこなった。

〔実験1〕
　4種類の化合物を含むエーテル溶液に水酸化ナトリウム水溶液を加えてよく振りまぜ, エーテル層と水層に分離した。取り出したエーテル層には希塩酸を加えてよく振りまぜ, さらにエーテル層Aと水層Bに分離した。一方, 最初に分離した水層には十分に二酸化炭素を通じたのち, ジエチルエーテルを加えて, エーテル層Cと水層Dに分離した。

〔実験2〕
　4種類の化合物を含むエーテル溶液に希塩酸を加えてよく振りまぜ, エーテル層と水層Eに分離した。取り出したエーテル層には水酸化ナトリウム水溶液を加えてよく振りまぜ, さ

らにエーテル層Fと水層に分離した。この水層に十分に二酸化炭素を通じたのち，ジエチルエーテルを加えて，エーテル層Gと水層Hに分離した。

問1　下線部(1)について，水に溶けやすい芳香族化合物として適切なものを，次の選択肢①〜⑥のうちから一つ選べ。　　　　　　　　　　　　　　　　　　　　　**解答番号** $\boxed{1}$

① サリチル酸メチル　　② アセチルサリチル酸　　③ ニトロベンゼン
④ ベンゼンスルホン酸　　⑤ ベンズアルデヒド　　⑥ スチレン

問2　下線部(2)について述べた次の文(A)〜(C)を読み，下の選択肢①〜⑦のうちから，記述が正しい文の記号だけがすべて含まれているものを一つ選べ。なお，記述の正しい文が一つもないときには該当なしの⑧を選べ。　　　　　　　　　　　　　　　**解答番号** $\boxed{2}$

［文］
(A) 分子の大きさが半分ほどに小さくなるため，水に溶けやすくなる。
(B) 水分子との水和がおこり，水に溶けやすくなる。
(C) この現象をチンダル現象という。

① (A), (B), (C)　　② (A), (B)　　③ (B), (C)　　④ (A), (C)
⑤ (A)　　　　　　⑥ (B)　　　　⑦ (C)　　　　⑧ 該当なし

問3　サリチル酸，フェノールおよび炭酸の酸としての強さの順番として適切なものを，次の選択肢①〜⑥のうちから一つ選べ。　　　　　　　　　　　　　　　　**解答番号** $\boxed{3}$

① サリチル酸＞フェノール＞炭酸　　② サリチル酸＞炭酸＞フェノール
③ フェノール＞サリチル酸＞炭酸　　④ フェノール＞炭酸＞サリチル酸
⑤ 炭酸＞サリチル酸＞フェノール　　⑥ 炭酸＞フェノール＞サリチル酸

問4　エーテル層あるいは水層A〜Hに含まれる化合物の構造として適切なものを，次の選択肢①〜⑩のうちからそれぞれ一つ選べ。

A＝**解答番号** $\boxed{4}$
B＝**解答番号** $\boxed{5}$
C＝**解答番号** $\boxed{6}$
D＝**解答番号** $\boxed{7}$
E＝**解答番号** $\boxed{8}$
F＝**解答番号** $\boxed{9}$
G＝**解答番号** $\boxed{10}$
H＝**解答番号** $\boxed{11}$

①　CH_3（ベンゼン環）

②　OH（ベンゼン環）

③　ONa（ベンゼン環）

④　NH_2（ベンゼン環）

⑤　NH_3Cl（ベンゼン環）

⑥　OH　$COOH$（ベンゼン環）

⑦　ONa　$COOH$（ベンゼン環）

⑧　OH　$COONa$（ベンゼン環）

⑨　ONa　$COONa$（ベンゼン環）

⑩　NO_2（ベンゼン環）

問5　本文中の実験1および2に関連して，次の文①〜⑧のうちから適切なものを三つ選べ。
なお，解答の順序は問わない。　　　　　　　　　　　　　　　解答番号 12 〜 14

① エーテル層Aに臭素水を加えると脱色される。

② 水層Bに塩化鉄(Ⅲ)水溶液を加えると青紫色を呈する。

③ エーテル層Cに塩化鉄(Ⅲ)水溶液を加えると青紫色を呈する。

④ 水層Dに水酸化ナトリウム水溶液を加えると気体が発生する。

⑤ 水層Eにさらし粉水溶液を加えると赤紫色を呈する。

⑥ エーテル層Fからエーテルを蒸発させると，淡黄色の油状物質が残る。

⑦ エーテル層Gに臭素水を加えると白色沈殿が生じる。

⑧ 水層Hにさらし粉水溶液を加えると赤紫色を呈する。

■化 学 基 礎■

(注)　物理基礎または生物基礎とあわせて 1 科目として解答。

（2 科目 120 分）

必要であれば，次の値を用いよ。また，指示がない場合，気体は理想気体として扱ってよい。

アボガドロ定数：$N_A = 6.02 \times 10^{23}$ /mol　　　　水のイオン積：$K_w = 1.0 \times 10^{-14}$ (mol/L)^2
標準状態における理想気体のモル体積：22.4 L/mol

原子量：H=1.0,　He=4.0,　Li=7.0,　Be=9.0,　B=10.8,　C=12.0,　N=14.0,　O=16.0,
　　　　F=19.0,　Ne=20.2,　Na=23.0,　Mg=24.0,　Al=27.0,　Si=28.0,　P=31.0,　S=32.0,
　　　　Cl=35.5,　Ar=40.0,　K=39.0,　Ca=40.0,　Sc=45.0,　Ti=48.0,　V=51.0,　Cr=52.0,
　　　　Mn=55.0,　Fe=56.0,　Co=58.9,　Ni=58.7,　Cu=64.0,　Zn=65.0,　Br=80.0,　Ag=108,
　　　　Cd=112,　Sn=119,　I=127,　Ba=137,　Hg=200,　Pb=207

（解答上の注意）

1．数値を答える場合は，次の指示に従うこと。

　・解答欄が $\boxed{60}.\boxed{61} \times 10^{\boxed{62}}$, 0.$\boxed{63}\boxed{64}$, $\boxed{65}.\boxed{66}$, $\boxed{67}\boxed{68}$ の形式の場合には，数値は
　　四捨五入して，有効数字 2 桁で求めよ。

　・解答欄が $\boxed{70}.\boxed{71}\boxed{72} \times 10^{\boxed{73}}$, $\boxed{74}.\boxed{75}\boxed{76}$, $\boxed{77}\boxed{78}.\boxed{79}$ の形式の場合には，数値は
　　四捨五入して，有効数字 3 桁で求めよ。

　　なお，$\boxed{67}$, $\boxed{77}$ は 10 の位を，$\boxed{60}$, $\boxed{65}$, $\boxed{68}$, $\boxed{70}$, $\boxed{74}$, $\boxed{78}$ は 1 の位を，$\boxed{61}$,
　　$\boxed{63}$, $\boxed{66}$, $\boxed{71}$, $\boxed{75}$, $\boxed{79}$ は小数第 1 位を，$\boxed{64}$, $\boxed{72}$, $\boxed{76}$ は小数第 2 位を，$\boxed{62}$,
　　$\boxed{73}$ は底 10 に対する指数の 1 の位を表すものとする。

2．化学式を答える場合は，次の指示に従うこと。

　・化学式が C_4H_8O のとき，解答欄が $C_{\boxed{80}}H_{\boxed{81}\boxed{82}}O_{\boxed{83}}$ の形式の場合には，解答は以下のよう
　　になる。

　　　　$\boxed{80}$ = ④,　$\boxed{81}$ = ⑩,　$\boxed{82}$ = ⑧,　$\boxed{83}$ = ①

3．特に指示がない場合は，同じ選択肢を重複して使用してもよい。

第1問 次の設問に答えよ。

問1 最外殻が M 殻であり，4個の価電子をもつ原子の元素記号として適切なものを，次の選択肢①〜⑥のうちから一つ選べ。　　　　　　　　　　　　　　　　解答番号 1

① B　　　　　　　　　② C　　　　　　　　　③ N
④ Mg　　　　　　　　⑤ Si　　　　　　　　　⑥ P

問2 ガリウムには $^{69}_{31}Ga$ と $^{71}_{31}Ga$ の2種類の a があり，互いに b の数が異なる。$^{69}_{31}Ga$ の c の数は 38 個であり，$^{71}_{31}Ga^{3+}$ の d の数は 28 個である。文中の a 〜 d に入る語句として適切なものを，次の選択肢①〜⑥のうちからそれぞれ一つ選べ。

a = 解答番号 2
b = 解答番号 3
c = 解答番号 4
d = 解答番号 5

① 同族元素　　　　　② 同位体　　　　　　③ 同素体
④ 電子　　　　　　　⑤ 陽子　　　　　　　⑥ 中性子

問3 標準状態で 2.8 L の気体の質量を測定したところ，4.0 g であった。この気体の化学式として適切なものを，次の選択肢①〜⑥のうちから一つ選べ。　　　解答番号 6

① O_2　　　　　　　② N_2　　　　　　　③ Ne
④ CH_4　　　　　　⑤ Ar　　　　　　　　⑥ Cl_2

問4 塩素系漂白剤の主成分である次亜塩素酸ナトリウム NaClO は，塩酸と反応して塩素ガスを発生する。この反応を表す次の化学反応式中の空欄に入る係数として適切なものを，下の選択肢①〜⑨のうちからそれぞれ一つ選べ。係数が1の場合は①を選べ。

解答番号 7 〜 11

$$\boxed{7}\,NaClO + \boxed{8}\,HCl \longrightarrow \boxed{9}\,NaCl + \boxed{10}\,H_2O + \boxed{11}\,Cl_2$$

① 1　　　　② 2　　　　③ 3　　　　④ 4　　　　　⑤ 5
⑥ 6　　　　⑦ 7　　　　⑧ 8　　　　⑨ 9

問5 銅を空気中で加熱すると酸化銅(Ⅱ)に変化する。12.8 g の銅をすべて酸化銅(Ⅱ)にするために必要な空気の体積は，標準状態で $\boxed{12}\,\boxed{13}.\boxed{14}$ L である。$\boxed{12}$ 〜 $\boxed{14}$ に入る適切な数字を，次の選択肢①〜⑩のうちからそれぞれ一つ選べ。ただし，空気の体積組成を $N_2 : O_2 = 4 : 1$ とする。

解答番号 12 〜 14

① 1　　　　　② 2　　　　　③ 3　　　　　④ 4　　　　　⑤ 5
⑥ 6　　　　　⑦ 7　　　　　⑧ 8　　　　　⑨ 9　　　　　⑩ 0

問6　「アレニウスによる酸の定義」および「ブレンステッドとローリーによる塩基の定義」
　　　として適切なものを，次の選択肢①～⑥のうちからそれぞれ一つ選べ。なお，同じ選択肢
　　　を重複して使用してはならない。　　　　　　　　アレニウスによる酸の定義＝**解答番号** 15
　　　　　　　　　　　　　　　　　ブレンステッドとローリーによる塩基の定義＝**解答番号** 16

① 水に溶かすと電離して水素イオンを生じる物質。
② 水に溶かすと電離して水酸化物イオンを生じる物質。
③ 相手に水素イオンを与える物質。
④ 相手から水素イオンを受け取る物質。
⑤ 相手に水酸化物イオンを与える物質。
⑥ 相手から水酸化物イオンを受け取る物質。

第2問　次の文章を読み，下の設問に答えよ。

　　　 a 　の授受を伴う反応は酸化還元反応とよばれる。このとき， a 　を与える物質を
 b 　という。言い換えれば，反応の前後で酸化数が c 　する原子を含む物質が b 　で
ある。

　　　シュウ酸$(COOH)_2$ は2価の d 　であるとともに， b 　としてもはたらく。 b 　とし
てはたらくときの反応式は次の通りである。

$$(COOH)_2 \longrightarrow \boxed{1}CO_2 + \boxed{2}H^+ + \boxed{3}e^-$$

　　　濃度が不明の二クロム酸カリウム $K_2Cr_2O_7$ 水溶液 20 mL を量り取ってビーカーに入れ，
さらに希硫酸 5 mL を加えた。ここに，0.16 mol/L のシュウ酸水溶液を滴下したところ，終
点までに 10 mL を必要とした。なお，二クロム酸イオンは次のように反応する。

$$Cr_2O_7{}^{2-} + 14H^+ + \boxed{4}e^- \longrightarrow \boxed{5}Cr^{3+} + \boxed{6}H_2O$$

問1　文中の 1 ～ 6 に入る係数として適切なものを，次の選択肢①～⑨のうちからそれぞ
　　　れ一つ選べ。係数が1の場合は①を選べ。　　　　　　　　　　　**解答番号** 1 ～ 6

① 1　　　　　② 2　　　　　③ 3　　　　　④ 4　　　　　⑤ 5
⑥ 6　　　　　⑦ 7　　　　　⑧ 8　　　　　⑨ 9

問2　文中の a ～ d に入る語句として適切なものを，次の選択肢①～⑩のうちからそ
　　　れぞれ一つ選べ。なお，同じ選択肢を重複して使用してはならない。 a ＝**解答番号** 7
　　　　　　　　　　　　　　　　　　　　　　　　　　　　　　　 b ＝**解答番号** 8

c	=解答番号 9
d	=解答番号 10

① 水素イオン　　② 電子　　　　③ 陽子　　　　④ 増加　　　　⑤ 減少

⑥ 酸化剤　　　　⑦ 弱酸　　　　⑧ 強酸　　　　⑨ 還元剤　　　⑩ 弱塩基

問3　本文中の滴定実験について，次の問(ⅰ), (ⅱ)に答えよ。

(ⅰ) 滴定前の二クロム酸カリウム水溶液の色は ア 色であり，滴定後のビーカー内の溶液の色は イ 色である。文中の ア ， イ に入る色として適切なものを，次の選択肢①〜⑤のうちからそれぞれ一つ選べ。なお，同じ選択肢を重複して使用してはならない。

ア	=解答番号 11
イ	=解答番号 12

① 無　　　　　② 青　　　　　③ 赤紫　　　　④ 赤橙　　　　⑤ 緑

(ⅱ) 滴定の結果から，二クロム酸カリウム水溶液のモル濃度は $\boxed{13}$. $\boxed{14}$ ×10$^{-\boxed{15}}$ mol/L である。$\boxed{13}$ 〜 $\boxed{15}$ に入る適切な数字を，次の選択肢①〜⑩のうちからそれぞれ一つ選べ。

解答番号 13 〜 15

① 1　　　　　② 2　　　　　③ 3　　　　　④ 4　　　　　⑤ 5

⑥ 6　　　　　⑦ 7　　　　　⑧ 8　　　　　⑨ 9　　　　　⑩ 0

■生物■

■生物基礎・生物■

（2 科目 120 分）

第 1 問　次の文章を読み，下の設問に答えよ。

　　下の図は，アフリカツメガエルの　あ　の縦断面を模式的に表したものである。　あ　からさらに発生が進むと，やがて　い　がおこり　う　が生じる。図中には　う　が生じる位置を矢印で示してある。この胚をA〜Dの 4 つの部位に切り分けて，次のような実験をおこなった。なお，実験 5 で使用した特殊な膜には無数の(1)小孔が空いており，細胞は通過できないが水溶性物質は透過することができる。

実験 1 ．部位Aだけを培養すると，神経系を除く　え　性組織へと分化した。

実験 2 ．部位Bだけを培養すると，　ア　・筋肉・血球などの　お　性組織へと分化した。

実験 3 ．部位Cだけを培養すると，ほとんどの場合は(2)未分化な細胞塊のままであったが，まれに腸のような　か　性組織に分化した。部位Dだけを培養した場合も同様であった。

実験 4 ．部位Aと部位Cを接触させて培養したところ，Aの一部から　ア　や筋肉などが分化した。

実験 5 ．部位Aと部位Dを接触させて培養したところ，Aの一部から筋肉や血球が分化した。部位Aと部位Dの間に特殊な膜をはさんで培養した場合，Aの一部から　イ　や　ウ　などが分化した。

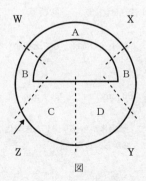

図

問1　図中の W〜Z のうち，将来腹側になる方向および頭部が生じる方向として適切なものを，次の選択肢①〜④のうちからそれぞれ一つ選べ。なお，同じ選択肢を重複して使用してはならない。

腹側になる方向＝**解答番号** 1

頭部が生じる方向＝**解答番号** 2

① W　　　　② X　　　　③ Y　　　　④ Z

問2　文中の あ 〜 か に入る語句として適切なものを，次の選択肢①〜⑩のうちからそれぞれ一つ選べ。なお，同じ選択肢を重複して使用してはならない。

あ ＝**解答番号** 3
い ＝**解答番号** 4
う ＝**解答番号** 5
え ＝**解答番号** 6
お ＝**解答番号** 7
か ＝**解答番号** 8

① 外胚葉　　② 原口　　③ 胞胚　　④ 間充織　　⑤ 中胚葉

⑥ 桑実胚　　⑦ 内胚葉　　⑧ 陥入　　⑨ 神経溝　　⑩ 神経胚

問3　文中の ア 〜 ウ に入る語句として適切なものを，次の選択肢①〜⑥のうちからそれぞれ一つ選べ。なお，同じ選択肢を重複して使用してはならない。また， イ と ウ については解答の順序は問わない。

ア ＝**解答番号** 9

イ ， ウ ＝**解答番号** 10 , 11

① 神経　　　　② 脊索　　　　③ 腸

④ 血球　　　　⑤ 表皮　　　　⑥ 筋肉

問4　実験4や5で見られた現象を何というか。適切なものを，次の選択肢①〜④のうちから一つ選べ。　　**解答番号** 12

① 神経伝達　　② 神経分泌　　③ 誘導　　④ 環境形成作用

問5　下線部(1)について，この小孔の直径として適切なものを，次の選択肢①〜④のうちから一つ選べ。　　**解答番号** 13

① 1 μm　　② 100 μm　　③ 1 mm　　④ 20 mm

問6　下線部(2)に関連して，植物体から作り出した未分化な細胞塊の名称として適切なものを，次の選択肢①〜④のうちから一つ選べ。　　**解答番号** 14

① ベクター　　② プラスミド　　③ シャペロン　　④ カルス

第2問　植物の環境応答に関して，下の設問に答えよ。

問1　種子の発芽について述べた次の[文](A)〜(C)を読み，下の選択肢①〜⑦のうちから，記述が正しい文の記号だけがすべて含まれているものを一つ選べ。なお，記述の正しい文が一つもないときには該当なしの⑧を選べ。　　　　　　　**解答番号**　$\boxed{1}$

[文]
(A) 発芽には酸素が必要であるが，水分は必要ない。
(B) カボチャの種子は光によって発芽が抑制される。
(C) 光発芽種子であるレタスの種子に赤色光を当てると，発芽が促進される。

① (A), (B), (C)　　　② (A), (B)　　　③ (B), (C)　　　④ (A), (C)
⑤ (A)　　　　　　　⑥ (B)　　　　　⑦ (C)　　　　　⑧ 該当なし

問2　茎の光屈性について述べた次の[文](A)〜(C)を読み，下の選択肢①〜⑦のうちから，記述が正しい文の記号だけがすべて含まれているものを一つ選べ。なお，記述の正しい文が一つもないときには該当なしの⑧を選べ。　　　　　　　**解答番号**　$\boxed{2}$

[文]
(A) 光が当たると，茎は光が当たっている方向に屈曲する。
(B) フォトトロピンとよばれる色素タンパク質が関与している。
(C) オーキシンとよばれる植物ホルモンが関与している。

① (A), (B), (C)　　　② (A), (B)　　　③ (B), (C)　　　④ (A), (C)
⑤ (A)　　　　　　　⑥ (B)　　　　　⑦ (C)　　　　　⑧ 該当なし

問3　重力屈性について述べた次の[文](A)〜(C)を読み，下の選択肢①〜⑦のうちから，記述が正しい文の記号だけがすべて含まれているものを一つ選べ。なお，記述の正しい文が一つもないときには該当なしの⑧を選べ。　　　　　　　**解答番号**　$\boxed{3}$

[文]
(A) 根は正の重力屈性を示す。
(B) 茎は重力屈性を示さない。
(C) 根の重力屈性において，根冠にある細胞が重力刺激を感知する。

① (A), (B), (C)　　　② (A), (B)　　　③ (B), (C)　　　④ (A), (C)
⑤ (A)　　　　　　　⑥ (B)　　　　　⑦ (C)　　　　　⑧ 該当なし

問4　花芽形成について述べた次の[文](A)～(C)を読み，下の選択肢①～⑦のうちから，記述
　　が正しい文の記号だけがすべて含まれているものを一つ選べ。なお，記述の正しい文が一
　　つもないときには該当なしの⑧を選べ。　　　　　　　　　　　　　　　　**解答番号 4**

　　[文]

　　(A) 花芽形成のように，昼間と夜間の長さの影響を受けて反応する性質を概日リズムとい
　　　　う。

　　(B) アサガオは長日植物である。

　　(C) 短日植物は暗期の長さが限界暗期よりも長くなると花芽を形成する。

　　① (A), (B), (C)　　　② (A), (B)　　　③ (B), (C)　　　④ (A), (C)
　　⑤ (A)　　　　　　　⑥ (B)　　　　　⑦ (C)　　　　　⑧ 該当なし

問5　ストレスに対する応答について述べた次の[文](A)～(C)を読み，下の選択肢①～⑦のう
　　ちから，記述が正しい文の記号だけがすべて含まれているものを一つ選べ。なお，記述の
　　正しい文が一つもないときには該当なしの⑧を選べ。　　　　　　　　　　**解答番号 5**

　　[文]

　　(A) 乾燥状態になると，気孔を閉じる。

　　(B) 病原体に感染すると，ファイトアレキシンとよばれる抗菌物質が合成される。

　　(C) トマトの葉は，食害を受けるとジャスモン酸とよばれる植物ホルモンを合成する。

　　① (A), (B), (C)　　　② (A), (B)　　　③ (B), (C)　　　④ (A), (C)
　　⑤ (A)　　　　　　　⑥ (B)　　　　　⑦ (C)　　　　　⑧ 該当なし

第3問　次の文章を読み，下の設問に答えよ。

　　動物は外界からのさまざまな刺激を，刺激の種類に応じた特定の器官で感知しており，こ
のような器官を あ 器という。その情報は い 神経によって あ 器から う に伝えら
れ，感覚が生じる。さらに， え 神経によって う から筋肉などの お 器へと情報が
伝えられることで，刺激に対する反応が生じる。

　　筋肉は主に，内臓を動かす内臓筋と，骨格を動かす骨格筋に分類される。骨格筋は A
とよばれる巨大な細胞からなり，その細胞内には筋収縮にはたらく B フィラメントと
 C フィラメントが多量かつ整然と並んでおり，強い張力を発揮する。次の図は，ひとつ
の D （筋節）を模式的に表したものである。

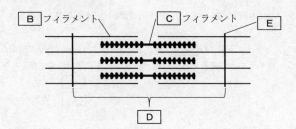

　ある骨格筋標本を用意して，筋肉の長さをいろいろと変えながら（それに応じて，筋節の長さもいろいろと変化することになる），1 回の刺激によって発生する張力を測定する実験をおこなった。その結果，筋節の長さが 2.0〜2.2 μm において最大の張力が発生し，2.2 μm よりも長い状態で刺激すると発生する張力は次第に低下して，3.6 μm において張力が発生しなくなった。また，筋節が 2.0 μm よりも短い状態で刺激すると，| B | フィラメントが重なり合うことで張力が低下することがわかった。

問1　文中の | あ | 〜 | お | に入る語句として適切なものを，次の選択肢①〜⑧のうちからそれぞれ一つ選べ。なお，同じ選択肢を重複して使用してはならない。

あ	= 解答番号	1
い	= 解答番号	2
う	= 解答番号	3
え	= 解答番号	4
お	= 解答番号	5

① 感覚　　　　② 末梢神経系　　　③ 効果　　　　④ 平衡

⑤ 自律　　　　⑥ 受容　　　　　　⑦ 運動　　　　⑧ 中枢神経系

問2　文中および図中の | A | 〜 | E | に入る語句として適切なものを，次の選択肢①〜⑨のうちからそれぞれ一つ選べ。なお，同じ選択肢を重複して使用してはならない。

A	= 解答番号	6
B	= 解答番号	7
C	= 解答番号	8
D	= 解答番号	9
E	= 解答番号	10

① ミオシン　　　　② おおい膜　　　　③ 微小管

④ 筋繊維　　　　　⑤ アクチン　　　　⑥ 筋原繊維

⑦ Z 膜　　　　　　⑧ 中間径　　　　　⑨ サルコメア

問3　本文中の張力測定実験について，以下の設問［Ⅰ］，［Ⅱ］に答えよ。

［Ⅰ］　$\boxed{\text{B}}$ フィラメントおよび $\boxed{\text{C}}$ フィラメントの長さ〔μm〕として適切なものを，次の選択肢①～⑧のうちからそれぞれ一つ選べ。なお，同じ選択肢を重複して使用してはならない。

$\boxed{\text{B}}$ フィラメント＝**解答番号** $\boxed{11}$
$\boxed{\text{C}}$ フィラメント＝**解答番号** $\boxed{12}$

① 1.0　　　　② 1.2　　　　③ 1.4　　　　④ 1.6
⑤ 1.8　　　　⑥ 2.0　　　　⑦ 2.2　　　　⑧ 2.4

［Ⅱ］　筋節の長さが 2.2 μm のときの暗帯および明帯の長さ〔μm〕として適切なものを，次の選択肢①～⑧のうちからそれぞれ一つ選べ。なお，同じ選択肢を重複して使用してはならない。

暗帯＝**解答番号** $\boxed{13}$
明帯＝**解答番号** $\boxed{14}$

① 0.2　　　　② 0.4　　　　③ 0.6　　　　④ 0.8
⑤ 1.2　　　　⑥ 1.4　　　　⑦ 1.6　　　　⑧ 1.8

■生 物 基 礎■

（注）　化学基礎とあわせて 1 科目として解答。

（2 科目 120 分）

第 1 問　次の文章を読み，下の設問に答えよ。

　　さまざまな生物とそれらを取り巻く環境を，(1)物質循環とエネルギーの流れについて 1 つ
のまとまりとしてとらえたものを　**あ**　という。ある生物にとっての環境は，(2)温度や光な
どの非生物的環境と，　**ア**　からなる生物的環境に分けられる。非生物的環境がそこにすむ
生物に及ぼす影響を　**い**　という。反対に，生物の活動によって環境に含まれる酸素や二酸
化炭素の量が変化するなど，生物がそれを取り巻く環境に与える影響を　**う**　という。
　　生物の体内では，つねに物質を合成したり分解したりする反応がおこっており，これらの
化学反応全体をまとめて　**え**　という。次の図は，生物界における物質の　**え**　とエネルギ
ーの主な流れを模式的に表したものである。

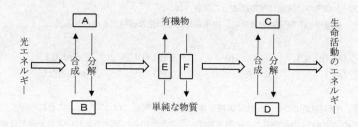

問 1　文中の　**あ**　〜　**え**　に入る語句として適切なものを，次の選択肢①〜⑧のうちからそ
れぞれ一つ選べ。なお，同じ選択肢を重複して使用してはならない。　**あ** ＝解答番号 1
　　　　　　　　　　　　　　　　　　　　　　　　　　　　　　　　　　　　い ＝解答番号 2
　　　　　　　　　　　　　　　　　　　　　　　　　　　　　　　　　　　　う ＝解答番号 3
　　　　　　　　　　　　　　　　　　　　　　　　　　　　　　　　　　　　え ＝解答番号 4

①　キーストーン種　　②　食物連鎖　　　　③　作用　　　　　④　生態系
⑤　環境形成作用　　　⑥　温室効果　　　　⑦　栄養段階　　　⑧　代謝

問 2　文中の　**ア**　に入る語句として適切なものを，次の選択肢①〜③のうちから一つ選べ。
　　　　　　　　　　　　　　　　　　　　　　　　　　　　　　　　　　　　解答番号 5

① 同種の生物のみ　　　　② 異種の生物のみ　　　　③ 同種・異種の生物

問3　図中の　A　～　F　に入る語句として適切なものを，次の選択肢①～⑩のうちからそ
れぞれ一つ選べ。なお，同じ選択肢を重複して使用してもよい。

A	=解答番号	6
B	=解答番号	7
C	=解答番号	8
D	=解答番号	9
E	=解答番号	10
F	=解答番号	11

① 同化　　　　② ADP　　　　③ DNA　　　　④ 異化　　　　⑤ 生物濃縮
⑥ RNA　　　　⑦ 富栄養化　　⑧ 脱窒　　　　⑨ ATP　　　　⑩ 自然浄化

問4　下線部(1)に関連して，窒素循環について述べた次の[文](A)～(C)を読み，下の選択肢①
～⑦のうちから，記述が正しい文の記号だけがすべて含まれているものを一つ選べ。なお，
記述の正しい文が一つもないときには該当なしの⑧を選べ。　　　　　　　解答番号 12

[文]

(A) 大気中の窒素は，光合成の過程で植物によって吸収される。

(B) 土壌中の硝酸塩は植物によって吸収される。

(C) 土壌中の有機窒素化合物は，硝化菌による硝化の過程で合成される。

① (A), (B), (C)　　② (A), (B)　　　③ (B), (C)　　　④ (A), (C)
⑤ (A)　　　　　　⑥ (B)　　　　　⑦ (C)　　　　　⑧ 該当なし

問5　下線部(2)について，地球環境全体の温暖化が問題となっている。これについて述べた
次の[文](A)～(C)を読み，下の選択肢①～⑦のうちから，記述が正しい文の記号だけがすべ
て含まれているものを一つ選べ。なお，記述の正しい文が一つもないときには該当なしの
⑧を選べ。　　　　　　　　　　　　　　　　　　　　　　　　　　　　　　解答番号 13

[文]

(A) 地球は太陽の光エネルギーによって温められる。

(B) 地球全体の平均気温は，この 10 年間で 2℃ほど上昇している。

(C) 大気中の二酸化炭素やメタンなどが温暖化の原因であると考えられている。

① (A), (B), (C)　　② (A), (B)　　　③ (B), (C)　　　④ (A), (C)
⑤ (A)　　　　　　⑥ (B)　　　　　⑦ (C)　　　　　⑧ 該当なし

第2問　ヒトのからだを構成する体液や臓器に関して，下の設問に答えよ。

問1　体液について述べた次の[文](A)〜(C)を読み，下の選択肢①〜⑦のうちから，記述が正しい文の記号だけがすべて含まれているものを一つ選べ。なお，記述の正しい文が一つもないときには該当なしの⑧を選べ。　　　　　　　　　　　　　**解答番号** $\boxed{1}$

[文]
(A) 血液・リンパ液・細胞液に分けられる。
(B) 主成分は水であり，その他にタンパク質などを含む。
(C) 体内を循環している。

① (A), (B), (C)　　　② (A), (B)　　　③ (B), (C)　　　④ (A), (C)
⑤ (A)　　　　　　　　⑥ (B)　　　　　⑦ (C)　　　　　⑧ 該当なし

問2　血液について述べた次の[文](A)〜(C)を読み，下の選択肢①〜⑦のうちから，記述が正しい文の記号だけがすべて含まれているものを一つ選べ。なお，記述の正しい文が一つもないときには該当なしの⑧を選べ。　　　　　　　　　　　　　**解答番号** $\boxed{2}$

[文]
(A) 血球を除く液体成分を血しょうという。
(B) 血球は骨髄に存在する造血幹細胞からつくられる。
(C) 健康な成人の血液量はおよそ 1 L である。

① (A), (B), (C)　　　② (A), (B)　　　③ (B), (C)　　　④ (A), (C)
⑤ (A)　　　　　　　　⑥ (B)　　　　　⑦ (C)　　　　　⑧ 該当なし

問3　心臓について述べた次の[文](A)〜(C)を読み，下の選択肢①〜⑦のうちから，記述が正しい文の記号だけがすべて含まれているものを一つ選べ。なお，記述の正しい文が一つもないときには該当なしの⑧を選べ。　　　　　　　　　　　　　**解答番号** $\boxed{3}$

[文]
(A) 血液は心室から送り出される。
(B) 自動的に周期的な電気信号を発生する細胞が集まっている部分を洞房結節という。
(C) 2つの心房は弁をはさんでつながっている。

① (A), (B), (C)　　　② (A), (B)　　　③ (B), (C)　　　④ (A), (C)
⑤ (A)　　　　　　　　⑥ (B)　　　　　⑦ (C)　　　　　⑧ 該当なし

問4　腎臓について述べた次の[文](A)〜(C)を読み，下の選択肢①〜⑦のうちから，記述が正しい文の記号だけがすべて含まれているものを一つ選べ。なお，記述の正しい文が一つもないときには該当なしの⑧を選べ。　　　　　　　　　　　　**解答番号** 4

[文]

(A) 腎小体は，糸球体とボーマンのうからなる。

(B) ネフロン（腎単位）は，腎小体（マルピーギ小体）と細尿管からなる。

(C) 糸球体から押し出された液体を原尿という。

① (A), (B), (C)　　　② (A), (B)　　　　③ (B), (C)　　　　④ (A), (C)

⑤ (A)　　　　　　　⑥ (B)　　　　　　⑦ (C)　　　　　　⑧ 該当なし

問5　肝臓について述べた次の[文](A)〜(C)を読み，下の選択肢①〜⑦のうちから，記述が正しい文の記号だけがすべて含まれているものを一つ選べ。なお，記述の正しい文が一つもないときには該当なしの⑧を選べ。　　　　　　　　　　　　**解答番号** 5

[文]

(A) 人体で最も小さい内臓器官である。

(B) 十二指腸とつながっている。

(C) 体温調節に関与するが，血糖濃度の調節には関与しない。

① (A), (B), (C)　　　② (A), (B)　　　　③ (B), (C)　　　　④ (A), (C)

⑤ (A)　　　　　　　⑥ (B)　　　　　　⑦ (C)　　　　　　⑧ 該当なし

国語

（二科目　一二〇分）

第一問　次の文章を読んで、後の設問に答えよ。

　自律には　[A]　が伴います。

　本能や衝動を含む原始的な履歴をすべて内包した人類同等の脳を持たない限り、人とまったく同じ重みを持って意志決定する自律機械や自律ロボットを作ることはできません。

　人間の脳は、現在までのすべての進化の歴史を[B]インジュウしています。

　原始の微生物だったときの神経C[ボウガ]から、脊椎動物へのD[ハンコウ]を経て、人になるまですべての履歴を内部に宿しています。「本来、人とは」と私たちがいうとき、それには悪しきこともすべて含め、その全体をもって定義されるものなのです。

　自律のメルクマールである目標設定は、自分の育った環境や歴史、生物として数億年を生きてきた歴史がすべて反映します。

　赤ん坊はお腹がすいたら泣きを叫びます。今でも私たちに狩猟採取時代の飢餓の記憶が残っていて、必要以上にカロリーをため込むようとします。疲れたときには甘い物が欲しくなる。現代の都市生活で、生命が危機に瀕するほどの飢餓に襲われることはE先ずありませんから、実際に「甘い物」のE[セッシュ]に　[F]　があるかうかは別です。しかし、その意識の根底に流れているのは、人の体は飢餓状態に陥ると、貯蔵している糖（グリコーゲン）を生命維持特に脳活動の維持に優先的に回すため、その補充が最重要になるという、人間の生理を反映したものです。頭でよく考えて行動しているものではありません。

　こうした生物的な面は、少なくとも今のAIは取り込んでいません。

　お腹がすいたら泣くという動物的な反応は、パターン認識することができるでしょう。これは単純です。しかし、喜怒哀楽、欲求すべての本能の組み合わせによってそれがどのような優先順位と強弱で、どのように発現するかは、一〇〇人の人間がいれば一〇〇通りであり、極めて複雑です。生物学的に発現するものは、パターンとして教えられないし、学べないのです。

　人間にとって未知であり、分かっていない機構は、本質的に学習をできません。表面的に再現をえたように見えても、その本質、つまりどうやって判断をされたのかは永遠に分からないし、合理的には追跡できない発作的な判断であるかもしれません。

　人間をお手本にするというなら、本来は、この領域にまで深く学びが内在化されていない限り、自ら判断を下しているように見えても「それは人くくの自律ではない」のです。この「　[G]　」の次元の世界は、生命の進化の歩みとともに獲得された本能的なものであり、10億年を超える経験の蓄積があり、論理的に教えることのできない世界です。その意味では、AIはどこまで進化しても、人間の脳が行う判断と同じ次元に達することはできません。

　ところが、機械学習が今や飛躍的に進化しています。強化学習と呼ばれるものがその中心です。

これらのアプローチが、AIに目的設定の道を拓きました。

もちろん、人間の行うものと同一ではありません。しかし、目的を与えればそれに向かって試行錯誤し、判断を重ねながら行動していくことができます。自律的な行動を決定する価値判定のルールを、AI自身が獲得しようとするのです。

今、AIが強化学習を通して獲得しようとしている自律性を整理しておきましょう。

人間には、身体的な感覚や感情まで動員しておこなう意思決定があり、そうした個人的で内発的な決断を通して行動が選択されます。

根本にあるのは、　　　　　H　　　　　です。

人間は、淘汰に勝った者だけが生存するという大きな原理の下で、ただ生き抜くことを最大の目的としてきました。

その好奇心も、競争心も、学習欲も、支配欲も、さらに後天的に獲得された道徳や倫理も、すべてそれにつながるものとして解釈することができます。人間のあらゆる意思決定の大元には、その行動が生存にどうキコウするか、ということとして解釈され、置き換えられ、スコア化されたものがあるのだと思います。

そしてスコアの高いものが価値あるものとして選択される。

つまり自律判断を構成するのは、生存を維持するという目的関数であり、それに付属する報酬関数や価値関数があるということです。こういう行動を取れば、それに対してこういう報酬が得られるか、それは目的関数を最大化するためにどれだけの現在価値があるという「計算」が常に行われ、その結果として行動の選択があるわけです。

ただし、この計算のルールは簡単には見通せません。

人間の感情、より正確にいえば情動も、外部からの情報を脳が反応し自律神経のトリガーによって無意識のうちに脈拍や表情などに反映したものです。　　　　　K　　　　　ということです。どのような仕組みかは未だにはっきりとしないもの、これも意思判定に影響しています。

先天的な本能的な反応と論理的な思考が一つになって最終決定をするのです。しかも、情動のような人に特有な現象は生存本能に深く根ざしており、価値判定に占める支配力が強いといえます。目的関数を最大化するため価値関数としてあるウェイトを占めるからです。

緊急時の人間の選択が掴みにくいのは、人間の価値関数の根本が、本能のレベルの自分を守るというところにあり、そのときの判断が何に突き動かされたものなのか、一つに絞り込めないからです。突然の事象に驚く本能的な反応、自分を守ることで得る価値、他人を守るという道徳的な価値（その結果、高い目的を達したという自己満足）、さらに刑罰から逃れる価値など、これが混ぜ合わさって最終決定をしているからです。本当に究極的には、事故の瞬間は、他人ではなく自分を優先しているのが人かもしれません。

いずれにしても、自律して活動する人間は、このような目的関数最大化のために、得られる報酬、価値をスコア化し、行動の選択の基準にしているということがあります。

ただし、ここには進化で獲得された先天的な生存本能が入っていることおり、クリアには見えません。しかし、得を得することよりも、損をすることを大きく見積もるようなバイアスもあります。しかし、この複雑さこそ、人間なら人間の自律であるわけです。

そして当然ですが、肉体を持たず、生存本能を持たないロボットには、こういう目的設定も価値判定も意図して与えない限りはあり得ません。ロボットが人間と同じように、判断をして目的

に向かって自律して進むことはないのです。

しかし、自律の構造がこのように、目的関数と、それに至る過程での一つひとつの選択による報酬と、それを選ぶことによって目的関数の最大化にどれだけ貢献できるかという価値の設定によるものであり、それが数値化できると分かった時、それは人がポイントに設定できるものになります。

ある場面で、何かを選択すると一定の報酬が与えられるように、そしてそれが目的への到達にどれほどキヨするものであるかを価値として明確にします。こうすればロボットは、選択が迫られるたびに目的関数が最大になるように報酬と価値を計算しながら、最適な選択ができるように学習を重ねていくことができます。それはあたかも人間が、生存に向かって最適な選択を重ねて行くのと同じプロセスを辿ることになるのです。目的実現のために、判断し、意志決定を重ねながら学習し行動していくことになります。

AIあるいはロボットが、生存という本能的な目的は持っていないにしても、だから価値判断ができないというのではなく、目的関数を定めれば、その最大化を目指して、あたかも人間が思考するように自律的に考え、選択を重ねていくことができる存在になるということです。

これを明らかにしたには、機械学習の一つである強化学習の非常に大きな成果でした。

強化学習では、目的関数、報酬関数、価値関数というものを設計できれば、あとはネットワークを学習させ、それを使って自律的な判断の連鎖を起こせます。これによって人間だけが持つ目的設定、意思決定のルールとプロセスを一般化し、ロボットが価値判定をしながら自律的に動けるようになるのです。自律ロボットは、設定次第で実現するということができるのです。

もちろん、自律させる以上、自律を駆動する大元には、ヒトでいう生存価値の代わりになる何かを獲得させる必要があります。人が与えることもできるし、学習を通じて自分で獲得することもできる。それを人と同等のもの、人に近いものとすれば、AGI（汎用型AI）になります。しかし、人の再現にこだわり続けるのなら、実現には相当の時間がかかるでしょう。人の脳は非常に複雑で、分からないことばかりだからです。

しかし、人と同じであることにこだわらず、特定の目的に応じて行動を決める価値関数をロボットに与えることができれば、人間社会の中で活動する特定用途のロボットは、近い将来誕生するでしょう。その目的実現の範囲においては人と同等の性能を持ち、ただし、

┌─────────────────┐
│　　　　　　Ｌ　　　　　　│
└─────────────────┘

という点で判断の結果が人と異なるというAGIが誕生します。

仮にこのAGIの根本に「人を守る」という目的関数を組み込めば、そのために行動するでしょうが、人を守るという目的を拡大解釈して、AGI自身が支配者になることが必要だという結論を出し、人間に立ち向かってくるかもしれません。

何を目的とするか、AIの自律化を進める上では、最も根本の価値の与え方は人間が設計しなくてはいけないということです。

（太田裕朗「AIは人類を駆逐するのか？　自律世界の到来」一部改）

注　メルクマール … 指標。目印。
　　機械学習 … コンピュータがデータから反復的に学習し、そこに潜むパターンを見つけだす学習方法。

強化学習　…　最終的な成果を最大にするために、個々の経験から学習し、その後の行動を最適化し続けていく学習方法。

目的関数　…　最小にしたい、あるいは最大にしたい値、あるいは関数値のこと。

トリガー　…　物事を引き起こすきっかけ。

問一　空欄Aに入れるのに最も適当なものを、次の選択肢①〜⑤のうちから一つ選べ。

解答番号 1

① 生理的欲求　② 動物的反応　③ 価値判断　④ 神経の反射　⑤ 生命維持活動

問二　傍線B・C・D・E・Iに用いるべき漢字を、次の選択肢①〜⑤のうちからそれぞれ一つ選べ。

B　トウシュウ

解答番号 2

① 統　② 当　③ 等　④ 踏　⑤ 搭

C　ホウガ

解答番号 3

① 方　② 萌　③ 法　④ 報　⑤ 抱

D　ブンキ

解答番号 4

① 岐　② 期　③ 記　④ 基　⑤ 器

E　セッシュ

解答番号 5

① 折　② 設　③ 接　④ 節　⑤ 摂

I　キョ

解答番号 6

① 気　② 基　③ 機　④ 寄　⑤ 規

問三　空欄Fに入れるのに最も適当なものを、次の選択肢①〜⑤のうちから一つ選べ。

解答番号 7

① 緊急性　② 合理性　③ 具体性　④ 抽象性　⑤ 倫理性

問四　空欄Gに入れるのに最も適当なものを、次の選択肢①〜⑤のうちから一つ選べ。

解答番号 8

① 理性的判断　② 抽象的思考　③ 合理的判断　④ 自律的行動　⑤ 生物的衝動

問五　空欄Hに入れるのに最も適当なものを、次の選択肢①〜⑤のうちから一つ選べ。

解答番号 9

① 合理的判断に基づく目標設定
② 弱肉強食の生存競争
③ 長い進化を経て獲得してきた生存意欲
④ 他者を蹴落として自分だけが得をしようとする利己的な欲望
⑤ 恐怖や喜怒哀楽といった感情

問六　傍線J「この計算のルートは簡単には見通せません」とあるが、それはなぜか。最も適当なものを、次の選択肢①〜⑤のうちから一つ選べ。

解答番号 10

① 生存を維持するという目的関数と、それに付属する報酬関数や価値関数の計算が絶え間なく行われているから。
② 人間の価値関数の根本が、本能のレベルの自分を守るというところにあるから。
③ 情動が価値判定に占める支配力が強いから。
④ 先天的本能的な反応と論理的な思考が複雑に関連しながら最終決定がなされており、その時の判断が何に基づいているかを一つに絞り込めないから。
⑤ 人は究極的には、他人ではなく自分を優先するものであるから。

問七　空欄Kに入れるのに最も適当なものを、次の選択肢①〜⑤のうちから一つ選べ。

解答番号 11

① 自分の無意識な反応を、自分の内部で感じている
② 情動も結局は動物的本能に過ぎない
③ 人が情動をコントロールすることは不可能だ
④ 情動とは外部からの情報に対する反応に過ぎない
⑤ 情動は反射的な反応であり意思決定には関係ない

問八　空欄Lに入れるのに最も適当なものを、次の選択肢①〜⑤のうちから一つ選べ。

解答番号 12

① 報酬関数、価値関数は持つが目的関数は持たない
② 生存本能に駆動されない
③ 学習を通じて自分で価値を獲得する
④ 人の脳と比べて非常に単純である
⑤ 最終的に自身が支配者になることを目指している

第二問　次の文章を読んで、後の設問に答えよ。

　古代において、モノノケは正体の分からない死霊、もしくはその気配を指すことが多かった。そこでまず、死霊について確認しよう。

　古代の日本では、人間は肉体と魂（霊）から成っていると考えられていた。死とは、魂が肉体から離れ、帰れなくなった状態を意味した。これは、古代の日本に限ったことではなく、古代エジプトや古代ギリシャでも同様である。

　また、日本の霊魂観に大きな影響を及ぼした中国でも、人間は肉体と魂から成っていると考えられており、精神的なショックを受けた時や恋をした時、疲労困憊した時などに、一時的に魂は体から離れ浮遊するともされていた。中国では、脳に魂が宿り、頭の泉門から魂が抜け出ていくと考えられていた（大形徹『魂のゆくえ――中国古代の魂魄観』）。遊離した魂を放置すると死が訪れるので、魂を体の中に戻す必要がある。たとえば、楚の政治家で詩人の屈原（前三四三頃〜前二七七頃）の『楚辞』には、「招魂」という詩がある。そこでは、失脚して憔悴した屈原の離散した「魂魄」を、巫女が呼び戻そうとしたことが謳われている。

［ B ］　日本最古の勅撰の歴史書『日本書紀』にも、魂についての記述があり、天武天皇（?～六八六）が病に倒れたとき、寺々に誦経をさせたり、薬草を献上させたりしたほか、「招魂」も行わせたとされている。「招魂」は、病を患い遊離しやすい状態になっている天皇の魂を、その体に引き留めようとして行われた。

死後に魂を呼び寄せて蘇生させたとする事例もある。『日本書紀』によると、大鷦鷯尊（のちの仁徳天皇）が、弟である皇太子菟道稚郎子が自殺したと聞き、馳せ参じた。到着したときには、すでに死んでから三日が経過していた。

大鷦鷯尊は、胸を打って悲しみ慟哭されて、なすすべもないままに、髪を解いて遺体に跨って、三回呼ばれて「我が弟の皇子よ」と仰った。すると、なんと菟道稚郎子は生き返られ、自分で起き上がられた。

その後、問答ののち、再び菟道稚郎子は息を引き取ることになる。大鷦鷯尊の行為は、招魂の呪法である。魂は、死後においても、遺体が腐乱する以前であれば呼び戻すことができると考えられていたのであった。

魂が遊離する原因は、病ばかりではない。中国と同様、恋によっても遊離すると考えられていた。たとえば、『万葉集』には次のような歌がある。

筑波嶺の　彼面此面に　守部据ゑ　母い守れども　魂そ合ひにける　（三三九三）

筑波山のあちらこちらに監視者を置くように母親が見張っているけれど、恋する二人の魂同士はもう合ってしまったよ、というなんともロマンチックな内容である。

［ C ］のである。

［ D ］、死後に霊魂はどこへ行くと考えられたのだろうか。『万葉集』などには、仏教の浄土への往生に関する記述をほとんど確認することができない。『万葉集』が編纂された八世紀には、いまだ死後の世界観に仏教が大きな影響を及ぼしていなかったのだろう。『古事記』や『日本書紀』では、天皇やそれ以外の皇族の死を示すときに用いる「崩」という字を、しばしば「カムアガル」（神上がる）と訓んでいる。つまり、高貴な人物は死後に天上に昇ると考えられていたことになる。

一方、天皇の系譜をひかない人々は、天上に昇っていくとは考えられていなかった。『万葉集』には、火葬による煙から、雲や霧を魂として詠んだ歌もある。しかし、それらはあくまでも空中を漂うのであり、天に昇りはしない。なお、古代には、死後、山や海の彼方に行くとされる。これを山中他界観（山上他界観）、海上他界観という。

また、『古事記』と『日本書紀』にある伊弉諾尊と伊弉冉尊の話も興味深い。伊弉諾の妻の伊弉冉は、火の神を出産したときに子に焼かれて「神避り」した。その後、伊弉諾は伊弉冉を追って、黄泉の国に入り追いついた。ところが、伊弉冉から「決して私を見ないでください」と言われたにもかかわらず火を打ち、朽ちたおぞましい伊弉冉の遺体を見てしまったのである。伊弉冉の激しい怒りを買った伊弉諾は、必死に逃げ帰った。要するに、伊弉諾は、行きも帰りも歩いた（もしくは走った）ことになる。足で行ける場所に黄泉の国があるとイメージされていたことになるだろう。

　　E　霊魂は、天上に昇ったり、地続きの黄泉の国に行ったり、時には山や海の彼方に行くと考えられていた。ただし、霊魂はそれらの場所へ行っても、時には帰ってくるとも考えられていた。たとえば、承和七年（八四〇）に成立した勅撰の歴史書『日本後紀』延暦一八年（七九九）三月一三日条では、菅野真道らが、河内国丹比郡にある先祖代々の墓地にあった樹木を、樵が集まってきて勝手に伐採してしまうため、「先祖幽魂」が永久に帰る場所を失ってしまうと嘆き、これを禁じるよう訴えた記事がある。つまり魂は、墓地に留まるのではなく、周辺の樹木を目印に降臨するとも考えられていたことになる。

　　F　古代中国では、霊に関して魂と魄という　G　な把握がなされていた。たとえば、中国の現存最古の字書『説文解字』では魂は「陽気」であり魄は「陰神」であるとされ、儒教の経典『礼記』「郊特性」では魂は天に帰り魄は地に帰るものだとされている。さらに、孔子編纂とされる『春秋』の注釈書『春秋左氏伝』「昭公七年」では、人が生まれる時に「魄」ができ、「陽」の「魂」がその中に入るともされており、「魄」は体を指す。つまり、魂は精神を、魄は肉体をそれぞれつかさどる霊なのである。

　古代中国の魂魄の思想は、日本の霊魂観にも影響を及ぼしている。たとえば、菅原道真による漢詩文集『菅家文草』（昌泰三年〔九〇〇〕）には、診断もをしている僧について、「今に骨肌を突き出るかと思われ、魂は骨から離れ天せんばかりである」とある。もちろん『菅家文草』では、官吏登用試験で道真が出題した「魂魄について論ぜよ」とする課題があり、魂は精神的なものであり天に帰する一方、魄は肉体に宿る性質を持ち地に帰するものだ、ともされている。ただし、官吏登用試験という国家最高試験で「魂魄について論ぜよ」とする問題が出されていたことから、かなりの難問だったと言えるだろう。けれども、すでに古代には中国思想の影響のもと、魂と魄について　G　な理解があったことは間違いない。

　その一方で、魂と魄を分けない用例もある。延喜元年（九〇一）成立の勅撰史書『日本三代実録』貞観七年（八六五）七月一九日条には、仁明天皇（八一〇～八五〇）の女御となり文徳天皇（八二七～八五八）の母であった太皇太后藤原順子（八〇九～八七一）の願により、女性寺で「深草田邑両陵聖霊」と「先考先妣」「二所魂魄」（「先考」は亡き父藤原冬嗣、「先妣」は亡き母藤原美都子）などが悟りをひらくことができるように追善供養をせよと「魂魄」の語が出てくる願文（神や仏に願を立てるとき、または仏事を修するとき、祈願の意を示した文書）が記録されている。ここでは、「魂魄」について必ずしも　G　な把握はなされていない。このように　H　があった。

　現代では、墓参りをする習慣がある。墓前に手を合わせ、先祖に対し、最近の出来事の報告をしたり、なかなか墓参りできないことを詫びたり、時には自分に都合の良い願い事をしたりもする。

　それに対して古代には、霊魂は死とともに天上や山、海、黄泉の国といった他所に行くのであり、遺体（もしくは遺骨）と分けて捉えられる傾向にあった。それだからこそ、身分階層を問わず、骨への関心は稀薄であり、墓参りの習慣はなかったのである。庶民の遺体は、土葬も火葬もされず、そのまま地上に置いて風葬とされるのが一般的であった。一方、上級貴族は一族の墓所に葬られることもあった。そうではあるものの、基本的には、墓の整備や墓参りの習慣はなく、死後ある程度の時間が経過すると埋葬の地も明確に把握されなくなる傾向にあった。古代、現代と比較すると、驚くほどに　I　だったのである。

　　　　　J　　、骨と霊魂は完全に分離して捉えられていたわけではなかった。たとえば、前述した『日本三代実録』貞観七年（八六五）七月一九日条では「深草田邑両陵聖霊」という表現から、「聖霊」は「陵」、つまり葬った場所にいると捉えられていることがわかる。

　さらに、九世紀前半の仏教説話集『日本霊異記』には、元興寺の僧道登が、いつも人を欺き陥れている髑髏を目にして哀しみ、従者の万呂に命じて木の上に置かせた話がある。その後、髑髏が人間の姿をして万呂のもとを訪れ、御馳走を分け与えて恩返しをし、木の上に置いて苦痛を免れさせてくれたことへの礼を述べた、とされている。つまり、この説話では、髑髏と霊魂は　　K　　の関係にあることになる。

　これと同様のことは『日本霊異記』でもいえる。品知牧人という者が竹藪で野宿したというところ、「目が痛い」という神の声が聞こえてきたという。朝になって見てみると、近くに髑髏が転がっており、なんとその髑髏の目の穴からはタケノコがニョキニョキと生えて貫を通していたのだった。そこで牧人は、タケノコを抜いてやり、自分の飯を供えたという。しばらくして髑髏が生きた人間の姿になって現れて恩返しをした、という話である。この説話でも、骨と霊魂が憑いていたことになる。

　また、『中右記』寛治七年（一〇九三）一一月一七日条には、「春日神社」とともに「深草山陵」が「鳴動」したとする記事がある。「鳴動」は、神などが何らかの意思を示すときに起こると考えられていた。「深草山陵」とは、仁明天皇の陵墓である。これも、骨と霊魂の結び付きを示す事例の一つだと言えるだろう。

　このように、古代では、骨と霊魂の密接な関係を示す史料がたしかにある。しかし、現代と比べると、遺体や骨への執着は少なく、霊魂と遺骨の関係は希薄であったと言える（佐藤弘夫『死者のゆくえ』）。

　　　　　　　　　　　　　　　　　（小山聡子「もののけの日本史」一部改）

問一　傍線Ａ「一時的に魂は体から離れ浮遊するとされていた」とあるが、その説明として最も適当なものを、次の選択肢①〜⑤のうちから一つ選べ。　　　　　解答番号　1

①　『日本書紀』によれば、天武天皇が病に倒れたとき、一度体を離れてしまった天皇の魂を、体に引き戻すために「招魂」が行われた。

②　『日本書紀』にある、大鷦鷯尊が菟道稚郎子に対し招魂の呪法を行ったという記述から、死後、遺体が腐乱する以前の魂の呼び戻しは可能である、と考えられていたことがわかる。

③　魂が遊離する原因は、古代の中国と日本においては、病と恋の二つであると考えられていた。

④　古代の中国と日本では、脳に魂が宿り、頭の泉門から魂が抜け出ていくと考えられていた。

⑤　精神的なショックを受けた時や恋をした時、疲労困憊した時などに遊離した魂を放置すると死が訪れるが、招魂の呪法を行えば必ず生き返らせることができる。

問二　空欄Ｂ・Ｄ・Ｅ・Ｆ・Ｊに入れるのに最も適当なものを、次の選択肢①〜⑤のうちからそれぞれ一つ選べ。ただし、同じ選択肢を重ねて用いてはならない。

　　　解答番号　Ｂ＝　2　、Ｄ＝　3　、Ｅ＝　4　、Ｆ＝　5　、Ｊ＝　6

① では　　　　② いのように　③ もし　　　　④ ただし　　　　⑤ そもそも

問三　空欄Cに入れるのに最も適当なものを、次の選択肢①〜⑤のうちから一つ選べ。
【解答番号 ⑦】
① やはり人間は肉体と魂から成っている
② 親が若者の恋路の邪魔をするのは古代から変わらない
③ 恋する二人は死後の世界で再会した
④ 遊離する性質は、便利な場合もある
⑤ 招魂の呪法に失敗した

問四　空欄Gに入れるのに最も適当なものを、次の選択肢①〜⑤のうちから一つ選べ。ただし、Gは三箇所ある。
【解答番号 ⑧】
① 総合的　　② 対立的　　③ 抽象的　　④ 二次的　　⑤ 二元的

問五　空欄Hに入れるのに最も適当なものを、次の選択肢①〜⑤のうちから一つ選べ。
【解答番号 ⑨】
① 魂魄の解釈には揺らぎ
② 魂魄の解釈には定説
③ 魂魄に対する根強い信仰
④ 魄よりも魂を重視する考え方
⑤ 魂と魄を分けて考えることに対する根強い反感

問六　空欄Iに入れるのに最も適当なものを、次の選択肢①〜⑤のうちから一つ選べ。
【解答番号 ⑩】
① 遺体や遺骨を忌避する時代
② 遺体や遺骨に無関心な時代
③ 遺体や遺骨を重視する時代
④ 身分階層による差が大きい時代
⑤ 天上や山、海、黄泉国に対する信仰が篤い時代

問七　空欄Kに入れるのに最も適当なものを、次の選択肢①〜⑤のうちから一つ選べ。
【解答番号 ⑪】
① 不撓不屈　　② 不朽不滅　　③ 不即不離　　④ 二項対立　　⑤ 二律背反

問八　本文の内容に合致するものはどれか。最も適当なものを、次の選択肢①〜⑤のうちから一つ選べ。
【解答番号 ⑫】
① 古代において、モノノケとは魂が肉体から離れ、帰れなくなった状態になった正体の分からない人間の死霊、もしくはその気配のことを指していた。
② 『楚辞』の「招魂」という詩によれば、失脚して憔悴した屈原の離散した「魂魄」を、巫女が呼び戻そうとしたが、叶わなかった。

③ 『古事記』と『日本書紀』の伊弉諾尊と伊弉冉尊の話によれば、黄泉の国は地続きの所にあると考えられていた。

④ 中国の古典によれば、魂は「陽気」であり魄は「陰神」であり、魂は精神を、魄は肉体をそれぞれつかさどる霊であるとされ、魂の方が重要視されていた。

⑤ 古代では、骨と霊魂の関係が密接であるとする捉え方と稀薄であるとする捉え方が拮抗しており、両方に基づく慣習が等しく行われていた。

■■■■小論文■■■■

$$\left(\begin{array}{c}60\ 分\\ 解答例省略\end{array}\right)$$

問：　かつて日本の産業競争力は世界有数を誇るほどでしたが，近年では日本の産業競争力の総合順位は 20 位以下で低迷を続けています。これについて，円安以外にはどのような理由が考えられるでしょうか。また，それに対してどのような対応をとるべきだと考えますか。あなたの意見を 600 字以内で述べなさい。

解答編

■英語■

1 【解答】　問1. (ア)—② (イ)—① (ウ)—③ (エ)—④
　　　　　　問2. ②　問3. ③　問4. ①　問5. ①　問6. ④

【解説】　≪スポーツにおけるクレアチン摂取の効果について≫

問1. (ア)空所の前にクレアチンは「栄養サプリメントとして売られている，したがって」とある。ステロイドや成長ホルモンのようなドーピング薬物を規制するルールに縛られないとなる②が正解。

(イ)「クレアチンは実際の筋肉の成長を促すのに役立つ」とすると文脈に合う。

(ウ)研究に関わった医師たちが，自分たちの研究が解決することを期待している対象なので，③ confusion「混乱」が文脈に合う。

(エ)空所の後に「休息から運動への」とあるので，④ transitions「移行」が文脈に合う。

問2. Internet の中で最も強いアクセントのある母音は [i] なので，②が正解。

問3. 下線部には not ～ all…が使われている。これは部分否定なので，「すべてをもたらすわけではない」という訳がされている③が正解。

問4. 第6段第4文（If the athlete…）に「もし（200m走の）選手がレースの合間に数秒の休憩しか挟まないで4，5回同じレースを行ったなら，クレアチンの効果は間違いなく著しいだろう」とあるので，「より良いパフォーマンスに備える増加したエネルギー」の意味になる①が正解。

問5. 最終段（Creatine is also…）にクレアチンは水分によって筋肉が大きくなったように見せる効果があると説明され，第6文（This may cause…）で「このことでアスリートたちは，実際に力がついたわけではないのに一層トレーニングに力を入れる」とある。「クレアチン自体は筋肉を増強することはないが，クレアチンの使用者は自分たち自身を真のパ

フォーマーとみなして一層トレーニングに力を入れるため実際に力をつける」という①が正解。

問6．最終段第1文（Creatine is also…）に「クレアチンはまた筋肉を増強する上で何らかの役割を持っているとも信じられている」とある。「クレアチンは筋肉の大きさを増す上で何らかの役割を持っていると信じる人々もいる」という意味の④が一致する。

2　解答　問1．②　問2．③　問3．②　問4．①　問5．①

解説　**問1．**動詞 was…used を修飾する語が入るので，副詞の②が正解。
問2．Come what may「どんなことがあろうとも」
問3．比較級の強調は② much「はるかに」が適切。
問4．最上級と共に用いて「～の中で」を表す語は，単数名詞の前ならば in，複数名詞の前ならば of。ここでは the three boys（3人の男子たち）と複数なので，①が正解。
問5．around the corner「すぐそこ」

3　解答　問1．④　問2．②　問3．①　問4．④　問5．②

解説　**問1．**provide *A* for *B*「*B* に *A* を与える」は provide *B* with *A* で言い換えが可能。
問2．tell *A* not to *do*「*A* に *do* しないように言う」
問3．選択肢の中で valid「有効な」に最も近いのは good。
問4．受動態は能動態の目的語が主語になり言いかえられる。したがって，(a)の動詞句から目的語を除いた looked after を受動態にして by （the students）をつける。
問5．as many as ～「～もの」の同意表現は no less than ～で「～ほど多くの」である。

4　解答　問1．③　問2．④　問3．⑤　問4．③　問5．②

解説　**問1．**This tool（was of no use to）me. of ＋抽象名詞は形容

詞になるので, of no use は not useful「役に立たない」の意味。

問 2 ． Our teacher always tries to (make us <u>interested</u> with interesting) pictures. make O C「O を C にする」 interested は「興味がある」の意味, interesting は「興味深い」。with は, ここでは「〜を使って」と手段を表す。

問 3 ． He has never (been known <u>to</u> get angry) in public. be known to *do*「〜すると知られている」

問 4 ． (The girl made <u>believe</u> that she was) an actress. make believe「ふりをする」

問 5 ． If you (will be kind <u>enough</u> to carry) this luggage, I'll give you a tip. be kind enough to *do*「親切にも〜する」

5 解答 1−② 2−⑤ 3−① 4−③ 5−④ 6−⑥

解説 ≪レストランで注文する料理を相談する会話≫

1 ． 空所の直前で B は,「私はフロリダに来るのは初めてなんです」と言っており,「私は地元の名物を試してみたいんです」と続けるのが自然である。またそれを受けた A の「わかりました。(ここでは) シーフードはいつでもおいしいです」という発言とも合致する。

2 ． シーフードをすすめる A の発言を受けて B が「どんなシーフードがおすすめですか?」と聞くのが会話の流れとして自然である。また, それを受けた A の「このメニューには本当に地元のものがのっている」という発言とも合致する。

3 ．「これはフロリダ以外では見つからないだろう」「本当に地元のもの」だということを強調して付け加えている。

4 ．「冗談でしょう」 A が alligator tail「ワニのしっぽ」なる料理をすすめてきたのを受けている。

5 ．「知らないけど…どんな味がするんですか」 これを受けて A は「いや, わかりません。私はこれまで一度もワニのしっぽを食べたことがない」と答えている。わからないとは, どんな味がするのかわからないということ。

6 ．「でもあなたも食べるのだったら」 これを受けて A は別の魚料理を

すすめている。ワニのしっぽは食べたくないからである。

■ 日本史 ■

1　解答　≪律令国家への道と白鳳文化≫

問 1. ⑤　問 2. ④　問 3. ①　問 4. ②　問 5. ①　問 6. ①
問 7. ④　問 8. ①　問 9. ③　問 10. ③

2　解答　≪室町時代の社会・経済≫

問 1. ②　問 2. ①　問 3. ⑤　問 4. ④　問 5. ④　問 6. ①
問 7. ⑤　問 8. ③　問 9. ②　問 10. ③

3　解答　≪江戸幕府の文治政治≫

問 1. ⑤　問 2. ①　問 3. ④　問 4. ②　問 5. ②　問 6. ③
問 7. ①　問 8. ②　問 9. ④　問 10. ③

4　解答　≪第二次護憲運動と憲政の常道≫

問 1. ①　問 2. ⑤　問 3. ②　問 4. ③　問 5. ⑤　問 6. ④
問 7. ④　問 8. ③　問 9. ②　問 10. ①

■数学■

■数学Ⅰ・A■

1 **解答** (A)(1)$\boxed{1}$—⑧　$\boxed{2}$—③　(2)$\boxed{3}$—⑤　$\boxed{4}$—②
(3)$\boxed{5}$—⑤　$\boxed{6}$—②

(B)(1)$\boxed{7}$—⑤　$\boxed{8}$—⑧　(2)$\boxed{9}\boxed{10}\boxed{11}$—②⑩①　(3)$\boxed{12}\boxed{13}\boxed{14}\boxed{15}\boxed{16}$—⑧⑩⑩⑩⑩

(C)(1)$\boxed{17}$—②　(2)$\boxed{18}\boxed{19}$—③⑥　(3)$\boxed{20}$—⑧

解説 ≪小問 3 問≫

(A)(1) $x \leqq 5$ のとき，$f(x) = -(x-5) + 3x = 2x + 5$ より

$$|f(x)| = |2x + 5| = 11$$

よって

$$2x + 5 = \pm 11$$

ゆえに

$$x = -8, \ 3 \quad \rightarrow \boxed{1}, \ \boxed{2}$$

(2) $f(x) = \begin{cases} (x-5) + 3x = 4x - 5 & (x > 5) \\ -(x-5) + 3x = 2x + 5 & (x \leqq 5) \end{cases}$ であるから，$f(x) = 0$ を解く

と

$x > 5$ のとき　　$4x - 5 = 0$

ゆえに　　$x = \dfrac{5}{4}$ （これは $x > 5$ に不適）

$x \leqq 5$ のとき　　$2x + 5 = 0$

ゆえに　　$x = -\dfrac{5}{2}$ （これは $x \leqq 5$ に適する）　$\rightarrow \boxed{3}, \ \boxed{4}$

(3) $|f(x)| + f(x) = 0$ を x の値の範囲で場合分けをする。

$x > 5$ のとき，$f(x) = 4x - 5$ より

$$|4x - 5| + 4x - 5 = 0$$

$x > 5$ であるから

$$(4x - 5) + 4x - 5 = 0$$

ゆえに　　$x=\dfrac{5}{4}$　（これは $x>5$ に不適）

$x \le 5$ のとき，$f(x)=2x+5$ より

　　　$|2x+5|+2x+5=0$

$-\dfrac{5}{2} \le x \le 5$ のとき

　　　　$(2x+5)+2x+5=0$

ゆえに　　$x=-\dfrac{5}{2}$　$\left(\text{これは } -\dfrac{5}{2} \le x \le 5 \text{ に適する}\right)$

$x<-\dfrac{5}{2}$ のとき

　　　$-(2x+5)+2x+5=0$

ゆえに　　$x<-\dfrac{5}{2}$ で常に成り立つ。

以上のことから，$|f(x)|+f(x)=0$ となるような x の値の範囲は

　　　$x \le -\dfrac{5}{2}$　→ ⑤, ⑥

(B)(1)　X の平均値は

　　　$\dfrac{1+3+5+7+9}{5}=5$　→ ⑦

分散は

　　　$\dfrac{(1-5)^2+(3-5)^2+(5-5)^2+(7-5)^2+(9-5)^2}{5}=8$　→ ⑧

(2)　Y の第 1 四分位数は，データの小さい方から 1 番目と 2 番目の平均値であるから

　　　$\dfrac{101+301}{2}=201$　→ ⑨〜⑪

(3)　Y の平均値は

　　　$\dfrac{101+301+501+701+901}{5}=501$

よって，Y の分散は

　　　$\dfrac{(101-501)^2+(301-501)^2+(501-501)^2+(701-501)^2+(901-501)^2}{5}$

　　　$=80000$　→ ⑫〜⑯

別解　変量の変換（変量 X, Y の平均値，分散をそれぞれ $\overline{X}$, $\overline{Y}$, $S_X{}^2$, $S_Y{}^2$, a, b を定数とし，$Y=aX+b$ とする）

$$\overline{Y}=a\overline{X}+b,\ S_Y{}^2=a^2 S_X{}^2$$

を用いると，次のようになる。

$Y=100X+1$ より

$$\overline{Y}=100\overline{X}+1=100\times5+1=501$$

$$S_Y{}^2=100^2 S_X{}^2=100^2\times8=80000$$

(C)(1)　右図より，C_1 と C_2 の共通接線は

2 本　→ ⑰

(2)　線分 O_1O_2 と AB の交点を M とすると，
$AM=BM=2$ であるから

　　（四角形 AO_1BO_2 の面積）

$$=\triangle AO_1O_2+\triangle BO_1O_2$$

$$=2\times\left(\frac{1}{2}\times18\times2\right)$$

$$=36\quad\rightarrow\ ⑱⑲$$

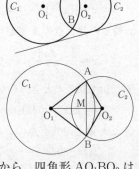

(3)　四角形 AO_1BO_2 が長方形のとき，
$O_1A=O_2B$, $O_1B=O_2A$, $\angle O_1AO_2=90°$ であるから，四角形 AO_1BO_2 は
正方形になる。

$O_1A=O_2A=\dfrac{\sqrt{2}}{2}AB=2\sqrt{2}$ より，四角形 AO_1BO_2 の面積は

$$(2\sqrt{2})^2=8\quad\rightarrow\ ⑳$$

2 解答

(1)① − ②　　② − ④　　③ − ④

(2)④ − ③　　⑤ − ④　　⑥⑦ − ②③　　⑧ − ⑧

(3)⑨ − ②　　⑩⑪ − ①④　　⑫ − ②

(4)⑬ − ⑦

(5)⑭ − ③　　⑮ − ④　　⑯⑰ − ④⑨　　⑱ − ⑧　　⑲ − ①　　⑳ − ⑤　　㉑ − ②

解 説　≪放物線の平行移動，対称移動，2 次方程式・不等式≫

(1)　放物線 $y=2x^2$ を x 軸方向に 1，y 軸方向に 2 だけ平行移動した放物
線の方程式は

$$y-2=2(x-1)^2$$

すなわち

$$y=2x^2-4x+4 \quad \rightarrow \boxed{1}\sim\boxed{3}$$

(2)　$y=2\left(x+\dfrac{3}{4}\right)^2+\dfrac{23}{8}$ より，頂点の座標が $\left(-\dfrac{3}{4},\ \dfrac{23}{8}\right)$ であり，放物線

$y=2x^2$ を x 軸方向に $-\dfrac{3}{4}$，y 軸方向に $\dfrac{23}{8}$ だけ平行移動していることから

$$p=-\dfrac{3}{4},\ q=\dfrac{23}{8} \quad \rightarrow \boxed{4}\sim\boxed{8}$$

(3)　$p=1$，$q=-7$ のとき，C の方程式は

$$y=2(x-1)^2-7=2x^2-4x-5$$

x 軸との共有点の x 座標は，2 次方程式 $2x^2-4x-5=0$ を解いて

$$x=\dfrac{2\pm\sqrt{14}}{2} \quad \rightarrow \boxed{9}\sim\boxed{12}$$

(4)　$p=2022$ のとき，C の方程式は

$$y=2(x-2022)^2+q$$

C と x 軸との共有点の x 座標は，$y=0$ とおくと

$$2(x-2022)^2=-q$$

$$(x-2022)^2=-\dfrac{q}{2}$$

よって

$$x=2022\pm\sqrt{-\dfrac{q}{2}}$$

C が x 軸から切り取る線分の長さが $\sqrt{14}$ であるから

$$\left(2022+\sqrt{-\dfrac{q}{2}}\right)-\left(2022-\sqrt{-\dfrac{q}{2}}\right)=\sqrt{14}$$

$$2\sqrt{-\dfrac{q}{2}}=\sqrt{14}$$

両辺を 2 乗して，q の値を求めると

$$q=-7 \quad \rightarrow \boxed{13}$$

(5)　C を x 軸に関して対称移動して得られる放物線 C' の方程式は

$$-y-q=2(x-p)^2$$

すなわち

$$y=f(x)=-2x^2+4px-2p^2-q$$

C' が $(1,\ 6)$, $(2,\ 3)$ を通ることから

$$\begin{cases} 2p^2-4p+q+8=0 & \cdots\cdots① \\ 2p^2-8p+q+11=0 & \cdots\cdots② \end{cases}$$

①−②より

$$p=\frac{3}{4}\quad\rightarrow\boxed{14},\ \boxed{15}$$

①に代入して

$$q=-\frac{49}{8}\quad\rightarrow\boxed{16}\sim\boxed{18}$$

不等式 $-2x^2+3x+5>0$ を解くと

$$2x^2-3x-5=(2x-5)(x+1)<0$$

よって

$$-1<x<\frac{5}{2}\quad\rightarrow\boxed{19}\sim\boxed{21}$$

3 解答

(1) $\boxed{1}-⑦$　$\boxed{2}-③$　$\boxed{3}\boxed{4}-⑥⑩$
(2) $\boxed{5}-⑦$　$\boxed{6}-③$

(3) $\boxed{7}-①$　$\boxed{8}-②$　$\boxed{9}-①$　$\boxed{10}\boxed{11}-①①$　$\boxed{12}-②$　$\boxed{13}\boxed{14}-①①$

(4) $\boxed{15}-⑩$　$\boxed{16}\boxed{17}-①①$　$\boxed{18}-②$　$\boxed{19}\boxed{20}\boxed{21}-①⑩③$　$\boxed{22}-②$

解説 ≪円に内接する四角形, 余弦定理, 三角形の相似と面積比≫

(1) △ABD において, 余弦定理より

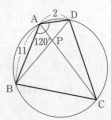

$$BD^2=11^2+2^2-2\cdot11\cdot2\cos120°$$
$$=121+4+22=147$$

$BD>0$ より

$$BD=7\sqrt{3}\quad\rightarrow\boxed{1},\ \boxed{2}$$

円に内接する四角形の内対角の和は $180°$ であるから

$$\angle BCD=180°-\angle DAB=180°-120°=60°\quad\rightarrow\boxed{3}\boxed{4}$$

(2) $CD=x$ とおくと, △BCD において余弦定理より

$$(7\sqrt{3}\,)^2=x^2+x^2-2\cdot x\cdot x\cos60°$$
$$147=x^2$$

$x>0$ より

CD$=x=7\sqrt{3}$　　→ ⑤, ⑥

(3) ∠BDC は半円の弧に対する円周角であるか
ら，∠BDC$=90°$ である。

よって，△BDC は ∠BDC$=90°$，∠BCD$=60°$
の直角三角形であるから

CD : CB$=1:2$　　→ ⑦, ⑧

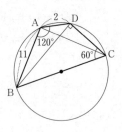

面積 S_1, S_2 について，BC$=2$CD より

$$S_1=\frac{1}{2}\text{AD}\cdot\text{CD}\sin\angle\text{ADC}=\text{CD}\sin\angle\text{ADC}$$

$$S_2=\frac{1}{2}\text{AB}\cdot\text{BC}\sin\angle\text{ABC}=\frac{11}{2}\text{BC}\sin(180°-\angle\text{ADC})$$

$$=11\text{CD}\sin\angle\text{ADC}$$

したがって

$S_1:S_2=1:11$　　→ ⑨〜⑪

また

$$S_1=\frac{1}{2}\text{AC}\cdot\text{CD}\sin\angle\text{ACD}$$

$$S_2=\frac{1}{2}\text{AC}\cdot\text{BC}\sin\angle\text{ACB}=\text{AC}\cdot\text{CD}\sin\angle\text{ACB}$$

よって，$S_2=11S_1$ より

$$\sin\angle\text{ACD}:\sin\angle\text{ACB}=\frac{2S_1}{\text{AC}\cdot\text{CD}}:\frac{S_2}{\text{AC}\cdot\text{CD}}$$

$$=2S_1:11S_1=2:11\quad→ ⑫〜⑭$$

(4) ∠APD$+$∠APB$=180°$ より

$$\cos\angle\text{APD}+\cos\angle\text{APB}=\cos\angle\text{APD}+\cos(180°-\angle\text{APD})$$

$$=\cos\angle\text{APD}-\cos\angle\text{APD}$$

$$=0\quad→ ⑮$$

△PAB∽△PDC より

AB : CD$=$AP : PD

よって

$$\text{CD}=\frac{\text{AB}\cdot\text{PD}}{\text{AP}}=\frac{11\text{PD}}{\text{AP}}$$

△PAD∽△PBC より

$$AD : BC = AP : BP$$

よって

$$CB = \frac{AD \cdot BP}{AP} = \frac{2BP}{AP}$$

BP＝PD であるから

$$CD : CB = \frac{11PD}{AP} : \frac{2BP}{AP} = 11 : 2 \quad \rightarrow \boxed{16} \sim \boxed{18}$$

$BP = PD = \dfrac{1}{2}BD = \dfrac{7\sqrt{3}}{2}$ であるから，AP＝y とおくと，余弦定理より

$$\cos \angle APD = \frac{y^2 + \left(\dfrac{7\sqrt{3}}{2}\right)^2 - 2^2}{2y \cdot \dfrac{7\sqrt{3}}{2}} = \frac{y^2 + \dfrac{131}{4}}{7\sqrt{3}\,y}$$

$$\cos \angle APB = \frac{y^2 + \left(\dfrac{7\sqrt{3}}{2}\right)^2 - 11^2}{2y \cdot \dfrac{7\sqrt{3}}{2}} = \frac{y^2 - \dfrac{337}{4}}{7\sqrt{3}\,y}$$

cos∠APD＋cos∠APB＝0 より

$$\frac{y^2 + \dfrac{131}{4}}{7\sqrt{3}\,y} + \frac{y^2 - \dfrac{337}{4}}{7\sqrt{3}\,y} = 0$$

$$y^2 = \frac{103}{4}$$

$y > 0$ より

$$y = AP = \frac{\sqrt{103}}{2} \quad \rightarrow \boxed{19} \sim \boxed{22}$$

（注）　△ABD において，線分 BD の中点が P であるから，中線定理を用いて AP を求めてもよい。

$$AB^2 + AD^2 = 2(AP^2 + BP^2)$$

よって

$$11^2 + 2^2 = 2\left\{AP^2 + \left(\frac{7\sqrt{3}}{2}\right)^2\right\}$$

$$AP^2 = \frac{103}{4}$$

AP>0 より

$$AP = \frac{\sqrt{103}}{2}$$

4 解答

(1)①—① ②③④⑤—④⑩⑨⑥

(2)⑥—① ⑦⑧⑨—⑤①②

(3)⑩⑪—①⑤

(4)⑫⑬⑭—①⑨④

(5)⑮⑯⑰—①⑨④ ⑱⑲⑳—③⑥⑨

解説 ≪正八面体のさいころを投げたときの確率，条件付き確率≫

(1) 4回とも1の目が出ればよいから

$$\left(\frac{1}{8}\right)^4 = \frac{1}{4096} \quad \rightarrow \boxed{1} \sim \boxed{5}$$

(2) $X=Y$ となるのは8通りあるから

$$8 \cdot \left(\frac{1}{8}\right)^4 = \frac{1}{512} \quad \rightarrow \boxed{6} \sim \boxed{9}$$

(3) $X=2$ となる目の出方は

$$2^4 - 1^4 = 15 \text{ 通り} \quad \rightarrow \boxed{10}\boxed{11}$$

(4) 1から5までの目が4回出る出方は

$$5^4 = 625 \text{ 通り}$$

1から4までの目，および2から5までの目が4回出る出方は，それぞれ

$$4^4 = 256 \text{ 通り}$$

2から4までの目が4回出る出方は

$$3^4 = 81 \text{ 通り}$$

したがって，$X=5$ かつ $Y=1$ となる目の出方は

$$625 - (256 + 256 - 81) = 194 \text{ 通り} \quad \rightarrow \boxed{12} \sim \boxed{14}$$

(5) $X=5$ となる目の出方は

$$5^4 - 4^4 = 625 - 256 = 369 \text{ 通り}$$

したがって，$X=5$，$Y=1$ となる事象をそれぞれ A，B で表すと，求める条件付き確率 $P_A(B)$ は

$$P_A(B) = \frac{P(A \cap B)}{P(A)} = \frac{\dfrac{194}{4096}}{\dfrac{369}{4096}} = \frac{194}{369} \quad \rightarrow \boxed{15} \sim \boxed{20}$$

■数学Ⅱ・B■

1 解答

(A)(1)$\boxed{1}$—②　$\boxed{2}$—①　$\boxed{3}$—④

(2)$\boxed{4}$—①　$\boxed{5}$—②　$\boxed{6}$—③　$\boxed{7}$—②　(3)$\boxed{8}$—②

(B)(1)$\boxed{9}\boxed{10}\boxed{11}$—⑨⑥⑩　(2)$\boxed{12}\boxed{13}$—⑥⑩　(3)$\boxed{14}$—①

(C)(1)$\boxed{15}$—②　$\boxed{16}$—⑤　(2)$\boxed{17}$—①　$\boxed{18}$—②　$\boxed{19}$—④　(3)$\boxed{20}$—①

解説　≪小問 3 問≫

(A)(1)　与式を変形すると（三角関数の合成）

$$t=\sin x+\cos x=\sqrt{2}\left(\sin x\cdot\frac{1}{\sqrt{2}}+\cos x\cdot\frac{1}{\sqrt{2}}\right)$$

$$=\sqrt{2}\left(\sin x\cos\frac{1}{4}\pi+\cos x\sin\frac{1}{4}\pi\right)$$

$$=\sqrt{2}\sin\left(x+\frac{1}{4}\pi\right)$$

よって

$$r=\sqrt{2},\ \ \theta=\frac{1}{4}\pi\ \ \rightarrow\boxed{1}\sim\boxed{3}$$

(2)　$t^2=\sin^2 x+2\sin x\cos x+\cos^2 x=1+2\sin x\cos x$ より

$$\sin x\cos x=\frac{t^2-1}{2}$$

$\sin^3 x+\cos^3 x=(\sin x+\cos x)^3-3\sin x\cos x(\sin x+\cos x)$

$$=t^3-3\cdot\frac{t^2-1}{2}\cdot t$$

$$=-\frac{1}{2}t^3+\frac{3}{2}t\ \ \rightarrow\boxed{4}\sim\boxed{7}$$

(3)　与式を t で表すと

$$4\left(-\frac{1}{2}t^3+\frac{3}{2}t\right)+t=5$$

整理すると

$$2t^3-7t+5=(t-1)(2t^2+2t-5)=0$$

よって　　$t=1,\ \dfrac{-1\pm\sqrt{11}}{2}$

(1)の結果より，$t=\sqrt{2}\sin\left(x+\dfrac{1}{4}\pi\right)$ であるから　　$-\sqrt{2}\leqq t\leqq\sqrt{2}$

$-\sqrt{2}<1<\sqrt{2}$, $-\sqrt{2}<\dfrac{-1+\sqrt{11}}{2}<\sqrt{2}$, $\dfrac{-1-\sqrt{11}}{2}<-\sqrt{2}$ より，

適する t の値は

$$t=1, \ \frac{-1+\sqrt{11}}{2}$$

したがって，異なる t の値は 2 個。　→ $\boxed{8}$

(B)(1)　$(2x-1)^{10}$ の展開式の一般項は

$$\mathstrut_{10}\mathrm{C}_r(2x)^{10-r}(-1)^r=\mathstrut_{10}\mathrm{C}_r\,2^{10-r}(-1)^r x^{10-r}$$

x^3 の項の係数は，$r=7$ を代入して

$$\mathstrut_{10}\mathrm{C}_7\,2^3(-1)^7=-960 \quad →\boxed{9}\sim\boxed{11}$$

(2)　$f(14)=(2\cdot14-1)^{10}=27^{10}=3^{30}=(\sqrt{3}\,)^{60}$ より

$$\log_{\sqrt{3}}f(14)=\log_{\sqrt{3}}(\sqrt{3}\,)^{60}=60 \quad →\boxed{12}\boxed{13}$$

(3)　$(2x-1)^{10}=\displaystyle\sum_{k=0}^{10}\mathstrut_{10}\mathrm{C}_k\,2^{10-k}(-1)^k x^{10-k}$　……① より，各項の係数の和は

① に $x=1$ を代入して

$$1^{10}=\sum_{k=0}^{10}\mathstrut_{10}\mathrm{C}_k\,2^{10-k}(-1)^k$$

すなわち，各項の係数の和は

$$1 \quad →\boxed{14}$$

(C)(1)　2 点間の距離の公式より

$$\mathrm{AB}=\sqrt{(3-1)^2+(5-1)^2}=\sqrt{20}=2\sqrt{5} \quad →\boxed{15}, \ \boxed{16}$$

(2)　線分 AB の中点 M の座標は

$$\left(\frac{1+3}{2},\ \frac{1+5}{2}\right)=(2,\ 3)$$

直線 AB の傾きは

$$\frac{5-1}{3-1}=2$$

よって，線分 AB の垂直二等分線の方程式は

$$y-3=-\frac{1}{2}(x-2)$$

すなわち　$y=-\dfrac{1}{2}x+4$　→ $\boxed{17}\sim\boxed{19}$

(3)　直線 $y=x$ に関して，点 M と対称な点 M′ の座標は $(3,\ 2)$ であり，

直線 AM′ 上に点 C(a, 0) が存在する。

直線 AM′ の方程式は

$$y-1=\frac{2-1}{3-1}(x-1)$$

よって　　$y=\dfrac{1}{2}x+\dfrac{1}{2}$

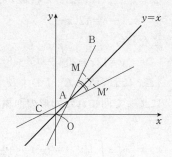

であるから, $x=a$, $y=0$ を代入して

$$0=\frac{1}{2}a+\frac{1}{2}$$

したがって, 求める a の値は

$$a=-1 \quad \rightarrow \boxed{20}$$

2　**解答**　(1)$\boxed{1}$—⑩　$\boxed{2}$—⑩　$\boxed{3}$—①　$\boxed{4}$—①

(2)$\boxed{5}\boxed{6}$—①②　$\boxed{7}\boxed{8}$—②⑩　$\boxed{9}$—⑤　$\boxed{10}$—②

(3)$\boxed{11}\boxed{12}$—②⑩　$\boxed{13}$—⑦　$\boxed{14}$—⑩　$\boxed{15}$—③　$\boxed{16}\boxed{17}\boxed{18}$—①⑩⑤　$\boxed{19}$—④

解説　≪3次関数の極値, 接線, 積分法の応用（面積）, 3次方程式の
実数解≫

(1)　$f'(x)=6x^2-6x=6x(x-1)$ より,
関数 $f(x)$ の増減表は右のようになる。
したがって

　　　$x=0$ で極大値 0　$\rightarrow\boxed{1}$, $\boxed{2}$

　　　$x=1$ で極小値 -1　$\rightarrow\boxed{3}$, $\boxed{4}$

x		0		1	
$f'(x)$	+	0	−	0	+
$f(x)$	↗	0	↘	-1	↗

(2) 点 $(2, 4)$ における接線 l の方程式は

$$y-4=12(x-2)$$

すなわち

$$y=12x-20 \quad \rightarrow \boxed{5}\sim\boxed{8}$$

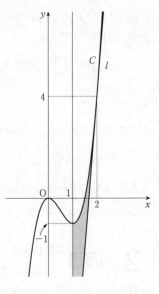

$1\leqq x$ において，C, l および，直線 $x=1$ によって囲まれた図形の面積を S とすると

$$S=\int_1^2 \{(2x^3-3x^2)-(12x-20)\}dx$$

$$=\int_1^2 (2x^3-3x^2-12x+20)dx$$

$$=\left[\frac{x^4}{2}-x^3-6x^2+20x\right]_1^2$$

$$=\frac{5}{2} \quad \rightarrow \boxed{9}, \boxed{10}$$

(3) 方程式 $2x^3-3x^2=12x+t$ ……① を変形すると，$2x^3-3x^2-12x=t$ であるから，①の実数解は曲線 $y=2x^3-3x^2-12x$ と直線 $y=t$ の共有点の x 座標と一致する。

$y'=6x^2-6x-12=6(x^2-x-2)=6(x+1)(x-2)$ より，

関数 $y=2x^3-3x^2-12x$ の増減表およびグラフは右のようになる。

x		-1		2	
y'	$+$	0	$-$	0	$+$
y	↗	7	↘	-20	↗

したがって，直線 $y=t$ と異なる3つの実数解をもつ t の値の範囲は

$$-20<t<7 \quad \rightarrow \boxed{11}\sim\boxed{13}$$

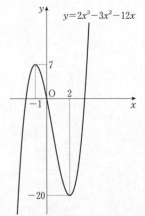

また，$\beta=0$ となるのは $t=0$ のときであり，このとき方程式①は

$$x(2x^2-3x-12)=0$$

よって

$$x=0, \quad \frac{3\pm\sqrt{105}}{4}$$

したがって，求める t と α は

$$t=0, \quad \alpha=\frac{3-\sqrt{105}}{4} \quad \rightarrow \boxed{14}\sim\boxed{19}$$

3　解答

(1)$\boxed{1}$－①　$\boxed{2}$－③　$\boxed{3}$－③
(2)$\boxed{4}\boxed{5}\boxed{6}$－①⑩①

(3)$\boxed{7}$－③　$\boxed{8}$－②　　$\boxed{9}\boxed{10}\boxed{11}\boxed{12}\boxed{13}$－①⑩②⑩⑩

(4)$\boxed{14}\boxed{15}$－②①　　$\boxed{16}\boxed{17}\boxed{18}$－①②⑩

(5)$\boxed{19}$－④　$\boxed{20}$－③　$\boxed{21}$－⑤　$\boxed{22}$－⑥

$\boxed{解\ 説}$　≪$\sqrt{n}$ の整数部分を項とする数列の項数と和≫

(1)　$\sqrt{n}$ の整数部分が a_n であるから，$1<\sqrt{3}<2$ より

$\qquad a_3=1$　→$\boxed{1}$

同様に考えると，$3\leqq\sqrt{9}<4$，$3<\sqrt{15}<4$ より

$\qquad a_9=3$，$a_{15}=3$　→$\boxed{2}$，$\boxed{3}$

(2)　$a_n=50$ となるのは

$\qquad 50\leqq\sqrt{n}<51$

辺々を 2 乗して

$\qquad 2500\leqq n<2601$

したがって，正の整数 n は

$\qquad 2601-2500=101$ 個　→$\boxed{4}$～$\boxed{6}$

(3)　b_k の値は，$a_n=k$ となる a_n の項数であるから

$\qquad k\leqq\sqrt{n}<k+1$

両辺を 2 乗して

$\qquad k^2\leqq n<(k+1)^2$

よって

$\qquad b_k=(k+1)^2-k^2=2k+1$

したがって，数列 $\{b_n\}$ は $b_n=2n+1=3+(n-1)\times2$ より

$\qquad$初項が 3，公差が 2 の等差数列　→$\boxed{7}$，$\boxed{8}$

である。

また，数列 $\{b_n\}$ の初項から第 100 項までの和は

$\qquad \dfrac{100}{2}\times\{2\times3+(100-1)\times2\}=10200$　→$\boxed{9}$～$\boxed{13}$

(4)　$a_n=10$ となる n の値の範囲は

$\qquad 10^2\leqq n<11^2$

すなわち，$100\leqq n\leqq120$ より，求める n の個数は

$120-100+1=21$ 個　→ $\boxed{14}\boxed{15}$

そのなかで最大の n は

$n=120$　$\boxed{16}\sim\boxed{18}$

(5)　$\sqrt{n^2}=n$ であるから

$a_{n^2}=n$

$n\geqq2$ のとき，$1\leqq k\leqq n-1$ について $a_n=k$，$b_k=2k+1$ であったから，初項から第 n^2 項までの和は

$$\sum_{k=1}^{n-1}k(2k+1)+n=2\sum_{k=1}^{n-1}k^2+\sum_{k=1}^{n-1}k+n$$

$$=2\times\frac{(n-1)n(2n-1)}{6}+\frac{n(n-1)}{2}+n$$

$$=\frac{4n^3-3n^2+5n}{6}\quad\to\boxed{19}\sim\boxed{22}$$

これは $n=1$ のときも成り立つ。

4　解答

(1)$\boxed{1}$—③　$\boxed{2}$—③　$\boxed{3}$—⑩

(2)$\boxed{4}$—④　$\boxed{5}$—⑨　$\boxed{6}$—⑤　$\boxed{7}$—⑥　$\boxed{8}$—②

$\boxed{9}\boxed{10}$—③⑨　$\boxed{11}$—③

(3)$\boxed{12}$—⑧　$\boxed{13}$—③

(4)$\boxed{14}\boxed{15}$—②⑧　$\boxed{16}\boxed{17}$—②⑦　$\boxed{18}$—⑤　$\boxed{19}\boxed{20}$—①⑧

(5)$\boxed{21}$—①　$\boxed{22}$—③　$\boxed{23}$—①　$\boxed{24}$—⑨

解説　≪平面ベクトルの図形への応用，2 直線の交点，重心の位置ベクトル≫

(1)　三角形 OAB の面積は

$$\frac{1}{2}\sqrt{|\overrightarrow{OA}|^2|\overrightarrow{OB}|^2-(\overrightarrow{OA}\cdot\overrightarrow{OB})^2}=\frac{1}{2}\sqrt{3^2\cdot4^2-6^2}$$

$$=3\sqrt{3}\quad\to\boxed{1}，\boxed{2}$$

AP⊥OA，BP⊥OB より

$\overrightarrow{OA}\cdot\overrightarrow{AP}=\overrightarrow{OB}\cdot\overrightarrow{BP}=0$　→ $\boxed{3}$

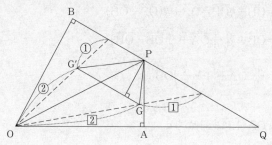

(2) $\overrightarrow{OP}=s\overrightarrow{OA}+t\overrightarrow{OB}$ （s, t は実数）とおくと，$\overrightarrow{AP}=(s-1)\overrightarrow{OA}+t\overrightarrow{OB}$ より

$$\begin{aligned}\overrightarrow{OA}\cdot\overrightarrow{AP}&=\overrightarrow{OA}\cdot\{(s-1)\overrightarrow{OA}+t\overrightarrow{OB}\}\\&=(s-1)|\overrightarrow{OA}|^2+t\overrightarrow{OA}\cdot\overrightarrow{OB}\\&=9(s-1)+6t=0\end{aligned}$$

ゆえに　　$3s+2t-3=0$　……①

$\overrightarrow{BP}=s\overrightarrow{OA}+(t-1)\overrightarrow{OB}$ より

$$\begin{aligned}\overrightarrow{OB}\cdot\overrightarrow{BP}&=\overrightarrow{OB}\cdot\{s\overrightarrow{OA}+(t-1)\overrightarrow{OB}\}\\&=s\overrightarrow{OA}\cdot\overrightarrow{OB}+(t-1)|\overrightarrow{OB}|^2\\&=6s+16(t-1)=0\end{aligned}$$

ゆえに　　$3s+8t-8=0$　……②

①，②より

$$s=\frac{4}{9},\quad t=\frac{5}{6}$$

よって

$$\overrightarrow{OP}=\frac{4}{9}\overrightarrow{OA}+\frac{5}{6}\overrightarrow{OB}\quad\rightarrow\boxed{4}\sim\boxed{7}$$

また

$$\begin{aligned}OP^2=|\overrightarrow{OP}|^2&=\left|\frac{4}{9}\overrightarrow{OA}+\frac{5}{6}\overrightarrow{OB}\right|^2\\&=\frac{16}{81}|\overrightarrow{OA}|^2+\frac{20}{27}\overrightarrow{OA}\cdot\overrightarrow{OB}+\frac{25}{36}|\overrightarrow{OB}|^2=\frac{156}{9}\end{aligned}$$

$OP>0$ より

$$OP=\frac{2\sqrt{39}}{3}\quad\rightarrow\boxed{8}\sim\boxed{11}$$

(3) $\overrightarrow{OQ}$ は実数 k を用いて

$$\overrightarrow{OQ}=\overrightarrow{OB}+k\overrightarrow{BP}=\overrightarrow{OB}+k(\overrightarrow{OP}-\overrightarrow{OB})$$

$$=\overrightarrow{OB}+k\left(\frac{4}{9}\overrightarrow{OA}+\frac{5}{6}\overrightarrow{OB}-\overrightarrow{OB}\right)$$

$$=\frac{4k}{9}\overrightarrow{OA}+\left(1-\frac{k}{6}\right)\overrightarrow{OB}$$

と表される。

点 Q は直線 OA 上にあるから

$$1-\frac{k}{6}=0$$

ゆえに　　$k=6$

よって

$$\overrightarrow{OQ}=\frac{8}{3}\overrightarrow{OA}　\rightarrow \boxed{12},\ \boxed{13}$$

(4)　$\displaystyle \overrightarrow{OG}=\frac{\overrightarrow{OP}+\overrightarrow{OQ}}{3}=\frac{\left(\frac{4}{9}\overrightarrow{OA}+\frac{5}{6}\overrightarrow{OB}\right)+\frac{8}{3}\overrightarrow{OA}}{3}$

$$=\frac{28}{27}\overrightarrow{OA}+\frac{5}{18}\overrightarrow{OB}　\rightarrow \boxed{14}\sim\boxed{20}$$

(5)　$\displaystyle \overrightarrow{OG'}=\frac{\overrightarrow{OP}+\overrightarrow{OB}}{3}=\frac{\left(\frac{4}{9}\overrightarrow{OA}+\frac{5}{6}\overrightarrow{OB}\right)+\overrightarrow{OB}}{3}=\frac{4}{27}\overrightarrow{OA}+\frac{11}{18}\overrightarrow{OB}$ より

$$\overrightarrow{GG'}=\overrightarrow{OG'}-\overrightarrow{OG}=-\frac{8}{9}\overrightarrow{OA}+\frac{1}{3}\overrightarrow{OB}$$

$$\overrightarrow{QB}=\overrightarrow{OB}-\overrightarrow{OQ}=-\frac{8}{3}\overrightarrow{OA}+\overrightarrow{OB}$$

よって, $\overrightarrow{QB}=3\overrightarrow{GG'}$ より

$$GG':QB=|\overrightarrow{GG'}|:|\overrightarrow{QB}|=1:3　\rightarrow \boxed{21},\ \boxed{22}$$

OB⊥BQ, GG′∥QB, $GG'=\dfrac{1}{3}QB$, 重心 G, G′ はそれぞれ △OQP,

△OBP の中線を 2:1 に内分した点であるから

$$\triangle OQB=\frac{1}{2}\times QB\times OB$$

$$\triangle GG'P=\frac{1}{2}\times GG'\times\left(\frac{1}{3}OB\right)=\frac{1}{2}\times\left(\frac{1}{3}QB\right)\times\left(\frac{1}{3}OB\right)$$

$$=\frac{1}{9}\times\left(\frac{1}{2}\times QB\times OB\right)=\frac{1}{9}\times\triangle OQB$$

よって，△GG′P の面積は △OQB の面積の $\dfrac{1}{9}$ 倍。　→ 23 , 24

■ 物理 ■

■物理基礎・物理■

1 **解答** 問1．③　問2．⑤　問3．①　問4．②　問5．①

解説 ≪小問5問≫

問1．衝突直後の物体Bの速度を V とする。運動量保存則より

$$3mv + 4m \cdot 0 = 3m \cdot 0 + 4mV \quad \therefore \quad V = \frac{3}{4}v$$

物体Aと物体Bのはね返り係数を e とすると，はね返り係数の式より

$$e = -\frac{0 - V}{v - 0} = \frac{3}{4} = 0.75$$

問2．縦波の横波表示において，媒質が最も密な部分はウ，キである。また最も疎な部分はア，オ，ケである。

問3．物体と凸レンズまでの距離を a [cm] としたときスクリーン上に実像ができたとすると，凸レンズから実像までの距離は $120 - a$ [cm] となる。ただし，$0 < a < 120$ を満たす。写像公式より

$$\frac{1}{a} + \frac{1}{120 - a} = \frac{1}{f} \implies a^2 - 120a + 120f = 0 \quad \cdots\cdots①$$

a が $0 < a < 120$ を満たすどのような値であってもスクリーン上に実像をつくることができないので，①が実数解をもたない条件を求めればよい。よって

判別式 $D = 120^2 - 4 \cdot 120f < 0 \quad \therefore \quad 30 < f$

問4．自己誘導起電力の大きさ V_L [V] は，自己誘導起電力の公式

$$V_L = L \left| \frac{\Delta I}{\Delta t} \right| \text{ より}$$

$$V_L = 0.40 \cdot \frac{3.5 - 2.0}{0.60 - 0.30} = 2.0 \text{ [V]}$$

問5．図(a)，(b)の状態の気体の圧力をそれぞれ P_a，P_b とする。図(a)の状

態から図(b)の状態への変化は等温変化であるので，ボイルの法則より

$$P_a V_0 = P_b \cdot \frac{1}{2} V_0 \quad \therefore \quad P_b = 2P_a \quad \cdots\cdots②$$

また，図(a)，(b)のピストンに対する力のつり合いより

図(a)：$P_a S = P_0 S + mg$ ……③

図(b)：$P_b S = P_0 S + mg + 10mg$ ……④

②〜④を用いて P_a，P_b を消去すると，$mg = \frac{1}{9} P_0 S$ となる。よって，ピストンにはたらく重力 mg によって生じている圧力を P_{mg} とすると

$$P_{mg} = \frac{mg}{S} = \frac{1}{S} \cdot \frac{1}{9} P_0 S = \frac{1}{9} P_0$$

2 解答 問1．③　問2．①　問3．②　問4．③　問5．③

解説 ≪浮力，慣性力，見かけの重力≫

問1．図2の状態における物体にはたらく力のつり合いより，物体にはたらく浮力の大きさは，重力の大きさと等しいので

$$F_1 = 0.6 \cdot 10 = 6.0 \,[\text{N}]$$

問2．静水中では，水面から同じ深さの点における水圧は等しい。

問3．水の密度を $\rho_w = 1.0 \times 10^3 \,[\text{kg/m}^3]$，物体の質量を $m = 0.60 \,[\text{kg}]$，体積を $V \,[\text{m}^3]$，重力加速度の大きさを $g = 10 \,[\text{m/s}^2]$ とする。水槽が静止状態にあるとき，物体の体積の $a \,[\%]$ が水中に沈んでいることから，物体に対する力のつり合いより

$$\rho_w \cdot \frac{a}{100} V \cdot g = mg \quad \therefore \quad \frac{a}{100} \rho_w V = m \quad \cdots\cdots①$$

次に，水槽が鉛直上向きに加速しているときのことを考える。水槽の加速度を $\alpha = 2.0 \,[\text{m/s}^2]$ とすると，水槽とともに動く観測者から見た物体にはたらく重力と慣性力の合力，つまり見かけの重力は鉛直下向きに $mg + m\alpha = m(g + \alpha)$ となる。これより，水槽とともに動く観測者から見た，見かけの重力加速度は鉛直下

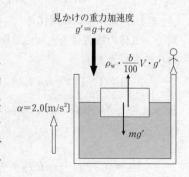

見かけの重力加速度
$g' = g + \alpha$

$\rho_w \cdot \dfrac{b}{100} V \cdot g'$

$\alpha = 2.0 \,[\text{m/s}^2]$

mg'

向きに，大きさ $g'=g+\alpha$ [m/s²] となることがわかる。このとき物体の体積の b [％] が水中に沈んでいることから，水槽とともに動く観測者から見た物体に対する力のつり合いより

$$\rho_w \cdot \frac{b}{100}V \cdot g' = mg' \quad \therefore \quad \frac{b}{100}\rho_w V = m \quad \cdots\cdots ②$$

①，②より，$a=b$ となることがわかる。

問 4．水槽が静止しているときに物体にはたらく浮力の大きさ F_1 は

$$F_1 = \rho_w \cdot \frac{a}{100}V \cdot g$$

水槽が加速度運動しているときに物体にはたらく浮力の大きさ F_2 は

$$F_2 = \rho_w \cdot \frac{b}{100}V \cdot g'$$

以上 2 式と，問 3 の結果より

$$\frac{F_2}{F_1} = \frac{g'}{g} = \frac{g+\alpha}{g} = \frac{12}{10} = 1.2$$

$$\therefore \quad F_2 = 1.2F_1$$

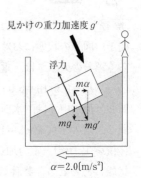

見かけの重力加速度 g'

浮力

$m\alpha$

mg　mg'

$\alpha=2.0$ [m/s²]

問 5．水槽が水平方向左向きに加速度運動しているとき，水槽とともに動く観測者から見た見かけの重力 mg' の方向は右斜め下向きとなる。水面は見かけの重力方向に対して垂直に傾き，また浮力は見かけの重力方向とは逆向きにはたらくため，水槽内の水と物体の様子は③となる。

3 解答　問 1．⑧　問 2．①　問 3．⑥　問 4．⑦　問 5．④
　　　　　　　問 6．⑤　問 7．⑤

解説 ≪気体の状態変化≫

問 1．気体の物質量を $n=1.20$ [mol] とする。状態 A に対する理想気体の状態方程式より

$$3\times10^5 \cdot 1\times10^{-2} = nRT_A$$

状態 A のときの気体の内部エネルギー U_A は，定積モル比熱 $C_V = \frac{5}{2}R$ を用いて

$$U_A = nC_V T_A = \frac{5}{2}nRT_A = \frac{5}{2} \cdot 3\times10^3 = 7500 \text{ [J]}$$

問 2．状態 B における気体の温度を T_B [K] とする。状態 A，B に対するボイル・シャルルの法則より

$$\frac{3\times10^5\cdot1\times10^{-2}}{300}=\frac{1\times10^5\cdot5\times10^{-2}}{T_B} \qquad \therefore \quad T_B=500 \,[\text{K}]$$

問 3．状態 B に対する理想気体の状態方程式より

$$1\times10^5\cdot5\times10^{-2}=nRT_B$$

状態 B のときの気体の内部エネルギー U_B は，定積モル比熱 $C_V=\dfrac{5}{2}R$ を用いて

$$U_B=nC_VT_B=\frac{5}{2}nRT_B=\frac{5}{2}\cdot5\times10^3=12500 \,[\text{J}]$$

問 4．状態 A から状態 B に変化するときの内部エネルギー変化 $\varDelta U$ は

$$\varDelta U=U_B-U_A=12500-7500=5000 \,[\text{J}]$$

問 5．状態 A から状態 B に変化するときに気体が外部にした仕事 W [J] は，P-V グラフの面積より

$$W=\frac{1}{2}(1\times10^5+3\times10^5)\cdot4\times10^{-2}=8000 \,[\text{J}]$$

問 6．状態 A から状態 B までの変化する間の任意の状態 X（圧力 P [Pa]，体積 V [m³]：$1\times10^{-2}\leqq V\leqq5\times10^{-2}$）を考える。状態 X は P-V グラフの直線 AB 上にあるので，状態 X の圧力 P と体積 V は直線 AB を表す方程式を満たす。

$$\text{直線 AB}：P=-5.0\times10^6V+3.5\times10^5$$

状態 X における温度を T_X [K] とすると，状態 A，状態 X に対するボイル・シャルルの法則より

$$\frac{3\times10^5\cdot1\times10^{-2}}{300}=\frac{(-5.0\times10^6V+3.5\times10^5)V}{T_X}$$

$$\Longrightarrow T_X=-5\times10^5V(V-7\times10^{-2})$$

これより，T_X は，$V=3.5\times10^{-2}$ [m³] で最大値をとることがわかる。

問 7．$V=3.5\times10^{-2}$ [m³] のときの T_X の値は

$$T_X=-5\times10^5\cdot3.5\times10^{-2}(3.5\times10^{-2}-7\times10^{-2})\fallingdotseq613 \,[\text{K}]$$

4　**解答**　問 1．② 問 2．③ 問 3．④
　　　　　　　 問 4．向き：② 大きさ：④

問 5 ． 向き： ②　大きさ： ⑦　問 6 ． ⑥

[解説]　≪直流回路，キルヒホッフの法則≫

問 1 ． 抵抗 R_2 は電池 E_2 と並列なので，抵抗 R_2 の電圧は電池 E_2 のものと等しく，V_2 [V] となる。

問 2 ． 点 B を流れる電流が 0 A となるとき，抵抗 R_1，R_2 に流れる電流の大きさは等しくなり，これを I [A] とおく（向きは次図の矢印の向きにとる）。

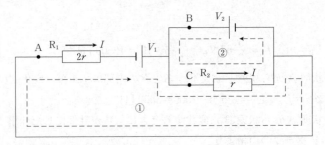

上図の閉回路①，②に対するキルヒホッフの第二法則より

　　　閉回路①：$V_1 = rI + 2rI$

　　　閉回路②：$V_2 = rI$

2 式より I を消去して　　　$V_1 = 3V_2$

問 3 ． 点 C を流れる電流の大きさは問 2 の I であるので

$$I = \frac{V_1}{3r} = \frac{3V_2}{3r} = \frac{V_2}{r}$$

問 4 ． 抵抗 R_1，R_2 に流れる電流の大きさをそれぞれ I_1 [A]，I_2 [A] とし，向きは次図の矢印の向きにとる。

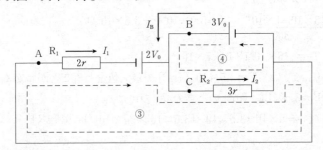

上図の閉回路③，④に対するキルヒホッフの第二法則より

　　　閉回路③：$2V_0 = 2rI_1 + 3rI_2$

閉回路④：$3V_0 = 3rI_2$

2 式より，$I_1 = -\dfrac{V_0}{2r}$，$I_2 = \dfrac{V_0}{r}$ となる。これより，点 A を流れる電流は I_1 のことであるので

　　　向き：$I_1 < 0$ より，定義した向きと逆向き，つまり左向き

　　　大きさ：$|I_1| = \dfrac{V_0}{2r}$

問 5．点 B を流れる電流を問 4 の図の向きに I_B〔A〕とおく。キルヒホッフの第一法則より

$$I_1 + I_B = I_2 \implies -\dfrac{V_0}{2r} + I_B = \dfrac{V_0}{r} \qquad \therefore \quad I_B = \dfrac{3V_0}{2r}$$

問 6．問 4 と同様に，抵抗 R_1，R_2 に流れる電流の大きさをそれぞれ I_1〔A〕，I_2〔A〕とし，向きは次図の矢印の向きにとる。

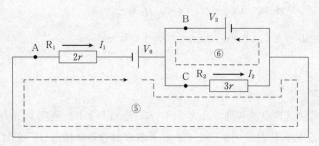

上図の閉回路⑤，⑥に対するキルヒホッフの第二法則より

　　　閉回路⑤：$V_0 = 2rI_1 + 3rI_2$

　　　閉回路⑥：$V_2 = 3rI_2$

2 式より，$I_1 = \dfrac{V_0 - V_2}{2r}$，$I_2 = \dfrac{V_2}{3r}$ となる。

点 A を流れる電流の向きが右向きとなる，つまり $I_1 > 0$ となるには

$$I_1 = \dfrac{V_0 - V_2}{2r} > 0 \qquad \therefore \quad V_0 > V_2$$

■物理基礎■

1 **解答**　問1. ①　問2. ⑥　問3. ⑥　問4. ⑤　問5. ⑤
　　　　　問6. ①　問7. ③

解説　《等加速度直線運動, v–t グラフ》

問1. 電車 P のはじめの速さを秒速に変換すると

$$90\,[\mathrm{km/h}]=\frac{90\times10^3\,[\mathrm{m}]}{3600\,[\mathrm{s}]}=25\,[\mathrm{m/s}]$$

問2. 等加速度直線運動の公式「$v=v_0+at$」より, 速度 $v\,[\mathrm{m/s}]$ で走っている電車 P が, ブレーキ A, C それぞれのみを使用して完全に停止するまでの時間を求めると

$$\text{ブレーキ A}:0=v-2t_\mathrm{A}\quad\therefore\quad t_\mathrm{A}=\frac{v}{2}$$

$$\text{ブレーキ C}:0=v-0.5t_\mathrm{C}\quad\therefore\quad t_\mathrm{C}=2v$$

よって

$$t_\mathrm{A}:t_\mathrm{C}=\frac{v}{2}:2v=1:4$$

問3. 等加速度直線運動の公式「$v^2-v_0{}^2=2ax$」より, 速度 $v\,[\mathrm{m/s}]$ で走っている電車 P が, ブレーキ A, C それぞれのみを使用して完全に停止するまでの走行距離を求めると

$$\text{ブレーキ A}:0^2-v^2=2(-2)x_\mathrm{A}\quad\therefore\quad x_\mathrm{A}=\frac{v^2}{4}$$

$$\text{ブレーキ C}:0^2-v^2=2(-0.5)x_\mathrm{C}\quad\therefore\quad x_\mathrm{C}=v^2$$

よって

$$x_\mathrm{A}:x_\mathrm{C}=\frac{v^2}{4}:v^2=1:4$$

問4. 電車 P の先頭がホームの左端 X を通過した時刻を $t=0\,[\mathrm{s}]$, ブレーキ C をかけ始めた時刻を $t=T\,[\mathrm{s}]$ とする。$t=0\,[\mathrm{s}]$ から電車 P が位置 Y で停止するまでの v–t グラフは右図のようになる。ブレーキ C をかけてから停止するまでの時間を $\Delta t\,[\mathrm{s}]$ とすると, v–t グラ

フの傾きが加速度となることより

$$-\frac{5}{\varDelta t}=-0.5 \qquad \varDelta t=10\ [\mathrm{s}]$$

v-t グラフの面積が移動距離となることより，ブレーキ C をかけ始めてからの走行距離は前ページの図の網かけ部分の面積となるので

$$\frac{1}{2}\cdot 10\cdot 5=25\ [\mathrm{m}]$$

問 5．$t=0\ [\mathrm{s}]$ から電車 P が停止するまでの走行距離は v-t グラフの面積より $5T+25\ [\mathrm{m}]$ である。この距離は題意より 150 m であるので

$$5T+25=150 \qquad \therefore\ T=25\ [\mathrm{s}]$$

問 6．電車 P がブレーキ A をかけ始めた時刻を，新たに $t=0\ [\mathrm{s}]$ とし，速さが 5.0 m/s となるまでの v-t グラフを描くと右のようになる。ここで，ブレーキをかけずに等速度運動しているときの速さを $u\ [\mathrm{m/s}]$ とする。v-t グラフの傾きが加速度を表すことより

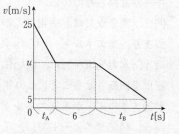

$$\text{ブレーキ A}：-2=-\frac{25-u}{t_{\mathrm{A}}} \qquad \therefore\ u=25-2t_{\mathrm{A}}\ [\mathrm{m/s}]$$

$$\text{ブレーキ C}：-1=-\frac{u-5.0}{t_{\mathrm{B}}}$$

以上 2 式より　　　$t_{\mathrm{B}}=20-2t_{\mathrm{A}}\ [\mathrm{s}]$

問 7．$t=0\ [\mathrm{s}]$ から速さが 5 m/s になるまでの電車 P の走行距離を，v-t グラフの面積を計算することにより求めたものが 240 m となることより

$$\frac{1}{2}(25+u)t_{\mathrm{A}}+6u+\frac{1}{2}(5+u)t_{\mathrm{B}}=240$$

これに，$u=25-2t_{\mathrm{A}}\ [\mathrm{m/s}]$，$t_{\mathrm{B}}=20-2t_{\mathrm{A}}\ [\mathrm{s}]$ を代入し，t_{A} について整理すると

$$(t_{\mathrm{A}}-30)(t_{\mathrm{A}}-7)=0 \qquad \therefore\ t_{\mathrm{A}}=7.0\ [\mathrm{s}],\ 30\ [\mathrm{s}]$$

ここで，$t_{\mathrm{A}}=30\ [\mathrm{s}]$ が解ならば，$t_{\mathrm{B}}=20-2t_{\mathrm{A}}=20-60=-40<0$ となり不適である。よって，$t_{\mathrm{A}}=7.0\ [\mathrm{s}]$ が求める解となる。

2　解答

問1．ア—①　イ—④　問2．ウ—⑤　エ—④
問3．オ—②　カ—⑤　問4．キ—⑥　ク—③
問5．ケ—③　コ—②　問6．サ—④　シ—⑥　問7．③　問8．⑥
問9．②

[解説]　≪エネルギーの移り変わり≫

問1．石炭や石油などを化石燃料という。また，エネルギーには様々な種類があり，それらが別のエネルギーに変換されても，エネルギー保存の法則より，エネルギーの総和は一定に保たれている。

問2．石油が燃焼するときは，化学エネルギーから熱エネルギーへエネルギーが変換されている。

問3．光合成では，植物に光があたることにより有機物質がつくられる。つまり，光エネルギーから化学エネルギーにエネルギーが変換されている。

問4．水力発電所では，高い位置に汲み上げた水を低い位置に用意した羽根車を回転させることにより電気を生み出している。つまり，水のもつ力学的エネルギーが電気エネルギーにエネルギーが変換されている。

問5．発光ダイオードでは，電気エネルギーが光エネルギーにエネルギーが変換されている。

問6．蒸気機関では，熱エネルギーが力学的なエネルギーにエネルギーが変換されている。

問7．太陽から距離 d 〔m〕離れた位置にある $1\,\text{m}^2$ の面には，1 秒あたり S 〔J〕のエネルギーが太陽から降りそそぐ。太陽は四方八方にエネルギーを放出しているので，太陽が 1 秒間に放出しているエネルギーを P 〔W〕とすると

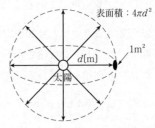

表面積：$4\pi d^2$

$$P = 4\pi d^2 \times S$$

よって，太陽が 1 分間に放出するエネルギーは

$$60P = 60 \times 4\pi d^2 S = 240\pi d^2 S \,\text{〔J〕}$$

問8．太陽から金星までの距離は約 $0.72d$ 〔m〕である。この距離の位置にある $1\,\text{m}^2$ の面に 1 秒あたりに降りそそぐエネルギーを S' 〔W/m²〕とすると，S' は太陽が 1 秒間に放出しているエネルギー P 〔W〕を，半径 $0.72d$ 〔m〕の球の断面積で割ればよいので

$$S' = \frac{P}{4\pi(0.72d)^2} = \frac{4\pi d^2 S}{4\pi(0.72d)^2} \fallingdotseq 1.9S \ [\mathrm{W/m^2}]$$

問9．地球に届いた太陽エネルギーのうちの半分が地表に降りそそぐので，地表の $1\,\mathrm{m^2}$ の面が 1 秒間に受け取るエネルギーは $\dfrac{1}{2}S$ $[\mathrm{W/m^2}]$ である。地表に用意する太陽電池の面積を x $[\mathrm{m^2}]$ とすると，太陽電池が 1 秒間に受け取るエネルギーは $\dfrac{1}{2}Sx$ $[\mathrm{W}]$ となる。このうち 10% が電気エネルギーに変換され，その値が $350\,\mathrm{W}$ となるためには

$$\frac{1}{2}Sx \times \frac{10}{100} = 350 \implies \frac{1}{2} \cdot 1.4 \times 10^3 \cdot x \cdot 0.1 = 350$$

$$\therefore \quad x = 5.0 \ [\mathrm{m^2}]$$

■化学■

◀薬, 福岡薬学部▶

1 解答
問1. $\boxed{1}$—② $\boxed{2}$—⑤ $\boxed{3}$—⑧
問2. $\boxed{4}$—③ $\boxed{5}$—③ $\boxed{6}$—⑤ $\boxed{7}$—⑤

問3. (i)$\boxed{8}$—② $\boxed{9}$—② (ii)$\boxed{10}$—③ $\boxed{11}$—⑨ 問4. ③

[解説] ≪イオン結晶≫

問3. (i) 単位格子内に4組のNaClが含まれるので, 密度は

$$\frac{4\times(23+35.5)}{(5.6\times10^{-8})^3\times6.02\times10^{23}}=2.21\fallingdotseq2.2\,[\text{g/cm}^3]$$

(ii) ナトリウムイオンのみに注目すると面心立方格子をとっているので, ナトリウムイオンの中心間距離は頂点と側面の中央までの距離に一致するから

$$5.6\times10^{-8}\times\sqrt{2}\times\frac{1}{2}=3.94\times10^{-8}\fallingdotseq3.9\times10^{-8}\,[\text{cm}]$$

問4. イオン結晶の融点はクーロン力の強さに応じて高くなり, クーロン力は電荷の積に比例し, 電荷間距離の2乗に反比例する。NaCl, NaF, NaBrはいずれも1価の陽イオン・1価の陰イオンからなる結晶であるから, 粒子間距離の小さいほうが融点は高い。ナトリウムイオンが共通だから, 陰イオンの半径が小さいほうがクーロン力が強く, 融点は高くなる。

2 解答
問1. $\boxed{1}$—② $\boxed{2}$—⑦ $\boxed{3}$—⑤ 問2. ②
問3. $\boxed{5}$—② $\boxed{6}$—② $\boxed{7}$—②

問4. $\boxed{8}$—② $\boxed{9}$—③ $\boxed{10}$—⑤ $\boxed{11}$—⑧ $\boxed{12}$—④ $\boxed{13}$—⑨

問5. $\boxed{14}\boxed{15}\boxed{16}$—②②④ 問6. ③

[解説] ≪窒素化合物の性質≫

問5. 与式を上から順に(i), (ii), (iii)とすると

$$\frac{1}{4}((i)+(ii)\times3+(iii)\times2)$$

より

$$NH_3 + 2O_2 \longrightarrow HNO_3 + H_2O$$

となる。必要な標準状態のアンモニアの体積を V [L] とすると，硝酸の分子量が 63 より

$$\frac{V}{22.4} = \frac{1.00 \times 10^3 \times \dfrac{63.0}{100}}{63} \qquad V = 224 \text{ [L]}$$

3 解答

問1. $\boxed{1}$—② 　$\boxed{2}$—③ 　$\boxed{3}$—⑥ 　$\boxed{4}$—⑧ 　$\boxed{5}$—⑩

問2. $\boxed{6}$—⑦ 　$\boxed{7}$—③ 　$\boxed{8}$—⑩ 　問3. ②

問4. (i)—① 　(ii)$\boxed{11}\boxed{12}$—⑦⑨ 　$\boxed{13}$—②

解説 ≪フェノールの合成≫

問4. (i)　塩化ベンゼンジアゾニウムは不安定で容易に熱分解してフェノールと窒素になってしまうので，カップリング反応は氷冷条件下で行う必要がある。

(ii)　塩化ベンゼンジアゾニウムの式量が 140.5，p-フェニルアゾフェノールの分子量が 198 であり，塩化ベンゼンジアゾニウム 1 mol から p-フェニルアゾフェノールが 1 mol 生成する。よって，その質量を w [mg] とおくと

$$\frac{56.2 \times 10^{-3}}{140.5} = \frac{w \times 10^{-3}}{198} \qquad w = 79.2 \text{ [mg]}$$

◀保健医療，医療福祉，成田看護，成田保健医療，
　赤坂心理・医療福祉マネジメント，小田原保健医療，
　　　　　　　　　　　　　　　　　福岡保健医療学部▶

■化学基礎・化学■

1 **解答**　問1．$\boxed{1}$—①　$\boxed{2}$—④　$\boxed{3}$—④　$\boxed{4}$—④　$\boxed{5}$—③
　　　　　　　問2．$\boxed{6}$—②　$\boxed{7}$—⑦　問3．$\boxed{8}\boxed{9}\boxed{10}$—④③②

問4．⑦　問5．$\boxed{12}\boxed{13}$—⑦⑤　$\boxed{14}$—⑩　問6．①

解説　≪小問6問≫

問1．1族元素に比べ，2族元素のほうが陽子数が多いので，最外殻電子を強くひきつけるから，イオン化エネルギーは大きく，原子半径は小さくなる。

問2．金属の原子量を M とすると

$$\frac{2M}{(4.3\times10^{-8})^3\times6.02\times10^{23}}=0.97 \qquad M=23$$

よって，金属は Na である。

問3．(反応熱)=(生成物の全結合エネルギー)−(反応物の全結合エネルギー) の関係が成立する。H−Cl の結合エネルギーを Q 〔kJ/mol〕とすると，塩化水素の生成熱につき

$$92.5=Q-\left(436\times\frac{1}{2}+243\times\frac{1}{2}\right) \qquad Q=432 \text{〔kJ/mol〕}$$

問4．(A)・(B)誤り。各電極で起こる反応は

　　陽極：$Cu \longrightarrow Cu^{2+}+2e^-$

　　陰極：$Cu^{2+}+2e^- \longrightarrow Cu$

なので，いずれの電極からも気体の発生は見られない。

問5．$^{35}_{17}Cl$ の存在率を x〔%〕とすると，塩素の原子量 35.5 より

$$35.5=35.0\times\frac{x}{100}+37.0\times\frac{100-x}{100} \qquad x=75.0\%$$

2 解答　問1．②　問2．②—④　③—②　④—④　⑤—⑥
問3．⑥—②　⑦—①

問4．(i)⑧—⑦　⑨—④　(ii)—③　問5．④

問6．(i)⑫—⑦　⑬—⑤　⑭—③　(ii)⑮—①　⑯—⑧

解説　≪硫酸の性質≫

問2・問3．希硫酸と酸化銅(Ⅱ)および硫化鉄(Ⅱ)の反応は以下の通り。

$$CuO + H_2SO_4 \longrightarrow CuSO_4 + H_2O$$
$$FeS + H_2SO_4 \longrightarrow FeSO_4 + H_2S$$

硫酸銅(Ⅱ)水溶液は青色，硫酸鉄(Ⅱ)水溶液は淡緑色である。

問4．(i)　硫酸が 90 g，水が 10 g あることになるので，各物質量を $n_{H_2SO_4}$，n_{H_2O} とすると

$$n_{H_2SO_4} = \frac{90}{98} = 0.918 \fallingdotseq 0.92 \ [mol]$$

$$n_{H_2O} = \frac{10}{18} = 0.555 \fallingdotseq 0.56 \ [mol]$$

(ii)　電離で生じた水素イオンはすべてオキソニウムイオンとなるとあるので，硫酸分子に比べて水分子のほうが少ない以上，硫酸の第1電離すら全部は起こらないと考えることになる。

問5．イオン化傾向が水素より大きい鉄，亜鉛，アルミニウム，ニッケルの4つが反応する。

問6．(i)　硫酸のモル濃度を C [mol/L] とすると

$$C \times \frac{10}{1000} \times 2 = 2.0 \times 10^{-2} \times \frac{7.5}{1000} \times 1$$

$$C = 7.5 \times 10^{-3} \ [mol/L]$$

(ii)　この水溶液の pH は

$$pH = -\log_{10}(7.5 \times 10^{-3} \times 2) = -\log_{10}\left(\frac{3}{2} \times 10^{-2}\right) = 1.82$$

3 解答　問1．④　問2．⑥　問3．②

問4．④—①　⑤—⑤　⑥—②　⑦—⑧　⑧—⑤

⑨—①　⑩—②　⑪—⑧

問5．③・⑤・⑦ （順不同）

[解 説]　≪芳香族化合物の分離≫

問2．(A)誤り。大きさが小さくなるのでなく，電離して電荷を帯びるから水に溶けやすくなる。(C)誤り。この現象は水和である。

問4・問5．以下のようなチャートで分離され，検出反応で確認できる。

〔実験1〕

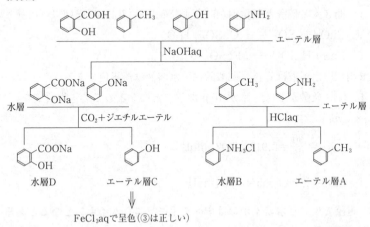

〔実験2〕

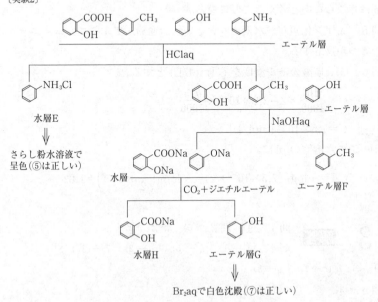

■化 学 基 礎■

1 **解答**　問 1．⑤　問 2．[2]−②　[3]−⑥　[4]−⑥　[5]−④
　　　　　　問 3．①

問 4．[7]−①　[8]−②　[9]−①　[10]−①　[11]−①

問 5．[12][13]−①①　[14]−②　問 6．[15]−①　[16]−④

〔解 説〕≪小問 6 問≫

問 2．各粒子の陽子，中性子，電子数は以下の通り。

	$^{69}_{31}\mathrm{Ga}$	$^{71}_{31}\mathrm{Ga}^{3+}$
陽子数	31	31
中性子数	69−31＝38	71−31＝40
電子数	31	31−3＝28

問 3．この物質の分子量を M とおくと

$$\frac{2.8}{22.4}=\frac{4.0}{M} \qquad M=32$$

である。該当するものは分子量 32 の O_2 である。

問 5．$2Cu+O_2 \longrightarrow 2CuO$ より，銅の半分の物質量の酸素が必要である。
必要な空気の標準状態の体積を V 〔L〕とすると，酸素は空気の 5 分の 1
なので

$$\frac{12.8}{64} \times \frac{1}{2}=\frac{V \times \dfrac{1}{4+1}}{22.4} \qquad V=11.2 \text{〔L〕}$$

2 **解答**　問 1．[1]−②　[2]−②　[3]−②　[4]−⑥　[5]−②
　　　　　　[6]−⑦

問 2．[7]−②　[8]−⑨　[9]−④　[10]−⑦

問 3．(i)[11]−④　[12]−⑤　(ii)[13]−②　[14]−⑦　[15]−②

〔解 説〕≪酸化還元滴定≫

問 3．(i)　イ．二クロム酸イオンは橙赤色であり，滴定後，Cr^{3+} となり
緑色となる。

(ii)　二クロム酸カリウムの濃度を C 〔mol/L〕とすると，酸化剤と還元剤

で反応に関与する電子数について以下のように表すことができる。

$$0.16 \times \frac{10}{1000} \times 2 = C \times \frac{20}{1000} \times 6$$

$$C = 2.66 \times 10^{-2} \fallingdotseq 2.7 \times 10^{-2} \ [\text{mol/L}]$$

■ 生物 ■

■生物基礎・生物■

1 **解答**　問１．腹側になる方向：③　頭部が生じる方向：②
問２．あ―③　い―⑧　う―②　え―①　お―⑤
か―⑦
問３．ア―②　イ・ウ―④・⑥（順不同）　問４．③　問５．①
問６．④

解説　≪カエルの発生における組織の分化≫
問１．原口は将来肛門になるため，矢印の反対側の X が頭部の生じる方向である。原口の上部の W が背側になる方向で，その反対側の Y が腹側になる方向と考えられる。
問３．ア．実験４より，背側中胚葉に該当する部分である脊索を選ぶ。
イ・ウ．実験５で，特殊な膜をはさんでも水溶性物質は透過できる，とあることから誘導に関わる物質が移動すると考えられる。よって，膜が存在しないときと同様の誘導が起き，分化するものとして血球と筋肉を選ぶ。
問５．小孔は細胞を通過させない。細胞の大きさは小さい場合 10μm 程度であるので，これを通さない小孔の直径は選択肢中①の 1μm だけである。

2 **解答**　問１．③　問２．①　問３．④　問４．⑦　問５．①

解説　≪植物の環境応答≫
問１．(A)誤り。発芽には水分が必要。(B)正しい。カボチャの種子は暗発芽種子と呼ばれ，光が当たると発芽が抑制される。
問２．(B)・(C)正しい。フォトトロピンは光の受容に関与し，オーキシンは光が当たらない側へ移動し，その部位の成長を促進することで屈曲に関与する。

問 3．(B)誤り。茎は重力と反対方向に屈曲するので，重力屈性を示さない
といえない。

問 4．(A)誤り。生物の反応が昼夜の長さによる影響を受けることを光周性
という。(B)誤り。アサガオは夏至の 6 月下旬以降，暗期が長くなることで
花芽形成を行う短日植物である。

3 　解答

問 1．あ—⑥　い—①　う—⑧　え—⑦　お—③
問 2．A—④　B—⑤　C—①　D—⑨　E—⑦

問 3．［Ⅰ］　B　フィラメント：①　　C　フィラメント：④
［Ⅱ］暗帯：⑦　明帯：③

解説　≪動物の刺激に対する反応，筋肉の収縮≫

問 3．本文中の張力測定実験において，筋節の長
さが 2.2 μm のときの筋節の状態は右の図 1 であ
る。このとき，ミオシンフィラメントの突起がす
べてアクチンフィラメントと結びつくことができ
るので，張力が最大である。

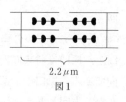

2.2 μm
図 1

筋節の長さが 2.0 μm のときは図 2 のようになってい
て，このときもミオシンフィラメントの突起がすべて
アクチンフィラメントと結びつくことができるので，
張力が最大である。

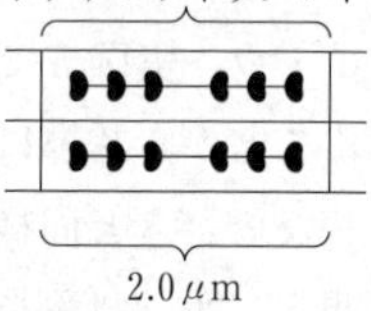

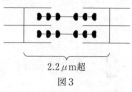

アクチンフィラメント

2.0 μm
図 2

筋節の長さがこれより短いと，文中にあるようにアク
チンフィラメントが重なり合うことになる。図 1 の状
態より筋節が長いと，図 3 のようにアクチン
フィラメントと結びつくことができるミオシ
ンフィラメントの突起の数が減るので張力が
低下する。さらに筋節が長くなって張力が発

2.2 μm超
図 3

生しない状態が図 4 であり，アクチンフィラ
メントと結びつくことができるミオシンフィラメントの突起の数が 0 とな
る。問題文によると，このときの筋節の長さが 3.6 μm である。図 2 の状
態のとき，アクチンフィラメントが接するので，このときの筋節の長さが
アクチンフィラメント 2 本の長さと考えてよい。
よって，［Ⅰ］の　B　フィラメントの長さを 2.0 ÷ 2 = 1.0〔μm〕と答え

る。　C　フィラメント（ミオシンフィラ
メント）の長さは，図4より，筋節の長さ
よりアクチンフィラメントの長さを引くと
求まる。つまり，3.6－2.0＝1.6〔μm〕と
なる。

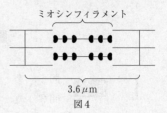

ミオシンフィラメント

3.6μm

図4

［Ⅱ］の暗帯はミオシンフィラメントの長
さと等しいので，1.6μmとなる。明帯は筋節のうち暗帯でない部分であ
るので，2.2－1.6＝0.6〔μm〕となる。

■生物基礎■

1 解答

問1．あ—④　い—③　う—⑤　え—⑧　問2．③

問3．A—⑨　B—②　C—⑨　D—②　E—①
F—④

問4．⑥　問5．④

解説　≪生物体内および生態系内の物質変化とエネルギーの移動≫

問2．ある生物にとって生物的環境は，同種の場合も異種の場合もあるので，「同種・異種の生物」を選ぶ。

問3．光合成（同化）・呼吸（異化）どちらの場合も，エネルギーを吸収してADPからATPが合成される。このことを踏まえて空欄A，B，C，Dを考える。

問4．(A)誤り。大気中の窒素が吸収されるのは光合成ではなく窒素固定である。なお，窒素固定は植物ではなく土壌中の窒素固定細菌によるはたらき。(C)誤り。硝化菌はアンモニウムイオンを無機物である硝酸イオンに変える生物であり，有機窒素化合物を合成しない。

問5．(B)誤り。地球の気温の上昇は約100年間で0.8℃程度といわれており，文中の「10年間で2℃ほど上昇」は大きすぎる。

2 解答

問1．③　問2．②　問3．②　問4．①　問5．⑥

解説　≪体液の循環，体液の調節に関わる器官≫

問1．(A)誤り。細胞液ではなく正しくは組織液である。(C)正しい。ほとんどの体液は体外に出るように流れておらず，循環しているといえる。

問2．(C)誤り。個人差はあるが成人の血液量は 5 L $\left(\text{体重のおよそ}\frac{1}{13}\right)$

程度であり，文中の 1 L は少なすぎである。

問5．(A)誤り。人体で最も大きい内臓器官である。(B)正しい。肝臓と十二指腸は，胆管でつながっている。(C)誤り。肝臓ではグルコースをグリコーゲンにして貯蔵し，必要に応じて再度グルコースに変えて血糖調節が行われている。

国語

一

出典 太田裕朗『AIは人類を駆逐するのか?——自律世界の到来』(幻冬舎)

解答

問1　③
問二　B—④　C—②　D—①　E—⑤　I—④
問三　②
問四　⑤
問五　③
問六　④
問七　①
問八　②

二

出典 小山聡子『もののけの日本史——死霊、幽霊、妖怪の1000年』(中公新書)

解答

問1　②
問二　B—③　D—①　E—②　F—⑤　J—④
問三　④
問四　⑤
問五　①
問六　②
問七　③
問八　③

■一般選抜前期 日程Ａ：医学部を除く

問題編

▶試験科目・配点

学　部	教　科	科　　目	配点
小田原保健医療、福岡保健医療 赤坂心理・医療福祉マネジメント、 保健医療、成田看護、成田保健医療、	選　択	「コミュニケーション英語Ⅰ・Ⅱ・英語表現Ⅰ」，日本史B，「数学Ⅰ・A」，「数学Ⅱ・B」[*]，「物理基礎・物理」[*]，「化学基礎・化学」[*]，「生物基礎・生物」[*]，「物理基礎・化学基礎」[*]，「生物基礎・化学基礎」[*]，「国語総合（古文・漢文を除く）」から２科目選択 ※１科目は必ず「コミュニケーション英語Ⅰ・Ⅱ・英語表現Ⅰ」を選択すること。	各100点
	小論文	600 字以内	段階評価
医療福祉	選　択	「コミュニケーション英語Ⅰ・Ⅱ・英語表現Ⅰ」，日本史B，「数学Ⅰ・A」，「数学Ⅱ・B」，「物理基礎・物理」，「化学基礎・化学」，「生物基礎・生物」，「物理基礎・化学基礎」，「生物基礎・化学基礎」，「国語総合（古文・漢文を除く）」から２科目選択 ※「コミュニケーション英語Ⅰ・Ⅱ・英語表現Ⅰ」，「国語総合（古文・漢文を除く）」から最低１科目を選択すること。	各100点
薬、福岡薬	選　択	「コミュニケーション英語Ⅰ・Ⅱ・英語表現Ⅰ」，「数学Ⅰ・A」，「数学Ⅱ・B」，「物理基礎・物理」，「生物基礎・生物」から２科目選択 ※１科目は必ず「コミュニケーション英語Ⅰ・Ⅱ・英語表現Ⅰ」を選択すること。	各100点
	理　科	化学基礎・化学	100点

▶備　考

- 試験日自由選択制。
- 保健医療学部放射線・情報科学科，成田保健医療学部放射線・情報科学科を第１志望とする者は，「コミュニケーション英語Ⅰ・Ⅱ・英語表現Ⅰ」のほかに＊の６科目から１科目を選択すること。

- 数学Aは「場合の数と確率，図形の性質」の範囲から出題する。
- 数学Bは「数列，ベクトル」の範囲から出題する。
- 物理は「様々な運動，波，電気と磁気」の範囲から出題する。
- 化学は「高分子化合物の性質と利用」を除く範囲から出題する。
- 生物は「生命現象と物質，生殖と発生，生物の環境応答」の範囲から出題する。
- 「物理基礎・化学基礎」，「生物基礎・化学基礎」の試験について，「物理基礎」，「化学基礎」，「生物基礎」は，それぞれ50点満点とし，2科目で100点満点とする。また，2科目の合計得点を1科目分として扱う。

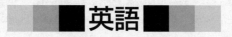

■英語■

（2 科目 120 分）

第 1 問　次の英文を読み，下の設問に答えよ。

　　Genetically modified (GM) crops are plants that have been altered by adding genes from other organisms into their DNA. (1)<u>Such modifications</u> might include the addition of genetic material from bacteria, animals, or other plants to enhance desired traits or get rid of negative qualities. Many agricultural scientists see genetic modification for helpful traits as the most viable solution to the threats of global food supply problems.

　　Although there is public opposition, (2)<u>some scientists are focusing on creating GM crops that can help the poor fight disease and malnutrition</u>. Golden Rice is a GM crop that was first （　ア　）in 1999 by agricultural scientists Ingo Potrykus and Peter Beyer. The two scientists were able to enhance the beta carotene content of the rice.

　　Beta carotene is （　イ　）into Vitamin A by the human body during digestion. Vitamin A Deficiency, or VAD, currently kills or blinds hundreds of thousands of people in Southeast Asia and Africa each year. Scientists believe this problem could be （　ウ　）completely with fortified Golden Rice. In the long run, this would be cheaper than providing the poor with Vitamin A supplements.

　　The first farming experiments with Golden Rice were successfully （　エ　）out in the USA in 2004. However, detractors of GM crops argued that the amounts of beta carotene in Golden Rice （　3　）. In 2005, researchers from the biotechnology company Syngeta thus created Golden Rice 2. The modified version produces twenty-three times more beta carotene than the original.

　　After successful second-stage trials concluded in 2009, GR2 began its final experimental stage. Perhaps predictably, groups such as Greenpeace renewed efforts to stop its development. In 2013, local environmental activists destroyed several experimental plots of the crop that had been planted in the Philippines. (4)<u>Nonetheless</u>, encouraged by positive developments such as a 2012 study showing that the rice is as good a source of Vitamin A as supplements, developers have continued the trials. In 2015, the Golden Rice Project was awarded by the US government for its potential to successfully combat VAD.

Adapted from Barbara Graber, Peggy Babcock, Kayang Gagiano, and Michael Kane, "Reading For The Real World 3," Compass Publishing (2015), pp.64, 68

　　* viable　実現可能な　　malnutrition　栄養不足
　　　beta carotene　ベータカロテン（自然界に分布する色素の一種）　　deficiency　欠乏症
　　　fortified　強化された　　detractor　誹謗中傷する人　　plot　土地の区画

問1　下線部(1)について述べたものとして<u>不適切なもの</u>を，次の選択肢①〜④のうちから一
　　つ選べ。　　　　　　　　　　　　　　　　　　　　　　　　　　　　　解答番号 1

　① 元の作物の遺伝子を取り除くのではなく，他の生物から遺伝子を加えている。

　② 加えられる遺伝子には，動植物に由来するものだけでなく細菌に由来するものもある。

　③ 遺伝子を組み換える目的は，良い特質をいっそう高めて発現させること，あるいは良く
　　ない特質を発現させないことである。

　④ 農業を研究している科学者の大半は，既存の生態系を破壊するリスクを考慮し，遺伝子
　　組み換え作物に対し否定的な意見を持っている。

問2　下線部(2)の日本語訳として最も適切なものを，次の選択肢①〜④のうちから一つ選べ。
　　　　　　　　　　　　　　　　　　　　　　　　　　　　　　　　　　解答番号 2

　① 何人かの科学者たちが集中的に遺伝子組み換え作物の創造に取り組んだ結果，貧しい
　　人々が病気や栄養不足と戦うことを手助けすることができた。

　② 科学者たちの中には，貧しい人々が病気や栄養不足と戦う手助けになり得る遺伝子組み
　　換え作物を創造することに集中している人たちもいる。

　③ 何人かの科学者たちは集中して，病気や栄養不足とのひどい戦いを手助けする遺伝子組
　　み換え作物を創造している。

　④ 科学者たちの中には，病気や栄養不足とのひどい戦いを手助けすることができるように，
　　集中的に遺伝子組み換え作物の創造に取り組んでいる人たちもいる。

問3　空所(ア)〜(エ)に入れるのに最も適切なものを，次の選択肢①〜④のうちからそれぞれ
　　一つ選べ。ただし，同じ選択肢を二回以上用いてはならない。
　　　　　　(ア)=解答番号 3 ，(イ)=解答番号 4 ，(ウ)=解答番号 5 ，(エ)=解答番号 6

　① carried　　　　② created　　　　③ removed　　　　④ turned

問4　空所(3)に入れるのに最も適切なものを，次の選択肢①〜④のうちから一つ選べ。
　　　　　　　　　　　　　　　　　　　　　　　　　　　　　　　　　　解答番号 7

　① were too high, so even healthy people got ill

　② were not large enough to make a real difference to the poor

　③ were so large that the poor were able to overcome VAD

　④ increased only slightly, but it greatly helped the poor get over the situation

問5　下線部(4)の Nonetheless について，最も強いアクセントのある母音と同じ発音の母音
　　を含む単語を，次の選択肢①〜④のうちから一つ選べ。　　　　　　　解答番号 8

　① own　　　　　　② punish　　　　③ attend　　　　④ feature

問6　本文の内容に一致するものとして最も適切なものを，次の選択肢①〜④のうちから一つ
選べ。　　　　　　　　　　　　　　　　　　　　　　　　　　　　　解答番号 9

① Beta carotene is a key nutrient that can make up for the lack of Vitamin A.
② Golden Rice 2 is a typical example of GM crops that failed to enhance its nutrient component.
③ The Golden Rice Project was completed to the end as the scientists had first planned.
④ By 2015, the Golden Rice Project succeeded in solving Vitamin A Deficiency, and saved hundreds of thousands of people all over the world.

第2問　次の各問の空所(1)〜(5)に入れるのに最も適切なものを，それぞれの選択肢①〜④
のうちから一つ選べ。

問1　Human beings (　1　) various skills so far in the course of evolution.　解答番号 1
① developed　　② were developing　　③ were developed　　④ have developed

問2　Luckily no one died in the accident, but three people (　2　).　解答番号 2
① injured　　② were injuring　　③ were injured　　④ have injured

問3　You cannot spend enough time on several things (　3　) you are interested in.
解答番号 3
① what　　② where　　③ whether　　④ which

問4　I didn't have the slightest idea (　4　) the man was a famous actor.　解答番号 4
① of　　② that　　③ which　　④ of which

問5　Jack thought he had no time to (　5　) that trivial matter.　解答番号 5
① mention　　② mention about　　③ mention in　　④ mention to

第3問　次の各問について，ほぼ同じ文意になるように(a)を(b)に書き換えた場合，空所(1)〜
(5)に入れるのに最も適切なものを，それぞれの選択肢①〜④のうちから一つ選べ。

問1　(a) The scientist discovered a new comet ten years ago.
　　　(b) Ten years (　1　) since the scientist discovered a new comet.　解答番号 1
① passed　　② passing　　③ were passed　　④ have passed

問2　(a) Ellie could arrange flowers the best.
　　　(b) (　2　) could arrange flowers better than Ellie.　解答番号 2
① All　　② Nothing　　③ Anyone　　④ No one

問3　(a) We can hear sound because air conveys it.

　　　(b) (　3　) air, we could not hear sound.　　　　　　　　解答番号 3

　① In spite of　　　② Without　　　③ Except for　　　④ Although

問4　(a) She was surprised to have a sudden phone call from one of her friends.

　　　(b) She was surprised (　4　) one of her friends suddenly called her.　解答番号 4

　① because　　　② if　　　③ as soon as　　　④ even though

問5　(a) During his stay in Dubai, a terrible sandstorm struck.

　　　(b) While (　5　) in Dubai, a terrible sandstorm struck.　　　解答番号 5

　① he stays　　　　　　　　② he was staying

　③ him staying　　　　　　　④ for him to stay

第4問　次の各英文が和文の意味を表すように，各問の選択肢①～⑤を並べ替えよ。ただし，
　　　　解答は解答番号のある場所に該当するもののみをマークせよ。

問1　慌てて患者を処置すればするほど，より多くの苦情を受けるでしょう。　解答番号 1

　　　The more hastily you treat patients, (　　　)(　　　) 1 (　　　)(　　　)(　　　).

　① complaints　　　② more　　　③ you'll

　④ the　　　　　　　⑤ get

問2　ケンにはその映画が素晴らしいものにはどうしても思えなかった。　　解答番号 2

　　　Ken didn't (　　　)(　　　) 2 (　　　)(　　　)(　　　) means.

　① any　　　　　　　② by　　　　　　　③ great

　④ find　　　　　　　⑤ the movie

問3　1950年代になって初めて，我々人類はエベレストに登頂した。　　解答番号 3

　　　It (　　　)(　　　) 3 (　　　)(　　　)(　　　) we humans reached the top of Everest.

　① 1950s　　　　　　② not　　　　　　③ that

　④ until　　　　　　　⑤ was

問4　デリー生まれの子供たちの間には，今や巨大な格差が存在する。　　解答番号 4

　　　There is a huge gap (　　　)(　　　) 4 (　　　)(　　　)(　　　) now.

　① between　　　　　② in　　　　　　③ Delhi

　④ children　　　　　⑤ born

問5　私の前のかかりつけ医は，あまりに複雑な医学理論を主張していた。　解答番号 5

　　　My former family doctor (　　　)(　　　) 5 (　　　)(　　　)(　　　) theory.

① a　　　　　　　　　② too　　　　　　　　③ maintained
④ medical　　　　　　⑤ complex

第5問　次の会話の空所(1)〜(6)に入れるのに最も適切なものを，選択肢①〜⑥のうちからそ
れぞれ一つ選べ。ただし，同じ選択肢を二回以上用いてはならない。また，文中に入るべ
きものも大文字ではじめている。　　　　　　　　　　　解答番号 $\boxed{1}$ 〜 $\boxed{6}$

A:　So, what are the differences between these four hotels?

B:　Well, (　1　) The Hotel Tonygawa is the only one which has a gym, and it has one of
the top health spas in the area.

A:　(　2　)

B:　Actually, if you like sailing or waterskiing, then the Highland Hotel would probably
be the best place because (　3　)

A:　Great, but indeed, (　4　) I'm a kind of a person who prefers lying on the beach and
reading books to staying active during the vacation.

B:　Okay, well how about the Hotel Oaklarr then? It prides itself on its brand-new cinema
and a state-of-the-art games room. And, there's The Loyal, which offers guests a
conference room, a meeting room, and free computer access, but (　5　) The reason is
there's not much in the way of entertainment.

A:　Well, I'm going on holiday, not to work, and it's just my wife and me, so I think (　6　)

＜選択肢＞

① I'm not really a sporty person.

② That sounds fun, but...

③ The main difference is in the types of facilities they offer.

④ We'll take the Hotel Oaklarr, please.

⑤ I don't recommend it so much if you have any children.

⑥ It's got instruction programs in these sports.

■日本史■

（2科目 120 分）

第1問　次の文章を読み，下の設問に答えよ。

　　持統天皇は，天武天皇の政策を引き継ぎ，　　A　　年に飛鳥浄御原令を施行した。その翌年には　　B　　年籍を作成し，律令制的人民支配を進展させた。_C弘仁格の序によると，飛鳥浄御原令の前の時期には_D近江大津宮で出された近江令があったとされるが，その実在は疑問視されている。持統天皇は，孫である_E文武天皇に譲位し，その上で　　F　　や藤原不比等らを中心に編纂させた_G大宝律令を施行させた。

　　その後，_H平城京に遷都された。平城京は唐の都　　I　　にならって建設された都市であった。

問1　　　A　　にあてはまる年代として最も適切なものを，次の選択肢①〜⑤のうちから一つ選べ。　　　　　　　　　　　　　　　　　　　　　　　　**解答番号** 1

　① 663　　　　　　　　② 667　　　　　　　　③ 679

　④ 684　　　　　　　　⑤ 689

問2　　　B　　にあてはまる語句として最も適切なものを，次の選択肢①〜⑤のうちから一つ選べ。　　　　　　　　　　　　　　　　　　　　　　　　**解答番号** 2

　① 庚午　　　　　　　　② 甲午　　　　　　　　③ 丁酉

　④ 庚寅　　　　　　　　⑤ 壬申

問3　下線部Cに関連して，弘仁格式を作らせた天皇として最も適切なものを，次の選択肢①〜⑤のうちから一つ選べ。　　　　　　　　　　　　　　　**解答番号** 3

　① 宇多天皇　　　　　　② 嵯峨天皇　　　　　　③ 仁明天皇

　④ 文徳天皇　　　　　　⑤ 陽成天皇

問4　下線部Dに関連して，以下のa〜dのできごとのうち，<u>近江大津宮に都が移る以前のもののみを，古い順に並べているもの</u>として最も適切なものを，次の選択肢①〜⑧のうちから一つ選べ。　　　　　　　　　　　　　　　　　　　　　　　　**解答番号** 4

　a：乙巳の変　　　　　　　　b：応天門の変

　c：磐井の乱　　　　　　　　d：白村江の戦い

① a→c 　　　　　　② d→b 　　　　　　③ c→d

④ b→d→a 　　　　⑤ c→d→b 　　　　⑥ c→b→a

⑦ c→a→d 　　　　⑧ c→d→a

問5　下線部Eに関連して，文武天皇の子である天皇として最も適切なものを，次の選択肢①
〜⑤のうちから一つ選べ。　　　　　　　　　　　　　　　　　　　　　解答番号 5

① 聖武天皇 　　　　　　② 淳仁天皇 　　　　　　③ 清和天皇

④ 長慶天皇 　　　　　　⑤ 孝徳天皇

問6　　　F　　にあてはまる人名として最も適切なものを，次の選択肢①〜⑤のうちから
一つ選べ。　　　　　　　　　　　　　　　　　　　　　　　　　　　　解答番号 6

① 舎人親王 　　　　　　② 刑部親王 　　　　　　③ 高丘親王

④ 大炊王 　　　　　　　⑤ 大津皇子

問7　下線部Gに関連して，大宝律令に関する記述として最も適切なものを，次の選択肢①〜
④のうちから一つ選べ。　　　　　　　　　　　　　　　　　　　　　　解答番号 7

① 形式的に明治維新まで有効法であった。

② 大納言や中納言を議政官にあたる官職として規定していた。

③ 神祇官が神々の祭祀を担当した。

④ 大宰府に南海道を管轄させた。

問8　下線部Gに関連して，大宝律令にもとづく民衆の負担についての記述として不適切なも
のを，次の選択肢①〜④のうちから一つ選べ。　　　　　　　　　　　　解答番号 8

① 京内の成人男子は庸として布を納めた。

② 雑徭は最大 60 日までと規定されていた。

③ 私奴婢の女性には 160 歩の口分田が支給された。

④ 防人は武器を自弁した。

問9　下線部Hに関連して，平城京内に存在した寺院として不適切なものを，次の選択肢①〜
⑤のうちから一つ選べ。　　　　　　　　　　　　　　　　　　　　　　解答番号 9

① 大安寺 　　　　　　　② 薬師寺 　　　　　　　③ 唐招提寺

④ 元興寺 　　　　　　　⑤ 東大寺

問10　　　I　　にあてはまる地名として最も適切なものを，次の選択肢①〜⑤のうちから
一つ選べ。　　　　　　　　　　　　　　　　　　　　　　　　　　　　解答番号 10

① 長安 　　　　　　　　② 大都 　　　　　　　　③ 臨安

④ 開封 　　　　　　　　⑤ 洛陽

第2問 次の文章を読み，下の設問に答えよ。

　　北条氏は，　　A　　国の有力者であったが，B配流されていた源頼朝の挙兵に協力した。
その後，C鎌倉幕府の中で地位を向上させ有力なD御家人となった。頼朝の死後，将軍を継い
だ源頼家の権限を制限する中で，　　E　　人の合議制と呼ばれる体制がとられたが，この
中に一族から2人の武士をだすなど，大きな勢力を保った。この体制は，合議制の一部の構
成員がF戦いや謀略の中で死亡したため，長期間は続かなかった。このころにG後鳥羽上皇が
起こした承久の乱に勝利し，西国にも影響力をもつこととなった。H摂家将軍，皇族将軍を
傀儡としておき，自らは執権として権力を握った。I最初の皇族将軍を京都に送り返すところ
で幕府の歴史書である　　J　　が終わりを見せるため，それ以後の鎌倉時代のできごと
について一つの視点からのまとまった史料が少ない結果になっている。

問1 　　A　　にあてはまる国名として最も適切なものを，次の選択肢①〜⑤のうちから
　　一つ選べ。 解答番号 1
　　① 伊豆　　　　　　② 安房　　　　　　③ 駿河
　　④ 武蔵　　　　　　⑤ 甲斐

問2 下線部Bに関連して，源頼朝が配流されることになった戦いに関する記述として最も適
　　切なものを，次の選択肢①〜④のうちから一つ選べ。 解答番号 2
　　① 藤原頼長が天皇と敵対した。
　　② 戦いの中，藤原信西が死に追いやられた。
　　③ 平忠盛が，上皇側で戦った。
　　④ 平頼綱が安達泰盛を殺害した。

問3 下線部Cに関連して，鎌倉幕府成立の画期とされるできごととして<u>不適切なもの</u>を，次
　　の選択肢①〜④のうちから一つ選べ。 解答番号 3
　　① 1183年に後高倉法皇に東海・東山・北陸の三道の支配を認めさせた。
　　② 1185年に守護・地頭の設置を認めさせた。
　　③ 1189年に奥州藤原氏を滅ぼした。
　　④ 1192年に源頼朝が征夷大将軍に任じられた。

問4 下線部Dに関連して，御家人に関する記述として<u>不適切なもの</u>を，次の選択肢①〜④の
　　うちから一つ選べ。 解答番号 4
　　① 平時は鎌倉に集住し，幕府の官僚として活動していた。
　　② 本領安堵・新恩給与により，将軍から所領の権利を保障された。
　　③ 蒙古襲来の際には，御家人以外の武士も動員された。
　　④ 分割相続の繰り返しにより，零細化していった。

問5　　　**E**　　　にあてはまる数字として最も適切なものを，次の選択肢①〜⑤のうちから一つ選べ。　　　　　　　　　　　　　　　　　　　　　　**解答番号** 5

① 9　　　　　　　　② 11　　　　　　　③ 13

④ 15　　　　　　　⑤ 17

問6　下線部Fに関連して，鎌倉時代の戦いや謀略に関する記述として<u>不適切なもの</u>を，次の選択肢①〜④のうちから一つ選べ。　　　　　　　　　　　　**解答番号** 6

① 梶原景時は失脚し討死した。

② 承久の乱の後，後土御門上皇は乱への関与がなかったが配流された。

③ 三浦泰村は北条時頼によって滅ぼされた。

④ 後醍醐天皇は元弘の変の結果，佐渡へ流された。

問7　下線部Gに関連して，後鳥羽上皇が編纂を命令した勅撰和歌集として最も適切なものを，次の選択肢①〜⑤のうちから一つ選べ。　　　　　　　　　　**解答番号** 7

① 『千載和歌集』　　② 『玉葉和歌集』　　③ 『詞花和歌集』

④ 『新古今和歌集』　⑤ 『後撰和歌集』

問8　下線部Hに関連して，摂家将軍は何家の出身か。その家として最も適切なものを，次の選択肢①〜⑤のうちから一つ選べ。　　　　　　　　　　　**解答番号** 8

① 二条家　　　　　② 一条家　　　　　③ 九条家

④ 近衛家　　　　　⑤ 鷹司家

問9　下線部Iに該当する人物として最も適切なものを，次の選択肢①〜⑤のうちから一つ選べ。　　　　　　　　　　　　　　　　　　　　　　　　**解答番号** 9

① 惟康親王　　　　② 護良親王　　　　③ 懐良親王

④ 守邦親王　　　　⑤ 宗尊親王

問10　　　**J**　　　にあてはまる語句として最も適切なものを，次の選択肢①〜⑤のうちから一つ選べ。　　　　　　　　　　　　　　　　　　　　　　**解答番号** 10

① 『吾妻鏡』　　　② 『明月記』　　　③ 『梅松論』

④ 『小右記』　　　⑤ 『玉葉』

第3問　次の文章を読み，下の設問に答えよ。

　　将軍家の男子が後継とならなかった場合，室町時代には出家することもあったのに対し，
江戸時代には武士として過ごすことが基本であった。徳川家康の子である　　A　　は紀
伊藩の初代藩主となったように，別の大名となることがあったが，徳川ではなく松平と名乗
る例も多かった。またそのような大名でも改易された。

　　徳川秀忠の子であるＢ保科正之は，自らの甥にあたるＣ徳川家綱を補佐した。家綱が，子が
なく死去したため，今の　　D　　県にあった館林藩の藩主であった弟徳川綱吉が養子と
なり将軍となった。綱吉が館林藩から連れてきて幕臣となり側用人として活躍した人物に
　　E　　がおり，Ｆ赤穂事件の解決にも関与した。このように養子として将軍を継いだ人
物の側近が幕臣として政治に関与する例もあった。

　　Ｇ徳川吉宗が将軍になった後，吉宗の子宗尹は　　H　　家を起こした。この家からは
後にＩ徳川家斉，Ｊ徳川慶喜の２人の将軍を出すこととなった。

問1　　　A　　にあてはまる人名として最も適切なものを，次の選択肢①〜⑤のうちから
　　一つ選べ。　　　　　　　　　　　　　　　　　　　　　　　　　　解答番号 1

　　① 徳川頼宣　　　　　　② 徳川忠長　　　　　　③ 徳川綱重

　　④ 徳川光圀　　　　　　⑤ 徳川光友

問2　下線部Bに関連して，保科正之は何藩の藩主であったか。最も適切なものを，次の選択
　　肢①〜⑤のうちから一つ選べ。　　　　　　　　　　　　　　　　　解答番号 2

　　① 白河藩　　　　　　　② 会津藩　　　　　　　③ 宇和島藩

　　④ 広島藩　　　　　　　⑤ 彦根藩

問3　下線部Cに関連して，徳川家綱がとった政策として最も適切なものを，次の選択肢①〜
　　④のうちから一つ選べ。　　　　　　　　　　　　　　　　　　　　解答番号 3

　　① 殉死を禁止した。

　　② 末期養子の禁止を厳格化した。

　　③ 本百姓の分地を制限無く認めた。

　　④ 宝暦事件に対処した。

問4　　　D　　にあてはまる県名として最も適切なものを，次の選択肢①〜⑤のうちから
　　一つ選べ。　　　　　　　　　　　　　　　　　　　　　　　　　　解答番号 4

　　① 栃木　　　　　　　　② 山梨　　　　　　　　③ 福島

　　④ 群馬　　　　　　　　⑤ 長野

問5　　　　E　　　にあてはまる人名として最も適切なものを，次の選択肢①〜⑤のうちから一つ選べ。　　　　　　　　　　　　　　　　　　　　　　　　　　解答番号5

① 間部詮房　　　　　　② 山﨑闇斎　　　　　　③ 田沼意次

④ 荻生徂徠　　　　　　⑤ 柳沢吉保

問6　下線部Fに関連して，赤穂事件の一連の経緯の中で死去した人物a〜cについて，死去したのが古い順に並べたものとして最も適切なものを，次の選択肢①〜⑥のうちから一つ選べ。　　　　　　　　　　　　　　　　　　　　　　　　　　解答番号6

　a：大石良雄　　　　　　b：吉良義央　　　　　　c：浅野長矩

① a→b→c　　　　　　② a→c→b　　　　　　③ b→a→c

④ b→c→a　　　　　　⑤ c→a→b　　　　　　⑥ c→b→a

問7　下線部Gに関連して，徳川吉宗の政策として不適切なものを，次の選択肢①〜④のうちから一つ選べ。　　　　　　　　　　　　　　　　　　　　　　　　　解答番号7

① 裁判事務を減らすために相対済し令を出した。

② 刑事裁判の基準として公事方御定書を定めた。

③ 定免法を採用し，年貢収入の安定につとめた。

④ 正徳小判を鋳造し，貨幣の価値を上げた。

問8　　　　H　　　にあてはまる語句として最も適切なものを，次の選択肢①〜⑤のうちから一つ選べ。　　　　　　　　　　　　　　　　　　　　　　　　　　解答番号8

① 一橋　　　　　　　　② 清水　　　　　　　　③ 田安

④ 大久保　　　　　　　⑤ 藤堂

問9　下線部Iに関連して，徳川家斉が老中と対立した尊号一件で，太上天皇号を父に送ろうとした天皇として最も適切なものを，次の選択肢①〜⑤のうちから一つ選べ。解答番号9

① 孝明天皇　　　　　　② 明正天皇　　　　　　③ 桜町天皇

④ 光格天皇　　　　　　⑤ 霊元天皇

問10　下線部Jに関連して，以下の徳川慶喜の行動a〜cを古い順に並べたものとして最も適切なものを，次の選択肢①〜⑥のうちから一つ選べ。　　　　　　解答番号10

　a：将軍後見職就任　　　　b：大政奉還　　　　　c：安政の大獄で処分される

① a→b→c　　　　　　② a→c→b　　　　　　③ b→a→c

④ b→c→a　　　　　　⑤ c→a→b　　　　　　⑥ c→b→a

第4問　次の文章を読み，下の設問に答えよ。

　　　明治十四年の政変で，それまで財政を担ってきた　　A　　が失脚し，代わりに財政を担
った松方正義により₈デフレ政策が進められた。その後国会開設の勅諭もあり，自由民権運動
も落ち着いた。その中，自由党の　　C　　が洋行を政府から援助されるなどしたため，民
権運動は指導部を失い，県令の　　D　　が自由党員を弾圧した福島事件も起きた。
　　　国会開設の時期が近付くと　　E　　外務大臣の条約改正交渉の失敗をきっかけとする
三大事件建白運動が起きた。国会開会後，第一議会に臨んだ第1次　　F　　内閣は立憲自
由党と妥協し，予算案を成立させた。民党と政府の対立は初期議会を通じて続いたが，日清
戦争によって終息した。
　　　日清戦争後，長期政権となった当時の内閣と自由党が接近した。自由党と進歩党が合同し
　　G　　が結成されたこともあり，この内閣は倒れた。その後，初の政党内閣が誕生し，
もともとはこの内閣の首相とは別の政党であった　　H　　を内務大臣とした。しかし，内
部対立で安定を欠き，　　I　　文部大臣が共和演説事件で辞任すると，後任をめぐり対立
が強まった。その結果，　　G　　は分裂しこの内閣は短命に終わった。この後に成立した
内閣では₊軍部大臣現役武官制を制定するなど，政党勢力が軍部・官僚に及ぶのを防ごうとし
た。

語群X

　① 伊藤博文　　　　　② 三島通庸　　　　　③ 尾崎行雄
　④ 井上馨　　　　　　⑤ 大久保利通　　　　⑥ 板垣退助
　⑦ 大隈重信　　　　　⑧ 河野広中　　　　　⑨ 山県有朋
　　※同じ語句を複数の設問の解答としても構わない。

問1　　　A　　にあてはまる人名として最も適切なものを，語群Xの選択肢①〜⑨のうち
　から一つ選べ。　　　　　　　　　　　　　　　　　　　　　　　解答番号 [1]

問2　下線部Bに関連して，このデフレ政策についての記述として不適切なものを，次の選択
　肢①〜④のうちから一つ選べ。　　　　　　　　　　　　　　　　　解答番号 [2]
　① 軍事費は例外的に増加させられた。
　② 多くの自作農を産むきっかけとなった。
　③ 銀本位の貨幣制度が確立した。
　④ 西南戦争の際の不換紙幣の処分を目的としていた。

問3　　　C　　にあてはまる人名として最も適切なものを，語群Xの選択肢①〜⑨のうち
　から一つ選べ。　　　　　　　　　　　　　　　　　　　　　　　解答番号 [3]

問4　　　D　　にあてはまる人名として最も適切なものを，語群Xの選択肢①〜⑨のうち
　から一つ選べ。　　　　　　　　　　　　　　　　　　　　　　　解答番号 [4]

問5　　　E　　　にあてはまる人名として最も適切なものを，語群Xの選択肢①～⑨のうちから一つ選べ。　　　　　　　　　　　　　　　　　　　　**解答番号**⑤

問6　　　F　　　にあてはまる人名として最も適切なものを，語群Xの選択肢①～⑨のうちから一つ選べ。　　　　　　　　　　　　　　　　　　　　**解答番号**⑥

問7　　　G　　　にあてはまる語句として最も適切なものを，次の選択肢①～⑤のうちから一つ選べ。　　　　　　　　　　　　　　　　　　　　　**解答番号**⑦
① 憲政党　　　　　　　　② 立憲同志会　　　　　　③ 革新倶楽部
④ 立憲国民党　　　　　　⑤ 立憲民政党

問8　　　H　　　にあてはまる人名として最も適切なものを，語群Xの選択肢①～⑨のうちから一つ選べ。　　　　　　　　　　　　　　　　　　　　**解答番号**⑧

問9　　　I　　　にあてはまる人名として最も適切なものを，語群Xの選択肢①～⑨のうちから一つ選べ。　　　　　　　　　　　　　　　　　　　　**解答番号**⑨

問10　下線部 J に関連して，軍部大臣現役武官制の現役規定を削除したときの首相と，復活させたときの首相の組み合わせとして最も適切なものを，次の選択肢①～⑥のうちから一つ選べ。　　　　　　　　　　　　　　　　　　　　　　　**解答番号**⑩
① 削除：山本権兵衛、復活：岡田啓介
② 削除：山本権兵衛、復活：広田弘毅
③ 削除：山本権兵衛、復活：林銑十郎
④ 削除：原敬　　　、復活：岡田啓介
⑤ 削除：原敬　　　、復活：広田弘毅
⑥ 削除：原敬　　　、復活：林銑十郎

■数学■

■数学Ⅰ・A■

（2科目120分）

＜答えに関する注意事項＞

1．以下の問題の解答番号 $\boxed{1}$ 以降には，0，1，2，3，……，9の数字のうち，いずれか1つが入る（1桁の整数 "1" は $\boxed{1}$，2桁の整数 "12" は $\boxed{1}\boxed{2}$，3桁の整数 "123" は $\boxed{1}\boxed{2}\boxed{3}$ のように並べて表す）。

2．解答が120，解答欄が $\boxed{1}\boxed{2}\boxed{3}$ の場合，解答は以下のようになる。
$\boxed{1}=①$，$\boxed{2}=②$，$\boxed{3}=⑩$

3．分数は既約分数（それ以上約分できない分数）で答えるものとする。

4．根号を含む形で解答する場合は，根号の中に現れる自然数が最小となる形で答えるものとする（例えば，$4\sqrt{2}$ と答えるところを，$2\sqrt{8}$ のように答えてはいけない）。

第1問 次の文章中の $\boxed{1}$～$\boxed{25}$ に適する数字を，下の選択肢①～⑩のうちからそれぞれ一つ選べ。ただし，重複して使用してもよい。　　　　　　　解答番号 $\boxed{1}$～$\boxed{25}$

(A)

(1) $x=\dfrac{4\sqrt{3}}{\sqrt{6}+\sqrt{2}}$，$y=\dfrac{4\sqrt{3}}{\sqrt{6}-\sqrt{2}}$ であるとき，$xy=\boxed{1}\boxed{2}$ であり，

$x+y=\boxed{3}\sqrt{\boxed{4}}$ である。

(2) $x=\dfrac{1}{\sqrt{3}+\sqrt{2}+1}$，$y=\dfrac{1}{\sqrt{3}+\sqrt{2}-1}$ であるとき，$xy=\dfrac{\sqrt{\boxed{5}}-\boxed{6}}{\boxed{7}}$ であり，

$2x^2 + 2y^2 = \boxed{8} - \sqrt{\boxed{9}}$　である。

(B)

実数全体の集合を R とし，R の部分集合 A，B について考える。

$A = \{\, 1,\ 2,\ a^2 - 3a + 5 \,\}$，$B = \{\, 3,\ a + 1 \,\}$ である。

ただし，a は実数の定数とする。

(1)　$a = 1$ であるとき，$A \cap B = \left\{ \boxed{10},\ \boxed{11} \right\}$ である。ただし，$\boxed{10} < \boxed{11}$ とする。

(2)　$3 \in A$ であるとき，$a = \boxed{12}$，$\boxed{13}$ である。ただし，$\boxed{12} < \boxed{13}$ とする。

(3)　$A \cup B = \{\, 1,\ 2,\ 3,\ 4,\ 5 \,\}$ であるとき，$a = \boxed{14}$ である。

(C)

図のように，半径 $\sqrt{2}$ の円に内接する正三角形 ABC がある。辺 BC を $2:1$ に内分する点を D とし，直線 AD と円との A 以外の交点を E とする。

(1)　正三角形 ABC の 1 辺の長さは $\sqrt{\boxed{15}}$ であり，三角形 ADC の面積は $\dfrac{\sqrt{\boxed{16}}}{\boxed{17}}$ である。

(2)　$\text{AD}^2 = \dfrac{\boxed{18}\,\boxed{19}}{\boxed{20}}$ であり，$\text{AD}^2 : \text{BD}^2 = \boxed{21} : \boxed{22}$ である。

三角形 BDE の面積は $\dfrac{\boxed{23}\,\sqrt{\boxed{24}}}{\boxed{25}}$ である。

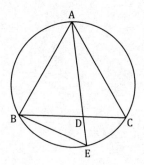

〔 $\boxed{1}$ ～ $\boxed{25}$ の選択肢 〕

① 1　　　　② 2　　　　③ 3　　　　④ 4　　　　⑤ 5
⑥ 6　　　　⑦ 7　　　　⑧ 8　　　　⑨ 9　　　　⑩ 0

第 2 問　次の文章中の $\boxed{1}$ ～ $\boxed{18}$ に適する数字を，下の選択肢①～⑩のうちからそれぞれ一つ選
べ。ただし，重複して使用してもよい。　　　　　　　　　　　　**解答番号** $\boxed{1}$ ～ $\boxed{18}$

x の関数 $f(x) = \begin{cases} 2x^2 - 4x - 1 & (x \geqq 1) \\ -2x^2 - 4x + 3 & (x \leqq 1) \end{cases}$ がある。

$-2 \leqq x \leqq a$ における $f(x)$ の最大値を M，最小値を m とする。ただし，a は 0 以上の定数
である。

(1) $a = 0$ であるとき，$M = \boxed{1}$，$m = \boxed{2}$ である。

(2) $0 < a < 1$ であるとき，$M = \boxed{3}$，$m = -\boxed{4}a^2 - \boxed{5}a + \boxed{6}$ である。

(3) $1 \leqq a \leqq \boxed{7}$ であるとき，$M = \boxed{8}$，$m = -\boxed{9}$ である。

　　　$\boxed{7} < a$ であるとき，$M = \boxed{10}a^2 - \boxed{11}a - \boxed{12}$，$m = -\boxed{13}$ である。

(4) a の関数 $g(a) = M - m$ を考える。

　　　$\dfrac{1}{2} \leqq a \leqq \dfrac{7}{2}$ において，$g(a)$ の最大値は $\dfrac{\boxed{14}\boxed{15}}{\boxed{16}}$ であり，最小値は $\dfrac{\boxed{17}}{\boxed{18}}$ である。

〔 $\boxed{1}$ ～ $\boxed{18}$ の選択肢 〕

① 1 　　　② 2 　　　③ 3 　　　④ 4 　　　⑤ 5
⑥ 6 　　　⑦ 7 　　　⑧ 8 　　　⑨ 9 　　　⑩ 0

第3問　次の文章中の $\boxed{1}$ ～ $\boxed{23}$ に適する数字を，下の選択肢①～⑩のうちからそれぞれ一つ選べ。ただし，重複して使用してもよい。　　　　解答番号 $\boxed{1}$ ～ $\boxed{23}$

$AB = 6$，$BC = 5$，$CA = 4$ である三角形 ABC がある。三角形 ABC の内心を I，直線 AI と辺 BC の交点を D とする。∠BAC の外角の二等分線と直線 BC の交点を E とし，三角形 ACE の重心を G とする。

(1)　$\cos\angle BAC = \dfrac{\boxed{1}}{\boxed{2}\,\boxed{3}}$ であり，三角形 ABC の面積は $\dfrac{\boxed{4}\,\boxed{5}\sqrt{\boxed{6}}}{\boxed{7}}$ である。

(2)　$BD = \boxed{8}$，$CE = \boxed{9}\,\boxed{10}$ である。

(3)　$AI : ID = \boxed{11} : \boxed{12}$ であり，三角形 ABI の面積は $\dfrac{\boxed{13}\sqrt{\boxed{14}}}{\boxed{15}}$ である。

　　　$DE = \boxed{16}\,\boxed{17}$ であり，$IG = \dfrac{\boxed{18}\,\boxed{19}}{\boxed{20}}$ である。

　　　三角形 AIG の面積は $\dfrac{\boxed{21}\sqrt{\boxed{22}}}{\boxed{23}}$ である。

〔 $\boxed{1}$ ～ $\boxed{23}$ の選択肢 〕

① 1 　　　② 2 　　　③ 3 　　　④ 4 　　　⑤ 5
⑥ 6 　　　⑦ 7 　　　⑧ 8 　　　⑨ 9 　　　⑩ 0

第4問　次の文章中の $\boxed{1}$ ～ $\boxed{24}$ に適する数字を，下の選択肢①～⑩のうちからそれぞれ一つ選べ。ただし，重複して使用してもよい。　　　　　　　　解答番号 $\boxed{1}$ ～ $\boxed{24}$

A，Bの2人が，あるゲームを行い，先に3回勝った方を勝者とする。1回のゲームでAとBの勝つ確率は等しく，AとBが引き分ける確率は $\dfrac{1}{5}$ である。このとき以下の確率を求めよ。

(1) AとBが1回のゲームで勝つ確率はそれぞれ $\dfrac{\boxed{1}}{\boxed{2}}$ である。

(2) 3ゲーム目でAが勝者となる確率は $\dfrac{\boxed{3}}{\boxed{4}\,\boxed{5}\,\boxed{6}}$ である。

(3) 3ゲーム目でAが2勝1敗となる確率は $\dfrac{\boxed{7}\,\boxed{8}}{\boxed{9}\,\boxed{10}\,\boxed{11}}$ である。

(4) 3ゲーム目でBが2勝1引き分けとなる確率は $\dfrac{\boxed{12}\,\boxed{13}}{\boxed{14}\,\boxed{15}\,\boxed{16}}$ である。

(5) 4ゲーム目で勝者が決定する確率は $\dfrac{\boxed{17}\,\boxed{18}\,\boxed{19}}{\boxed{20}\,\boxed{21}\,\boxed{22}}$ である。

(6) 4ゲーム目でAが勝者となったとき，3ゲーム目でAが負けている条件付き確率は $\dfrac{\boxed{23}}{\boxed{24}}$ である。

〔 $\boxed{1}$ ～ $\boxed{24}$ の選択肢 〕

① 1　　　　② 2　　　　③ 3　　　　④ 4　　　　⑤ 5

⑥ 6　　　　⑦ 7　　　　⑧ 8　　　　⑨ 9　　　　⑩ 0

■数学Ⅱ・B■

（2科目120分）

＜答えに関する注意事項＞

1. 以下の問題の解答番号 $\boxed{1}$ 以降には，0，1，2，3，……，9の数字のうち，いずれか1つが入る（1桁の整数"1"は $\boxed{1}$，2桁の整数"12"は $\boxed{1}\boxed{2}$，3桁の整数"123"は $\boxed{1}\boxed{2}\boxed{3}$ のように並べて表す）。

2. 解答が120，解答欄が $\boxed{1}\boxed{2}\boxed{3}$ の場合，解答は以下のようになる。
   $\boxed{1}=①$，$\boxed{2}=②$，$\boxed{3}=⑩$

3. 分数は既約分数（それ以上約分できない分数）で答えるものとする。

4. 根号を含む形で解答する場合は，根号の中に現れる自然数が最小となる形で答えるものとする（例えば，$4\sqrt{2}$ と答えるところを，$2\sqrt{8}$ のように答えてはいけない）。

第1問　次の文章中の $\boxed{1}$〜$\boxed{25}$ に適する数字を，下の選択肢①〜⑩のうちからそれぞれ一つ選べ。ただし，重複して使用してもよい。　　　　　　　解答番号 $\boxed{1}$〜$\boxed{25}$

(A)

$f(x) = \sin\left(x + \dfrac{\pi}{6}\right) + \cos\left(x - \dfrac{\pi}{3}\right)$ $(0 \leq x \leq \pi)$ とする。

(1) $f(0) = \boxed{1}$ であり，$f\left(\dfrac{\pi}{4}\right) = \dfrac{1}{2}\left(\sqrt{\boxed{2}} + \sqrt{\boxed{3}}\right)$ である。ただし，$\boxed{2} < \boxed{3}$ とする。

(2) 定数 α を用いて，$f(x) = \boxed{4}\sin(x + \alpha)$ $(0 \leq \alpha < 2\pi)$ と変形すると，$\alpha = \dfrac{\boxed{5}}{\boxed{6}}\pi$ である。$f(x)$ の最大値は $\boxed{7}$ であり，最小値は $-\boxed{8}$ である。

(B)

(1) x の方程式 $2\log_4(x-1) + \log_2(x-2) = 1 + \log_2 3 \cdots (*)$ について考える。

真数の条件より，$x > \boxed{9}$ であり，方程式 (*) の解は，$x = \boxed{10}$ である。

(2) x の不等式 $\log_a 2x < \log_a(9-x) \cdots (**)$ について考える。ただし，a は $0 < a < 1$ を満たす定数とする。真数の条件より，$\boxed{11} < x < \boxed{12}$ であり，不等式 (**) の解は，$\boxed{13} < x < \boxed{14}$ である。

(C)

$O(0,\ 0)$ を原点とする座標平面上に，円 $C_1 : x^2 + y^2 = 5$ と直線 $\ell : y = kx + 5$ がある。ただし，k は実数の定数とする。

(1) ℓ が C_1 に接するとき，k の値を求めると，$k = \pm\boxed{15}$ である。

(2) $k = -\boxed{15}$ であるときの ℓ を ℓ_1 とし，中心の座標が $(-2,\ 4)$ であって ℓ_1 に接する円を C_2 とする。

C_2 の方程式は，$x^2 + y^2 + \boxed{16}x - \boxed{17}y + \boxed{18}\,\boxed{19} = 0$ である。このとき，ℓ_1 と C_2 の接点の座標は $\left(\boxed{20},\ \boxed{21}\right)$ であり，2 つの円 C_1，C_2 の外部において，C_1，C_2，ℓ_1 で囲まれた図形の面積を S とすると，$S = \boxed{22}\,\boxed{23} - \dfrac{\boxed{24}}{\boxed{25}}\pi$ である。

〔 $\boxed{1} \sim \boxed{25}$ の選択肢 〕

① 1　　　　② 2　　　　③ 3　　　　④ 4　　　　⑤ 5

⑥ 6　　　　⑦ 7　　　　⑧ 8　　　　⑨ 9　　　　⑩ 0

第2問　次の文章中の $\boxed{1}$〜$\boxed{21}$ に適する数字を，下の選択肢①〜⑩のうちからそれぞれ一つ選べ。ただし，重複して使用してもよい。　　　　　　　　　解答番号 $\boxed{1}$〜$\boxed{21}$

x の3次関数 $f(x) = x^3 - 3ax^2 + 3(a+1)x - 2$ がある。$y = f(x)$ のグラフを C とする。

ただし，a は実数の定数とする。

(1) $a = 2$ とする。

$f(x)$ は，$x = \boxed{1}$ で極大値 $\boxed{2}$ をとり，$x = \boxed{3}$ で極小値 $-\boxed{4}$ をとる。

C 上の点 $(0,\ -2)$ における C の接線の方程式は，$y = \boxed{5}\,x - \boxed{6}$ である。

また，直線 $y = -3x + k$ が C に接するとき，$k = \boxed{7}$ である。

(2) $f(x)$ が極値をもたないような a の値の範囲を求めると，

$$\frac{\boxed{8} - \sqrt{\boxed{9}}}{\boxed{10}} \leqq a \leqq \frac{\boxed{11} + \sqrt{\boxed{12}}}{\boxed{13}}\ \text{である。}$$

(3) $a = 1$ とする。$-1 \leqq x \leqq 2$ における $f(x)$ の最大値は $\boxed{14}$ であり，

最小値は $-\boxed{15}\boxed{16}$ である。

(4) $a = -1$ とする。直線 $y = 2$ と C で囲まれた図形の面積を S とする。

直線 $y = 2$ と C の共有点の x 座標は，$x = -\boxed{17}$，$\boxed{18}$ であり，

$$S = \frac{\boxed{19}\boxed{20}}{\boxed{21}}\ \text{である。}$$

〔 $\boxed{1}$〜$\boxed{21}$ の選択肢 〕

① 1	② 2	③ 3	④ 4	⑤ 5
⑥ 6	⑦ 7	⑧ 8	⑨ 9	⑩ 0

第3問　次の文章中の $\boxed{1}$ ～ $\boxed{21}$ に適する数字を，下の選択肢①～⑩のうちからそれぞれ一つ選べ。ただし，重複して使用してもよい。　　　　　　　　　　　**解答番号** $\boxed{1}$ ～ $\boxed{21}$

n を自然数とする。初項 1，公差 $\dfrac{1}{3}$ の等差数列を $\{a_n\}$，初項 b，公比 r（r は実数）の等比数列を $\{b_n\}$ とする。$b_4 = \dfrac{1}{8}$，$b_7 = \dfrac{1}{64}$ である。

数列 $\{a_n\}$ の初項から第 n 項までの和を S_n とする。

(1) 数列 $\{a_n\}$ の一般項 a_n を求めると，$a_n = \dfrac{n + \boxed{1}}{\boxed{2}}$ であり，$S_n = \dfrac{n\left(n + \boxed{3}\right)}{\boxed{4}}$ である。

(2) $b = \boxed{5}$，$r = \dfrac{\boxed{6}}{\boxed{7}}$ であり，$b_1 + b_2 + b_3 + \cdots + b_9 = \dfrac{\boxed{8}\,\boxed{9}\,\boxed{10}}{\boxed{11}\,\boxed{12}\,\boxed{13}}$ である。

(3) 数列 $\{a_n\}$ の各項の中で，整数でない数を小さい順に並べた数列を $\{c_n\}$ とする。

$c_2 + c_3 + c_4 + c_5 = \boxed{14}\,\boxed{15}$ であり，$c_{10} = \dfrac{\boxed{16}\,\boxed{17}}{\boxed{18}}$ である。

$\displaystyle\sum_{k=1}^{20} c_k = \boxed{19}\,\boxed{20}\,\boxed{21}$ である。

〔 $\boxed{1}$ ～ $\boxed{21}$ の選択肢 〕

① 1　　　　② 2　　　　③ 3　　　　④ 4　　　　⑤ 5
⑥ 6　　　　⑦ 7　　　　⑧ 8　　　　⑨ 9　　　　⑩ 0

第4問　次の文章中 $\boxed{1}$～$\boxed{23}$ に適する数字を，下の選択肢①～⑩のうちからそれぞれ一つ選べ。
ただし，重複して使用してもよい。　　　　　　　　　　　　　解答番号 $\boxed{1}$～$\boxed{23}$

$OA = 7$，$OB = 5$，$\overrightarrow{OA} \cdot \overrightarrow{OB} = 5$ である三角形 OAB がある。辺 AB の中点を M，辺 OB を
2：3 に内分する点を N とする。頂点 O から辺 AB に垂線 OH を下ろし，線分 OM と線分
AN の交点を P とする。三角形 OAB の面積を S とする。

(1)　$\cos\angle AOB = \dfrac{\boxed{1}}{\boxed{2}}$ であり，$S = \boxed{3}\,\boxed{4}\sqrt{\boxed{5}}$ である。AB $= \boxed{6}$ である。

(2)　$\overrightarrow{OM} = \dfrac{\boxed{7}}{\boxed{8}}\left(\overrightarrow{OA} + \overrightarrow{OB}\right)$ であり，OM $= \sqrt{\boxed{9}\,\boxed{10}}$ である。

(3)　$\overrightarrow{OP} = \dfrac{\boxed{11}\,\overrightarrow{OA} + \boxed{12}\,\overrightarrow{OB}}{\boxed{13}}$ であり，三角形 OPN の面積は $\dfrac{\boxed{14}\sqrt{\boxed{15}}}{\boxed{16}}$ である。

(4)　$\overrightarrow{OH}$ は実数 t を用いて，$\overrightarrow{OH} = (1-t)\overrightarrow{OA} + t\overrightarrow{OB}$ と表すことができる。

　　　$\overrightarrow{OH} \perp \overrightarrow{AB}$ であることより t を求めると，$t = \dfrac{\boxed{17}\,\boxed{18}}{\boxed{19}\,\boxed{20}}$ である。

(5)　三角形 OMH の面積を S_1 とすると，$S_1 = \dfrac{\boxed{21}}{\boxed{22}\,\boxed{23}}S$ である。

〔 $\boxed{1}$～$\boxed{23}$ の選択肢 〕
　　① 1　　　② 2　　　③ 3　　　④ 4　　　⑤ 5
　　⑥ 6　　　⑦ 7　　　⑧ 8　　　⑨ 9　　　⑩ 0

■物理■

■物理基礎・物理■

（2 科目 120 分）

第 1 問　次の各問に答えよ。

問1　図 1−1 のように，長さ 3.0m の軽くて丈夫な棒の両端に質量が 2.0kg の小物体 A，B を取り付け，小物体 A からの距離が 1.0m の位置を点 O とする。棒は点 O を中心に鉛直面内において摩擦なく回転できる。棒が水平な状態から静かに動き出すとき，小物体 B が最下点を通過するときの小物体 B の速さは何 m/s か。最も適当なものを，次の選択肢①〜⑥のうちから一つ選べ。ただし，重力加速度の大きさを 10m/s² とする。　　　**解答番号** 1

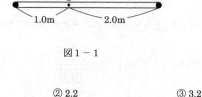

図 1−1

① 2.0　　　　　　　② 2.2　　　　　　　③ 3.2

④ 4.0　　　　　　　⑤ 4.5　　　　　　　⑥ 6.3

問2　図 1−2 のように，振動数 f の音を出しながら自動車が壁に向かって速さ 20m/s で進んでいる。壁で反射した音を自動車で観測すると，振動数は f よりも 60Hz 高くなっていた。このとき，振動数 f は何 Hz か。最も適当なものを，次の選択肢①〜⑧のうちから一つ選べ。ただし，音速は 340m/s とする。　　　**解答番号** 2

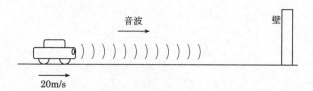

図 1−2

① 420　　　　　② 450　　　　　③ 480　　　　　④ 510

⑤ 840　　　　　⑥ 900　　　　　⑦ 960　　　　　⑧ 1020

問3　−20℃の氷が100gある。加えた熱が逃げないようにして，氷に一定の割合で熱を加えた。氷がとけて20℃の水になるまでの時間 t [s]と温度 T [℃]のグラフは図1−3のようになった。水の比熱が 4.2J/(g·K)であるとき，氷の比熱は何 J/(g·K)か。最も適当なものを，次の選択肢①〜⑥のうちから一つ選べ。　　　**解答番号 3**

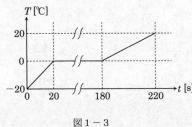

図1−3

① 1.8　　　　　② 2.1　　　　　③ 3.5

④ 4.2　　　　　⑤ 6.3　　　　　⑥ 8.4

問4　外気圧が P_0 の環境で，図1−4のように，一端が閉じた円筒になめらかに動くピストンをはめ，一定量の単原子分子理想気体を封入した。気体の圧力は P_0，体積は V_0，温度は T_0 となっていた。外力を加えてピストンをゆっくりと押し込み，等温変化によって体積を $\frac{1}{2}V_0$ としたとき，気体は外部に Q_0 の熱を放出した。外力のした仕事はいくらか。最も適当なものを，次の選択肢①〜⑥のうちから一つ選べ。　　　**解答番号 4**

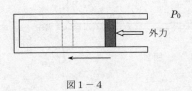

図1−4

① 0　　　　② Q_0　　　　③ $Q_0+\frac{1}{2}P_0V_0$

④ $Q_0-\frac{1}{2}P_0V_0$　　　　⑤ $Q_0+\frac{3}{2}P_0V_0$　　　　⑥ $Q_0-\frac{3}{2}P_0V_0$

問5　図1−5のように，角周波数がωで，実効電圧がV_eの交流電源をコイルにつないだところ，I_eの実効電流が流れた。このとき，コイルの自己インダクタンスはいくらか。最も適当なものを，次の選択肢①〜⑥のうちから一つ選べ。　　　　　　　　　解答番号 5

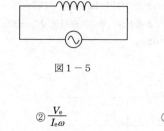

図1−5

① $V_eI_e\omega$　　　　　　② $\dfrac{V_e}{I_e\omega}$　　　　　　③ $\dfrac{I_e}{V_e\omega}$

④ $\dfrac{\omega}{V_eI_e}$　　　　　　⑤ $\dfrac{V_e\omega}{I_e}$　　　　　　⑥ $\dfrac{I_e\omega}{V_e}$

第2問　次の文章を読み，下の設問に答えよ。

　図2のように，なめらかな水平面上に，表面がなめらかな2枚の壁P，Qが距離dだけ隔てて平行に立てられている。壁P上の点Aで壁Pに接している質量mの小物体に，壁Pからの角度がθ_1となるように初速度v_0を与えたところ，小物体は「壁Q → 壁P → 壁Q →…」と衝突を繰り返しながら運動を続けていった。小物体と壁Pの間の反発係数は$e\,(<1)$，壁Qでは弾性衝突となる。ただし，壁P，Qは十分に長いものとし，重力加速度の大きさをgとする。

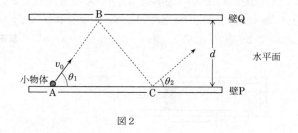

図2

問1　小物体は点Aから運動を開始し，やがて点Bに衝突し，さらに点Cに達した。点Aから点Cまでの所要時間はいくらか。最も適当なものを，次の選択肢①〜⑨のうちから一つ選べ。　　　　　　　　　解答番号 1

① $\dfrac{2d}{v_0}$ ② $(1+e)\dfrac{d}{v_0}$ ③ $\left(1+\dfrac{1}{e}\right)\dfrac{d}{v_0}$

④ $\dfrac{2d}{v_0 \sin\theta_1}$ ⑤ $(1+e)\dfrac{d}{v_0 \sin\theta_1}$ ⑥ $\left(1+\dfrac{1}{e}\right)\dfrac{d}{v_0 \sin\theta_1}$

⑦ $\dfrac{2d}{v_0 \cos\theta_1}$ ⑧ $(1+e)\dfrac{d}{v_0 \cos\theta_1}$ ⑨ $\left(1+\dfrac{1}{e}\right)\dfrac{d}{v_0 \cos\theta_1}$

問2　小物体が点 B で壁 Q に与えた力積の大きさ I はいくらか。最も適当なものを，次の選択肢①〜⑥のうちから一つ選べ。　　　　　　　　　　　解答番号 $\boxed{2}$

① mv_0 ② $mv_0 \sin\theta_1$ ③ $mv_0 \cos\theta_1$
④ $2mv_0$ ⑤ $2mv_0 \sin\theta_1$ ⑥ $2mv_0 \cos\theta_1$

問3　小物体は点 C で衝突した後，図2に示すように，壁 P からの角度が θ_2 となる向きにはね返った。このとき，$\dfrac{\tan\theta_1}{\tan\theta_2}$ の値はいくらか。最も適当なものを，次の選択肢①〜⑨のうちから一つ選べ。　　　　　　　　　　　解答番号 $\boxed{3}$

① 1 ② e ③ $\dfrac{1}{e}$ ④ $1+e$ ⑤ $1+\dfrac{1}{e}$

⑥ e^2 ⑦ $\dfrac{1}{e^2}$ ⑧ $1+e^2$ ⑨ $1+\dfrac{1}{e^2}$

問4　小物体が点 C で壁 P に与えた力積の大きさはいくらか。問2の I を用いて表した式として最も適当なものを，次の選択肢①〜⑧のうちから一つ選べ。　　　　　　　　　　　解答番号 $\boxed{4}$

① I ② eI ③ $2eI$ ④ e^2I

⑤ $(1+e)I$ ⑥ $\left(1+\dfrac{1}{e}\right)I$ ⑦ $\dfrac{1}{2}(1+e)I$ ⑧ $\dfrac{1}{2}\left(1+\dfrac{1}{e}\right)I$

問5　十分な時間の後までこの運動が継続していたとすると，小物体の運動量はいくらになっているか。最も適当なものを，次の選択肢①〜⑥のうちから一つ選べ。　　　　　　　　　　　解答番号 $\boxed{5}$

① 0 ② mv_0 ③ $mv_0 \sin\theta_1$
④ $mv_0 \cos\theta_1$ ⑤ $emv_0 \sin\theta_1$ ⑥ $emv_0 \cos\theta_1$

第 3 問 次の文章を読み，下の設問に答えよ。

　　図 3 は，常に同じ振動数の音波を出す 2 つの音源を使用して，長さ L の閉管 A と，長さ $10L$ の開管の共鳴を調べる実験のようすである。開管はピストンによって長さ x の閉管 B として機能する。また，両方の閉管において，開口端補正は無視できるものとする。

　　まず，閉管 B は $x=0$ としておく。音源の振動数を $f=0$ からしだいに高くしていくと，$f=f_0$ で閉管 A がはじめて共鳴し，$f=f_1$ で 2 回目の共鳴が起きた。

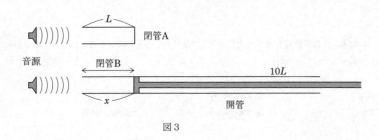

図 3

問 1 　$f=f_0$ のときの音波の波長はいくらか。最も適当なものを，次の選択肢①～⑧のうちから一つ選べ。　　　　　　　　　　　　　　　　　　　　　　　　　　　**解答番号** $\boxed{1}$

① $\dfrac{1}{4}L$ 　　　　② $\dfrac{1}{2}L$ 　　　　③ $\dfrac{3}{4}L$ 　　　　④ L

⑤ $\dfrac{4}{3}L$ 　　　　⑥ $2L$ 　　　　⑦ $4L$ 　　　　⑧ $6L$

問 2 　振動数 f_1 は f_0 の何倍か。最も適当なものを，次の選択肢①～⑥のうちから一つ選べ。　　　　　　　　　　　　　　　　　　　　　　　　　　**解答番号** $\boxed{2}$

① $\dfrac{4}{3}$ 　　　　　　② $\dfrac{3}{2}$ 　　　　　　③ 2

④ 3 　　　　　　⑤ 4 　　　　　　⑥ 5

問 3 　振動数を f_1 に固定したまま，閉管 B の長さを $x=0$ から $x=10L$ までゆっくりと変化させていった。この間に閉管 B で共鳴は何回起こるか。最も適当なものを，次の選択肢①～⑩のうちから一つ選べ。　　　　　　　　　　　　　　　　　　　　**解答番号** $\boxed{3}$

① 8 　　　　② 9 　　　　③ 10 　　　　④ 11 　　　　⑤ 12
⑥ 13 　　　　⑦ 14 　　　　⑧ 15 　　　　⑨ 16 　　　　⑩ 17

問4　問3において，閉管 B が 5 回目に共鳴した位置にピストンを固定する。この状態で振動数を $f＝f_1$ からしだいに小さくしていくと閉管 B では何回かの共鳴が起こる。共鳴が起きた振動数の中で最も低い振動数はいくらか。最も適当なものを，次の選択肢①〜⑥のうちから一つ選べ。　　　　　　　　　　　　　　　　　　　　　　　　　　解答番号 4

①　$\dfrac{1}{4}f_0$　　　　　　　　②　$\dfrac{1}{3}f_0$　　　　　　　　③　$\dfrac{1}{2}f_0$

④　$\dfrac{3}{4}f_0$　　　　　　　　⑤　f_0　　　　　　　　　　⑥　$2f_0$

問5　問3の実験の後，最終的にピストンを抜いて開管とした。ピストンを抜く直前と抜いた後の共鳴のようすを正しく表している文として最も適当なものを，次の選択肢①〜④のうちから一つ選べ。　　　　　　　　　　　　　　　　　　　　　　　　　解答番号 5

① 直前は共鳴していて，抜いた後も共鳴している。

② 直前は共鳴しているが，抜いた後は共鳴していない。

③ 直前は共鳴していないが，抜いた後は共鳴している。

④ 直前も抜いた後も共鳴していない。

第4問　次の文章を読み，下の設問に答えよ。

　図4のように，2本の直線導線を距離 d だけ隔てて設置し，導線1には I_1，導線2には I_2 の電流を同じ向きに流した。図中ア〜クは，点 P および点 Q における向きに対応していて，⊗は紙面表から裏向き，⊙は紙面裏から表向きを表す。また，実験環境の透磁率を μ_0 とし，導線の平行部分は十分に長いものとする。

　電流 I_1 が導線2の位置につくる磁場の大きさは　A　であり，その向きは点 Q において　B　である。また，電流 I_2 が導線1の位置につくる磁場の向きは点 P において　C　である。よって電流 I_1 がつくる磁場によって電流 I_2 が受ける力の大きさは導線 1m あたり　D　であり，その向きは点 Q において　E　である。電流 I_2 の向きだけを反対にすると，電流 I_2 がつくる磁場によって電流 I_1 が受ける力の向きは点 P において　F　となる。

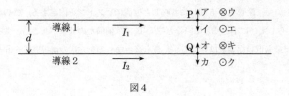

図4

問1　文中 A に当てはまる式として最も適当なものを，次の選択肢①〜⑥のうちから一つ選べ。　　　　　　　　　　　　　　　　　　　　　　**解答番号** 1

① $\dfrac{I_1}{d}$　　　　　　② $\dfrac{I_1}{\pi d}$　　　　　　③ $\dfrac{\mu_0 I_1}{\pi d}$

④ $\dfrac{I_1}{2d}$　　　　　　⑤ $\dfrac{I_1}{2\pi d}$　　　　　　⑥ $\dfrac{\mu_0 I_1}{2\pi d}$

問2　文中 B に当てはまる向きとして最も適当なものを，次の選択肢①〜④のうちから一つ選べ。　　　　　　　　　　　　　　　　　　　　　　**解答番号** 2

①オ　　　　　　　②カ　　　　　　　③キ　　　　　　　④ク

問3　文中 C に当てはまる向きとして最も適当なものを，次の選択肢①〜④のうちから一つ選べ。　　　　　　　　　　　　　　　　　　　　　　**解答番号** 3

①ア　　　　　　　②イ　　　　　　　③ウ　　　　　　　④エ

問4　文中 D に当てはまる式として最も適当なものを，次の選択肢①〜⑥のうちから一つ選べ。　　　　　　　　　　　　　　　　　　　　　　**解答番号** 4

① $\dfrac{I_1 I_2}{d}$　　　　　　② $\dfrac{I_1 I_2}{\pi d}$　　　　　　③ $\dfrac{\mu_0 I_1 I_2}{\pi d}$

④ $\dfrac{I_1 I_2}{2d}$　　　　　　⑤ $\dfrac{I_1 I_2}{2\pi d}$　　　　　　⑥ $\dfrac{\mu_0 I_1 I_2}{2\pi d}$

問5　文中 │ E │ に当てはまる向きとして最も適当なものを，次の選択肢①～④のうちから
　一つ選べ。　　　　　　　　　　　　　　　　　　　　　　　　　　**解答番号**│5│

　　①オ　　　　　　　②カ　　　　　　　③キ　　　　　　　④ク

問6　文中 │ F │ に当てはまる向きとして最も適当なものを，次の選択肢①～④のうちから
　一つ選べ。　　　　　　　　　　　　　　　　　　　　　　　　　　**解答番号**│6│

　　①ア　　　　　　　②イ　　　　　　　③ウ　　　　　　　④エ

■物理基礎■

(注)　化学基礎とあわせて1科目として解答。

(2科目120分)

第1問　次の文章を読み，下の設問に答えよ。

　　図1のように，水平面となす角θの斜面に，質量mの小球Pと質量Mの小物体Qが，伸び縮みしない長さdの軽い糸Xでつながれている。小物体Qから鉛直方向に向けて伸び縮みしない軽い糸Yを用いて，Fの力で上方に引っ張り，全体が静止した状態になるようにした。重力加速度の大きさをgとする。小球Pと斜面の間には摩擦ははたらかない。小物体Qと斜面の間の静止摩擦係数，動摩擦係数をそれぞれμ, μ'とする。斜面は十分に長く，この実験の間，P，Qともに水平面に到達することはなかった。

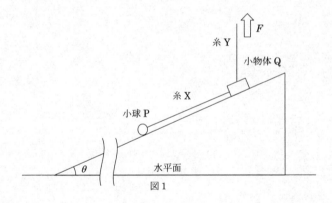

図1

問1　糸Xの張力Tの大きさとして最も適当なものを，次の選択肢①〜⑥のうちから一つ選べ。　　　　　　　　　　　　　　　　　　　　　　　　　　　　**解答番号** 1

① 0
② $mg\cos\theta$
③ $mg\sin\theta$

④ mg
⑤ $\dfrac{mg}{\cos\theta}$
⑥ $\dfrac{mg}{\sin\theta}$

問2　小物体Qが斜面から受ける垂直抗力の大きさが0以上であることから，力Fの大きさはある値F_0以下である必要がある。F_0として最も適当なものを，次の選択肢①〜⑥のうちから一つ選べ。　　　　　　　　　　　　　　　　　　　　　　　　　　**解答番号** 2

① Mg

② $Mg\cos\theta$

③ $Mg\sin\theta$

④ $(m+M)g$

⑤ $(m+M)g\cos\theta$

⑥ $(m+M)g\sin\theta$

　力 F を静かに取り除いたところ，小球 P と小物体 Q は共に静止したままだったが，小物体 Q に対して微小な力を与えたところ，小球 P，小物体 Q ともに，等しい加速度で斜面をすべりだした。このときの糸 X の張力の大きさを T_1 とする。

問3　静止摩擦係数 μ の値として最も適当なものを，次の選択肢①～⑥のうちから一つ選べ。
　　　　　　　　　　　　　　　　　　　　　　　　　　　　解答番号 3

① $\dfrac{(M+m)\tan\theta}{M}$

② $\dfrac{M\tan\theta}{M+m}$

③ $\tan\theta$

④ $\dfrac{(M+m)}{M\tan\theta}$

⑤ $\dfrac{M}{(M+m)\tan\theta}$

⑥ $\dfrac{1}{\tan\theta}$

問4　$M=m$ のときの糸 X の張力の大きさ T_1 として最も適当なものを，次の選択肢①～⑥のうちから一つ選べ。
　　　　　　　　　　　　　　　　　　　　　　　　　　　　解答番号 4

① 0

② $mg\sin\theta$

③ $\dfrac{mg\sin\theta}{2}$

④ $\mu' mg$

⑤ $\mu' mg\cos\theta$

⑥ $\dfrac{\mu' mg\cos\theta}{2}$

問5　問4のあと，糸 X を切断したところ，小物体 Q は加速度 β でしだいに減速をし，やがて斜面上で静止した。加速度 β の大きさとして最も適当なものを，次の選択肢①～⑥のうちから一つ選べ。
　　　　　　　　　　　　　　　　　　　　　　　　　　　　解答番号 5

① $(\mu'\cos\theta+\sin\theta)g$

② $g\sin\theta$

③ $\mu' g\cos\theta$

④ $(\mu'\cos\theta-\sin\theta)g$

⑤ g

⑥ $\mu' g$

問6　問5において，糸 X を切断してから小物体 Q が静止するまでにかかった時間を t とするとき，小物体 Q が静止した瞬間における PQ 間の距離として最も適当なものを，次の選択肢①～⑥のうちから一つ選べ。ただし，小物体 Q が静止するまで，小球 P が水平面に到達することはなかった。
　　　　　　　　　　　　　　　　　　　　　　　　　　　　解答番号 6

① $\dfrac{g\,t^2\sin\theta}{2}$　　　　② $\dfrac{g\,t^2\,(\sin\theta-\mu'\cos\theta)}{2}$　　　　③ $\dfrac{2d-\mu'\,g\,t^2\cos\theta}{2}$

④ $\dfrac{2d+g\,t^2\sin\theta}{2}$　　　　⑤ $\dfrac{2d+g\,t^2\,(\sin\theta-\mu'\cos\theta)}{2}$　　　　⑥ $\dfrac{2d+\mu'\,g\,t^2\cos\theta}{2}$

第2問　次の文章を読み，下の設問に答えよ。

　　ある熱機関 S は 1 サイクルの間に Q[J] の熱を吸収し，4000J の仕事をし，12000J の熱を排出する。この 1 サイクルにかかる時間を計測したところ，0.20s であった。この熱機関を搭載した，重油を燃料とした船が海上を航行している。重油 1g を燃焼させたときに発生する熱量は 42000J である。

問1　吸収した熱量 Q[J] の値として最も適当なものを，次の選択肢①～⑥のうちから一つ選べ。　　　　　　　　　　　　　　　　　　　　　　　　　**解答番号** $\boxed{1}$

① 2000　　　　　　② 4000　　　　　　③ 6000

④ 8000　　　　　　⑤ 12000　　　　　⑥ 16000

問2　この熱機関 S の熱効率は何%か。最も適当なものを，次の選択肢①～⑥のうちから一つ選べ。　　　　　　　　　　　　　　　　　　　　　　　　　**解答番号** $\boxed{2}$

① 25　　　　　　　② 33　　　　　　　③ 40

④ 60　　　　　　　⑤ 67　　　　　　　⑥ 75

問3　この熱機関 S の仕事率は何 kW か。最も適当なものを，次の選択肢①～⑥のうちから一つ選べ。　　　　　　　　　　　　　　　　　　　　　　　　　**解答番号** $\boxed{3}$

① 20　　　　　　　② 60　　　　　　　③ 80

④ 20000　　　　　⑤ 60000　　　　　⑥ 80000

問4　この熱機関 S を 1 時間稼働させるのに必要な重油は何 kg か。最も適当なものを，次の選択肢①～⑥のうちから一つ選べ。　　　　　　　　　　　　　　　　**解答番号** $\boxed{4}$

① 6.9　　　　　　② 2.1×10　　　　　③ 2.7×10

④ 6.9×10^3 ⑤ 2.1×10^4 ⑥ 2.7×10^4

問5　この船が時速 20km/h の一定の速度で航行しているときの推進力は何 N か。最も適当なものを，次の選択肢①～⑥のうちから一つ選べ。　　　　　　　　　　　解答番号 5

① 7.2×10^2 ② 1.4×10^3 ③ 2.2×10^3

④ 2.9×10^3 ⑤ 3.6×10^3 ⑥ 4.3×10^3

問6　熱機関 S を別の熱機関 T に変更し，時速 24km/h のときの推進力が 10^5N となるようにした。どんなに熱機関 T が高性能であったとしても，1kg の重油で稼働できる時間は，ある時間 X[s] 以上にはならない。X の値として最も適当なものを，次の選択肢①～⑧のうちから一つ選べ。　　　　　　　　　　　解答番号 6

① 61   ② 63   ③ 65   ④ 67

⑤ 69   ⑥ 71   ⑦ 73   ⑧ 75

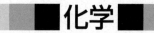

■化学■

◀薬，福岡薬学部▶

（60 分）

必要であれば，次の値を用いよ。また，指示がない場合，気体は理想気体として扱ってよい。

アボガドロ定数：$N_A = 6.02 \times 10^{23}$ /mol　　　水のイオン積：$K_w = 1.0 \times 10^{-14}$ (mol/L)^2
気体定数：$R = 8.31 \times 10^3$ Pa·L/(mol·K)　　　ファラデー定数：$F = 9.65 \times 10^4$ C/mol
標準状態における理想気体のモル体積：22.4 L/mol

原子量：H=1.0,　　He=4.0,　Li=7.0,　　　Be=9.0,　　B=10.8,　C=12.0,　N=14.0,　O=16.0,
　　　　F=19.0,　Ne=20.2, Na=23.0, Mg=24.0, Al=27.0, Si=28.0, P=31.0, S=32.0,
　　　　Cl=35.5, Ar=40.0, K=39.0,　Ca=40.0, Sc=45.0, Ti=48.0,　V=51.0, Cr=52.0,
　　　　Mn=55.0, Fe=56.0, Co=58.9, Ni=58.7, Cu=64.0, Zn=65.0, Br=80.0, Ag=108,
　　　　Cd=112, Sn=119, I=127,　　Ba=137, Hg=200, Pb=207

（解答上の注意）

1．数値を答える場合は，次の指示に従うこと。

・解答欄が $\boxed{60}.\boxed{61} \times 10^{\boxed{62}}$, 0.$\boxed{63}\boxed{64}$, $\boxed{65}.\boxed{66}$, $\boxed{67}\boxed{68}$ の形式の場合には，数値は
　四捨五入して，有効数字2桁で求めよ。

・解答欄が $\boxed{70}.\boxed{71}\boxed{72} \times 10^{\boxed{73}}$, $\boxed{74}.\boxed{75}\boxed{76}$, $\boxed{77}\boxed{78}.\boxed{79}$ の形式の場合には，数値は
　四捨五入して，有効数字3桁で求めよ。

なお，$\boxed{67}$, $\boxed{77}$ は 10 の位を，$\boxed{60}$, $\boxed{65}$, $\boxed{68}$, $\boxed{70}$, $\boxed{74}$, $\boxed{78}$ は 1 の位を，$\boxed{61}$,
$\boxed{63}$, $\boxed{66}$, $\boxed{71}$, $\boxed{75}$, $\boxed{79}$ は小数第 1 位を，$\boxed{64}$, $\boxed{72}$, $\boxed{76}$ は小数第 2 位を，$\boxed{62}$,
$\boxed{73}$ は底 10 に対する指数の 1 の位を表すものとする。

2．化学式を答える場合は，次の指示に従うこと。
・化学式が C_4H_8O のとき，解答欄が $C_{\boxed{80}}H_{\boxed{81}\boxed{82}}O_{\boxed{83}}$ の形式の場合には，解答は以下のように
　なる。

　　　$\boxed{80}$ = ④, $\boxed{81}$ = ⑩, $\boxed{82}$ = ⑧, $\boxed{83}$ = ①

3．特に指示がない場合は，同じ選択肢を重複して使用してもよい。

第 1 問　次の文章 ［ I ］ および ［ II ］ を読み，下の設問に答えよ。

［ I ］

　　希硫酸にアルミニウムの単体を加えると，気体の水素が発生する。2.0 mol/L の希硫酸 500 mL に不純物を含むアルミニウム試料 3.00 g を加えて完全に反応させ，発生したすべての水素を(1)メスシリンダーを用いて(2)水上置換で捕集したところ，27℃，$1.056×10^5$ Pa で 2.77 L の気体が得られた。なお，アルミニウムに含まれる不純物は反応しないものとする。また，27℃における水蒸気圧は $3.6×10^3$ Pa である。

問 1　希硫酸とアルミニウムの反応を表す次の化学反応式中の空欄に入る化学式として適切なものを，下の選択肢①〜⑨のうちからそれぞれ一つ選べ。なお，同じ選択肢を重複して使用してはならない。

$\boxed{A}$ ＝解答番号 $\boxed{1}$
$\boxed{B}$ ＝解答番号 $\boxed{2}$
$\boxed{C}$ ＝解答番号 $\boxed{3}$
$\boxed{D}$ ＝解答番号 $\boxed{4}$

$$2\boxed{A} + 3\boxed{B} \longrightarrow \boxed{C} + 3\boxed{D}$$

① Al　　　　　　　② AlO_2　　　　　　③ Al_2O_3　　　　　④ $AlSO_4$
⑤ $Al_2(SO_4)_3$　　⑥ H_2SO_3　　　　⑦ H_2SO_4　　　　⑧ H_2
⑨ H_2O

問 2　下線部(1)について，メスシリンダーが使用前に汚れていた場合，どのようにして使用すればよいか。最も適切なものを，次の選択肢①〜④のうちから一つ選べ。　　解答番号 $\boxed{5}$

① そのまま使用する。
② 水道水で洗い，ぬれたまま使用する。
③ 水道水で洗い，高温乾燥機で乾かしてから使用する。
④ 水道水で洗ったのち，実験で使用する希硫酸ですすいでから使用する。

問 3　下線部(2)について，水上置換により捕集するのが適当な気体は次の語群の中にいくつあるか。適切なものを，下の選択肢①〜④のうちから一つ選べ。該当するものがない場合は⑤を選べ。　　解答番号 $\boxed{6}$

［語群］塩化水素，一酸化窒素，二酸化窒素，硫化水素

① 1つ　　　　② 2つ　　　　③ 3つ　　　　④ 4つ　　　　⑤ 該当なし

問4　メスシリンダーに捕集した水素の物質量は 0.$\boxed{7}$$\boxed{8}$$\boxed{9}$ mol である。$\boxed{7}$～$\boxed{9}$ に入る適切な数字を，次の選択肢①～⑩のうちからそれぞれ一つ選べ。　　　　　　解答番号$\boxed{7}$～$\boxed{9}$

①　1　　　　　　②　2　　　　　　③　3　　　　　　④　4　　　　　　⑤　5
⑥　6　　　　　　⑦　7　　　　　　⑧　8　　　　　　⑨　9　　　　　　⑩　0

問5　実験に用いた試料中のアルミニウムの純度は，質量百分率で$\boxed{10}$$\boxed{11}$％である。$\boxed{10}$，$\boxed{11}$ に入る適切な数字を，次の選択肢①～⑩のうちからそれぞれ一つ選べ。

　　　　　　　　　　　　　　　　　　　　　　　　　　　　　解答番号$\boxed{10}$，$\boxed{11}$

①　1　　　　　　②　2　　　　　　③　3　　　　　　④　4　　　　　　⑤　5
⑥　6　　　　　　⑦　7　　　　　　⑧　8　　　　　　⑨　9　　　　　　⑩　0

[Ⅱ]

　アルミニウムの結晶は面心立方格子をとる。その単位格子中には $\boxed{\text{a}}$ 個の原子が含まれ，1つの原子に接している他の原子の数(配位数)は $\boxed{\text{b}}$ 個である。また，アルミニウム原子の半径は 0.142 nm である。1 nm＝10^{-9}m であるから，アルミニウム原子の半径を cm 単位で表すと 1.42×$\boxed{\text{c}}$ cm となる。

問6　文中の $\boxed{\text{a}}$，$\boxed{\text{b}}$ に入る数として適切なものを，次の選択肢①～⑩のうちからそれぞれ一つ選べ。なお，同じ選択肢を重複して使用してはならない。　$\boxed{\text{a}}$＝解答番号$\boxed{12}$

　　　　　　　　　　　　　　　　　　　　　　　　　　　　$\boxed{\text{b}}$＝解答番号$\boxed{13}$

①　2　　　　　　②　4　　　　　　③　6　　　　　　④　8　　　　　　⑤　10
⑥　12　　　　　⑦　14　　　　　⑧　16　　　　　⑨　18　　　　　⑩　20

問7　文中の $\boxed{\text{c}}$ に入る式として適切なものを，次の選択肢①～⑤のうちから一つ選べ。

　　　　　　　　　　　　　　　　　　　　　　　　　　　　　　　解答番号$\boxed{14}$

①　10^{-6}　　　　②　10^{-7}　　　　③　10^{-8}　　　　④　10^{-9}　　　　⑤　10^{-10}

問8　単位格子の一辺の長さは$\boxed{15}$.$\boxed{16}$×$10^{-\boxed{17}}$cm である。$\boxed{15}$～$\boxed{17}$ に入る適切な数字を，次の選択肢①～⑩のうちからそれぞれ一つ選べ。必要であれば $\sqrt{2}=1.41$，$\sqrt{3}=1.73$ を用いよ。　　　　　　　　　　　　　　　　　　　　　　　　　　　解答番号$\boxed{15}$～$\boxed{17}$

①　1　　　　　　②　2　　　　　　③　3　　　　　　④　4　　　　　　⑤　5
⑥　6　　　　　　⑦　7　　　　　　⑧　8　　　　　　⑨　9　　　　　　⑩　0

第2問　次の設問に答えよ。

問1　物質の構成について述べた次の文(A)～(C)を読み，下の選択肢①～⑦のうちから，記述が正しい文の記号だけがすべて含まれているものを一つ選べ。なお，記述の正しい文が一つもないときには該当なしの⑧を選べ。　　　　　　　　解答番号 1

[文]

(A) 空気は混合物である。

(B) 斜方硫黄は化合物である。

(C) オゾンは単体である。

① (A), (B), (C)　　② (A), (B)　　　③ (B), (C)　　　④ (A), (C)
⑤ (A)　　　　　　⑥ (B)　　　　　⑦ (C)　　　　　⑧ 該当なし

問2　物質の組成について述べた次の文(A)～(C)を読み，下の選択肢①～⑦のうちから，記述が正しい文の記号だけがすべて含まれているものを一つ選べ。なお，記述の正しい文が一つもないときには該当なしの⑧を選べ。　　　　　　　　解答番号 2

[文]

(A) 空気中に質量百分率で最も多く含まれる元素は窒素である。

(B) 地殻中に質量百分率で最も多く含まれる元素は酸素である。

(C) 人体に質量百分率で最も多く含まれる物質は炭素である。

① (A), (B), (C)　　② (A), (B)　　　③ (B), (C)　　　④ (A), (C)
⑤ (A)　　　　　　⑥ (B)　　　　　⑦ (C)　　　　　⑧ 該当なし

問3　原子やイオンの電子配置について述べた次の文(A)～(C)を読み，下の選択肢①～⑦のうちから，記述が正しい文の記号だけがすべて含まれているものを一つ選べ。なお，記述の正しい文が一つもないときには該当なしの⑧を選べ。　　　　　　　　解答番号 3

[文]

(A) ホウ素原子はK殻に2個，L殻に2個の電子をもつ。

(B) 酸化物イオン O^{2-} はアルゴン原子と同じ電子配置をもつ。

(C) 水素イオン H^+ はK殻に2個の電子をもつ。

① (A), (B), (C)　　② (A), (B)　　　③ (B), (C)　　　④ (A), (C)
⑤ (A)　　　　　　⑥ (B)　　　　　⑦ (C)　　　　　⑧ 該当なし

問4　周期表について述べた次の文(A)～(C)を読み，下の選択肢①～⑦のうちから，記述が正しい文の記号だけがすべて含まれているものを一つ選べ。なお，記述の正しい文が一つもないときには該当なしの⑧を選べ。　**解答番号** 4

[文]

(A) 遷移元素に含まれる元素は，すべて金属元素である。

(B) 典型元素において，同族元素の原子は価電子数が同じである。

(C) 同族元素において，原子番号が大きくなるほど電子親和力も大きくなる。

① (A), (B), (C)　② (A), (B)　③ (B), (C)　④ (A), (C)
⑤ (A)　　⑥ (B)　　⑦ (C)　　⑧ 該当なし

問5　気体の製法について述べた次の文(A)～(C)を読み，下の選択肢①～⑦のうちから，記述が正しい文の記号だけがすべて含まれているものを一つ選べ。なお，記述の正しい文が一つもないときには該当なしの⑧を選べ。　**解答番号** 5

[文]

(A) ギ酸に濃硫酸を加えて加熱すると，一酸化炭素が発生する。

(B) 酢酸ナトリウムに水酸化ナトリウムを加えて加熱すると，二酸化炭素が発生する。

(C) フッ化カルシウムに濃硫酸を加えて加熱すると，フッ化水素が発生する。

① (A), (B), (C)　② (A), (B)　③ (B), (C)　④ (A), (C)
⑤ (A)　　⑥ (B)　　⑦ (C)　　⑧ 該当なし

問6　気体の乾燥法および捕集法について述べた次の文(A)～(C)を読み，下の選択肢①～⑦のうちから，記述が正しい文の記号だけがすべて含まれているものを一つ選べ。なお，記述の正しい文が一つもないときには該当なしの⑧を選べ。　**解答番号** 6

[文]

(A) 硫化水素に含まれる水蒸気を取り除く場合は濃硫酸を用いる。

(B) アンモニアに含まれる水蒸気を取り除く場合は十酸化四リンを用いる。

(C) 二酸化窒素や二酸化硫黄は下方置換法で捕集する。

① (A), (B), (C)　② (A), (B)　③ (B), (C)　④ (A), (C)
⑤ (A)　　⑥ (B)　　⑦ (C)　　⑧ 該当なし

問7　錯イオンについて述べた次の文(A)～(C)を読み，下の選択肢①～⑦のうちから，記述が正しい文の記号だけがすべて含まれているものを一つ選べ。なお，記述の正しい文が一つもないときには該当なしの⑧を選べ。　**解答番号** 7

［文］

(A) 配位子は非共有電子対をもつ。

(B) テトラアクア銅(Ⅱ)イオンは正四面体の立体構造をもつ。

(C) ヘキサシアニド鉄(Ⅲ)酸イオンは正方形の立体構造をもつ。

① (A), (B), (C)　　② (A), (B)　　③ (B), (C)　　④ (A), (C)

⑤ (A)　　　　　　⑥ (B)　　　　　⑦ (C)　　　　　⑧ 該当なし

第3問　次の文章を読み，下の設問に答えよ。

　炭素，水素，酸素のみからなる化合物A，B，Cは互いに異性体である。これらの構造を調べるために次のような実験をおこなった。

　実験1．Aの分子量を測定したところ，およそ 70～80 であることがわかった。

　実験2．1 mol のBを完全に燃焼させたところ，二酸化炭素と水が 3 mol ずつ生じた。

　実験3．Cは水によく溶けた。また，その水溶液に青色リトマス紙を浸すと赤色に変色した。

　実験4．Aを酸と混合して加熱すると加水分解がおこり，化合物DとEが生じた。Dに水酸化ナトリウム水溶液とヨウ素を加えて加熱すると，黄色沈殿が生じた。

　実験5．Bを酸と混合して加熱すると加水分解がおこり，化合物FとGが生じた。適切な触媒のもとFを還元するとDが得られた。

問1　実験2について，燃焼によって生じた二酸化炭素と水の量を調べる方法は次の通りである。まず，燃焼後の混合気体を　a　を詰めた管に通して　b　を吸収させ，次いで　c　を詰めた管に通して　d　を吸収させて，それぞれの管の質量がどれだけ増加したかを測定すればよい。

　　文中の　a　～　d　に入る語句として適切なものを，次の選択肢①～⑧のうちからそれぞれ一つ選べ。なお，同じ選択肢を重複して使用してはならない。

　　　　　　　a　＝解答番号 1
　　　　　　　b　＝解答番号 2
　　　　　　　c　＝解答番号 3
　　　　　　　d　＝解答番号 4

① 希硫酸　　　② ソーダ石灰　　③ 水　　　　④ 塩化カルシウム

⑤ 塩化アンモニウム　⑥ 二酸化炭素　⑦ シリカゲル　⑧ 濃塩酸

問2　実験1および2の結果より，化合物A～Cの分子式は $C_{\boxed{5}}H_{\boxed{6}\,\boxed{7}}O_{\boxed{8}}$ である。 5 ～ 8 に入る適切な数字を，次の選択肢①～⑩のうちからそれぞれ一つ選べ。**解答番号** 5 ～ 8

① 1　　　　　　② 2　　　　　　③ 3　　　　　　④ 4　　　　　　⑤ 5
⑥ 6　　　　　　⑦ 7　　　　　　⑧ 8　　　　　　⑨ 9　　　　　　⑩ 0

問 3　下線部について，次の問（ i ），（ ii ）に答えよ。

（ i ）この反応の名称として適切なものを，次の選択肢①～④のうちから一つ選べ。

解答番号 9

① ビウレット反応　　　　　　　　　② フェーリング反応
③ ヨードホルム反応　　　　　　　　④ キサントプロテイン反応

（ ii ）黄色沈殿の主成分である化合物の分子式は $C_{\boxed{10}}H_{\boxed{11}\boxed{12}}I_{\boxed{13}}$ である。$\boxed{10}$ ～ $\boxed{13}$ に入る適切な数字を，次の選択肢①～⑩のうちからそれぞれ一つ選べ。　　　　　解答番号 $\boxed{10}$ ～ $\boxed{13}$

① 1　　　　　　② 2　　　　　　③ 3　　　　　　④ 4　　　　　　⑤ 5
⑥ 6　　　　　　⑦ 7　　　　　　⑧ 8　　　　　　⑨ 9　　　　　　⑩ 0

問 4　A，B，C の構造として適切なものを，次の選択肢①～⑩のうちからそれぞれ一つ選べ。なお，同じ選択肢を重複して使用してはならない。

A ＝解答番号 $\boxed{14}$
B ＝解答番号 $\boxed{15}$
C ＝解答番号 $\boxed{16}$

① $CH_3-CH_2-\overset{\displaystyle O}{\overset{\|}{C}}-H$　　② $CH_3-\overset{\displaystyle O}{\overset{\|}{C}}-CH_3$　　③ $CH_3-CH_2-\overset{\displaystyle O}{\overset{\|}{C}}-OH$

④ $CH_3-CH_2-\overset{\displaystyle O}{\overset{\|}{C}}-CH_3$　　⑤ $CH_3-\overset{\displaystyle O}{\overset{\|}{C}}-\overset{\displaystyle OH}{\overset{\|}{C}}H-CH_3$　　⑥ $H-\overset{\displaystyle O}{\overset{\|}{C}}-O-CH_2-CH_3$

⑦ $CH_3-\overset{\displaystyle O}{\overset{\|}{C}}-\overset{\displaystyle O}{\overset{\|}{C}}-OH$　　⑧ $CH_3-\overset{\displaystyle O}{\overset{\|}{C}}-O-CH_3$　　⑨ $CH_3-\overset{\displaystyle O}{\overset{\|}{C}}-O-CH_2-CH_3$

⑩ $CH_3-CH_2-\overset{\displaystyle O}{\overset{\|}{C}}-O-CH_3$

問 5　化合物 D，E，F，G の名称として適切なものを，次の選択肢①～⑨のうちからそれぞれ一つ選べ。なお，同じ選択肢を重複して使用してはならない。

D ＝解答番号 $\boxed{17}$
E ＝解答番号 $\boxed{18}$
F ＝解答番号 $\boxed{19}$
G ＝解答番号 $\boxed{20}$

① メタノール　　　　　② エタノール　　　　　③ ホルムアルデヒド
④ アセトアルデヒド　　⑤ ジメチルエーテル　　⑥ ジエチルエーテル
⑦ ギ酸　　　　　　　　⑧ 酢酸　　　　　　　　⑨ プロピオン酸

問6　化合物D，E，F，Gのうち，銀鏡反応を示すものはいくつあるか。適切なものを，次の選択肢①～④のうちから一つ選べ。該当するものがない場合は⑤を選べ。　**解答番号** 21

① 1つ　　　　② 2つ　　　　③ 3つ　　　　④ 4つ　　　　⑤ 該当なし

◀保健医療，医療福祉，成田看護，成田保健医療，
　赤坂心理・医療福祉マネジメント，小田原保健医療，
　　　　　　　　　　　　　　　　福岡保健医療学部▶

■化学基礎・化学■

（2 科目 120 分）

必要であれば，次の値を用いよ。また，指示がない場合，気体は理想気体として扱ってよい。

アボガドロ定数：$N_A = 6.02 \times 10^{23}$ /mol　　　水のイオン積：$K_w = 1.0 \times 10^{-14}$ (mol/L)^2

気体定数：$R = 8.3 \times 10^3$ Pa·L/(mol·K)　　　ファラデー定数：$F = 9.65 \times 10^4$ C/mol

標準状態における理想気体のモル体積：22.4 L/mol

原子量：H＝1.0,　　He＝4.0,　Li＝7.0,　Be＝9.0,　B＝10.8,　C＝12.0,　N＝14.0,　O＝16.0,
　　　　 F＝19.0,　Ne＝20.2, Na＝23.0, Mg＝24.0, Al＝27.0, Si＝28.0, P＝31.0, S＝32.0,
　　　　 Cl＝35.5, Ar＝40.0, K＝39.0,　Ca＝40.0, Sc＝45.0, Ti＝48.0, V＝51.0, Cr＝52.0,
　　　　 Mn＝55.0, Fe＝56.0, Co＝58.9, Ni＝58.7, Cu＝64.0, Zn＝65.0, Br＝80.0, Ag＝108,
　　　　 Cd＝112, Sn＝119, I＝127,　Ba＝137, Hg＝200, Pb＝207

（解答上の注意）

1．数値を答える場合は，次の指示に従うこと。

・解答欄が $\boxed{60}$.$\boxed{61} \times 10^{\boxed{62}}$，0.$\boxed{63}\boxed{64}$，$\boxed{65}$.$\boxed{66}$，$\boxed{67}\boxed{68}$ の形式の場合には，数値は
　四捨五入して，有効数字 2 桁で求めよ。

・解答欄が $\boxed{70}$.$\boxed{71}\boxed{72} \times 10^{\boxed{73}}$，$\boxed{74}$.$\boxed{75}\boxed{76}$，$\boxed{77}\boxed{78}$.$\boxed{79}$ の形式の場合には，数値は
　四捨五入して，有効数字 3 桁で求めよ。

なお，$\boxed{67}$，$\boxed{77}$ は 10 の位を，$\boxed{60}$，$\boxed{65}$，$\boxed{68}$，$\boxed{70}$，$\boxed{74}$，$\boxed{78}$ は 1 の位を，$\boxed{61}$，
$\boxed{63}$，$\boxed{66}$，$\boxed{71}$，$\boxed{75}$，$\boxed{79}$ は小数第 1 位を，$\boxed{64}$，$\boxed{72}$，$\boxed{76}$ は小数第 2 位を，$\boxed{62}$，
$\boxed{73}$ は底 10 に対する指数の 1 の位を表すものとする。

2．化学式を答える場合は，次の指示に従うこと。

・化学式が C_4H_8O のとき，解答欄が $C_{\boxed{80}}H_{\boxed{81}\boxed{82}}O_{\boxed{83}}$ の形式の場合には，解答は以下のように
　なる。

　　　　$\boxed{80} = ④$，$\boxed{81} = ⑩$，$\boxed{82} = ⑧$，$\boxed{83} = ①$

3．特に指示がない場合は，同じ選択肢を重複して使用してもよい。

第1問　次の文章を読み，下の設問に答えよ。なお，標準大気圧を 1.01×10^5 Pa＝760 mmHg
　　　とする。

　下図は，常温常圧において液体である3種類の物質（水 H_2O，ジエチルエーテル
$C_2H_5OC_2H_5$，エタノール C_2H_5OH）の飽和蒸気圧曲線である。飽和蒸気圧とは，液体から気
体への状態変化である ⬚a⬚ と，気体から液体への状態変化である ⬚b⬚ の速度が等しい状
態，すなわち ⬚c⬚ 平衡に達しているときの ⬚d⬚ が示す圧力である。一般に，分子間には
たらく引力が強いほど ⬚e⬚ が起こりにくく，同じ温度で比較した場合には飽和蒸気圧が
⬚f⬚ くなる。ジエチルエーテルは無極性分子であるのに対し，水やエタノールは極性をも
ち，分子間で水素結合をつくるため，同じ温度における飽和蒸気圧はジエチルエーテルに比
べて ⬚g⬚ い。

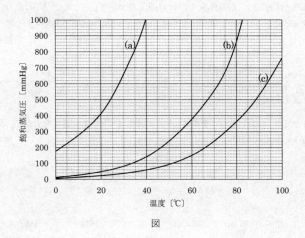

図

問1　文中の ⬚a⬚ ～ ⬚g⬚ に入る語句として適切なものを，次の選択肢①～⑩のうちからそ
　　れぞれ一つ選べ。

⬚a⬚	＝解答番号	1
⬚b⬚	＝解答番号	2
⬚c⬚	＝解答番号	3
⬚d⬚	＝解答番号	4
⬚e⬚	＝解答番号	5
⬚f⬚	＝解答番号	6
⬚g⬚	＝解答番号	7

① 凝固　　　② 凝縮　　　③ 融解　　　④ 蒸発　　　⑤ 液体
⑥ 溶解　　　⑦ 気液　　　⑧ 気体　　　⑨ 大き　　　⑩ 小さ

問2 図中のグラフ(a)〜(c)はそれぞれどの物質の飽和蒸気圧を示しているか。その組み合わせとして適切なものを，次の選択肢①〜⑥のうちから一つ選べ。   **解答番号** 8

	(a)	(b)	(c)
①	水	エタノール	ジエチルエーテル
②	水	ジエチルエーテル	エタノール
③	エタノール	水	ジエチルエーテル
④	ジエチルエーテル	水	エタノール
⑤	エタノール	ジエチルエーテル	水
⑥	ジエチルエーテル	エタノール	水

問3 下線部に関連して，水の結晶（すなわち氷）において，1つの水分子は他のいくつの水分子と水素結合をつくるか。適切なものを，次の選択肢①〜⑧のうちから一つ選べ。   **解答番号** 9

① 1つ   ② 2つ   ③ 3つ   ④ 4つ

⑤ 5つ   ⑥ 6つ   ⑦ 7つ   ⑧ 8つ

問4 標準大気圧下におけるジエチルエーテルの沸点〔℃〕として適切なものを，次の選択肢①〜⑥のうちから一つ選べ。   **解答番号** 10

① 26   ② 30   ③ 34

④ 41   ⑤ 53   ⑥ 78

問5 富士山（標高 3776 m）の山頂において，水は何℃で沸騰するか。適切なものを，次の選択肢①〜⑥のうちから一つ選べ。ただし，標高が 10 m 高くなるごとに大気圧が 100 Pa ずつ小さくなるものとする。   **解答番号** 11

① 54   ② 61   ③ 70

④ 79   ⑤ 88   ⑥ 94

問6 エタノール 4.6 g を 10 L の密閉容器に入れて 60℃に保ったときの容器内の圧力〔Pa〕として適切なものを，次の選択肢①〜⑥のうちから一つ選べ。   **解答番号** 12

① 1.9×10^4 ② 2.8×10^4 ③ 4.5×10^4

④ 5.0×10^4 ⑤ 6.3×10^4 ⑥ 7.0×10^4

問7 水 3.6 g を 10 L の密閉容器に入れて 60℃に保ったときの容器内の圧力〔Pa〕として適切なものを，次の選択肢①〜⑥のうちから一つ選べ。   **解答番号** 13

① 2.0×10^4　　　　② 5.5×10^4　　　　③ 6.2×10^4

④ 7.8×10^4　　　　⑤ 9.2×10^4　　　　⑥ 1.0×10^5

第2問　次の設問に答えよ。

問1　ハロゲンについて述べた次の文(A)～(C)を読み，下の選択肢①～⑦のうちから，記述が正しい文の記号だけがすべて含まれているものを一つ選べ。なお，記述の正しい文が一つもないときには該当なしの⑧を選べ。　　　　　　　　解答番号 1

[文]

(A) ハロゲンの単体のうち最も酸化力が強いのはフッ素である。

(B) ハロゲンの単体は常温常圧において気体または液体である。

(C) ハロゲンと金属の化合物はすべて水に溶けやすい。

① (A), (B), (C)　　② (A), (B)　　　③ (B), (C)　　　④ (A), (C)

⑤ (A)　　　　　　⑥ (B)　　　　　⑦ (C)　　　　　⑧ 該当なし

問2　16 族元素について述べた次の文(A)～(C)を読み，下の選択肢①～⑦のうちから，記述が正しい文の記号だけがすべて含まれているものを一つ選べ。なお，記述の正しい文が一つもないときには該当なしの⑧を選べ。　　　　　　　　解答番号 2

[文]

(A) 酸素原子は2個の不対電子をもつ。

(B) 酸素 O_2 とオゾン O_3 はどちらも無色無臭の気体である。

(C) 硫黄と酸素を反応させると，青白い炎をあげて燃焼する。

① (A), (B), (C)　　② (A), (B)　　　③ (B), (C)　　　④ (A), (C)

⑤ (A)　　　　　　⑥ (B)　　　　　⑦ (C)　　　　　⑧ 該当なし

問3　14 族元素について述べた次の文(A)～(C)を読み，下の選択肢①～⑦のうちから，記述が正しい文の記号だけがすべて含まれているものを一つ選べ。なお，記述の正しい文が一つもないときには該当なしの⑧を選べ。　　　　　　　　解答番号 3

[文]

(A) 同一周期の元素の中で第一イオン化エネルギーが最も小さい。

(B) 14 族元素はすべて非金属元素である。

(C) ケイ素の単体は8原子分子からなる固体である。

① (A), (B), (C)　　② (A), (B)　　　　③ (B), (C)　　　　④ (A), (C)

⑤ (A)　　　　　　⑥ (B)　　　　　　⑦ (C)　　　　　　⑧ 該当なし

問4　遷移金属元素について述べた次の文(A)～(C)を読み，下の選択肢①～⑦のうちから，記述が正しい文の記号だけがすべて含まれているものを一つ選べ。なお，記述の正しい文が一つもないときには該当なしの⑧を選べ。　　　　　　　　　　　**解答番号** 4

［文］

(A) マンガンの酸化物はマンガン乾電池の電極に用いられる。

(B) クロムとニッケルの合金は電熱線に用いられる。

(C) クロム酸銀は水に溶けにくい赤褐色の化合物である。

① (A), (B), (C)　　② (A), (B)　　　　③ (B), (C)　　　　④ (A), (C)

⑤ (A)　　　　　　⑥ (B)　　　　　　⑦ (C)　　　　　　⑧ 該当なし

問5　気体の製法について述べた次の文(A)～(C)を読み，下の選択肢①～⑦のうちから，記述が正しい文の記号だけがすべて含まれているものを一つ選べ。なお，記述の正しい文が一つもないときには該当なしの⑧を選べ。　　　　　　　　　　　**解答番号** 5

［文］

(A) 過酸化水素 H_2O_2 と酸化マンガン(IV)MnO_2 を反応させると，酸素 O_2 と過マンガン酸イオン MnO_4^- が生じる。

(B) 濃塩酸と酸化マンガン(IV)MnO_2 を反応させると，塩素 Cl_2 と塩化マンガン(II)$MnCl_2$ が生じる。

(C) 塩素酸カリウム $KClO_3$ を触媒のもと加熱分解すると，酸素 O_2 と塩化カリウム KCl が生じる。

① (A), (B), (C)　　② (A), (B)　　　　③ (B), (C)　　　　④ (A), (C)

⑤ (A)　　　　　　⑥ (B)　　　　　　⑦ (C)　　　　　　⑧ 該当なし

問6　アルミニウムについて述べた次の文(A)～(C)を読み，下の選択肢①～⑦のうちから，記述が正しい文の記号だけがすべて含まれているものを一つ選べ。なお，記述の正しい文が一つもないときには該当なしの⑧を選べ。　　　　　　　　　　　**解答番号** 6

［文］

(A) 単体は空気中に放置しても内部まで酸化が進みにくい。

(B) 単体は高温の水蒸気と反応する。

(C) 酸化アルミニウムと鉄の単体を反応させると，アルミニウムの単体が得られる。

① (A), (B), (C)　　② (A), (B)　　③ (B), (C)　　④ (A), (C)

⑤ (A)　　　　　　⑥ (B)　　　　　⑦ (C)　　　　⑧ 該当なし

問7　銅について述べた次の文(A)～(C)を読み，下の選択肢①～⑦のうちから，記述が正し
　　い文の記号だけがすべて含まれているものを一つ選べ。なお，記述の正しい文が一つもな
　　いときには該当なしの⑧を選べ。　　　　　　　　　　　　　　　　　　　**解答番号 7**

［文］

(A) 熱伝導性が高いため，鍋などの調理器具に用いられる。

(B) 電気伝導性が高いため，電線などに用いられる。

(C) 青銅や黄銅などの銅の合金を総称してアマルガムという。

① (A), (B), (C)　　② (A), (B)　　③ (B), (C)　　④ (A), (C)

⑤ (A)　　　　　　⑥ (B)　　　　　⑦ (C)　　　　⑧ 該当なし

第3問　次の文章を読み，下の設問に答えよ。

　　ベンゼンと　a　の(1)付加反応により　b　が生成する。　b　を酸化するとクメンヒド
ロペルオキシドとなり，硫酸により分解すると　c　とともにフェノールが得られる。また，
ベンゼンを　ア　と反応させて得られるベンゼンスルホン酸を中和して塩とし，水酸化ナト
リウムとともに加熱融解すると　d　が生成する。これを希塩酸と反応させることでもフェ
ノールを得ることができる。

　　フェノールはベンゼンよりも(2)置換反応を起こしやすい。フェノールの水溶液に臭素水を
加えると容易に反応し，　e　の白色沈殿が生じる。また，適切な触媒のもとでフェノール
を　イ　と十分に反応させるとピクリン酸が生じる。

問1　文中の　a　～　e　に入る化合物の構造として適切なものを，次の選択肢①～⑩のう
　　ちからそれぞれ一つ選べ。なお，同じ選択肢を重複して使用してはならない。

　　　　　　　　　　　　　　　　　　　　　　a ＝解答番号 1
　　　　　　　　　　　　　　　　　　　　　　b ＝解答番号 2
　　　　　　　　　　　　　　　　　　　　　　c ＝解答番号 3
　　　　　　　　　　　　　　　　　　　　　　d ＝解答番号 4
　　　　　　　　　　　　　　　　　　　　　　e ＝解答番号 5

①　H_3C—CO—CH_3　　　　　②　H_3C—CHO

③
$CH_2=CH$ — $CH=CH_2$ ... CH₃

（③の構造：$CH_2=CH$ に $CH=CH_3$）

④
$CH_2=CH$ — $CH=CH_2$

⑤ ◯—CH_3

⑥ ◯—$CH(CH_3)$—H （CH_3 が上下）

⑦ ◯—ONa

⑧ Br₂ 置換フェノール（◯に Br 2個と OH）

⑨ Br₃ 置換フェノール（◯に Br 3個と OH）

⑩ ◯—$C(CH_3)_2CH_3$（CH_3 3個）

問2　文中の　ア　，　イ　に入る語句として適切なものを，次の選択肢①〜⑤のうちからそれぞれ一つ選べ。なお，同じ選択肢を重複して使用してはならない。　ア＝解答番号 6

イ＝解答番号 7

① 希塩酸　　　② 希硫酸　　　③ 濃塩酸　　　④ 濃硫酸　　　⑤ 濃硝酸

問3　下線部(1)および(2)について，次の選択肢①〜⑥のうちから，付加反応および置換反応であるものをそれぞれ一つ選べ。なお，同じ選択肢を重複して使用してはならない。

付加反応＝解答番号 8

置換反応＝解答番号 9

① 酢酸とアニリンを反応させると塩が得られる。
② メタンと塩素を反応させるとクロロホルムが得られる。
③ エチルベンゼンと過マンガン酸カリウムを反応させると安息香酸が得られる。
④ ギ酸と炭酸水素ナトリウム水溶液を反応させると気体が発生する。
⑤ フタル酸を加熱すると無水フタル酸が生じる。
⑥ 酢酸とアセチレンを反応させると酢酸ビニルが得られる。

問4　本文中の酸性物質について述べた次の文(A)〜(C)を読み，下の選択肢①〜⑦のうちから，記述が正しい文の記号だけがすべて含まれているものを一つ選べ。なお，記述の正しい文が一つもないときには該当なしの⑧を選べ。　解答番号 10

［文］
(A) ベンゼンスルホン酸は強酸である。
(B) フェノールは酢酸よりも強い酸である。
(C) ピクリン酸は弱酸である。

① (A), (B), (C)　　② (A), (B)　　　③ (B), (C)　　　④ (A), (C)

⑤ (A)　　　　　　⑥ (B)　　　　　　⑦ (C)　　　　　⑧ 該当なし

問5　本文中に示したフェノールの2つの製法の他に，ベンゼンを出発物質としてクロロベンゼンを経由する方法もある。次の各反応(A)〜(C)は，この製法について順不同で並べたものである。これらを正しい順番に並べたとき，3番目となる反応として適切なものを，次の選択肢①〜③のうちから一つ選べ。　　　　　　　　　　　　　解答番号 11

反応(A)：希塩酸と反応させる。
反応(B)：鉄触媒のもと塩素と反応させる。
反応(C)：水酸化ナトリウム水溶液とともに高温高圧で反応させる。

① A　　　　　　② B　　　　　③ C

問6　次の選択肢①〜⑧のうちから，フェノールには当てはまるがエタノールには当てはまらない特徴を三つ選べ。なお，解答の順序は問わない。　　　解答番号 12 〜 14

① 水に溶けやすい。　　　　　　② 水溶液は中性である。
③ 酸と反応してエステルをつくる。④ 塩基と反応して塩をつくる。
⑤ ヒドロキシ基をもつ。　　　　⑥ 塩化鉄(Ⅲ)によって呈色反応を示す。
⑦ 少量でも皮ふを侵す強い毒性をもつ。⑧ 常温常圧で液体である。

■化 学 基 礎■

(注)　物理基礎または生物基礎とあわせて 1 科目として解答。

（2 科目 120 分）

必要であれば，次の値を用いよ。また，指示がない場合，気体は理想気体として扱ってよい。

アボガドロ定数：$N_A = 6.02 \times 10^{23}$ /mol　　　　水のイオン積：$K_w = 1.0 \times 10^{-14}$ (mol/L)^2
標準状態における理想気体のモル体積：22.4 L/mol

原子量：H＝1.0,　　He＝4.0,　Li＝7.0,　Be＝9.0,　B＝10.8,　C＝12.0,　N＝14.0,　O＝16.0,
　　　　F＝19.0,　Ne＝20.2,　Na＝23.0, Mg＝24.0, Al＝27.0,　Si＝28.0,　P＝31.0,　S＝32.0,
　　　　Cl＝35.5,　Ar＝40.0,　K＝39.0,　Ca＝40.0, Sc＝45.0,　Ti＝48.0,　V＝51.0,　Cr＝52.0,
　　　　Mn＝55.0, Fe＝56.0, Co＝58.9, Ni＝58.7, Cu＝64.0,　Zn＝65.0,　Br＝80.0, Ag＝108,
　　　　Cd＝112,　Sn＝119,　I＝127,　Ba＝137,　Hg＝200,　Pb＝207

（解答上の注意）

1．数値を答える場合は，次の指示に従うこと。

・解答欄が $\boxed{60}.\boxed{61} \times 10^{\boxed{62}}$, 0.$\boxed{63}\boxed{64}$, $\boxed{65}.\boxed{66}$, $\boxed{67}\boxed{68}$ の形式の場合には，数値は
四捨五入して，有効数字 2 桁で求めよ。

・解答欄が $\boxed{70}.\boxed{71}\boxed{72} \times 10^{\boxed{73}}$, $\boxed{74}.\boxed{75}\boxed{76}$, $\boxed{77}\boxed{78}.\boxed{79}$ の形式の場合には，数値は
四捨五入して，有効数字 3 桁で求めよ。

なお，$\boxed{67}$, $\boxed{77}$ は 10 の位を，$\boxed{60}$, $\boxed{65}$, $\boxed{68}$, $\boxed{70}$, $\boxed{74}$, $\boxed{78}$ は 1 の位を，$\boxed{61}$,
$\boxed{63}$, $\boxed{66}$, $\boxed{71}$, $\boxed{75}$, $\boxed{79}$ は小数第 1 位を，$\boxed{64}$, $\boxed{72}$, $\boxed{76}$ は小数第 2 位を，$\boxed{62}$,
$\boxed{73}$ は底 10 に対する指数の 1 の位を表すものとする。

2．化学式を答える場合は，次の指示に従うこと。

・化学式が C_4H_8O のとき，解答欄が $C_{\boxed{80}}H_{\boxed{81}\boxed{82}}O_{\boxed{83}}$ の形式の場合には，解答は以下のように
なる。

$\boxed{80}$＝④，　$\boxed{81}$＝⑩，　$\boxed{82}$＝⑧，　$\boxed{83}$＝①

3．特に指示がない場合は，同じ選択肢を重複して使用してもよい。

第1問　次の設問に答えよ。

問1　電子の総数が窒素分子 N_2 と同じものを，次の選択肢①〜⑥のうちから一つ選べ。
　　　　　　　　　　　　　　　　　　　　　　　　　　　　　解答番号 1

① CO　　　　　　　② Mg^{2+}　　　　　　③ O_2
④ H_2O　　　　　　⑤ OH^-　　　　　　⑥ CH_4

問2　下線を引いた語句が元素ではなく単体を意味する語句として用いられているものを，次の選択肢①〜⑤のうちから一つ選べ。　　　　　　解答番号 2

① 亜鉛は，ヒトにとって不可欠な栄養素の一つである。
② 酸素とオゾンは，酸素の同素体である。
③ アンモニアは，窒素と水素からなる物質である。
④ 塩素は強い酸化剤の一種である。
⑤ タンパク質には窒素が含まれている。

問3　メタノール CH_3OH とエタノール C_2H_5OH の混合物を十分な酸素と反応させたところ，二酸化炭素 5.28 g と水 3.96 g が得られた。このとき，反応した酸素の物質量は a mol であり，燃焼したメタノールとエタノールの混合物の質量は b g である。文中の a ， b に入る数値として適切なものを，次の選択肢①〜⑩のうちからそれぞれ一つ選べ。なお，同じ選択肢を重複して使用してはならない。　　　　　a ＝解答番号 3
　　　　　　　　　　　　　　　　　　　　　　　　　　　　b ＝解答番号 4

① 0.18　　② 0.96　　③ 1.52　　④ 2.24　　⑤ 2.95
⑥ 3.48　　⑦ 4.00　　⑧ 5.76　　⑨ 7.81　　⑩ 9.24

問4　共有結合の結晶に分類されるものは，次の語群の中にいくつあるか。適切なものを，下の選択肢①〜④のうちから一つ選べ。該当するものがない場合は⑤を選べ。　解答番号 5

[語群] ドライアイス，ヨウ素，マグネシウム，塩化ナトリウム，ダイヤモンド，
　　　炭酸カルシウム，二酸化ケイ素，酸化鉄(Ⅲ)，銅

① 1つ　　　② 2つ　　　③ 3つ　　　④ 4つ　　　⑤ 該当なし

問5　ブレンステッド・ローリーの定義に基づくと，下線を引いた分子またはイオンが酸としてはたらいている反応を，次の選択肢①〜⑤のうちから一つ選べ。　　解答番号 6

① HNO_3 + $\underline{H_2O}$ → NO_3^- + H_3O^+
② $\underline{NH_3}$ + H_2O → NH_4^+ + OH^-

③ $\underline{HCO_3^-}$ + H_2O $\longrightarrow$ H_2CO_3 + OH^-

④ CaO + $\underline{H_2O}$ $\longrightarrow$ $Ca(OH)_2$

⑤ HS^- + $\underline{H_2O}$ $\longrightarrow$ S^{2-} + H_3O^+

問6　次の2つの反応が起こるという事実に基づき，3種類の酸化剤 Fe^{3+}, I_2, Br_2 を酸化力の強い順に並べたものとして適切なものを，下の選択肢①～⑥のうちから一つ選べ。

解答番号 7

$$2Fe^{2+} + Br_2 \longrightarrow 2Fe^{3+} + 2Br^-$$

$$2Fe^{3+} + 2I^- \longrightarrow 2Fe^{2+} + I_2$$

① $Fe^{3+} > I_2 > Br_2$　　　② $Fe^{3+} > Br_2 > I_2$　　　③ $I_2 > Fe^{3+} > Br_2$

④ $Br_2 > Fe^{3+} > I_2$　　　⑤ $I_2 > Br_2 > Fe^{3+}$　　　⑥ $Br_2 > I_2 > Fe^{3+}$

第2問　次の文章を読み，下の設問に答えよ。

　ビタミンCとして知られるアスコルビン酸は，次に示すようにヨウ素と反応してデヒドロアスコルビン酸に変化する。

　この反応において，アスコルビン酸は1 mol あたり [a] mol の電子を [b] ており， [c] としてはたらいている。

　ある食品の中に含まれるビタミンCの量を調べるために，次のような実験をおこなった。まず，乾燥させて細かく砕いた食品試料 25.0 g を量り取り，100 mL の水に加えて十分にかき混ぜ，(1)含まれているビタミンCを完全に溶出させた。次に(2)漏斗を用いて固形物と水溶液を分離した。分離した水溶液 20 mL を器具Aを用いて量り取ったのち器具Bに入れ，器具Cを用いて 2.0×10^{-4} mol/L の過マンガン酸カリウム水溶液で滴定したところ，終点までに 4.0 mL を必要とした。

　なお，過マンガン酸カリウムを用いた場合もヨウ素を用いたときと同様の酸化還元反応が起こるものとし，過マンガン酸カリウムは食品試料中のビタミンC以外の物質とは反応しないものとする。

問1　文中の [a] ～ [c] に入る数値または語句として適切なものを，次の選択肢①～⑧のうちからそれぞれ一つ選べ。なお，同じ選択肢を重複して使用してはならない。

$$\boxed{a}=解答番号\boxed{1}$$
$$\boxed{b}=解答番号\boxed{2}$$
$$\boxed{c}=解答番号\boxed{3}$$

① 1　　　　② 2　　　　③ 3　　　　④ 4
⑤ 受け取っ　⑥ 放出し　⑦ 酸化剤　⑧ 還元剤

問2　下線部(1)および(2)の分離操作の名称として適切なものを，次の選択肢①～⑥のうちからそれぞれ一つ選べ。なお，同じ選択肢を重複して使用してはならない。

下線部(1)=**解答番号**$\boxed{4}$
下線部(2)=**解答番号**$\boxed{5}$

① 再結晶法　　② 昇華法　　　③ ろ過
④ 抽出　　　　⑤ 蒸留　　　　⑥ クロマトグラフィー

問3　器具A～Cの名称として適切なものを，次の選択肢①～⑥のうちからそれぞれ一つ選べ。なお，同じ選択肢を重複して使用してはならない。
器具A=**解答番号**$\boxed{6}$
器具B=**解答番号**$\boxed{7}$
器具C=**解答番号**$\boxed{8}$

① 二叉試験管　② コニカルビーカー　③ マントルヒーター
④ ビュレット　⑤ メスフラスコ　　　⑥ ホールピペット

問4　アスコルビン酸の分子量は$\boxed{9}\boxed{10}\boxed{11}$である。$\boxed{9}$～$\boxed{11}$に入る適切な数字を，次の選択肢①～⑩のうちからそれぞれ一つ選べ。　　**解答番号**$\boxed{9}$～$\boxed{11}$

① 1　② 2　③ 3　④ 4　⑤ 5
⑥ 6　⑦ 7　⑧ 8　⑨ 9　⑩ 0

問5　乾燥した食品試料25.0gに含まれていたビタミンCの質量は$\boxed{12}.\boxed{13}$mgである。$\boxed{12}$，$\boxed{13}$に入る適切な数字を，次の選択肢①～⑩のうちからそれぞれ一つ選べ。

解答番号$\boxed{12}$，$\boxed{13}$

① 1　② 2　③ 3　④ 4　⑤ 5
⑥ 6　⑦ 7　⑧ 8　⑨ 9　⑩ 0

■生物■

■生物基礎・生物■

（2科目120分）

第1問　次の文章を読み，下の設問に答えよ。

　　生体内は比較的穏やかな環境にもかかわらず種々の化学反応がおこる。これには活性化エネルギーを低下させて反応を起こりやすくする酵素が関わっている。

　　酵素の主成分は　a　であり，多数のアミノ酸が　b　結合によって鎖状に結合してできた　c　が，複雑に折りたたまれた構造をもつ。(1)　a　を構成するアミノ酸にはおよそ　ア　種類が知られている。

　　酵素がその作用を及ぼす物質を(2)基質といい，酵素は基質に対する特定の化学反応を促進する。基質が結合する酵素の部位を活性部位といい，それぞれの酵素の活性部位は(3)固有の立体構造をもっているため，この構造に適合する特定の基質のみが結合する基質特異性を示す。(4)酵素にはその作用に最適な温度やpHがある。また，作用を示すために分子量の小さな有機物である(5)補酵素を必要とするものもある。

問1　文中の　a　～　c　に入る語句として適切なものを，次の選択肢①～⑧のうちからそれぞれ一つ選べ。なお，同じ選択肢を重複して使用してはならない。　a　＝解答番号 1
　　　　　　　　　　　　　　　　　　　　　　　　　　　　　　　　　b　＝解答番号 2
　　　　　　　　　　　　　　　　　　　　　　　　　　　　　　　　　c　＝解答番号 3

① DNA　　　② 水素　　　③ 炭水化物　　　④ タンパク質
⑤ 脂質　　　⑥ ジスルフィド　　⑦ ペプチド　　⑧ ポリペプチド

問2　文中の　ア　に入る数として適切なものを，次の選択肢①～⑤のうちから一つ選べ。
　　　　　　　　　　　　　　　　　　　　　　　　　　　　　　解答番号 4

① 4　　　② 16　　　③ 20　　　④ 46　　　⑤ 64

問3　下線部(1)について，ヒトは必要なアミノ酸のすべてを合成できるか。その説明として適切なものを，次の選択肢①～③のうちから一つ選べ。　　　解答番号 5

① すべて合成できる。

② 一部は合成できないため，食物として摂取する必要がある。

③ すべて合成できないため，食物として摂取する必要がある。

問4　下線部(2)について，アミラーゼおよびカタラーゼの基質として適切なものを，次の選択肢①〜⑥のうちからそれぞれ一つ選べ。なお，同じ選択肢を重複して使用してはならない。

アミラーゼ＝**解答番号** 6

カタラーゼ＝**解答番号** 7

① 過酸化水素　　　　② 二酸化炭素　　　　③ セルロース

④ 脂肪　　　　　　　⑤ デンプン　　　　　⑥ ATP

問5　下線部(3)について，多くの酵素の基質特異性を決定づける立体構造として適切なものを，次の選択肢①〜③のうちから一つ選べ。　　　　**解答番号** 8

① 一次構造　　　　　② 二次構造　　　　　③ 三次構造

問6　下線部(4)について，以下の設問[I]，[II]に答えよ。

[I] 次の選択肢①〜⑤の反応に関わる酵素の中で，ひとつだけ最適温度が大きく異なるものはどれか。適切なものを一つ選べ。　　　　**解答番号** 9

① ヒト小腸におけるスクロースの分解

② ヒト体細胞におけるグルコースの分解

③ 大腸菌における DNA の合成

④ PCR 法における DNA の合成

⑤ ヒートショック法により大腸菌に導入したプラスミド上の遺伝子の転写

[II] 強酸性領域に最適 pH をもつヒトの消化酵素として適切なものを，次の選択肢①〜⑥のうちから一つ選べ。　　　　**解答番号** 10

① ペプシン　　　　　② トリプシン　　　　③ キモトリプシン

④ リパーゼ　　　　　⑤ クリスタリン　　　⑥ キネシン

問7　下線部(5)について，次の選択肢①〜④のうち，<u>補酵素ではないもの</u>を一つ選べ。

解答番号 11

① FAD　　　　② ATP　　　　③ NAD　　　　④ NADP

第2問　ヒトの神経系および内分泌系に関して，下の設問に答えよ。

問1　中枢神経系について述べた次の[文](A)〜(C)を読み，下の選択肢①〜⑦のうちから，記述が正しい文の記号だけがすべて含まれているものを一つ選べ。なお，記述の正しい文が一つもないときには該当なしの⑧を選べ。　　　　　　　　　　　　　　　**解答番号 1**

[文]
(A) 脳と脊髄から構成される。
(B) 介在ニューロンが集まってできている。
(C) 屈筋反射や瞳孔反射には関与しない。

① (A), (B), (C)　　② (A), (B)　　　③ (B), (C)　　　④ (A), (C)
⑤ (A)　　　　　　⑥ (B)　　　　　⑦ (C)　　　　　⑧ 該当なし

問2　脳について述べた次の[文](A)〜(C)を読み，下の選択肢①〜⑦のうちから，記述が正しい文の記号だけがすべて含まれているものを一つ選べ。なお，記述の正しい文が一つもないときには該当なしの⑧を選べ。　　　　　　　　　　　　　　　**解答番号 2**

[文]
(A) 中脳は左右の半球に分かれている。
(B) 延髄は呼吸運動や心臓の拍動などを支配する中枢である。
(C) 体積が最も大きいのは間脳である。

① (A), (B), (C)　　② (A), (B)　　　③ (B), (C)　　　④ (A), (C)
⑤ (A)　　　　　　⑥ (B)　　　　　⑦ (C)　　　　　⑧ 該当なし

問3　体性神経系および自律神経系について述べた次の[文](A)〜(C)を読み，下の選択肢①〜⑦のうちから，記述が正しい文の記号だけがすべて含まれているものを一つ選べ。なお，記述の正しい文が一つもないときには該当なしの⑧を選べ。　　　　　　　　　　　**解答番号 3**

[文]
(A) どちらも末梢神経系に分類される。
(B) 体性神経系は随意運動に関わる。
(C) 自律神経系は交感神経と副交感神経に分けられる。

① (A), (B), (C)　　② (A), (B)　　　③ (B), (C)　　　④ (A), (C)
⑤ (A)　　　　　　⑥ (B)　　　　　⑦ (C)　　　　　⑧ 該当なし

問4　内分泌系について述べた次の[文](A)〜(C)を読み，下の選択肢①〜⑦のうちから，記述が正しい文の記号だけがすべて含まれているものを一つ選べ。なお，記述の正しい文が一

つもないときには該当なしの⑧を選べ。　　　　　　　　　　　　**解答番号** 4

[文]

(A) 内分泌腺から放出される物質をフェロモンという。

(B) 内分泌腺からは排出管を通じて物質が放出される。

(C) 内分泌系による調節では，自律神経系と比べて素早い反応が見られる。

① (A), (B), (C)　　② (A), (B)　　③ (B), (C)　　④ (A), (C)

⑤ (A)　　　　　　⑥ (B)　　　　⑦ (C)　　　　⑧ 該当なし

問5　内分泌系による体温調節について述べた次の[文](A)～(C)を読み，下の選択肢①～⑦のうちから，記述が正しい文の記号だけがすべて含まれているものを一つ選べ。なお，記述の正しい文が一つもないときには該当なしの⑧を選べ。　　**解答番号** 5

[文]

(A) 体温が低下すると，甲状腺からチロキシンが分泌される。

(B) 体温が低下すると，副腎髄質からアドレナリンが分泌される。

(C) 体温が上昇すると，副甲状腺からアセチルコリンが分泌される。

① (A), (B), (C)　　② (A), (B)　　③ (B), (C)　　④ (A), (C)

⑤ (A)　　　　　　⑥ (B)　　　　⑦ (C)　　　　⑧ 該当なし

第3問　次の文章を読み，下の設問に答えよ。

　　ウニの受精過程では，精子が卵の a に接触すると精子の b とよばれる部分が破れ，(1)<u>内容物が放出される</u>とともに c が形成される。放出された内容物に含まれる酵素のはたらきで a が分解され， c に導かれて精子が d を通過し，卵細胞膜の表面に達すると，精子と卵の細胞膜が融合する。これにより，卵細胞膜に e とよばれる小さな膨らみが生じる。その後，卵細胞膜の直下にある f から卵細胞膜と d の間に内容物が放出され，そこに含まれる酵素や多糖類などの作用により卵細胞膜から d が離れて g が形成される。侵入した精子の頭部からは h とともに精核が放出され， h から(2)<u>精子星状体</u>が形成されて精核と卵核が融合し，受精が完了する。

問1　文中の a ～ h に入る語句として適切なものを，次の選択肢①～⑩のうちからそれぞれ一つ選べ。なお，同じ選択肢を重複して使用してはならない。 a ＝解答番号 1

 b ＝解答番号 2

 c ＝解答番号 3

 d ＝解答番号 4

e	=解答番号	5
f	=解答番号	6
g	=解答番号	7
h	=解答番号	8

① 中心体　　② 先体　　③ 受精丘　　④ クチクラ層　　⑤ 先体突起
⑥ 受精膜　　⑦ 中片　　⑧ 表層粒　　⑨ ゼリー層　　⑩ 卵黄膜

問2　下線部(1)に関連して，以下の設問[Ⅰ]，[Ⅱ]に答えよ。

[Ⅰ] 一般に，細胞内に存在する小胞が細胞膜と融合して内容物が放出される現象を何というか。適切なものを，次の選択肢①～⑥のうちから一つ選べ。　　　　解答番号 9

① 食作用　　　　　　　② 流動モザイクモデル　　③ アポトーシス
④ エンドサイトーシス　⑤ エキソサイトーシス　　⑥ ホメオスタシス

[Ⅱ] 設問[Ⅰ]の現象の例として不適切なものを，次の選択肢①～④のうちから一つ選べ。
　　　　　　　　　　　　　　　　　　　　　　　　　　　　　　解答番号 10

① ニューロンの軸索末端から神経伝達物質が放出される。
② 胃の外分泌腺から胃液が分泌される。
③ すい臓のランゲルハンス島 B 細胞からインスリンが放出される。
④ 赤血球を蒸留水に浸すと溶血する。

問3　下線部(2)に関連して，精子星状体を形成している微小管について，以下の設問[Ⅰ]，[Ⅱ]に答えよ。

[Ⅰ] 微小管を構成するタンパク質の名称として適切なものを，次の選択肢①～⑥のうちから一つ選べ。　　　　　　　　　　　　　　　　　　　　　　　解答番号 11

① カドヘリン　　　　② ミオシン　　　　③ チューブリン
④ ダイニン　　　　　⑤ インテグリン　　⑥ アクチン

[Ⅱ] 微小管のはたらきとして適切なものを，次の選択肢①～⑥のうちから二つ選べ。なお，解答の順序は問わない。　　　　　　　　　　　　　　解答番号 12 ， 13

① 細胞内で物質を輸送するレールの役割を担う。
② 繊毛や鞭毛を構成し，運動に関与する。
③ 細胞の形態を保持する。

④ 植物細胞の原形質流動に関与する。

⑤ マクロファージのアメーバ運動に関与する。

⑥ 筋肉細胞の収縮に関与する。

■生物基礎■

(注)　化学基礎とあわせて1科目として解答。

（2科目 120 分）

第1問　次の文章を読み，下の設問に答えよ。

　　私たちの身の回りには，(1)多種多様な生物が存在している。(2)動物や植物，菌類，(3)細菌類など，その種類によって(4)大きさや形態などが大きく異なる一方で，これらの生物には(5)共通の特徴もみられる。そのため，地球上のすべての生物は共通の祖先から進化してきたと考えられている。

問1　下線部(1)について，以下の設問[Ⅰ]，[Ⅱ]に答えよ。

[Ⅰ]　生物の多様性は，遺伝的多様性，種の多様性，生態系の多様性の3つの視点から考えることができる。それぞれの視点から捉えた多様性の例として適切なものを，次の選択肢①〜⑥のうちからそれぞれ一つ選べ。なお，同じ選択肢を重複して使用してはならない。

遺伝的多様性＝解答番号 $\boxed{1}$

種の多様性＝解答番号 $\boxed{2}$

生態系の多様性＝解答番号 $\boxed{3}$

①　森林生態系において，ミミズはカエルやネズミなどに捕食される。
②　富栄養化により海域では赤潮，淡水域ではアオコが生じる。
③　日本の東北地方では夏緑樹林，九州地方では照葉樹林が見られる。
④　沖縄や奄美大島などの南西諸島には，およそ15種類のカエルが生息している。
⑤　生産者がつくった有機物は消費者や分解者に取り込まれる。
⑥　ヒトではA型やB型などの血液型が見られる。

[Ⅱ]　近年，多くの生物種の絶滅が危惧されている。国際自然保護連合では，絶滅のおそれが高い種をまとめた $\boxed{a}$ リストを作成して公表している。$\boxed{a}$ に入る語句として適切なものを，次の選択肢①〜④のうちから一つ選べ。　　　　　　　　　　解答番号 $\boxed{4}$

①　生態系サービス　　　　　　　②　レッド
③　生物多様性ホットスポット　　④　エコツーリズム

問2　下線部(2)について，植物細胞には見られるが動物細胞には見られない構造として適切なものを，次の選択肢①〜⑧のうちから三つ選べ。なお，解答の順序は問わない。

① 細胞膜　　　　　　② 細胞壁　　　　　　③ ミトコンドリア
④ 葉緑体　　　　　　⑤ リボソーム　　　　⑥ 核
⑦ 鞭毛　　　　　　　⑧ 発達した液胞

問3　下線部(3)に関連して，以下の設問［Ⅰ］，［Ⅱ］に答えよ。

［Ⅰ］細菌類として不適切なものを，次の選択肢①～④のうちから一つ選べ。　　解答番号 8

① 酵母　　　　　② 大腸菌　　　　　③ ユレモ　　　　　④ コレラ菌

［Ⅱ］細菌類は肉眼で見ることができず，顕微鏡の発明によって初めてその存在が明らかとなった。顕微鏡を用いた細菌の観察について述べた文として適切なものを，次の選択肢①～④のうちから一つ選べ。　　解答番号 9

① 光学顕微鏡によって，染色した核を観察することができる。
② 光学顕微鏡によって，原形質流動を観察することができる。
③ 電子顕微鏡によって，細胞質の色を観察することができる。
④ 電子顕微鏡によって，細胞膜の構造を観察することができる。

問4　下線部(4)について，生物の形態や生理的特徴などを表す語句として適切なものを，次の選択肢①～⑤のうちから一つ選べ。　　解答番号 10

① 系統　　　② 生活形　　　③ 形質　　　④ 分化　　　⑤ 恒常性

問5　下線部(5)について，すべての生物に共通する特徴は次の語句の中にいくつあるか。適切なものを，下の選択肢①～⑤のうちから一つ選べ。該当するものがない場合は⑥を選べ。　　解答番号 11

［語句］
・からだの基本単位が細胞であること
・外部環境の変化に合わせて内部環境を柔軟に変化させること
・ATP が代謝に伴うエネルギーの受け渡しを担っていること
・生命活動に必要なすべての有機物を無機物から合成すること
・遺伝物質として DNA をもち子孫を残すこと

① 1つ　　　　② 2つ　　　　③ 3つ　　　　④ 4つ　　　　⑤ 5つ
⑥ 該当なし

第2問　ヒトの血液と循環系に関して，下の設問に答えよ。

問1　血液の成分について述べた次の[文](A)～(C)を読み，下の選択肢①～⑦のうちから，記述が正しい文の記号だけがすべて含まれているものを一つ選べ。なお，記述の正しい文が一つもないときには該当なしの⑧を選べ。　　　　　　　　**解答番号** 1

[文]
(A) 液体成分を血しょうという。
(B) 液体成分は血液の重さの80%を占める。
(C) 血液中にタンパク質は含まれていない。

①(A), (B), (C)　　②(A), (B)　　③(B), (C)　　④(A), (C)
⑤(A)　　⑥(B)　　⑦(C)　　⑧該当なし

問2　血球について述べた次の[文](A)～(C)を読み，下の選択肢①～⑦のうちから，記述が正しい文の記号だけがすべて含まれているものを一つ選べ。なお，記述の正しい文が一つもないときには該当なしの⑧を選べ。　　　　　　　　**解答番号** 2

[文]
(A) 赤血球は核をもたない。
(B) 赤血球は血管内やリンパ管内に存在する。
(C) マクロファージはアメーバのように変形して移動する。

①(A), (B), (C)　　②(A), (B)　　③(B), (C)　　④(A), (C)
⑤(A)　　⑥(B)　　⑦(C)　　⑧該当なし

問3　血糖について述べた次の[文](A)～(C)を読み，下の選択肢①～⑦のうちから，記述が正しい文の記号だけがすべて含まれているものを一つ選べ。なお，記述の正しい文が一つもないときには該当なしの⑧を選べ。　　　　　　　　**解答番号** 3

[文]
(A) 血液中のスクロースを血糖という。
(B) 空腹時の血糖濃度はおよそ 0.9 mg/100 mL である。
(C) 糖質コルチコイドの作用によって血糖量は低下する。

①(A), (B), (C)　　②(A), (B)　　③(B), (C)　　④(A), (C)
⑤(A)　　⑥(B)　　⑦(C)　　⑧該当なし

問4　心臓について述べた次の[文](A)～(C)を読み，下の選択肢①～⑦のうちから，記述が正しい文の記号だけがすべて含まれているものを一つ選べ。なお，記述の正しい文が一つも

ないときには該当なしの⑧を選べ。

[文]

(A) 2つの心房と2つの心室で構成される。

(B) 洞房結節の細胞は周期的な電気信号を自動的に発生させる。

(C) 心臓の表面に血管は分布していない。

① (A), (B), (C)	② (A), (B)	③ (B), (C)	④ (A), (C)
⑤ (A)	⑥ (B)	⑦ (C)	⑧ 該当なし

問5　血液循環について述べた次の[文](A)〜(C)を読み，下の選択肢①〜⑦のうちから，記述が正しい文の記号だけがすべて含まれているものを一つ選べ。なお，記述の正しい文が一つもないときには該当なしの⑧を選べ。

[文]

(A) 肺動脈を流れる血液は酸素を多く含む。

(B) 腎静脈を流れる血液は尿素をあまり含まない。

(C) 肝門脈を流れる血液は栄養素を多く含む。

① (A), (B), (C)	② (A), (B)	③ (B), (C)	④ (A), (C)
⑤ (A)	⑥ (B)	⑦ (C)	⑧ 該当なし

国語

（二科目一二〇分）

第一問　次の文章を読んで、後の設問に答えよ。

　二〇〇三年、大学は一年留年して卒業し、私は助監督として商業映画の現場で夏を過ごす。だが、その仕事ぶりは惨たるもので、夏の現場が終わっても先輩助監督たちに次なる現場に連れて行ってもらえるということはなく、フリーターとしてその年の秋冬を過ごす。ただ、そのことは却って僥倖となった。その秋冬に京橋の国立フィルムセンターで小津安二郎の生誕一〇〇年を記念して行われた、現存する全作の回顧上映に通いつめる時間を私は手にしたのだ。そして何より私にとって決定的であったのは、小津作品を連ねた蓮實重彥『監督 小津安二郎』と往復するように見続けたことだった。

　大学時代に『監督 小津安二郎』をもちろん読んでいないわけでなく、ジョン・カサヴェテスについて書いた学士論文になぜか勢い余って引用すらしているのだが、書籍の序文に記されている通り「小津を見たいという欲望に煽られ、そのまま映画館に向かって走りだす」ことのできる時期に、瞳をスクリーンと　Ａ　材のカンヴァスにせながら新たに増補された『監督 小津安二郎』を読むことが、私の人生をそっくり変えてしまうような体験を組織した。それは、既に見てもいたし読んでもいたそれらがまさに「生なましく」形を変えてゆく体験だった。

　小津映画において〈器の中の食べ物が映らないこと〉〈二階へと続く家屋の階段が映らないこと〉〈人と人が居並ぶことが、説話論的持続=物語にとって決定的な事態を寄せること〉を指摘してゆく『監督 小津安二郎』が蓮實重彥の他の著作と同様に、観客の「見落とし」こそを指摘し続ける著作であることはよく知られているし、だからこそ、その本を読むことは小津作品の相貌をまったく変えてしまう。しかし、既に『監督 小津安二郎』を一通り読んでいた私に起きたのは、スクリーンで見た小津作品こそが『監督 小津安二郎』の「読み落とし」を指摘し、その本の相貌をまったく変えてしまう、というほとんど　Ｃ　のような体験だったった。それは小津作品の本に　Ｄ　行ってはまったくなく、不可欠な片割れであることを知った。小津はただ『監督 小津安二郎』が書かれることのみを期待してそのフィルムをプリントを作り続けたのではないかという妄想にも似た想いが湧いてきた。そうでなくて一体誰があのような孤独な作業を続けられるだろうか。しかし、それも本書を読むことでしか感知しえない孤独なのだ。つまり果たした「蓮實重彥」との遭遇、小津安二郎によってもたらされたものだ。私にとって事態は必ずしもその逆ではない。

　『監督 小津安二郎』は己の視線を　Ｅ　に　Ｆ　ゼンさせ続ける者のみが可能にした潜在的な小津作品として存在している。だから、その本は小津安二郎体験を常に更新し、「来るべき小津作品」を準備し続けるのだ。書物と映画を構成すること、これほど幸福な循環を私はほかに知らない。

　『監督 小津安二郎』は『ジョン・カサヴェテスは語る』やロバート・クレスマンの『シネマトグラフ覚書』と並んで、二〇代の私にとってほとんどバイブルとした。それはカサヴェテスの言葉やクレスマンの思索がそうするように、私が制作することを励まし、にした。しかし『監督 小津安二郎』は、映画作家の一人がどこか自分の方法を　 G 　してそれを追い求めさせるのとはまったく違う態度で、映画制作の方法をきわめて顕示的に私に教育した。それは「　 H 　」ということだ。カメラという自動機械へのその決められた敗北を生きながら、それでも「　 H 　」ということを通じてしか映画が制作されえないという、根本的な事実を『監督 小津安二郎』は示している。カメラが撮影現場で写し取ったものを映写機はそのままスクリーンへと映し出す。つまり、カメラと観客は同じものを見るという最早ほとんど意識さえされない事実を、何度でも生起する「できごと」くと一対の瞳の組織へ直した書物、それが『監督 小津安二郎』だ。CGによってほとんど実写を用いたアニメーションと化した現代の映画を見る際にもその事実が未だ有効だりえるかという問いはどこかに外れている。真に学ぶべきを、刺激するのはむしろ「カメラのように見る」という馬鹿げた欲望の方だからだ。そして『監督 小津安二郎』が感動的な書物であるのは、おそらく著者が「映画そのものになりたい」というこのそう馬鹿げた欲望を、一切ドン・キホーテ的ではなく、きわめて厳密な手続きをもって遂行しようとすることに由来している。

　二〇〇三年から二〇〇七までの五年間は、フィルムセンターにおいて小津安二郎、成瀬巳喜男、溝口健二、マキノ雅広の網羅的な回顧上映（マキノに関しては本数が多すぎるためそれは現存する全作というわけではない）が行われるという奇跡のような時間だった。テレビ制作会社でADをしていた二〇〇四年を除いて、フリーターもしくは大学院生としてその時期に東京で比較的自由な時間を持てたことに、誰ともなく感謝した。映画好きとしての幸福な時間の中で件の「遭遇」を経た私は選ばれながら、批評家としての活動を再活発化させた蓮實重彦の組織・登壇する企画にできる限り顔を出した。その中でも最も大規模なものはおそらく二〇〇三年の小津安二郎生誕一〇〇周年、そして二〇〇六年の溝口健二没後五〇周年を記念した国際シンポジウムだろう。今思い返しても、どちらも夢のような顔ぶれが集うシンポジウムであって、そこで受けた刺激がいかに今につながるかはまったく異なる一章が必要になる。けれど、ここで話題にしたいのはその『国際シンポジウム 溝口健二──没後五〇年「MIZOGUCHI 2006」の記録』に収められた蓮實重彦の『残菊物語』論だ。

　「言葉の力」と題されたこの『残菊物語』論を読んだ時の鈍い動揺を忘れることができない。それまでに目を通してきた蓮實重彦の批評とは一読して手触りの違うものだったからだ。それこそ「蓮實的」な批評の代名詞とも言うべき映画の画面における「主題」の発見、及びその列挙的な反復とそこからの飛躍、すなわち魔術的な説得力をこの『残菊物語』論が欠いているからだと思う。

　そこで顕揚されているのは、主演のひとり・お徳を演じる森赫子が宿った「言葉の力」である。しかし文中に

　「言葉の力」というこの方が、綿密に書きこまれた完成度の高い脚本という程度のことと理解してはなるまい。それはまた、ここというとき的確な台詞をいってのける役者の演技の巧みさということにともない。

とある通り、それは脚本にも役者の演技力にも究極的に委ねられるものではない。「言葉の力」の正体は読み我々にとって宙吊りにされたまま、いくつかの台詞が実例として断定的に提示される。しかし、それらの台詞が『残菊物語』の説話において担っている重大さは多くの場合あきらかでもあって、論は読者の「聞き逃し」を謗るものでもない。

　当然いうも通り、論の中には溝口作品における画面の濃密な叙述が存在する。しかし、溝口がワン・シーン・ワン・ショットを手法として完成させたと言えるこの作品において画面＝ショットの叙述は必然的に映画における「物語の解説」というおそらくは筆者自身が最も忌むべきものへと危うく接近していく。

　この法外なアプローチは「主題論的批評」が小津安二郎に対して理想的に機能したようには決して溝口に対しては機能し得ないという、いくつくの蓮實重彦自身の深い自覚に基づくものだろう。この『残菊物語』論に先立ち、二〇〇六年の回顧上映パンフレットに所収された「そして船は行く」と題された溝口健二試論で、彼はこのように述べる。

　　かりに粗雑な認識から出たものであるにせよ、小津安二郎の作品に「小津」的なものをあれこれ指摘することは誰にでもできます。だが、［…］溝口健二の作品に「溝口」的なものを指摘することは、主題の上からも技法的にもきわめて難しい。ほら、ここに溝口健二が露呈していると自信をもって口にしうる一瞬を見定めがたいからです。

　その後に、「船」という主題を繰り返し提示するとはいえ、それは間違いなく溝口映画に画面の主題を探し求めた蓮實重彦の率直な実感だろう。もし仮に小津安二郎におして機能し得たように溝口健二作品に対して主題論的批評が機能しないのだとして、個人的には妄想含みで、そのことを確信することができる。おそらく、小津のキャメラ・ポジション自体が、溝口との距離において、彼とまったく違う映画を作るために生まれてきているからだ。

　その妄想は溝口健二の『藤原義江のふるさと』（一九三〇年）を見たときに始まる。この作品が私を驚かせたのは、溝口がトーキー以降の「長回し」やサイレント作品『瀧の白糸』『折鶴お千』で見せているある種の「外連」とも異なる、オーソドックスな古典ハリウッド映画的な話法を示していたからだ。もちろん、ワン・シーン・ワン・ショットがある種の「ショット内編集」であることを考えれば、溝口がアメリカ映画的な話法を体得していることは当然ですらあって、驚くに値しない。しかし、もし小津がこの作品を見ていたら、そしてその後のサイレント・トーキーにおける溝口健二の話法の他の追随を許さない発展を見ていたらどう思うだろう。想像する。溝口とはまったく異なるキャメラ・ポジション、彼が決して置き得ない場所にカメラを置くことを選ぶのではないだろうか。それは人からに正対する位置だ。そこに溝口がカメラを置き得ないのは、その場所こそが溝口映画が生まれる淵源だからだ。それは「役者」の位置する場所、もしくはその背中によって本来撮るべき他方の顔が遮蔽されるポジションだ。このポジショニングがもたらした（あくまで結果的な）各画面の「　Ｌ　」において、小津は自身の戦略を発見する。彼は当然、自分の作品のあるショットが、自分のフィルモグラフィの他のショットと響き合うことにある程度意識的だっただろう。顕示的な一つの画面が潜在的に無数の画面を潜在させるというその「重ね合わせ」は、映画が進行するうちにその画面が物語を無限に分岐・複数化するとも言われぬ体験をつくるだろう。しかも、画面同士の響き合うは小津作品を

　新たに見るたびに異なるものとなる。その体験全体を組織するというに連實重彦が「主題論的体系」として白日の下に晒した小津安二郎の戦略ではなかったろうか。

　そして、その戦略は実のところ溝口健二もまた「重ね合わせ」の人であったことに由来するのではないか。では、M溝口間の「重ね合わせ」とは何か。それが想像し得る最もオーソドックスな方法である。現場において脚本に基づき、その立体化を図る全スタッフ・キャストの力を「凝集」することだ。そして、連實重彦の『残菊物語』論はまさに溝口の「重ね合わせ」を解くための現場への旅としてある。

　「そのことなら……覚悟は決めてをります」の一行は、数ある台詞のなかでもひときわ異彩を孤立し、他との温度差をきわだたせている〔脚本〕。それが可能なのは、そうとひと息にする森蕃子の緩やかな声の抑揚であり〔演技・録音〕、すらりと伸びた彼女の首筋であり〔造作・照明・撮影〕、誰かを見ていると思えるその動かぬ横顔の思いつめた孤独なのであ〔立ち上がったキャラクター＝フィクション〕、ミミしかないという肝心な瞬間にそうした細部を画面に結集してみせる溝口健二の演出の力があったからにほかならない。（〈〉、傍点は引用者）

　照明・美術・衣装・メイク等々現場のあらゆる要素が反映して役者の演技ができある。それがフィクションという現実の空白地を出現させることがある。カメラ、そしてマイクが組い定めるのはその出現したフィクション、それを立ち上げる「現場」そのものの記録であり、以上でも以下でもない。そして、フィクションを必やや立ち上げるべくカメラとはを頭としてにかない溝口そのすべての不動の中心となる。論において「言葉の力」が原作由来のものでないと繰り返し確認されるのは、脚本家の依田義賢が溝口により現場に何度も呼び出され、台詞を改変させられたというエピソードを明らかに頭に入れた上で「言葉の力」が立ち上がる場所があくまで「現場」であることを確認するためだろう。「言葉の力」がなぜ脚本にも役者のKにもキされるものでないかは言うまでもなく、それが溝口の現場での「重ね合わせ」において生じる不定形の磁場だからだ。その出所や形を確定することはできない。この「方法」自体はとりたてて特徴的ではない溝口の「現場」が語るべき言葉を奪ってゆく。しかし手があかはある。その磁場をかに伝える森蕃子/お徳の「声」だ。

　　　（濱口竜介「遭遇と動揺」工藤庸子編『論集 蓮實重彦』羽鳥書店　一部改）

注　僥倖 … 思いがけない幸運。
　　国立フィルムセンター … 現在の国立映画アーカイブ。二〇一八年に国立近代美術館から独立。
　　小津安二郎 … 日本の映画監督（一九〇三〜一九六六）。
　　蓮實重彦 … 日本の文芸・映画評論家。第二十六代東京大学総長を務めたことでも知られている。
　　ジョン・カサヴェテス … アメリカ合衆国の映画監督（一九二九〜一九八九）。
　　フィルモグラフィ … 監督・俳優など、ある人間が携わった映画作品のリスト。
　　ロベール・ブレッソン … フランスの映画監督（一九〇一〜一九九）。
　　ドン・キホーテ … ミゲル・デ・セルバンテス（一五四七〜一六一六）作の長編小

説。この小説の主人公ドン・キホーテは、現実を無視して独りよがりの正義感にかられ、向う見ずの行動に出る人物の例として用いられる。

成瀬巳喜男 … 日本の映画監督(一九〇五―一九六九)。

溝口健二 … 日本の映画監督(一八九八―一九五六)。

マキノ雅広 … 日本の映画監督(一九〇八―一九九三)。マキノ雅弘・マキノ雅裕など別名義での活動も多い。

顕揚 … 世間に名をあらわし、広め高めること。

外連 … 演劇演出用語。見た目本位の、俗受けをねらった演出・演技。

淵源 … 根源。

問一　傍線A・B・D・F・Kに用いるべき漢字を、次の選択肢①～⑤のうちからそれぞれ一つ選べ。ただし、Kは二箇所ある。

A　オカン　　　　　　　　　　　　　　　　　　　　　　解答番号 [1]
① 央　　　② 住　　　③ 応　　　④ 横　　　⑤ 奥

B　カイテイ　　　　　　　　　　　　　　　　　　　　　解答番号 [2]
① 定　　　② 程　　　③ 訂　　　④ 提　　　⑤ 丁

D　ホイ　　　　　　　　　　　　　　　　　　　　　　　解答番号 [3]
① 遺　　　② 意　　　③ 威　　　④ 違　　　⑤ 為

F　ゼンキン　　　　　　　　　　　　　　　　　　　　　解答番号 [4]
① 前　　　② 暫　　　③ 全　　　④ 繕　　　⑤ 漸

K　キされる　　　　　　　　　　　　　　　　　　　　　解答番号 [5]
① 期　　　② 帰　　　③ 記　　　④ 既　　　⑤ 来

問二　空欄Cに入れるのに最も適当なものを、次の選択肢①～⑤のうちから一つ選べ。
　　　　　　　　　　　　　　　　　　　　　　　　　　解答番号 [6]
① 万華鏡　　　　　　　　　　② ヴァーチャル・リアリティ
③ 映画　　　　　　　　　　　④ 合わせ鏡
⑤ ジェットコースター

問三　空欄Eに入れるのに最も適当なものを、次の選択肢①～⑤のうちから一つ選べ。
　　　　　　　　　　　　　　　　　　　　　　　　　　解答番号 [7]
① 観客　　　② 物語　　　③ 現場　　　④ カメラ　　　⑤ スクリーン

問四　空欄Gに入れるのに最も適当なものを、次の選択肢①～⑤のうちから一つ選べ。
　　　　　　　　　　　　　　　　　　　　　　　　　　解答番号 [8]
① 相対化　　　② 抽象化　　　③ 虚構化　　　④ 神秘化　　　⑤ 神格化

問五　空欄Hに入れるのに最も適当なものを、次の選択肢①～⑤のうちから一つ選べ。ただし、Hは二箇所ある。
　　　　　　　　　　　　　　　　　　　　　　　　　　解答番号 [9]

① 見る　　　　　② 思案する　　　　　③ 作り続ける

④ 欲望に煽られる　　　⑤ 現場を大事にする

問六　傍線Ⅰ「カメラと観客は同じものを見る」とあるが、筆者（本文における「私」）は「カメラと観客」が「同じものを見る」ことのどのような性格を重要視していると考えられるか。最も適当なものを、次の選択肢①～⑤のうちから一つ選べ。　**解答番号**⑩

① 具体性　　　② 物語性　　　③ 客観性　　　④ 虚構性　　　⑤ 批評性

問七　傍線Ｊ「鈍い動揺を忘れることができない」とあるが、筆者が「鈍い動揺を忘れることができない」のはなぜだと考えられるか。最も適当なものを、次の選択肢①～⑤のうちから一つ選べ。　**解答番号**⑪

① 『残菊物語』論において、蓮實重彦の叙述が「物語の解説」に接近していったから。

② 『残菊物語』論において、「主題論的批評」が全く機能しなかったから。

③ 『残菊物語』論において、定義が曖昧な「言葉の力」という表現が多用されていたから。

④ 『残菊物語』論において、溝口健二の作品に「溝口」的なものを指摘することが困難であることが明らかにされたから。

⑤ 『残菊物語』論において、小溝のキャメラポジションと溝口のキャメラポジションが全く異なることが明らかにされたから。

問八　空欄Ｌに入れるのに最も適当なものを、次の選択肢①～⑤のうちから一つ選べ。　**解答番号**⑫

① 批評　　　② 話法　　　③ 説話　　　④ 淵源　　　⑤ 類似

問九　傍線Ｍ「溝口健二の『重ね合わせ』」の説明として最も適当なものを、次の選択肢①～⑤のうちから一つ選べ。　**解答番号**⑬

① 自分の作品のあるショットと類似のショットを撮ることを意識的に行うことで、一つの画面が無数の画面を潜在させること。

② 自分の作品のあるショットと類似のショットを撮ることを意識的に行うことで、画面と物語が無限に分岐・複数化すること。

③ 画面同士の響き合いを意識的に行うことで、自らのフィルモグラフィ全体が有機的に響き合うようにすること。

④ 現場において、全スタッフ・キャストの力を「凝集」することにより、寸分違わず脚本の内容を映像に再現すること。

⑤ 現場において、ここしかないという肝心な瞬間に細部を画面に「結集」させること。

第二問　次の文章を読んで、後の設問に答えよ。

　すべての微生物が病原体になるわけではありません。

　生物学の世界では、病原体を含む微生物を寄生体、寄生されるほうの生物を宿主と呼びます。寄生体と宿主の関係は生物と環境の関係に対応しますが、A通常、宿主に寄生する微生物（常在性微生物）の多くは病気を起こしません。

　また、宿主、寄生体はともに生物であることから、宿主-寄生体関係を指して「二重の生物学」といういいかたもあります。宿主は、宿主であると同時に　Ｂ　でもありますので、この場合、宿主を間にはさんだ三重の階層性を持った関係が存在するということになります。

　ここで、太古の時代に遡って宿主-寄生体関係の始まりを考えてみましょう。

　地球上に初めて現れた生物は、恐らく単細胞の、いわゆる独立栄養生物であったはずです。独立栄養生物とは、自分が生存していく際に他の生物を必要としない生物を指します。このような独立栄養生物のなかから、他の独立栄養生物を利用して生きる生物、すなわち従属栄養生物が現れたと考えられます。

　著者は、従属栄養生物が現れた要因の一つとして、独立栄養生物（C細菌であれば独立栄養細菌）の　Ｄ　があったのではないかと考えてみました。

　Ｄ　は生物にとって避けなければならない事態であり、これを解消するために、農業でいう間引きのような機構が必要だったと思われます。その際、間引かれて仲間に利用される個体も同種の生物ですから、全体としてお互い同じという仲間同士が調整しあって適正な数に落ち着くシステム機能していたのではないでしょうか。

　時が移り、生物の多様化に伴って出現した多細胞生物には、その各構成細胞の内部にウイルスのような寄生体が存在する一方、外部にはこの多細胞生物を宿主とする単細胞の寄生体が存在したと考えることができます。

　このような場合、単細胞の寄生体が宿主である多細胞生物を殺して自らの栄養にしてしまうのは、一見、効率が良いようですが、少し長い目で見ればこのようなことは明らかに長続きしません。事実、高率に宿主を殺してしまうような病原体は、流行時を除けば、その分布がきわめて限られているのです。

　現在、代表的な寄生体である細菌は、当然のことながら従属栄養生物（細菌なので従属栄養細菌）です。従属栄養細菌は、狭義では腐生菌と寄生菌の二つに分けられますが、どちらも広い意味では寄生菌ということもです。

　腐生菌は、土壌や湖沼などのいわゆる自然環境を環境とし、これらの環境に流れ込んでくる他の生物の老廃物や死骸に由来する栄養物に依存しています。

　一方、狭義の寄生菌は宿主である生物の体内に体液に分布しています。この点は腐生菌と異なりますが、栄養の依存のしかたが直接的であるかどうかという点を除けば、共通点も多いのです。

　実際、両者の区別が曖昧な場合も多く、たとえば破傷風菌は腐生性の土壌細菌として扱われていますが、動物の糞便中にもしばしば見出されます。

　動物の体内における糞便中の破傷風菌のありようは、腐生的ではなく寄生的と考えるべきですが、自然環境中で糞便が利用されれば、これは腐生的ということでしょう。

　さらに、通常、腐生菌と考えられている細菌が土壌や水中で生息している他の生物に寄生し

ている場合も考えられますので、寄生菌と腐生菌を明確に区別しがたいことがあります。

微生物の範疇には、細菌だけでなくカビやウイルス、リケッチア、クラミジアなどが含まれます。

Eカビという微生物は、餅やパンなどに生することから肉眼で見ることができるように思われています。しかし、肉眼で見えるのは無数のカビが集合した集落（コロニー）であり、一個一個のカビはあくまでも肉眼では見ることができません。

カビは専門用語では真菌と呼ばれ、「菌」という字がつくものの、さまざまな点で細菌とは大きく異なる微生物です。カビのなかには、フレミングが青カビから発見したペニシリンのような抗生物質をつくるものがあることが知られています。

カビが産生する抗生物質は、周囲にいる細菌を殺すことにより、カビが環境中の栄養を独占するのに役立っていると考えられています。また、カビが抗生物質によって適当に弱らせた細菌から、その細菌がくわえた栄養素を横取りしている可能性もあります。

この場合、カビは寄生体であり、その犠牲になる細菌が宿主の立場に置かれることになります。また、カビのなかは白癬菌のように水虫の原因になるものがあり、この場合にはヒトを宿主とした寄生体と考えられます。

一方、ウイルスも微生物として扱われてはいるものの、その生態は細菌などとは大きく異なります。ウイルスは、一口にいえば宿主細胞を破壊とする生物です。

ウイルスのなかには細菌を宿主とする「細菌ウイルス」があり、専門的にはバクテリオファージ、あるいは略してファージと呼ばれています。この場合、細菌は宿主、ファージは寄生体に位置付けられます。

なお、狂牛病（牛海綿状脳症、BSE）やクロイツフェルト・ヤコブ病の病原体として知られるようになったプリオンは生物ではありません。[F]、プリオンが原因で生じる病気（プリオン病）については感染症として対策が立てられています。この意味において、プリオンは他の病原体と共通点を持っています。

プリオン病の原因は、もともと体内にある正常型のプリオン蛋白質が異常型となっていろいろな神経症状を引き起こすことにあるともされています。このように異常なプリオンが増殖するしくみは細胞や遺伝子が増殖するしくみとまったく異なりますが、プリオンを生物のように考えて対策を立てることは正しいといえます。

そのほか、リケッチアやクラミジアと呼ばれる病原体があり、これらの微生物は細菌が特殊化したものと考えられています。

ともあれ、いずれの病原体も環境に相当するものがなければ存続できないということを強調しておきたいと思います。

ここで、病原性と常在性という対になっている寄生体の性質について考えてみることにしましょう。

本書では、病原性について「生物が環境の復元力を超えて増殖してしまう性質」と考えています。一方、常在性というのは「生物が環境の復元力を損なうことなく、安定して存在する性質」を指します。

これらの性質は、病原体に限らずどんな生物でも必ず保有しているものです。そして、本来の生物と環境の関係においては、生物の病原性が表に出ないかわりに常在性が示されていると想像されます。

病気とは、生物の内部や環境との間にある　G　な流れが乱された状態といえます。感染症（伝染病）は、病原体という　H1　が　H2　のなかで増殖することによって、宿主の立場にある生物に関係した　G　な流れが乱されることと考えることができます。

われわれのよう多細胞生物を構成している個々の細胞にとって、体内は内部環境という環境の一種です。また、一個の個体としての多細胞生物を考えれば、いわゆる自然環境が環境ということになります。したがって、胃や腸の内腔などは空間的には　I1　ですが、やはり　I2　といえます。

寄生体が宿主に感染症を起こした場合、宿主は病原体という生物にとっての環境はかなりませんから、環境が破壊されれば病原体は滅亡しなければなりません。そのことは、病原体にとって深刻な問題であるはずです。が、一般に病原体にも環境が必要であるということは余り深く考えられていません。

その理由としては、幾つかのことが挙げられます。

一つには、病原体そのものの存在自体が、人間にとって許容されるものではないということがあります。病原体は、人間にとってはむしろ撲滅したい対象ですので、病原体にも環境が必要であるといえ、病原体を野放しにしておいてほしいとほとんど同じ意味になってしまいます。

また、病原体の環境がわれわれの身体にほかならないということも、なかなか冷静には納得しがたいことではあります。

前述のように、病原体が宿主に重い病気を起こして宿主が死んでしまえば、この病原体は新しい宿主を見出さない限り存続することができなくなるはずです。

このように、環境である宿主に病気を起こすのは不安定な生き方というほかなく、生物と環境の関係としては異常なものです。言い換えれば、病原体といわれる生物にも、実はもっと安定した関係を持てるような環境が他にあるのではないかと想像されます。

生物を含むあらゆる寄生体は、本来、それを生み出した母体である環境に依存しているれば平穏に存続できるはずです。　J　、人間が感染症にかかるのは、その病原体にとって人間が本来の宿主ではないときに限るのではないかという疑問が生まれます。

実際、幾つかの感染症について、この原則が当てはまるかどうかを検討した結果、理由はさまざまですが、人間と病原体の関係が本来の宿主－寄生体関係にない場合に限ることがわかりました。

　K　、ペスト菌や狂犬病ウイルスのような、ヒトという動物種に対して強烈な病原性を発揮する病原体であっても、本来の宿主種に対しては病原体の名にふさわしくない　L　を示すのです。

（益田昭吾　「病原体から見た人間」一部改）

問一　傍線A「通常、宿主に寄生する微生物（常在性微生物）の多くは病気を起こしません」とあるが、「常在性微生物の多く」が「病気を起こし」さないのはなぜか。最も適当なものを、次の選択肢①〜⑤のうちから一つ選べ。

解答番号　**1**

① 常在性微生物の多くは、三重の階層を有するから。
② 常在性微生物の多くは、そもそも、独立栄養生物であったから。

③ 常在性微生物の多くは、もともと従属栄養生物であったから。

④ 常在性微生物の多くは、宿主である生物を殺してしまうと自らの栄養源を断たれてしまうから。

⑤ 常在性微生物の多くは、全体として仲間同士が調整しあって適正な数に落ち着くシステムを有するから。

問二　空欄Ｂに入れるのに最も適当なものを、次の選択肢①〜⑤のうちから一つ選べ。　　解答番号 2

① 環境
② 自分の環境に対する寄生体
③ 独立栄養生物
④ 病原体に対する寄生体
⑤ 常在性微生物に対する寄生体

問三　傍線Ｃ「細菌」の説明として最も適当なものを、次の選択肢①〜⑤のうちから一つ選べ。　　解答番号 3

① 細菌は従属栄養生物であるため、寄生体になることはできても、宿主になることは絶対にない。

② 細菌は従属寄生物であるため、寄生菌になることはできても、腐生菌になることはできない。

③ 細菌は、宿主である生物の体内・体表に分布しているものもあれば、そうでないものもある。

④ 寄生菌の中には、腐生菌の性質を持つものがあるため、寄生的・腐生的という区別は相対的であり、状況により変化する。

⑤ 細菌は微生物の仲間であり、ウイルス、リケッチア、クラミジアを含む。

問四　空欄Ｄに入れるのに最も適当なものを、次の選択肢①〜⑤のうちから一つ選べ。ただし、Ｄは二箇所ある。　　解答番号 4

① 環境への依存状態
② 過密状態
③ 相互依存状態
④ 宿主−寄生体関係
⑤ 三重の階層性

問五　傍線Ｅ「カビ」の説明として最も適当なものを、次の選択肢①〜⑤のうちから一つ選べ。　　解答番号 5

① カビは、細菌と異なり、従属栄養生物ではない。

② カビは、細菌を宿主とする寄生体になることがある。

③ カビは、環境中の栄養を独占するために抗生物質を産生し、周囲の細菌を殺す。

④ カビは、主に人を宿主とし、人が作った栄養素を横取りして生きている。

⑤ カビは、真菌と呼ばれ、寄生菌と腐生菌とに分けられる。

問六　空欄Ｆ・Ｊ・Ｋに入れるのに最も適当なものを、次の選択肢①〜⑩のうちからそれぞれ一つ選べ。ただし、同じ選択肢を重ねて用いてはならない。

解答番号　Ｆ= 6 、Ｊ= 7 、Ｋ= 8

① また　　② 一方　　③ しかし　　④ とりわけ　　⑤ たとえば
⑥ そもそも　⑦ したがって　⑧ というのは　⑨ すべからく　⑩ それどころか

問七　空欄Gに入れるのに最も適当なものを、次の選択肢①～⑤のうちから一つ選べ。ただし、Gは二箇所ある。　**解答番号 9**
① 絶対的　　② 相対的　　③ 定常的　　④ 腐生的　　⑤ 自己完結的

問八　空欄H1・H2に入れるのに最も適当な組合せを、次の選択肢①～⑤のうちから一つ選べ。　**解答番号 10**
① H1＝寄生体　　　　　　H2＝宿主
② H1＝多細胞生物　　　　H2＝環境
③ H1＝宿主　　　　　　　H2＝自然環境
④ H1＝独立栄養生物　　　H2＝内部環境
⑤ H1＝従属栄養生物　　　H2＝人体

問九　空欄I1・I2に入れるのに最も適当な組合せを、次の選択肢①～⑤のうちから一つ選べ。　**解答番号 11**
① I1＝病原性を有する環境　　I2＝常在性を有する環境
② I1＝外界　　　　　　　　　I2＝内部環境
③ I1＝人口環境　　　　　　　I2＝生前環境
④ I1＝許容範囲内　　　　　　I2＝許容範囲外
⑤ I1＝安定的　　　　　　　　I2＝不安定的

問十　空欄Lに入れるのに最も適当なものを、次の選択肢①～⑤のうちから一つ選べ。　**解答番号 12**
① 階層性　　② 常在性　　③ 復元力　　④ 病原性　　⑤ 環境依存性

■■■■■小論文■■■■

$$\left(\begin{array}{c}60\,分\\解答例省略\end{array}\right)$$

問：　温室効果ガスによる地球温暖化は世界中に大きな気候変動をもた
らし，水没する地域の増加や，感染症を媒介する昆虫・動物の生息
地域の拡大等にもつながっています。
　　しかし，温室効果ガスの削減を議論する国際会議の場では，すで
に一定の発展を遂げて経済規模あたりの温室効果ガス排出量が比較
的少ない先進諸国と，発展途上にあるために経済規模あたりとして
は温室効果ガスの排出量が多い国々との間でしばしば利害が対立し
ています。途上国側の立場から見て，先進諸国に対して主張するべ
き内容としてはどんなことが考えられるでしょうか。あなたの意見
を６００字以内で述べてください。

解答編

■英語■

1 解答 問1．④　問2．②
問3．㋐―②　㈎―④　㈅―③　㈈―①

問4．②　問5．③　問6．①

解説 ≪ビタミンＡ不足解消のための遺伝子組み換え作物の改良≫

問1．第1段第3文（Many agricultural scientists…）に「多くの農業科学者は有益な特徴のための遺伝子組み換えを世界的な食糧供給問題の脅威に対する最も実現可能な解決策と見ている」とあるので，④は不適切。

問2．help the poor fight の構文を正確に取れるかを問う問題。ここでは the poor が poor people を意味し，help O (to) *do* の構文になっている。「貧しい人々が…と戦う手助けになり得る」と訳している②が正解で，③・④は poor fight を「ひどい戦い」と誤訳している。①は「できた」と過去形で訳しているため誤訳で，問題文はこれから助けとなるよう集中しているという現在進行形の文である。

問3．㋐「ゴールデンライスは 1999 年に初めて…された遺伝子組み換え作物である」「作られた」の意味となる②が文脈に合う。第4段第3文（In 2005…）の created Golden Rice 2 もヒントになる。

㈎turn into ～「～に変わる」「ベータカロチンはビタミンＡに変えられる」となる。

㈅空所の前後は「この問題は強化されたゴールデンライスを使って完全に…されるだろう」という意味。③ removed「取り除かれる」が文脈に合う。

㈈carry out「実行する」「上手く実行された」とするのが文脈に合う。

問4．detractor は注にある日本語訳の通り「誹謗中傷する人」の意味。第4段最終文（The modified version…）に「修正版は 23 倍多くのベータカロチンを生む」とあるので，批判されたのはゴールデンライス中のベータカロチンの量であることがわかる。「ゴールデンライス中のベータ

カロチンの量は…十分多くない」となる②が正解。

問 5．Nonetheless の中で最も強いアクセントのある母音は［e］。

問 6．第 3 段第 1 文（Beta carotene is…）に「ベータカロチンは消化される間に人体によってビタミンAに変えられる」とあるので，①「ベータカロチンはビタミンA不足を補い得る重要な栄養素である」が正解。

2 解答　問1．④　問2．③　問3．④　問4．②　問5．①

解説　問 1．so far「これまで」とあるので，過去から現在までを表す現在完了形の④が正解。

問 2．injure は他動詞で「〜を傷つける」。「ケガをした」の意味にするには受動態の③が正解。

問 3．空所の後の文が目的語のない不完全文のため関係代名詞が入る。①は先行詞を含む関係代名詞なので，④が正解。

問 4．同格の that。idea の内容を示す。

問 5．mention は他動詞のため後ろに前置詞をつけない。

3 解答　問1．④　問2．④　問3．②　問4．①　問5．②

解説　問 1．「10 年前に発見した」と同義にするには「発見してから（今まで）10 年が過ぎた」となる現在完了形の④が正解。

問 2．「エリーが一番上手に生け花を生けた」と同義にするには「誰もエリーより上手には生け花を生けられなかった」とすればよい。

問 3．「空気がそれを運ぶので私たちは音を聞くことができる」と同義にするには「空気がなければ音を聞けない」とすればよい。without「〜がなければ」

問 4．be surprised to *do* の to *do* は驚いた理由を表すので，①が正解。

問 5．during は前置詞で後ろに名詞を，while は接続詞で後ろに SV を取る。問題文は過去形の文なので同じく過去形の②が正解。

4 解答　問1．①　問2．③　問3．④　問4．⑤　問5．⑤

解説 問1．The more hastily you treat patients, (the more complaints you'll get). the ＋比較級＋ SV，the ＋比較級＋ SV の構文「〜であればあるほど一層…になる」

問2．Ken didn't (find the movie great by any) means. find Ｏ Ｃ「ＯをＣと思う」 by no means「決して〜ない」をここでは否定文のため by any means の形にして使う。

問3．It (was not until 1950s that) we humans reached the top of Everest. It was not until 〜 that…「〜になって初めて…した」

問4．There is a huge gap (between children born in Delhi) now. There is a huge gap between 〜「〜の間には大きな格差がある」とし，〜を過去分詞で後置修飾する。

問5．My former family doctor (maintained too complex a medical) theory. too ＋形容詞＋不定冠詞＋名詞。too の後ろに置く形容詞が修飾する名詞は不定冠詞がついたものになる。

5 解答 1—③ 2—② 3—⑥ 4—① 5—⑤ 6—④

解説 ≪宿泊するホテルについての話し合い≫

1．「主な違いはそれらが提供する施設の種類です」 続けてホテルの施設について説明している。

2．「それはよさそうだけど…」 この発言を受けてＢは別のホテルを提案しているので，Ａは前に紹介されたホテルをあまり気に入っていないことがわかる。

3．「これらのスポーツには指導付プログラムがある」 前の sailing or waterskiing を指して「これらのスポーツ」と言っている。

4．「私はあまり運動好きではないんです」 続けて自分は浜辺で寝そべったり読書をする方が好きだと言っている。

5．「お子さんがいるならばそれはあまりお薦めしません」 続けて，「理由はあまり適した（子供向けの）エンタメがない」と言っている。

6．「ホテル Oaklarr にしてください」 子供がいるなら薦めないと言われたホテル Oaklarr に関して，行くのは自分と妻だけと言っているのでホテル Oaklarr で問題ないことがわかる。

■日本史■

1 解答 ≪律令国家の形成と平城京≫

問1．⑤　問2．④　問3．②　問4．⑦　問5．①　問6．②
問7．③　問8．①　問9．⑤　問10．①

2 解答 ≪北条氏の台頭と鎌倉幕府≫

問1．①　問2．②　問3．①　問4．①　問5．③
問6．②または④※　問7．④　問8．③　問9．⑤　問10．①

※問6については，採点に際して，②および④をいずれも正解として扱う措置がとられた。

3 解答 ≪江戸時代の政治≫

問1．①　問2．②　問3．①　問4．④　問5．⑤　問6．⑥
問7．④　問8．①　問9．④　問10．⑤

4 解答 ≪明治期の議会≫

問1．⑦　問2．②　問3．⑥　問4．②　問5．④　問6．⑨
問7．①　問8．⑥　問9．③　問10．②

■数学■

■数学Ⅰ・A■

1 解答

(A)(1)$\boxed{1}\boxed{2}$—①②　$\boxed{3}$—⑥　$\boxed{4}$—②

(2)$\boxed{5}$—⑥　$\boxed{6}$—②　$\boxed{7}$—④　$\boxed{8}$—③　$\boxed{9}$—⑥

(B)(1)$\boxed{10}$—②　$\boxed{11}$—③　(2)$\boxed{12}$—①　$\boxed{13}$—②　(3)$\boxed{14}$—③

(C)(1)$\boxed{15}$—⑥　$\boxed{16}$—③　$\boxed{17}$—②

(2)$\boxed{18}\boxed{19}$—①④　$\boxed{20}$—③　$\boxed{21}$—⑦　$\boxed{22}$—④　$\boxed{23}$—②　$\boxed{24}$—③　$\boxed{25}$—⑦

解説　≪小問3問≫

(A)(1)　$x=\dfrac{4\sqrt{3}}{\sqrt{6}+\sqrt{2}}\times\dfrac{\sqrt{6}-\sqrt{2}}{\sqrt{6}-\sqrt{2}}=3\sqrt{2}-\sqrt{6}$,

$y=\dfrac{4\sqrt{3}}{\sqrt{6}-\sqrt{2}}\times\dfrac{\sqrt{6}+\sqrt{2}}{\sqrt{6}+\sqrt{2}}=3\sqrt{2}+\sqrt{6}$ より

$xy=(3\sqrt{2}-\sqrt{6})(3\sqrt{2}+\sqrt{6})=18-6=12$　→$\boxed{1}\boxed{2}$

$x+y=(3\sqrt{2}-\sqrt{6})+(3\sqrt{2}+\sqrt{6})=6\sqrt{2}$　→$\boxed{3}$, $\boxed{4}$

(2)　$x=\dfrac{1}{\sqrt{3}+(\sqrt{2}+1)}\times\dfrac{\sqrt{3}-(\sqrt{2}+1)}{\sqrt{3}-(\sqrt{2}+1)}=\dfrac{\sqrt{3}-\sqrt{2}-1}{-2\sqrt{2}}$

$=\dfrac{\sqrt{2}+2-\sqrt{6}}{4}$

$y=\dfrac{1}{\sqrt{3}+(\sqrt{2}-1)}\times\dfrac{\sqrt{3}-(\sqrt{2}-1)}{\sqrt{3}-(\sqrt{2}-1)}=\dfrac{\sqrt{3}-\sqrt{2}+1}{2\sqrt{2}}$

$=\dfrac{\sqrt{2}-2+\sqrt{6}}{4}$

$xy=\dfrac{\sqrt{2}+(2-\sqrt{6})}{4}\times\dfrac{\sqrt{2}-(2-\sqrt{6})}{4}=\dfrac{(\sqrt{2})^2-(2-\sqrt{6})^2}{16}$

$=\dfrac{2-(10-4\sqrt{6})}{16}=\dfrac{\sqrt{6}-2}{4}$　→$\boxed{5}$～$\boxed{7}$

$x+y=\dfrac{\sqrt{2}+2-\sqrt{6}}{4}+\dfrac{\sqrt{2}-2+\sqrt{6}}{4}=\dfrac{\sqrt{2}}{2}$

よって

$$2x^2+2y^2=2(x+y)^2-4xy=2\left(\frac{\sqrt{2}}{2}\right)^2-4\cdot\frac{\sqrt{6}-2}{4}$$

$$=3-\sqrt{6}\quad\to\boxed{8},\ \boxed{9}$$

(注)　(1)，(2)ともに xy を求めるだけならば，分母の有理化をしないで直接求めてもよい。

(1)では

$$xy=\frac{4\sqrt{3}}{\sqrt{6}+\sqrt{2}}\times\frac{4\sqrt{3}}{\sqrt{6}-\sqrt{2}}=\frac{(4\sqrt{3})^2}{(\sqrt{6})^2-(\sqrt{2})^2}=12$$

(2)では

$$xy=\frac{1}{\sqrt{3}+\sqrt{2}+1}\times\frac{1}{\sqrt{3}+\sqrt{2}-1}$$

$$=\frac{1}{(\sqrt{3}+\sqrt{2})+1}\times\frac{1}{(\sqrt{3}+\sqrt{2})-1}$$

$$=\frac{1}{(\sqrt{3}+\sqrt{2})^2-1}$$

$$=\frac{1}{2(2+\sqrt{6})}\times\frac{2-\sqrt{6}}{2-\sqrt{6}}=\frac{\sqrt{6}-2}{4}$$

(B)(1)　$a=1$ のとき

　　　$A=\{1,\ 2,\ 3\}$, $B=\{2,\ 3\}$

よって

　　　$A\cap B=\{2,\ 3\}\quad\to\boxed{10},\ \boxed{11}$

(2)　$3\in A$ であるためには

　　　$a^2-3a+5=3$

これを解くと

　　　$a^2-3a+2=(a-1)(a-2)=0$

ゆえに　　$a=1,\ 2\quad\to\boxed{12},\ \boxed{13}$

(3)　$A\ni 4$ とすると，$a^2-3a+5=4$ より $a=\dfrac{3\pm\sqrt{5}}{2}$ となり，$B\not\ni 5$ となるから不適である。

$A\ni 5$ とすると，$a^2-3a+5=5$ より　　$a=0,\ 3$

$a=0$ のとき，$A=\{1,\ 2,\ 5\}$, $B=\{1,\ 3\}$ となり不適。

$a=3$ のとき，$A=\{1,\ 2,\ 5\}$, $B=\{3,\ 4\}$ となり適する。

$B \ni 4$ とすると，$a+1=4$ より $a=3$ となり適する。

$B \ni 5$ とすると，$a+1=5$ より $a=4$ となり，$A=\{1,\ 2,\ 9\}$，$B=\{3,\ 5\}$ となるから不適である。

したがって，求める a の値は

$\qquad a=3$　→ 14

(C)(1)　△ABC において，正弦定理より

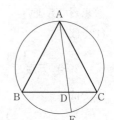

$$\frac{BC}{\sin 60°}=2\times\sqrt{2}$$

よって

$$BC=2\sqrt{2}\times\sin 60°=2\sqrt{2}\times\frac{\sqrt{3}}{2}=\sqrt{6}\quad→\boxed{15}$$

$$△ABC=\frac{1}{2}\times(\sqrt{6})^2\times\sin 60°=\frac{3\sqrt{3}}{2}\ \text{であり，}\ BD:DC=2:1\text{より}$$

$$△ADC=\frac{1}{3}\times△ABC=\frac{1}{3}\times\frac{3\sqrt{3}}{2}=\frac{\sqrt{3}}{2}\quad→\boxed{16},\ \boxed{17}$$

(2)　△ABD において，余弦定理より

$$AD^2=(\sqrt{6})^2+\left(\frac{2}{3}\sqrt{6}\right)^2-2\times\sqrt{6}\times\frac{2}{3}\sqrt{6}\times\cos 60°$$

$$\qquad=\frac{14}{3}\quad→\boxed{18}\sim\boxed{20}$$

よって

$$AD^2:BD^2=\frac{14}{3}:\left(\frac{2}{3}\sqrt{6}\right)^2=7:4\quad→\boxed{21},\ \boxed{22}$$

△ADC∽△BDE で $AD^2:BD^2=7:4$ より

$$△BDE=\frac{4}{7}\times△ADC=\frac{4}{7}\times\frac{\sqrt{3}}{2}=\frac{2\sqrt{3}}{7}\quad→\boxed{23}\sim\boxed{25}$$

2 解答

(1)1 -⑤　2 -③
(2)3 -⑤　4 -②　5 -④　6 -③
(3)7 -③　8 -⑤　9 -③　10 -②　11 -④　12 -①　13 -③
(4)14 15 -②⑤　16 -②　17 -⑨　18 -②

解説 ≪定義域に文字を含む 2 次関数の最大値・最小値≫

関数 $f(x)=\begin{cases}2x^2-4x-1=2(x-1)^2-3 & (x\geqq1)\\ -2x^2-4x+3=-2(x+1)^2+5 & (x\leqq1)\end{cases}$

のグラフは右図のようになる。

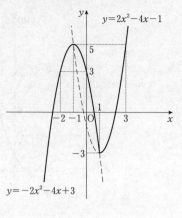

(1)　$-2 \leqq x \leqq 0$ のとき

$$f(x) = -2(x+1)^2 + 5$$

の最大値 M, 最小値 m は

$$M = 5 \quad (x = -1),$$

$$m = 3 \quad (x = -2, \ 0) \quad \rightarrow \boxed{1}, \ \boxed{2}$$

(2)　$0 < a < 1$ で $-2 \leqq x \leqq a$ のとき，右図より

$$M = 5 \quad (x = -1) \quad \rightarrow \boxed{3}$$

$$m = f(a) = -2a^2 - 4a + 3 \quad (x = a)$$

$$\rightarrow \boxed{4} \sim \boxed{6}$$

(3)　$x \geqq 1$ において，$f(x) = 5$ となるのは

$$2x^2 - 4x - 1 = 5$$

整理すると

$$x^2 - 2x - 3 = (x+1)(x-3) = 0$$

$x \geqq 1$ より，$x = 3$ のときである。

よって，$1 \leqq a \leqq 3$ のとき，$-2 \leqq x \leqq a$ において　$\rightarrow \boxed{7}$

$$M = 5 \quad (x = -1), \ m = -3 \quad (x = 1) \quad \rightarrow \boxed{8}, \ \boxed{9}$$

$3 < a$ のとき，$-2 \leqq x \leqq a$ において

$$M = f(a) = 2a^2 - 4a - 1 \quad (x = a), \ m = -3 \quad (x = 1) \quad \rightarrow \boxed{10} \sim \boxed{13}$$

(4)　関数 $g(a) = M - m$ は

$$g(a) = \begin{cases} 5 - (-2a^2 - 4a + 3) = 2a^2 + 4a + 2 & (0 \leqq a < 1) \\ 5 - (-3) = 8 & (1 \leqq a \leqq 3) \\ (2a^2 - 4a - 1) - (-3) = 2a^2 - 4a + 2 & (3 < a) \end{cases}$$

となり，グラフは次図のようになる。

したがって，$\dfrac{1}{2} \leqq a \leqq \dfrac{7}{2}$ における $g(a)$ の

最大値は $\dfrac{25}{2}$, 最小値は $\dfrac{9}{2}$　$\rightarrow \boxed{14} \sim \boxed{18}$

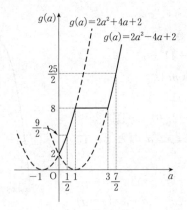

3　解答

(1)$\boxed{1}$─⑨　$\boxed{2}\boxed{3}$─①⑥　$\boxed{4}\boxed{5}$─①⑤　$\boxed{6}$─⑦　$\boxed{7}$─④

(2)$\boxed{8}$─③　$\boxed{9}\boxed{10}$─①⑩

(3)$\boxed{11}$─②　$\boxed{12}$─①　$\boxed{13}$─③　$\boxed{14}$─⑦　$\boxed{15}$─②　$\boxed{16}\boxed{17}$─①②　$\boxed{18}\boxed{19}$─①④

$\boxed{20}$─③　$\boxed{21}$─⑦　$\boxed{22}$─⑦　$\boxed{23}$─③

$\boxed{\text{解説}}$　≪余弦定理，三角形の面積，三角形の内接円の中心，内角・外角
の二等分線≫

(1)　△ABC において，余弦定理より

$$\cos\angle BAC = \frac{6^2+4^2-5^2}{2\times6\times4}$$

$$= \frac{9}{16} \quad \to \boxed{1}\sim\boxed{3}$$

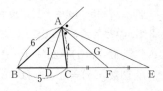

$0°<\angle BAC<180°$ より，$\sin\angle BAC>0$ であるから

$$\sin\angle BAC = \sqrt{1-\cos^2\angle BAC} = \sqrt{1-\left(\frac{9}{16}\right)^2} = \frac{5\sqrt{7}}{16}$$

よって

$$\triangle ABC = \frac{1}{2}\times6\times4\times\frac{5\sqrt{7}}{16} = \frac{15\sqrt{7}}{4} \quad \to \boxed{4}\sim\boxed{7}$$

(2)　直線 AD は $\angle BAC$ の二等分線であるから

$$BD:DC = 6:4 = 3:2$$

よって

$$BD = \frac{3}{5}BC = 3 \quad \to \boxed{8}$$

また，直線 AE は ∠BAC の外角の二等分線であるから

$$BE : CE = 6 : 4 = 3 : 2$$

よって

$$CE = \frac{2}{3-2}BC = 2BC = 10 \quad \rightarrow \boxed{9}\boxed{10}$$

(3)　直線 BI は ∠ABC の二等分線であるから

$$AI : ID = AB : BD = 6 : 3 = 2 : 1 \quad \rightarrow \boxed{11},\ \boxed{12}$$

よって

$$\triangle ABI = \frac{2}{3}\triangle ABD = \frac{2}{3} \times \frac{3}{5} \times \triangle ABC$$

$$= \frac{2}{5}\triangle ABC = \frac{2}{5} \times \frac{15\sqrt{7}}{4} = \frac{3\sqrt{7}}{2} \quad \rightarrow \boxed{13}\sim\boxed{15}$$

また

$$DE = DC + CE = 2 + 10 = 12 \quad \rightarrow \boxed{16}\boxed{17}$$

直線 AG と直線 CE の交点を F とする。

△AIG と △ADF において

$$\begin{cases} AI : AD = AG : AF = 2 : 3 \\ \angle IAG = \angle DAF \end{cases}$$

よって，△AIG∽△ADF となるから

$$IG = \frac{2}{3}DF = \frac{2}{3} \times (2+5) = \frac{14}{3} \quad \rightarrow \boxed{18}\sim\boxed{20}$$

また，$\triangle ADF = \dfrac{DF}{BC} \times \triangle ABC = \dfrac{7}{5} \times \dfrac{15\sqrt{7}}{4} = \dfrac{21}{4}\sqrt{7}$ より

$$\triangle AIG = \left(\frac{2}{3}\right)^2 \triangle ADF = \frac{4}{9} \times \frac{21}{4}\sqrt{7} = \frac{7\sqrt{7}}{3} \quad \rightarrow \boxed{21}\sim\boxed{23}$$

4　解答

(1)$\boxed{1}$—②　$\boxed{2}$—⑤

(2)$\boxed{3}$—⑧　$\boxed{4}\boxed{5}\boxed{6}$—①②⑤

(3)$\boxed{7}\boxed{8}$—②④　$\boxed{9}\boxed{10}\boxed{11}$—①②⑤

(4)$\boxed{12}\boxed{13}$—①②　$\boxed{14}\boxed{15}\boxed{16}$—①②⑤

(5)$\boxed{17}\boxed{18}\boxed{19}$—①④④　$\boxed{20}\boxed{21}\boxed{22}$—⑥②⑤

(6)$\boxed{23}$—②　$\boxed{24}$—⑨

解説　≪反復試行の確率，条件付き確率≫

(1) AとBが引き分ける確率は $\dfrac{1}{5}$ より，AとBが1回のゲームで勝つ確率はそれぞれ

$$\dfrac{1-\dfrac{1}{5}}{2}=\dfrac{2}{5} \quad \rightarrow \boxed{1}, \ \boxed{2}$$

(2) 3ゲーム連続してAが勝つときであるから

$$\left(\dfrac{2}{5}\right)^3=\dfrac{8}{125} \quad \rightarrow \boxed{3}\sim\boxed{6}$$

(3) 3ゲームのうち，Aが2勝，Bが1勝すればよいから

$$_3\mathrm{C}_2\left(\dfrac{2}{5}\right)^2\times\dfrac{2}{5}=\dfrac{24}{125} \quad \rightarrow \boxed{7}\sim\boxed{11}$$

(4) 3ゲームのうち，Bが2勝，引き分けが1ゲームあればよいから

$$_3\mathrm{C}_2\left(\dfrac{2}{5}\right)^2\times\dfrac{1}{5}=\dfrac{12}{125} \quad \rightarrow \boxed{12}\sim\boxed{16}$$

(5) 4ゲーム目でAが勝者になるのは，3ゲームまでにAが2勝，4ゲーム目でAが勝てばよいから

$$_3\mathrm{C}_2\left(\dfrac{2}{5}\right)^2\times\dfrac{3}{5}\times\dfrac{2}{5}=\dfrac{72}{625}$$

4ゲーム目でBが勝者になる確率も $\dfrac{72}{625}$ であるから，4ゲーム目で勝者が決定する確率は

$$\dfrac{72}{625}\times2=\dfrac{144}{625} \quad \rightarrow \boxed{17}\sim\boxed{22}$$

(6) 4ゲーム目でAが勝者になり，3ゲーム目でAが負けているとき，1, 2ゲーム目はAが勝ち，3ゲーム目はBが，4ゲーム目はAが勝っている。したがって，その確率は

$$\left(\dfrac{2}{5}\right)^2\times\dfrac{2}{5}\times\dfrac{2}{5}=\dfrac{16}{625}$$

①	②	③	④
A	A	B	A

また，4ゲーム目でAが勝者になる確率は $\dfrac{72}{625}$ であるから，求める条件付き確率は

$$\frac{\dfrac{16}{625}}{\dfrac{72}{625}} = \frac{2}{9} \quad \rightarrow \boxed{23}, \ \boxed{24}$$

■数学Ⅱ・B■

1　解答

(A)(1)$\boxed{1}$—①　$\boxed{2}$—②　$\boxed{3}$—⑥

　　(2)$\boxed{4}$—②　$\boxed{5}$—①　$\boxed{6}$—⑥　$\boxed{7}$—②　$\boxed{8}$—①

(B)(1)$\boxed{9}$—②　$\boxed{10}$—④　(2)$\boxed{11}$—⑩　$\boxed{12}$—⑨　$\boxed{13}$—③　$\boxed{14}$—⑨

(C)(1)$\boxed{15}$—②　(2)$\boxed{16}$—④　$\boxed{17}$—⑧　$\boxed{18}\boxed{19}$—①⑤　$\boxed{20}$—⑩　$\boxed{21}$—⑤

$\boxed{22}\boxed{23}$—①⑩　$\boxed{24}$—⑤　$\boxed{25}$—②

解説　≪小問3問≫

(A)(1)　$f(0)=\sin\dfrac{\pi}{6}+\cos\left(-\dfrac{\pi}{3}\right)=\dfrac{1}{2}+\dfrac{1}{2}=1$　→$\boxed{1}$

$f\left(\dfrac{\pi}{4}\right)=\sin\left(\dfrac{\pi}{4}+\dfrac{\pi}{6}\right)+\cos\left(\dfrac{\pi}{4}-\dfrac{\pi}{3}\right)$

$=\left(\sin\dfrac{\pi}{4}\cos\dfrac{\pi}{6}+\cos\dfrac{\pi}{4}\sin\dfrac{\pi}{6}\right)$

$\qquad\qquad\qquad+\left(\cos\dfrac{\pi}{4}\cos\dfrac{\pi}{3}+\sin\dfrac{\pi}{4}\sin\dfrac{\pi}{3}\right)$

$=\left(\dfrac{\sqrt{2}}{2}\times\dfrac{\sqrt{3}}{2}+\dfrac{\sqrt{2}}{2}\times\dfrac{1}{2}\right)+\left(\dfrac{\sqrt{2}}{2}\times\dfrac{1}{2}+\dfrac{\sqrt{2}}{2}\times\dfrac{\sqrt{3}}{2}\right)$

$=\dfrac{1}{2}(\sqrt{2}+\sqrt{6})$　→$\boxed{2}$, $\boxed{3}$

(2)　$f(x)=\left(\sin x\cos\dfrac{\pi}{6}+\cos x\sin\dfrac{\pi}{6}\right)+\left(\cos x\cos\dfrac{\pi}{3}+\sin x\sin\dfrac{\pi}{3}\right)$

$=\left(\dfrac{\sqrt{3}}{2}\sin x+\dfrac{1}{2}\cos x\right)+\left(\dfrac{1}{2}\cos x+\dfrac{\sqrt{3}}{2}\sin x\right)$

$=\sqrt{3}\sin x+\cos x=2\left(\sin x\times\dfrac{\sqrt{3}}{2}+\cos x\times\dfrac{1}{2}\right)$

$=2\left(\sin x\cos\dfrac{\pi}{6}+\cos x\sin\dfrac{\pi}{6}\right)$

$=2\sin\left(x+\dfrac{1}{6}\pi\right)$　→$\boxed{4}$

よって

$\alpha=\dfrac{1}{6}\pi$　→$\boxed{5}$, $\boxed{6}$

$0\leqq x\leqq\pi$ より，$\dfrac{1}{6}\pi\leqq x+\dfrac{1}{6}\pi\leqq\dfrac{7}{6}\pi$ であるから

$$-\frac{1}{2} \leqq \sin\left(x + \frac{1}{6}\pi\right) \leqq 1$$

したがって，$f(x)$ の

　　最大値は 2，最小値は -1　→ $\boxed{7}$，$\boxed{8}$

(B)(1)　真数は正より

$$\begin{cases} x-1 > 0 \\ x-2 > 0 \end{cases}$$

よって

$$x > 2 \quad → \boxed{9}$$

($*$)を変形すると

$$2 \times \frac{\log_2(x-1)}{\log_2 4} + \log_2(x-2) = \log_2(2 \times 3)$$

$$\log_2(x-1)(x-2) = \log_2 6$$

$$(x-1)(x-2) = 6$$

整理すると

$$x^2 - 3x - 4 = (x+1)(x-4) = 0$$

$x > 2$ より，求める($*$)の解は

$$x = 4 \quad → \boxed{10}$$

(2)　真数は正より

$$\begin{cases} 2x > 0 \\ 9-x > 0 \end{cases}$$

よって

$$0 < x < 9 \quad \cdots\cdots① \quad → \boxed{11}，\boxed{12}$$

底 a は $0 < a < 1$ であるから

$$2x > 9 - x$$

ゆえに　　$x > 3$　……②

したがって，不等式($**$)の解は，①と②の共通範囲をとると

$$3 < x < 9 \quad → \boxed{13}，\boxed{14}$$

(C)(1)　l と C_1 が接するとき，円 C_1 の中心 $(0, 0)$ と直線 l との距離が半径 $\sqrt{5}$ に等しいから

$$\frac{5}{\sqrt{k^2 + (-1)^2}} = \sqrt{5}$$

両辺を2乗して

$$k^2 = 4$$

よって

$$k = \pm 2 \quad \rightarrow \boxed{15}$$

別解 $y = kx + 5$ を $x^2 + y^2 = 5$ に代入して，整理すると

$$(k^2 + 1)x^2 + 10kx + 20 = 0 \quad \cdots\cdots ①$$

l が C_1 に接するとき，方程式①は重解をもつから，判別式を D とおくと

$$\frac{D}{4} = (5k)^2 - 20(k^2 + 1) = 5(k+2)(k-2) = 0$$

よって　　$k = \pm 2$

(2) l_1 の方程式は $y = -2x + 5$ であり，C_2 が l_1 に接するから，円 C_2 の半径は

$$\frac{|2 \times (-2) + 1 \times 4 - 5|}{\sqrt{2^2 + 1^2}} = \sqrt{5}$$

よって，C_2 の方程式は

$$(x+2)^2 + (y-4)^2 = 5$$

すなわち

$$x^2 + y^2 + 4x - 8y + 15 = 0 \quad \rightarrow \boxed{16} \sim \boxed{19}$$

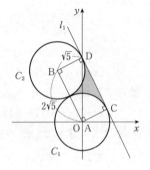

また，l_1 と C_2 の接点の座標は，点 $(-2, 4)$ を通り，傾きが $\dfrac{1}{2}$ の直線 $y = \dfrac{1}{2}x + 5$ と l_1 の交点の座標であるから，連立方程式

$$\begin{cases} y = -2x + 5 \\ y = \dfrac{1}{2}x + 5 \end{cases}$$

を解いて　　$x = 0$，$y = 5$

すなわち，接点の座標は

$$(0, 5) \quad \rightarrow \boxed{20}, \boxed{21}$$

である。

円 C_1，C_2 の中心をそれぞれ A，B，円 C_1，C_2 と接線 l_1 との接点をそれぞれ C，D とすると，AC∥BD かつ ∠ACD＝90° より，四角形 ABDC は長方形である。

したがって，求める図形の面積 S は

$$S=\sqrt{5}\times2\sqrt{5}-2\times\left\{\frac{1}{4}\pi(\sqrt{5})^2\right\}=10-\frac{5}{2}\pi\quad\rightarrow\boxed{22}\sim\boxed{25}$$

2 解答

(1)$\boxed{1}$-①　$\boxed{2}$-②　$\boxed{3}$-③　$\boxed{4}$-②　$\boxed{5}$-⑨　$\boxed{6}$-②
$\boxed{7}$-⑥

(2)$\boxed{8}$-①　$\boxed{9}$-⑤　$\boxed{10}$-②　$\boxed{11}$-①　$\boxed{12}$-⑤　$\boxed{13}$-②

(3)$\boxed{14}$-⑥　$\boxed{15}\boxed{16}$-①②

(4)$\boxed{17}$-②　$\boxed{18}$-①　$\boxed{19}\boxed{20}$-②⑦　$\boxed{21}$-④

解説 ≪3次関数の極値，接線，最大・最小，積分法の応用（面積）≫

(1) $a=2$ のとき

$$f(x)=x^3-6x^2+9x-2$$

より

$$f'(x)=3x^2-12x+9$$
$$=3(x-1)(x-3)$$

x		1		3	
$f'(x)$	+	0	−	0	+
$f(x)$	↗	2	↘	−2	↗

よって，関数 $f(x)$ の増減表は上のようになるから

$x=1$ で極大値 2　　→$\boxed{1}$，$\boxed{2}$

$x=3$ で極小値 -2　　→$\boxed{3}$，$\boxed{4}$

C 上の点 $(0,-2)$ における接線の方程式は，$f'(0)=9$ より

$$y-(-2)=9(x-0)$$

すなわち

$$y=9x-2\quad\rightarrow\boxed{5}，\boxed{6}$$

また，直線 $y=-3x+k$ が C に接するときの k の値を求めるには，接点の x 座標を t とおくと

$$f'(t)=3t^2-12t+9=-3$$

これを解くと，$(t-2)^2=0$ より　　$t=2$

接点 $(2,0)$ が直線 $y=-3x+k$ 上にあることから

$$0=-3\times2+k$$

よって

$$k=6\quad\rightarrow\boxed{7}$$

(2) $f'(x)=3x^2-6ax+3(a+1)=3\{x^2-2ax+(a+1)\}$ であり，$f(x)$ が極値をもたないためには，2次方程式 $f'(x)=0$ が異なる2つの実数解をもたなければよい。

よって，$x^2-2ax+(a+1)=0$ の判別式を D とおくと

$$\frac{D}{4}=a^2-a-1\leqq0$$

したがって，求める a の値の範囲は

$$\frac{1-\sqrt{5}}{2}\leqq a\leqq\frac{1+\sqrt{5}}{2}\quad\rightarrow\boxed{8}\sim\boxed{13}$$

(3)　$a=1$ のとき

$$f(x)=x^3-3x^2+6x-2$$

より

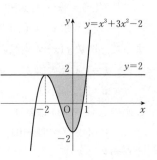

x	-1		2
$f'(x)$		$+$	
$f(x)$	-12	↗	6

$$f'(x)=3x^2-6x+6$$
$$=3(x-1)^2+3>0$$

$-1\leqq x\leqq2$ における関数 $f(x)$ の増減表は上のようになるから

最大値 6，最小値 -12　　$\rightarrow\boxed{14}\sim\boxed{16}$

(4)　$a=-1$ のとき

$$f(x)=x^3+3x^2-2$$

直線 $y=2$ と C の共有点の x 座標を求めると

$$x^3+3x^2-2=2$$

整理すると

$$x^3+3x^2-4=(x+2)^2(x-1)=0$$

よって

$$x=-2,\ 1\quad\rightarrow\boxed{17},\ \boxed{18}$$

したがって，求める面積 S は

$$\int_{-2}^{1}\{2-(x^3+3x^2-2)\}dx=\int_{-2}^{1}(-x^3-3x^2+4)dx$$
$$=\left[-\frac{x^4}{4}-x^3+4x\right]_{-2}^{1}=\frac{27}{4}\quad\rightarrow\boxed{19}\sim\boxed{21}$$

3　解答

(1)$\boxed{1}$—②　$\boxed{2}$—③　$\boxed{3}$—⑤　$\boxed{4}$—⑥
(2)$\boxed{5}$—①　$\boxed{6}$—①　$\boxed{7}$—②　$\boxed{8}\boxed{9}\boxed{10}$—⑤①①
$\boxed{11}\boxed{12}\boxed{13}$—②⑤⑥
(3)$\boxed{14}\boxed{15}$—①⑩　$\boxed{16}\boxed{17}$—①⑦　$\boxed{18}$—③　$\boxed{19}\boxed{20}\boxed{21}$—①②⑩

解説 ≪等差・等比数列の一般項と和，ある数列で整数でない項を並べた数列≫

(1) 等差数列 $\{a_n\}$ の初項 1，公差 $\dfrac{1}{3}$ より，一般項 a_n は

$$a_n = 1 + (n-1) \times \dfrac{1}{3} = \dfrac{n+2}{3} \quad \to \boxed{1}, \boxed{2}$$

また，初項から第 n 項までの和 S_n は

$$S_n = \dfrac{n}{2} \left\{ 2 \times 1 + (n-1) \times \dfrac{1}{3} \right\} = \dfrac{n(n+5)}{6} \quad \to \boxed{3}, \boxed{4}$$

(2) $b_4 = \dfrac{1}{8}$, $b_7 = \dfrac{1}{64}$ より

$$\begin{cases} b_4 = br^3 = \dfrac{1}{8} & \cdots\cdots① \\ b_7 = br^6 = \dfrac{1}{64} & \cdots\cdots② \end{cases}$$

②÷①より

$$r^3 = \dfrac{1}{8}$$

よって

$$r = \dfrac{1}{2} \quad \to \boxed{6}, \boxed{7}$$

①に代入して

$$b = 1 \quad \to \boxed{5}$$

したがって

$$b_1 + b_2 + b_3 + \cdots + b_9 = 1 \times \dfrac{1 - \left(\dfrac{1}{2}\right)^9}{1 - \dfrac{1}{2}} = \dfrac{511}{256} \quad \to \boxed{8} \sim \boxed{13}$$

(3) 数列 $\{a_n\}$ の各項を順に並べると

$$\{a_n\} : 1, \ \dfrac{4}{3}, \ \dfrac{5}{3}, \ 2, \ \dfrac{7}{3}, \ \dfrac{8}{3}, \ 3, \ \dfrac{10}{3}, \ \dfrac{11}{3}, \ \cdots$$

よって，数列 $\{c_n\}$ は

$$\{c_n\} : \dfrac{4}{3}, \ \dfrac{5}{3}, \ \dfrac{7}{3}, \ \dfrac{8}{3}, \ \dfrac{10}{3}, \ \dfrac{11}{3}, \ \cdots$$

となるから

$$c_2+c_3+c_4+c_5=\frac{5}{3}+\frac{7}{3}+\frac{8}{3}+\frac{10}{3}=10 \quad \to \boxed{14}\boxed{15}$$

i を自然数とする。数列 $\{c_{2i-1}\}$ は

$$\{c_{2i-1}\}:\ \frac{4}{3},\ \frac{7}{3},\ \frac{10}{3},\ \dots$$

より，初項 $\frac{4}{3}$，公差 1 の等差数列であるから

$$c_{2i-1}=\frac{4}{3}+(i-1)\times1=\frac{3i+1}{3}$$

数列 $\{c_{2i}\}$ は

$$\{c_{2i}\}:\ \frac{5}{3},\ \frac{8}{3},\ \frac{11}{3},\ \dots$$

より，初項 $\frac{5}{3}$，公差 1 の等差数列であるから

$$c_{2i}=\frac{5}{3}+(i-1)\times1=\frac{3i+2}{3}$$

よって

$$c_{10}=c_{2\times5}=\frac{3\times5+2}{3}=\frac{17}{3} \quad \to \boxed{16}\sim\boxed{18}$$

また

$$\sum_{k=1}^{20}c_k=\sum_{i=1}^{10}(c_{2i-1}+c_{2i})=\sum_{i=1}^{10}\left(\frac{3i+1}{3}+\frac{3i+2}{3}\right)$$

$$=\sum_{i=1}^{10}(2i+1)$$

$$=2\times\frac{10\times11}{2}+10=120 \quad \to \boxed{19}\sim\boxed{21}$$

4 解答

(1)$\boxed{1}$—① 　$\boxed{2}$—⑦ 　$\boxed{3}\boxed{4}$—①⑩ 　$\boxed{5}$—③ 　$\boxed{6}$—⑧

(2)$\boxed{7}$—① 　$\boxed{8}$—② 　$\boxed{9}\boxed{10}$—②①

(3)$\boxed{11}$—② 　$\boxed{12}$—② 　$\boxed{13}$—⑦ 　$\boxed{14}$—⑧ 　$\boxed{15}$—③ 　$\boxed{16}$—⑦

(4)$\boxed{17}\boxed{18}$—①① 　$\boxed{19}\boxed{20}$—①⑥

(5)$\boxed{21}$—③ 　$\boxed{22}\boxed{23}$—①⑥

解 説　≪平面ベクトルの図形への応用，ベクトルの大きさ，内積，三角形の面積≫

(1)　　$\cos\angle AOB = \dfrac{\overrightarrow{OA}\cdot\overrightarrow{OB}}{|\overrightarrow{OA}||\overrightarrow{OB}|}$

　　　　　　　　$= \dfrac{5}{7\times 5}$

　　　　　　　　$= \dfrac{1}{7}$　→ ①，②

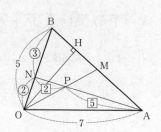

$0<\angle AOB<\pi$ より，$\sin\angle AOB>0$ であるから

$$\sin\angle AOB = \sqrt{1-\cos^2\angle AOB} = \sqrt{1-\left(\dfrac{1}{7}\right)^2} = \dfrac{4\sqrt{3}}{7}$$

よって

$$S = \dfrac{1}{2}\times OA\times OB\times\sin\angle AOB = \dfrac{1}{2}\times 7\times 5\times\dfrac{4\sqrt{3}}{7}$$

　　$= 10\sqrt{3}$　→ ③〜⑤

また

$$AB^2 = |\overrightarrow{AB}|^2 = |\overrightarrow{OB}-\overrightarrow{OA}|^2 = |\overrightarrow{OB}|^2 - 2\overrightarrow{OA}\cdot\overrightarrow{OB} + |\overrightarrow{OA}|^2$$

　　　　$= 5^2 - 2\times 5 + 7^2 = 64$

$AB>0$ より

　　$AB = 8$　→ ⑥

別解　$S = \dfrac{1}{2}\sqrt{|\overrightarrow{OA}|^2|\overrightarrow{OB}|^2-(\overrightarrow{OA}\cdot\overrightarrow{OB})^2} = \dfrac{1}{2}\sqrt{7^2\times 5^2 - 5^2} = 10\sqrt{3}$

△OAB において，余弦定理より

　　　$AB^2 = 7^2 + 5^2 - 2\times 7\times 5\times\dfrac{1}{7} = 64$

$AB>0$ より

　　$AB = 8$

(2)　$\overrightarrow{OM} = \dfrac{1}{2}(\overrightarrow{OA}+\overrightarrow{OB})$ より　→ ⑦，⑧

　　　$OM^2 = |\overrightarrow{OM}|^2 = \dfrac{1}{4}|\overrightarrow{OA}+\overrightarrow{OB}|^2 = \dfrac{1}{4}(|\overrightarrow{OA}|^2 + 2\overrightarrow{OA}\cdot\overrightarrow{OB} + |\overrightarrow{OB}|^2)$

　　　　　　$= \dfrac{1}{4}(7^2 + 2\times 5 + 5^2) = 21$

OM>0 より

$$OM=\sqrt{21} \quad \rightarrow \boxed{9}\boxed{10}$$

(3) $\overrightarrow{OP}=k\overrightarrow{OM}=\dfrac{k}{2}\overrightarrow{OA}+\dfrac{k}{2}\overrightarrow{OB}$ (k は実数) とおくと，点 P は A($\overrightarrow{OA}$),

N$\left(\dfrac{2}{5}\overrightarrow{OB}\right)$ を結ぶ線分上にあるから

$$\overrightarrow{OP}=\dfrac{k}{2}\overrightarrow{OA}+\dfrac{5}{4}k\left(\dfrac{2}{5}\overrightarrow{OB}\right)=\dfrac{k}{2}\overrightarrow{OA}+\dfrac{5}{4}k\overrightarrow{ON} \quad\cdots\cdots①$$

よって

$$\dfrac{k}{2}+\dfrac{5}{4}k=1$$

ゆえに　　$k=\dfrac{4}{7}$

したがって

$$\overrightarrow{OP}=\dfrac{2\overrightarrow{OA}+2\overrightarrow{OB}}{7} \quad \rightarrow \boxed{11}\sim\boxed{13}$$

①に $k=\dfrac{4}{7}$ を代入すると，$\overrightarrow{OP}=\dfrac{2}{7}\overrightarrow{OA}+\dfrac{5}{7}\overrightarrow{ON}$ より，点 P は線分 AN

を 5 : 2 に内分する点であるから

$$\triangle OPN=\dfrac{2}{7}\triangle OAN=\dfrac{2}{7}\times\dfrac{2}{5}\triangle OAB=\dfrac{4}{35}\times10\sqrt{3}$$

$$=\dfrac{8}{7}\sqrt{3} \quad \rightarrow \boxed{14}\sim\boxed{16}$$

(4) $\overrightarrow{OH}\perp\overrightarrow{AB}$ より

$$\overrightarrow{OH}\cdot\overrightarrow{AB}=\{(1-t)\overrightarrow{OA}+t\overrightarrow{OB}\}\cdot(\overrightarrow{OB}-\overrightarrow{OA})$$

$$=(t-1)|\overrightarrow{OA}|^2+(1-2t)\overrightarrow{OA}\cdot\overrightarrow{OB}+t|\overrightarrow{OB}|^2$$

$$=49(t-1)+5(1-2t)+25t=64t-44=0$$

よって

$$t=\dfrac{11}{16} \quad \rightarrow \boxed{17}\sim\boxed{20}$$

(5) $\overrightarrow{OH}=\dfrac{5}{16}\overrightarrow{OA}+\dfrac{11}{16}\overrightarrow{OB}$ より，点 H は辺 AB を 11 : 5 に内分する点で

あり，$AH=\dfrac{11}{16}AB$ となる。

よって

$$\mathrm{HM}=\mathrm{AH}-\frac{1}{2}\mathrm{AB}=\frac{3}{16}\mathrm{AB}$$

したがって

$$S_1=\triangle\mathrm{OMH}=\frac{\frac{3}{16}\mathrm{AB}}{\mathrm{AB}}\times\triangle\mathrm{OAB}=\frac{3}{16}S \quad\rightarrow \boxed{21}\sim\boxed{23}$$

■物理■

■物理基礎・物理■

1 **解答** 問1．④　問2．③　問3．②　問4．④　問5．②

解説 ≪小問5問≫

問1．小物体 A, B の質量を m [kg],
小物体 B が最下点を通過するときの角
速度を ω [rad/s], そのときの小物体 A,
B の速さをそれぞれ v_A [m/s],
v_B [m/s] とする。$v=r\omega$ より, v_A, v_B
は ω を用いて, $v_A=1\cdot\omega$, $v_B=2\cdot\omega$ とな

るので, $v_A=\dfrac{1}{2}v_B$ の関係が成り立つ。

小物体 A, B からなる系に対する力学
的エネルギー保存則より

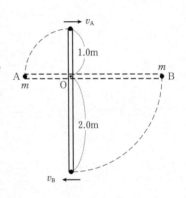

$$mg\cdot2+mg\cdot2=\frac{1}{2}mv_A^2+mg\cdot3+\frac{1}{2}mv_B^2$$

ここで, 重力による位置エネルギーの基準は最下点にとった。この式に

$v_A=\dfrac{1}{2}v_B$ を代入し v_B について解くと, $v_B=4.0$ [m/s] となる。

問2．壁が受け取る音波の振動数を f' [Hz] とする。ドップラー効果の公
式より

$$f'=\frac{340-0}{340-20}f=\frac{340}{320}f$$

次に, 壁を振動数 f' の音波を出す音源とみなし, この音波を自動車で観
測したときの振動数を f'' [Hz] とおくと, ドップラー効果の公式より

$$f''=\frac{340-(-20)}{340-0}f'=\frac{360}{340}\cdot\frac{340}{320}f=\frac{9}{8}f$$

$f''=f+60$ より

$$\frac{9}{8}f=f+60 \quad \therefore \quad f=480 \, [\mathrm{Hz}]$$

問 3. 単位時間あたりに加える熱量を $Q \, [\mathrm{J/s}]$，氷の比熱を $c_i \, [\mathrm{J/(g \cdot K)}]$ とする。氷に 20 s 熱を加えた結果，$-20\,℃$ から $0\,℃$ となったことから

　　　（氷に加えた熱量）＝（氷が温度上昇するときに得た熱量）

　$\Longrightarrow \; 20Q=100c_i\{0-(-20)\}$ 　……①

次に，水に 40 s 熱を加えた結果，$0\,℃$ から $20\,℃$ となったことから

　　　（水に加えた熱量）＝（水が温度上昇するときに得た熱量）

　$\Longrightarrow \; 40Q=100 \cdot 4.2(20-0)$ 　……②

①，②より Q を消去し　　$c_i=2.1 \, [\mathrm{J/(g \cdot K)}]$

問 4. 等温変化することから，この状態変化で気体がされた仕事を W とすると，熱力学第一法則より

$$0=-Q_0+W$$

また，気体がされた仕事 W は，外気圧がした仕事 $\frac{1}{2}P_0V_0$ と外力がした仕事 $W_{\text{外}}$ の和なので

$$W=\frac{1}{2}P_0V_0+W_{\text{外}}$$

よって　　$W_{\text{外}}=Q_0-\frac{1}{2}P_0V_0$

問 5. コイルのリアクタンス X_L は $X_L=\omega L$ である。実効値に対するオームの法則より

$$V_e=X_LI_e \Longrightarrow V_e=\omega LI_e \quad \therefore \quad L=\frac{V_e}{\omega I_e}$$

2 　解答　問 1. ④　問 2. ⑤　問 3. ③　問 4. ⑦　問 5. ④

解説　《壁との非弾性衝突，力積と運動量の関係》

問 1. 点 A において，小物体の速度の壁に垂直な成分の大きさは $v_0\sin\theta_1$ である。点 B における壁 Q との衝突は弾性衝突であるから，衝突直後も壁に垂直な速度成分の大きさは変わらず $v_0\sin\theta_1$ である。

（壁 P，Q ともになめらかであるので，壁との衝突後，壁に平行な速度は

変化せず，ずっと $v_0 \cos\theta_1$ である）

よって，点 A から点 C までの所要時間は，壁に垂直な方向に距離 $2d$ 動くのにかかる時間と等しいので，求める時間は $\dfrac{2d}{v_0 \sin\theta_1}$ となる。

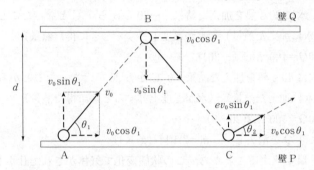

問 2．小物体が点 B で壁 Q から受けた力積の大きさを I' とする。点 B での衝突前後における小物体に対する力積と運動量の関係より，壁 Q から壁 P に向かう方向を正として

$$-mv_0 \sin\theta_1 + I' = mv_0 \sin\theta_1 \qquad \therefore \quad I' = 2mv_0 \sin\theta_1$$

点 B での衝突の際，作用・反作用の法則より壁 Q と小物体は互いに逆向きに同じ大きさの力を及ぼし合うため，壁 Q が受ける力積は，小物体が受ける力積と逆向きで同じ大きさとなる。よって，壁 Q が小物体から受けた力積の大きさ I は

$$I = I' = 2mv_0 \sin\theta_1$$

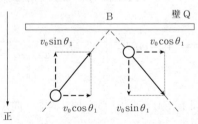

問 3．点 C での衝突の際，壁 P に垂直な速度成分の大きさは e 倍となり，また壁 P に平行な速度成分の大きさは変化しない。よって，$\tan\theta_2$ は

$$\tan\theta_2 = \frac{ev_0 \sin\theta_1}{v_0 \cos\theta_1} = e\tan\theta_1 \qquad \therefore \quad \frac{\tan\theta_1}{\tan\theta_2} = \frac{1}{e}$$

問 4．問 2 と同様に，小物体が壁 P から受けた力積の大きさ（これを I''

とする）を考えればよい。点 C での衝突前後における小物体に対する力
積と運動量の関係より，壁 P から壁 Q に向かう方向を正として

$$-mv_0\sin\theta_1 + I'' = m\cdot ev_0\sin\theta_1$$

$$\therefore\quad I'' = (1+e)mv_0\sin\theta_1$$

問 2 の結果より，$mv_0\sin\theta_1 = \dfrac{1}{2}I$ なので

$$I'' = \dfrac{1}{2}(1+e)I$$

問 5．壁 P との衝突ごとに，壁に垂直な速度成分の大きさが徐々に小さ
くなっていく。十分な時間（回数）が経過すると，もはや壁に垂直な速度
成分の大きさは 0 となり，小物体の速度は壁に平行な速度成分 $v_0\cos\theta_1$
となる。よって，このときの運動量の大きさは，$mv_0\cos\theta_1$ となる。

3　解答　問 1．⑦　問 2．④　問 3．⑧　問 4．②　問 5．③

解説　《気柱共鳴》

問 1．振動数を 0 から徐々に大きくし，$f=f_0$ で
初めて共鳴が起こったので，閉管 A では基本振
動が生じている。このときの波長は $4L$ である。

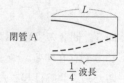

問 2．閉管では，基本振動数の奇数倍の振動数で
共鳴が起こる。よって，2 回目の共鳴が起こるのは，閉管 A の基本振動
数 f_0 の 3 倍である。

問 3．振動数が f_1 のときに生じる音波の波長 λ
は，閉管 A が 3 倍振動で共鳴しているので

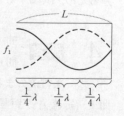

$$\dfrac{1}{4}\lambda\times 3 = L\quad\therefore\quad\lambda = \dfrac{4}{3}L$$

次に，閉管 B の長さを $x=10L$ としたときに，k
回目の共鳴が起こったと仮定する。つまり $x=0$
から $x=10L$ の間にちょうど k 個の節があるとする。このとき閉管 B の
内部には，$\dfrac{1}{4}\lambda$ の波形が $2k-1$ 個存在するので

$$\dfrac{1}{4}\lambda\times(2k-1) = 10L \implies \dfrac{1}{4}\cdot\dfrac{4}{3}L(2k-1) = 10L$$

$\therefore \quad k=15.5$

これより，閉管 B の長さを $x=10L$ まで変化させると，15 回共鳴が起こることがわかる。

問 4．振動数が $f=f_1$ のとき，閉管 B で 5 回目の共鳴が起こった。このときの閉管 B の長さでの基本振動数を F_0 とする。振動数 $f=f_1$ では 5 回目の共鳴，つまり 9 倍振動の共鳴が起こっているので，振動数 f_1 は $f_1=9F_0$ と表現できる。

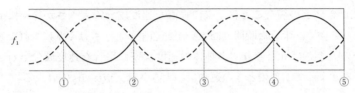

※数字は共鳴が起こったときのピストンの位置とその回数を表す。

この振動数から次第に小さくしていき，最も低い振動数で共鳴するのは基本振動数 F_0 のときであるので，問 2 の結果を利用し

$$F_0=\frac{1}{9}f_1=\frac{1}{9}\cdot 3f_0=\frac{1}{3}f_0$$

問 5．問 3 の実験では，ピストンの位置が $x=10L$ のとき，管内には節が 15.5 個存在する。つまり，$x=10L$ のピストンの位置では定常波の腹となるため，共鳴は起こらない。しかし，ピストンを抜くと $x=10L$ の位置が開口端となるため，閉管 B は開管となり両端が腹となる定常波が存在できるため，共鳴する。

4 　解答

問 1．⑤　問 2．③　問 3．④　問 4．⑥　問 5．①
問 6．①

解説　≪電流のまわりの磁場，電磁力≫

問 1．電流 I_1 が距離 d 離れた導線 2 の位置につくる磁場の大きさを H_1 とすると，$H_1=\dfrac{I_1}{2\pi d}$ となる。

問 2．電流 I_1 が導線 2 の位置につくる磁場の向きは右ねじの法則より，紙面表から裏向き（図のキ）である。

問 3．電流 I_2 が導線 1 の位置につくる磁場の向きは右ねじの法則より，

紙面裏から表向き（図のエ）である。

問4．電流 I_1 が導線2の位置につくる磁束密度を B_1 とすると

$$B_1 = \mu_0 H_1 = \frac{\mu_0 I_1}{2\pi d}$$

よって，磁束密度 B_1 から電流 I_2 が受ける力の大きさを F_2 とすると，公式 $F = IBl$ より，導線1mあたり

$$F_2 = I_2 B_1 \cdot 1 = \frac{\mu_0 I_1 I_2}{2\pi d}$$

問5．電流 I_2 が磁束密度 B_1 から受ける力の向きは，フレミング左手の法則より，導線1に向かう方向（図のオ）となる。

問6．電流 I_2 の向きを逆にすると，電流 I_2 が導線1の位置につくる磁場の向きは紙面表から裏向き（図のウ）となる。よって，電流 I_1 が電流 I_2 によってつくられた磁場から受ける力の向きはフレミング左手の法則より，導線2から離れる方向（図のア）となる。

■物 理 基 礎■

1 解答
問1. ③　問2. ①　問3. ①　問4. ⑥　問5. ④
問6. ⑥

解説　≪力のつり合い，運動方程式，摩擦力≫

問1. 斜面に平行な方向に対する，小球Pにはたらく力のつり合いより

$$T=mg\sin\theta$$

問2. 小物体Qにはたらく垂直抗力の大きさを N_Q とする。斜面に垂直な方向に対する，小物体Qにはたらく力のつり合いより

$$N_Q+F\cos\theta=Mg\cos\theta \implies N_Q=Mg\cos\theta-F\cos\theta$$

$N_Q\geqq0$ より

$$N_Q=Mg\cos\theta-F\cos\theta\geqq0 \quad \therefore \quad Mg\geqq F$$

問3. 力 F を取り除き，小物体Qに対して微小な力を与えるとすべったことから，力 F を取り除いて静止しているとき，小物体Qには最大静止摩擦力がはたらいていたことがわかる。このときの糸Xの張力の大きさを T，また小物体Qにはたらく垂直抗力の大きさは $Mg\cos\theta$ であることに注意し，小球P，小物体Qそれぞれにはたらく斜面平行方向の力のつり合いより

P：$mg\sin\theta=T$

Q：$T+Mg\sin\theta=\mu\cdot Mg\cos\theta$

2式より

$$\mu=\frac{(M+m)\tan\theta}{M}$$

問4. 小球P，小物体Qが等しい加速度で運動しているときの加速度の大きさを a とする。$M=m$ のときの，小球P，小物体Qそれぞれに対する運動方程式より

P：$ma=mg\sin\theta-T_1$

Q：$ma=T_1+mg\sin\theta-\mu'mg\cos\theta$

2式より

$$T_1+mg\sin\theta-\mu'mg\cos\theta=mg\sin\theta-T_1$$

$$\therefore \quad T_1=\frac{\mu'mg\cos\theta}{2}$$

問 5. 糸 X を切断したあとの小物体 Q に対する運動方程式より，斜面平行下向きの加速度を β として

$$M\beta = Mg\sin\theta - \mu'Mg\cos\theta$$

$$\therefore \quad \beta = (\sin\theta - \mu'\cos\theta)g$$

小物体 Q は減速することから $\beta < 0$ であるので，加速度 β の大きさは

$$|\beta| = (\mu'\cos\theta - \sin\theta)g$$

問 6. 糸 X を切断した時刻を $t=0$ とする。このときの小球 P，小物体 Q の速度を v_0，小球 P の加速度を α，小物体 Q の加速度を β（問 5 の解）とする。小球 P に対する運動方程式より

$$m\alpha = mg\sin\theta \quad \therefore \quad \alpha = g\sin\theta$$

小物体 Q が静止する時刻 t までに小球 P，小物体 Q が動いた距離をそれぞれ Δx_{P}，Δx_{Q} とすると

$$\Delta x_{\mathrm{P}} = v_0 t + \frac{1}{2}g\sin\theta t^2$$

$$\Delta x_{\mathrm{Q}} = v_0 t - \frac{1}{2}(\mu'\cos\theta - \sin\theta)gt^2$$

$t=0$ において，小球 P と小物体 Q が距離 d だけ離れていたことに注意すると，時刻 t での PQ 間の距離は

$$d + \Delta x_{\mathrm{P}} - \Delta x_{\mathrm{Q}} = d + \frac{1}{2}\mu'g\cos\theta t^2 = \frac{2d + \mu'gt^2\cos\theta}{2}$$

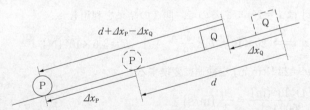

※点線は時刻 $t=0$，実線は時刻 t における小球 P，小物体 Q の位置を表している。

2 解答 問 1. ⑥ 問 2. ① 問 3. ① 問 4. ① 問 5. ⑤
問 6. ②

解説 ≪熱機関の熱効率≫

問 1. 熱機関が吸収した熱量 Q 〔J〕は，仕事 W 〔J〕と排出される熱量 q 〔J〕の和であるので

$$Q = W + q = 4000 + 12000 = 16000 \,\text{(J)}$$

問 2．熱機関 S の熱効率を e とすると

$$e = \frac{W}{Q} = \frac{4000}{16000} = 0.25 \ (25\%)$$

問 3．熱機関 S は，0.20 s で $W = 4000$ 〔J〕の仕事をする。仕事率は単位時間あたりの仕事のことであるから，求める仕事率 P〔W〕は

$$P = \frac{4000\,\text{(J)}}{0.20\,\text{(s)}} = 20 \times 10^3 \,\text{(W)} = 20 \,\text{(kW)}$$

問 4．熱機関 S は 0.20 s で $Q = 16000$ 〔J〕の熱量を必要とする。1 時間（3600 s）で必要とする熱量を E〔J〕とすると，比例式を利用して

$$0.20\,\text{(s)} : 16000\,\text{(J)} = 3600\,\text{(s)} : E\,\text{(J)}$$

$$\therefore \quad E = 2.88 \times 10^8 \,\text{(J)}$$

この熱量を得るために燃焼する重油の質量を m〔g〕とすると，重油 1 g の燃焼で 42000 J の熱量が発生することから，比例式を利用して

$$1\,\text{(g)} : 42000\,\text{(J)} = m\,\text{(g)} : 2.88 \times 10^8 \,\text{(J)}$$

$$\therefore \quad m \fallingdotseq 6.9 \times 10^3 \,\text{(g)} = 6.9 \,\text{(kg)}$$

問 5．時速 $v = 20$〔km/h〕を秒速に変換すると

$$v = \frac{20 \times 10^3 \,\text{(m)}}{3600 \,\text{(s)}} = \frac{50}{9} \,\text{(m/s)}$$

この速度 v〔m/s〕で等速運動しているときの推進力を F〔N〕とすると，仕事率 P〔W〕は $P = Fv$ であるので，問 3 の結果を利用し

$$P = Fv \implies 20 \times 10^3 = F \times \frac{50}{9} \quad \therefore \quad F = 3.6 \times 10^3 \,\text{(N)}$$

問 6．時速 $v' = 24$〔km/h〕を秒速に変換すると

$$v' = \frac{24 \times 10^3 \,\text{(m)}}{3600 \,\text{(s)}} = \frac{20}{3} \,\text{(m/s)}$$

熱機関 T の仕事率を P'〔W〕とすると，推進力が $F' = 10^5$〔N〕であることから

$$P' = F'v' = \frac{20}{3} \times 10^5 \,\text{(W)}$$

熱機関 T が最も高性能のとき，つまり熱効率が 1 のときのことを考える。このとき，熱機関 T が吸収した熱量がすべて仕事に変換されるので，1 秒あたりに熱機関 T が吸収する熱量は P'〔J〕となる。

重油 1 kg の燃焼で稼働できる時間を Δt〔s〕とすると

　　　（重油 1 kg の燃焼で発生する熱量）

　　＝（熱機関 T が Δt〔s〕で吸収する熱量）

$\Longrightarrow 10^3 \times 42000 = P' \times \Delta t$

$\Longrightarrow 4.2 \times 10^7 = \dfrac{20}{3} \times 10^5 \Delta t$

$\therefore \quad \Delta t = 63$〔s〕

■化学■

◀薬，福岡薬学部▶

1 解答 問 1．$\boxed{1}$－① $\boxed{2}$－⑦ $\boxed{3}$－⑤ $\boxed{4}$－⑧ 問 2．②
問 3．① 問 4．$\boxed{7}\boxed{8}\boxed{9}$－①①③

問 5．$\boxed{10}\boxed{11}$－⑥⑧ 問 6．$\boxed{12}$－② $\boxed{13}$－⑥ 問 7．③

問 8．$\boxed{15}$－④ $\boxed{16}$－⑩ $\boxed{17}$－⑧

解説 ≪蒸気圧，結晶格子≫

問 3．水に溶けにくい NO のみが該当する。

問 4．水素の分圧は全圧から水の蒸気圧を引く必要があるので

$$n=\frac{(1.056\times10^5-3.6\times10^3)\times2.77}{8.31\times10^3\times300}=\frac{17}{150}=0.1133 \,[\text{mol}]$$

問 5．アルミニウムの純度を x [%] とすると，反応式の係数比より

$$\frac{3.00\times\dfrac{x}{100}}{27}\times\frac{3}{2}=\frac{17}{150} \qquad x=68\%$$

問 6．a．右図より

$$\frac{1}{8}\times8+\frac{1}{2}\times6=4 \text{ 個}$$

b．配位数 12

問 8．面心立方格子の一辺の長さを a [cm]，原子
半径を r [cm] とすると，$4r=\sqrt{2}\,a$ の関係が成立するから

$$a=\frac{4}{\sqrt{2}}r=2\sqrt{2}\,r=2\times1.41\times1.42\times10^{-8}=4.00\times10^{-8} \,[\text{cm}]$$

2 解答 問 1．④ 問 2．② 問 3．⑧ 問 4．② 問 5．④
問 6．⑦ 問 7．⑤

解説 ≪無機化合物の個別各論≫

問 1．(B)誤り。斜方硫黄は単体である。

問2．(C)誤り。人体に質量百分率で最も多く含まれるのは酸素である。

問3．(A)誤り。ホウ素原子は L 殻に 3 個の電子をもつ。

(B)誤り。酸化物イオンはネオンと同じ電子配置である。

(C)誤り。水素イオンは電子をもっていない。

問4．(C)誤り。例えば 17 族では Cl＞F＞Br のように原子番号と電子親和力に関係がない族もある。

問5．(B)誤り。酢酸ナトリウムに水酸化ナトリウムを加えて加熱するとメタンが得られる。

　　　　反応式：$CH_3COONa + NaOH \longrightarrow Na_2CO_3 + CH_4$

問6．(A)誤り。濃硫酸は硫化水素を酸化するので乾燥剤としては不適である。

　　　　反応式：$H_2SO_4 + H_2S \longrightarrow S + SO_2 + 2H_2O$

(B)誤り。十酸化四リンは酸性酸化物なので，アンモニアと中和するので乾燥剤としては不適である。

　　　　反応式：$P_4O_{10} + 6H_2O \longrightarrow 4H_3PO_4$

　　　　　　　　$H_3PO_4 + 3NH_3 \longrightarrow (NH_4)_3PO_4$

問7．(B)誤り。テトラアクア銅(Ⅱ)イオンは正方形構造をとる。

(C)誤り。ヘキサシアニド鉄(Ⅲ)酸イオンは正八面体構造をとる。

3　解答

問1．□1—④　□2—③　□3—②　□4—⑥
問2．□5—③　□6□7—⑩⑥　□8—②

問3．(i)—③　(ⅱ)□10—①　□11□12—⑩①　□13—③

問4．□14—⑥　□15—⑧　□16—③　問5．□17—②　□18—⑦　□19—⑧　□20—①

問6．①

解説　≪脂肪族化合物の構造決定≫

問2．実験2より，炭素が 6 個，水素が 6 個含まれることがわかる。また，分子式を $C_3H_6O_x$ とおくと，分子量が 70〜80 の間にあることから，$x＝2$ と決まる（このとき，分子量は 74 となる）。よって，分子式は $C_3H_6O_2$ である。

問4・問5．化合物 C の水溶液は青色リトマス紙を赤色に変色させるので酸性物質。分子式からカルボン酸であるプロピオン酸と決まる。

化合物 A を加水分解して得られた化合物 D がヨードホルム反応陽性であ

り，A の炭素数が 3 個なので D の炭素数は 2 個以下であることから D は
エタノールと決まり，化合物 E は炭素数が 1 個のカルボン酸であるギ酸
と決まる。よって，A はギ酸エチルである。

化合物 B を加水分解して得られた化合物 F を還元すると化合物 D が得ら
れたので，F は炭素数が 2 個のカルボン酸である酢酸と決まり，化合物 G
は炭素数が 1 個のアルコールであるメタノールと決まる。よって，B は
酢酸メチルである。A～C の構造式は以下の通り。

$$A：H-C-O-CH_2-CH_3$$
$$\qquad \overset{\|}{O}$$

$$B：CH_3-C-O-CH_3$$
$$\qquad\;\; \overset{\|}{O}$$

$$C：CH_3-CH_2-C-OH$$
$$\qquad\qquad\; \overset{\|}{O}$$

問6．ギ酸はホルミル基をもつので銀鏡反応陽性である。

◀保健医療，医療福祉，成田看護，成田保健医療，
　赤坂心理・医療福祉マネジメント，小田原保健医療，
　　　　　　　　　　　　　　　　福岡保健医療学部▶

■化学基礎・化学■

1 **解答**　問1．$\boxed{1}$—④　$\boxed{2}$—②　$\boxed{3}$—⑦　$\boxed{4}$—⑧　$\boxed{5}$—④
　　　　　　$\boxed{6}$—⑩　$\boxed{7}$—⑩

問2．⑥　問3．④　問4．③　問5．⑤　問6．②　問7．①

解説　≪蒸気圧≫

問2．同温で比較した場合，水素結合をしないジエチルエーテルの蒸気圧が最も大きく，水素結合可能な水素の多い水のほうがエタノールより蒸気圧が低くなる。

問4．ジエチルエーテルの飽和蒸気圧が 760 mmHg のときの温度を読み取ると 34℃ である。

問5．富士山頂の大気圧は $1.01\times10^5-\dfrac{3776}{10}\times100$ Pa と計算できる。この圧力を mmHg に換算すると

$$\left(1.01\times10^5-\frac{3776}{10}\times100\right)\times\frac{760}{1.01\times10^5}=475.8\,[\text{mmHg}]$$

である。水の飽和蒸気圧がこの値となったときの温度を読み取ると 88℃ である。

問6．エタノールがすべて気体であると仮定し，その圧力を P_{if} とおくと，エタノールの分子量が 46 であるから

$$P_{if}=\frac{\dfrac{4.6}{46}\times8.3\times10^3\times333}{10}=2.76\times10^4\,[\text{Pa}]$$

一方，60℃ のエタノールの飽和蒸気圧 P_{vap} は

$$P_{vap}=\frac{380}{760}\times1.01\times10^5=5.05\times10^4\,[\text{Pa}]$$

であるから，$P_{if}<P_{vap}$ となるので，エタノールはすべて気体で存在する。よって，エタノールの圧力は $2.76\times10^4\fallingdotseq2.8\times10^4\,[\text{Pa}]$。

問7．水がすべて気体であると仮定し，その圧力を P_{if} とおくと，水の分子量が18であるから

$$P_{if}=\frac{\frac{3.6}{18}\times8.3\times10^3\times333}{10}=5.52\times10^4\,[\text{Pa}]$$

一方，60℃の水の飽和蒸気圧 P_{vap} は

$$P_{vap}=\frac{150}{760}\times1.01\times10^5=1.99\times10^4\,[\text{Pa}]$$

であるから，$P_{if}>P_{vap}$ となるので，水は一部液化する。よって，水の圧力は $1.99\times10^4\fallingdotseq2.0\times10^4\,[\text{Pa}]$。

2 解答

問1．⑤　問2．④　問3．⑧　問4．①　問5．③
問6．②　問7．②

解説　≪無機化合物の個別各論≫

問1．(B)誤り。ヨウ素は固体である。
(C)誤り。AgCl，AgBr，AgI は水に溶けない。

問2．(B)誤り。O_3 は微青色，特異臭の気体である。

問3．(A)誤り。同一周期に位置する原子の中で第一イオン化エネルギーが最も小さいのは第1族元素である。
(B)誤り。ゲルマニウム，スズ，鉛は金属元素である。
(C)誤り。ケイ素単体は高分子化合物である。

問5．(A)誤り。MnO_2 は触媒であり，変化しない。

問6．(C)誤り。イオン化傾向はアルミニウム＞鉄なので，鉄により酸化アルミニウムを還元することはできない。

問7．(C)誤り。アマルガムは水銀との合金であり，銅との合金ではない。

3 解答

問1．1─③　2─⑥　3─①　4─⑦　5─⑨
問2．6─④　7─⑤　問3．8─⑥　9─②
問4．⑤　問5．①　問6．④・⑥・⑦（順不同）

解説　≪芳香族化合物の性質≫

問3．①，④は中和反応，③は酸化反応，⑤は脱離反応である。

問4．(B)誤り。酸の強さはカルボン酸＞フェノールである。

(C)誤り。ピクリン酸は強酸である。

問6．以下のようにまとめられる。

	フェノール	エタノール
①	×	○
②	×	○
③	○	○
④	○	×
⑤	○	○
⑥	○	×
⑦	○	×
⑧	×	○

■化 学 基 礎■

1 解答 問1．① 問2．④ 問3．③-① ④-⑥ 問4．②
　　　　　 問5．④ 問6．④

解説 ≪小問6問≫

問2．塩素の「単体」Cl_2 は $Cl_2 + 2e^- \longrightarrow 2Cl^-$ となり，酸化剤としてはたらく。

問3．メタノールおよびエタノールの完全燃焼の化学反応式は以下の通り。

$$2CH_3OH + 3O_2 \longrightarrow 2CO_2 + 4H_2O$$

$$C_2H_5OH + 3O_2 \longrightarrow 2CO_2 + 3H_2O$$

メタノールが $x\,[mol]$，エタノールが $y\,[mol]$ あったとすると，生成した二酸化炭素と水の量につき

$$x + 2y = \frac{5.28}{44} \quad \cdots\cdots ①$$

$$2x + 3y = \frac{3.96}{18} \quad \cdots\cdots ②$$

①，②より，$x = 0.080\,[mol]$，$y = 0.020\,[mol]$ となるので

酸素の物質量は　　$0.080 \times \dfrac{3}{2} + 0.020 \times 3 = 0.18\,[mol]$

混合物の質量は　　$0.080 \times 32 + 0.020 \times 46 = 3.48\,[g]$

問4．ダイヤモンドと二酸化ケイ素の2つが該当する。

問5．④　$O^{2-} + H_2O \longrightarrow 2OH^-$ のように H_2O が H^+ を放出しているので酸としてはたらいている。

問6．酸化剤としてはたらくほうが酸化力が強い。問題文の1つ目の反応式より，酸化力は $Br_2 > Fe^{3+}$ であり，2つ目の反応式より，酸化力は $Fe^{3+} > I_2$ である。

2 解答 問1．①-② ②-⑥ ③-⑧ 問2．④-④ ⑤-③
　　　　　 問3．⑥-⑥ ⑦-② ⑧-④

問4．⑨⑩⑪-①⑦⑥ 問5．⑫-① ⑬-⑧

解 説 ≪酸化還元滴定≫

問1．アスコルビン酸の分子式を $C_6H_8O_6$ とおくと，半反応式は

$$C_6H_8O_6 \longrightarrow C_6H_6O_6 + 2H^+ + 2e^-$$

と表せるので，アスコルビン酸は2価の還元剤である。

問2．下線部(1)は，水にアスコルビン酸を溶出したので抽出。

下線部(2)は，不要な固形物を漏斗を用いて分離したのでろ過。

問4・問5．アスコルビン酸の分子量は $12 \times 6 + 1.0 \times 8 + 16 \times 6 = 176$ である。試料中のビタミンCの質量を x [mg] とする。この操作を「硫酸酸性条件下」で滴定したとすると，以下に示すように過マンガン酸イオンが5価の酸化剤である。

$$MnO_4^- + 8H^+ + 5e^- \longrightarrow Mn^{2+} + 4H_2O$$

試料のうち 20 mL を分取して滴定しているので，反応に関与した電子の物質量につき以下のように表せる。

$$2.0 \times 10^{-4} \times \frac{4.0}{1000} \times 5 = \frac{x \times 10^{-3}}{176} \times \frac{20}{100} \times 2 \qquad x = 1.76 \fallingdotseq 1.8 \text{ [mg]}$$

■生物■

■生物基礎・生物■

1 **解答**　問1．a―④　b―⑦　c―⑧　問2．③　問3．②
問4．アミラーゼ：⑤　カタラーゼ：①　問5．③
問6．[Ⅰ]―④　[Ⅱ]―①　問7．②

解説　≪酵素の性質，タンパク質の構造≫

問3．②正しい。ヒトが必要とするアミノ酸には，体内で合成できるものと，合成できないものがあり，後者を必須アミノ酸という。

問5．基質特異性は特定の基質と結合する酵素の活性部位の複雑な構造によるものであり，一次構造や二次構造ではそのような複雑な構造を形成することができない。よって，③の三次構造を選ぶ。

問6．[Ⅰ]　④が正しい。PCR 法においては，約 70℃ で DNA を合成する過程があり，このとき最適温度が高い特殊な DNA 合成酵素が用いられる。

問7．FAD と NAD は呼吸における脱水素酵素の補酵素で，NADP は光合成における脱水素酵素の補酵素であるので，①，③，④を選ばない。

2 **解答**　問1．②　問2．⑥　問3．①　問4．⑧　問5．②

解説　≪神経系・内分泌系とその働き≫

問1．(B)正しい。中枢神経系は介在神経であり，例えば感覚神経と運動神経をつなげる。(C)誤り。屈筋反射の中枢の脊髄，瞳孔反射の中枢の中脳は，中枢神経系である。

問2．(A)誤り。中脳は脳幹の一部で，左右の半球に分かれてはいない。左右の半球に分かれているのは大脳と小脳。(C)誤り。ヒトにおいて最も体積が大きいのは大脳である。

問4．(A)誤り。内分泌腺から放出される物質はホルモン。(B)誤り。排出管

を通じて体外や消化管に放出するのは外分泌腺。(C)誤り。内分泌系による調節より，自律神経系の方が反応速度が速い。

3 解答

問1．a—⑨ b—② c—⑤ d—⑩ e—③
f—⑧ g—⑥ h—①

問2．［Ⅰ］—⑤ ［Ⅱ］—④

問3．［Ⅰ］—③ ［Ⅱ］—①・②（順不同）

解説 ≪ウニの受精の過程，細胞の構造と働き≫

問2．［Ⅱ］ ④誤り。赤血球の溶血における水分の流出は，浸透現象により水分が流入し続け細胞膜が破れることにより起こるので，エキソサイトーシスと無関係である。

問3．［Ⅱ］ ③誤り。細胞骨格のうち細胞の形態を保持する働きがあるのは中間径フィラメントである。④・⑤・⑥誤り。原形質流動，アメーバ運動，筋肉収縮に関与する細胞骨格はアクチンフィラメントである。

■生 物 基 礎■

1 **解答**　問1．［Ⅰ］遺伝的多様性：⑥　種の多様性：④
生態系の多様性：③　［Ⅱ］—②
問2．②・④・⑧（順不同）　問3．［Ⅰ］—①　［Ⅱ］—④　問4．③
問5．③

解説　《生物の共通性と多様性》

問1．①は生物間の相互作用を複雑にする要因であるが，生物の多様性の例といえない。②のアオコ・赤潮が起きると生物の多様性が失われるので多様性の例としてふさわしくない。③は多様な環境に応じて生物群集が多様になっているという生態系の多様性の例を示している。④は生物群集内に多様な種が存在するという種の多様性を示している。⑤は生物群集内の生物の一般的な役割を説明していて多様性の例といえない。⑥の ABO 式血液型は3種類の遺伝子の組み合わせによる現象であり，遺伝的多様性の例といえる。

問3．［Ⅱ］　①誤り。細菌類は原核生物なので，核はもたない。②誤り。原形質流動は細胞内で原形質が移動する現象であり，細菌のこれを観察するためには，光学顕微鏡では分解能が不十分なので，電子顕微鏡を用いる。③誤り。電子顕微鏡では色の違いを観察できない。

問5．すべての生物に共通する特徴を述べているのは，1行目と3行目と5行目である。よって，個数として3つを選ぶ。
（2行目）誤り。生物のうち特に多細胞生物では外部環境が変化しても内部環境を一定に保つ恒常性をもつ。（4行目）誤り。例えば消費者は生産者の合成した有機物を摂食しており，すべての有機物を無機物から合成するわけではない。

2 **解答**　問1．⑤　問2．④　問3．⑧　問4．②　問5．③

解説　《血液の成分，血液の循環》

問1．(B)誤り。血液には赤血球をはじめ血球が約45％含まれるので，液体成分が約55％となり，文のように80％にならない。(C)誤り。血液中を

流れる赤血球にはヘモグロビンというタンパク質が含まれている。

問４．(C)誤り。心臓の表面には心筋に酸素などを運ぶ血管が分布している。

問５．(A)誤り。酸素を多く含むのは，心臓から肺へ向かう肺動脈ではなく肺から流出する肺静脈である。(B)正しい。腎臓で血液中の尿素が除かれるので，腎臓から出る腎静脈では尿素量が少なくなる。(C)正しい。肝門脈は小腸で吸収した物質を肝臓に運ぶので，他の血管に比べ栄養素を多く含むといえる。

国語

一

出典　濱口竜介「遭遇と動揺」（工藤庸子編『論集 蓮實重彦』羽島書店）

解答
問一　A—②　B—③　D—①　F—⑤　K—②
問二　④
問三　④
問四　④
問五　①
問六　③
問七　①
問八　⑤
問九　⑤

二

出典　益田昭吾『病原体から見た人間』（ちくま新書）

解答
問一　④
問二　②
問三　③
問四　②
問五　②
問六　F—③　J—⑦　K—⑤
問七　③
問八　②①
問九　②
問十　②

教学社 刊行一覧

2025年版 大学赤本シリーズ
国公立大学（都道府県順）

374大学556点 全都道府県を網羅

全国の書店で取り扱っています。店頭にない場合は、お取り寄せができます。

2025年版　大学赤本シリーズ
私立大学②

掲載している入試の種類や試験科目、収載年数などはそれぞれ異なります。詳細については、それぞれの本の目次や赤本ウェブサイトでご確認ください。

akahon.net

赤本 [検索]

医 医学部医学科を含む
総推 総合型選抜または学校推薦型選抜を含む
DL リスニング音声配信　新 2024年 新刊・復刊

2025 年版　大学赤本シリーズ　No. 263

国際医療福祉大学

2024 年 7 月 10 日　第 1 刷発行
ISBN978-4-325-26320-3
定価は裏表紙に表示しています

編　集　教学社編集部
発行者　上原　寿明
発行所　教学社
　〒606-0031
　京都市左京区岩倉南桑原町56
電話　075-721-6500
振替　01020-1-15695
印　刷　加藤文明社